집

주택관련 양도소득세
실무해설서

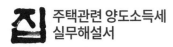 주택관련 양도소득세
실무해설서

초판 1쇄 발행 2022년 10월 20일
　　　2쇄 발행 2022년 11월 20일

글 안병희 · 이득근 / **발행인** 김윤태 / **북디자인** 디자인이즈

발행처 도서출판 선 / **등록번호** 제15-201 / **등록일자** 1995년 3월 27일

주소 서울시 종로구 삼일대로 30길 23 비즈웰 427호 / **전화** 02-762-3335 / **전송** 02-762-3371

값 50,000원
ISBN 978-89-6312-061-4　03320

주택관련 양도소득세
실무해설서

안병희 · 이득근

양도소득세법 중에서도 주택과 관련된 부분은 세법 중에서 가장 어려운 분야이다. 이에 필자는 독자가 보다 쉽게 법을 이해할 수 있도록 다양한 방법을 통해 설명하였다.

첫째, 법령을 단순히 나열하는 방식에서 벗어나 구체적인 계산사례와 그림을 통하여 설명하였고, 서로 대비되는 사례나 유사한 사례를 함께 묶어 설명함으로써 차이점을 비교할 수 있도록 하였다.

둘째, 양도소득세뿐만 아니라 취득세, 종합부동산세, 상속 및 증여세 등 관련 세법도 함께 설명함으로써 보다 수준 높고 종합적인 세무상담을 할 수 있도록 하였다.

셋째, 지엽적인 설명은 생략하고 원칙 중심으로 설명하였으며, 긴 문장 대신 간결한 문장으로 압축하여 설명하였다.

넷째, 초보자도 쉽게 이해할 수 있도록 법령의 배경 및 취지를 풍부하게 실었으며, 비교학습 및 심화학습 코너를 마련하는 등 입체적으로 내용을 구성하였다.

이 책이 독자 여러분이 양도소득세법을 이해하는데 큰 도움이 될 것으로 기대한다.

2022년 8월　　　　　　공인회계사 안병희
　　　　　　　　　　　　세 무 사 이득근

BRIEF CONTENTS

Chapter 1. 양도소득세 총론 _31

Chapter 2. 1세대1주택 비과세 _121

Chapter 3. 1세대 2주택 비과세 특례 _199

Chapter 4. 재개발·재건축 등에 대한 양도소득세 _327

Chapter 5. 다주택자에 대한 중과세 _409

Chapter 6. 주택임대사업자에 대한 세제혜택 _487

Chapter 7. 신축주택 및 미분양주택 등에 대한 양도소득세 감면 _577

Chapter 8. 특수한 경우의 양도소득세 계산 _633

CONTENTS

Chapter 1. 양도소득세 총론 _ 31

01. 양도소득세 개요 _ 32

Ⅰ. 양도소득세 납세의무자 _ 32
1. 개요 _ 32
2. 납세의무자의 구분 _ 33
3. 종중이나 교회 등의 양도소득세 납세의무 _ 33

Ⅱ. 양도의 범위 _ 35
1. 개요 _ 35
2. 양도소득과 사업소득의 구분 _ 35
3. 양도소득세 과세대상이 되는 거래의 분류 _ 36
4. 양도소득세 과세대상이 아닌 경우 _ 37

Ⅲ. 주요 양도소득세 과세대상 자산 _ 40
1. 부동산 _ 40
2. 부동산에 관한 권리 _ 40
3. 주식 _ 41
4. 기타자산 _ 41

Ⅳ. 자산의 취득시기 및 양도시기 _ 42
1. 개요 _ 42
2. 거래유형별 자산의 취득시기 또는 양도시기 _ 43
〈참고〉 양도소득세 계산구조 _ 46

02. 양도차익의 산정 _ 47

Ⅰ. 실지거래가액 방식과 기준시가 방식의 양도차익 계산 _ 47
1. 양도가액 _ 48

2. 취득가액 _ 49

3. 기타 필요경비 _ 50

4. 주요 기타 필요경비 인정여부 _ 51

〈심화학습〉 철거된 구건물의 취득가액 필요경비 인정여부 _ 54

II. 양도가액 및 취득가액 등의 산정 방법 _ 56

1. 토지와 건물 등을 일괄양도 또는 일괄취득하는 경우 _ 56

2. 감가상각비를 사업소득금액 계산시 필요경비로 계상한 경우 취득가액 산정 _ 57

3. 상속 또는 증여받은 자산을 양도할 경우 취득가액 및 기타 필요경비 _ 58

4. 양수자가 양도소득세를 부담한 경우 양도가액 산정 _ 61

5. 환산취득가액 적용시 기타 필요경비 계산 및 가산세 적용방법 _ 61

6. 이혼시 재산분할 또는 위자료로 양도한 주택에 대한 과세 여부 _ 66

III. 1세대1주택 고가주택의 양도차익 및 장기보유특별공제 계산 방법 _ 67

03. 기준시가 _ 70

I. 기준시가의 정의 및 분류 _ 70

1. 기준시가의 정의 _ 70

2. 기준시가의 용도 _ 71

3. 기준시가의 문제점 _ 71

4. 기준시가와 시가표준액의 관계 _ 72

II. 부동산 종류별 기준시가 산정방법 _ 73

1. 토지의 기준시가 _ 73

2. 일반건물의 기준시가 _ 76

3. 토지와 건물의 가액을 일괄 고시하는 오피스텔 및 상업용 건물의 기준시가 _ 79

4. 기준시가 고시 전에 취득한 주택 및 오피스텔·상업용건물의 취득 당시 기준시가 _ 81

04. 양도소득세 과세표준의 계산 _ 83

Ⅰ. 장기보유특별공제 _ 83

   1. 장기보유특별공제 적용대상 자산 _ 83

   2. 장기보유특별공제액 계산 _ 84

   〈참고1〉 장기보유특별공제 적용시 보유기간 기산일 _ 88

   〈참고2〉 주택유형별 장기보유특별공제 적용방법 _ 88

Ⅱ. 양도차익과 양도차손의 통산 _ 90

   1. 그룹별 공제 _ 90

   2. 같은 그룹 내 양도차손의 공제순서 _ 90

   3. 양도차손 미공제분 소멸 및 1세대1주택 비과세 양도차손 공제 배제 _ 91

Ⅲ. 양도소득기본공제 _ 95

   1. 그룹별 공제 _ 95

   2. 자산을 공동소유하는 경우 _ 95

   3. 양도소득금액에 감면 소득금액이 포함된 경우 _ 95

   4. 종중과 비거주자의 양도소득기본공제 적용여부 _ 96

05. 양도소득세 결정세액의 계산 _ 98

Ⅰ. 양도소득세율 _ 98

   1. 2021.6.1. 이후에 양도하는 경우 토지·건물·조합원입주권·분양권의 양도소득세율 _ 98

   2. 2021.5.31. 이전에 양도한 경우 토지·건물·조합원입주권·분양권의 양도소득세율 _ 99

Ⅱ. 양도소득세액 계산특례(비교과세) _ 101

   1. 하나의 자산에 2개 이상의 세율이 적용되는 경우 _ 101

   2. 같은 연도 중에 세율이 다른 2개 이상의 자산을 양도하는 경우 _ 102

Ⅲ. 양도소득세 감면 _ 104

   1. 감면세액의 계산방법 _ 104

   2. 세액감면 규정 _ 105

Ⅳ. 주택관련 취득세율 _ 105

   1. 유상거래로 취득한 주택의 취득세 기본세율 및 중과세율 _ 105

   2. 상속 또는 증여로 취득한 경우 주택 취득세율 _ 106

〈심화학습〉 조정대상지역 소재 주택을 증여로 취득하는 경우 취득세 중과세율 적용 _ 107

06. 양도소득세 신고 및 납부 절차 _ 109

I. 양도소득세 예정신고 _ 109
1. 예정신고 대상자 _ 109
2. 예정신고 기한 _ 109

II. 확정신고 _ 111

III. 예정신고 또는 확정신고를 하지 않거나 과소신고한 경우 가산세 _ 115
1. 가산세의 구분 _ 115
2. 가산세의 중복적용 배제 _ 116
3. 가산세 감면 _ 119

Chapter 2. 1세대1주택 비과세 _ 121

01. 1세대1주택 비과세 개요 _ 122

I. 1세대의 범위 _ 122
1. 원칙 _ 122
2. 예외 _ 123
3. 동일세대 여부 관련 심판례 등 _ 124

II. 주택 및 부수토지의 범위 _ 125
1. 1세대1주택 비과세 여부 판단시 주택의 개념 _ 125
2. 비과세되는 1세대1주택의 부수토지 범위 _ 126
3. 1세대1주택 비과세가 적용되는 주택과 부수토지의 범위 _ 129
4. 관련예규 등 _ 131

III. 주택유형별 주택수 판단 _ 131

1. 공동소유 주택 _ 131

2. 다가구주택 _ 134

3. 겸용주택 _ 138

4. 오피스텔 _ 148

5. 가정어린이집 _ 150

6. 부동산매매업자 및 주택신축판매업자가 재고자산으로 보유한 주택 _ 150

7. 종업원기숙사 _ 150

8. 펜션 및 민박 _ 150

9. 조합원입주권 및 주택분양권 _ 151

〈참고〉 주택 유형별 1세대1주택 비과세 및 중과세 적용 여부 _ 152

02. 1세대1주택 비과세 판단시 보유기간 및 거주기간 _ 153

Ⅰ. 개요 _ 153

Ⅱ. 보유기간 및 거주기간 기산일 산정방법 _ 154

Ⅲ. 20211.1. 이후부터 2022.5.9. 이전까지 양도한 최종1주택 보유기간 및 거주기간 _ 157

Ⅳ. 거주요건 적용 여부 _ 163

1. 2년 이상 거주요건이 적용되는 경우 _ 163

2. 2년 이상 거주요건이 적용되지 않는 경우 _ 164

3. 조정대상지역에서 해제된 경우 거주요건 적용여부 _ 165

Ⅴ. 보유요건 및 거주요건 모두 제한을 받지 않고 비과세되는 경우 _ 171

1. 임차일부터 양도일까지 5년 이상 거주한 건설임대주택 등을 양도하는 경우 _ 171

2. 사업인정고시일 전에 취득한 주택 등을 협의매수·수용으로 양도하는 경우 _ 173

3. 해외이주 등으로 출국일 현재 보유한 1주택을 출국일로부터 2년 이내 양도하는 경우 _ 176

〈연관학습〉 비거주자에게 적용되는 양도소득세 관련 규정 _ 180

4. 부득이한 사유로 다른 시·군으로 이전하면서 1년 이상 거주한 주택을 양도하는 경우 _ 182

〈핵심요약〉 비과세 등 세제혜택 적용시 보유요건 외에 거주요건이 필요한 경우 _ 183

03. 보유기간 및 거주기간 통산 여부 _ 184

Ⅰ. 상속으로 취득한 주택의 비과세 판단 및 세액 계산시 보유기간 계산 _ 184

    1. 피상속인과 상속인이 동일세대인 경우 _ 184

    2. 피상속인과 상속인이 별도세대인 경우 _ 185

  Ⅱ. 증여로 취득한 주택의 비과세 판단 및 세액 계산시 보유기간 계산 _ 186

    1. 증여자와 수증자가 동일세대인 경우 _ 186

    2. 증여자와 수증자가 별도세대인 경우 _ 187

  Ⅲ. 이혼으로 취득한 주택의 비과세 판단 및 세액 계산시 보유기간 계산 _ 188

    1. 재산분할로 취득한 경우 _ 188

    2. 위자료로 취득한 경우 _ 189

  Ⅳ. 재건축한 주택의 비과세 판단시 보유기간 및 거주기간 계산 _ 190

    1. 소실·노후로 인한 재건축인 경우 _ 190

    2. 도시및주거환경정비법에 따른 재건축인 경우 _ 191

04. 취득세 등 기타 세목 주요 내용 _ 192

  Ⅰ. 취득세에서 규정하는 세대의 개념 _ 192

    1. 1세대의 범위 _ 192

    2. 1세대의 판단기준일 _ 193

  Ⅱ. 주택 유형별 기타 세목 관련 내용 _ 193

    1. 오피스텔 _ 193

    2. 가정어린이집 _ 195

    3. 주택신축판매업자의 종합부동산세 _ 195

    4. 겸용주택 관련 기타 세목 _ 196

    5. 주택 부수토지 관련 취득세 및 종합부동산세 _ 196

Chapter 3. 1세대 2주택 비과세 특례 _ 199

01. 일시적2주택 비과세 특례 _ 201

I. 1주택을 보유한 상태에서 신규주택을 취득한 경우 일시적2주택 비과세 특례 _ 201

1. 종전주택을 보유한 상태에서 신규주택을 취득한 경우 비과세 요건 _ 201
2. 분양권을 보유한 상태에서 주택을 취득한 경우 종전주택 비과세 양도기한 _ 207
〈심화학습〉 일시적2주택 비과세특례와 중복적용 가능한 다른 특례주택 _ 216
3. 일시적2주택 비과세특례와 상속주택 비과세특례 중복적용 여부 _ 217
4. 일시적2주택 비과세특례와 임대주택 비과세특례 중복적용 여부 _ 218
5. 일시적2주택 비과세특례와 동거봉양(혼인)합가 비과세특례 중복적용 여부 _ 219
6. 일시적2주택 비과세특례와 농어촌주택 또는 감면주택 비과세특례 중복적용 여부 _ 222
7. 일시적2주택 비과세특례와 2개의 비과세 특례규정 중복적용 여부 _ 223

II. 1주택을 보유한 상태에서 주택분양권을 취득한 경우 일시적2주택 비과세 특례 _ 224

1. 개요 _ 224
2. 2021.1.1 이후 취득한 주택분양권에 대한 비과세 특례 _ 225

III. 일시적2주택에 대한 취득세 중과적용 여부 _ 231

1. 일시적2주택에 대한 취득세 기본세율 적용요건 _ 231
2. 주택 종류별 일시적2주택 취득세 중과적용 여부 _ 232
3. 양도소득세와 취득세 일시적2주택 차이 비교 _ 234
4. 일시적2주택에 대한 취득세 기본세율 적용 후 종전주택 등 미처분시 추징 _ 235
〈심화학습〉 취득세 중과대상 주택수 판단시 조합원입주권 또는 주택분양권 포함 여부 _ 235

02. 상속주택 보유자의 일반주택 양도시 비과세 특례 _ 239

I. 개요 _ 239
II. 일반주택과 상속주택의 범위 _ 242

1. 일반주택의 범위 _ 242
2. 상속주택의 범위 _ 245

III. 피상속인이 상속개시 당시 2 이상의 주택을 소유한 경우 비과세 특례 _ 250

Ⅳ. 1주택을 공동으로 상속받는 경우 비과세 특례 _ 254

Ⅴ. 2주택 이상을 공동으로 상속받는 경우 비과세 특례 _ 257

　〈심화학습〉 공동상속주택 소수지분권자의 소유주택 비과세 및 중과세 여부 판단 _ 260

Ⅵ. 비과세 거주요건 적용시 1주택을 공동으로 상속받은 경우 주택 소유자 판단 _ 262

Ⅶ. 최초분할 후 공동상속주택의 지분이 변동되는 경우 주택 소유자 판정기준일 _ 263

　1. 최초분할 후 소수지분권자가 지분변동으로 최다지분권자로 된 경우 _ 263

　2. 소수지분권자가 다른 상속인의 지분을 모두 취득하여 단독 소유하게 된 경우 _ 265

Ⅷ. 농어촌주택을 상속받는 경우 비과세 특례 _ 266

Ⅸ. 상속받은 주택을 협의분할하였으나 상속등기를 하지 않은 경우 _ 267

Ⅹ. 상속관련 기타 세법규정 _ 272

　1. 유증·사인증여로 주택을 취득한 경우 상속주택 비과세특례 적용여부 _ 272

　2. 종합부동산세 _ 272

　3. 취득세 _ 273

03. 동거봉양합가 및 혼인합가에 대한 비과세 특례 _ 278

Ⅰ. 동거봉양합가에 따른 비과세 특례 _ 278

Ⅱ. 혼인합가에 따른 비과세 특례 _ 278

Ⅲ. 동거봉양합가 및 혼인합가에 따른 비과세특례 사례 _ 279

Ⅳ. 조합원입주권 또는 주택분양권 등을 보유한 상태에서 합가시 비과세 특례 _ 282

　1. 1주택 보유자 + 1조합원입주권 보유자 합가 _ 283

　2. 1주택 보유자 + 1주택과 1조합원입주권 보유자 합가 _ 285

　3. 1조합원입주권 보유자 + 1조합원입주권 보유자 합가 _ 286

　4. 1주택과 1조합원입주권 보유자 + 1조합원입주권 보유자 합가 _ 286

　5. 1주택과 1조합원입주권 보유자 + 1주택과 1조합원입주권 보유자 합가 _ 288

Ⅴ. 동거봉양(혼인)합가 관련 기타 세법규정 _ 289

　1. 세대합가로 인한 종합부동산세 계산시 주택수 합산여부 _ 289

　2. 취득세 중과여부 판단시 주택수 계산 _ 289

04. 농어촌주택에 대한 비과세 특례 _ 290

I. 소득세법상 농어촌주택에 대한 비과세 특례 _ 290
1. 일반주택과 농어촌 상속주택을 보유한 상태에서 일반주택 양도시 비과세특례 _ 291
2. 이농주택을 보유한 상태에서 일반주택 취득 후 일반주택 양도시 비과세특례 _ 294
3. 일반주택을 보유한 상태에서 귀농주택 취득 후 일반주택 양도시 비과세특례 _ 295

II. 조세특례제한법상 농어촌주택에 대한 비과세 특례 _ 299
1. 비과세특례 적용요건 _ 300
2. 비과세특례 적용 후 사후관리 _ 302
3. 일반주택을 비과세 받고 양도한 후 농어촌주택 등 양도시 보유기간 기산일 _ 303

III. 농어촌주택 관련 취득세 중과 여부 _ 306

05. 부득이한 사유로 취득한 수도권 밖 소재 주택에 대한 비과세 특례 _ 307

I. 비과세가 적용되는 경우 _ 307
II. 비과세가 적용되는 않는 경우 _ 308
III. 관련예규 _ 309

06. 장기임대주택 또는 장기가정어린이집 보유자의 거주주택 비과세 특례 _ 310

I. 장기임대주택 보유자의 거주주택 비과세 특례 _ 310
1. 개요 _ 310
2. 주택 취득시기에 따른 거주주택 비과세 적용범위 _ 311
3. 의무임대기간 중 거주주택에 대해 비과세 적용 이후 임대주택에 대한 사후관리 _ 317
4. 임대등록 시점별 거주주택 비과세 적용 여부 _ 318
5. 거주주택 비과세 관련 주요 사례 _ 320

II. 장기가정어린이집 보유자의 거주주택 비과세 특례 _ 324
1. 개요 _ 324
2. 2019.2.12. 이후 취득한 주택에 대한 거주주택 비과세 재차 적용여부 _ 324
3. 가정어린이집으로 사용하지 않게 된 날부터 6개월 이내 거주주택을 양도하는 경우 비과세 및 중과적용 여부 _ 325

Chapter 4. 재개발·재건축 등에 대한 양도소득세 _ 327

01. 재개발·재건축 등에 대한 총설 _ 328

I. 조합원입주권의 범위 _ 328

1. 조합원입주권의 정의 _ 328
2. 조합원입주권 종류별 양도소득세법상 조합원입주권 해당여부 _ 330

II. 주택과 조합원입주권간 상호 변환시기 _ 331

1. 종전주택이 조합원입주권으로 변환되는 시기 _ 331
2. 조합원입주권이 신축주택으로 변환되는 시기 _ 332

III. 조합원입주권의 주택수 포함 및 중과세 여부 _ 333

02. 조합원입주권 등에 대한 비과세 특례 _ 334

I. 조합원입주권에 대한 양도소득세 비과세 _ 334

1. 양도일 현재 조합원입주권만 보유한 경우 _ 334
2. 양도일 현재 조합원입주권과 신규주택을 보유한 경우 _ 335

II. 조합원입주권 취득 후 종전주택 양도시 비과세 _ 340

1. 종전주택을 조합원입주권 취득한 후 3년 내에 양도하는 경우 _ 340
2. 종전주택을 조합원입주권 취득 후 3년 이상 경과한 후 양도하는 경우 _ 341

III. 재건축 등 기간 중 취득한 대체주택 양도시 비과세 _ 343

〈참고〉 원조합원과 승계조합원의 차이 비교 _ 345

03. 조합원입주권을 양도하는 경우 양도소득세 계산 _ 348

I. 조합원입주권을 양도하는 경우 _ 348

1. 양도차익 구분의 필요성 _ 348
2. 양도차익의 구분계산 _ 349

II. 조합원이 청산금을 납부하고 조합원입주권을 양도하는 경우 양도소득세 계산 _ 352

1. 양도차익의 구분계산 _ 352

2. 조합원입주권이 고가주택인 경우 양도차익 계산 _ 352

Ⅲ. 조합원이 청산금을 수령하고 조합원입주권을 양도하는 경우 양도소득세 계산 _ 360

1. 양도차익의 구분계산 _ 361

2. 장기보유특별공제 계산 및 비과세 등 판단 _ 362

〈심화학습 1〉 상속주택 등 보유자의 일반주택 양도시 비과세특례 규정 적용여부 _ 368

〈심화학습 2〉 1+1 형태의 조합원입주권 과세문제 _ 370

〈심화학습 3〉 일시적2주택 비과세 특례와 재건축주택 또는 신축주택과의 관계 _ 371

〈심화학습 4〉 1세대1주택 비과세 판정시 조합원입주권과 관련된 보유기간 계산방법 _ 374

04. 신축주택을 양도하는 경우 양도소득세 계산 _ 375

Ⅰ. 원조합원이 청산금을 납부하거나 수령하지 않고 신축주택을 양도하는 경우 _ 375

Ⅱ. 원조합원이 청산금을 납부하고 신축주택을 양도하는 경우 _ 378

1. 청산금 납부분 양도차익과 청산금 납부분 이외 양도차익 구분계산 _ 378

2. 청산금 납부분과 청산금 납부분 이외 양도차익에 대한 장기보유특별공제 _ 379

Ⅲ. 원조합원이 청산금을 수령하고 신축주택을 양도하는 경우 _ 384

1. 양도차익 구분 계산 _ 384

2. 장기보유특별공제 계산 _ 385

Ⅳ. 조합원입주권을 승계 취득하여 신축주택을 양도하는 경우 _ 392

1. 양도차익 계산 _ 392

2. 장기보유특별공제 계산 _ 392

3. 취득시기 _ 392

05. 종전주택을 조합에 양도하는 경우 양도소득세 계산 _ 398

1. 개요 _ 398

2. 다주택자 중과여부 _ 398

3. 양도소득세 감면 _ 398

06. 조합원입주권 관련 기타 세목 _ 401

Ⅰ. 조합원입주권 관련 취득세 등 _ 401

    1. 조합원입주권 취득시점에서 주택이 멸실된 상태인 경우 _ 401

    2. 조합원입주권 취득시점에서 주택이 멸실되지 않은 상태인 경우 _ 402

Ⅱ. 재개발·재건축 정비사업조합에 대한 과세 _ 403

Ⅲ. 조합원의 배당소득에 대한 과세 _ 403

Ⅳ. 조합원입주권에 대한 상속세 및 증여세 과세가액 산정방법 _ 403

Ⅴ. 조합원입주권에 대한 동거주택 상속공제 적용 _ 405

    1. 동거주택 상속공제 요건 _ 405

    2. 동거주택 상속공제 금액 및 한도 _ 406

    3. 조합원입주권 동거주택 상속공제 적용여부 _ 406

Chapter 5. 다주택자에 대한 중과세 _409

01. 다주택자 양도소득세 중과제도 개요 _ 410

Ⅰ. 다주택자 양도소득세 중과대상 및 적용세율 _ 410

    1. 조정대상지역 내 주택을 2년 이상 보유하다 양도하는 경우 세율 적용방법 _ 410

    2. 조정대상지역 내 주택을 2년 미만 보유하다 양도하는 경우 세율 적용방법 _ 413

    3. 같은 연도에 자산을 둘 이상 양도하는 경우 세율 적용 _ 413

Ⅱ. 다주택자 양도소득세 중과 흐름도 _ 415

02. 다주택자 중과대상 주택수 계산 _ 418

Ⅰ. 중과대상 주택수 판단 _ 418

    1. 세대단위로 판단 _ 418

    2. 자산별 중과대상 주택수 포함여부 _ 418

3. 20.12.31. 이전에 취득한 분양권 지분을 21.1.1. 이후 증여하는 경우 _ 419

4. 주택과 부수토지의 소유자가 다른 경우 _ 420

5. 중과대상 주택의 부수토지만 양도하는 경우 _ 421

6. 혼인으로 3주택 이상을 보유한 경우 주택수 계산 _ 421

II. 중과대상 주택수 판단시 지역기준과 가액기준 _ 423

1. 주택을 보유한 경우 지역기준과 가액기준 _ 423

2. 조합원입주권 또는 주택분양권을 보유한 경우 지역기준과 가액기준 _ 426

3. 다가구주택을 보유한 경우 가액기준 _ 426

III. 장기임대주택 등 중과대상 주택수 포함여부 _ 427

03. 1세대 3주택 이상 중 중과제외 주택 _ 429

I. 양도당시 기준시가 3억원 이하 주택 _ 430

II. 소득세법상 장기임대주택 _ 436

1. 법정 요건을 충족한 장기임대주택을 양도하는 경우 중과제외 _ 436

2. 2018.9.14. 이후 취득한 장기임대주택에 대한 중과적용 _ 437

III. 조세특례제한법상 감면주택 _ 442

IV. 상속받은 주택 _ 444

1. 별도세대원으로부터 상속받은 주택 _ 444

2. 동일세대원으로부터 상속받은 주택 _ 446

3. 공동상속주택 소수지분권자가 상속받은 주택 _ 447

V. 중과제외 주택 이외 1주택 _ 454

VI. 비과세특례 등 적용주택 _ 459

1. 2021.2.16. 이전 양도분 _ 459

2. 2021.2.17. 이후 양도분 _ 459

04. 1세대 2주택 중 중과제외 주택 _ 462

I. 부득이한 사유로 취득한 다른 시·군 소재 주택 _ 463

Ⅱ. 부득이한 사유로 취득한 수도권 밖 소재 주택 _ 464

Ⅲ. 동거봉양합가 주택 _ 465

Ⅳ. 혼인합가 주택 _ 466

Ⅴ. 일시적2주택자가 양도하는 종전주택 _ 467

Ⅵ. 기준시가 1억원 이하 소형주택 _ 471

Ⅶ. 5년 이상 경과된 상속주택 보유자가 양도하는 일반주택 _ 475
    1. 2021.2.16. 이전 양도분 _ 475
    2. 2021.2.17. 이후 양도분 _ 476

Ⅷ. 장기임대주택 보유자가 양도하는 거주주택 _ 478

Ⅸ. 주택과 조합원입주권 _ 481
    1. 종전주택을 조합원입주권 취득 후 3년 내에 양도하는 경우 _ 481
    2. 종전주택을 조합원입주권 취득 후 3년 이상 경과한 후 양도하는 경우 _ 482
    3. 재건축 등 기간 중 취득한 대체주택을 양도하는 경우 _ 483
    4. 동거봉양(혼인)합가한 후 주택을 양도하는 경우 _ 483

05. 중과세 관련 기타 사항 _ 484

Ⅰ. 취득세 중과대상 주택수 판단시 포함 또는 제외되는 주요 주택의 범위 _ 484

Ⅱ. 각 세법에서 규정하고 있는 소형주택의 범위 및 중과대상 여부 _ 485

Ⅲ. 조정대상지역 내에서 적용되는 주요 세법규정 _ 485

Chapter 6. 주택임대사업자에 대한 세제혜택 _ 487

01. 주택임대사업자의 임대주택 규정 개요 _ 489

Ⅰ. 세제혜택별 의무임대기간 _ 489
    1. 민간임대주택법상 임대주택 의무임대기간 _ 490

2. 소득세법상 장기임대주택 의무임대기간 _ 490

3. 조세특례제한법상 장기일반민간임대주택 의무임대기간 _ 490

4. 지방세특례제한법상 임대주택 의무임대기간 _ 490

II. 주택임대사업자의 요건 및 세제혜택 _ 491

1. 민간임대주택법상 주택임대사업자의 요건 _ 491

2. 소득세법상 장기임대주택에 대한 요건 및 세제혜택 _ 491

3. 조세특례제한법상 장기일반민간임대주택에 대한 요건 및 세제혜택 _ 492

4. 지방세특례제한법상 임대주택에 대한 요건 및 세제혜택 _ 493

III. 임대주택에 대한 가액기준, 면적기준 및 임대료 증액제한 요건 _ 494

1. 가액기준 _ 495

2. 면적기준 _ 497

3. 임대료 증액제한 요건 _ 498

02. 소득세법상 장기임대주택 _ 499

I. 주택 취득 및 임대등록 시기별 임대주택 요건 _ 499

1. 2018.4.1. 이후 장기임대주택으로 등록하는 경우 임대유형 및 의무임대기간 _ 499

2. 2018.9.14. 이후 조정대상지역 소재 주택을 취득하여 장기임대주택으로 등록한 경우 _ 500

3. 장기임대주택의 세제혜택 비교 _ 501

4. 2019.12.17. 이후 임대등록분부터 2년 이상 거주요건 적용 _ 502

5. 2020.8.18. 이후 장기임대주택 등록시 의무임대기간 10년 이상 적용 _ 502

II. 주택임대사업자의 종합부동산세 합산배제 _ 503

1. 종합부동산세 과세 개요 _ 503

2. 주택임대사업자의 종합부동산세 합산배제 _ 503

3. 임대등록이 자진말소 또는 자동말소된 경우 이전에 종합부동산세 합산배제로 경감받은 세액
추징여부 _ 506

III. 주택임대사업자의 종합소득세 감면 _ 507

1. 주택임대소득 과세기준 _ 507

2. 주택임대소득 과세방법 _ 508

3. 주택임대사업자에 대한 소득세 감면 _ 509

4. 임대등록 말소에 따른 종합소득세 감면추징 여부 _ 510

5. 주택임대사업자 미등록시 가산세 _ 510

03. 조세특례제한법상 장기일반민간임대주택 _ 518

I. 장기일반민간임대주택에 대한 장기보유특별공제 과세특례 _ 518

1. 장기일반민간임대주택의 장기보유특별공제 적용방법 _ 519

2. 단기민간임대주택을 장기일반민간임대주택으로 전환한 경우 보유기간 산정방법 _ 523

3. 임대보증금(임대료) 증액제한과 임대보증금과 월임대료의 전환 _ 527

4. 1세대1주택 비과세 적용시 장기일반민간임대주택의 주택수 포함 여부 _ 527

5. 장기일반민간임대주택 양도시 중과적용 여부 _ 528

6. 2018.9.14. 이후 취득한 장기일반민간임대주택에 대한 가액기준 신설 _ 528

7. 공동으로 임대등록한 경우 장기보유특별공제율 과세특례 적용여부 _ 529

8. 임대등록 자동말소시 장기보유특별공제율 과세특례 적용여부 _ 529

II. 장기임대주택에 대한 장기보유특별공제 추가공제 _ 531

III. 장기일반민간임대주택에 대한 양도소득세 세액감면 _ 532

1. 임대기간 중 발생한 양도소득금액의 계산 _ 533

2. 취득일로부터 3개월 이내 장기일반민간임대주택으로 등록 _ 533

3. 농어촌특별세 부과 _ 534

4. 1세대1주택 비과세 적용시 장기일반민간임대주택의 주택수 포함 여부 _ 534

5. 장기일반민간임대주택 양도시 중과적용 여부 _ 534

6. 장기보유특별공제 추가공제 적용배제 _ 535

7. 임대등록 자동말소시 양도소득세 세액감면 적용여부 _ 535

04. 기타 주택임대 관련 세제혜택 _ 540

I. 임대주택에 대한 취득세 감면 _ 540

1. 취득세 기본내용 _ 540

2. 주택임대사업자의 취득세 감면 _ 541

3. 취득세 100% 감면 적용시 최소납부세액 _ 542

4. 임대등록 말소에 따른 취득세 감면세액 추징 여부 _ 543

Ⅱ. 임대주택에 대한 재산세 감면 _ 544

1. 과세기준일 _ 544

2. 주택임대사업자의 재산세 감면 _ 544

3. 재산세 100% 감면 적용시 최소납부세액 _ 545

4. 임대 등록말소에 따른 재산세 감면세액 추징 여부 _ 546

〈참고〉 임대사업자 등록시 취득세 및 재산세 감면 요약 _ 548

Ⅲ. 법인 임대사업자의 세제혜택 축소 _ 548

1. 법인 임대사업자의 세제혜택 변화 _ 549

2. 개인 임대사업자와 법인 임대사업자의 주요 세제혜택 비교 _ 550

Ⅳ. 주택임대사업자의 건강보험료 _ 551

1. 직장가입자와 지역가입자의 구분 _ 551

2. 주택임대사업자의 건강보험료 납부의무 기준 _ 551

3. 주택임대사업자의 건강보험료 감면 _ 553

05. 임대등록 자진말소와 자동말소 _ 554

Ⅰ. 폐지되는 임대유형 및 세제혜택 추징 또는 유지 여부 _ 554

1. 폐지되는 임대유형 _ 554

2. 임대등록을 자진말소하는 경우 세제혜택 적용여부 _ 556

3. 임대등록 자진말소에 따른 양도소득세 세제혜택 적용 여부 _ 557

4. 의무임대기간 경과 후 임대등록이 자동말소된 경우 _ 559

〈참고〉 임대주택 관련 세제혜택 및 적용요건 _ 571

06. 주택임대 관련 임차인 보호제도 _ 572

Ⅰ. 주택임대사업자의 부기등기 _ 572

1. 개요 _ 572

2. 부기등기 신청기한 _ 573

3. 부기등기 의무 위반시 과태료 _ 573

Ⅱ. 임대보증금 보증보험 _ 573

1. 개요 _ 574

2. 주요 보증보험 의무가입 제외대상 _ 574

3. 보증보험 수수료 분담 및 미가입시 불이익 _ 575

Chapter 7. 신축주택 및 미분양주택 등에 대한 양도소득세 감면 _ 577

01. 임대주택에 대한 감면 _ 578

Ⅰ. 장기임대주택에 대한 양도소득세 감면 _ 578

1. 장기임대주택의 주택수 포함여부 및 감면세액 적용 방법 _ 579

2. 조정대상지역 내 장기임대주택 양도시 중과적용 여부 _ 580

3. 장기임대주택 감면적용시 임대사업자 등록여부 _ 581

4. 세액감면의 한도 및 농어촌특별세 과세 _ 581

5. 2인 이상이 장기임대주택을 공동소유하는 경우 감면적용 여부 _ 582

6. 장기임대주택 관련 주요 예규 _ 582

Ⅱ. 신축임대주택에 대한 양도소득세 감면 _ 586

1. 신축임대주택의 주택수 포함여부 및 감면세액 적용 방법 _ 586

2. 조정대상지역 내 신축임대주택 양도시 중과적용 여부 _ 587

3. 신축임대주택 감면적용시 임대사업자 등록요건 적용 여부 _ 588

4. 신축임대주택이 아닌 기존 임대주택 양도시 감면적용 여부 _ 588

5. 세액감면의 한도 및 농어촌특별세 과세 _ 588

6. 신축임대주택 관련 주요 예규 _ 588

02. 미분양주택 취득에 대한 양도소득세 과세특례 _ 590

Ⅰ. 미분양주택에 대한 과세특례 _ 590

Ⅱ. 지방 미분양주택 취득에 대한 양도소득세 등 과세특례 _ 591

Ⅲ. 서울시 밖 미분양주택 취득자에 대한 양도소득세 과세특례 _ 592

Ⅳ. 비거주자의 주택취득에 대한 양도소득세 과세특례 _ 595

Ⅴ. 수도권 밖 미분양주택 취득자에 대한 양도소득세 과세특례 _ 596

Ⅵ. 준공후 미분양주택 취득자에 대한 양도소득세 과세특례 _ 599

    1. 사업주체 등이 2년 이상 임대한 주택을 취득한 경우 _ 599

    2. 거주자 또는 비거주자가 취득하여 5년 이상 임대한 경우 _ 599

Ⅶ. 미분양주택 취득자에 대한 양도소득세 과세특례 _ 600

Ⅷ. 준공후미분양주택 취득자에 대한 양도소득세 과세특례 _ 601

03. 신축주택 취득자에 대한 감면 _ 603

Ⅰ. 신축주택 취득자에 대한 양도소득세 감면_ 603

    1. 신축주택의 요건 _ 604

    2. 감면이 배제되는 신축주택 _ 606

    3. 감면소득의 계산 _ 607

    4. 기타 사항 _ 609

Ⅱ. 신축주택 취득자에 대한 양도소득세 감면_ 615

    1. 조세특례제한법 제99조와 제99조의3 차이 비교 _ 616

    2. 주택 유형별 감면대상 신축주택 여부 판단 _ 616

Ⅲ. 신축주택 등 취득자에 대한 양도소득세 과세특례_ 618

    1. 과세특례 요건 _ 619

    2. 신축주택 등 감면대상 주택 여부 판단 _ 620

    3. 감면소득의 계산 _ 621

    4. 기타 사항 _ 623

    5. 신축주택 등 관련 주요 예규 _ 627

Chapter 8. 특수한 경우의 양도소득세 계산 _ 633

01. 부당행위계산의 부인 _ 634

I. 부당행위계산 부인에 따른 양도가액 또는 취득가액의 재계산 _ 634
1. 부당행위계산부인 요건 _ 634
2. 자산을 시가보다 낮게 양도한 경우 양도소득세 및 증여세 과세문제 _ 635
3. 자산을 시가보다 높게 양도한 경우 양도소득세 및 증여세 과세문제 _ 637

II. 소득세법과 상속 및 증여세법상 특수관계인 차이에 따른 소득세와 증여세 과세문제 _ 640
1. 소득세법과 상속 및 증여세법상 특수관계인의 범위 _ 640
2. 특수관계인에 포함되는 사용인의 범위에 따른 양도소득세 및 증여세 과세문제 _ 641

02. 교환으로 양도한 자산의 양도차익 계산 _ 647
1. 교환의 개념 _ 647
2. 교환시 양도차익 계산 _ 647

03. 부담부증여에 따른 양도소득세와 증여세 계산 _ 652

I. 부담부증여의 경우 양도차익 계산 _ 652
1. 부담부증여로 인한 양도소득세와 증여세 _ 652
2. 부담부증여시 채무에 대한 양도차익 계산 _ 653

II. 부담부증여시 고려할 사항 _ 658
1. 동일세대원간 부담부증여시 1세대1주택 비과세 적용여부 _ 658
2. 증여재산가액을 기준시가로 평가하는 경우 감가상각비 차감여부 _ 658
3. 증여자의 채무가 아닌 제3자의 채무를 인수한 경우 _ 658
4. 수증자의 채무변제 등에 대한 사후관리 _ 659
5. 부담부증여로 증여받은 부동산을 5년 이내 양도시 이월과세 적용 여부 _ 659

III. 부담부증여 관련 취득세 계산 _ 660
1. 부담부증여시 수증자가 납부하는 취득세 _ 660
〈심화학습〉 부담부증여시 재산의 평가 방법 _ 662

04. 배우자 또는 직계존비속으로부터 증여받은 재산을 5년 이내 양도시 이월과세 _ 673

I. 개요 _ 673
1. 이월과세 적용 요건 _ 673
2. 이월과세의 필요성 _ 674

II. 이월과세가 적용되지 않는 경우 _ 675
1. 양도하는 자산이 협의매수 또는 수용되는 경우 _ 675
2. 양도하는 자산이 1세대1주택 비과세 대상인 경우 _ 675
3. 기타 이월과세를 적용하지 않는 경우 _ 676

III. 이월과세 대상자산을 양도하는 경우 양도소득세 계산 _ 676
1. 양도소득세의 납세의무자 _ 676
2. 필요경비 계산 _ 676
3. 보유기간 계산 _ 678

05. 부담부증여로 취득한 재산을 5년 이내 양도시 이월과세 적용 방법 _ 689
1. 이월과세 적용대상의 구분 _ 689
2. 양도가액의 구분계산 _ 690
3. 취득가액의 구분계산 _ 690
4. 기타 필요경비 구분계산 _ 691
5. 장기보유특별공제의 구분계산 _ 692

06. 특수관계인으로부터 증여받은 재산을 5년 이내 양도시 부당행위계산 부인 _ 696
1. 부당행위계산부인 적용 요건 _ 696
2. 부당행위계산부인의 필요성 _ 696
3. 우회양도에 대한 부당행위계산부인 규정이 적용되지 않는 경우 _ 697
4. 부당행위계산부인 적용시 고려할 사항 _ 698

07. 우회양도에 대한 증여추정 _ 702

    1. 증여추정 적용 요건 _ 702

    2. 증여추정의 필요성 _ 702

    3. 증여추정이 적용되지 않는 경우 _ 703

08. 부동산매매업자에 대한 세액계산의 특례 _ 704

    1. 개요 _ 704

    2. 부동산매매업자의 비교과세 _ 705

    3. 부동산매매업자의 예정신고 및 세액계산 _ 706

09. 허위 매매계약서 작성에 따른 비과세·감면세액 추징 _ 708

    1. 비과세 받은 경우 추징세액 _ 708

    2. 감면받은 경우 추징세액 _ 708

Chapter 1

양도소득세 총론

01

양도소득세 개요

I 양도소득세 납세의무자

1 개요

양도소득세 납세의무자는 양도소득세 과세대상이 되는 자산을 양도한 개인을 말하며, 거주자와 비거주자로 구분된다. 거주자와 비거주자를 구분하는 이유는 거주자는 1세대1주택 비과세 혜택을 받을 수 있는 반면, 비거주자는 1세대1주택 비과세 혜택을 적용받을 수 없는 등 차이가 있기 때문이다.

[양도소득세법상 거주자와 비거주자 주요 과세 차이]

2 납세의무자의 구분

1) 거주자와 비거주자

거주자는 국내에 주소를 두거나 183일 이상 거소를 둔 개인을 말하며, 비거주자는 거주자가 아닌 개인을 말하는데, 다음의 어느 하나에 해당하는 경우에는 거주자로 본다.

① 계속하여 183일 이상 국내에 거주할 것을 통상 필요로 하는 직업을 가진 때
② 국내에 생계를 같이하는 가족이 있고, 그 직업 및 자산상태에 비추어 계속하여 183일 이상 국내에 거주할 것으로 인정되는 때

2) 주소의 판정

주소는 국내에서 생계를 같이 하는 가족이나 직업, 재산 상태 등으로 볼 때 생활과 밀접한 관계를 갖는 장소를 말하고, 거소는 주소지 외의 장소 중 상당기간에 걸쳐 거주하는 장소로서 주소와 같이 밀접한 생활관계가 형성되지 않는 장소를 말한다. 거소의 대표적인 예는 종업원 기숙사나 공사현장 숙소 등이 있다.

3 종중이나 교회 등의 양도소득세 납세의무

법인으로 등기되지 않은 교회나 종중 등의 단체가 부동산을 양도한 경우 양도차익에 대하여 개인으로 보아 양도소득세를 과세할 것인지 법인으로 보아 법인세를 과세할 것인지 법에서 정할 필요가 있다. 국세기본법에서는 종중이나 교회 등의 단체가 법인으로 등기되지 않은 경우에도 일정한 요건을 갖춘 경우 법인으로 보아 법인세를 과세하며, 법인으로 보지 않는 경우에는 개인으로 보아 양도소득세를 과세한다.

[단체와 개인의 부동산 양도소득에 대한 과세]

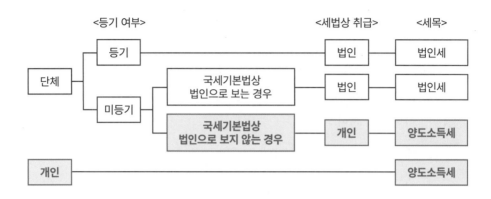

1) 종중의 부동산 양도소득에 대한 과세

① 국세기본법상 관할세무서장으로부터 법인으로 보는 단체로 승인받은 종중은 법인으로 보므로 부동산 양도소득에 대하여 법인세를 납부해야 하나, 양도일 현재 3년 이상 제사 등 고유목적사업을 위해 직접 사용한 토지 등을 양도한 경우에는 부동산 양도차익에 대하여 법인세가 과세되지 않는다.

② 관할세무서장으로부터 법인으로 보는 단체로 승인받지 않은 종중은 개인으로 보아 부동산 양도차익에 대하여 양도소득세를 납부해야 한다.

2) 교회의 부동산 양도소득에 대한 과세

① 국세기본법상 관할세무서장으로부터 법인으로 보는 단체로 승인받은 교회는 부동산 양도소득에 대하여 법인세를 납부해야 하나, 양도일 현재 3년 이상 고유목적사업을 위해 직접 사용한 건물 등을 양도한 경우에는 부동산 양도차익에 대하여 법인세가 과세되지 않는다.

② 관할세무서장으로부터 법인으로 보는 단체로 승인받지 않은 교회는 개인으로 보아 양도소득세를 납부해야 한다.

3) 종중이나 교회에 대한 1세대1주택 비과세 여부

교회나 종중이 양도하는 주택은 1세대1주택 비과세가 적용되지 않는다.

📖 배경 및 취지

1세대1주택 비과세 규정은 개인의 주거이전의 자유를 보장하기 위하여 마련된 제도이므로, 개인이 아닌 교회나 종중 등 단체에 대하여는 적용되지 않는 것이다.

Ⅱ 양도의 범위

1 개요

양도소득세 과세대상이 되는 자산을 유상으로 양도하는 경우에는 등기나 등록의 이전 여부와 관계없이 양도소득세가 과세되므로 미등기전매를 한 경우나 등기되지 않은 무허가건물을 양도하는 경우에도 양도소득세가 과세된다.

2 양도소득과 사업소득의 구분

일시적·비반복적으로 부동산을 양도한 경우 양도소득세가 과세되나, 계속적·반복적으로 부동산을 양도한 경우 부동산매매업 또는 주택신축판매업을 영위한 것으로 보아 종합소득세가 과세된다.

[양도소득과 사업소득의 분류]

3 **양도소득세 과세대상이 되는 거래의 분류**

1) 자산 양도의 대가로 금전이 유입되는 거래

① 매매

양도소득세 과세대상이 되는 가장 일반적인 형태의 거래로서 자산을 이전하고 대가를 금전으로 받는 거래이다.

② 협의매수 또는 수용

협의매수 또는 수용에 따라 국가 등 사업시행자에게 자산의 소유권이 이전되는 경우 그 대가로 보상금을 수령하게 되므로 자산의 유상양도에 해당하여 양도소득세 과세대상이 되나, 양도자의 의사와 무관하게 자산이 강제로 이전되는 점을 감안하여 양도소득세법상 다음과 같은 세제상 혜택이 있다.

가. 1세대1주택자의 주택이 수용되는 경우 보유기간 또는 거주기간이 2년 미만인 경우에도 양도소득세가 비과세된다.

나. 수용되는 주택이 다주택자 중과대상인 경우 또는 수용되는 토지가 비사업용 토지에 해당되는 경우에도 중과세율을 적용하지 않는다.

다. 수용되는 토지 또는 건물을 사업인정고시일로부터 소급하여 2년 이전에 취득한 경우 양도소득세가 감면된다.

2) 자산 양도로 금전 등 대가를 받지 않았으나 채무가 감소하는 거래

① 경매·공매

경매 또는 공매로 인하여 자산의 소유권이 이전된 경우 그 대가를 받지 않았으나, 자산 양도로 인하여 채무가 소멸하여 사실상 자산이 유상으로 이전된 것과 경제적 효과가 같으므로 양도소득세 과세대상이 된다.

② 부담부 증여

자산을 증여받은 자가 증여받은 재산에 담보된 은행대출금이나 임대보증금을 인수하는 경우 자산을 증여한 자는 대출금이나 임대보증금의 채무가 소멸하게 되므로 양도소득세 과세대상이 된다.

③ 대물변제

채권자에게 채무를 변제하기 위하여 금전 대신 다른 자산의 소유권을 이전하는 경우 자산을 양도하여 채무를 변제한 것과 같은 경제적 효과가 발생하므로 양도소득세 과세대상이 된다. 예를 들면 이혼위자료로 부동산 소유권을 이전하는 경우 현금 대신 부동산으로 지급한 것이므로 대물변제에 해당하여 양도소득세 과세대상이 된다.

3) 자산이 유상으로 이전되었으나 대가로 금전 이외의 자산을 받은 경우

① 교환

양도소득세 과세대상 자산의 소유권을 이전하면서 그 대가로 금전 이외 다른 자산을 받는 경우 자산을 양도하고 대가를 수령한 후 다시 교환대상 자산을 취득한 것과 경제적 효과가 같으므로 양도소득세 과세대상이 된다.

② 현물출자

양도소득세 과세대상 자산을 법인에 현물출자한 경우 또는 공동사업을 위하여 자산을 현물로 출자한 경우 그 대가로 주식 또는 출자지분을 취득하게 되므로 유상 양도에 해당하여 양도소득세 과세대상이 된다.

4 양도소득세 과세대상이 아닌 경우

1) 정책적 목적으로 양도로 보지 않는 경우

① 도시 및 주거환경정비법상 재개발·재건축 사업

도시 및 주거환경정비법상 재개발·재건축 사업에 따라 자기가 소유한 토지나 건물을 사업시행자에 제공하고 조합원입주권을 취득하는 경우에는 유상양도에 해당하나 도시정비사업의 원활한 진행을 세제상 지원하기 위해 양도로 보지 않으므로 양도소득세가 과세되지 않는다. 다만, 관리처분계획인가내용에 따라 청산금을 현금으로 지급받은 부분에 대하여는 양도소득세가 과세된다.

② 환지처분 또는 보류지로 충당

도시개발법이나 그 밖의 법률에 따라 환지처분으로 지목 또는 지번이 변경되거나 보류지로 충당되는 경우에는 양도로 보지 않는다. 다만, 환지청산금을 현금으로 지급받은 부분에 대하여는 양도소득세가 과세된다.

2) 자산을 신탁하는 경우 또는 신탁해지하는 경우

① 신탁법에 의한 신탁

신탁법 등에 따라 위탁자의 자산을 수탁자에게 소유권을 이전하는 것은 자산을 유상으로 양도한 것이 아니라 부동산 개발사업의 원활한 진행이나 차입금에 대한 담보제공 등 신탁목적을 위하여 소유권을 이전한 것이므로 양도소득세 과세대상이 아니며, 신탁을 해지하여 다시 위탁자 명의로 자산의 소유권을 환원하는 행위도 자산을 유상으로 양도한 것이 아니므로 양도소득세 과세대상에 해당하지 않는다.

② 명의신탁 및 명의신탁해지

명의신탁이란 재산에 관한 소유권은 실제 소유자에게 있으나 그에 관한 등기 등은 타인의 명의로 하는 것을 말한다. 이는 형식적으로 명의만 이전한 것이므로 양도소득세나 증여세 과세대상이 아니며, 추후 수탁자 명의로 등기하고 있던 부동산을 신탁해지를 원인으로 신탁자 명의로 소유권이전 등기를 하는 경우에도 명의신탁한 자산을 원상회복하는 것에 불과하므로 양도소득세나 증여세가 과세되지 않는다. 다만, 토지 및 건물을 명의신탁하는 행위는 부동산실명제 위반행위로서 형사처벌 대상이 되고, 형사처벌과 별도로 이행강제금과 과징금이 부과된다.

부동산과 달리 주식을 명의신탁하는 행위는 형사처벌이나 과징금 부과대상이 되지 않으나, 조세회피 목적으로 주식을 명의신탁한 경우에는「명의신탁재산의 증여의제 규정」이 적용되어 실제 소유자에게 증여세가 과세될 수 있다.

3) 양도담보를 위한 소유권 이전

양도담보란 담보제공을 목적으로 등기원인을 「양도담보」로 하여 자산에 대한 소유권을 이전하는 행위로서 일반적인 채권의 담보수단으로 사용되는 근저당 설정보다 더 강력한 담보제공 효과를 얻기 위해 사용된다. 양도담보는 비록 소유권은 이전되었으나 유상으로 자산을 양도한 것이 아니므로 양도소득세 과세대상이 되지 않는다. 다만, 채무자가 변제기한까지 채무를 상환하지 못하여 양도담보로 제공한 자산이 채무변제에 충당된 때에는 양도소득세가 과세된다.

4) 공유물분할 성격의 재산분할

① 이혼에 따른 재산분할

이혼에 따른 재산분할은 혼인 후 공동의 노력으로 형성한 재산을 일방의 재산으로 등기하였다가 혼인관계가 해소되면서 각자의 재산으로 청산하는 과정이므로 양도소득세나 증여세 과세대상이 아니다.

② 공유물분할

2인 이상이 공동으로 자산을 소유하던 중 각자의 소유지분별로 자산을 분할하는 경우 또는 각 소유자의 지분비율에 따라 2개 이상의 공유토지로 분할하는 경우에는 공동으로 소유하던 지분을 각자의 소유로 나눈 것에 불과하므로 양도소득세 과세대상은 아니나, 분할 후 면적 또는 지분비율이 변동되는 경우에는 양도 또는 증여로 볼 수 있다.

5) 계약의 해제

부동산에 대한 매매계약을 체결하고 양도대금을 모두 지급받았다고 하더라도 매매계약 이행과 관련한 분쟁 등으로 인하여 매매계약이 해제되어 매매대금을 반환하였다면, 양도소득이 발생한 것이 아니므로 양도소득세 과세대상이 되지 않는다.

Ⅲ 주요 양도소득세 과세대상 자산

소득세법은 양도소득세 과세대상 자산에 대하여 열거주의를 채택하고 있으므로 소득세법상 과세대상으로 열거되지 않은 자산에 대하여는 양도소득세가 과세되지 않으며, 주요 양도소득세 과세대상 자산은 아래와 같다.

1 부동산

토지 또는 건물

2 부동산에 관한 권리

구 분	종 류
부동산을 이용할 수 있는 권리	① 지상권과 전세권 ② 등기된 부동산임차권
부동산을 취득할 수 있는 권리	아파트분양권, 조합원입주권 등 건물이 완성되는 때 해당 건물을 취득할 수 있는 권리 또는 부동산 매매계약을 체결한 자가 계약금을 지급한 상태에서 양도하는 권리

3 **주식**

1) 내국법인 주식

① 상장주식

유가증권시장 또는 코스닥시장·코넥스시장에 상장된 법인의 대주주가 양도하는 주식과 장외거래를 통하여 양도하는 주식에 대하여는 양도소득세가 과세된다.

② 비상장주식

비상장법인의 주식은 원칙적으로 양도소득세 과세대상이 되나, 다음에 해당하는 주식은 양도소득세 과세대상에서 제외한다.

비상장주식 과세대상 제외
① 대주주 외의 자가 한국장외시장(Korea Over The Counter : K-OTC)에서 장외매매거래로 양도하는 중견기업·중소기업의 주식 ② 조세특례제한법상 요건을 충족한 벤처기업의 주식 등(조특법 제14조 ①항)

2) 외국법인 주식

4 **기타자산**

1) 사업용 고정자산과 함께 양도하는 영업권

2) 골프회원권 또는 스포츠시설 회원권 등

3) 기타자산으로 분류되는 특정주식과 부동산과다보유 법인의 주식

Ⅳ 자산의 취득시기 및 양도시기

1 개요

자산의 취득시기 및 양도시기에 따라 1세대1주택 비과세, 양도소득세율 등이 달리 적용되므로 양도 및 취득시기는 양도소득세 계산에 있어서 매우 중요한 의미를 갖는다. 자산의 양도시기 및 취득시기가 양도소득세 계산에 미치는 주요 영향은 아래와 같다.

1) 취득시기에 따른 영향

① 조정대상지역으로 지정된 후 주택을 취득한 경우 1세대1주택 비과세를 적용받기 위해서는 2년 이상 보유요건 이외에 2년 이상 거주요건을 충족해야 한다.
② 미분양주택이나 신축주택의 취득시점에 따라 조세특례제한법상 양도소득세 감면여부나 감면율이 다르게 적용된다.
③ 1주택을 소유한 자가 신규주택을 취득하여 2주택이 된 경우로서 종전주택 취득시점으로부터 1년 이상 경과한 후 신규주택을 취득한 경우 종전주택을 비과세 양도기한 내에 양도하면 비과세된다.

2) 양도시기에 따른 영향

① 1세대1주택 비과세 여부 및 장기보유특별공제 적용시 보유기간 계산은 취득시점부터 양도시점까지의 기간에 따른다.
② 자산을 양도한 시점의 양도소득세율을 적용하여 양도소득세를 계산한다.
③ 주택을 양도한 시점의 주택수에 따라 1세대1주택 비과세여부 또는 다주택자 중과여부가 결정된다.
④ 자산의 양도시점에 따라 양도소득세 예정신고기한과 확정신고기한이 결정되며, 각 신고기한 내에 신고하지 않으면 무신고가산세와 납부지연가산세가 부과된다.

2 거래유형별 자산의 취득시기 또는 양도시기

1) 자산의 취득시기 또는 양도시기가 동시에 적용되는 경우

자산을 유상으로 양도한 경우 자산의 양도시기는 거래 상대방의 입장에서는 자산의 취득시기가 된다.

① 매매로 취득·양도한 경우

가. 대금 청산일이 분명한 경우 : 잔금 지급일. 다만, 매매대금을 청산하기 전에 소유권이전 등기, 등록 등을 한 경우에는 등기부에 기재된 등기접수일

나. 매매대금 청산일이 불분명한 경우 : 등기부에 기재된 등기접수일

② 협의매수 또는 수용된 경우

대금청산일, 수용개시일 또는 소유권이전등기접수일 중 빠른 날

🕐 **여기서 잠깐**

이의신청이나 행정소송을 통하여 추가보상금을 받는 경우에도 수용된 자산의 양도시기는 최초보상금의 수령일, 수용개시일 또는 소유권이전등기접수일 중 빠른 날을 적용한다. 추가보상금을 수령한 경우 추가보상금을 수령한 날의 말일로부터 2개월 이내에 당초 수령한 보상금에 대한 양도소득금액과 합산하여 수정신고하면 추가보상금으로 인하여 증액된 세액에 대하여는 가산세가 부과되지 않는다.

[최초보상금과 추가보상금 양도소득세 신고방법]

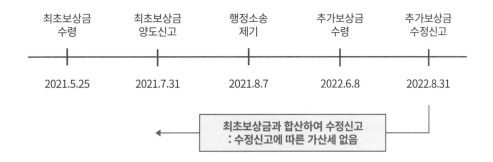

③ 경매된 경우

자산을 경락받은 자가 경매대금을 완납한 날

④ 교환으로 취득·양도한 경우

가. 교환차액을 정산한 경우 : 차액을 정산한 날. 다만, 차액 정산 전에 소유권
이전등기를 한 경우에는 교환등기접수일

나. 교환차액을 정산하지 않고 단순교환한 경우 : 교환계약일. 다만, 교환계약
일이 불분명한 경우에는 교환등기접수일

⑤ 이혼 위자료로 소유권이전한 경우

소유권이전 등기접수일

2) 자산의 양도시기는 적용되지 않고, 취득시기만 적용되는 경우

자산을 무상으로 취득하였거나 거래 상대방이 없는 경우 자산의 취득시기만
적용된다.

① 상속으로 취득한 경우 : 상속개시일(피상속인 사망일)

② 증여로 취득한 경우 : 증여 등기접수일

③ 자기가 건물을 신축한 경우

가. 원칙 : 신축건물의 사용승인서를 교부받은 날

나. 신축건물의 사용승인서를 교부받기 전에 사용한 경우

ⓐ 임시사용 승인을 받은 경우: 임시사용 승인을 받은 날

ⓑ 임시사용 승인 전에 사용한 경우: 임시사용 승인 전 사용을 개시한 날

ⓒ 건축허가를 받지 않고 건축한 경우: 사실상 사용을 개시한 날

④ 이혼으로 인한 재산분할 또는 공유물 분할로 취득한 경우

당초 배우자가 자산을 취득한 날 또는 공유물분할 전 자산을 취득한 날

⑤ 분양권의 취득시기

가. 최초분양 받은 경우 : 분양권 당첨일

나. 분양권을 매매로 승계취득한 경우 : 분양권의 대금청산일

다. 분양권을 증여 또는 상속으로 취득한 경우 : 분양권을 증여받은 날 또는
　　상속개시일

3) 특수한 경우의 취득시기 및 양도시기

① 분양받은 신축주택의 취득시기

분양받은 후 신축된 주택을 양도하는 경우 신축주택의 취득시기는 분양권을 취득한 날이 아니라 건물의 분양대금을 청산한 날로 한다. 따라서 분양받은 주택의 1세대1주택 비과세여부나 장기보유특별공제율은 분양대금을 청산한 날로부터 보유기간을 계산하여 판단한다.

[분양받은 신축주택의 취득시기]

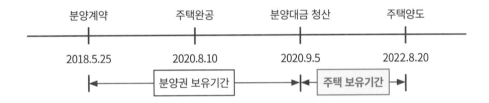

② 토지거래허가 대상 토지를 양도한 경우

가. 매매대금 청산 전에 토지거래허가를 받은 경우 : 매매대금 청산일과 소유권
　　이전 등기접수일 중 빠른 날
나. 매매대금 청산 후 토지거래허가를 받은 경우 : 매매대금 청산일

③ 부담부증여로 수증자가 채무를 인수한 경우

증여등기접수일

④ 배우자 등에 대한 이월과세가 적용되는 경우

당초 배우자가 자산을 취득한 날

양도소득세 계산구조

① 양 도 가 액	양도당시 실지거래가액·매매사례가액·감정가액·기준시가
② 취 득 가 액	㉮ 취득당시 실지거래가액 ㉯ 실지거래가액을 확인할 수 없는 경우 매매사례가액·감정가액·환산취득가액·기준시가 적용 가능
③ 기 타 필 요 경 비	㉮ 취득가액 실가 적용시 : 자본적지출액 및 양도비용 등 실제 발생액 ㉯ 취득가액 매매사례가액·감정가액·환산취득가액·기준시가 적용시 : 취득당시 기준시가의 3% 필요경비개산공제 적용
④ 전 체 양 도 차 익	(①-②-③)
⑤ 비 과 세 양 도 차 익	1세대1주택 비과세 고가주택 12억원[1)] 이하분 양도차익
⑥ 과 세 대 상 양 도 차 익 (④-⑤)	1세대1주택 비과세 고가주택 12억원 초과분 양도차익
⑦ 장 기 보 유 특 별 공 제	3년 이상 보유한 토지·건물의 양도차익 × 공제율
⑧ 양 도 소 득 금 액 (⑥-⑦)	아래 그룹별로 구분하여 계산 [1그룹] 부동산, 부동산에 관한 권리, 기타자산 [2그룹] 일반주식 [3그룹] 파생상품
⑨ 기신고·결정·경정된 양도소득금액합계	기신고소득금액(예정신고), 무신고결정·경정 결정된 소득금액 등
⑩ 감면대상소득금액	조세특례제한법상 감면소득금액 등
⑪ 양 도 소 득 기 본 공 제	그룹별로 1인당 연 250만원
⑫ 과 세 표 준	(⑧+⑨-⑩-⑪)
⑬ 세 율	자산별·보유기간별·등기 여부에 따라 구분하여 적용
⑭ 산 출 세 액	양도소득 과세표준(⑫) × 적용세율(⑬)
⑮ 세 액 공 제 및 감 면 세 액	외국납부세액공제와 조세특례제한법상 감면세액 등
⑯ 가 산 세	무(과소)신고 가산세, 무(과소)납부, 환산취득 가산세 등
⑰ 기신고·결정·경정 세 액	기납부세액(예정신고 납부세액)
⑱ 납 부 할 세 액 (⑭-⑮+⑯-⑰)	양도일이 속하는 달의 말일로부터 2개월 이내 신고납부

1) 2021.12.8. 이후 양도분(2021.12.7. 이전 양도분은 9억원이하 같음)부터 적용

02
양도차익의 산정

> 양 도 가 액 ··· 양도자와 양수자간에 실제로 거래한 금액
> (-) 취 득 가 액 ··· 실제 지출된 금액
> (-) 기타 필요경비 ··· 실제 발생액 또는 필요경비개산공제
> (=) 양 도 차 익 ··· 양도가액에서 취득가액 등 필요경비 차감한 금액

I 실지거래가액 방식과 기준시가 방식의 양도차익 계산

양도소득세 과세대상 자산의 양도차익을 계산할 때에는 실질과세 원칙에 따라 양도한 자산의 실제 양도가액에서 실제 취득가액 및 기타 필요경비를 차감하여 양도차익을 계산한다. 그러나 예외적으로 양도한 자산의 실제 거래가액을 확인할 수 없는 경우에는 양도가액은 양도 당시 기준시가를 적용하고, 취득가액도 취득 당시 기준시가로 하며 기타필요경비는 필요경비 개산공제를 적용한다.

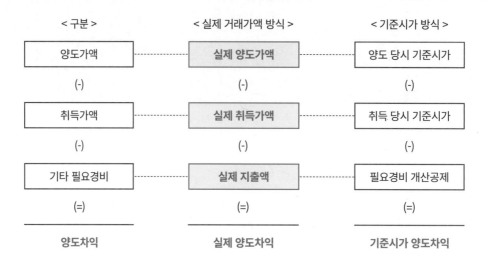

[양도차익 계산방법]

< 구분 >	< 실제 거래가액 방식 >	< 기준시가 방식 >
양도가액	실제 양도가액	양도 당시 기준시가
(-)	(-)	(-)
취득가액	실제 취득가액	취득 당시 기준시가
(-)	(-)	(-)
기타 필요경비	실제 지출액	필요경비 개산공제
(=)	(=)	(=)
양도차익	실제 양도차익	기준시가 양도차익

1 양도가액

양도가액이란 양도자와 양수자가 실제로 거래한 가액으로서 그 자산의 양도 대가로 받은 금전 또는 그 밖의 재산가액을 말한다.

1) 양도가액이 분명한 경우

부동산을 양도하면서 대가로 지급받은 가액이 매매계약서와 기타 증빙자료에 의하여 객관적으로 확인되는 경우에는 그 확인된 가액을 말한다.

2) 양도가액이 불분명하거나 허위인 것이 명백한 경우

납세지 관할세무서장은 해당 자산의 양도 당시 실지거래가액을 매매계약서와 기타 증빙자료에 의하여 확인할 수 없는 경우 또는 납세자가 신고한 양도가액이 허위임이 명백한 경우에는 양도가액을 매매사례가액, 감정가액, 기준시가 순으로 추계조사 결정 또는 경정할 수 있다.

📖 **배경 및 취지**

매매사례가액은 당해 자산과 유사한 자산의 실제거래가액을 말하고, 감정가액은 유사 매매사례가액 등을 참고하여 평가한 금액을 말한다. 따라서 유사 매매사례가액은 실제 거래된 가액으로서 감정가액보다 객관적이므로 매매사례가액을 감정가액보다 우선 적용한다. 이 경우 매매사례가액이나 감정가액은 양도일 전후 3개월 내 가액만 인정되는데, 양도일 전후 3개월 내 매매사례가액이나 감정가액이 없는 경우에는 양도가액을 기준시가로 한다.

[추계에 의한 양도가액 적용순서]

3) 부당행위계산 부인대상인 경우

소득세법상 특수관계인과 거래한 경우로서 시가와 대가의 차이가 시가의 5% 이상이거나 3억원 이상인 경우에는 특수관계인 사이에 실제 거래된 가액을 부인하고 양도가액을 상속 및 증여세법상 규정을 준용하여 감정가액, 유사매매사례가액, 기준시가 순으로 경정할 수 있다.

2 취득가액

1) 양도가액을 실지거래가액으로 하는 경우

취득가액은 취득 당시 자산을 취득하기 위하여 지출된 실지거래가액을 적용하며, 실지거래가액을 알 수 없는 경우에는 매매사례가액, 감정가액, 환산취득가액을 순차로 적용한다.

📖 **배경 및 취지**

실질과세원칙에 따라 양도가액을 실지거래가액으로 할 경우 취득가액도 실지 거래가액으로 적용하는 것이나, 취득가액을 알 수 없는 경우 실제 취득가액에 근접한 매매사례가액, 감정가액 순으로 적용하고 매매사례가액이나 감정가액이 없는 경우 환산취득가액을 적용하는 것이다.

[추계에 의한 취득가액 적용순서]

        <1순위>   <2순위>   <3순위>

🕐 **여기서 잠깐**

> 납세자가 토지나 건물의 취득가액을 환산취득가액으로 적용하여 신고한 경우에도 다음의
> 경우에는 과세관청에서 실제 취득가액을 확인하여 양도소득세를 경정할 수 있으므로 환산
> 취득가액 적용시 주의해야 한다.
>
> ① 거래상대방이 이전에 양도한 자산의 양도가액을 실지거래가액으로 신고한 경우
> ② 경매나 공매로 취득한 경우
> ③ 법인으로부터 취득한 경우
> ④ 한국토지공사 등 공공기관으로부터 취득한 경우
> ⑤ 분양받아 취득한 신축주택의 경우

2) 양도가액을 기준시가로 하는 경우

취득가액은 취득 당시 기준시가를 적용한다.

3 기타 필요경비

1) 취득가액을 실제 취득가액으로 하는 경우

실제 지출된 가액을 기타 필요경비로 공제한다.

2) 취득가액을 매매사례가액, 감정가액, 또는 환산취득가액으로 하는 경우

실제 지출된 가액과 관계 없이 필요경비 개산공제를 적용한다.

[기타 필요경비 적용방법]

3) 필요경비개산공제

구 분	필요경비개산공제율
① 토지	취득 당시 개별공시지가 × 3%(미등기 0.3%)
② 건물	취득 당시 고시가격 × 3%(미등기 0.3%)
③ 지상권, 전세권, 등기된 부동산임차권	취득 당시 기준시가 × 7%(미등기 1%)
④ 위 이외의 자산(주식 등)	취득 당시 기준시가 × 1%

☑ 주의사항

필요경비개산공제 적용시 환산취득가액 × 필요경비개산공제율을 적용하는 것이 아님

4 주요 기타 필요경비 인정여부

1) 명도비용

① 부동산 취득 당시 지출한 명도비용

부동산의 소유권 취득과 관련된 소송에 지출된 소송비용 및 화해비용 등 명도소송 관련 비용은 필요경비로 인정되나, 법원경매로 부동산을 취득한 후 매수인이 기존 임차인을 퇴거시키는 과정에서 발생하는 명도비용은 소유권확보를 위한 직접비용으로 볼 수 없으므로 필요경비로 인정되지 않는다(소득세법

집행기준 97-163…18).

② 부동산 양도시 명도비용

매매계약에 따른 인도의무를 이행하기 위해 양도자가 지출하는 명도비용은 필요경비로 인정된다(법령해석재산-0885, 2021.6.30.).

2) 취득시 납부한 제세공과금

취득시 납부한 취득세·등록세 및 이에 부가되는 농어촌특별세 및 지방교육세와 인지세 등은 납부영수증이 없는 때에도 취득가액에 포함되나, 감면된 세액은 취득가액에 포함되지 않는다(소득세법 집행기준 97-163…20).

3) 필요경비로 인정되는 부가가치세

자산의 취득과 관련하여 부담한 부가가치세 중 부가가치세법에 의하여 공제받지 못한 매입세액은 필요경비로 인정되며(소득세법 집행기준 97-163…23), 일반과세사업자가 사업용으로 취득한 아파트를 매입세액 공제받은 경우 해당 부가가치세는 필요경비로 인정되지 않으나, 매입시 공제받은 후 폐업으로 인해 다시 납부한 잔존재화에 대한 부가가치세는 필요경비로 인정된다(소득세법 집행기준 97-163…24).

4) 매매계약의 해약으로 발생한 위약금

부동산 매매계약의 해약으로 인하여 지급하는 위약금 등은 해당 자산의 양도거래와 직접 관련 없이 발생한 비용이므로 필요경비에 해당되지 않는다(소득세법 집행기준 97-163…25).

5) 베란다 샤시, 거실 확장공사비 등 자본적지출

주택의 이용편의를 향상시키기 위한 베란다 샤시, 거실 및 방 확장공사비, 난방시설 교체비 등의 내부시설의 개량을 위한 공사비는 자본적지출액에 해당되므로 필요경비로 인정된다(소득세법 집행기준 97-163…29).

경상적인 수선 또는 경미한 개량에 해당되는 벽지·장판의 교체, 싱크대 및 주방기구 교체비용, 옥상 방수공사비, 타일 및 변기공사비 등은 부동산의 가치를 증가시켰다기 보다는 현상유지를 위한 수익적지출에 해당되므로 필요경비로 인정되지 않는다(소득세법 집행기준 97-163…30).

6) 오피스텔에 설치하는 비품 구입비

TV·에어콘·냉장고·가스레인지·식탁 등 오피스텔 비품 구입비는 임대조건을 유리하게 하기 위한 임대비용으로서 자본적지출로 볼 수 없으므로 필요경비로 인정되지 않는다(소득세법 집행기준 97-163…31).

7) 중개수수료를 과다지급한 경우

중개수수료가 통상적으로 지급하는 중개수수료에 비해 많다고 하더라도 실제 지급된 금액은 필요경비로 인정된다(소득세법 집행기준 97-163…43).

8) 법적인 지급의무 없이 지급한 비용의 경우

자산을 양도하면서 자산을 취득한 자를 대신하여 납부한 취득세 등 법적인 지급의무가 없는 상태에서 지급한 비용은 필요경비로 인정되지 않는다(소득세법 집행기준 97-163…45).

9) 상속 또는 증여받은 경우

상속이나 증여받은 자산을 양도할 때 상속이나 증여받을 당시 납부한 상속세 또는 증여세는 필요경비로 인정되지 않는다. 다만, 배우자 등에 대한 이월과세가 적용되는 경우 증여세 산출세액은 필요경비로 공제한다.

철거된 구건물의 취득가액 필요경비 인정여부

사례 1

토지와 건물을 함께 취득 후 건물을 즉시 멸실하고 토지만 양도하는 경우

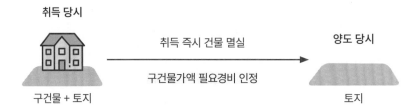

취득 당시

취득 즉시 건물 멸실

양도 당시

구건물가액 필요경비 인정

구건물 + 토지

토지

해설 토지와 건물을 함께 취득한 후 토지의 이용편의를 위하여 해당 건물을 즉시 멸실하고 토지만 양도하는 경우 구건물의 취득원가는 필요경비로 산입할 수 있다(대법92누7399, 1992.9.8 참조).

대비사례

토지와 건물을 함께 취득 후 상당기간 경과 후 건물을 멸실하고 토지만 양도하는 경우

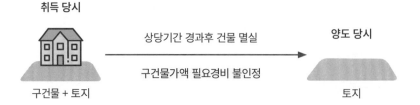

취득 당시

상당기간 경과후 건물 멸실

양도 당시

구건물가액 필요경비 불인정

구건물 + 토지

토지

해설 토지와 건물을 함께 취득하여 장기간 사용한 후 건물을 철거하고 나대지 상태로 양도하는 경우에는 건물의 취득가액과 철거비용 등은 토지의 취득가액에 산입하지 않는다(소득세법집행기준 97-163…41참조). 다만, 토지만을 이용할 목적으로 토지와 건물을 함께 취득한 것이 명백한 것으로 인정되는 경우에는 구건물이 있는 상태의 토지를 취득하여 상당기간 사용 후 건물을 멸실하고 토지만 양도한 경우에도 토지의 양도에 대응하는 취득원가로 구건물의 취득가액을 필요경비에 포함한다(대법원 92누 7399,1992.9.8 참조).

건물 취득 후 즉시 멸실하고 건물을 신축하여 토지와 함께 양도하는 경우

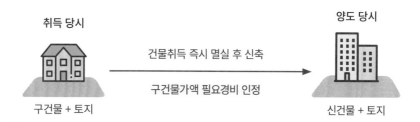

취득 당시

양도 당시

건물취득 즉시 멸실 후 신축

구건물가액 필요경비 인정

구건물 + 토지

신건물 + 토지

해설 토지를 취득할 당시 구건물이 있는 상태에서 취득한 즉시 건물을 멸실하고 건물을 신축하여 토지와 함께 양도하는 경우에는 건물을 신축하기 위하여 토지를 취득할 목적으로 구건물을 매수한 것으로 볼 수 있으므로 구건물의 취득원가는 토지의 양도에 대응하는 취득원가로 인정되어 필요경비에 산입하는 것이다(소득세법집행기준 97-16-40 참조).

건물을 상당기간 사용하다 멸실한 후 신축하여 토지와 함께 양도하는 경우

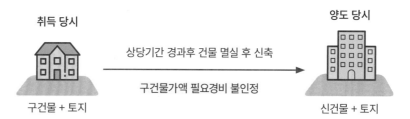

취득 당시

양도 당시

상당기간 경과후 건물 멸실 후 신축

구건물가액 필요경비 불인정

구건물 + 토지

신건물 + 토지

해설 토지와 함께 건물을 취득하여 상당기간 건물을 사용하다 멸실한 후 건물을 신축하여 토지와 함께 양도하는 경우에는 당초 토지만을 이용할 목적으로 토지와 함께 구건물을 취득한 것이 아니므로 구건물의 취득가액은 토지의 양도가액에 대응하는 필요경비로 인정될 수 없고, 구건물은 신축건물 양도 당시 이미 멸실되어 있는 상태로서 양도하는 신축건물과 연관성이 없으므로 신축건물의 양도가액에 대응하는 필요경비로 볼 수도 없다(조심2020인7782 참조).

Ⅱ 양도가액 및 취득가액 등의 산정 방법

1 토지와 건물 등을 일괄양도 또는 일괄취득하는 경우

토지와 건물 등을 일괄 취득하거나 일괄 양도한 경우로서 토지와 건물 등의 매매계약서상 거래가액이 감정가액·기준시가 등을 기준으로 안분계산된 토지 및 건물의 가액과 30%이상 차이가 있는 경우에는 토지와 건물 등의 가액 구분이 불분명한 것으로 보아 감정가액·기준시가 등을 기준으로 안분계산된 가액을 양도가액 또는 취득가액으로 보아 양도소득세를 계산한다.

[양도가액 재계산 기준비율]

$$\frac{(계약서에\ 기재된\ 거래가액\ -\ 감정가액\cdot기준시가\ 등으로\ 안분한\ 가액)}{감정가액\cdot기준시가\ 등으로\ 안분한\ 가액} \geq 30\%$$

사례

토지 및 건물 등을 일괄양도하는 경우 양도가액 계산

● 토지와 건물을 2022.4.1. 15억원에 일괄양도

구 분	계약서상 금액	기준시가
토지	7억원	6억원
건물	8억원	4억원

* 토지와 건물의 양도가액에는 부가가치세가 포함되어 있지 않으며, 해당 토지와 건물의 양도 당시 감정가액은 없다.

해설

구 분	계약서상 금액	기준시가에 따라 안분한 금액	비율 차이
토지	7억원	$15억원 \times \dfrac{6억원}{10억원} = 9억원$	$\dfrac{(7억원-9억원)}{9억원} = 22.22\%$
건물	8억원	$15억원 \times \dfrac{4억원}{10억원} = 6억원$	$\dfrac{(8억원-6억원)}{6억원} = 33.33\%$

토지의 경우 계약서상 양도가액과 기준시가에 따라 안분한 가액의 비율 차이가 30% 미만에 해당하나, 건물의 경우에는 계약서상 양도가액과 기준시가에 따라 안분한 가액의 비율 차이가 30% 이상에 해당한다. 토지와 건물 중 하나라도 30% 이상 차이가 발생하는 경우에는 토지와 건물의 가액이 불분명한 것으로 보므로 토지와 건물의 양도가액은 계약서상에 기재된 금액에 상관 없이 기준시가에 따라 안분계산된 9억원과 6억원으로 한다(법령해석재산-0011, 2018.2.13.).

2 감가상각비를 사업소득금액 계산시 필요경비로 계상한 경우 취득가액 산정

건물의 양도차익을 계산하는 경우 건물의 보유기간 중에 사업소득금액 계산시 필요경비로 계상한 감가상각누계액은 건물의 취득가액에서 차감한다. 이 경우 취득가액을 실지거래가액으로 적용할 때 뿐만 아니라 매매사례가액·감정가액·환산취득가액으로 하는 경우에도 필요경비로 계상한 감가상각누계액을 취득가액에서 차감하는 점에 유의해야 한다.

📖 배경 및 취지

양도소득계산시 취득가액에서 사업소득금액의 필요경비로 계상된 감가상각누계액을 차감하지 않으면 필요경비가 중복 공제되므로 이를 방지하기 위한 것이다.

사례

환산취득가액을 적용하는 경우 필요경비로 계상한 감가상각비 차감 여부

● 건물의 취득 및 양도에 관한 내역

구 분	내 용
양도일 및 양도가액	2022.7.12. 양도가액 15억원
취득일 및 취득가액	2015.5.20. 취득가액 불분명
건물 감가상각누계액	1억원의 감가상각비를 사업소득계산시 필요경비로 계상함
기준시가	양도 당시의 기준시가 : 10억원
	취득 당시의 기준시가 : 4억원

구 분		금 액	계산 근거
	양도가액	1,500,000,000	
(-)	취득가액	500,000,000	(15억원×4억원/10억원) - 1억원(감가상각누계액)
(-)	기타필요경비	12,000,000	필요경비개산공제 : 400,000,000×3%
(=)	양도차익	988,000,000	

3 상속 또는 증여받은 자산을 양도할 경우 취득가액 및 기타 필요경비

1) 상속 또는 증여받은 자산의 양도차익을 실지거래가액으로 계산할 경우

① 취득가액

상속 또는 증여받은 재산에 대하여 상속세 및 증여세법 제60조부터 제66조까지의 규정에 따라 평가한 가액으로 한다. 따라서 상속 또는 증여받은 자산의 취득가액은 시가 또는 보충적 평가방법으로 평가한 가액을 취득 당시의 실제 취득가액으로 보므로 환산취득가액을 적용할 수 없다.

배경 및 취지

상속 또는 증여받은 자산은 무상으로 취득한 것으로서 실제 거래가액이 없으나, 상속 및 증여세법상 시가 또는 보충적 평가방법으로 평가한 가액을 실제 거래한 것으로 보아 해당 가액을 취득가액으로 적용하는 것이다.

② 기타 필요경비

상속 또는 증여받은 자산의 평가액을 실제 취득가액으로 보므로 실제 지출한 취득세 등은 기타 필요경비로 공제되나, 상속세 또는 증여세는 필요경비로 공제받을 수 없다. 다만, 배우자 등에 대한 이월과세가 적용되는 경우 증여세를 필요경비로 공제한다.

2) 상속 또는 증여받은 자산의 양도차익을 기준시가로 계산할 경우

① 취득가액

상속개시일 또는 증여일 현재 기준시가를 적용한다.

② 기타 필요경비

기타 필요경비는 실제 지출액에도 불구하고 필요경비 개산공제를 적용한다.

사례 1

주택 취득유형별 취득가액 및 기타필요경비 산정방법

● 주택의 취득 및 양도에 관한 자료

구 분	내 용
양도일 및 양도가액	2022.3.25. 15억원
취득일 및 취득가액	2015.2.20. 취득가액 불분명
취득세	1,000만원
기준시가	양도 당시의 기준시가 : 10억원
	취득 당시의 기준시가 : 4억원

해설

구 분		매매로 취득한 경우	상속·증여로 취득한 경우
	양도가액	1,500,000,000	1,500,000,000
(−)	취득가액	600,000,000[1]	400,000,000[2]
(−)	기타필요경비	12,000,000[3]	10,000,000[4]
(=)	양도차익	888,000,000	1,090,000,000

[1] 취득가액이 불분명하여 환산 취득가액을 적용한다.

$$1,500,000,000 \times \frac{400,000,000}{1,000,000,000} = 600,000,000$$

[2] 상속 또는 증여로 자산을 취득한 경우에는 환산취득가액을 적용할 수 없고, 상속 또는 증여받을 당시 평가액을 취득가액으로 한다. 따라서 이 사례에서는 취득 당시 기준시가인 400,000,000을 취득가액으로 한다.

3) 환산 취득가액을 적용하는 경우 기타 필요경비는 필요경비 개산공제를 적용한다.

   400,000,000 × 3% = 12,000,000

4) 상속 또는 증여받을 당시 평가액을 취득가액으로 하는 경우 필요경비 개산공제를 적용하지 않고 실제 지출액을 기타 필요경비로 하므로 취득세 10,000,000을 필요경비로 계상한다.

사례 2

상속받은 주택을 양도하는 경우 양도차익 등 계산방법

● **주택의 취득 및 양도에 관한 자료**

구 분	내 용
양도일 및 양도가액	2022.4.25. 양도가액 20억원
취득일 및 취득가액	2021.2.20. 상속받을 당시 평가액 12억원
취득세 등	1,500만원
기준시가	양도 당시의 기준시가 : 15억원
기준시가	취득 당시의 기준시가 : 12억원

※ 피상속인 주택 취득일 : 2013.12.10.

해설

	구분	금액	
	양도가액	2,000,000,000	
(−)	취득가액	1,200,000,000	환산취득가액 적용 불가
(−)	기타필요경비	15,000,000	실제 필요경비 지출액 적용
(=)	양도차익	785,000,000	

추가해설

① 부동산을 상속받은 경우 취득시기는 상속개시일이며, 증여로 취득한 경우 취득시기는 등기접수일이 되므로 주택을 취득한 후 3년 미만 보유하다 양도하여 장기보유특별공제를 적용할 수 없다.

② 상속의 경우 피상속인이 자산을 취득한 날로부터 상속인이 상속자산을 양도한 날까지의 보유기간에 해당하는 세율을 적용하므로 상속개시 후 2년 이내에 주택을 양도하였더라도 단기 보유세율이 아닌 기본세율이 적용된다.

4 **양수자가 양도소득세를 부담한 경우 양도가액 산정**

양도자가 납부할 양도소득세 등을 양수자가 부담하기로 약정한 경우 양도자의 양도가액은 당초 매매계약서상 양도가액에 양수인이 부담하기로 약정한 양도소득세를 가산한 가액으로 하고, 양수자의 취득가액은 당초 매매계약서상 거래가액에 본인이 부담한 양도자의 양도소득세를 가산한 금액으로 한다.

> **사례**
>
> **매수자가 양도소득세를 부담한 경우 양도가액 계산**
>
> 1. 양도가액 10억원, 취득가액 6억원.
> 2. 양도자가 부담할 양도소득세 전액을 양수자가 부담하는 조건으로 부동산매매 계약을 체결하고, 매수자는 실제 양도자가 납부할 양도소득세를 지급하였다.
> 3. 세율은 기본세율을 적용하고, 기타필요경비,장기보유특별공제, 양도소득기본공제는 없는 것으로 가정한다.

> **해설**
>
> 1. 양수인이 부담한 양도소득세를 반영하기 전 산출세액
>   400,000,000 × 40% − 25,400,000(누진공제) = 134,600,000
>
> 2. 양수인이 부담한 양도소득세를 반영한 후 산출세액
>   (400,000,000 + 134,600,000) × 42% − 35,400,000 = 189,132,000
>
> 3. 양도인의 양도가액 : 1,000,000,000 + 134,600,000 = 1,134,600,000

* 양도가액에 합산하는 양도소득세는 당초 매매계약서상 양도가액에 대하여 계산된 양도소득세로 한정한다.

5 **환산취득가액 적용시 기타 필요경비 계산 및 가산세 적용방법**

1) 취득가액을 환산취득가액으로 적용하는 경우 필요경비 계산

취득가액을 환산취득가액으로 적용하는 경우 기타 필요경비는 필요경비개산

공제만 적용되므로 실제 발생한 자본적지출액과 양도비용은 기타 필요경비로 적용할 수 없는 것이 원칙이나, 환산취득가액과 필요경비 개산공제를 적용하지 않고 자본적지출액과 양도비용의 합계액을 기타 필요경비로 적용할 수 있다.

> 필요경비 = Max 〔① 환산취득가액 + 필요경비개산공제액, ② 자본적 지출액 + 양도비용〕

사례

취득가액을 환산취득가액으로 하는 경우 필요경비 계산방법

1. 토지의 양도 및 취득 자료

구 분	내 용
양도일 및 양도가액	2022.3.15. 10억원
취득일 및 취득가액	2014.3.15. 취득가액 불분명
자본적 지출액	토지조성비 등 3억5천만원
양도비용	중개수수료 3,000만원

2. 토지의 기준시가

기준시가	금 액
양도 당시의 기준시가	5억원
취득 당시의 기준시가	1억원

해설

구 분		환산취득가액을 적용할 경우	환산취득가액을 적용하지 않을 경우
필요경비	취득가액	$10억원 \times \dfrac{1억원}{5억원} = 2억원$	공제 안됨
	기타 필요경비	1억원×3% = 300만원	3억5천만원+3천만원 = 3억8천만원
	합 계	2억3백만원	3억8천만원

자산의 취득가액을 알 수 없는 경우에도 자산을 취득한 후 실제 지출한 필요경비를 기타 필요경비로 인정받을 수 있으나 환산취득가액은 필요경비로 인정받을 수 없다. 위 사례에서 필요경비는 환산취득가액 2억원과 필요경비 개산공제액 3백만원의 합계 2억3백만원과 자본적 지출액 3억5천만원과 양도비 3천만원의 합계 3억 8천만원 중 큰 금액으로 한다.

2) 취득가액을 환산취득가액으로 하는 경우 가산세 적용

건물을 신축하거나 증축(증축의 경우 바닥면적 합계가 $85m^2$를 초과하는 경우에 한함)한 후, 5년 이내에 해당 건물을 양도하는 경우로서 감정가액 또는 환산취득가액을 그 취득가액으로 하는 경우 다음의 가산세액을 양도소득결정세액에 가산한다.

> 감정가액·환산취득가액 적용시 가산세 = 해당 건물의 감정가액· 환산취득가액 × 5%

3) 가산세 5%적용시 주의사항

① 양도차손이 발생하여 산출세액이 없는 경우 5% 가산세 적용여부

환산취득가액과 필요경비 개산공제액의 합계액이 양도가액을 초과하여 양도차손이 발생하는 경우에도 건물분 환산 취득가액에 대하여 5%의 가산세가 부과된다.

② 1세대1주택 비과세대상 주택인 경우 5% 가산세 적용여부

1세대1주택 비과세대상 주택을 양도하는 경우로서 고가주택에 해당하지 않는 경우에는 환산취득가액 적용에 따른 가산세가 부과되지 않으나, 양도가액이 12억원(2021.12.7. 이전 양도분은 9억원)을 초과하는 고가주택을 양도할 경우 비과세 부분과 과세부분을 구분하지 않고 건물분 환산취득가액 전체 금액에 대하여 5%의 가산세가 부과된다(법령해석재산-0119, 2018.5.29. 참조).

사례 1

건물신축후 5년 이내 양도하고 환산취득가액 적용할 경우 가산세 5% 부과

● 건물의 취득 및 양도에 관한 자료

구 분	내 용
양도한 자산	상가 및 부수토지
양도일 및 양도가액	2022.6.15. 15억원
취득일 및 취득가액	토지 : 2013.11.20. 4억원
	건물 : 2017.10.10. 건물은 신축하였고 취득가액은 불분명함

취득세 등 필요경비	토지 취득세 1,500만원, 건물 취득세 1,000만원
기준시가	취득시 : 토지 1억5천만원, 건물 1억원
	양도시 : 토지 6억원, 건물 4억원

해설 건물을 신축하거나 증축한 후 5년 이내 양도한 경우로서 신축·증축(85㎡초과 증축에 한함)한 건물의 취득가액을 감정가액·환산가액으로 신고한 경우 감정가액·환산취득가액에 5%의 가산세가 부과된다.

	구 분	토 지	건 물	내 용
	양도가액	900,000,000	600,000,000	15억원을 양도당시 기준시가비율로 안분
(−)	취득가액	400,000,000	150,000,000	건물환산취득가액 : 6억원 × 1억원/4억원
(−)	기타필요경비	15,000,000	3,000,000	건물은 개산공제 적용 : 1억원 × 3%
(=)	양도차익	485,000,000	447,000,000	
(−)	장기보유특별공제	77,600,000	35,760,000	토지 16%(8년×2%), 건물 8%(4년×2%)
(=)	양도소득금액		818,640,000	토지와 건물의 양도소득금액 합계
(−)	기본공제		2,500,000	
(=)	과세표준		816,140,000	
(×)	세율		42%	
(=)	산출세액		307,378,000	816,140,000 × 42% - 35,400,000(누진공제)
(+)	가산세		7,500,000	150,000,000(건물환산취득가액) × 5%
(=)	납부할 세액		314,878,000	
(+)	지방소득세		31,487,800	314,878,000 × 10%
(=)	총부담세액		346,365,800	

사례 2

1세대1주택(고가주택)환산취득가액 적용에 따른 가산세 5% 적용방법

● 주택의 취득 및 양도에 관한 자료

구 분	내 용
양도자산	1세대1주택 비과세 요건을 충족한 주택
양도일 및 양도가액	2022.11.25. 20억원

취득일 및 취득가액	토지 : 2018.1.10. 8억원(실지거래가액)
	건물 : 2018.11.15. 4억원(준공 후 3개월 이내 감정평가)
취득세 등 필요경비	토지 취득세 2천4백만원, 건물 취득세 1천2백만원
개별주택 공시가격	취득시 : 7억원(건물분 2억원)
	양도시 : 14억원(건물분 5억원)
기타사항	취득일부터 양도일까지 해당 주택에서 계속 거주

해설 1세대1주택 비과세되는 고가주택의 양도소득세 계산시 취득가액을 감정가액 또는 환산취득가액으로 하는 경우 건물부분 전체의 감정가액 또는 환산취득가액에 대하여 5% 가산세를 부과한다 (기준-2018-법령해석자산-0119참조).

	구 분	금 액	내 용
	양도가액	2,000,000,000	
(-)	취득가액	1,200,000,000	토지는 실지거래가, 주택은 감정가액 적용
(-)	기타필요경비	30,000,000	토지 : 2천4백만원, 건물 : 2억원×3%
(=)	양도차익	770,000,000	
(-)	비과세양도차익	462,000,000	7억7천만원 × 12억원/20억원
(=)	과세대상양도차익	308,000,000	7억7천만원 × (20-12억원)/20억원
(-)	장기보유특별공제	98,560,000	3억8백만원 × 32%(4년×4% + 4년×4%)
(=)	양도소득금액	209,440,000	
(-)	기본공제	2,500,000	
(=)	과세표준	206,940,000	
(×)	세율	38%	
(=)	산출세액	59,237,200	206,940,000 × 38% - 19,400,000(누진공제)
(+)	가산세	20,000,000	400,000,000(주택 감정가액) × 5%
(=)	납부할 세액	79,237,200	
(+)	지방소득세	7,923,720	79,237,200 × 10%
(=)	총부담세액	87,160,920	

6 이혼시 재산분할 또는 위자료로 양도한 주택에 대한 과세 여부

이혼으로 인한 재산분할로 자산의 소유권이 이전되는 경우에는 양도소득세 및 증여세가 과세되지 않으나, 이혼 위자료를 현금 대신 부동산으로 지급한 경우 자산을 양도한 것으로 보아 양도소득세가 과세된다. 다만, 위자료로 양도하는 주택이 1세대1주택 비과세 요건을 갖춘 경우에는 양도소득세가 비과세된다.

[이혼시 재산분할과 위자료 비교]

구 분	재산분할	위자료
법적 성격	공유물 분할	대물변제
증여세 과세대상 여부	과세대상 아님	과세대상 아님
취득시기	당초 배우자의 취득일	소유권이전 등기접수일

사례

재산분할 또는 위자료 관련 주택 양도차익 계산

1. 김남편은 3억원에 취득한 주택을 이혼시 배우자 이부인에게 소유권 이전하였고, 이부인은 해당 주택을 15억원에 양도하였다.
2. 이혼 당시 주택의 시가는 10억원이고, 김남편이 이부인에게 이혼 당시 소유권 이전한 주택과 이부인이 양도한 주택은 모두 양도소득세 과세대상이 된다.

해설

구 분		김남편의 양도차익		이부인의 양도차익	
소유권 이전 원인		위자료	재산분할	위자료	재산분할
	양도가액	1,000,000,000		1,500,000,000	1,500,000,000
(−)	취득가액	300,000,000	해당 없음	1,000,000,000	300,000,000
(=)	양도차익	700,000,000		500,000,000	1,200,000,000

III ## 1세대1주택 고가주택의 양도차익 및 장기보유특별공제 계산 방법

1세대1주택 비과세 요건을 충족한 주택 또는 조합원입주권은 양도소득세가 비과세되나, 양도가액이 12억원(양도일이 2021.12.7. 이전은 9억원. 이하 같음)을 초과하는 경우에는 12억원 초과분의 양도차익에 대하여는 양도소득세가 과세된다. 이 경우 양도소득세가 과세되는 양도차익 및 장기보유특별공제액은 아래와 같이 계산된다.

구 분		내 용
고가주택 양도차익	단독소유	전체 양도차익 $\times \dfrac{(\text{양도가액} - 12\text{억원})}{\text{양도가액}}$
	공동소유	(전체 양도차익×지분율) $\times \dfrac{(\text{양도가액} - 12\text{억원})}{\text{양도가액}}$
장기보유특별공제액		고가주택 양도차익 × 장기보유특별공제율

🕐 **여기서 잠깐**

각 세법에서 규정하고 있는 고가주택 등 판단 기준금액은 아래와 같다.

구 분	판단 기준 및 가액
임대소득세	1주택자의 월 임대료 과세대상 고가주택 : 과세기간 종료일 또는 양도일 현재 기준시가 9억원 초과
취득세	취득세 중과세 적용시 고급주택 : 취득 당시 시가표준액 9억원 초과
종합부동산세	1세대1주택자의 과세기준금액 판단 : 11억원

사례 1

1세대1주택 비과세 요건을 충족한 고가주택의 양도소득금액 계산

● 주택의 취득 및 양도에 관한 자료

구 분	내 용
양도일	2022.3.20.
취득일	2014.10.15(해당 주택의 거주기간은 3년 7개월임).
실지양도가액	20억원
실지취득가액	5억원
취득세	1,000만원
중개수수료	주택 취득시 500만원 지급
위약금	부동산 매매계약의 해약으로 1,000만원 지급
양도비용	주택 양도시 1,200만원 중개수수료 지급
자본적지출액	건물 증축시 2,000만원 지출

해설

① 기타 필요경비 : 자본적지출액, 양도시 발생한 부동산 중개수수료는 기타 필요경비로 인정되나, 부동산 매매계약의 해약으로 인하여 지급한 위약금은 기타 필요경비로 인정되지 않는다.

② 1세대1주택 고가주택의 장기보유특별공제율은 보유기간과 거주기간에 따라 각각 연 4%로 구분하여 계산하며, 보유기간과 거주기간별로 각각 최대 40%를 한도로 공제한다.

	구 분	금 액	계산 근거
	양도가액	2,000,000,000	
(−)	취득가액	515,000,000	취득세와 취득시 중개수수료 포함
(−)	기타필요경비	32,000,000	양도시 중개수수료와 자본적 지출
(=)	전체양도차익	1,453,000,000	
(−)	비과세양도차익	871,800,000	1,453,000,000 × 12억원/20억원
(=)	과세대상양도차익	581,200,000	1,453,000,000 × (20억원 − 12억원)/20억원
(−)	장기보유특별공제	232,480,000	581,200,000 × 40%(7년×4% + 3년×4%)
(=)	양도소득금액	348,720,000	

사례 2

단독명의와 공동명의의 경우 1세대1주택 고가주택의 양도소득세액 비교

● 주택의 취득 및 양도에 관한 자료

6년 이상 보유 및 거주한 1세대1주택(양도가액 25억원, 취득가액 10억원)을 2022.1.10. 양도

(단위 : 천원)

	구 분	단독명의	부부 공동명의(남편 60%, 부인 40% 소유)		
			남편	부인	합계
	양도가액	2,500,000	1,500,000	1,000,000	2,500,000
(−)	취득가액	1,000,000	600,000	400,000	1,000,000
(−)	양도차익	1,500,000	900,000	600,000	1,500,000
(=)	고가주택양도차익	780,000[1]	468,000[2]	312,000[3]	780,000
(−)	장기보유특별공제	374,400[4]	224,640[5]	149,760[6]	374,400
(=)	양도소득금액	405,600	243,360	162,240	405,600
(−)	기본공제	2,500	2,500	2,500	2,500
(=)	과세표준	403,100	240,860	159,740	403,100
(×)	세율	40%	38%	38%	-
(=)	산출세액	135,840	72.126.8	41,301.2	113,428
	세액 비교	135,840 - 113,428 = 22,412(공동명의시 세액절감)			

해설

공동으로 소유한 주택이 고가주택에 해당 하는지 여부는 주택 전체 양도가액에 소유지분을 곱한 가액을 기준으로 하지 않고, 주택 양도가액 전체를 기준으로 판단한다.

[1] $15억원 \times \dfrac{25억원-12억원}{25억원} = 780,000$천원

[2] $9억원 \times \dfrac{25억원-12억원}{25억원} = 468,000$천원

[3] $6억원 \times \dfrac{25억원-12억원}{25억원} = 312,000$천원

[4] 780,000천원 × 48%(6년 × 4% + 6년 × 4%) = 374,400천원

[5] 468,000천원 × 48%(6년 × 4% + 6년 × 4%) = 224,640천원

[6] 312,000천원 × 48%(6년 × 4% + 6년 × 4%) = 149,760천원

03
기준시가

I 기준시가의 정의 및 분류

1 기준시가의 정의

기준시가란 토지나 건물 등 과세대상 자산에 대하여 법에서 정한 방법에 따라 일정시점을 기준으로 평가한 가액을 말한다. 법에 따라 고시대상이 되는 기준시가의 내용은 아래 표와 같다.

[주요 부동산 기준시가 고시내용]

구 분		고시주체	고시일
토지	개별공시지가	시장·군수·구청장	매년 5월말 경
주택	개별단독주택공시가격	시장·군수·구청장	매년 4월말 경
	공동주택공시가격	국토교통부장관	매년 4월말 경
비주거용 건물	오피스텔·상업용건물*	국세청장	매년 1월 1일
	일반건물	국세청장	

* 국세청장이 토지·건물을 일괄 평가하여 고시한 가액을 적용하는 오피스텔 및 상업용건물을 말한다.

2 기준시가의 용도

① 양도차익 계산시 실지거래가액을 알 수 없는 경우 환산취득가액, 필요경비 개
산공제 등의 계산을 위해 사용된다.
② 상속세와 증여세 과세대상 자산의 시가를 알 수 없는 경우에는 기준시가를 적
용하여 평가한다.
③ 종합부동산세, 상속세 및 증여세, 취득세를 산출하는 기준이 되는 가액으로
사용된다.
④ 수용시 보상가액, 국공유지 매각가액, 경매물건가액, 감정가액 등을 산정하는
기초 자료로 활용된다.

3 기준시가의 문제점

① 거래가 빈번하지 않은 재산의 경우 시가를 반영하여 기준시가를 고시하는 것
이 어렵다.
② 시가를 파악할 수 있는 경우에도 조세저항을 감안하여 기준시가를 시가보다
낮게 고시하므로 기준시가가 시가를 제대로 반영하지 못한다.

4 **기준시가와 시가표준액의 관계**

기준시가는 양도소득세, 상속 및 증여세, 부가가치세 등 국세의 부과에 기준이
되는 가액을 말하고, 시가표준액이란 취득세, 재산세 등 지방세의 과세표준을
정하기 위하여 과세관청이 결정·고시한 가액을 말한다.

[기준시가와 시가표준액의 비교]

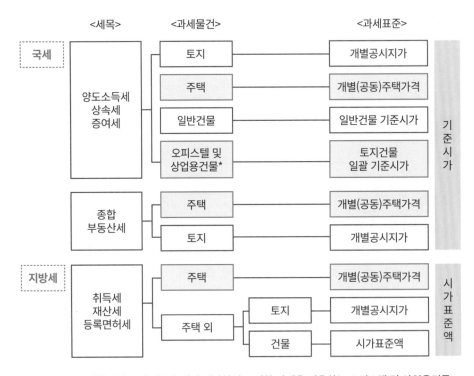

* 국세청장이 토지·건물을 일괄 평가하여 고시한 가액을 적용하는 오피스텔 및 상업용건물

범례 : [⬜] 토지와 건물가격이 일괄고시되는 경우
　　　 [⬜] 토지와 건물가격이 별도고시되는 경우

Ⅱ 부동산 종류별 기준시가 산정방법

1 토지의 기준시가

1) 1990.8.30. 이후에 취득 또는 양도한 토지의 기준시가

1990.8.30. 이후에 취득 또는 양도한 토지의 기준시가는 매년 고시되는 개별공시지가로 한다.

[산정방법]

취득(양도) 당시 토지의 기준시가 =
취득(양도) 면적(m^2) × 취득(양도)일 현재 고시된 개별공시지가(m^2당 가액)

2) 1990.8.30. 이전에 취득한 토지의 기준시가

토지에 대한 개별공시지가는 1990.8.30에 최초로 고시되었으므로, 1990.8.30. 개별공시지가가 고시되기 전에 취득한 토지의 취득 당시 기준시가는 아래의 산식에 의하여 계산한다.

[산정방법]

1990.1.1. 기준 개별공시지가 × $\dfrac{\text{취득 당시 시가표준액}}{\text{(1990.8.30. 현재 시가표준액 + 직전 결정 시가표준액)} \div 2}$

* 시가표준액은 토지등급가액을 말함

3) 개별공시지가가 수시로 공시되는 경우

개별공시지가 정기고시일 이후에 분할·합병·지목변경 등의 사유가 발생하여 토지의 개별공시지가가 수시로 고시된 경우 수시로 공시된 개별공시지가를 적용한다.

4) 개별공시지가가 없는 경우

개별공시지가 없는 토지의 기준시가는 납세지 관할세무서장이 지목·이용상황 등 지가 형성요인이 유사한 인근토지의 지가를 감안하여 평가한 가액으로 한다.

1990.8.30. 이후 취득한 토지를 양도하는 경우 양도차익 계산방법

● 토지의 취득 및 양도에 관한 자료

구 분	내 용
취득 및 양도 면적	1,000㎡
양도일 및 양도가액	2022.4.15. 양도가액 15억원
취득일 및 취득가액	2012.2.20.취득가액 불분명

● 토지의 개별공시지가

가격기준년도	토지소재지	개별공시지가	기준일자	공시일자
2021	경기도 성남시 ×××	1,000,000원	1월 1일	2021년 5월 31일
2012	경기도 성남시 ×××	500,000원	1월 1일	2012년 5월 31일
2011	경기도 성남시 ×××	400,000원	1월 1일	2011년 5월 31일

해설

	구 분	가 액	계산 근거
	양도가액	1,500,000,000	1,500,000원 × 1,000㎡
(-)	취득가액	600,000,000	해설 참조[1]
(-)	기타필요경비	12,000,000	해설 참조[2]
(=)	양도차익	888,000,000	

[1] 환산취득가액 : 600,000,000

① 양도 당시 기준시가 : 1,000,000원 × 1,000㎡ = 1,000,000,000

② 취득 당시 기준시가 : 400,000원 × 1,000㎡ = 400,000,000

*개별공시지가가 고시되기 전에 취득한 토지는 직전 개별공시지가를 사용한다.

③ 환산취득가액 : $1,500,000,000 \times \dfrac{400,000,000}{1,000,000,000} = 600,000,000$

[2] 기타 필요경비(필요경비개산공제) : 400,000,000 × 3% = 12,000,000

1990.8.30. 전에 취득한 토지를 양도하는 경우 양도차익 계산방법

● 토지의 취득 및 양도에 관한 자료

구 분	내 용
취득 및 양도면적	1,000㎡
양도일 및 양도가액	2022.4.15.양도가액 15억원
취득일 및 취득가액	1987.8.10.취득가액 불분명

● 토지의 개별공시지가

가격기준년도	토지소재지	개별공시지가	기준일자	공시일자
2021	경기도 성남시 ×××	1,000,000원	1월 1일	2021년 5월 31일
1990	경기도 성남시 ×××	150,000원	1월 1일	1990년 8월 30일

● 토지대장 상 토지의 등급가액

구 분	1984.7.1.	1987.1.1.	1989.1.1	1990.1.1.
토지등급	80	150	175	180
토지등급가액	231원	6,730원	22,700원	29,000원

해설

	구 분	가 액	계산 근거
	양도가액	1,500,000,000	1,500,000원 × 1,000㎡
(−)	취득가액	58,578,000	해설 참조[1]
(−)	기타필요경비	1,171,560	해설 참조[2]
(=)	양도차익	1,440,250,440	

[1] 환산취득가액 : 58,578,000

① ㎡당 취득가액 : $150,000 \times \dfrac{6,730}{(29,000+22,700) \times 1/2} = 39,052/㎡$

② 취득당시 기준시가 : 39,052원 × 1,000㎡ = 39,052,000

③ 환산취득가액 : $1,500,000,000 \times \dfrac{39,052,000}{1,000,000,000} = 58,578,000$

[2] 기타 필요경비(필요경비개산공제) : 39,052,000 × 3% = 1,171,560

2 일반건물의 기준시가

일반건물의 기준시가는 신축가격·구조·용도·위치·신축연도 등을 고려하여 국세청장이 산정·고시하는 가액을 말한다. 이러한 일반건물의 기준시가는 양도소득세 및 상속·증여세를 과세할 때 시가를 알 수 없는 경우에 활용된다.

일반건물의 기준시가는 매년 12.31에 고시되며, 다음 연도 1.1. 이후 양도분부터 적용한다. 기준시가는 취득일 또는 양도일 현재 고시되어 있는 가액을 적용하며, 기준시가가 고시되기 전에 부동산을 취득하거나 양도하는 경우에는 직전의 기준시가를 적용한다.

1) 2001.1.1. 이후 취득 및 양도하는 건물의 기준시가

건물 기준시가 = ㎡당 금액[1] × 평가대상 건물 면적(㎡)[2]

[1] ㎡당 금액 = 건물 신축가격기준액 × 구조지수 × 용도지수 × 위치지수 × 경과연수별 잔가율
[2] 연면적을 말하며, 집합건물의 경우 전유면적과 공용면적을 포함한 면적을 말함

사례 1

2001.1.1. 이후 취득한 건물을 양도하는 경우 양도차익 계산방법

● 토지 및 건물의 취득·양도에 관한 자료

구 분	내 용
구 조	철근콘크리트조
면 적	토지 300㎡, 건물 250㎡
용 도	근린생활시설
공시지가	2004.5.31. 고시가액 ㎡당 50만원, 2021.5.31. 고시가액 ㎡당 150만원
신축연도	2000년
취득일 및 취득가액	2003.8.20. 토지 및 건물 일괄취득하였고, 취득가액은 불분명함
양도일 및 양도가액	2021.8.25. 토지 및 건물 12억원에 일괄양도

해설

구 분		계산 근거 및 가액		가 액
		토지	건물	합계
	양도가액	924,408,376[1]	275,591,624[1]	1,200,000,000
(−)	취득가액	308,136,125[2]	238,622,016[2]	546,758,141
(−)	기타필요경비	4,500,000[3]	3,195,000[3]	7,695,000
(=)	양도차익	611,772,251	33,774,608	645,546,859

1) 토지 및 건물의 양도가액 안분계산

① 건물의 양도 당시 기준시가 : 492,000원 × 250㎡ = 123,000,000원

구 분	신축가격	구조지수	용도지수	위치지수	잔가율	㎡당 기준시가
양도당시	740,000원	1.0	1.0	1.07	0.622	492,000원*

* 740,000원 × 1.0× 1.0 × 1.07 × 0.622 = 492,000원(1,000원 미만 절사)

② 토지의 양도 당시 기준시가 : 1,500,000원 × 300㎡ = 450,000,000원

③ 토지 및 건물 양도가액 안분

㉠ 토지 : $1,200,000,000 \times \dfrac{450,000,000}{573,000,000} = 924,408,376$

㉡ 건물 : 1,200,000,000 − 924,408,376 = 275,591,624

2) 토지 및 건물의 취득 당시 기준시가

① 건물의 취득 당시 기준시가 : 426,000원 × 250㎡ = 106,500,000원

구 분	신축가격	구조지수	용도지수	위치지수	잔가율	㎡당 기준시가
취득당시	460,000원	1.0	1.0	0.98	0.946	426,000원*

* 460,000원 × 1.0× 1.0 × 0.98 × 0.946 = 426,000원(1,000원 미만 절사)

② 토지의 취득 당시 기준시가 : 500,000원 × 300㎡ = 150,000,000원

③ 환산취득가액 계산

㉠ 토지 : $924,408,376 \times \dfrac{150,000,000}{450,000,000} = 308,136,125$

㉡ 건물 : $275,591,624 \times \dfrac{106,500,000}{123,000,000} = 238,622,016$

3) 기타 필요경비(필요경비개산공제)

① 토지 : 150,000,000 × 3% = 4,500,000

② 건물 : 106,500,000 × 3% = 3,195,000

2) 2000.12.31. 이전에 취득한 건물의 취득당시 건물의 기준시가

2000.12.31. 이전 취득건물의 취득 당시 건물기준시가	=	2001.1.1. 시행 건물 기준시가	×	취득당시의 건물기준시가 산정기준율[1]

[1] 건물의 구조별 및 내용연수별로 구분된 적용대상 그룹표(I·Ⅱ·Ⅲ)에서「해당 건물의 취득연도와 해당 건물의 신축연도가 만나는 지점에 해당하는 율」을 말한다.

사례 2

2000.12.31. 이전에 취득한 건물의 취득당시 기준시가 계산방법

● 건물 등에 관한 자료

구 분	내 용
구 조	철근콘크리트조
면 적	토지 300㎡, 건물 250㎡
용 도	근린생활시설
공시지가	취득일 현재 고시된 가액 ㎡당 30만원
신축연도	1995년
취득연도	1999년
양도연도	2021년

해설 취득당시 건물의 기준시가

① 2001.1.1 건물의 기준시가 : 348,000원

구 분	신축가격	구조지수	용도지수	위치지수	잔가율	㎡당 기준시가
취득당시	400,000원	1.0	1.0	0.94	0.928	348,000원[1]

[1] 400,000원 × 1.0× 1.0 × 0.94 × 0.928 = 348,000원(1,000원 미만 절사)

② 건물의 취득 당시 기준시가 : 348,000원 × 250㎡ × 1.004(산정기준율) = 87,348,000원

소형빌딩은 토지와 건물을 각각 별개로 평가하여 기준시가를 계산하다 보니 토지와 건물의 가액을 일괄고시하는 주택이나 오피스텔, 밀집대형상가 등 상업용 건물에 비해 기준시가와 시가의 괴리가 상당히 컸다. 또한, 이러한 건물은 아파트나 오피스텔과 달리 개별적 특성이 강하고 거래가 빈번하지 않아 유사 매매사례가액을 적용할 수 없어 상속세나 증여세를 시가로 과세하는데 어려움이 있었다.

이러한 문제를 해결하기 위해 소형빌딩을 상속이나 증여받은 후 기준시가로 평가하여 신고한 경우 과세관청이 감정을 의뢰하여 감정가액에 따라 상속 또는 증여세를 경정할 수 있도록 법이 개정되었다. 같은 이유로 지목이 대지 등으로서 기준시가와 시가의 괴리가 큰 나대지도 신고된 기준시가에 불구하고 과세관청이 감정가액에 따라 상속세 또는 증여세를 경정할 수 있으므로 주의해야 하며, 이 경우 신고불성실가산세나 납부지연가산세는 부과되지 않는다.

3 토지와 건물의 가액을 일괄 고시하는 오피스텔 및 상업용 건물의 기준시가

① 아래와 같이 수도권(서울·인천·경기), 5대 광역시(대전·광주·대구·부산·울산) 및 세종특별자치시에 소재하는 오피스텔과 상가 등은 토지와 건물의 가액을 일괄 평가한 m^2당 가액에 공용면적과 전유면적을 합산한 호별 면적을 곱하여 기준시가를 고시한다.

가. 오피스텔 : 건축법상 업무시설 중 오피스텔이 포함된 건물의 전체

나. 상업용 건물 : 근린생활시설 및 판매시설이 포함된 건물 중 연면적이 3,000m^2 이상이거나 구분 소유된 100호 이상인 건물의 전체

예시 오피스텔 및 상업용 건물 기준시가 고시가액 : 2,000,000원 × 210.65 = 421,300,000

고시일자	단위당 면적(㎡) 기준시가(원)	건물면적(㎡)
2021.1.1	2,000,000	210.65

오피스텔과 상가는 집합건물로서 사실상 토지와 건물이 하나의 자산으로 볼 수 있는데, 대
지지분에 대하여 공시지가를 적용하고 건물부분은 일반건물 기준시가를 적용하여 별도로
평가한 가액을 합산하여 기준시가를 적용할 경우 시가와 괴리가 크므로 2005년부터 수도
권과 광역시 등에 소재한 오피스텔과 대형 상업용 밀집건물은 개별 호수별로 시가를 기준으
로 하여 일괄고시하게 된 것이다.

[비주거용 건물 중 토지·건물을 일괄 평가하여 기준시가를 고시하는 지역]

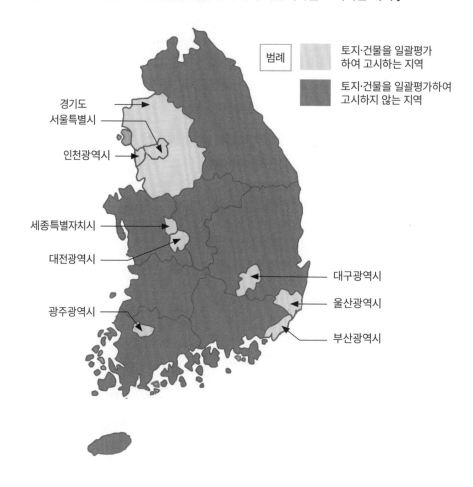

② 기준시가가 고시되지 않은 오피스텔이나 상업용 건물의 기준시가는 토지에 대
하여는 개별공시지가를 적용하고, 건물에 대하여는 일반건물의 건물기준시가
를 적용하여 평가한 가액의 합계액으로 한다.

4 **기준시가 고시 전에 취득한 주택 및 오피스텔·상업용건물의 취득 당시 기준시가**

주택의 공시가격 및 오피스텔·상업용건물의 일괄 고시된 가액이 공시 또는 고시되기 전에 취득한 경우 취득 당시 기준시가는 아래 산식에 의하여 계산한 가액으로 한다.

[1단계 … 취득 당시 기준시가 환산가액 산정]

$$\text{취득당시 환산가액} = \text{최초 공시(고시)가격} \times \frac{\text{취득당시 토지·건물의 기준시가 합계액}}{\text{최초로 공시(고시)한 토지·건물의 기준시가 합계액}}$$

[2단계 … 취득 당시 환산가액 안분 계산]

① $$\text{취득당시 토지의 기준시가} = \text{취득당시 환산가액} \times \frac{\text{취득당시 토지의 기준시가}}{\text{취득당시 토지의 기준시가+취득당시 건물의 기준시가}}$$

② $$\text{취득당시 건물의 기준시가} = \text{취득당시 환산가액} \times \frac{\text{취득당시 건물의 기준시가}}{\text{취득당시 토지의 기준시가+취득당시 건물의 기준시가}}$$

사례

기준시가가 고시되기 전에 취득한 아파트의 취득당시 기준시가 산정방법

● 아파트 취득에 관한 자료

구 분	내 용	
구 조	철근콘크리트조, 슬래브지붕, 최고 층수 15층	
용 도	아파트 전유면적 84.88㎡, 공용면적 20.90㎡	
대지권비율	28030.6분의 33.15	
취득일 및 취득가액	1998.7.15.취득가액 불분명	
건물기준시가 및 산정기준율	1999.7.1. 아파드 최초 공시가격 : 150,000,000원	
	2001.1.1. 건물 기준시가 : 397,000원/㎡	
	1999년 기준 : 1.003, 1998년 기준 : 1.019	
공시지가	고시일	공시가격
	1998.5.31	1,850,000원
	1999.5.31	2,100,000원
신축연도	1997.2.10	

1. 최초로 고시한 공동주택 기준시가 ······ ① 119,000,000원

2. 1999.7.1. 최초 고시 당시 토지 및 건물의 기준시가

〈토지 기준시가〉 ············ ②

- 2,100,000원 × 33.15㎡ = 69,615,000원

〈건물 기준시가〉 ············ ③

- ㎡당 가액 : 397,000원
- 2001.1.1. 당시 건물 기준시가 : 397,000원/㎡ × 105.78㎡ = 41,994,660원
- 건물 기준시가 : 41,994,660원 ×1.003(산정기준율)=42,120,643원

3. 1998.7.15. 취득 당시 토지 및 건물의 기준시가

〈토지 기준시가〉 ············ ④

- 1,850,000원 × 33.15㎡ = 61,327,500원

〈건물 기준시가〉 ············ ⑤

- 2001.1.1.건물 기준시가 41,994,660원 × 1.019(산정기준율) = 42,792,558원

〈1단계〉 ························· 취득 당시 기준시가 환산가격 산정

$$150,000,000 \times \frac{④\ 61,327,500 + ⑤\ 42,792,558}{②\ 69,615,000 + ③\ 42,120,643} = 139,776,425$$

〈2단계〉 ························· 취득 당시 환산가격 토지 및 건물에 안분

① 1998.7.15. 취득 당시 토지의 기준시가

$$139,776,425 \times \frac{④\ 61,327,500}{④\ 61,327,500 + ⑤\ 42,792,558} = 82,329,369$$

② 1998.7.15. 취득 당시 건물의 기준시가

139,776,425 − 82,329,369 = 57,447,056

04
양도소득세 과세표준의 계산

	양 도 차 익	⋯	양도가액에서 취득가액 등 필요경비를 차감한 금액
(−)	장기보유특별공제	⋯	자산별·보유 및 거주기간별·등기 여부에 따라 차등 공제율 적용
(=)	양 도 소 득 금 액	⋯	그룹별로 구분하여 계산
(−)	양도소득기본공제	⋯	그룹별로 양도소득금액에서 연 250만원 공제(미등기자산 제외)
(=)	양도소득과세표준	⋯	양도소득금액에서 양도소득기본공제액을 차감한 금액

I 장기보유특별공제

1 장기보유특별공제 적용대상 자산

3년 이상 보유한 토지·건물의 양도차익 및 원조합원이 양도한 조합원입주권의 양도차익 중 3년 이상 주택으로 보유한 기간의 양도차익에 대하여만 장기보유특별공제가 적용되고, 미등기자산과 조정대상지역내 중과대상 주택 등에서 발생한 양도차익에 대하여는 장기보유특별공제가 적용되지 않는다.

[자산 종류별 장기보유특별공제 여부]

구 분	장기보유특별공제 적용 대상	장기보유특별공제 배제 대상
자산 종류	▪3년 이상 보유한 토지와 건물 ▪원조합원의 조합원입주권 양도차익 중 종전주택 양도차익	▪3년 미만 보유한 토지와 건물 ▪승계조합원의 입주권, 분양권 ▪조정대상지역 내 중과대상 주택 ▪미등기자산 ▪주식

2 장기보유특별공제액 계산

1) 일반 부동산의 장기보유특별공제액 계산

3년 이상 보유한 부동산 및 2년 미만 거주한 1세대1주택 고가주택에 대하여는 아래와 같이 연 2%의 장기보유특별공제율을 적용하되, 최대 30%를 한도로 공제한다.

장기보유특별공제액 = 양도차익 × 보유기간별 공제율(연2%)

[표1] 장기보유특별공제율

보유기간	공제율	보유기간	공제율
3년 이상 4년 미만	6%	10년 이상 11년 미만	20%
4년 이상 5년 미만	8%	11년 이상 12년 미만	22%
5년 이상 6년 미만	10%	12년 이상 13년 미만	24%
6년 이상 7년 미만	12%	13년 이상 14년 미만	26%
7년 이상 8년 미만	14%	14년 이상 15년 미만	28%
8년 이상 9년 미만	16%	15년 이상 ~	30%
9년 이상 10년 미만	18%	-	

일반 부동산의 보유기간에 따른 장기보유특별공제액 계산

구 분		2년 보유	3년 6개월 보유	10년 8개월 보유	16년 보유
	양도차익	300,000,000	300,000,000	300,000,000	300,000,000
(-)	장기보유특별공제	-	18,000,000	60,000,000	90,000,000
(=)	양도소득금액	300,000,000	282,000,000	240,000,000	210,000,000

1. 2년 보유한 경우 장기보유특별공제율 : 3년 이상 요건 미충족으로 공제 안됨

2. 3년 이상 4년 미만 보유한 경우 장기보유특별공제율 : 6%(3년×2%)

3. 10년 이상 11년 미만 보유한 경우 장기보유특별공제율 : 20%(10년×2%)

4. 16년 보유한 경우 장기보유특별공제율 : 30%(15년×2%)

* 최대 공제한도 30%가 적용되므로 30%를 공제함

2) 1세대1주택 또는 일시적 2주택 비과세 대상 고가주택의 장기보유특별공제액 계산

비과세 대상인 고가주택의 장기보유특별공제는 조정대상지역으로 지정되어 있는지 여부와 관계없이 2년 이상 거주한 경우에 한하여 적용하며, 보유기간과 거주기간별로 구분하여 아래와 같이 최대 80%를 한도로 공제한다.

장기보유특별공제액 = 양도차익 × (보유기간별 공제율 + 거주기간별 공제율)

[표2] 1세대1주택 비과세 대상 고가주택의 장기보유특별공제율

보유기간별 공제율		거주기간별 공제율	
기간	공제율	기간	공제율
3년 이상 4년 미만	12%	2년 이상 3년 미만	8%
		3년 이상 4년 미만	12%
4년 이상 5년 미만	16%	4년 이상 5년 미만	16%
5년 이상 6년 미만	20%	5년 이상 6년 미만	20%
6년 이상 7년 미만	24%	6년 이상 7년 미만	24%
7년 이상 8년 미만	28%	7년 이상 8년 미만	28%

8년 이상 9년 미만	32%	8년 이상 9년 미만	32%
9년 이상 10년 미만	36%	9년 이상 10년 미만	36%
10년 이상	40%	10년 이상	40%

사례

1세대1주택 고가주택의 거주기간에 따른 장기보유특별공제액 계산

● 양도가액 20억원, 양도차익 12억원, 12년 보유한 주택을 2021.12.8. 이후 양도시

	구 분	미거주	2년 6개월 거주	5년 3개월 거주	12년 거주
	양도차익	1,200,000,000	1,200,000,000	1,200,000,000	1,200,000,000
	고가주택양도차익	480,000,000	480,000,000	480,000,000	480,000,000
(−)	장기보유특별공제	115,200,000[1]	230,400,000[2]	288,000,000[3]	384,000,000[4]
(=)	양도소득금액	364,800,000	249,600,000	192,000,000	96,000,000

해설

1. 고가주택 양도차익

$$1,200,000,000 \times \frac{2,000,000,000 - 1,200,000,000}{2,000,000,000} = 480,000,000$$

2. 장기보유특별공제율 및 장기보유특별공제액

[1] 2년 미만 거주한 경우 : 480,000,000 × 24%(12년×2%) = 115,200,000

[2] 2년 6개월 거주한 경우 : 480,000,000 × 48%(10년×4% + 2년×4%) = 230,400,000

[3] 5년 3개월 거주한 경우 : 480,000,000 × 60%(10년×4% + 5년×4%) = 288,000,000

[4] 12년 거주한 경우 : 480,000,000 × 80%(10년×4% + 10년×4%) = 384,000,000

* 보유기간 및 거주기간 별로 각각 최대 공제한도 40%가 적용되므로 40%씩 공제함

3) 주택 및 부수토지의 취득시기가 다른 경우 장기보유특별공제액 계산

토지를 먼저 취득한 후 주택을 신축하여 일괄 양도하는 경우 토지와 주택별로 각각의 보유기간에 따라 장기보유특별공제율을 적용하는 것이 원칙이나, 1세대 1주택 비과세 요건을 갖춘 경우에는 부수토지 전체 보유기간에 최대 30%를

한도로 연 2%의 장기보유특별공제율을 적용하여 산출한 금액과 최대 80%를 한도로 주택의 부수토지로서 보유기간 및 거주기간에 따라 각각 연 4%의 장기보유특별공제율을 적용하여 산출한 금액 중 큰 금액을 장기보유특별공제액으로 한다(법령해석재산-0493, 2018.7.27 참조).

사례

토지의 보유기간이 주택의 보유기간보다 긴 경우 장기보유특별공제액 계산

● **1세대1주택 비과세 요건 충족한 주택의 취득 및 양도에 관한 내역**

구 분	내 용
토지 취득	2004.10.15.
주택 신축	2018.12.25.
토지 및 주택 양도	2022.4.10.
고가주택 양도차익	12억원 초과분 양도차익은 토지분 3억원, 주택분 2억원으로 가정
주택신축 후 거주기간	2년 4개월

해설

	구 분	토지	건물
	고가주택양도차익	300,000,000	200,000,000
(-)	장기보유특별공제	90,000,000[1]	40,000,000[2]
(=)	양도소득금액	210,000,000	160,000,000

[1] Max(①, ②) = 90,000,000
   ① 전체 보유기간에 따른 장기보유특별공제 : 300,000,000 × 30%(15년×2%) = 90,000,000
   ② 주택 보유기간에 따른 장기보유특별공제 : 300,000,000 × 20%(3년×4%+2년×4%) = 60,000,000
[2] 200,000,000 × 20%(3년×4%+2년×4%) = 40,000,000

장기보유특별공제 적용시 보유기간 기산일

일반적으로 장기보유특별공제 적용시 양도자산의 보유기간은 양도한 자산을 취득한 날로부터 양도한 날까지 계산하나, 자산의 취득유형에 따라 아래와 같이 달라질 수 있다.

취 득 유 형		기 준 일
▪상속으로 취득한 경우		상속개시일
▪증여로 취득한 경우		증여등기접수일
▪이혼으로 취득한 경우	재산분할	이혼전 배우자의 취득일
	위자료	이혼시 등기접수일
▪이월과세대상인 경우		당초 증여자의 취득일
▪우회양도를 통한 부당행위부인대상인 경우		당초 증여자의 취득일
▪재개발·재건축의 경우	원조합원	종전주택 취득일
	승계조합원	사용승인일 등 신축주택의 취득일

주택유형별 장기보유특별공제 적용방법

구 분			장기보유특별공제율
1세대1주택	비과세 초과분 고가주택	2년 이상 거주한 경우	보유기간×4%(최대 40%) + 거주기간×4%(최대 40%)
		2년 미만 거주한 경우	보유기간×2%(최대 30%)
▪2주택 ▪3주택 이상	조정대상지역 내 양도주택	중과세 대상이 아닌 경우	연 2%(최대 30%)
		중과세 대상인 경우	미적용
장기임대주택	조특법 97조의4	6년 이상 임대시	연 2% 추가공제(최대 10%)
장기일반 민간임대주택	조특법 97조의3	8년 이상 ~ 10년 미만	50%
		10년 이상	70%

1세대1주택 고가주택 양도시 장기보유특별공제액 계산방법

● 부동산의 취득 및 양도에 관한 자료(비과세 요건 충족한 1세대1주택 아파트)

구 분	일 자	실지거래가액	기준시가
양 도	2022.3.25.	15억원	10억원
취 득	2014.11.5.	불분명	4억원

① 2015.11.9에 위 주택에 대하여 자본적 지출 1억5천만원이 발생하였다.

② 양도 당시 부동산 중개수수료 등으로 3천만원을 지출하였다.

③ 위 주택에 거주한 기간은 4년 6개월이다.

④ 양도한 주택은 조정대상지역 내에 소재하고 있다.

해설

	구 분	금 액	계산 근거
	양도가액	1,500,000,000	실지거래가액
(-)	취득가액	600,000,000	1,500,000,000 × 4억/10억(환산취득가액)
(-)	기타필요경비	12,000,000	400,000,000 × 3%(필요경비개산공제)
(=)	양도차익	888,000,000	
(-)	비과세양도차익	710,400,000	888,000,000 × 12억원/15억원
(=)	과세대상양도차익	177,600,000	888,000,000 × (15억원 - 12억원)/15억원
(-)	장기보유특별공제	78,144,000	177,600,000 × 44%(7년 × 4% + 4년 × 4%)
(=)	양도소득금액	99,456,000	

추가해설

① 환산취득가액 적용시 필요경비 계산 : Max(㉠, ㉡) = 612,000,000

  ㉠ 환산취득가액과 필요경비개산공제 합계액 : 600,000,000 + 12,000,000 = 612,000,000

  ㉡ 자본적 지출액과 양도비용 합계액 : 150,000,000 + 30,000,000 = 180,000,000

② 2021.1.1. 이후 1세대1주택 고가주택 양도분에 대한 장기보유특별공제율

구 분		2020.1.1.~ 2020.12.31. 양도	2021.1.1. 이후 양도
장기보유 특별공제율	2년 미만 거주	6%~30%(연간 2%)	6%~30%(연간 2%)
	2년 이상 거주	24%~80%(연간 8%)	20%~80% 연간 8%(보유기간 4% + 거주기간 4%)

Ⅱ 양도차익과 양도차손의 통산

1 그룹별 공제

양도소득금액은 아래와 같이 4개의 그룹으로 나누어 계산하고, 양도차손이 있는 경우에는 같은 그룹에 속하는 다른 자산의 양도소득금액에서 양도차손을 공제한다.

예를 들어, 1그룹 내 토지에서 발생한 양도차익과 부동산을 취득할 수 있는 권리에서 발생한 양도차손은 통산할 수 있으나, 1그룹 내 토지에서 발생한 양도차익과 2그룹에 해당하는 주식에서 발생한 양도차손은 서로 통산할 수 없다.

1그룹	2그룹	3그룹	4그룹
토지, 건물, 부동산에 관한권리, 기타자산, 특정주식	일반주식	파생상품 (2016.1.1. 이후 거래분)	신탁수익권 (2021.1.1. 이후 거래분)

2 같은 그룹 내 양도차손의 공제순서

양도차손을 같은 그룹 내 양도차익에서 공제하는 경우 우선 같은 세율이 적용되는 자산의 양도소득금액에서 먼저 공제한다. 세율이 같은 자산의 소득금액에서 공제한 후에도 남은 양도차손은 같은 그룹 내 다른 세율이 적용되는 자산의 양도소득금액에서 공제하되, 다른 세율을 적용받는 자산의 양도소득금액이 2 이상인 경우에는 양도소득금액의 비율에 따라 안분하여 공제한다.

3 양도차손 미공제분 소멸 및 1세대1주택 비과세 양도차손 공제 배제

같은 그룹 내에서 공제되지 않은 양도차손은 다른 그룹의 양도소득금액에서 공제할 수 없으며, 다음 연도로 이월되지 않고 소멸된다. 또한 비과세 요건을 충족한 1세대1주택을 양도하여 발생한 양도차손은 같은 그룹 내 다른 자산의 양도소득금액에서 공제할 수 없다.

그러나 1세대1주택인 고가주택 양도시 양도차손이 발생한 경우 고가주택의 양도차손 중 12억원 초과분은 같은 그룹에 속하는 다른 자산의 양도소득금액에서 공제할 수 있다.

📖 **배경 및 취지**

양도소득금액은 각 자산의 양도로 인하여 발생한 자산별 「과세대상」 소득금액과 「과세대상」 결손금을 서로 통산하는 것이므로 양도소득세 과세대상이 아닌 1세대1주택의 양도로 발생한 양도차손은 과세대상 양도소득금액에서 차감하지 않는 것이다.

사례 1

같은 연도에 양도한 자산의 양도차손과 양도차익 통산

● **부동산 및 주식의 취득 및 양도에 관한 자료**

구 분	비상장주식A	상가B	토지C	비상장주식D
양도일자	2021.12.15.	2021.9.20.	2021.6.30.	2021.7.10.
보유기간	5년 2월	10년 3월	1년 11월	4년 10월
적용세율	20%	기본세율	40%	10%
양도가액	1억5천만원	2억5천만원	5,000만원	2,000만원
취득가액	1억4천만원	1억원	1억원	4,000만원
양도비용	200만원	500만원	-	-

① 장기보유특별공제

   ⊙ 상가 : 145,000,000 × 20%(10년 × 2%) = 29,000,000

   ⓒ 주식 : 장기보유특별공제 적용불가

② **결손금 통산** : 결손금은 같은 그룹 내 자산과 통산한다. 따라서, 결손금 통산 후 주식D에서 남은 결손금 12,000,000은 「다른 Ⅰ그룹」에서 공제할 수 없다.

	구 분	Ⅰ그룹		Ⅱ그룹	
		상가	토지	주식(A)	주식(D)
	양도가액	250,000,000	50,000,000	150,000,000	20,000,000
(−)	취득가액	100,000,000	100,000,000	140,000,000	40,000,000
(−)	필요경비	5,000,000	-	2,000,000	-
(=)	양도차익(차손)	145,000,000	(50,000,000)	8,000,000	(20,000,000)
(−)	장기보유특별공제	29,000,000	-	-	-
(=)	통산전 양도소득금액	116,000,000	(50,000,000)	8,000,000	(20,000,000)
	양도차손통산	△ 50,000,000	50,000,000	△ 8,000,000	8,000,000
(=)	통산후 양도소득금액	66,000,000	-	-	(12,000,000)

사례 2

같은 과세기간에 적용 세율이 다른 자산의 양도차익과 양도차손의 통산

● **2021년도에 양도한 부동산의 취득 및 양도에 관한 자료**

구 분	A주택(기 예정신고납부)	B상가
양도일자	2021.6.15.	2021.10.20.
적용세율	3주택자 중과세율(기본세율 + 30%)	기본세율
양도차익(양도차손)	2억원	(5천만원)

같은 연도에 중과세율이 적용되는 주택을 먼저 양도하여 예정신고 납부한 후, 기본세율이 적용되는 상가에서 양도차손이 발생한 경우 적용 세율이 다른 경우에도 주택과 상가는 같은 그룹에 속하는 자산이므로 서로 통산할 수 있다.

따라서, 상가보다 먼저 양도한 주택에 대하여 양도차익이 발생하여 양도소득세를 예정신고·납부한 후에 양도차손이 발생한 상가를 양도하여 예정신고하는 경우 두 자산의 양도차손과 양도차익은 서로 통산할 수 있으므로 주택분에 대하여 납부한 양도소득세 114,900,000원 중 33,925,000원은 환급받을 수 있다.

구 분		2021.8.31. 기 예정신고	2021.12.31. 예정신고(합산)
		A주택	B상가
	양도차익	200,000,000	(50,000,000)
(−)	장기보유특별공제	-	-
(=)	양도소득금액	200,000,000	(50,000,000)
(−)	기신고소득금액		200,000,000
(=)	양도차손공제후 소득금액		150,000,000
(−)	양도소득기본공제	2,500,000	2,500,000
(=)	과세표준	197,500,000	147,500,000
(×)	세율	68%	65%
(−)	누진공제액	19,400,000	14,900,000
(=)	산출세액	114,900,000	80,975,000
(−)	기납부세액		114,900,000
(=)	납부할(환급받을)세액	114,900,000	(33,925,000)

같은 과세기간에 고가주택에서 양도차손이 발생한 경우 통산여부

● **2022년도에 양도한 부동산의 취득 및 양도에 관한 자료**

구 분	주택	비사업용토지
양도일자	2022.1.15.	2022.4.20.
양도가액	16억원	6억원
취득가액	18억원	2억5천만원
보유기간	2년 5개월	10년 3개월
적용세율	기본세율	기본세율 + 10%
양도차익(양도차손)	(2억원)	3억5천만원

* 양도한 주택은 1세대1주택 비과세 대상이며, 양도차손에 대하여 이미 예정신고를 하였다.

해설

구 분	2022.3.31. 기 예정신고	2022.6.30. 예정신고
	주택	B토지
양도차익(차손)	(200,000,000)	350,000,000
12억원 초과분 양도차손	(50,000,000)	-
(-) 장기보유특별공제	-	70,000,000
(=) 양도소득금액	-	280,000,000
(-) 기신고소득금액	-	(50,000,000)
(=) 양도차손공제후 소득금액	-	230,000,000
(-) 양도소득기본공제	-	2,500,000
(=) 과세표준	-	227,500,000
(×) 세율	-	48%
(-) 누진공제액	-	19,400,000
(=) 산출세액	-	89,800,000

1세대1주택 비과세가 적용되는 주택에서 발생한 양도차손은 같은 그룹에 속하는 다른 자산의 양도소득금액과 서로 통산할 수 없으나, 1세대1주택 고가주택에서 발생한 양도차손 중 양도가액 12억원(2021.12.7. 이전 양도분은 9억원) 초과분에서 발생한 양도차손은 같은 그룹 내 다른 자산의 양도소득금액과 통산할 수 있다.

* 12억원 초과분 양도차손 : $\triangle 200{,}000{,}000 \times \dfrac{(16억원-12억원)}{16억원} = \triangle 50{,}000{,}000$

Ⅲ 양도소득기본공제

1 그룹별 공제

양도소득기본공제는 각 양도자산의 그룹별로 연 250만원을 공제한다. 따라서, 같은 연도에 주식과 부동산을 양도한 경우 각각 250만원씩 양도소득기본공제가 적용된다.

또한, 같은 연도에 같은 그룹 내의 자산을 2개 이상 양도하는 경우에도 양도소득기본공제는 1회에 한하여 적용된다.

2 자산을 공동소유하는 경우

양도소득기본공제는 납세자별로 각각 공제한다. 따라서 양도소득세 과세대상 자산을 공동으로 소유하다가 양도하는 경우 각 납세자별로 연 250만원씩 양도소득기본공제를 적용한다.

3 양도소득금액에 감면 소득금액이 포함된 경우

양도소득금액에 감면되는 소득금액이 포함되어 있는 경우 양도소득기본공제는 양도소득세가 감면되지 않는 소득금액에서 먼저 공제하고, 공제되지 않고 남은 금액은 감면대상 소득금액에서 공제한다.

감면소득이 있는 경우 양도소득기본공제 적용 순서

양도소득금액 : 100,000,000원
① 감면소득금액 : 98,500,000원
② 감면소득금액외 소득금액 : 1,500,000원

양도소득과세표준 : 97,500,000원
감면소득금액외 소득 : 1,500,000원 − 1,500,000(기본공제액) = 0
감면소득 : 98,500,000 − 1,000,000(미공제분) = 97,500,000

4 종중과 비거주자의 양도소득기본공제 적용여부

종중을 1거주자로 보는 경우와 비거주자가 양도소득세 과세대상 자산을 양도하는 경우에도 거주자와 동일하게 연 250만원의 양도소득기본공제를 적용한다.

같은 연도 중 2개 이상의 자산을 양도하는 경우 양도소득 기본공제 적용 방법

● 2022년도에 양도한 주식 및 상가의 취득 및 양도에 관한 자료

구 분	비상장주식	상가
양도일자	2022.5.12.	2022.6.25.
보유기간	5년 2월	10년 3월
적용세율	20%	기본세율
양도가액	1억5천만원	2억5천만원
취득가액	7,500만원	1억원
양도비용	200만원	500만원

① 장기보유특별공제

　㉠ 상가 : 145,000,000 × 20%(10년 × 2%) = 29,000,000

　㉡ 주식 : 장기보유특별공제가 적용되지 않는다.

② 양도소득기본공제 : 그룹별로 각각 250만원씩 공제

구 분		I그룹	II그룹
		상가	주식
	양도가액	250,000,000	150,000,000
(-)	취득가액	100,000,000	75,000,000
(-)	필요경비	5,000,000	2,000,000
(=)	양도차익	145,000,000	73,000,000
(-)	장기보유특별공제	29,000,000	-
(=)	양도소득금액	116,000,000	73,000,000
(-)	양도소득기본공제	2,500,000	2,500,000
(=)	과세표준	113,500,000	70,500,000

05

양도소득세 결정세액의 계산

```
      양도소득과세표준
(×)  세            율  …  자산별·보유기간별·등기 여부에 따라 구분하여 적용
(=)  양도소득산출세액
(−)  세   액   감   면  …  조세특례제한법에 따른 세액감면
─────────────────
      양도소득결정세액
```

I 양도소득세율

1 2021.6.1. 이후 양도하는 경우 토지·건물·조합원입주권·분양권의 양도소득세율

구 분	과세표준	기본세율	2주택 중과	3주택 이상 중과	누진공제
2년 이상 보유	1,200만원 이하	6%	26%	36%	-
	4,600만원 이하	15%	35%	45%	108만원
	8,800만원 이하	24%	44%	54%	522만원
	1억5,000만원 이하	35%	55%	65%	1,490만원
	3억원 이하	38%	58%	68%	1,940만원
	5억원 이하	40%	60%	70%	2,540만원
	10억원 이하	42%	62%	72%	3,540만원
	10억원 초과	45%	65%	75%	6,540만원

1년 미만 보유	주택, 조합원입주권 : 70%
	주택, 조합원입주권 이외 부동산 : 50%
1년 이상 2년 미만 보유	주택, 조합원입주권 : 60%
	주택, 조합원입주권 이외 부동산 : 40%
주택분양권	조정대상지역 소재 여부와 관계없이 1년 미만 : 70%, 1년 이상 : 60% 적용(주거용 오피스텔 분양권은 제외)
비사업용토지	기본세율 + 추가세율 10%

2 2021.5.31. 이전에 양도한 경우 토지·건물·조합원입주권·분양권의 양도소득세율

구 분	과세표준	기본세율	2주택 중과	3주택 이상 중과	누진공제
2년 이상 보유	1,200만원 이하	6%	16%	26%	-
	4,600만원 이하	15%	25%	35%	108만원
	8,800만원 이하	24%	34%	44%	522만원
	1억5,000만원 이하	35%	45%	55%	1,490만원
	3억원 이하	38%	48%	58%	1,940만원
	5억원 이하	40%	50%	60%	2,540만원
	10억원 이하	42%	52%	62%	3,540만원
	10억원 초과	45%	55%	65%	6,540만원
1년 미만 보유	주택, 조합원입주권 : 40%				
	주택, 조합원입주권 이외 부동산 : 50%				
1년 이상 2년 미만 보유	주택, 조합원입주권 : 기본세율				
	주택, 조합원입주권 이외 부동산 : 40%				
주택분양권	조정대상지역 내 주택분양권(주거용 오피스텔 분양권은 제외)은 보유기간 관계없이 50% 적용. 다만 무주택자로서 30세 이상이거나 배우자가 있는 경우는 기본세율 적용				
비사업용토지	기본세율 + 추가세율 10%				

사례

다주택자가 조정대상지역 내 신축주택을 양도하는 경우 중과세 적용 여부

● 주택의 취득 및 양도에 관한 자료

구 분	내 용
양도일 및 양도가액	2021.6.15.실지 양도가액 15억원
취득일 및 취득가액	2017.7.10.신축한 주택으로서 신축에 소요된 가액 불분명
취득세 등 필요경비	2,500만원
기준시가	취득시 : 4억원
	양도시 : 10억원
적용세율	3주택 이상 중과세율 적용대상임

해설

	구 분	금 액	내 용
	양도가액	1,500,000,000	
(−)	취득가액	600,000,000	15억원 × $\dfrac{4억원}{10억원}$
	취득가액 종류	환산취득가액	
(−)	기타필요경비	12,000,000	400,000,000 × 3%
(=)	양도차익	888,000,000	
(−)	장기보유특별공제	-	조정대상지역 내 중과대상주택 공제 배제
(=)	양도소득금액	888,000,000	
(−)	기본공제	2,500,000	
(=)	과세표준	885,500,000	
(×)	세율	72%	42%(기본세율) + 30% 추가(2021.6.1. 이후 양도)
(=)	산출세액	602,160,000	885,500,000 × 72% - 3,540만원
(+)	가산세	30,000,000	600,000,000(건물환산취득가액) × 5%
(=)	납부할 세액	632,160,000	
(+)	지방소득세	63,216,000	632,160,000 × 10%
(=)	총부담세액	695,376,000	

1. 양도소득세율

양도하는 주택이 조정대상지역에 있는 주택으로서 1세대 3주택에 해당하므로 30%의 추가세율이 적용된다.

2. 환산취득가액 적용에 따른 가산세

건물신축 후 5년 이내에 양도하면서 환산취득가액을 적용하 는 경우 환산취득가액의 5%에 해당하는 금액을 결정세액에 가산한다.

Ⅱ 양도소득세액 계산특례(비교과세)

1 하나의 자산에 2개 이상의 세율이 적용되는 경우

다주택자가 조정대상지역에 소재한 주택을 2년 미만 보유하다 양도하는 경우 양도소득세는 단기 보유세율과 다주택자 중과세율 중 높은 세율을 적용한다.

사례 1

하나의 자산에 2개 이상의 세율이 적용되는 경우

● 부동산의 취득 및 양도에 관한 자료

구 분	A주택(조정지역)	B주택(조정지역)	C주택(조정지역)
취득일	2012.5.1.	2015.12.25.	2020.4.10.
양도일	-	-	2021.6.15.
양도차익	-	-	262,500,000원

※ C주택은 3주택자 중과대상 주택으로 가정한다.

구 분	금 액	내 용
양도차익	262,500,000	
(−) 장기보유특별공제	-	3년 미만 보유 및 조정대상지역 공제 배제
(=) 양도소득금액	262,500,000	
(−) 기본공제	2,500,000	
(=) 과세표준	260,000,000	
(×) 세율	68%	2021.6.1. 이후 양도시 세율 인상
(=) 산출세액	157,400,000	추가해설 참조

산출세액 : Max [①(기본세율 + 30%), ②(단기양도세율 60%)] = 157,400,000

① 중과세율(기본세율 + 30%) : 260,000,000 × 68% − 1,940만원 = 157,400,000

② 2년 미만 단기 양도세율(60%) : 260,000,000 × 60% = 156,000,000

2 같은 연도 중에 세율이 다른 2개 이상의 자산을 양도하는 경우

동일한 과세기간 내에 세율이 다른 둘 이상의 자산을 양도하는 경우 양도소득세 산출세액은 각 자산별로 산출한 세액의 합계액과 전체 자산의 양도소득 과세표준 합계액에 기본세율을 곱한 산출세액 중 큰 금액을 적용한다.

배경 및 취지

예정신고 단계에서는 각 양도자산의 과세표준에 해당하는 세율을 적용하여 신고·납부하게 되나, 양도소득세는 기간별 과세제도를 취하고 있으므로 같은 연도에 양도한 자산을 모두 합산하여 누진세율을 적용하는 것이다.

동일 과세기간에 세율이 다른 둘 이상의 자산 양도시 산출세액 계산

● 부동산의 취득 및 양도에 관한 자료(3주택 보유 중 2주택 A,B를 순차적으로 양도)

구 분	A주택(비조정대상지역)	B주택(조정대상지역)
양도일	2021.3.28	2021.5.25.
양도소득금액	2억2,500만원	1억원
세율	기본세율	2주택자 중과세율
신고여부	기 예정신고	합산신고

해설

	구 분	A주택	B주택	계산 근거
	양도소득금액	225,000,000	100,000,000	
(+)	기신고소득금액	-	225,000,000	기 예정신고 소득금액
(−)	기본공제	2,500,000	2,500,000	
(=)	과세표준	222,500,000	322,500,000	
(×)	세율	38%	40%	
(=)	산출세액	65,150,000	103,600,000	해설 참조
(−)	기납부세액		65,150,000	기 예정신고 납부세액
(=)	납부할 세액	65,150,000	38,450,000	

추가해설

산출세액 : Max (①, ②) = 103,600,000

① 각 자산별 산출세액 합계액 : ㉠ + ㉡ = 95,250,000

　㉠ A주택(기본세율) : (225,000,000 − 250만원) × 38% − 1,940만원 = 65,150,000
　㉡ B주택(2주택 중과세율) : 100,000,000 × (35% + 10%) − 1,490만원 = 30,100,000

② 전체 과세표준합계 × 기본세율 : (325,000,000 − 250만원) × 40% − 2,540만원 =
　103,600,000

Ⅲ 양도소득세 감면

양도소득세 감면은 임대촉진이나 미분양해소 등 정책목적에 따라 소득금액 또는 세액에 대하여 전부 또는 일부를 면제하는 것으로서 양도소득세 신고의무가 있으며, 과세관청에 별도로 감면신청을 해야 감면된다. 반면, 비과세는 처음부터 국가가 과세권을 포기한 것이므로 과세대상에서 제외되어 양도소득세 신고의무가 없으며, 비과세 신청을 할 필요가 없다.

비과세와 감면의 구체적인 차이를 비교하면 아래 표와 같다.

[비과세와 감면 비교]

구 분	비과세	감면
개념	국가가 과세권을 포기	조세정책적 목적으로 소득금액이나 세액의 일부나 전부를 경감
신고의무	없음	있음
적용신청	없음	있음
농어촌특별세 납부의무	부과하지 않음	농특세 부과. 단, 자경농지감면, 농지대토감면 등은 농특세 면제
적용사례	1세대1주택 비과세	▪8년 이상 자경농지 양도세 감면 ▪특례주택 양도시 양도소득세 감면 등

1 감면세액의 계산방법

① 양도한 자산 전체에 대하여 감면하는 경우 = 산출세액 × 감면율

② 같은 연도 중 감면대상이 되는 자산과 감면대상이 아닌 자산을 양도한 경우

$$\text{감면세액} = \text{총산출세액} \times \frac{\text{결손금통산후 감면소득금액} - \text{미공제된 양도소득 기본공제}}{\text{양도소득 과세표준}} \times \text{감면비율}$$

2 세액감면 규정

세액감면 대상이 되는 주택을 양도할 경우에는 아래와 같이 조세특례제한법상 세액감면 규정이 적용된다.

구 분	해당조문	감면 내용	감면방식
장기임대주택에 대한 감면	제97조	5호 이상의 국민주택을 5년 또는 10년 이상 임대하고 양도함으로써 발생하는 소득	세액감면
신축임대주택에 대한 감면	제97조의2	2호 이상의 국민주택을 5년 이상 임대하고 신축임대주택을 양도함으로써 발생하는 소득	세액감면
장기일반민간임대주택에 대한 감면	제97조의5	10년 이상 임대한 장기일반민간임대주택을 양도하는 경우	세액감면
미분양주택에 대한 감면	제98조 ~98조의8	지방 또는 수도권 밖 등에 소재하는 미분양주택을 취득해 양도함으로써 발생하는 소득	세액감면 또는 소득공제 등
신축주택에 대한 감면	제99조 ~99조의3	일정한 요건을 충족한 신축주택을 취득하여 양도함으로써 발생하는 소득	세액감면 또는 소득공제

Ⅳ 주택관련 취득세율

1 유상거래로 취득한 주택의 취득세 기본세율 및 중과세율

구 분		신규 취득하는 주택 소재지	
		조정대상지역	비조정대상지역
개인이 주택을 취득하는 경우	무주택 세대가 1주택 취득	주택가액에 따라 1%~3%	1%~3%
	1세대1주택 소유자가 1주택 신규 취득	8%(일시적2주택 제외)	
	1세대 2주택 소유자가 1주택 신규 취득	12%	8%
	1세대3주택 소유자가 1주택 신규 취득	12%	
법인이 주택을 취득하는 경우		12%	

* 취득세율 적용시 1세대가 보유한 주택수는 2020.8.12. 이후 취득하는 조합원입주권, 주택분양권 및 주택분 재산세가 과세되는 오피스텔을 포함하여 판단한다.

2 상속 또는 증여로 취득한 경우 주택 취득세율

구 분			취득세	지방교육세	농어촌특별세	합계세율
상속	유주택자 상속취득	85㎡ 이하	2.8%	0.16%	-	2.96%
		85㎡ 초과			0.2%	3.16%
	무주택자 상속취득	85㎡ 이하	0.8%	0.16%	-	0.96%
		85㎡ 초과			0.2%	1.16%
증여	조정대상지역	3억 미만 85㎡이하	3.5%	0.3%	-	3.8%
		85㎡초과			0.2%	4.0%
		3억 이상 85㎡이하	12%	0.4%	-	12.4%
		85㎡초과			1%	13.4%
	비조정대상지역	85㎡이하	3.5%	0.3%	-	3.8%
		85㎡초과			0.2%	4.0%

조정대상지역 소재 주택을 증여로 취득하는 경우 취득세 중과세율 적용

1. 증여로 취득한 주택에 대한 취득세 중과

1) 원칙

조정대상지역에 소재하고 있는 주택공시가격이 3억원 이상인 주택을 증여받을 경우 12%의 취득세 중과세율을 적용한다. 이 경우 주택의 일부지분만 증여받거나 주택의 부속토지만을 증여받은 경우에도 주택 전체의 공시가격이 3억원 이상인 경우에는 중과세율을 적용한다.

2) 예외

1세대1주택자인 배우자 또는 직계존비속으로부터 주택을 증여받은 경우에는 수증자의 주택수에 관계없이 12%의 취득세 중과세율을 적용하지 않고, 3.5%의 기본세율을 적용한다.

📖 배경 및 취지

2020년 7월 정부는 주택 가격을 안정시키기 위해 2021년부터 다주택자에 대한 종합부동산세를 대폭 인상하고 양도소득세제를 한층 강화하여 다주택자가 보유한 주택이 매매시장에 공급되도록 유도하였다. 그러나 2020.7월 정부대책 발표 이후 다주택 보유자들이 주택을 매도하기보다는 증여하는 방식으로 보유한 주택을 처분하는 사례가 발생하자 정부는 2020.8.12. 이후 1세대 2주택자로부터 조정대상지역 소재 주택을 증여받는 경우 해당 주택에 대하여 취득세를 중과하게 되었다.

2. 1세대1주택자 판정시 주택수 계산

2020.8.12. 이후 취득한 조합원입주권, 주택분양권 및 주택분 재산세가 부과되는 오피스텔은 증여자의 주택수에 포함하여 1세대1주택자인지 여부를 판단한다.

📖 배경 및 취지

주택공시가격 1억원 이하 주택, 5년 미경과 상속주택, 농어촌주택 등을 소유한 상태에서 다른 주택을 매매로 취득할 경우 해당 주택은 중과대상 주택수에서 제외되나, 증여자가 1세대1주택자인지 여부에 따라 수증자가 납부할 취득세 중과여부를 판단할 때에는 해당 주택은 증여자의 주택수에 포함된다.

증여 전 소유 주택수 및 형태에 따라 적용되는 수증자의 취득세율

증여자(父)

조정대상지역 소재 85㎡ 초과 주택
(시가 15억원, 주택공시가격 8억원)

수증자(子)

사 례	구 분
1	1세대 1주택자인 父로부터 2주택자인 子가 증여받는 경우
2	1세대 2주택자인 父로부터 무주택자인 子가 증여받는 경우
3	1세대 2주택자인 父로부터 30%의 지분만 무주택자인 子가 증여받는 경우
4	1주택 父母 공동명의(50% 각각 소유) 보유 중 父지분을 2주택자인 子가 증여받는 경우

해설

구 분	취득세(지방교육세 및 농특세 포함)	계산 근거
사례1	8억원 × 4% = 3,200만원	1세대1주택자 여부는 증여자 기준으로 판단
사례2	8억원 × 13.4% = 10,720만원	공시가격 3억원 이상 중과세율 적용
사례3	8억원 × 30% × 13.4% = 3,216만원	주택 전체 공시가격 3억원 이상 중과세율
사례4	8억원 × 50% × 4% = 1,600만원	1세대1주택자 여부는 세대단위로 판단

06
양도소득세 신고 및 납부 절차

I 양도소득세 예정신고

1 예정신고 대상자

양도소득세 과세대상이 되는 자산을 양도한 자는 양도소득세 예정신고를 해야 한다.

2 예정신고 기한

1) 토지, 건물, 부동산에 관한 권리, 기타자산

양도일이 속하는 달의 말일로부터 2개월 이내에 예정신고를 해야 한다. 다만, 부담부증여시 양도로 보는 채무부분에 대하여는 양도일이 속하는 달의 말일로부터 3개월 이내에 예정신고를 해야 한다.

📖 **배경 및 취지**

증여세 신고기한이 증여일이 속하는 달의 말일로부터 3개월 이내인 점을 감안하여 부담부증여에 따라 양도로 보는 채무부분에 대한 양도소득세 신고기한도 증여세 신고기한과 일치시켜 납세자의 신고 편의를 제고한 것이다.

2) 주식 등

양도일이 속하는 반기의 말일로부터 2개월 이내에 예정신고를 해야 한다. 다만, 기타자산에 해당하는 특정주식과 부동산과다보유법인의 주식은 부동산과 같이 양도일이 속하는 달의 말일로부터 2개월 이내에 예정신고를 해야 한다.

[양도자산별 예정신고기한 구분]

<자산 구분>   <예정신고 기한>

토지, 건물, 부동산에 관한 권리, 기타자산	원칙	양도한 달의 말일로부터 2개월
	부담부증여	양도한 달의 말일로부터 3개월
주 식	원칙	반기의 말일로부터 2개월
	특정주식 등	양도한 달의 말일로부터 2개월

🕐 **여기서 잠깐**

자산총액 중 부동산 비율이 50%를 초과하여 기타 자산으로 분류되는 특정주식과 자산총액 중 부동산비율이 80%를 초과하는 부동산 과다보유법인 주식은 부동산을 양도한 것으로 보아 주식양도에 해당하는 세율을 적용하지 않고 부동산 양도에 해당하는 세율이 적용되며, 양도소득세 신고기한도 부동산을 양도한 것으로 보아 당해 주식의 양도일이 속하는 달의 말일로부터 2개월로 정하고 있다. 따라서 주식을 양도하는 경우 일반 주식에 해당하는지 기타자산에 해당하는 특정주식 또는 부동산과다보유 법인의 주식에 해당하는지 여부를 면밀히 검토해야 한다.

Ⅱ 확정신고

양도소득세 예정신고를 한 경우에도 아래에 해당하는 경우에는 반드시 양도한 연도의 다음연도 5.1.부터 5.31.까지 양도소득세 확정신고를 해야 한다. 만약 확정신고를 하지 않은 경우에는 가산세를 부담하여야 한다.

① 해당 연도에 누진세율 적용대상 자산에 대해 예정신고를 2회 이상 한 자가 이미 신고한 양도소득금액과 합산하여 예정신고를 하지 않은 경우
② 2 이상의 자산을 양도한 경우로서 양도소득세산출세액 계산특례(비교과세)를 적용할 경우 당초 예정신고한 양도소득세신출세액이 달라지는 경우
③ 부동산 등을 2회 이상 양도한 경우로서 양도소득세 감면소득분과 감면 외 소득부분이 발생하여 당초 신고한 양도소득산출세액이 달라지는 경우

사례 1

같은연도에 기본세율 적용자산을 2회 이상 양도하고 각각 예정신고한 경우

● 주택의 취득 및 양도에 관한 자료

구 분	내 용
양도일 및 양도가액	2021.4.10. 양도가액 4억원
취득일 및 취득가액	2019.6.25. 상속받은 주택으로 상속당시 기준시가 2억5천만원
기타 필요경비	양도시 중개수수료 500만원 지출
기타사항	피상속인은 당해 주택을 2012.4.20.에 취득함

● 상가의 취득 및 양도에 관한 자료

구 분	내 용
양도일 및 양도가액	2021.10.10. 양도가액 8억원
취득일 및 취득가액	2010.11.30. 취득가액 불분명
기준시가	취득 당시 : 1억원
	양도 당시 : 4억원

1. 주택분 예정신고

	구 분	금 액	계산 근거
	양도가액	400,000,000	
(−)	취득가액	250,000,000	상속개시일 현재 평가액
(−)	기타필요경비	5,000,000	양도시 중개수수료
(=)	양도차익	145,000,000	
(−)	장기보유특별공제	-	3년 미만 보유(상속인의 보유기간만 적용)
(=)	양도소득금액	145,000,000	
(−)	기본공제	2,500,000	
(=)	과세표준	142,500,000	
(×)	세율	35%	피상속인 취득일 기준 기본세율 적용
(=)	산출세액	34,975,000	142,500,000×35% - 1,490만원(누진공제)

2. 상가분 예정신고

	구 분	금 액	계산 근거
	양도가액	800,000,000	실지 양도가액
(−)	취득가액	200,000,000	8억원 × 1억원/4억원 : 환산가액
(−)	기타필요경비	3,000,000	1억원 × 3% : 필요경비 개산공제액
(=)	양도차익	597,000,000	
(−)	장기보유특별공제	119,400,000	597,000,000 × 20%(10년 × 2%)
(=)	양도소득금액	477,600,000	
(−)	기본공제	2,500,000	
(=)	과세표준	475,100,000	
(×)	세율	40%	
(=)	산출세액	164,640,000	475,100,000×40% - 2,540만원(누진공제)

3. 이미 예정신고한 주택과 상가에 대하여 다음 연도 5.31.까지 확정신고시 추가 납부할 세액

	구 분	주택	상가
	양도가액	400,000,000	800,000,000
(−)	취득가액	250,000,000	200,000,000

(−)	기타필요경비	5,000,000	3,000,000
(=)	양도차익	145,000,000	597,000,000
(−)	장기보유특별공제	-	119,400,000
(=)	양도소득금액	145,000,000	477,600,000
(+)	합산소득금액	622,600,000	
(−)	기본공제	2,500,000	
(=)	과세표준	620,100,000	
(×)	세율	42%	
(−)	누진공제	35,400,000	
(=)	산출세액	225,042,000	
(−)	기납부세액	199,615,000*	
(=)	추가납부할 세액	25,427,000	

* 34,975,000(주택) + 164,640,000(상가) = 199,615,000

사례 2

같은 연도에 세율이 다른 2개 이상의 자산을 양도하고 각각 예정신고한 경우

● 비조정대상지역 소재 A주택의 취득 및 양도에 관한 자료

구 분	내 용
양도일 및 양도가액	2021.2.10. 양도가액 6억원
취득일 및 취득가액	2011.6.25. 취득가액 2억5천만원
기타 필요경비	양도시 중개수수료 5백만원
기타 사항	A주택 양도시 다른 B,C주택 보유

● 조정대상지역 소재 B주택의 취득 및 양도에 관한 자료

구 분	내 용
양도일 및 양도가액	2021.4.30. 양도가액 7억원
취득일 및 취득가액	2018.15. 취득가액 5억5천만원
기타 사항	B주택 양도시 다른 C주택(중과배제 주택 아님) 보유

1. A주택 예정신고

	구 분	금 액	계산 근거
	양도가액	600,000,000	
(−)	취득가액	250,000,000	
(−)	기타필요경비	5,000,000	양도시 중개수수료
(=)	양도차익	345,000,000	
(−)	장기보유특별공제	69,000,000	345,000,000 × 20%(10년 × 2%)
(=)	양도소득금액	276,000,000	
(−)	기본공제	2,500,000	
(=)	과세표준	273,500,000	
(×)	세율	38%	기본세율 적용
(=)	산출세액	84,530,000	273,500,000×38% - 1,940만원(누진공제)

2. B주택 예정신고

	구 분	금 액	계산 근거
	양도가액	700,000,000	
(−)	취득가액	550,000,000	
(−)	기타필요경비	-	
(=)	양도차익	150,000,000	
(−)	장기보유특별공제	-	중과 적용주택 장기보유특별공제 배제
(=)	양도소득금액	150,000,000	
(−)	기본공제	2,500,000	
(=)	과세표준	147,500,000	
(×)	세율	45%	35%(기본세율) + 10% 추가(2021.5.31. 이전 양도)
(=)	산출세액	51,475,000	147,500,000×45% - 1,490만원(누진공제)

3. 예정신고한 A주택과 B주택에 대하여 다음 연도 5.31.까지 확정신고시 추가 납부할 세액

	구 분	A주택	B주택
	양도가액	600,000,000	700,000,000
(−)	취득가액	250,000,000	550,000,000

(−)	기타필요경비	5,000,000	−
(=)	양도차익	345,000,000	150,000,000
(−)	장기보유특별공제	69,000,000	−
(=)	양도소득금액	276,000,000	150,000,000
(+)	합산소득금액	426,000,000	
(−)	기본공제	2,500,000	
(=)	과세표준	423,500,000	
(×)	세율	40%	
(−)	누진공제	25,400,000	
(=)	산출세액	144,000,000	
(−)	기납부세액	136,005,000	
(=)	추가납부할 세액	7,995,000	

※ 비교과세 : Max(①, ②) = 144,000,000

① 각 자산별 산출세액 합계액 : 84,530,000(A주택) + 51,475,000(B주택) = 136,005,000
② 기본세율에 의한 산출세액 : 144,000,000

Ⅲ 예정신고 또는 확정신고를 하지 않거나 과소신고한 경우 가산세

1 가산세의 구분

양도소득세 예정신고 또는 확정신고를 하여야 할 자가 예정신고 또는 확정신고를 하지 않거나 과소신고한 경우에는 아래와 같이 가산세가 부과된다.

1) 무신고 가산세

양도소득이 있는 자가 신고하여야 할 소득금액을 예정신고 또는 확정신고기한 내에 신고를 하지 않은 경우 아래와 같이 20%의 무신고가산세가 부과된다.

> 무신고 가산세 = 무신고 납부세액(세액공제·세액감면·기납부세액 차감한 금액)×20%

2) 과소신고 가산세

양도소득이 있는 자가 납부할 세액을 신고해야 할 세액보다 적게 신고한 경우에는 아래와 같이 과소신고가산세가 부과된다.

> 과소신고 가산세 = 과소신고 납부세액(세액공제·세액감면·기납부세액을 차감한 금액)×10%

3) 납부지연가산세

양도소득세 예정신고 또는 확정신고기한까지 납부해야 할 양도소득세를 납부하지 않은 경우 또는 납부해야 할 세액보다 적게 납부한 경우 아래와 같이 납부지연가산세가 부과된다.

> 납부지연 가산세 = 납부하지 않은 세액 또는 납부해야 할 세액보다 적게 납부한 세액 × 법정신고기한 다음날부터 납부일까지 일수 × 10만분의 22(연 8.03%)

2 가산세의 중복적용 배제

1) 자산을 1건 양도한 후 예정신고 및 확정신고를 모두 하지 않은 경우

양도소득세 예정신고를 하지 않아 20%의 예정신고 무신고가산세가 부과된 경우에는 확정신고를 하지 않더라도 확정신고 무신고가산세가 부과되지 않는다.

2) 누진세율 적용대상 자산을 2회 이상 양도한 후 예정신고 및 확정신고를 모두 하지 않은 경우

각각의 예정신고·납부분에 대하여 20%의 무신고가산세와 납부 지연일수에 따른 납부지연가산세가 부과되고, 누진세율 적용대상 자산의 소득금액 합산으로 증가된 산출세액에 대해 20%의 확정신고 무신고가산세와 및 납부지연가산세가 부과된다.

누진세율 적용대상 자산을 2회 이상 양도 후 예정 및 확정 모두 무신고한 경우

1. 상가는 2022.6.10. 양도하였으며 양도소득금액은 1억원이다.
2. 주택은 2022.11.15. 양도하였으며 양도소득금액은 8천만원이다. 단, 해당 주택은 1세대 1주택 비과세대상이 아니다.
3. 양도소득세 계산시 납부지연가산세는 생략하기로 한다.

	구 분	예정무신고		확정무신고
		상가	주택	
	양도소득금액	100,000,000	80,000,000	180,000,000
(−)	기본공제	2,500,000	-	2,500,000
(=)	과세표준	97,500,000	80,000,000	177,500,000
(×)	세율	35%	24%	38%
(−)	누진공제	14,900,000	5,220,000	19,400,000
(=)	산출세액	19,225,000	13,980,000	48,050,000
(+)	무신고가산세	3,845,000[1]	2,796,000[2]	2,969,000[3]
(−)	기신고·결정세액			33,205,000[4]
(=)	납부할 세액	23,070,000	16,776,000	17,814,000

해설

[1] 예정신고 무신고가산세 : 19,225,000 × 20% = 3,845,000
[2] 예정신고 무신고가산세 : 13,980,000 × 20% = 2,796,000
[3] 확정신고 무신고가산세 : (48,050,000−19,225,000−13,980,000)×20%=2,969,000
[4] 예정신고 산출세액 합계 : 19,225,000 + 13,980,000 = 33,205,000

3) 누진세율 적용대상 자산을 2회 이상 양도한 후 합산신고 하지 않고, 각각 예정신고하고 확정신고를 하지 않은 경우

누진세율 적용대상 자산의 소득금액 합산으로 증가된 산출세액에 대해 20%의 확정신고 무신고가산세와 및 납부지연가산세가 부과된다.

사례

누진세율 적용대상 자산을 2회 이상 양도 후 각각 예정신고 하였으나, 소득금액을 합산하여 확정신고를 하지 않은 경우

> 1. 상가는 2022.6.10. 양도하였으며 양도소득금액은 1억원이다.
> 2. 주택은 2022.11.15. 양도하였으며 양도소득금액은 8천만원이다. 단, 해당 주택은 1세대 1주택 비과세대상이 아니다.
> 3. 양도소득세 계산시 납부지연가산세는 생략하기로 한다.

	구 분	예정신고		확정무신고
		상가	주택	
	양도소득금액	100,000,000	80,000,000	180,000,000
(−)	기본공제	2,500,000	-	2,500,000
(=)	과세표준	97,500,000	80,000,000	177,500,000
(×)	세율	35%	24%	38%
(−)	누진공제	14,900,000	5,220,000	19,400,000
(=)	산출세액	19,225,000	13,980,000	48,050,000
(+)	무신고가산세			2,969,000[1]
(−)	기신고·결정세액			33,205,000[2]
(=)	납부할 세액	19,225,000	13,980,000	17,814,000

해설

[1] 확정신고 무신고가산세 : (48,050,000−19,225,000−13,980,000)×20% = 2,969,000

[2] 예정신고 산출세액 합계 : 19,225,000+13,980,000 = 33,205,000

3 **가산세 감면**

1) 수정신고시 가산세 감면

과세표준신고서를 법정신고기한까지 제출하였으나, 양도소득세를 과소신고하여 수정신고한 경우에는 아래와 같이 신고불성실가산세가 감면된다. 다만, 과세관청에서 과세표준과 세액을 경정할 것을 미리 알고 수정신고서를 제출한 경우에는 감면되지 않는다.

법정신고기한 경과후 신고기간	수정신고시 신고불성실가산세 감면율	비고
1개월 이내	90%	예정신고를 하였으나 확정신고기한까지 수정신고한 경우에는 신고불성실가산세 감면율 50% 적용
1개월 초과 3개월 이내	75%	
3개월 초과 6개월 이내	50%	
6개월 초과 1년 이내	30%	
1년 초과 1년 6개월 이내	20%	
1년 6개월 초과 2년 이내	10%	

2) 기한후신고시 가산세 감면

법정신고기한까지 과세표준신고서를 제출하지 않았으나 법정신고기한 경과 후 일정기한까지 기한후신고를 한 경우에는 아래와 같이 무신고가산세가 감면된다. 다만, 과세관청에서 과세표준과 세액을 결정할 것을 미리 알고 기한후신고서를 제출한 경우에는 감면되지 않는다.

법정신고기한 경과후 신고기간	기한후신고시 무신고가산세 감면율	비고
1개월 이내	50%	예정신고를 하지 않았으나 확정신고기한까지 신고한 경우에는 무신고가산세 감면율 50% 적용
1개월 초과 3개월 이내	30%	
3개월 초과 6개월 이내	20%	

Chapter 2

1세대1주택 비과세

01

1세대1주택 비과세 개요

양도일 현재 국내에 1주택을 보유한 1세대가 아래의 요건을 모두 충족한 주택을 양도하는 경우 양도소득세를 비과세한다. 다만, 주택의 양도가액이 12억원(2021.12.7. 이전 양도분은 9억원. 이하 같음)을 초과하는 경우 12억원 초과분의 양도차익에 대하여는 양도소득세가 과세된다.

비과세 기본요건

❋ 1세대가 1주택을 2년 이상 보유할 것
❋ 조정대상지역에 있는 주택을 취득한 경우에는 보유기간 중 2년 이상 거주할 것
❋ 양도가액이 12억원을 초과하지 않을 것
❋ 주택을 양도할 당시 다른 주택, 조합원입주권 또는 2021.1.1. 이후 취득한 주택분양권을 보유하고 있지 않을 것

I 1세대의 범위

1 원칙

1세대란 거주자인 본인 및 그 배우자가 그들과 같은 주소 또는 거소에서 생계를 같이 하는 직계존비속 및 형제자매를 말하며, 본인과 배우자는 세대를 달

리하더라도 동일 세대로 본다.

📖 배경 및 취지

주택의 명의를 배우자로 분산하고 주민등록상 별도세대를 구성하여 1세대1주택 비과세 받는 것을 방지하기 위한 것이다.

2 예외

다음의 경우에는 배우자가 없는 경우에도 독립세대로 보아 1세대1주택 비과세 여부를 판단한다.

① 해당 거주자의 나이가 30세 이상인 경우
② 배우자가 사망하거나 이혼한 경우
③ 국민기초생활 보장법상 중위소득의 40% 이상에 해당하는 일정한 소득이 있는 경우

[2022년 가구원별 국민기초생활보장법상 중위소득 및 중위소득의 40% 해당액]

(단위:천원)

구분 \ 가구원	1인	2인	3인	4인	5인
2022년 중위소득	1,944	3,260	4,194	5,121	6,024
중위소득의 40%	777	1,304	1,677	2,048	2,409

📖 배경 및 취지

자녀 명의로 주택을 분산하여 1세대1주택 비과세를 적용받는 경우를 방지하기 위하여 30세 미만 자녀가 주택을 취득하여 별도세대를 구성하는 경우에도 자녀는 부모와 동일세대로 보는 것이나, 자녀의 나이가 30세 미만인 경우에도 혼인하였거나 중위소득 40%이상에 해당하는 소득요건을 충족한 경우 등은 독립적인 생계를 유지할 수 있는 것으로 보아 별도세대로 판단하는 것이다.

[동일세대의 범위]

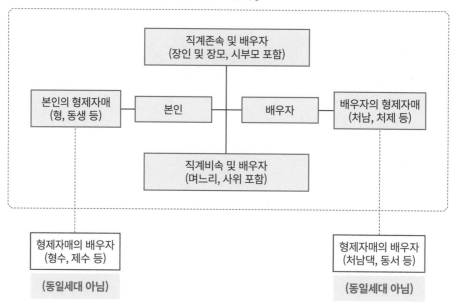

3 동일세대 여부 관련 심판례 등

1) 30세 미만의 별도세대원인 자녀가 일시적 수입이 있는 경우

주택 양도 당시 23세의 학생인 자녀가 부모와 별도의 주소에 거주하면서 일시적으로 수입을 얻은 것은 독립된 생계를 유지한 것으로 볼 수 없으므로 자녀와 부모는 동일 세대를 구성한 것으로 본다(조심2020중2127, 2020.10.06. 참조).

2) 최저생계비 이상의 소득이 있는 30세 미만 자녀가 부모와 동일세대인지 여부

30세 미만 미혼자녀의 소득이 최저생계비 수준 이상으로서 소유한 주택을 관리·유지하면서, 실질적으로 부모와 다른 곳에 거주하면서 독립된 생계를 유지하고 있는 경우에는 부모와 별도세대로 보아 1세대1주택 비과세가 적용된다(서면-2015-부동산-0017, 2015.03.06.참조).

3) 별도세대 구성요건을 갖추고 1주택을 보유한 아들과 무주택자인 모친이 함께 거주
하는 경우

동일세대

거주자(父)
1주택 보유한 후 양도

배우자(母)
무주택자

아들
1주택 보유

해설

별도세대 구성요건을 갖추고 1주택을 보유한 아들과 무주택자인 모친이 함께 거주하고 있고
1주택을 보유한 부친도 별도세대를 구성한 경우에는 부친과 아들은 동일세대로 보지 않으
므로, 부친이 1세대1주택 비과세 요건을 충족한 주택을 양도하는 경우에는 비과세 되고, 별
도세대인 아들이 보유한 주택도 1세대1주택 비과세 요건을 갖춘 경우 비과세된다(집행기준
89-154-9참조).

추가해설

부친과 모친은 주소를 달리하더라도 동일세대로 보며, 모친과 아들이 동일세대를 구성하고
있으므로 부친과 아들도 동일세대로 판단할 수 있으나, 부친과 아들은 각각 생계를 달리하
므로 별도세대로 보아야 한다. 따라서 부친과 아들이 보유한 주택이 1세대1주택 비과세 요건
을 갖춘 경우 각각 비과세 되는 것이다.

Ⅱ 주택 및 부수토지의 범위

1 1세대1주택 비과세 여부 판단시 주택의 개념

1세대1주택 비과세여부 판단시 건물의 공부상 용도나 건축허가 여부와 관계없
이 실제 주거용으로 사용된 경우에는 주택으로 보고, 건물의 용도가 불분명한

경우에는 건축물대장 등 공부상의 용도에 따라 주택 여부를 판단한다.

따라서, 건축물 대장 등 공부상 건물의 용도가 주택이 아니라 하더라도 실제 주거용으로 사용된 경우에는 주택으로 보아 1세대1주택 비과세여부를 판단한다.

2 비과세되는 1세대1주택의 부수토지 범위

양도한 주택이 1세대1주택 비과세 대상인 경우 주택과 함께 양도하는 주택 부수토지도 비과세되나, 주택정착면적에 아래 용도지역별로 정한 배수를 곱한 면적을 초과하는 부수토지는 비과세가 적용되는 부수토지의 범위에서 제외되어 양도소득세가 과세될 뿐만 아니라, 비사업용토지로 보아 기본세율 + 10%의 추가세율로 과세된다.

[용도지역별 주택 부수토지의 범위]

주택 소재지역		'21.12.31. 이전 양도	'22.1.1. 이후 양도
도시지역	수도권 내 주거·상업·공업지역	5배	3배
	수도권 내 녹지지역	5배	5배
	수도권 밖	5배	5배
도시지역 밖		10배	

📑 배경 및 취지

같은 도시지역이라도 주거·상업·공업지역의 지가가 녹지지역의 지가보다 상대적으로 높으므로 비과세되는 주거지역 등에 소재한 주택의 부수토지의 범위를 비과세되는 녹지지역 내 주택의 부수토지 범위보다 축소하여 상호 과세형평을 제고하였고, 수도권 외 지역에서는 도시지역 중 주거·상업·공업지역이라도 농촌지역이 많으므로 비과세되는 주택 부수토지의 범위를 축소하지 않고 종전대로 유지한 것이다.

양도일에 따른 용도지역별 비과세 주택 부수토지 판단

Case 1

양도일자	주택정착면적	주택부수토지	소재지 및 용도지역
2021.1.5	100㎡	400㎡	수도권 내 주거지역

해설 2021.12.31. 이전에 양도한 수도권 내 주거지역의 주택 부수토지는 주택 정착면적의 5배까지 비과세되므로 주택 부수토지 전체가 비과세 된다.

Case 2

양도일자	주택정착면적	주택부수토지	소재지 및 용도지역
2022.3.1	100㎡	600㎡	수도권 내 녹지지역

해설 2022.1.1. 이후에 양도하는 경우에도 수도권 내 녹지지역의 경우 주택 부수토지는 주택 정착면적의 5배까지 비과세되므로 주택부수토지 중 500㎡까지 비과세되고, 100㎡는 비과세되지 않고 비사업용토지로서 중과세율이 적용된다.

Case 3

양도일자	주택정착면적	주택부수토지	소재지 및 용도지역
2021.9.7	100㎡	600㎡	수도권 내 농림지역

해설 2021.12.31. 이전에 양도한 수도권 내 농림지역의 주택 부수토지는 주택 정착면적의 10배까지 비과세되므로 주택 부수토지 전체가 비과세 된다.

Case 4

양도일자	주택정착면적	주택부수토지	소재지 및 용도지역
2022.3.5	100㎡	400㎡	수도권 내 주거지역

해설 2022.1.1. 이후에 양도한 수도권 내 주거지역의 주택 부수토지는 주택 정착면적의 3배까지 비과세되므로 300㎡까지 비과세되고, 100㎡는 비과세되지 않고 비사업용토지로서 중과세율이 적용된다.

Case 5

양도일자	주택정착면적	주택부수토지	소재지 및 용도지역
2022.4.7	100㎡	600㎡	수도권 외 주거지역

해설 2022.1.1. 이후에 양도한 수도권 외 주거지역의 주택 부수토지는 주택 정착면적의 5배까지 비과세되므로 500㎡까지 비과세되고, 100㎡는 비과세되지 않고 비사업용토지로 중과세율이 적용된다.

Case 6

양도일자	주택정착면적	주택부수토지	소재지 및 용도지역
2022.8.5	100㎡	600㎡	수도권 내 농림지역

해설 2022.1.1. 이후에 양도한 수도권 내 농림지역의 주택 부수토지는 주택 정착면적의 10배까지 비과세되므로 주택 부수토지 전체가 비과세 된다.

🕐 **여기서 잠깐**

전국의 토지는 국토이용 및 계획에 관한 법률에 따라 도시지역, 농림지역, 관리지역, 자연환경보전지역 등 4가지의 용도지역으로 구분되며, 도시지역은 다시 주거지역, 상업지역, 공업지역, 녹지지역으로 구분된다. 전국에 소재한 각 토지는 법에 따라 용도지역별로 건축물의 용도와 건폐율, 용적률의 상한선이 정해져 있으므로 이를 준수해야 한다. 토지가 어떤 용도지역에 있는지는 토지이용계획확인원을 통해 확인할 수 있다.

[용도지역 분류]

구분	내용
용도지역 대분류	도시지역, 농림지역, 관리지역, 자연환경보전지역
도시지역 세분류	주거지역, 상업지역, 공업지역, 녹지지역

1) 1세대1주택 비과세 판단시점

1세대1주택 비과세 여부는 양도일 현재를 기준으로 판단하나, 예외적으로 매매특약에 의하여 매매계약일 이후 양도일 이전에 주택을 멸실한 경우에도 매매계약일 현재를 기준으로 1세대1주택 비과세 여부를 판단한다.

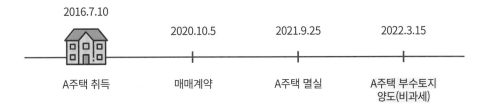

양도일 기준으로 비과세 여부를 판단할 경우 주택이 멸실된 상태에서 주택의 부수토지만 양도하여 1세대1주택 비과세를 적용받지 못할 수도 있으나, 매매특약에 의하여 매매계약일과 잔금지급일 사이에 주택이 멸실된 경우에는 계약일을 기준으로 1세대1주택 비과세여부를 판단하므로 양도소득세가 비과세된다.

2) 주택과 부수토지를 지분으로 양도하는 경우

주택과 주택 부수토지를 소유한 자가 1세대1주택 비과세 요건을 충족한 주택과 함께 주택 부수토지의 일부 지분을 양도하는 경우에도 비과세되나, 주택을 제외하고 주택 부수토지만 지분으로 양도하는 경우에는 비과세가 적용되지 않는다.

3) 주택과 부수토지를 분할 양도하는 경우

1세대가 한 울타리 안에 2채의 주택을 하나의 주거공간으로 사용하던 중 2채의 주택 전체를 부수토지와 함께 양도하는 경우에는 비과세되나, 2채의 주택 중 1채를 먼저 양도하는 경우에는 2주택 중 1주택을 양도한 것으로 보아 비과세되지 않는다.

1세대1주택에 해당하는 주택 및 부수토지 중 일부가 수용된 후 수용일로부터 5년 이내에 잔존주택 및 부수토지가 수용되거나 제3자에게 양도되는 경우 비과세된다.

4) 주택과 부수토지의 소유자가 다른 경우

동일세대원이 주택과 주택 부수토지를 각각 소유한 경우로서 1세대1주택 비과세 요건을 갖춘 주택과 부수토지를 함께 양도하는 경우 비과세되나, 별도세대원이 주택과 부수토지를 각각 소유한 상태에서 1세대1주택 비과세요건을 갖춘 주택과 부수토지를 함께 양도하는 경우 주택에 대해서는 비과세되고 부수토지에 대하여는 비과세되지 않는다.

[1세대1주택 및 부수토지의 소유자·세대 구분에 따른 비과세 여부]

구 분		일괄양도	주택만 양도	부수토지만 양도
주택과 부수토지의 소유자가 동일한 경우		비과세	비과세	과세
주택과 부수토지의 소유자가 다른 경우	동일세대인 경우	비과세	비과세	과세
	별도세대인 경우	▪ 주택 : 비과세 ▪ 토지 : 과세	비과세	과세

5) 주택과 부수토지의 소유자가 다른 경우 고가주택 여부 판단

주택과 부수토지의 소유자가 각각 다른 경우에도 주택 및 부수토지의 양도가액 합계액이 12억원(2021.12.7. 이전 양도분은 9억원)을 초과하는 경우에는 고가주택에 해당하여 12억원을 초과하는 부분의 양도차익 상당액에 대하여는 양도소득세가 과세된다.

4 **관련예규 등**

1) 주택의 부수토지만을 부담부증여한 경우

1세대1주택 비과세 요건을 충족한 주택의 부수토지라 하더라도 주택의 부수토지만을 부담부증여하는 경우 양도로 보는 채무부분에 대하여는 양도소득세가 과세된다(조심 2017서0695, 2017.4.5. 참조).

2) 주택의 보유기간은 2년 이상, 주택 부수토지의 보유기간은 2년 미만인 경우

1세대1주택 비과세 규정을 적용함에 있어서 주택은 2년 이상 보유하여 1세대1주택 비과세 요건을 갖추었으나 주택 부수토지는 2년 이상 보유하지 않은 상태에서 양도하는 경우 당해 토지에 대해서는 양도소득세가 과세된다(서면4팀-1620, 2005.9.8 참조).

Ⅲ 주택유형별 주택수 판단

1 **공동소유 주택**

2인 이상이 1개의 주택을 공동으로 소유한 경우 공동 소유자 각자가 1개씩 주택을 소유한 것으로 보아 1세대1주택 비과세여부를 판단한다. 다만, 1세대1주택 비과세여부는 세대단위로 판단하므로 2인 이상의 동일세대원이 1개의 주택을 공동으로 소유하는 경우에는 1개의 주택을 소유한 것으로 보아 1세대1주택 비과세여부를 판단한다.

1) 공동소유자가 별도세대인 경우

📑 **비교학습**

1개의 주택을 2인 이상이 공동으로 상속받은 경우에는 상속인 각자가 주택을 소유한 것으로 보지 않고, 최대지분권자가 상속받은 주택을 소유한 것으로 보아 상속인별로 보유주택 수에 따라 1세대1주택 비과세 여부를 판단한다.

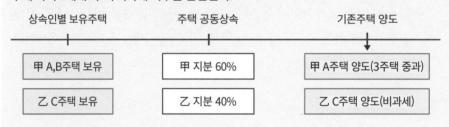

2) 공동소유자가 동일세대인 경우

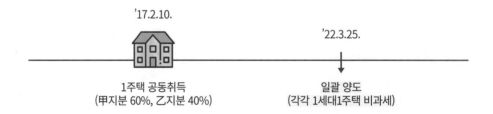

* 甲과 乙은 동일세대원으로서 공동취득한 주택 외에 다른 주택을 보유하고 있지 않음

3) 관련예규

2인 이상의 별도세대원이 1개의 주택을 공동소유하는 경우로서 공동소유 주택의 전체양도가액은 12억원을 초과하나, 각 지분소유자별로 계산한 양도가액은 12억원 이하(2021.12.7. 이전 양도분은 9억원)인 경우에도 고가주택으로 보

아 공동소유주택 전체의 양도가액 중 12억원(2021.12.7. 이전 양도분은 9억원)을 초과하는 부분의 양도차익에 해당하는 부분에 대하여는 양도소득세가 과세된다(서면4팀-3630, 2007.12.21.참조).

📑 **배경 및 취지**

2인 이상이 주택을 공유하는 방식으로 소유자별 양도가액을 분산하여 고가주택 부분의 양도차익에 대한 과세를 회피하는 것을 방지하기 위하여 공동소유자 각자의 지분별로 계산한 양도가액이 아닌 주택 전체가액으로 고가주택 여부를 판단하는 것이다.

사례

부부가 1주택을 공동소유 하다가 일괄 양도하는 경우 고가주택 해당여부

1. 부부가 공동으로 소유한 주택으로서 남편과 부인의 소유 지분비율은 각각 60%, 40%
2. 주택 양도일은 2022.5.20.이고, 양도일 현재 다른 주택을 보유하고 있지 않음
3. 주택 전체 양도가액 15억원, 취득가액 10억원, 6년 보유기간 중 4년 거주

해설

	구 분	남편	부인
	양도가액	900,000,000	600,000,000
(−)	취득가액	600,000,000	400,000,000
(=)	양도차익	300,000,000	200,000,000
	12억원 초과 양도차익	60,000,000[1]	40,000,000[2]
(−)	장기보유특별공제	24,000,000[3]	16,000,000[4]
(=)	양도소득금액	36,000,000	24,000,000
(−)	양도소득기본공제	2,500,000	2,500,000
(=)	과세표준	33,500,000	21,500,000
(×)	세율	15%	15%
(=)	산출세액	3,945,000	2,145,000

[1] $300,000,000 \times \dfrac{15억원-12억원}{15억원} = 60,000,000$

2) $200,000,000 \times \dfrac{15억원-12억원}{15억원} = 40,000,000$

3) $60,000,000 \times 40\%(6년\times4\% + 4년\times4\%) = 24,000,000$

4) $40,000,000 \times 40\%(6년\times4\% + 4년\times4\%) = 16,000,000$

위 사례에서 각 소유자별 양도가액은 9억원과 6억원이므로 12억원 이하로서 고가주택에 해당하지 않는 것으로 볼 수 있으나, 공동소유한 주택이 고가주택에 해당하는지 여부는 주택 전체의 양도가액을 기준으로 판단하므로 양도가액이 12억원을 초과한 부분의 양도차익에 대하여는 양도소득세가 과세된다.

2 다가구주택

1) 다가구주택을 양도하는 경우 비과세여부 판단

다가구주택은 건축법상 단독주택으로 보는 데 비해 세법상으로는 공동주택으로 규정하고 있으나, 예외적으로 다가구주택 전체를 하나의 매매단위로 하여 일괄로 취득하거나 양도하는 경우에는 단독주택으로 보아 1세대1주택 비과세 여부를 판단한다.

사례 1

1인이 다가구주택을 단독소유하다 부담부증여하는 경우

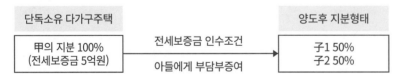

해설 소득세법 시행령 제155조 제15항에 따라 다가구주택을 하나의 매매단위로 양도하는 경우에는 전체를 하나의 주택으로 보아 1세대1주택 비과세여부를 판단하는 것이며, 다가구주택을 부담부증여한 경우 양도로 보는 채무액에 대하여도 동일하게 1세대1주택 비과세가 적용될 수 있다(기재부 조세법령운용과-340, 2022.4.1 참조).

다가구주택은 다세대주택보다 건축조건을 완화해주는 대신 임대목적으로만 사용하고 가구별로 분양할 수 없도록 하기 위해 건축법상 단독주택으로 분류하여 다가구주택 전체에 대하여 등기부를 1개로 하였다.

세법도 초기에는 건축법에 따라 다가구주택을 단독주택으로 취급하였다. 따라서 다가구주택은 1세대1주택 비과세 혜택을 받을 수 있는 장점이 있었으나, 다가구주택의 전체 연면적으로 고급주택 여부를 판단하여 취득세가 일반주택보다 7.5배 중과세되는 경우가 생기게 되었고, 다가구주택의 각 가구당 면적이 국민주택규모인 85㎡이하인 경우에도 다가구주택의 전체 연면적이 국민주택규모를 초과하여 부가가치세가 과세되었다.

아파트나 다세대주택은 세대당 면적으로 취득세 중과여부나 부가가치세 과세여부를 판단하는데, 서민들에게 저렴하게 임대할 목적으로 지어진 다가구주택이 세금 측면에서 오히려 더 불리한 부분이 생기게 된 것이다. 이에 정부는 세법을 개정하여 다가구주택을 공동주택으로 보고 각 가구별 면적에 따라 취득세 중과여부나 부가가치세 과세여부를 판단하게 되었다.

그런데 세법상 다가구주택을 공동주택으로 보게 되면 실제로는 다가구주택을 가구별로 양도하면서 지분으로 양도하는 형태를 취하는 경우, 예를 들면 6개 호수의 다가구주택 중 1개 호를 양도하면서 등기부상 지분의 1/6을 매매하는 형식을 취하는 경우에는 여러 개의 공동주택을 보유하던 중 1채를 양도한 것과 같으므로 1세대1주택 비과세를 적용하지 않는 것이 타당하나, 다가구주택을 단독으로 소유하다가 다가구주택 전체를 한꺼번에 양도할 경우 공동주택을 양도한 것이 되어 1세대1주택 비과세를 받지 못하는 문제가 발생하게 되었다.

이러한 문제를 해결하기 위하여 다가구주택은 원칙적으로 공동주택으로 보고 세법을 적용하되, 다가구주택을 지분으로 매매하지 않고 통째로 매매하는 때에는 단독주택으로 보아 1세대1주택 비과세 규정을 적용할 수 있는 길을 열어 놓은 것이다.

이외에도 각 세법규정에 따라 다가구주택을 단독주택으로 보는 경우와 공동주택으로 보는 경우가 각각 나뉘고 있으므로 유념하여 살펴야 한다.

사례 2

공동소유하는 다가구주택 지분 전체를 양도하는 경우

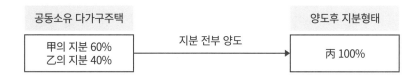

해설 다가구주택을 공동으로 소유하다가 주택 지분 전체를 일괄 양도하였으므로 1개의 주택을 양도한 것으로 보아 1세대1주택 비과세대상이 된다.

대비사례

공동소유하는 다가구주택 지분 일부를 양도하는 경우

해설 다가구주택을 공동으로 소유하던 중 공동 소유자 중 특정인의 지분만을 양도하는 경우에는 단독주택의 양도로 보지 않고 공동주택의 양도로 보므로 1세대1주택 비과세되지 않는다(법령해석재산-0089, 2017.3.30 참조).

2) 다세대주택을 다가구주택으로 용도변경하는 경우 비과세 여부

① 1세대1주택 비과세 여부를 판단함에 있어 다세대주택을 다가구주택으로 용도변경하는 경우에는 용도변경일로부터 2년 이상 보유한 후 양도한 경우에만 비과세된다.

② 2017.8.2. 이전 취득한 조정대상지역에 있는 다세대주택을 2017.8.3. 이후 다가구주택으로 용도변경한 후 하나의 매매단위로 양도하는 경우 보유기간 중 2년 이상 거주요건을 충족하지 않은 경우에도 비과세된다.

3) 다가구주택 판단시 실무상 주의사항

주택으로 사용하는 층수가 3개층 이하로 건축법상 다가구주택의 요건을 갖추어 건축허가를 받은 후 옥탑 등을 불법으로 증축하거나 상가를 주택으로 용도 변경하여 주택으로 사용한 층수가 3개층을 초과하는 경우에는 단독주택이 아닌 공동주택으로 보아 1세대1주택 비과세를 적용받을 수 없을 뿐만 아니라 오히려 다주택자 중과세 대상이 될 수 있다.

[건축법상 다가구주택과 다세대주택 비교]

구 분	다가구주택	다세대주택
층수	3개층 이하(지하층 제외)	4개층 이하(지하층 제외)
연면적	1개 동의 주택으로 쓰는 바닥면적의 합계가 660㎡ 이하	
세대수	19세대 이하	제한 없음
주택법상	단독주택	공동주택
등기사항	다가구주택 전체 단독등기	각 호수별로 구분등기

4) 관련심판례

주택으로 사용된 층수가 3층부터 5층까지 3개 층에 이를 뿐 아니라 옥탑층도 주택용도로 사용되어 주택으로 사용하는 층수가 3층 이하에 해당하는 건축법상 다가구주택의 요건을 충족하지 못해 다세대주택으로 분류되므로 양도자가 거주한 5층에 대해서만 1세대1주택 비과세가 적용되고, 나머지 주택부분에 대하여는 양도소득세가 과세된다(조심2018서4380, 2019.06.27.참조).

🕐 여기서 잠깐 _ 다가구주택의 주택 층수에 포함되는 옥탑 등의 기준

다가구주택은 주택으로 사용하는 층수가 3개층 이하에 해당해야 한다. 이 경우 다가구주택의 옥탑 등은 주택 층수에 포함되지 않으나 건축법시행령 제119조(면적 등의 산정방법)에 따라 승강기탑, 계단탑, 망루, 장식탑, 옥탑 그 밖에 이와 비슷한 건축물의 옥상 부분으로서 그 수평투영면적의 합계가 해당 주택 건축면적의 8분의1을 초과하는 경우에는 주택으로 사용하는 층수에 산입하여 건축법상 다가구주택에 해당하는지 여부를 판단한다.

[다세대주택으로 분류되는 경우]	
4층 옥탑	15㎡
3층 주택 100㎡	
2층 주택 100㎡	
1층 주택 100㎡	
옥탑면적이 주택건축면적의 1/8초과 → 15㎡ > 100㎡ x 1/8 =12.5㎡	

[다가구주택으로 분류되는 경우]	
4층 옥탑	10㎡
3층 주택 100㎡	
2층 주택 100㎡	
1층 주택 100㎡	
옥탑면적이 주택건축면적의 1/8이하 → 10㎡ ≤ 100㎡ x 1/8 =12.5㎡	

3 **겸용주택**

1) 2021.12.31. 이전에 양도한 겸용주택의 비과세 여부 및 양도소득금액 계산

① 주택면적이 주택외 면적보다 큰 경우

1세대1주택자가 주택면적이 주택외 면적보다 큰 겸용주택을 양도한 경우 건물 전체를 주택으로 보아 1세대1주택 비과세 여부를 판단한다. 이 경우 양도하는 겸용주택이 1세대1주택 비과세 요건을 갖춘 경우로서 겸용주택이 고가주택에 해당하는지 여부는 주택부분과 주택외 부분의 양도가액을 합산하여 판단하며, 전체 양도가액 중 12억원(2021.12.7. 이전 양도분은 9억원)을 초과하는 부분에 해당하는 양도차익에 대하여만 양도소득세가 과세되고 장기보유특별공제는 보유연수와 거주연수로 나누어 각각 4%의 공제율을 적용한다.

② 주택면적이 주택외 면적보다 작거나 같은 경우

1세대1주택 비과세 요건을 갖춘 겸용주택의 주택면적이 주택외 면적보다 작거나 같은 경우에는 주택부분의 양도차익에 대해서만 비과세되고, 주택외 부분의 양도차익에 대하여는 양도소득세가 과세된다. 이 경우 전체 양도가액을 기준시가로 안분한 주택부분의 양도가액이 12억원을 초과하는 부분의 양도차익에 대해서만 과세되고 최대 80%의 장기보유특별공제율이 적용되는 반면에, 상가부분에 대해서는 양도차익 전체에 대해 과세되고 최대 30%의 장기보유특별공제가 적용된다.

[2021.12.31. 이전 양도한 1세대1주택 비과세 겸용주택의 양도소득금액 계산방법]

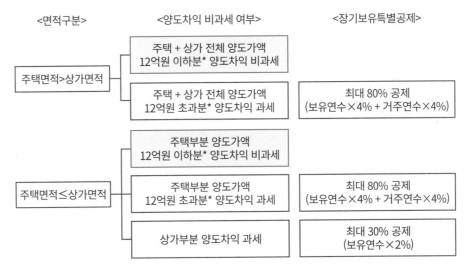

* 2021.12.8. 이후 양도분부터는 비과세되는 1세대1주택 고가주택의 기준금액이 9억원에서 12억원으로 상향 조정되었으므로, 고가주택의 기준금액을 12억원으로 하여 양도소득금액을 계산한다.

사례

2021.12.20.에 양도한 경우 양도소득금액 계산

> 1. 비과세요건을 충족한 겸용주택으로서 전체 양도가액 25억원, 전체 취득가액 8억원
>   ① 양도당시 기준시가에 따라 안분계산된 양도가액 : 주택 16억원, 상가 9억원
>   ② 취득당시 기준시가에 따라 안분계산된 취득가액 : 주택 6억원, 상가 2억원
> 2. 주택과 상가의 보유기간은 10년이며, 당해 주택에 거주한 기간은 없음

해설

구 분		주택면적 > 상가면적	주택면적 ≤ 상가면적	
			주택	상가
	양도가액	2,500,000,000	1,600,000,000	900,000,000
(−)	취득가액	800,000,000	600,000,000	200,000,000
(=)	전체 양도차익	1,700,000,000	1,000,000,000	700,000,000
(−)	비과세 양도차익	816,000,000[1]	750,000,000[3]	-
(=)	과세대상 양도차익	884,000,000	250,000,000	700,000,000
(−)	장기보유특별공제	176,800,000[2]	50,000,000[4]	140,000,000[5]

(=)	양도소득금액	707,200,000	200,000,000	560,000,000

1) $1,700,000,000 \times \dfrac{1,200,000,000}{2,500,000,000} = 816,000,000$

2) $884,000,000 \times 20\%(10년 \times 2\%) = 176,800,000$

3) $1,000,000,000 \times \dfrac{1,200,000,000}{1,600,000,000} = 750,000,000$

4) $250,000,000 \times 20\%(10년 \times 2\%) = 50,000,000$

5) $700,000,000 \times 20\%(10년 \times 2\%) = 140,000,000$

2) 2022.1.1. 이후 양도하는 겸용주택의 비과세 여부 및 양도소득금액 계산

2022.1.1. 이후에 양도하는 겸용주택의 양도가액이 12억원 이하인 경우에는 2021.12.31. 이전 양도분과 동일하게 주택면적과 주택외 면적 크기에 따라 1세대 1주택 비과세 여부를 판단하고, 겸용주택의 양도가액이 12억원을 초과하는 경우에는 건물면적과 상관없이 전체 양도가액을 기준시가로 안분계산한 주택의 양도가액을 기준으로 1세대1주택 비과세 여부를 판단한다.

[2022.1.1. 이후 양도하는 1세대1주택 비과세 겸용주택의 양도소득금액 계산방법]

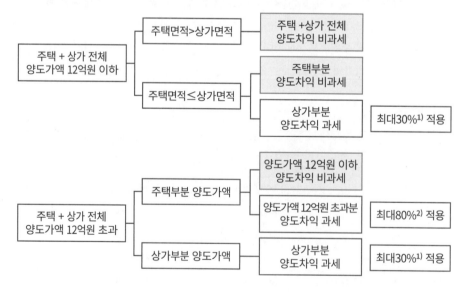

140

① 주택과 상가의 전체 양도가액이 12억원을 초과하는 경우로서 양도당시 기준시가로 안분한 주택의 양도가액이 12억원 이하인 경우

사례 1

2022.1.1. 이후 양도하는 경우 양도소득금액 계산

> 1. 비과세요건을 충족한 겸용주택으로서 전체 양도가액 18억원, 전체 취득가액 5억원
>   ① 양도당시 기준시가에 따라 안분계산된 양도가액 : 주택 11억원, 상가 7억원
>   ② 취득당시 기준시가에 따라 안분계산된 취득가액 : 주택 4억원, 상가 1억원
> 2. 주택과 상가의 보유기간은 10년이며, 당해 주택에 거주한 기간은 없음

해설

구 분	주택	상가
양도가액	1,100,000,000	700,000,000
(−) 취득가액	400,000,000	100,000,000
(=) 전체 양도차익	700,000,000	600,000,000
(−) 비과세 양도차익	700,000,000[1]	-
(=) 과세대상 양도차익	-	600,000,000
(−) 장기보유특별공제	-	120,000,000[2]
(=) 양도소득금액	-	480,000,000

1) 1세대1주택 비과세요건을 충족한 주택부분 양도가액이 12억원 이하이므로 전액 비과세

2) 600,000,000 × 20%(10년 × 2%) = 120,000,000

② 주택과 상가의 전체 양도가액이 12억원을 초과하는 경우로서 양도당시 기준시가로 안분한 주택의 양도가액이 12억원을 초과하는 경우

사례 2

2022.1.1. 이후 양도하는 경우 양도소득금액 계산

1. 비과세요건을 충족한 겸용주택으로서 전체 양도가액 25억원, 전체 취득가액 8억원

   ① 기준시가에 따라 안분계산된 양도가액 : 주택 16억원, 상가 9억원

   ② 기준시가에 따라 안분계산된 취득가액 : 주택 6억원, 상가 2억원

2. 주택과 상가의 보유기간은 10년이며, 당해 주택에 거주한 기간은 없음

해설

	구 분	주택	상가
	양도가액	1,600,000,000	900,000,000
(-)	취득가액	600,000,000	200,000,000
(=)	전체 양도차익	1,000,000,000	700,000,000
(-)	비과세 양도차익	750,000,000[1]	-
(=)	과세대상 양도차익	250,000,000	700,000,000
(-)	장기보유특별공제	50,000,000[2]	140,000,000[3]
(=)	양도소득금액	200,000,000	560,000,000

[1] $1,000,000,000 \times \dfrac{1,200,000,000}{1,600,000,000} = 750,000,000$

[2] $250,000,000 \times 20\%(10년 \times 2\%) = 50,000,000$

[3] $700,000,000 \times 20\%(10년 \times 2\%) = 140,000,000$

👤 필자의 견해

주택에 대한 양도소득세 비과세는 국민의 주거생활 안정과 거주이전의 자유를 보장하기 위한 제도라는 점과 겸용주택이 아닌 일반 상가를 양도하는 경우 양도차익 전액이 과세대상이 된다는 점을 고려하여 양도가액이 12억원을 초과하지 않는 겸용주택이라 하더라도 주택부분과 상가부분의 양도차익을 분리하여 주택부분에서 발생한 양도차익에 대하여는 1세대 1주택 비과세 여부를 판단하고, 상가부분에서 발생한 양도차익에 대하여는 양도소득세를 과세하는 것이 타당하다고 생각된다.

겸용주택(주택면적>상가면적)을 2021.12.31. 이전에 양도한 경우

1. 1세대1주택 비과세 요건을 충족한 겸용주택 취득 및 양도내역

양도물건	층별	용도	면적(㎡)	양도일 및 양도가액	취득일 및 취득가액
부수토지			350	2021.11.30. (3,000,000,000원)	2001.5.20 (불분명)
건물	1층	점포	150		
	2층	주택	150		
	3층	주택	150		
	4층	주택	150		

① 양도한 건물은 도시지역에 소재하고 있으며, 양도일 현재 1층~3층은 임대 중이고 4층은 취득일부터 양도일까지 계속하여 거주하였다.

② 취득세 등 필요경비 합계액은 30,000,000원이다.

2. 겸용주택의 개별주택가격

가격기준연도 (기준일)	대지면적(㎡)		건물연면적(㎡)		개별주택가격
	전체	산정	전체	산정	
2021/01/01	350	262.5	600	450	2,000,000,000원

3. 토지 및 건물의 기준시가

구 분	토지	건물
양도당시 기준시가	4,000,000원/㎡	500,000원/㎡
최초고시 당시 기준시가	2,500,000원/㎡	350,000원/㎡
취득당시 기준시가	1,500,000원/㎡	150,000원/㎡

4. 최초 고시일(2005년 기준) 현재 개별주택가격 : 1,400,000,000원

해설

구 분	금 액	산출근거
양도가액	3,000,000,000	
(-) 취득가액	1,190,322,580	해설참조[1]
(-) 기타필요경비	18,450,000	615,000,000(취득당시 기준시가)×3%
(=) 전체양도차익	1,791,227,420	

(=)	고가주택양도차익	1,253,859,194	1,791,227,420×(30억원-9억원)/30억원
(−)	장기보유특별공제	213,156,062	해설참조[2]
(=)	양도소득금액	1,040,703,132	
(−)	기본공제	2,500,000	
(=)	과세표준	1,038,203,132	
(×)	세율	45%	
(=)	산출세액	401,791,409	1,038,203,132×45% - 6,540만원(누진공제)
(+)	지방소득세	40,179,140	401,791,409×10%
(=)	총부담세액	441,970,549	

1) 환산 취득가액 계산 : 1,190,322,580

① 취득당시 환산주택가액 $= \dfrac{\text{최초 고시}}{\text{개별주택가격}} \times \dfrac{\text{취득 당시 토지·건물 기준시가 합계액}}{\text{최초 고시일 현재 토지·건물 기준시가 합계액}}$

$$793,548,387 = 1,400,000,000 \times \dfrac{1,500,000 \times 350㎡ + 150,000 \times 600㎡}{2,500,000 \times 350㎡ + 350,000 \times 600㎡}$$

② 환산 취득가액 $= 3,000,000,000 \times \dfrac{793,548,387}{2,000,000,000} = 1,190,322,580$

2) 장기보유특별공제 계산 : ① + ② = 213,156,062

① 거주(150㎡) : 1,253,859,194×150㎡/600㎡×80%(10년×4% + 10년×4%) = 25,077,183
② 임대(450㎡) : 1,253,859,194×450㎡/600㎡×20%(10년 × 2%) = 188,078,879

추가해설

1세대1주택 고가겸용주택의 주택면적이 상가면적보다 큰 경우에는 전체를 주택으로 보아 양도차익을 산정하므로 상가와 주택 전체 양도가액을 기준으로 환산취득가액을 적용한다(대법원2015두37235, 2016.1.28.).

겸용주택(주택면적>상가면적)을 2022.1.1. 이후에 양도한 경우

1. 1세대1주택 비과세 요건을 충족한 겸용주택 취득 및 양도내역

양도물건	층별	용도	면적(㎡)	양도일 및 양도가액	취득일 및 취득가액
부수토지			400	2022.3.25. (4,000,000,000원)	2012.2.10. (1,200,000,000원)
건물	1층	점포	150		
	2층	주택	150		
	3층	주택	150		
	4층	주택	150		

※ 건물은 도시지역에 소재하고 있으며, 1층~3층은 양도일까지 계속 임대하였으며, 4층에서 주택신축일부터 양도일까지 본인이 계속하여 거주하였다.

2. 겸용주택의 개별주택가격

가격기준연도 (기준일)	대지면적(㎡)		건물연면적(㎡)		개별주택가격
	전체	산정*	전체	산정*	
2021/01/01	400	300	600	450	2,000,000,000원
2012/01/01	400	300	600	450	820,000,000원
2011/01/01	400	300	600	450	700,000,000원

* 대지면적과 건물연면적 상의 산정면적은 개별주택에 해당하는 부분의 면적을 의미함

3. 토지 및 상가의 기준시가 자료

구 분	토지	건물
2022년	3,400,000원/㎡	1,200,000원/㎡
2021년	3,200,000원/㎡	1,250,000원/㎡
2012년	2,000,000원/㎡	600,000원/㎡
2011년	1,800,000원/㎡	540,000원/㎡

해설

구 분	주택 및 부수토지	상가 및 부수토지	합 계
양도가액	3,200,000,000	800,000,000	4,000,000,000
(−) 취득가액	865,979,381	334,020,619	1,200,000,000
(=) 전체 양도차익	2,334,020,619	465,979,381	2,800,000,000

(=)	고가주택양도차익	1,458,762,886	-	1,458,762,886
(−)	장기보유특별공제	583,505,154	93,195,876	676,701,030
(=)	양도소득금액	1,248,041,237		
(−)	기본공제	2,500,000		
(=)	과세표준	1,245,541,237		
(×)	세율	1,245,541,237 × 45% - 6,540만원(누진공제)		
(=)	산출세액	495,093,556		
(+)	지방소득세	49,509,355		
(=)	총부담세액	544,602,911		

1. 상가와 주택의 부수토지 면적 안분계산

구 분	연면적(㎡)	정착면적(㎡)	부수토지면적(㎡)	부수토지면적 한도(㎡)
상 가	150	150×150/600=37.5	400×150/600=100	37.5×5배=187.5
주 택	450	150×450/600=112.5	400×450/600=300	112.5×3배=337.5
합 계	600	150	400	525

2. 주택과 상가의 양도가액 안분계산

① 주택양도가액 = 전체양도가액 × $\dfrac{\text{양도당시 개별주택가격}}{\text{양도당시 개별주택가격}+\text{상가기준시가}+\text{토지기준시가}}$

3,200,000,000 = 4,000,000,000 × $\dfrac{2,000,000,000}{2,000,000,000+180,000,000+320,000,000}$

※ 양도당시 기준시가

주택(토지포함)	상가	토지
2,000,000,000	1,200,000 × 150㎡ = 180,000,000	3,200,000 × 100㎡ = 320,000,000

② 상가양도가액 = 전체양도가액 × $\dfrac{\text{상가기준시가}}{\text{양도당시 개별주택가격}+\text{상가기준시가}+\text{토지기준시가}}$

288,000,000 = 4,000,000,000 × $\dfrac{180,000,000}{2,000,000,000+180,000,000+320,000,000}$

③ 토지양도가액 = 4,000,000,000 − 3,200,000,000 − 288,000,000 = 512,000,000

3. 취득가액 안분계산

① 주택취득가액 = 전체취득가액 × $\dfrac{\text{취득당시 개별주택가격}}{\text{취득당시 개별주택가격+상가기준시가+ 토지기준시가}}$

865,979,381 = 1,200,000,000 × $\dfrac{700,000,000}{700,000,000+90,000,000+180,000,000}$

※ 취득당시 기준시가

주택(토지포함)	상가	토지
700,000,000	600,000 × 150㎡ = 90,000,000	1,800,000 × 100㎡ = 180,000,000

② 상가취득가액 = 전체취득가액 × $\dfrac{\text{상가기준시가}}{\text{양도당시 개별주택가격+상가기준시가+ 토지기준시가}}$

111,340,206 = 1,200,000,000 × $\dfrac{90,000,000}{700,000,000+90,000,000+180,000,000}$

③ 토지취득가액 = 1,200,000,000 − 865,979,381 − 111,340,206 = 222,680,413

4. 고가주택 해당분 양도차익 계산

2,334,020,619 × $\dfrac{\text{(32억원 − 12억원)}}{\text{32억원}}$ = 1,458,762,886

5. 장기보유특별공제 계산

① 주택의 장기보유특별공제 : ㉠ + ㉡ = 583,505,154

㉠ 임대 : 1,458,762,886 × 300㎡/450㎡ × 20%(10년×2%) = 194,501,718

㉡ 거주 : 1,458,762,886 × 150㎡/450㎡ × 80%(10년×4% + 10년×4%) = 389,003,436

※ 2층 및 3층에서는 거주하지 않았으므로 최대 30%의 장기보유특별공제율(보유연수 × 2%)를 적용하고, 4층에서는 10년 이상 거주하였으므로 최대 80%의 장기보유특별공제율(보유연수 × 4% + 거주연수 × 4%)을 적용

② 상가의 장기보유특별공제 : 465,979,381 × 20%(10년×2%) = 93,195,876

4 **오피스텔**

1) 1세대1주택 비과세 판단시 오피스텔 주택수 포함 여부

오피스텔은 건축법상 주거용이 아닌 업무시설이나, 등기부등본이나 건축물대장 등 공부상의 용도와 관계없이 사실상 주거용으로 사용한 경우 주택으로 보아 1세대1주택 비과세여부를 판단한다. 오피스텔이 주거용으로 사용되는 경우 오피스텔 이외 다른 주택을 양도할 때 1세대1주택 비과세를 적용받지 못하거나 다주택자 중과세 규정이 적용될 수 있으므로 주의하여야 한다.

2) 관련 판례 등

① 오피스텔 취득 후 부동산임대 사업자등록을 한 사실이 없고 내부에는 세탁기, 싱크대 등이 붙박이로 설치되어 있었던 점, 당시 임차인은 오피스텔 인근 회사에 근무하며 오피스텔에 거주하였던 점 등에 비추어 사실상 주거에 공하는 건물로 주택에 해당한다(대법2013두1782, 2013.5.9 참조).

② 종업원들이 숙소로 사용하고 있었던 점, 독립된 주거가 가능한 형태를 갖추고 있는 점, 영구적으로 주방으로서의 기능이 상실된 것으로 보기 어려운 점, 양도하는 경우 주거용 건물로 양도될 것으로 예상되며 실제 오피스텔에 전입하여 주거로 사용하고 있는 것으로 보이는 점 등으로 보아 주택에 해당한다(부산고법2016누20395, 2016.7.22 참조).

③ 오피스텔이 공부상 업무시설로 등재되어 있고 재산세도 업무용 시설로 부과되었으나, 오피스텔의 소유자인 청구인의 배우자와 임차인간 작성된 전세계약서에 용도가 주거용으로 기재되어 있고 임차인과 가족이 쟁점오피스텔에 거주하며 주택임대차보호법에 따른 확정일자를 부여받은 것이 확인되는 점 등에 비추어 주택으로 판단된다(조심2020서7941, 2020.12.15 참조).

④ 공실로 보유 중인 오피스텔이 내부시설 및 구조 등을 주거용으로 사용될 수 있도록 변경하지 않고 당초 건축법상의 업무용으로 사용승인된 형태를 유지되고 있는 경우에는 주택으로 볼 수 없다(서면4팀-285, 2005.2.23 참조).

⑤ 오피스텔의 구조가 상시 주거용으로 사용될 수 있는 상태이고 수도요금과 전기요금이 주거용으로 부과되었더라도 업무용 이외 거주목적으로 사용하지 않기로 한 당사자 간의 계약이 체결되어 실제 임차인이 보험모집인으로 부정기적으로 업무용으로 사용된 점과 오피스텔을 거주목적으로 사용하였다는 명확한 증빙을 제시하지 못하는 점 등으로 보아 해당 오피스텔을 주택으로 볼 수 없다(조심2017중4461, 2018.1.25 참조).

☕ **여담 코너**

> 오피스텔은 건축법상 업무시설로 되어 있으나, 주택으로 사용되는 경우가 많다 보니 오피스텔과 관련된 양도소득세 문제도 빈번히 일어난다. 어떤 손님이 세무상담을 하러 와서 시가 1억짜리 오피스텔을 보증금 5천만원에 세주고 있는 상태에서 살고 있던 아파트를 처분했는데 세무서에서 1세대 2주택자로 양도소득세 신고를 해야 한다는 안내문이 나왔다는 것이다.
>
> 아파트를 양도할 당시 오피스텔의 용도를 물으니 사무실 용도가 아니라 주거용으로 세를 주고 있기에 상담 손님은 2주택자에 해당되어 1세대1주택 비과세 대상이 되지 않을뿐더러, 양도소득세 중과대상이 되어 세금이 무려 1억원이 나오는 것이었다. 아파트를 매도할 당시 중개사 사무실에서는 오피스텔은 주택에 해당하지 않으므로 1세대1주택 비과세 받을 수 있다고 해서 안심하고 아파트를 처분하였는데, 중개사 사무실의 세무상담에 전적으로 의존한 것이 큰 문제를 불러온 것이다.
>
> 부동산을 매매할 때 중개사 사무실에서 해 주는 세무상담은 고객을 위한 조언 정도로 이해하고 참고하는 수준에 그쳐야 하며, 특히 주택관련 세무상담은 빈번한 세법개정과 복잡한 내용으로 인해 양도소득세 전문 세무사들도 어려워하는 영역이니만큼 주택을 매매하기 전에는 세무전문가를 찾아 상담할 것을 권한다.
>
> 만일 상담손님이 아파트의 잔금을 받기 전까지 세무사 사무실을 찾아와 세무상담을 했다면 한 푼도 내지 않을 수도 있었던 세금을 임대보증금까지 감안하면 실투자액이 5천만원 밖에 되지 않는 오피스텔 1채 때문에 1억원의 세금에 더하여 가산세까지 물게 되었으니 납세자 입장에서는 평생 잊지 못할 쓰라린 기억으로 남았을 것이고, 세무사 입장에서도 안타까운 마음으로 인해 기억에 오래 남는 사건이었다.

5 가정어린이집

가정어린이집은 아파트나 단독주택을 개조하여 어린이집 용도로 사용하는 주택으로서 구조상 언제든지 주택으로 전환하여 사용할 수 있으므로 1세대1주택 비과세 판단시 주택수에 포함된다. 다만, 5년 이상 운용한 장기가정어린이집을 보유한 상태에서 2년 이상 거주한 주택을 양도하는 경우 가정어린이집은 거주자의 주택수에 포함되지 않으므로 거주주택에 대하여 비과세 특례가 적용될 수 있다.

6 부동산매매업자 및 주택신축판매업자가 재고자산으로 보유한 주택

부동산매매업자 및 주택신축판매업자가 재고자산으로 보유하는 주택은 1세대1주택 비과세 판단시 주택수에서 제외된다.

7 종업원기숙사

공장에 부속되어 종업원 기숙사로 사용되는 건물은 주택으로 보지 않으나, 주거용으로 신축된 아파트 등을 종업원의 기숙사로 사용하는 경우에는 언제든지 일반주택으로 사용될 수 있으므로 주택에 해당된다.

8 펜션 및 민박

펜션 또는 민박을 숙박 용역을 제공하는 용도로만 사용하는 경우에는 주택에 해당하지 않으나, 세대원이 해당 건물을 주택으로 사용하는 부분은 주택에 해당된다.

9 **조합원입주권 및 주택분양권**

1) 조합원입주권

도시및주거환경정비법에 따라 관리처분계획인가로 취득한 조합원입주권은 주택을 취득할 수 있는 권리로서 주택은 아니나, 1세대1주택 비과세여부를 판단하거나 다른 주택의 양도소득세 중과세 여부를 판단할 때 주택 수에 포함된다.

2) 주택분양권

2021.1.1. 이후 취득한 주택분양권은 소합입주권과 마찬가지로 1세대1주택 비과세여부를 판단하거나 다른 주택의 양도소득세 중과세 여부를 판단할 때 주택 수에 포함되나, 2020.12.31. 이전에 취득한 주택분양권은 주택 수에 포함되지 않는다.

주택 유형별 1세대1주택 비과세 및 중과세 적용 여부

구 분	1세대1주택 판단시 주택수		중과적용 여부	
	포함 여부	관련 법령	주택수[1] 포함여부	양도시[2] 중과여부
부동산매매업자의 재고자산	제외	소법§19	포함	제외
주택신축판매업자의 재고자산	제외	소법§19	제외	제외
장기임대주택	제외	조특법§97	포함	제외
신축임대주택	제외	조특법§97의2	포함	제외
미분양주택	제외	조특법§98	포함	제외
수도권 밖 미분양주택	제외	조특법§98의2	포함	제외
서울특별시 밖 미분양주택	제외	조특법§98의3	포함	제외
수도권 밖 미분양주택	제외	조특법§98의5	포함	제외
준공 후 미분양주택	제외	조특법§98의6	포함	제외
미분양주택	제외	조특법§98의7	포함	제외
준공 후 미분양주택	제외	조특법§98의8	포함	제외
신축주택 등 감면주택	제외	조특법§99의2	포함	제외
농어촌주택	제외	조특법§99의4	포함	제외
상속주택	제외	소득령§155②	포함	제외
장기임대주택 및 장기가정어린이집	제외	소득령§15520	포함	제외
장기보유특별공제율 특례적용 임대주택	제외	조특법§97의3	포함	적용
장기보유특별공제율 추가적용 임대주택	제외	조특법§97의4	포함	적용
양도소득세 100%감면 임대주택	제외	조특법§97의5	포함	적용
신축감면주택	포함	조특법§99 및 99의3	포함	제외

1) 당해 주택 외 다른 주택을 양도할 때 당해 주택이 중과대상 주택수에 포함되는지 여부를 말함
2) 당해 주택을 양도할 경우 당해 주택이 중과세 대상이 되는지 여부를 말함

02

1세대1주택 비과세 판단시
보유기간 및 거주기간

I 개요

1세대1주택 비과세를 적용받으려면 주택을 취득하고 2년 이상 보유한 후 양도해야 한다. 다만, 조정대상지역에 있는 주택을 취득한 경우에는 2년 이상의 보유요건 이외에 추가로 2년 이상 거주요건을 충족해야 1세대1주택 비과세된다.

관련 법령(소득세법시행령 제154조 1항)

비과세되는 1세대1주택은 1세대가 양도일 현재 국내에 1주택을 보유하고 있는 경우로서 해당 주택의 보유기간이 2년(비거주자의 주택인 경우는 3년) 이상인 것[취득 당시에 조정대상지역에 있는 주택의 경우에는 해당 주택의 보유기간이 2년(비거주자의 주택인 경우에는 3년) 이상이고 그 보유기간 중 거주기간이 2년 이상]을 말한다.

[1세대1주택 비과세 거주요건 적용여부]

구 분	2017.8.2. 이전 취득분	2017.8.3. 이후 취득분
취득 당시 조정대상지역	거주요건 없음	취득 후 2년 이상 거주요건 있음
취득 당시 비조정대상지역		거주요건 없음

II 보유기간 및 거주기간 기산일 산정방법

1세대1주택 비과세 판단시 보유기간 및 거주기간은 원칙적으로 그 자산의 취득일부터 양도일까지로 한다. 다만, 2주택 이상을 보유한 1세대가 1주택 외의 주택을 모두 처분(증여 및 용도변경 포함)하고 남은 1주택을 2021.1.1. 이후부터 2022.5.9. 이전까지 양도한 경우에는 최종1주택을 보유하게 된 날부터 보유기간 및 거주기간을 새로 계산하여 1세대1주택 비과세 여부를 판단한다.

📖 배경 및 취지

정부는 다주택자가 주택을 조기에 처분하도록 비과세요건을 강화하여 2021.1.1. 이후 양도분부터 최종1주택에 대한 보유 및 거주기간 기산일을 최종1주택을 보유한 날로부터 재계산하는 규정을 두었으나, 관련규정이 지나치게 복잡할 뿐만 아니라 최종1주택을 비과세 받기 위하여 추가적으로 2년을 더 보유하는 과정에서 매물잠김현상이 발생함에 따라 2022.5.10. 이후 양도분부터는 해당 주택의 실제 보유 및 거주한 기간을 기준으로 1세대1주택 비과세규정을 적용하도록 소득세법 시행령이 개정되었다.

🖋 관련 법령(소득령 제154조 5항)

(2022.5.10. 이후에 양도하는 경우)
제1항에 따른 보유기간의 계산은 취득일부터 양도일까지로 한다.

(2021.1.1. 이후부터 2022.5.9. 이전까지 양도하는 경우)
제1항에 따른 보유기간의 계산은 취득일부터 양도일까지로 한다. 다만, 2주택 이상(제155조, 제155조의2 및 제156조의2 및 제156조의3에 따라 일시적으로 2주택에 해당하는 경우 해당 2주택은 제외하되, 2주택 이상을 보유한 1세대가 1주택 외의 주택을 모두 처분[양도, 증여 및 용도변경(「건축법」 제19조에 따른 용도변경을 말하며, 주거용으로 사용하던 오피스텔을 업무용 건물로 사실상 용도변경하는 경우를 포함한다)하는 경우를 말함]한 후 신규주택을 취득하여 일시적2주택이 된 경우는 제외하지 않음)을 보유한 1세대가 1주택 외의 주택을 모두 처분한 경우에는 처분 후 1주택을 보유하게 된 날부터 보유기간을 기산한다.

직전주택이 과세된 후 최종1주택에 해당하는 경우 보유기간 재산정 여부

〈2022.5.10. 이후에 양도하는 경우〉

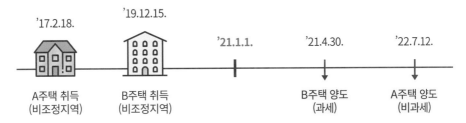

'17.2.18.
A주택 취득
(비조정지역)

'19.12.15.
B주택 취득
(비조정지역)

'21.1.1.

'21.4.30.
B주택 양도
(과세)

'22.7.12.
A주택 양도
(비과세)

해설 2022.5.10. 이후 양도분부터는 A주택의 당초 취득일인 2017.2.18.부터 보유기간을 기산하여 1세대1주택 비과세 여부를 판단하므로 A주택 양도시 2년 이상 보유기간 요건을 충족하여 비과세된다.

〈2021.1.1. 이후부터 2022.5.9. 이전까지 양도하는 경우〉

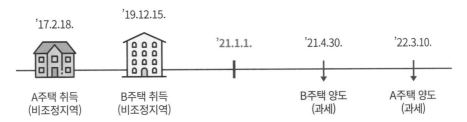

'17.2.18.
A주택 취득
(비조정지역)

'19.12.15.
B주택 취득
(비조정지역)

'21.1.1.

'21.4.30.
B주택 양도
(과세)

'22.3.10.
A주택 양도
(과세)

해설 2021.1.1. 이후 2022.5.9. 이전 양도분에 대하여는 직전주택에 대하여 양도소득세가 과세된 경우 최종1주택에 대한 보유기간 기산일을 A주택의 당초 취득일이 아닌 B주택 양도일인 2021.4.30.부터 새로 계산하여 비과세 여부를 판단하므로 A주택 양도시 2년 이상 보유 요건을 충족하지 못하여 양도소득세가 과세된다.

일시적2주택에 해당하는 경우 보유기간 재산정 여부

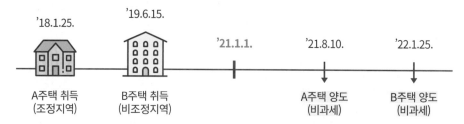

'18.1.25.
A주택 취득
(조정지역)

'19.6.15.
B주택 취득
(비조정지역)

'21.1.1.

'21.8.10.
A주택 양도
(비과세)

'22.1.25.
B주택 양도
(비과세)

> **해설** A주택과 B주택이 일시적2주택에 해당하는 경우 A주택을 양도한 후 B주택 양도시 보유기간을 재계산하지 않고 B주택의 취득일인 2019.6.15.부터 보유기간을 기산하므로 비과세된다.

사례 3

주택을 추가 취득하여 일시적2주택에 해당하는 경우 보유기간 재산정 여부

〈2022.5.10. 이후에 양도하는 경우〉

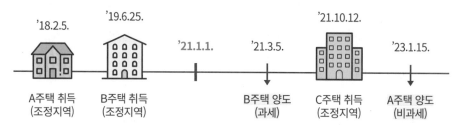

'18.2.5.
A주택 취득
(조정지역)

'19.6.25.
B주택 취득
(조정지역)

'21.1.1.

'21.3.5.
B주택 양도
(과세)

'21.10.12.
C주택 취득
(조정지역)

'23.1.15.
A주택 양도
(비과세)

> **해설** 2022.5.10. 이후 양도분부터는 2019.12.17. 이후 조정대상지역에서 신규주택을 취득한 경우 일시적2주택에 대한 종전주택 양도기한이 개정 전 1년에서 개정 후 2년으로 완화되었고, 비과세를 적용받기 위한 보유기간을 최종1주택이 된 날부터 기산하지 않고 당초 주택을 취득한 날부터 기산하므로 A주택 양도시 2년 이상 보유 및 거주요건을 충족하여 비과세된다.

〈2021.1.1. 이후부터 2022.5.9. 이전까지 양도하는 경우〉

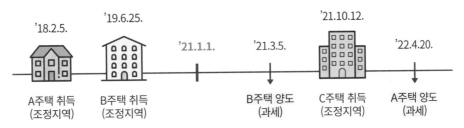

> **해설** 2021.1. 이후 2022.5.9. 이전 양도분까지는 직전에 양도한 주택이 양도소득세가 과세된 경우 A주택의 당초 취득일이 아닌 B주택 양도일인 2021.3.5.부터 보유기간을 기산하여 비과세 여부를 판단하므로 A주택 양도시 2년 이상 보유 요건을 충족하지 못하여 양도소득세가 과세된다.

Ⅲ 2021.1.1. 이후부터 2022.5.9. 이전까지 양도한 최종1주택 보유기간 및 거주기간

소득세법 시행령이 개정되어 2022.5.10. 이후 양도분부터는 1세대1주택 비과세 여부 판단시 보유 또는 거주기간을 당초 취득일 또는 실제 거주일로부터 기산하여 산정하나, 2021.1.1. 이후부터 2022.5.9. 이전까지 양도한 주택의 경우에는 1세대1주택 비과세 판단시 보유 또는 거주기간을 최종1주택이 된 날 이후부터 기산하는 경우가 있으므로 이에 대하여 구체적인 사례를 통하여 살펴본다.

사례 1

다주택자가 '20.12.31까지 1주택 외 다른 주택을 모두 양도하고 '21.1.1. 현재 1주택이 된 경우

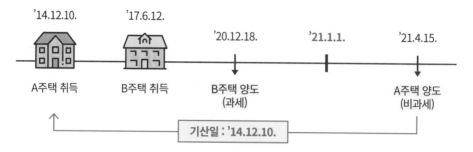

해설 1세대가 2020.12.31. 이전에 B주택을 과세로 양도한 후, 2021.1.1. 현재 1주택을 보유한 상태에서 A주택을 양도하는 경우 보유기간은 당초 A주택 취득일로부터 기산하므로 1세대1주택 비과세된다(법령해석재산-1067, 2020.12.29 참조)

사례 2

'21.1.1. 현재 1주택 상태에서 신규주택을 취득하고 신규주택을 먼저 과세로 양도한 후 1주택이 된 경우

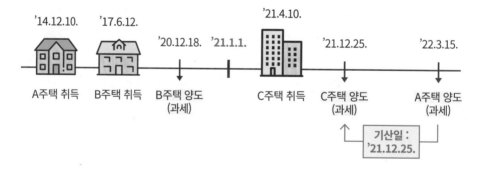

해설 1세대가 2021.1.1. 현재 A주택만 보유한 상태에서 신규주택C를 취득하여 보유하다가 신규주택C를 먼저 양도하여 과세된 후, 남은 A주택을 양도하는 경우 해당 주택의 1세대1주택 비과세 되는 보유기간은 직전 C주택 양도일부터 새로 기산한다. 따라서, A주택은 C주택 양도일로부터 2년 이상 보유하지 못하였으므로 비과세되지 않는다(재산세제과-194, 2020.2.18.).

사례 3

다주택자가 일부 주택을 '20.12.31. 이전에 양도하고 '21.1.1. 현재 비과세 특례대상 주택을 보유한 상태에서 종전주택 등을 양도하는 경우

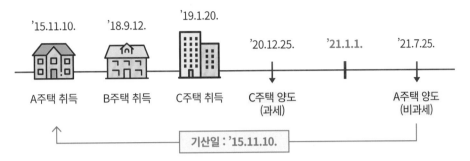

해설 다주택자가 C주택을 2020.12.31.까지 먼저 과세로 양도한 후 2021.1.1. 현재 남은 2주택이 일시적2주택(A,B주택)이 된 상태에서 비과세 요건을 충족한 종전주택A를 양도하는 경우 보유기간은 당초 A주택 취득일부터 기산하고, 남은 B주택 양도시 보유기간도 당초 B주택의 취득일로부터 기산하므로 두 주택 모두 비과세된다(재산세제과-953, 2021.11.2.).

만약, B주택을 2020.12.31.까지 먼저 과세로 양도한 후, 2021.1.1. 현재 남은 2주택이 일시적2주택(A, C) 상태에서 종전주택A를 양도하여 비과세를 적용받고, C주택을 양도하는 경우에도 보유기간은 당초 C주택 취득일부터 기산한다.

유사사례

'21.1.1. 현재 남은 주택이 일시적2주택 비과세특례에 해당하는 경우

3주택을 보유한 자가 1주택을 2020.12.31.까지 양도한 후, 2021.1.1. 현재 남은 2주택이 거주주택 비과세 또는 다른 특례규정(상속주택, 동거봉양·혼인합가 등)에 의하여 비과세 요건을 갖춘 경우 비과세 대상이 되는 거주주택이나 일반주택을 양도하는 경우에도 비과세 판단시 보유기간은 당해 주택의 취득일부터 기산한다.

1. 3주택을 보유한 1세대가 1주택을 과세로 양도하고 2021.1.1. 현재 임대주택과 거주주택을 보유한 상태에서 비과세 특례를 적용받는 거주주택을 양도하는 경우 보유기간은 당해 주택의 취득일부터 기산한다.

2. 3주택을 보유한 1세대가 1주택을 과세로 양도하고 2021.1.1. 현재 남은 주택이 상속주택과 일반주택인 상태에서 비과세 특례를 적용받는 일반주택을 양도하는 경우 보유기간은 당해 주택의 취득일부터 기산한다.

3. 일시적2주택 상태에서 1주택을 보유하고 있는 자와 동거봉양합가(혼인합가) 후 1주택을
비과세로 양도하고 2021.1.1. 현재 남은 2주택 중 먼저 양도하는 주택이 일시적2주택 비과세
특례를 적용받는 경우 종전주택의 보유기간은 당해 주택의 취득일부터 기산한다.

사례 4

**'21.1.1. 현재 2주택 상태에서 종전주택을 비과세로 양도한 후 신규주택을 취득하여
다시 일시적2주택이 된 상태에서 종전주택을 양도하는 경우**

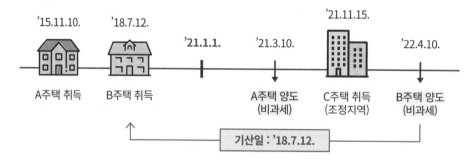

해설 1세대가 2021.1.1 현재 A, B주택을 보유하다가 A주택을 양도하여 일시적2주택 비과
세를 적용받은 후 다시 신규주택C를 취득하여 일시적2주택(B, C)이 된 상태에서 종전주택B
를 양도하는 경우 보유기간은 당초 B주택 취득일부터 기산하므로 비과세되고, 남은 C주택
양도시 보유기간도 당초 C주택 취득일부터 기산한다(법령해석재산-2454, 2020.2.19.). 이 경
우 A주택은 비과세가 적용되는 동시에 고가주택에 해당되어 양도가액 12억원 초과분에 대
하여 양도소득세가 과세되는 경우에도 B주택의 보유기간 기산일은 당초 B주택의 취득일부
터 적용될 것으로 판단된다.

대비사례

**'21.1.1. 현재 2주택 상태에서 신규주택을 먼저 취득하고 1주택을 과세로 양도한 후
남은 주택이 일시적2주택이 된 상태에서 종전주택을 양도하는 경우**

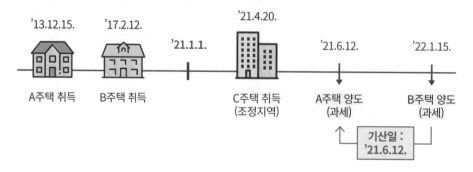

해설 2021.1.1. 현재 2주택을 보유하고 있는 1세대가 2021.1.1. 이후 신규주택C를 추가 취득하여 3주택을 보유하다가 A주택을 먼저 과세로 양도하고, 남은 2주택(B, C)이 일시적2주택에 해당하는 상태에서 종전주택B를 양도하는 경우 보유기간은 직전 A주택 양도일부터 새로 기산한다. 따라서, B주택은 A주택 양도일로부터 2년 이상 보유기간을 충족하지 않았으므로 비과세되지 않는다(재산세제과-953, 2021.11.2 참조).

심화사례

'21.1.1. 현재 3주택 이상 보유한 상태에서 일부주택을 처분한 후 남은 주택이 일시적 2주택 상태에서 종전주택을 '21.11.1. 이전에 양도하는 경우

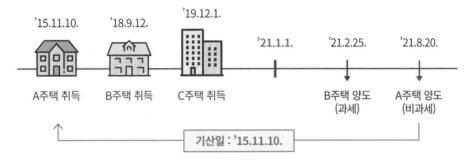

해설 2021.1.1. 현재 3주택을 보유한 1세대가 B주택을 먼저 과세로 양도한 후, 남은 2주택이 일시적2주택이 된 경우로서 종전주택A를 2021.11.1. 이전에 양도하는 경우 해당 주택의 보유기간은 당초 A주택 취득일로부터 기산하므로 1세대1주택 비과세된다(재산세제과-953, 2021.11.2.).

대비사례

'21.1.1. 현재 3주택 이상 보유한 상태에서 일부주택을 처분한 후 남은 주택이 일시적 2주택 상태에서 종전주택을 '21.11.2. 이후에 양도하는 경우

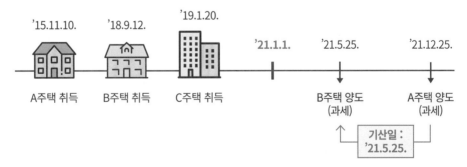

1주택 양도 후 남은 주택이 일시적2주택 비과세 요건을 갖춘 경우에도 2021. 11.2. 이후 양도분부터는 보유기간 기산일을 직전주택 양도일로부터 새로 기산하므로(재산세제과-953, 2021.11.2 참조) 2021.1.1. 현재 3주택을 보유한 1세대가 B주택을 먼저 과세로 양도한 후, 남은 2주택이 일시적2주택이 된 경우로서 종전주택A를 2021.11.2. 이후에 양도하는 경우 해당 주택의 보유기간은 직전 B주택 양도일부터 새로 기산하므로 A주택은 B주택 양도일로부터 2년 이상 보유요건을 충족하지 못하여 비과세되지 않는다.

사례 5

2주택자가 '21.2.17. 이후 1주택을 증여하고 남은 1주택을 양도하는 경우

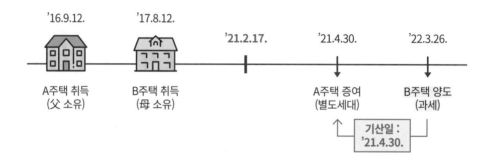

1세대 2주택자가 1주택을 2021.2.17. 이후 별도세대원에게 증여하고 남은 1주택을 양도하는 경우 보유기간은 직전 A주택 증여일부터 새로 기산하므로, B주택은 2년 이상 보유요건을 충족하지 못하여 비과세되지 않는다.

사례 6

2주택자가 '21.2.17. 이후 1주택을 용도변경하고 남은 1주택을 양도하는 경우

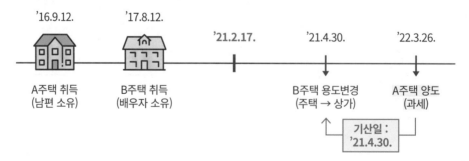

해설 1세대 2주택자가 1주택을 2021.2.17. 이후 용도변경(건축법 제19조에 따른 용도변경)을 하고 남은 1주택을 양도하는 경우 보유기간은 직전 B주택 용도변경일부터 새로 기산한다. 따라서, A주택은 B주택 용도변경일로부터 2년 이상 보유하지 못하였으므로 비과세가 적용되지 않는다.

Ⅳ 거주요건 적용 여부

1세대1주택 비과세를 적용받기 위해서는 2년 이상 보유요건 이외에 추가로 2년 이상 거주요건이 적용되는 경우와 적용되지 않는 경우가 있는데, 이에 대한 구체적인 내용을 살펴보면 아래와 같다.

1 2년 이상 거주요건이 적용되는 경우

2017.8.2. 부동산대책에 따라 2017.8.3. 이후 조정대상지역 내에 있는 주택을 취득하는 경우에는 2년 이상 보유요건 외 2년 이상 거주요건을 충족해야 1세대1주택 비과세된다.

배경 및 취지

2017.8.2. 정부는 부동산 대책을 발표하여 주택가격이 급등하는 지역에 소재한 주택에 대한 투기수요를 억제하기 위해 조정대상지역에 소재한 주택을 취득하는 경우 비과세 요건을 강화하여 2년 이상 거주요건을 추가하였다.

2 **2년 이상 거주요건이 적용되지 않는 경우**

① 계약금 지급일 현재 무주택 세대가 2017.8.2. 이전에 매매계약 또는 분양계약을 체결한 경우

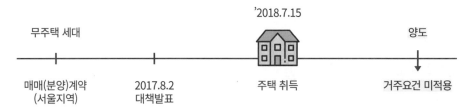

② 계약금 지급일 현재 무주택 세대가 조정대상지역 공고일 이전에 매매계약 또는 분양계약을 체결한 경우

③ 세무서와 지방자치단체에 임대주택으로 등록하고, 의무임대기간 및 임대료 인상률 5% 이내 요건을 준수하는 경우

그러나 2019.12.16. 발표한 부동산대책에 따라 2019.12.17. 이후에 조정대상지역에 소재한 주택을 임대주택으로 등록한 경우에는 의무임대기간 종료 후 2년 이상 거주해야 비과세된다.

3 조정대상지역에서 해제된 경우 거주요건 적용여부

1세대1주택 비과세 판단시 2년 이상 거주요건은 취득일 현재 조정대상지역으로 지정된 경우에 적용되므로 조정대상지역 내 소재한 주택을 취득하여 보유하던 중 조정대상지역에서 해제된 후 주택을 양도하는 경우에도 2년 이상 거주요건을 충족해야 비과세된다.

📋 **비교학습**

다주택자 중과세적용 여부는 양도일 현재 기준으로 판단하므로 취득 당시에 조정대상지역이 아니었으나, 양도 당시 조정대상지역에 소재하고 있는 주택을 양도하는 경우에는 중과세가 적용될 수 있다.

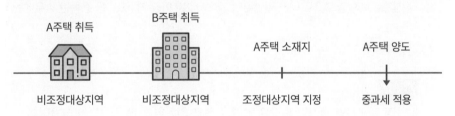

사례 1

분양권 취득 시점에 농어촌주택 등을 보유한 경우 거주요건 적용여부

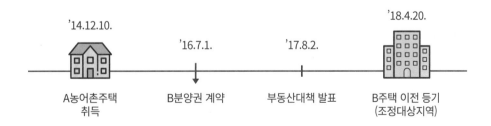

해설 계약금 지급일 현재 무주택 세대가 조정대상지역 공고일 이전에 매매계약 또는 분양계약을 체결한 경우 2년 이상 거주요건을 적용하지 않으나 농어촌주택을 보유한 상태에서 분양권 매매계약을 한 경우 무주택자로 보지 않으므로 분양권 매매계약일 현재 조정대상지역으로 지정되지 않은 경우에도 신축주택에 대한 잔금지급일 현재 조정대상지역으로 지정된 경우에는 2년 이상 보유요건 이외에 2년 이상 거주요건을 충족한 경우에만 1세대1주택 비과세된다. (부동산납세과-1164, 2018.12.6.참조) 또한, 1세대1주택 비과세 판단시 주택수에서 제외되는 조특법 제99조의2 신축주택감면 대상 주택 또는 공동상속주택의 소수지분을 보유한 자가 조정대상지역으로 지정되기 전에 분양권에 대한 매매계약을 체결하고 조정대상지역으로 지정된 후에 소유권이전등기를 한 주택도 2년 이상 거주요건을 충족해야 1세대1주택 비과세된다(법령해석재산-240, 2018.5.3, 법령해석재산-6226, 2021.4.27. 참조).

📝 **비교학습 _ 1세대1주택 비과세 판단시 주택수에서 제외되는 주택과의 차이**

> 1세대1주택 비과세를 적용할 때 일정한 요건을 갖춘 상속받은 농어촌주택, 조특법 제99조의2에 따라 신축주택에 대한 양도소득세 감면이 적용되는 주택, 공동상속주택 중 소수지분권자의 주택은 없는 것으로 보아 다른 일반주택 양도시 1세대1주택 비과세여부를 판단하나, 조정대상지역 내 주택에 대한 2년 이상 거주요건 판단시에는 해당 주택을 보유한 경우 무주택세대로 보지 않으므로 다른 일반주택 양도시 2년 이상 거주요건을 충족한 경우에만 비과세된다.

사례 2

분양권 매매계약 체결일과 같은 날에 주택을 취득한 경우 거주요건 적용여부

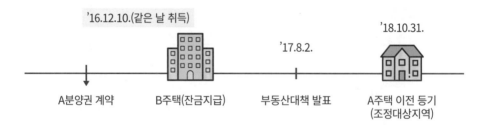

해설 A분양권에 대한 계약금을 지급하는 날 B주택을 취득한 경우에는 무주택세대에 해당하는 것으로 보지 않으므로, 2018.10.31.에 취득한 A주택은 취득일부터 2년 이상 보유 및 거주해야 비과세된다(법령해석재산-2693, 2021.01.11.)

📝 **비교학습 _ 주택을 같은 날에 취득하고 양도한 경우 소유 주택수 계산방법**

① 거주주택과 임대주택을 보유한 1세대가 거주주택을 양도한 날에 신규주택을 취득한 경우에는 거주주택을 양도한 후 신규주택을 취득한 것으로 본다(법령해석재산-0818, 2020.9.29.).

② 같은 날에 1주택을 취득 및 양도한 경우에는 1주택을 양도한 후 다른 1주택을 취득한 것으로 보아 1세대1주택 비과세 여부를 판단한다(법령해석재산-0421, 2016.11.15.).

③ 같은 날 주택을 양도하고 세대합가한 경우 먼저 주택을 양도하고 세대합가를 한 것으로 보아 1세대1주택 비과세 규정을 적용한다(부동산거래관리과-1032, 2011.12.13.).

④ 다주택 중과여부 판단시 같은 날에 주택을 취득하고 양도한 경우 주택을 먼저 양도한 후 다른 주택을 취득한 것으로 본다(집행기준 104-167의3-8).

대비사례

무주택 상태에서 분양권 매매계약 후 주택을 취득한 경우 거주요건 적용여부

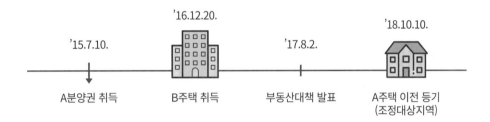

해설 무주택 상태에서 A분양권에 대한 매매계약을 체결한 이후 조정대상지역으로 지정되기 전에 다른 주택을 취득한 경우 A분양권에 대한 계약시점에서 무주택 세대이므로 A주택에 거주하지 않은 경우에도 비과세된다.

분양권 및 입주권 보유상태에서 분양권을 취득한 경우 거주요건 적용 여부

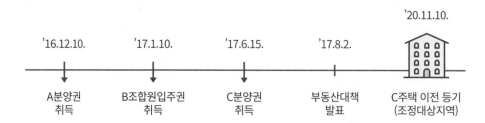

해설 1세대가 주택분양권A 및 조합원입주권B를 보유한 상태에서 2017.8.2. 이전에 매매계약을 체결하고 계약금을 지급하여 취득한 조정대상지역 내 주택분양권C가 주택으로 완공되어 해당 주택C를 양도하는 경우 주택분양권A 및 조합원입주권B를 보유한 경우에도 무주택세대로 보므로 주택C에서 2년 이상 거주하지 않은 경우에도 비과세된다(법령해석재산-3264, 2019.10.30.).

사례 4

분양권 계약시점에서 동일세대원이 주택을 보유한 경우 거주요건 적용여부

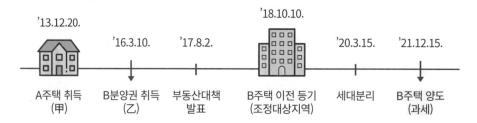

* 甲과 乙은 B분양권 취득시점에서는 동일세대였으나 '20.3.15.에 세대분리하였고, 乙은 B주택에서 거주하지 않고 2년 이상 보유한 후 B주택(1주택)을 '21.12.15. 양도함

해설 무주택 세대가 조정대상지역 공고일 이전에 매매계약 또는 분양계약을 체결한 경우 2년 이상 거주요건을 적용하지 않으나, 분양권 취득일 현재 동일세대원이 주택을 보유한 경우에는 무주택자에 해당되지 않아 신축주택의 취득일 현재 조정대상지역으로 지정되어 있는지 여부에 따라 2년 이상 거주요건을 판단한다. 이 사례에서는 조정대상지역에 소재한 B주택을 양도할 경우 2년 이상 거주요건을 충족하지 않아 양도소득세가 과세된다(부동산납세과-952, 2021.7.7.).

사례 5

피상속인이 취득한 분양권을 동일세대원이 상속받은 경우 거주요건 적용여부

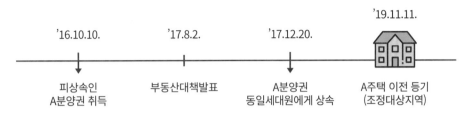

해설 1세대1주택 비과세여부는 세대단위로 판단하므로 피상속인이 2017.8.2. 이전에 매매계약을 체결하고 계약금을 지급한 상태에서 분양권을 2017.8.3. 이후 피상속인과 동일세대원인 상속인이 상속받아 주택으로 완공된 후 양도하는 경우에는 2년 이상 거주하지 않아도 비과세된다(법령해석재산-2708, 2020.12.24.).

사례 6

남편이 취득한 분양권을 배우자에게 1/2 증여한 경우 거주요건 적용여부

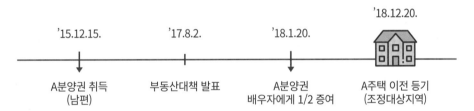

해설 1세대1주택 비과세여부는 세대단위로 판단하므로 남편이 조정대상지역으로 지정되기 전에 무주택 상태에서 2017.8.2. 이전에 분양계약을 체결하고 조정대상지역으로 지정된 후 분양권 지분 중 1/2을 동일세대원인 부인에게 증여한 경우 비과세를 받기 위하여 2년 이상 거주요건을 충족하지 않아도 비과세된다(부동산납세과-1099, 2018.11.28.참조).

대비사례

별도세대원이 조정대상지역 지정 전에 증여받은 경우 거주요건 적용여부

'18.10.15.
A분양권 취득
(父)

'19.4.10.
A분양권 증여
(무주택 별도세대 子)

'20.6.19.
조정대상지역 지정

'21.4.20.
A주택 이전 등기
(잔금지급)

해설 무주택상태에서 조정대상지역으로 지정되기 전에 매매계약을 체결하여 분양권을 취득한 경우에는 2년 이상 거주요건을 적용하지 않으나, 별도세대인 자녀가 무주택 상태에서 조정대상지역으로 지정되기 전에 父로부터 증여받은 분양권이 주택으로 완성된 경우에는 매매계약을 체결하여 분양권을 취득한 경우가 아니므로 비과세를 적용받기 위해서는 2년 이상 거주요건을 충족해야 한다(법령해석재산-4354, 2021.11.18.참조).

사례 7

'17.8.2. 이전에 취득한 주택이 재건축으로 완공된 경우 거주요건 적용여부

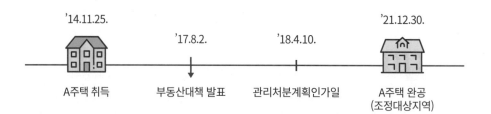

'14.11.25.
A주택 취득

'17.8.2.
부동산대책 발표

'18.4.10.
관리처분계획인가일

'21.12.30.
A주택 완공
(조정대상지역)

해설 재개발·재건축으로 완공된 주택은 기존주택의 연장으로 보므로 2017.8.2. 이전 취득한 주택이 조정대상지역으로 지정된 후 재건축으로 완공된 경우에는 2년 이상 거주하지 않은 경우에도 1세대1주택 비과세된다(법령해석재산-0149, 2018.10.16.참조).

Ⅴ 보유요건 및 거주요건 모두 제한을 받지 않고 비과세되는 경우

1 임차일부터 양도일까지 5년 이상 거주한 건설임대주택 등을 양도하는 경우

민간건설임대주택, 공공건설임대주택 또는 공공매입임대주택을 분양받아 양도하는 경우에는 해당 건설임대주택의 「임차일로부터 양도일까지」의 기간 중 세대전원(부득이한 사유로 세대원 중 일부가 거주하지 못하는 경우 포함)이 거주한 기간이 5년 이상이면 주택 취득 이후 2년 이상 보유기간 및 거주요건을 충족하지 않은 경우에도 비과세된다.

📖 배경 및 취지

건설임대주택을 임차하여 거주하던 중 분양받은 자에 대하여 비과세요건을 완화함으로서 건설임대주택의 수요를 촉진하여 임대주택 건설을 활성화하기 위한 것이다.

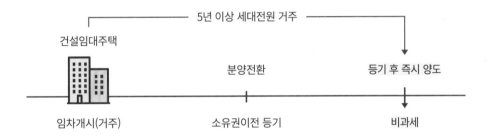

또한, 최초 임대차계약 당시 임차계약자와 분양받는 자가 다른 경우에도 최초 임대차 계약자의 동일세대원이 분양받은 경우에는 비과세특례가 적용되며, 동일세대원 간에 상속·증여가 이루어진 경우에는 상속·증여 전후의 거주기간을 통산한 기간으로 5년 이상 거주여부를 판단하여 비과세특례를 적용한다.

📑 **비교학습**

건설임대주택을 임차하여 5년 이상 거주하고 분양전환된 주택을 2년 미만 보유하다 양도하는 경우 양도소득세 계산
① 양도가액 12억원(2021.12.7. 이전 양도분은 9억원) 이하 : 전액 비과세
② 양도가액 12억원(2021.12.7. 이전 양도분은 9억원) 초과 : 장기보유특별공제가 배제되고, 취득 후 1년 미만 보유 후 양도시 70%, 취득 후 1년 이상 2년 미만 보유 후 양도시 60%의 단기 보유세율이 적용된다.

사례 1

건설임대주택 분양 전에 다른 주택 취득하고 건설임대주택을 양도하는 경우

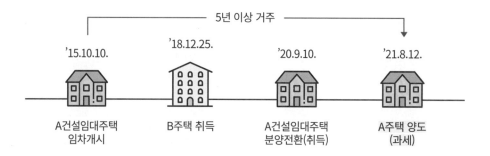

해설 1주택을 취득한 후 5년 이상 거주한 건설임대주택을 분양전환으로 취득하여 1세대 2주택이 된 상태에서 나중에 취득한 건설임대주택을 먼저 양도하는 경우에는 건설임대주택 임차일부터 양도일까지 5년 이상 거주한 경우에도 양도소득세가 과세된다(집행기준 89-154-40 참조). 반면 B주택을 분양전환된 A주택 취득일로부터 일시적2주택 비과세 양도기한 내에 양도하면 비과세된다.

사례 2

건설임대주택 취득 후 다른 주택 취득하고 건설임대주택을 양도하는 경우

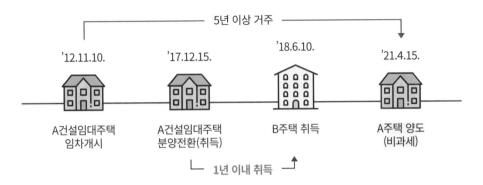

해설 종전주택을 취득한 날로부터 1년 이상 경과한 후 신규주택을 취득하고 신규주택 취득일로부터 종전주택 비과세 양도기한 내에 종전주택을 양도하는 경우에는 양도소득세가 비과세되는 것이나, 종전주택이 건설임대주택에 해당하는 경우에는 종전주택을 취득한 날로부터 1년 이상 경과한 후 다른 주택을 취득해야 비과세되는 요건을 적용하지 않으므로 종전주택 취득일로부터 1년 이내 신규주택을 취득하고 종전주택을 3년 이내 양도하는 경우에도 비과세된다.

2 사업인정고시일 전에 취득한 주택 등을 협의매수·수용으로 양도하는 경우

1세대1주택자가 사업인정고시일 전에 취득한 주택 및 그 부수토지의 전부 또는 일부가 사업시행자에게 협의매수·수용되는 경우 2년 이상 보유기간 및 거주기간요건을 충족하지 않은 경우에도 비과세된다. 이 경우 협의매수·수용일부터 5년 이내에 양도하는 그 잔존주택 및 부수토지도 양도일 현재 다른 주택을 보유하지 않은 경우에는 보유기간 및 거주기간에 제한없이 비과세된다.

1주택을 취득한 후 2년 이상 보유요건 등을 충족한 후 양도하면 비과세가 되는데, 2년 내에 협의매수·수용으로 인해 비과세 혜택의 기회가 상실되는 것을 방지하기 위해 2년 이상 보유·거주하지 않은 경우에도 비과세가 되고, 수용 후 남은 주택의 부수토지는 면적이 협소한 경우 등의 사유로 매각이 곤란한 경우가 있는 점을 감안하여 주택이 없는 상태에서 수용 후 5년 이내 부수토지만 양도하는 경우에도 비과세되는 것이다.

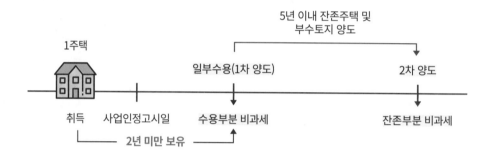

사례 1

주택과 부수토지가 순차로 수용되는 경우 고가주택의 양도차익 계산

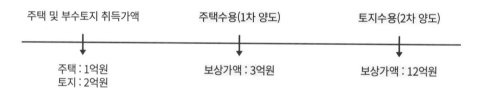

해설 1세대1주택 비과세 요건을 갖춘 주택과 부수토지가 시차를 두고 수용되는 경우 또는 주택과 부수토지가 일부 수용되는 경우 고가주택 여부는 수용 당시 가액으로만 판단하는 것이 아니라, 주택과 부수토지의 전체 보상가액 합계액을 기준으로 판단하는 것이므로 전체 양도가액이 12억원(2021.12.7. 이전 양도분은 9억원)을 초과하는 경우 그 초과분에 대한 양도차익에 대하여는 양도소득세가 과세된다.

구 분	고가주택 양도차익 계산 내역	
	주택 수용분	토지 수용분
양도차익	3억원 – 1억원 = 2억원	12억원 – 2억원 = 10억원
고가주택 양도차익	2억×(15억-12억)/15억 = 0.4억원	10억×(15억-12억)/15억 = 2억원

사례 2

사업인정고시일 후에 상속받은 주택이 수용되는 경우 비과세 특례적용 여부

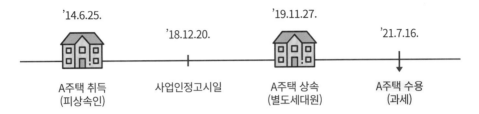

* 피상속인은 상속개시일 현재 1주택자이고 상속인은 수용일 현재 다른 주택을 보유하고 있지 않음

해설 사업인정고시일 이후 별도세대원이 상속받은 주택이 수용되는 경우에는 수용 등에 따른 비과세 특례가 적용되지 않으므로, 2019.11.27. 피상속인의 사망으로 상속인이 상속받은 주택 및 그 부수토지가 2021.7.16. 수용되는 경우 상속개시 후 2년 미만 보유하여 비과세가 적용되지 않는다(서면5팀-2508, 2007.9.10.).

사례 3

건물을 제3자에게 먼저 양도한 후 부수토지만 수용되는 경우 비과세 특례적용 여부

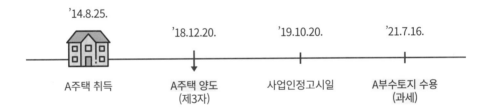

해설 수용 등에 대한 비과세 특례 규정은 주택이 먼저 수용되거나 주택과 부수토지가 동시에 일부 수용된 후 남은 부분을 5년 이내 양도하는 경우에 적용되므로(법령해석재산-0413, 2017.9.19. 참조) 1주택을 소유한 1세대가 주택의 건물부분을 제3자에게 먼저 양도한 후 나중에 토지가 수용되는 경우 당해 토지는 비과세되지 않는다(재산세과-4098, 2008.12.4.).

3 해외이주 등으로 출국일 현재 보유한 1주택을 출국일로부터 2년 이내 양도하는 경우

1세대1주택자가 해외이주 또는 1년 이상 국외거주를 필요로 하는 취학·근무상 형편으로 세대전원이 출국하는 경우 출국일 현재 1주택을 보유하고 있는 경우로서 출국일로부터 2년 이내에 해당 주택을 양도하는 경우에는 2년 이상 보유기간 및 거주기간을 충족하지 않은 경우에도 비과세된다.

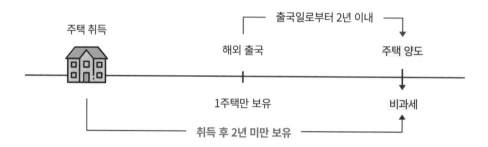

📖 **배경 및 취지**

1세대1주택 비과세는 거주자에게만 적용되는 것이 원칙이나, 해외이주 또는 해외근무 등 불가피한 사정으로 인한 경우에는 비거주자가 된 상태에서 비과세요건을 충족하지 못한 주택을 양도하는 경우에도 비과세하는 것이며, 비거주자 상태에서 장기투자목적으로 주택을 보유하다 양도하는 경우에는 비과세 대상에서 제외하기 위하여 출국 후 2년 이내에 양도하는 경우에만 비과세를 적용하는 것이다.

사례 1

분양권을 취득한 후 해외이주하고 준공된 아파트 양도시 비과세 여부

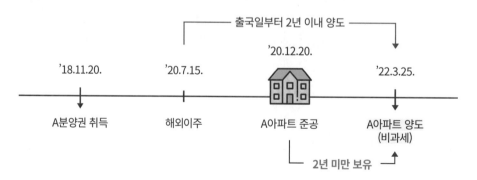

해설 국내에서 신규로 아파트를 분양 받아 중도금을 불입하던 중 「해외이주법」에 따른 해외이주로 세대전원이 출국한 후 2년 이내에 신축주택을 양도하는 경우에는 보유기간 및 거주기간의 제한 없이 1세대1주택으로 보아 비과세된다(서면4팀-976, 2008.4.17.). 이 경우 아파트의 분양권을 승계 취득하여 중도금을 불입하던 중 해외이주로 세대전원이 출국한 후 당해 준공된 아파트를 양도하는 경우에도 비과세된다(서면5팀-1596, 2007.5.17.).

대비사례

출국당시 1분양권과 1주택을 보유한 상태에서 신규분양 주택 양도시 비과세 여부

해설 국내에서 신규아파트를 분양받아 중도금 불입 중 1년 이상 계속하여 국외 거주를 필요로 하는 근무상의 형편으로 세대전원이 출국한 후 당해 준공된 아파트를 양도하는 경우로서 출국당시 분양권 이외에 다른 주택을 보유한 경우에는 특례규정을 적용받을 수 없으므로 양도소득세가 과세된다(서면4팀-67, 2006.01.18.).

사례 2

보유주택이 출국 후 조합원입주권 변환되어 입주권 양도시 해외이주 특례여부

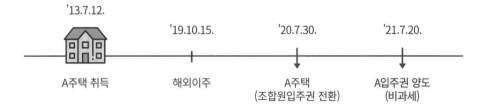

해설 1주택을 보유한 1세대가 해외이주로 세대전원이 출국한 후 주택이 재건축사업으로 조합원입주권으로 전환되어 해당 조합원입주권을 양도하는 경우로서 양도일 현재 다른 주택이 없는 경우에는 보유기간 및 거주기간의 제한 없이 비과세 된다(서면4팀-1966, 2004.12.2.).

입주권 보유 상태에서 해외출국 후 해당 입주권 양도시 해외이주 특례여부

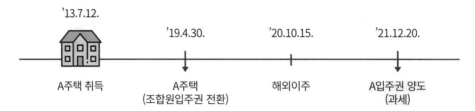

해설 출국하기 전에 보유하던 주택이 이미 조합원입주권으로 전환된 상태에서 출국한 후 해당 조합원입주권을 양도하는 경우에는 1세대1주택 비과세 규정이 적용되지 않는다(조심 2019전2185, 2020.1.9.).

사례 3

입주권 보유 상태에서 해외출국 후 완공된 주택 양도시 해외이주 특례여부

해설 원조합원입주권을 보유한 상태에서 해외이민으로 세대전원이 출국한 후 완공된 신축 주택을 양도하는 경우 해외이주 특례가 적용되어 비과세된다(서면5팀-2325, 2007.8.16.).

입주권을 승계취득하고 해외출국 후 완공된 주택 양도시 비과세 여부

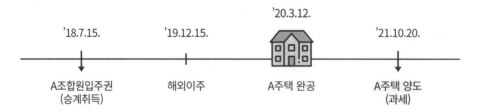

해설 조합원입주권을 취득한 승계조합원이 해외로 출국한 후 완공된 주택을 양도하는 경우에는 해외이주특례가 적용되지 않으므로 양도소득세가 과세된다(부동산거래관리과-659, 2012.12.6.참조)

사례 4

해외이주 외의 목적으로 출국하여 혼인한 후 현지이주한 경우 비과세 여부

'14.4.10.	'15.3.15.	'18.9.30.	'18.12.17.	'20.10.25.
A주택 취득	해외출국	해외에서 결혼	영주권 취득	A주택 양도 (비과세)

해설 해외이주 외의 목적으로 출국하였다가 해외에서 혼인한 후 영주권 또는 그에 준하는 장기체류자격을 취득한 경우에는 영주권 등을 취득한 때 해외이주한 것으로 보아 영주권 등을 취득한 날부터 2년 이내에 해당 주택을 양도하면 2년 이상 보유 및 거주기간의 제한 없이 비과세된다(집행기준 89-154-44).

비거주자에게 적용되는 양도소득세 관련 규정

1. 비거주자의 정의

일반적으로 비거주자는 국내에 생계를 같이하는 가족이 없고, 직업 및 재산상태에 비추어 1 과세기간(1.1~12.31.) 동안 계속하여 183일 이상 국내에 거주할 것으로 인정되지 않는 자를 말하며, 국내에 1과세기간 동안 계속하여 183일 이상 거주하는 경우에도 국내에 생계를 같이하는 가족이 있는지 여부, 국내에 소재하는 자산이 있는지 여부와 직업 등 생활관계의 객관적인 사실을 종합하여 거주자 여부를 판단한다.

2. 비거주자에 대한 1세대1주택 비과세 등 적용여부

1) 해외출국한 경우

1세대1주택 비과세 규정은 원칙적으로 거주자에게만 적용되고 비거주자에게는 적용되지 않으나, 거주자가 해외이주 등으로 비거주자가 된 경우로서 출국일 현재 보유하던 1주택을 출국한 날로부터 2년 이내 양도하는 경우에는 보유기간 및 거주기간에 제한 없이 비과세된다. 이 경우 고가주택에 해당하여 양도소득세가 과세되는 양도차익에 대한 장기보유특별공제액은 비거주자로서 양도하는 것이므로 보유기간과 거주기간으로 나누어 각각 4%의 공제율을 적용하지 않고, 보유기간에 따라 최대 30%를 한도로 연 2%의 공제율을 적용한다.

2) 비거주자가 양도한 주택에 대한 장기보유특별공제 적용여부

거주자가 비거주자가 되었다가 다시 거주자가 되어 양도하는 주택이 1세대1주택 비과세 대상이 되는 경우 장기보유특별공제액은 최대 30%를 한도로 주택 전체 보유기간에 따라 연 2%의 장기보유특별공제율을 적용한 금액과 최대 80%를 한도로 거주자로서 보유기간 및 거주기간에 따라 각각 연 4%의 장기보유특별공제율을 적용하여 산출한 금액 중 큰 금액을 적용한다.

3. 비거주자의 다주택자 중과세 적용여부

거주자에게 적용되는 다주택자 중과규정은 비거주자에게도 동일하게 적용된다.

4. 비거주자에게 적용되는 감면 및 과세특례 규정

원칙적으로 비거주자는 양도소득세 감면규정 등을 적용받을 수 없으나, 예외적으로 아래의 규정은 비거주자에도 적용된다.

구 분	내 용
주택감면	▪ 장기임대주택 장기보유특별공제 추가공제(조특법 제97조의4) ▪ 미분양주택 취득자에 대한 과세특례(조특법 제98조의3) ▪ 수도권 밖의 미분양주택 취득자에 대한 과세특례(조특법 제98조의5) ▪ 준공후 미분양주택 취득자에 대한 과세특례(조특법 제98조의6) ▪ 신축주택 등 취득자에 대한 과세특례(조특법 제99조의2)
농지감면[1]	▪ 자경농지에 대한 감면(조특법 제69조) ▪ 축사용지에 대한 감면(조특법 제69조의2) ▪ 농지대토에 대한 감면(조특법 제70조)
수용감면	▪ 공익사업용 토지에 대한 감면(조특법 제77조)

[1] 자경농지에 대한 감면, 축사용지에 대한 감면 및 농지대토에 대한 감면규정은 거주자가 비거주자가 된 날로부터 2년 이내에 양도하는 경우에 한하여 적용

5. 비거주자가 거주자로 전환된 경우 1세대1주택의 보유기간 및 거주기간

1) 비거주자인 상태에서 주택을 취득하고 거주자로 전환된 경우

비거주자인 상태에서 취득한 주택을 3년 이상 계속 보유하고 거주하던 중 거주자로 전환된 후 양도하는 경우 비거주자로서 보유 및 거주한 기간과 거주자로서 보유 및 거주한 기간을 합산하여 1세대1주택 비과세 여부를 판단한다.

2) 거주자인 상태에서 주택을 취득한 후 비거주자가 되었다가 다시 거주자가 된 경우

거주자인 상태에서 취득한 주택을 국외이주 등으로 비거주자가 되었다가 귀국하여 거주자가 된 상태에서 양도하는 경우 거주자로서 보유 및 거주한 기간만을 합산하여 1세대1주택 비과세 여부를 판단한다.

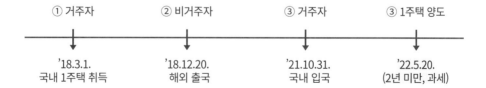

6. 비거주자가 부동산을 양도하는 경우 양수자인 법인의 원천징수의무

법인이 비거주자로부터 부동산을 매수한 경우에는 부동산 양도대금의 10% 또는 부동산 양도차익의 25%중 적은 금액을 원천징수하여 납부하여야 하며, 해당 원천징수세액은 양도소득세 예정신고 또는 확정신고시 기납부세액으로 공제된다. 다만, 비거주자가 양도소득세를 이미 신고·납부하였거나, 비과세 또는 과세미달에 해당하는 경우에는 양도자산 소재지 관할 세무서장으로부터 「비과세 등 확인서」를 발급받아 법인에게 제출하는 경우 법인은 원천징수 의무가 없다.

7. 비거주자 등에게 적용되는 각종 확인서 발급 의무

1) 인감증명서 발급 경우 확인서

재외국민과 외국인이 지방자치단체에 부동산 매도용 인감증명서를 발급받기 위해서는 세무서에서 「인감증명서 발급 경유 확인서」를 발급받아 제출해야 하지만, 재외공관의 인증을 받아 등기신청하는 경우 세무서장으로부터 발급받은 「부동산 등 양도신고 확인서」를 등기관서장에게 제출하면「인감증명서 발급 경유 확인서」를 제출하지 않아도 된다.

2) 부동산 매각자금 확인서

재외동포·외국인 거주자 또는 비거주자가 부동산을 처분한 후 처분대금을 국외로 반출하는 경우 부동산 소재지 관할 세무서장으로부터「부동산 매각자금 확인서」를 발급받아 외국환은행장에게 제출해야 한다.

3) 예금 등에 대한 자금출처 확인서

해외이주자가 국내 예금 등을 국외로 반출하는 경우로서 반출자금 누계액이 미화 10만달러를 초과하는 경우에는 전체 금액에 대하여 지정거래 외국환은행 소재 관할세무서장으로부터 「예금 등에 대한 자금출처 확인서」를 발급받아 지정거래 외국환은행장에게 제출하여야 한다.

4 부득이한 사유로 다른 시·군으로 이전하면서 1년 이상 거주한 주택을 양도하는 경우

고등학교 이상의 취학·근무상의 형편·질병의 요양·학교폭력으로 인한 전학 등 부득이한 사유로 세대전원이 다른 시·군으로 이사하면서 1년 이상 거주한 주택을 양도하는 경우에는 2년 이상 보유기간 및 거주기간을 충족하지 않더라도 비과세된다.

1년 이상 거주한 주택 ── 취학 등 사유로 이사 → 다른 시·군에 이전한 주택

2년 미만 보유해도 비과세

핵심요약

비과세 등 세제혜택 적용시 보유요건 외에 거주요건이 필요한 경우

구 분	거주요건	관련 법령
1세대1주택 비과세	2017.8.3. 이후 조정대상지역 내 소재한 주택을 취득하는 경우 2년 이상 거주 필요	소득령§154①
거주주택 비과세	장기임대주택·장기어린이집을 보유한 상태에서 거주주택 양도에 대한 비과세 특례를 받기 위해서는 조정대상지역과 상관없이 2년 이상 거주 필요	소득령§155⑳
입주권 취득 후 3년 이상 경과 후 종전주택 양도하여 비과세되는 경우	1주택을 보유한 1세대가 조합원입주권을 취득한 후 종전주택을 3년 이상 경과한 후 양도하는 경우 조합원입주권에 의해 완공된 주택에 세대전원이 이사하여 1년 이상 거주 필요	소득령§156의2④
분양권 취득 후 3년 이상 경과 후 종전주택 양도하여 비과세되는 경우	1주택을 보유한 1세대가 주택분양권을 취득한 후 종전주택을 3년 이상 경과한 후 양도하는 경우 주택분양권에 의해 완공된 주택에 세대전원이 이사하여 1년 이상 거주 필요	소득령§156의3③
조합원입주권 보유 상태에서 대체주택 취득후 양도하여 비과세되는 경우	재개발사업 등 시행기간 동안 대체주택을 취득 후 양도할 경우 1년 이상 거주 필요	소득령§156의2⑤
임대주택법에 따른 건설임대주택 비과세	건설임대주택 임차일로부터 양도일까지 세대전원이 5년 이상 거주 필요	소득령§154①1호
부득이한 사유로 다른 시·군으로 이전하는 경우 종전주택 비과세	취학·근무상 형편·질병의 요양 등 부득이한 사유로 다른 시·군으로 이전하는 경우 1년 이상 거주 필요	소득령§154①3호
장기보유특별공제 적용	2021.1.1. 이후 양도분부터는 1세대1주택 고가주택 등의 연 8%(보유연수 4% + 거주연수 4%) 장기보유특별공제율 적용시 2년 이상 거주 필요	소득법§95②

03
보유기간 및 거주기간 통산 여부

I 상속으로 취득한 주택의 비과세 판단 및 세액 계산시 보유기간 계산

1 피상속인과 상속인이 동일세대인 경우

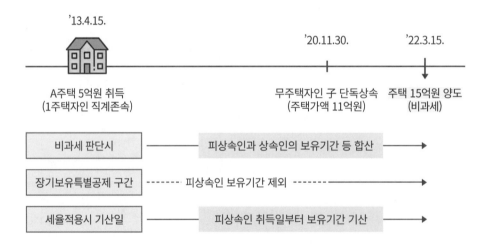

'13.4.15.
A주택 5억원 취득
(1주택자인 직계존속)

'20.11.30.
무주택자인 子 단독상속
(주택가액 11억원)

'22.3.15.
주택 15억원 양도
(비과세)

비과세 판단시	피상속인과 상속인의 보유기간 등 합산
장기보유특별공제 구간	피상속인 보유기간 제외
세율적용시 기산일	피상속인 취득일부터 보유기간 기산

구 분	세액 계산 내역
양도차익	400,000,000(1,500,000,000-1,100,000,000)
고가주택 양도차익	400,000,000 × (15억원 - 12억원)/15억원 = 80,000,000
장기보유특별공제	3년 미만 보유하여 공제불가
양도소득금액	80,000,000
산출세액	80,000,000 × 24% - 5,220,000(누진공제) = 13,980,000

2 피상속인과 상속인이 별도세대인 경우

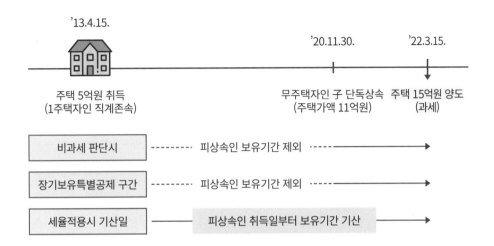

구 분	세액 계산 내역
양도차익	400,000,000(1,500,000,000-1,100,000,000)
고가주택 양도차익	보유기간 2년 미만으로 비과세 불가
장기보유특별공제	3년 미만 보유하여 공제불가
양도소득금액	400,000,000
산출세액	400,000,000 × 40% - 25,400,000(누진공제) = 134,600,000

해설 피상속인과 상속인이 동일세대인지 여부를 불문하고 상속개시일부터 보유연수 등에 따른 장기보유특별공제율을 적용하므로 상속받은 주택 양도일까지 보유기간이 3년 미만에 해당하여 장기보유특별공제가 적용되지 않으며, 양도소득세율은 피상속인과 상속인이 동일세대인지 여부를 불문하고 당초 피상속인의 주택 취득일부터 상속인의 주택 양도일까지의 보유기간을 기준으로 적용한다.

Ⅱ 증여로 취득한 주택의 비과세 판단 및 세액 계산시 보유기간 계산

1 증여자와 수증자가 동일세대인 경우

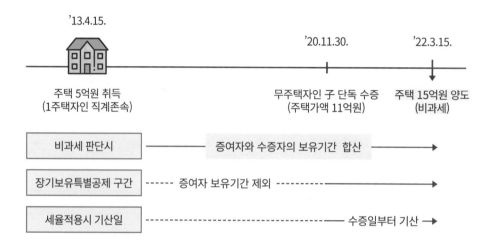

구 분	세액 계산 내역
양도차익	400,000,000(1,500,000,000-1,100,000,000)
고가주택 양도차익	400,000,000 × (15억원 - 12억원)/15억원 = 80,000,000
장기보유특별공제	3년 미만 보유하여 공제 불가
양도소득금액	80,000,000
산출세액	80,000,000 × 60%(2년 미만 단기보유세율) = 48,000,000

2 **증여자와 수증자가 별도세대인 경우**

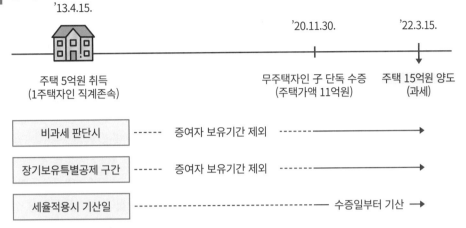

구 분	세액 계산 내역
양도차익	400,000,000(1,500,000,000-1,100,000,000)
고가주택 양도차익	보유기간 2년 미만으로 비과세 불가
장기보유특별공제	3년 미만 보유하여 공제불가
양도소득금액	400,000,000
산출세액	400,000,000 × 60%(2년 미만 단기 보유세율) = 240,000,000

심화사례

동일세대원으로부터 상속받은 주택의 장기보유특별공제 계산시 보유기간 기산일

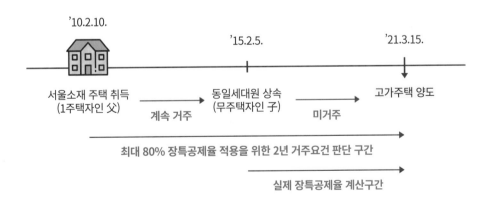

해설 1세대1주택 비과세되는 고가주택에 대하여 최대 80%가 적용되는 장기보유특별공제를 적용받기 위해서는 2년 이상 거주요건이 필요한데, 동일세대원으로부터 상속받은 주택에 대하여 최대 80%의 장기보유특별공제를 적용받기 위하여 2년 이상 거주하였는지 여부를 판단할 때에는 피상속인과 상속인의 거주기간을 통산하여 판단하나, 장기보유특별공제액은 주택을 상속받은 후 상속인이 보유한 기간과 거주한 기간으로 나누어 계산한다.

위 사례에서 父로부터 주택을 상속받은 후 상속주택에서 子가 거주하지 않은 경우에도 父의 거주기간이 2년 이상이므로 동일세대원인 父와 子가 상속주택에 거주한 기간을 통산하면 최대 80% 장기보유특별공제율을 적용하나, 실제 장기보유특별공제액을 계산할 때에는 상속인이 상속개시일이 후 보유한 기간과 거주한 기간으로 나누어 계산하므로 상속인의 보유기간에 대한 장기보유특별공제율은 보유연수×4%를 적용하고, 상속인의 거주기간에 대한 장기보유특별공제율은 거주연수×4%를 각각 적용하여 계산하나, 상속인은 해당 주택에서 실제 거주하지 않았으므로 거주기간에 따른 장기보유특별공제율은 적용되지 않는다.

* 장기보유특별공제율 : 24%(보유연수 6년×4% + 거주연수 0년×4%)

Ⅲ 이혼으로 취득한 주택의 비과세 판단 및 세액 계산시 보유기간 계산

1 재산분할로 취득한 경우

재산분할은 혼인기간 중 공동의 노력으로 형성된 재산을 배우자 각자의 소유로 청산하는 과정이므로 재산분할로 취득한 주택을 양도할 경우 주택의 취득시기는 배우자로부터 소유권을 이전받은 시기가 아니라 당초 배우자가 주택을 취득한 날로부터 기산하고, 거주기간도 당초 배우자와 함께 해당 주택에서 거주한 날로부터 거주기간을 기산하여 1세대1주택 비과세여부를 판단한다.

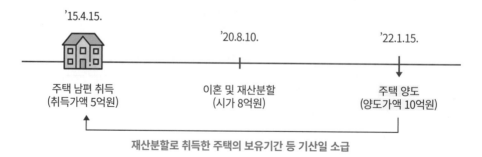

'15.4.15.   '20.8.10.   '22.1.15.

주택 남편 취득   이혼 및 재산분할   주택 양도
(취득가액 5억원)   (시가 8억원)   (양도가액 10억원)

재산분할로 취득한 주택의 보유기간 등 기산일 소급

해설 위 사례에서 재산분할로 취득한 주택을 양도할 경우 취득가액은 당초 남편이 주택을 취득한 가액 5억원을 적용하고, 1세대1주택 비과세 판단시 보유기간과 거주기간은 남편이 주택을 취득한 시점부터 기산하므로 재산분할로 주택을 취득한 후 2년 이상 보유 및 거주요건을 충족하지 못한 상태에서 주택을 양도하더라도 비과세된다.

2 위자료로 취득한 경우

위자료는 혼인기간 중 배우자로부터 받은 정신적 손해에 대하여 금전 등으로 손해배상을 받는 것이므로 위자료로 취득한 주택의 취득시기는 소유권이전등기 접수일이 된다.

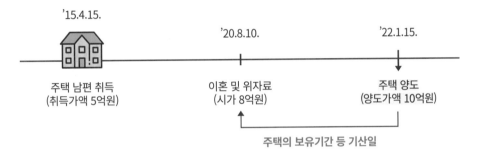

해설

① 남편의 경우

남편은 위자료로 지급할 금액 대신 주택으로 대물변제한 것이므로 주택에 대하여 양도소득세 납세의무가 있으나, 해당 주택이 1세대1주택 비과세 요건을 갖춘 경우에는 비과세된다.

② 부인의 경우

위자료로 받은 주택을 양도하는 경우 취득가액은 위자료로 주택을 취득할 당시 시가 8억원을 적용하고, 1세대1주택 비과세 판단시 보유기간은 위자료로 소유권을 이전받은 때로부터 기산하므로 2년 내 주택을 양도하여 비과세되지 않는다.

Ⅳ 재건축한 주택의 비과세 판단시 보유기간 및 거주기간 계산

1 소실·노후로 인한 재건축인 경우

1) 보유기간

공사기간과 종전주택 및 신축주택의 보유기간을 합산하여 1세대1주택 비과세 여부를 판단한다.

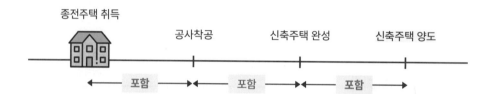

📋 **비교학습**

소실·노후로 인한 경우를 제외한 임의재건축의 경우에는 신축한 건물의 사용승인일로부터 보유기간을 기산하여 1세대1주택 비과세여부를 판단한다.

2) 거주기간

공사기간은 제외하고 종전주택과 신축주택에서 실제 거주한 기간만 합산하여 1세대1주택 비과세 여부를 판단한다.

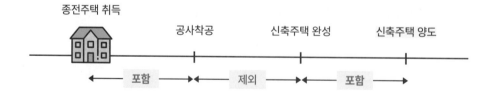

도시및주거환경정비법에 따른 재건축인 경우

1) 보유기간

종전주택과 신축주택의 보유기간 및 공사기간을 합산하여 1세대1주택 비과세
여부를 판단한다.

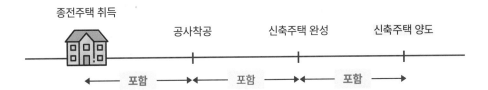

📖 **배경 및 취지**

도시 및 주거환경정비법상 재개발·재건축은 도시환경 정비라는 공익성이 있으므로 재건축·
재개발 사업을 세제상 지원하기 위하여 공사기간도 주택 보유기간에 포함하여 1세대1주택
비과세여부를 판단하는 것이다.

2) 거주기간

공사기간은 제외하고 종전주택과 신축주택에서 실제 거주한 기간만 합산하여
1세대1주택 비과세 여부를 판단한다.

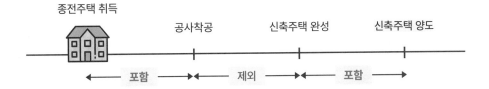

04

취득세 등 기타 세목 주요 내용

I 취득세에서 규정하는 세대의 개념

1 1세대의 범위

취득세 중과여부를 판단할 때 주택 수는 세대단위로 계산하며, 이 경우 세대 단위란 주택을 취득하는 사람과 주민등록표에 함께 기재되어 있는 가족을 말한다. 양도소득세에서는 1세대를 실질에 의해 판단하고, 취득세에서는 형식에 의해 판단한다.

예를 들어, 아버지와 성년의 아들이 주민등록상으로 세대분리되어 있으나 실제는 한 주택에서 생계를 같이 하고 있다면 양도소득세에서는 실질에 따라 아버지와 아들을 동일세대로 판단하지만, 취득세에서는 실제 거주여부로 판단하지 않고 주민등록을 기준으로 판단하므로 아버지와 아들은 각각 별도세대로 취급된다.

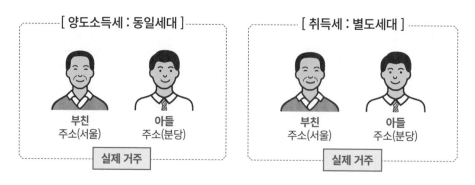

2 1세대의 판단기준일

양도소득세법상 1세대는 주택 양도일을 기준으로 판단하나, 취득세에서 1세대는 주택 취득일을 기준으로 판단한다.

예를 들어, 자녀가 주택의 계약 시점에는 2주택을 보유하고 있는 부모와 동일한 세대를 구성하고 있다가 주택 취득일(잔금지급일) 전에 세대를 분리한 경우 자녀가 취득한 주택에 대하여는 1주택자로서 1~3%의 취득세 기본세율이 적용된다.

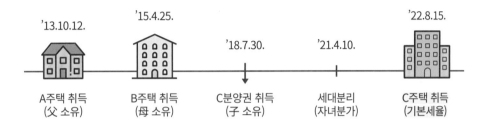

Ⅱ 주택 유형별 기타 세목 관련 내용

1 오피스텔

1) 부가가치세

① 취득 및 보유시

오피스텔을 분양받거나 매매로 취득하여 건물분 부가가치세를 환급받은 후 업무용이 아닌 주거용으로 사용하는 경우 환급세액 받은 부가가치세를 납부해야 한다.

② 분양시

전용면적 85㎡ 이하 국민주택을 공급하는 경우 부가가치세가 면제되나, 오피스텔은 건축법상 업무시설로 분류되므로 국민주택규모 이하의 오피스텔을 주거용으로 공급하는 경우에도 부가가치세가 과세된다(대법원2020두44749, 2021.1.28.참조).

2) 취득세

오피스텔을 취득하여 주택임대사업자로 등록하고 주택으로 사용한다고 하더라도 주택에 대한 취득세율을 적용하지 않고, 공부상 용도에 따라 업무시설로 보아 농어촌특별세 및 지방교육세 포함 4.6%의 취득세율이 적용된다. 다만, 전용면적 60㎡이하인 오피스텔을 건설사업자로부터 최초로 분양받아 지방자치단체에 임대주택으로 등록한 경우 취득세를 감면받을 수 있다.

한편, 2020.8.12. 이후 취득한 오피스텔이 주택분으로 재산세가 과세되는 경우 취득세 중과대상 주택수 판단시 주택수에 포함되므로 오피스텔을 보유한 상태에서 다른 주택을 유상으로 취득하는 경우 취득세가 중과될 수 있다. 다만, 시가표준액 1억원 이하인 오피스텔은 취득세 중과대상 판단시 주택수에서 제외된다.

3) 오피스텔 분양권

2021.6.1. 이후 양도하는 주택분양권은 소재지역을 불문하고 1년 미만 보유시 70%의 양도소득세율이 적용되나, 오피스텔 분양권은 주택분양권이 아니므로 1년 미만 보유시 50%의 세율이 적용되고, 2021.1.1. 이후 취득하는 주택분양권은 1세대1주택 비과세여부 판단시 주택수에 포함되나, 오피스텔 분양권은 주택수에 포함되지 않는다.

한편, 취득세 중과대상 주택수 판단시 2020.8.12. 이후 취득하는 주택분양권은 주택수에 포함되나 오피스텔 분양권은 주택수에 포함되지 않는다.

2 가정어린이집

1) 중과세 적용 여부

지방자치단체장의 인가를 받고 세무서에 사업자등록을 한 후 5년 이상 가정어린이집으로 사용한 경우 가정어린이집으로 사용하지 않게 된 날부터 6개월 이내 해당 가정어린이집을 양도할 경우 양도소득세를 중과하지 않는다.

2) 종합부동산세

지방자치단체장의 인가를 받아 과세기준일 현재 5년 이상 계속하여 가정어린이집으로 운영한 주택은 종합부동산세 합산과세 대상에서 제외된다.

3) 취득세

가정어린이집으로 운영하기 위하여 취득한 주택은 보유 주택수에 상관없이 1~3%의 기본세율이 적용되고, 취득세 중과대상 주택수 판단시 주택수에서 제외한다. 다만, 가정어린이집을 취득일로부터 1년 이내 직접 가정어린이집으로 사용하지 않거나 취득일로부터 3년 이내 처분할 경우에는 취득세가 추징된다.

3 주택신축판매업자의 종합부동산세

주택신축판매업자가 과세기준일인 매년 6월 1일 현재 소유하고 있는 미분양주택으로서 사용승인일로부터 5년이 경과하지 않은 주택은 종합부동산세 합산과세 대상에서 제외된다.

4 겸용주택 관련 기타 세목

구 분		내 용
취득세(유상취득)		▪상가부분 : 4.6% 부과 ▪주택부분 : 1.1%~3.5% 부과
재산세	원칙	▪7월 : 주택분 1/2 부과 　　　상가분 건물분 재산세 부과 ▪9월 : 주택분 1/2 부과 　　　상가분 토지분 재산세 부과
	주택면적≥상가면적	▪전체를 주택으로 보아 저율의 재산세 부과
	주택면적<상가면적	▪주택과 상가 각각에 대한 재산세율 적용하여 부과
부가가치세		▪상가 양도시 : 과세대상 ▪주택 양도시 : 과세대상 아님
종합부동산세		▪상가 : 건물부분은 종합부동산세 과세대상이 아니나, 상가부속토 　　지의 공시가격 합계액이 80억원 초과시 과세 ▪주택 : 종합부동산세 대상으로서 공시가격 합계액 6억원(1세대1 　　주택자는 11억원) 초과시 과세

5 주택 부수토지 관련 취득세 및 종합부동산세

1) 취득세 중과여부

주택의 부수토지만 소유하고 있는 경우에도 주택수에 포함되어 다른 주택을 취득할 경우 취득세가 중과될 수 있다. 예를 들어 주택 부수토지만을 소유하고 있는 상태에서 조정대상지역 내 1개의 주택을 신규로 취득하는 경우 8%의 취득세율이 적용된다.

📖 배경 및 취지

주택을 소유한 상태에서 추가로 주택을 취득할 경우 취득세가 중과될 수 있으므로 주택을 멸실하고 부수토지만을 소유한 상태에서 주택을 취득함으로서 취득세 중과를 회피하는 경우를 방지하기 위하여 주택 부수토지만을 소유한 경우에도 주택수에 포함하여 취득세 중과 여부를 판단하는 것이다.

2) 주택과 다른 주택의 부수토지를 소유한 경우 종합부동산세 계산

① 주택과 다른 주택의 부수토지를 동일인이 소유한 경우

1주택을 소유한 상태에서 다른 1주택의 부수토지만을 소유한 경우에는 1세대1 주택자로 보아 종합부동산세 계산시 주택공시가격 합계액에서 11억원을 공제하며, 고령자 세액공제 및 장기보유 세액공제가 적용된다.

② 주택과 다른 주택의 부수토지를 동일인이 소유하지 않은 경우

1주택을 소유한 상태에서 세대원 중 1명이 다른 1주택의 부수토지만을 소유하고 있는 경우에는 1세대1주택자에 해당하지 않아 주택공시가격 합계액에서 6억원이 공제되며, 고령자 세액공제 및 장기보유 세액공제는 적용되지 않는다.

Chapter 3

1세대 2주택 비과세 특례

1세대가 2주택을 보유한 상태에서 먼저 양도하는 주택은 양도소득세가 과세되는 것이 원칙이나, 아래와 같이 일정한 요건을 충족한 경우에는 예외적으로 1세대1주택 비과세를 적용받을 수 있다.

[1세대 2주택 비과세 특례규정 주요내용]

유 형	비과세 적용요건	관련 조문
종전주택 + 신규주택	종전주택을 보유한 상태에서 1년 이상 경과 후 신규주택을 취득하고 신규주택을 취득한 날부터 일정한 기한 이내에 종전주택을 양도하는 경우	소령 §155①
일반주택 + 선순위 단독상속주택	일반주택을 보유한 상태에서 1주택을 단독으로 상속받고 일반주택을 양도하는 경우	소령 §155②
일반주택 + 선순위 공동상속주택	일반주택을 보유한 상태에서 1주택을 공동으로 상속받고 일반주택을 양도하는 경우	소령 §155③
자녀주택 + 부모주택	동거봉양합가일부터 10년 이내 먼저 양도하는 주택	소령 §155④
남자주택 + 여자주택	혼인합가일부터 5년 이내 먼저 양도하는 주택	소령 §155⑤
일반주택 + 농어촌주택	일반주택을 보유한 상태에서 농어촌주택을 취득한 후 일반주택을 양도하는 경우	소령 §155⑦
일반주택 + 수도권밖 소재 주택	일반주택을 보유한 상태에서 수도권 밖에 소재한 주택을 취득한 후 부득이한 사유가 해소된 날부터 3년 이내 일반주택을 양도하는 경우	소령 §155⑧
거주주택 + 장기임대주택	장기임대주택(장기어린이집)과 2년 이상 거주한 주택을 보유하다가 거주주택을 양도하는 경우	소령 §155⑳
거주주택 + 장기어린이집		
종전주택 + 조합입주권 또는 주택분양권	종전주택을 보유한 상태에서 1년 이상 경과 후 조합원입주권(또는 주택분양권)을 취득하고 조합원입주권(또는 주택분양권)을 취득한 날부터 3년 이내 종전주택을 양도하는 경우	소령§156의2③ 소령§156의3②
	종전주택을 보유한 상태에서 1년 이상 경과 후 조합원입주권(또는 주택분양권)을 취득하고 조합원입주권(또는 주택분양권)을 취득한 날부터 3년 이상 경과한 후 종전주택을 양도하는 경우	소령§156의2④ 소령§156의3③
원조합원입주권 + 신규주택	조합원입주권을 보유한 상태에서 신규주택을 취득한 후 3년 이내 조합원입주권을 양도하는 경우	소법§89①4호

01
일시적2주택 비과세 특례

I 1주택을 보유한 상태에서 신규주택을 취득한 경우 일시적2주택 비과세 특례

1 종전주택을 보유한 상태에서 신규주택을 취득한 경우 비과세 요건

1세대1주택자가 신규로 주택을 취득하여 일시적으로 2주택이 된 경우로서 아래 요건을 모두 충족한 상태에서 종전에 보유하던 주택을 양도하는 경우에는 양도소득세가 비과세된다.

1) 종전주택 취득일로부터 1년 이상 경과한 후 신규주택을 취득할 것

배경 및 취지

종전주택을 취득한 후 1년 이내에 신규주택을 취득하는 경우에는 주거이전을 목적으로 주택을 취득한 것이 아니라 투기목적으로 주택을 취득한 것으로 보기 때문에 비과세되지 않는 것이다.

2) 종전주택을 2년 이상 보유할 것

다만, 2017.8.3. 이후 조정대상지역 내에 소재한 주택을 취득한 경우에는 2년 이상 보유하고, 보유기간 중 2년 이상 거주할 것

3) 신규주택 취득일로부터 종전주택을 비과세 양도기한 내에 양도할 것

여기서 「비과세 양도기한」은 신규주택 취득당시 종전주택과 신규주택이 조정대상지역에 소재하는지 여부와 종전주택 양도시기에 따라 아래와 같이 구분된다.

① 신규주택 취득당시 종전주택과 신규주택 중 어느 하나라도 조정대상지역 외에 소재한 경우 신규주택 취득일로부터 3년 이내
② 신규주택 취득 당시 종전주택과 신규주택 모두 조정대상지역에 소재한 경우 신규주택 취득시점에 따라 아래와 같이 구분된다.

가. 2022.5.9. 이전에 종전주택을 양도한 경우

신규주택 취득(매매계약) 시점	종전주택 양도기한	1년 내 신규주택 전입요건*
'18.9.13. 이전	3년	없음
'18.9.14. ~ '19.12.16.	2년	
'19.12.17. 이후	1년	있음

* 신규주택 취득 당시 기존 임차인이 거주 중이고 신규주택 취득일로부터 1년 이후에 임대차계약이 종료되어 신규주택 취득일로부터 1년 이내에 신규주택에 전입할 수 없는 경우에는 종전주택의 비과세 양도기한과 신규주택의 전입기한은 최대 2년을 한도로 기존 임차인의 임대차계약 종료일까지로 연장된다.

📖 배경 및 취지

2018.9.13. 부동산대책
2018년 수도권 등을 중심으로 주택가격이 급등하자 2018.9.14. 이후 조정대상지역 내 주택을 신규로 취득하는 경우 조정대상지역에 소재한 종전주택을 신규주택 취득일로부터 2년 내 양도하는 경우에만 비과세하도록 일시적2주택 비과세요건을 강화하여 신규주택 수요를 억제하고 종전주택을 조기에 매각하도록 유도하였다.
2019.12.16. 부동산대책
2018.9.13. 대책 발표 이후 주택가격이 안정세를 보이는 듯 하였으나, 2019년 가을부터 다시 서울 강남지역 재건축아파트를 중심으로 주택가격이 상승하면서 서울 외곽지역까지 주택가격 급등세가 확산되자 정부는 2019.12.16. 추가로 부동산대책을 발표하여 2019.12.17. 이후 조정대상지역 내 주택을 신규로 취득하는 경우 종전주택을 신규주택 취득일로부터 1년 내에 양도하고 신규주택에 세대전원이 1년 내에 전입하는 경우에만 비과세하는 것으로 비과세요건을 더욱 강화하였다.

나. 2022.5.10. 이후에 종전주택을 양도하는 경우

신규주택 취득(매매계약) 시점	종전주택 양도기한	1년 내 신규주택 전입요건
'18.9.13. 이전	3년	
18.9.14. ~ '19.12.16.	2년	없음
'19.12.17. 이후		

📖 **배경 및 취지**

2019.12.16. 부동산대책에 따라 조정대상지역에 소재한 종전주택을 보유한 상태에서 조정대상지역 내 신규주택을 취득한 경우에는 종전주택을 신규주택 취득 후 1년 내 양도하고, 신규주택 취득 후 1년 이내에 세대 전원이 신규주택에 전입한 경우에만 비과세되었다.

그런데 비과세를 받기 위해 급매로 주택을 내놓았으나 주택거래가 급감한 상황에서 1년 이내에 팔리지 않아 비과세를 적용받지 못하는 경우가 다수 발생하고, 세대 전원이 이사하기 어려운 다양한 사정이 있음에도 일률적으로 1년 내 세대 전원이 신규주택에 전입하도록 한 것은 지나친 규제라는 여론에 따라 충분한 매도기한을 부여하고, 납세자 편의를 도모하기 위하여 종전주택 비과세 양도기한을 2년으로 연장하고, 1년 내 신규주택 전입요건을 폐지하게 된 것이다.

[2022.5.10 이후 종전주택 양도시 일시적2주택 비과세 양도기한]

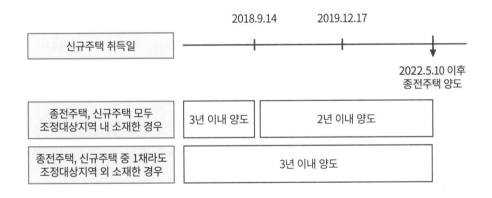

[2022.5.9 이전 종전주택 양도시 일시적2주택 비과세 양도기한]

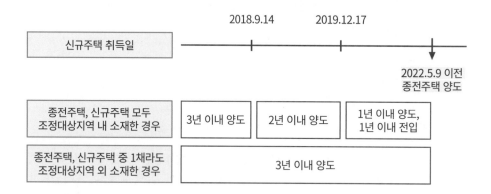

신규주택 취득일	2018.9.14	2019.12.17	2022.5.9 이전 종전주택 양도
종전주택, 신규주택 모두 조정대상지역 내 소재한 경우	3년 이내 양도	2년 이내 양도	1년 이내 양도, 1년 이내 전입
종전주택, 신규주택 중 1채라도 조정대상지역 외 소재한 경우	3년 이내 양도		

사례 1

'18.9.13. 이전에 신규주택을 취득(매매계약 포함)한 경우 종전주택 비과세 양도기한 3년 적용

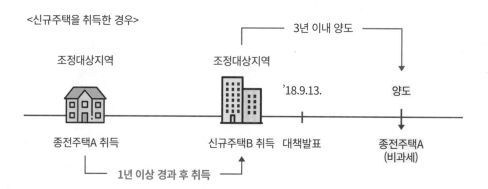

<신규주택을 취득한 경우>

3년 이내 양도

조정대상지역 ── 종전주택A 취득
조정대상지역 ── 신규주택B 취득   '18.9.13. 대책발표   양도 ── 종전주택A (비과세)

1년 이상 경과 후 취득

해설 | 신규주택을 2018.9.13. 이전에 취득하였으므로 양도 당시 종전주택과 신규주택 모두 조정대상지역에 소재하고 있는 경우에도 신규주택 취득일로부터 3년 이내 종전주택을 양도하면 비과세된다.

<2018.9.13. 이전에 분양권 매매계약을 체결하고 2018.9.14. 이후 신축 주택을 취득한 경우>

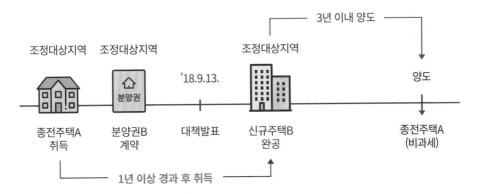

해설 신규주택을 2018.9.14. 이후 취득하였고, 신규주택 취득 당시 종전주택과 신규주택이 모두 조정대상지역에 소재하고 있는 경우에도 납세자의 예측가능성을 보장해 주기 위하여 2018.9.13. 이전에 매매계약을 체결한 경우 매매계약 당시 기준으로 종전주택의 비과세 양도기한을 판단하므로, 신규주택 취득일로부터 3년 이내 종전주택을 양도하면 비과세된다.

사례 2

'18.9.14.~'19.12.16. 사이에 신규주택을 취득(매매계약 포함)한 경우 종전주택 비과세 양도기한 2년 적용

<신규주택을 취득한 경우>

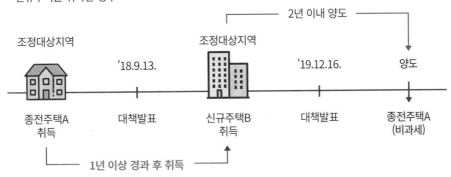

해설 2018.9.14. ~ 2019.12.16. 사이에 신규주택을 취득하고 신규주택 취득일 현재 종전주택과 신규주택 모두 조정대상지역에 있는 경우에는 신규주택 취득일로부터 2년 이내 종전주택을 양도하면 비과세된다.

<2019.12.16. 이전에 분양권 매매계약을 체결하고 2019.12.17. 이후 신축 주택을 취득한 경우>

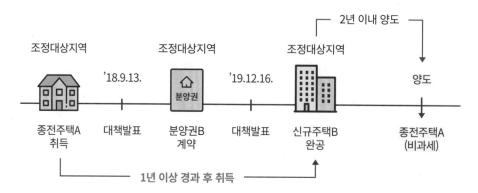

해설 2019.12.17. 이후 신규주택을 취득하고, 신규주택 취득일 현재 종전주택과 신규주택 모두 조정대상지역에 있으나, 2018.9.14.~2019.12.16. 사이에 매매계약을 체결한 경우에는 납세자의 예측가능성을 보장해 주기 위하여 신규주택 취득일로부터 2년 이내 종전주택을 양도하면 비과세된다.

사례 3

'19.12.17. 이후에 신규주택을 취득한 경우 종전주택 비과세 양도기한

<종전주택을 2022.5.10. 이후에 양도하는 경우>

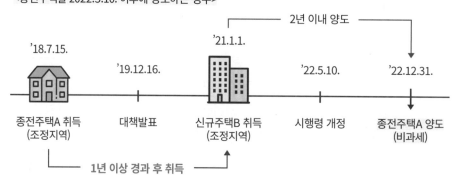

해설 소득세법 시행령 개정으로 인하여 2022.5.10. 이후 종전주택을 양도하는 경우로서 신규주택 취득일 현재 종전주택과 신규주택이 모두 조정대상지역에 있고 신규주택을 2019.12.17. 이후 취득한 경우 신규주택 취득일로부터 2년 이내 종전주택을 양도하면 비과세된다.

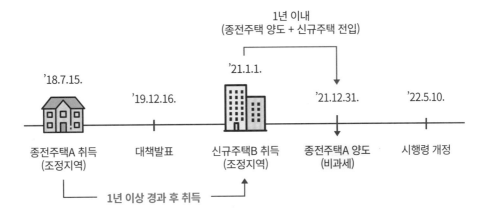

<종전주택을 2022.5.9. 이전에 양도한 경우>

1년 이내
(종전주택 양도 + 신규주택 전입)

'18.7.15.
종전주택A 취득
(조정지역)

'19.12.16.
대책발표

'21.1.1.
신규주택B 취득
(조정지역)

'21.12.31.
종전주택A 양도
(비과세)

'22.5.10.
시행령 개정

1년 이상 경과 후 취득

해설 신규주택을 2019.12.17. 이후 취득하고 신규주택 취득 당시 종전주택과 신축주택이 모두 조정대상지역에 있는 경우로서 종전주택을 2022.5.9. 이전에 양도한 경우에는 신규주택 취득일로부터 1년 이내에 종전주택을 양도하고 신규주택에 세대전원이 전입해야 비과세된다.

2 분양권을 보유한 상태에서 주택을 취득한 경우 종전주택 비과세 양도기한

종전주택을 보유하지 않는 상태에서 신규주택에 대한 분양계약을 먼저 체결한 경우에는 아래와 같이 종전주택의 비과세 양도기한을 판단한다.

구 분	내 용
비조정 대상지역	종전주택이 「종전주택 취득일 또는 신규주택 취득일」에 비조정대상지역에 있거나, 신규주택('20.12.31. 이전에 취득한 분양권 포함)이 신규주택의 「계약일 또는 취득일」에 비조정대상지역에 있는 경우에는 신규주택 취득일로부터 3년 이내 종전주택 양도하면 비과세
조정 대상지역	종전주택이 「종전주택 취득일 또는 신규주택 취득일」에 조정대상지역에 있고, 신규주택('20.12.31. 이전에 취득한 분양권 포함)이 신규주택의 「계약일 또는 취득일」에 모두 조정대상지역에 있는 경우로서 종전주택 취득일이 ① 2018.9.13. 이전인 경우에는 3년 이내 종전주택 양도하면 비과세 ② 2018.9.14.~2019.12.16.인 경우에는 2년 이내 종전주택 양도하면 비과세 ③ 2019.12.17. 이후인 경우에는 1년 이내 종전주택을 양도하고 신규주택에 전입해야 비과세

① 분양권을 보유한 상태에서 종전주택을 취득한 후 2022.5.9. 이전에 종전주택을 양도한 경우 비과세 양도기한

분양권 계약시 소재지	종전주택 취득		신규주택 취득 (분양권 잔금지급)	종전주택 비과세 양도기한	1년 내 신규주택 전입요건
	취득시점	소재지	소재지		
조정대상지역	'18.9.13. 이전	조정대상지역	조정대상지역	3년	없음
비조정대상지역	'18.9.14. ~ '19.12.16.	조정대상지역	조정대상지역	3년	
조정대상지역		조정대상지역	비조정대상지역		
조정대상지역		조정대상지역	조정대상지역	2년	
비조정대상지역	'19.12.17. 이후	조정대상지역	조정대상지역	3년	
조정대상지역		조정대상지역	비조정대상지역		
조정대상지역		조정대상지역	조정대상지역	1년	있음

② 분양권을 보유한 상태에서 종전주택을 취득한 후 2022.5.10. 이후에 종전주택을 양도하는 경우 비과세 양도기한

분양권 계약시 소재지	종전주택 취득		신규주택 취득 (분양권 잔금지급)	종전주택 비과세 양도기한	1년 내 신규주택 전입요건
	취득시점	소재지	소재지		
조정대상지역	'18.9.13. 이전	조정대상지역	조정대상지역	3년	없음
비조정대상지역	'18.9.14. 이후	조정대상지역	조정대상지역	3년	
조정대상지역		조정대상지역	비조정대상지역		
조정대상지역		조정대상지역	조정대상지역	2년	

사례 1

'18.9.13. 이전에 종전주택을 취득한 경우 종전주택 비과세 양도기한은 3년 적용

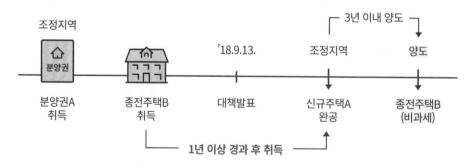

해설 분양권을 보유한 상태에서 2018.9.13. 이전에 종전주택을 취득한 후 신규주택 취득일 현재 종전주택과 신규주택 모두 조정대상지역에 있는 경우에는 신규주택 취득일로부터 3년 이내 종전주택을 양도하면 비과세된다.

사례 2

'18.9.14.~'19.12.16. 사이에 종전주택을 취득한 경우 종전주택 비과세 양도기한 2년 적용

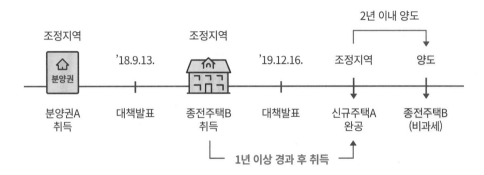

해설 분양권을 보유한 상태에서 2018.9.14.~2019.12.16. 사이에 종전주택을 취득한 후, 신규주택 취득일 현재 종전주택과 신규주택 모두 조정대상지역에 있는 경우에는 신규주택 취득일로부터 2년 이내 종전주택을 양도하면 비과세된다.

사례 3

'19.12.17. 이후에 종전주택을 취득한 경우 종전주택 양도기한

<종전주택을 2022.5.10. 이후에 양도하는 경우>

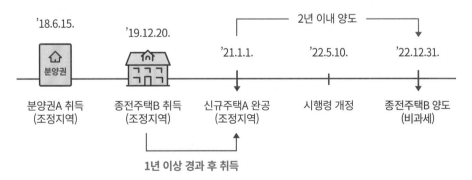

해설 2022.5.10. 이후에 종전주택을 양도하는 경우로서 분양권을 보유한 상태에서 2019.12.17. 이후 종전주택을 취득하고 신규주택 취득일 현재 종전주택과 신규주택이 모두 조정대상지역에 있는 경우에는 신규주택 취득일로부터 2년 이내 종전주택을 양도하면 비과세된다.

<종전주택을 2022.5.9. 이전에 양도한 경우>

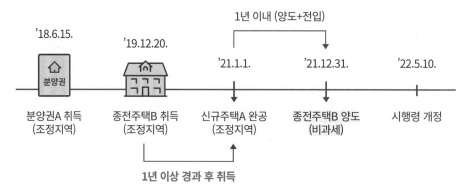

해설 2022.5.9. 이전에 종전주택을 양도한 경우에는 신규주택 취득일로부터 1년 이내에 종전주택을 양도하고 신규주택에 세대전원이 전입해야 비과세된다.

일반사례
사례를 통한 일시적2주택 비과세 양도기한

사례 1

신규주택 취득일로부터 3년 이내 종전주택을 양도하는 경우 비과세 여부

▪ A주택 취득일부터 양도일까지 2년 이상 거주하였음

해설 조정대상지역 내 종전주택A를 보유한 상태에서 비조정대상지역 내 신규주택에 대한 분양권B를 취득한 후, 분양권취득일과 잔금지급일 사이에 신규주택B의 소재지가 조정대상지역으로 지정된 경우에도 신규주택B 취득일인 2021.5.15.로부터 3년 이내 종전주택A를 양도하면 비과세된다.

사례 2

신규주택 계약일과 잔금지급일 사이에 종전주택이 조정대상지역으로 지정된 경우 종전주택의 비과세 양도기한

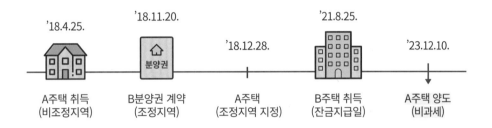

'18.4.25.	'18.11.20.	'18.12.28.	'21.8.25.	'23.12.10.
A주택 취득 (비조정지역)	B분양권 계약 (조정지역)	A주택 (조정지역 지정)	B주택 취득 (잔금지급일)	A주택 양도 (비과세)

해설 신규주택B의 매매계약 체결일과 잔금지급일 사이에 종전주택A가 조정대상지역으로 지정된 경우에는 신규주택B 취득일인 2021.8.25.로부터 3년 이내 종전주택A를 양도하면 일시적2주택 비과세특례가 적용된다(재산세제과-825, 2020.9.22 참조).

배경 및 취지

분양권B 취득 당시 종전주택A가 비조정대상지역에 소재하고 있었으므로 종전주택A의 비과세 양도기한을 신규주택B 취득일로부터 3년으로 예상하고 분양권B를 취득하였는데, 분양권B의 매매계약일과 잔금지급일 사이에 종전주택A가 조정대상지역으로 지정된 경우까지 신규주택B의 취득일 기준으로 종전주택A의 비과세 양도기한을 2년으로 적용할 경우에는 납세자의 예측가능성을 침해하게 되므로 분양권B 취득 당시를 기준으로 종전주택A가 비조정대상지역에 있으므로 비과세 양도기한을 3년으로 하는 것이다.

사례 3

'18.9.14.~'19.12.16. 사이에 신규주택에 대한 매매계약을 체결한 경우 종전주택 양도기한 3년 적용 여부

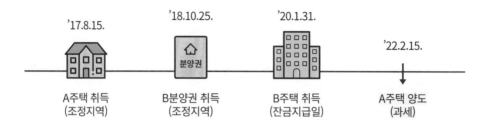

'17.8.15.
A주택 취득
(조정지역)

'18.10.25.
분양권
B분양권 취득
(조정지역)

'20.1.31.
B주택 취득
(잔금지급일)

'22.2.15.
A주택 양도
(과세)

해설 신규주택B에 대하여 2018.9.14.~2019.12.16. 사이에 분양권 매매계약을 체결한 경우로서 종전주택A와 분양권B가 모두 조정대상지역에 있는 경우 일시적2주택 비과세를 받기 위한 종전주택의 양도기한은 신규주택B 취득일인 2020.1.31.로부터 2년이 된다. 이 사례에서는 신규주택B 취득일로부터 2년 이상 경과하여 종전주택A를 양도하였으므로 일시적2주택 비과세특례를 적용받을 수 없다.

사례 4

'19.12.17. 이후 임차인이 거주중인 신규주택을 취득한 경우 종전주택 양도기한

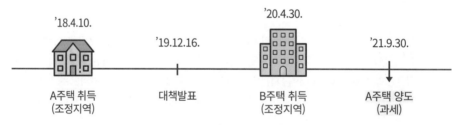

'18.4.10.
A주택 취득
(조정지역)

'19.12.16.
대책발표

'20.4.30.
B주택 취득
(조정지역)

'21.9.30.
A주택 양도
(과세)

▪ 신규주택(B) 취득시점에 기존 임차인 거주(전세만기 : '21.7.31.)

해설 2019.12.17. 이후 조정대상지역 내 신규주택을 취득하여 일시적2주택 비과세 특례규정을 적용받으려면 신규주택을 취득한 날로부터 1년 이내 종전주택을 양도하고 세대전원이 신규주택으로 전입해야 한다. 그러나 신규주택 취득일 현재 거주 중인 임차인과의 임대차기간이 신규주택 취득일부터 1년 이후에 종료되는 경우 전소유자와 임차인간의 임대차계약 종료일까지 종전주택의 양도기한 및 신규주택으로 전입기한이 최대 2년으로 연장된다. 이 사례에서 일시적2주택 비과세를 적용받기 위한 종전주택A의 비과세 양도기한은 신규주택일로부터 1년을 적용하는 것이 아니라 기존 임차인의 임대차계약 종료일인 2021.7.31.까지 적용하는 것이므로 비과세가 적용되지 않는다.

사례 5

별도세대원에게 종전주택을 부담부증여하는 경우 일시적2주택 비과세 적용 여부

'16.3.20.	'18.5.30.	'21.3.15.
A주택 취득 (父 소유)	B주택 취득 (母 소유)	A주택 부담부증여 (별도세대원)

해설 1세대가 신규주택B을 추가로 취득하여 2주택이 된 상태에서 일시적2주택 비과세 요건을 충족한 종전주택을 별도세대원에게 부담부증여한 경우에도 양도로 보는 채무부분에 대하여는 일시적 1세대 2주택 비과세 규정을 적용받을 수 있다(국심2001서3220, 2002.4.26 참조).

📑 **비교학습**

1세대1주택 비과세 규정은 세대단위로 주택수를 판단하게 되므로 종전주택을 동일세대원에게 부담부증여한 경우에는 부담부증여 전후 모두 1세대 2주택자에 해당되어 양도로 보는 채무부분에 대하여 일시적2주택 비과세특례가 적용되지 않는다(부동산거래관리과-512, 2012.9.25 참조).

사례 6

신규주택을 동일세대원에게 증여한 경우 종전주택 양도기한

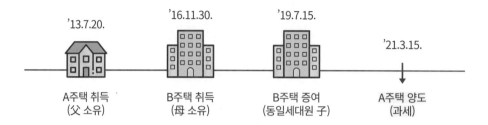

'13.7.20.
A주택 취득
(父 소유)

'16.11.30.
B주택 취득
(母 소유)

'19.7.15.
B주택 증여
(동일세대원 子)

'21.3.15.
A주택 양도
(과세)

해설 父가 종전주택A를 소유한 상태에서 母가 새로운 주택B를 취득한 후 신규주택B를 동일세대원인 아들에게 증여하는 경우 일시적2주택 비과세 특례규정은 당초 증여자의 취득일을 기준으로 종전주택의 양도기한을 판단하는 것이므로 당초 증여자인 母의 취득일(2016.11.30.)로부터 3년 경과한 후 종전주택을 양도하여 비과세를 적용받을 수 없다(서면부동산-0094, 2015.3.13 참조).

사례 7

신규주택 계약 당시 종전주택이 없는 경우 종전주택의 비과세 양도기한

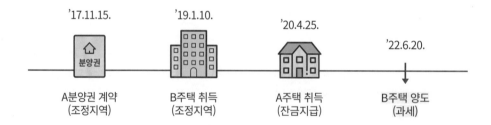

'17.11.15.
A분양권 계약
(조정지역)

'19.1.10.
B주택 취득
(조정지역)

'20.4.25.
A주택 취득
(잔금지급)

'22.6.20.
B주택 양도
(과세)

해설 분양권A가 매매계약 체결일 및 잔금지급일 당시 조정대상지역에 있고 종전주택B를 취득할 당시 종전주택B와 신규주택A가 모두 조정대상지역에 소재한 경우 일시적2주택 비과세를 적용받기 위한 종전주택B의 양도기한은 종전주택B를 취득할 당시를 기준으로 판단한다. 이 사례에서 종전주택B의 취득일이 2019.1.10.이고 종전주택B와 신규주택A가 모두 조정대상지역에 소재하고 있으므로 종전주택B를 신규주택A 취득일로부터 2년 이내 양도해야 비과세되나, 2년 이상 경과하여 종전주택B를 양도하였으므로 일시적2주택 비과세를 적용받을 수 없다(재산세제과-512, 2021.5.25 참조).

대비사례

신규주택 계약 당시 비조정대상지역이나 잔금지급시 조정대상지역인 경우

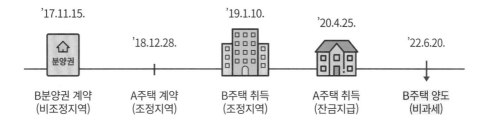

'17.11.15.
'18.12.28.
'19.1.10.
'20.4.25.
'22.6.20.

B분양권 계약
(비조정지역)

A주택 계약
(조정지역)

B주택 취득
(조정지역)

A주택 취득
(잔금지급)

B주택 양도
(비과세)

▪ A주택 계약시점에 B주택은 조정대상지역에 소재하지 않았으나, 잔금지급일 사이 조정대상지역으로 지정됨

해설 주택A 매매계약체결 당시 주택B에 대한 분양권이 비조정대상지역에 소재하고 있으므로 비과세 요건을 충족한 종전주택B를 신규주택A 취득일로부터 3년 이내 양도하면 비과세된다.

응용사례

분양권이 2개인 상태에서 나중에 취득한 분양권이 먼저 종전주택이 된 경우 종전주택의 양도기한

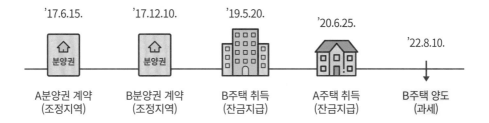

'17.6.15.
'17.12.10.
'19.5.20.
'20.6.25.
'22.8.10.

A분양권 계약
(조정지역)

B분양권 계약
(조정지역)

B주택 취득
(잔금지급)

A주택 취득
(잔금지급)

B주택 양도
(과세)

해설 신규로 취득한 분양권B는 2018.9.13. 이전에 취득하였으므로 종전주택B를 신규주택A 취득일로부터 3년 이내에 양도하는 경우 비과세되나, 이 경우 종전주택B를 취득한 이후 종전주택B와 신규주택A가 모두 조정대상지역에 소재하고 있고 신규분양권 및 신규주택의 계약일 및 취득일에 조정대상지역에 소재하고 있으므로 종전주택B의 취득일이 2018.9.14.~2019.12.16. 사이인 경우에는 종전주택B를 신규주택A 취득일로부터 2년 이내 양도해야 비과세를 받을 수 있으나, 위 사례에서는 2년 이상 경과하여 양도하였으므로 일시적 2주택 비과세를 받을 수 없다.

일시적2주택 비과세특례와 중복적용 가능한 다른 특례주택

취득 유형	취득 순서	비과세 적용요건
상속	종전주택(A) + 상속주택(B) + 신규주택(C)	A주택을 취득한 후 1년 이상 경과 후 C주택을 취득하고 C주택 취득일부터 종전주택 비과세 양도기한 내에 A주택을 양도하는 경우
	일시적2주택(A,B신규주택) + 상속주택(C)	A주택 취득한 후 1년 이상 경과 후 B주택을 취득하고 B주택 취득일부터 종전주택 비과세 양도기한 내에 A주택을 양도하는 경우
장기임대주택	거주주택(A) + 장기임대주택(B) + 신규주택(C)	A주택 취득한 후 1년 이상 경과 후 C주택을 취득하고 C주택 취득일부터 종전주택 비과세 양도기한 내에 2년 이상 거주한 A주택을 양도하는 경우
	일시적2주택(A,B신규주택) + 장기임대주택(C)	A주택 취득한 후 1년 이상 경과 후 B주택을 취득하고 B주택 취득일부터 종전주택 비과세 양도기한 내에 2년 이상 거주한 A주택을 양도하는 경우
동거봉양합가	일반주택(A) + 합가주택(B) + 신규주택(C)	A주택 취득한 후 1년 이상 경과 후 C주택을 취득하고 C주택 취득일부터 비과세 양도기한 내에 A주택 또는 B주택을 양도하는 경우
	일시적2주택(A,B신규주택) + 합가주택(C)	① A주택 취득한 후 1년 이상 경과 후 B주택을 취득하고 B주택 취득일부터 종전주택 비과세 양도기한 내에 A주택을 양도하는 경우 ② A주택 양도한 후 동거봉양합가일로부터 10년 이내 B주택 또는 C주택을 양도하는 경우
혼인합가	일반주택(A) + 합가주택(B) + 신규주택(C)	A주택을 취득한 후 1년 이상 경과 후 C주택을 취득하고 C주택 취득일부터 비과세 양도기한 내에 A주택 또는 B주택을 양도하는 경우
	일시적2주택(A,B신규주택) +합가주택(C)	① A주택을 취득한 후 1년 이상 경과 후 B주택을 취득하고 B주택 취득일부터 종전주택 비과세 양도기한 내에 A주택을 양도하는 경우 ② A주택을 양도한 후 혼인합가일로부터 5년 이내 B주택 또는 C주택을 양도하는 경우

3 일시적2주택 비과세특례와 상속주택 비과세특례 중복적용 여부

사례 1

일시적2주택 보유 상태에서 상속주택을 취득한 후 종전주택을 양도하는 경우

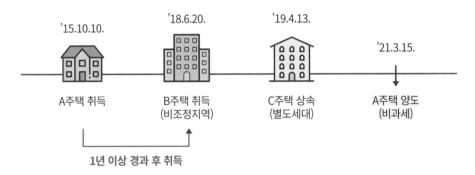

해설 일시적2주택을 보유한 상태에서 별도세대원으로부터 C주택을 상속받은 후, 종전주택 A를 신규주택B 취득일로부터 3년 이내에 양도하는 경우에는 비과세된다(재산세과-232, 2009.9.17 참조).

사례 2

일반주택과 상속주택을 보유한 상태에서 신규주택을 취득한 후 종전주택을 양도하는 경우

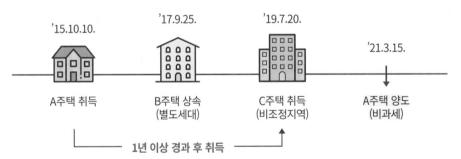

해설 1세대가 종전주택A와 상속주택B를 보유하다가 종전주택A를 취득한 날부터 1년 이상 경과 한 후 신규주택C를 취득하여 1세대3주택이 된 상태에서 신규주택C 취득일로부터 3년 이내에 종전주택A를 양도하는 경우 상속주택은 없는 것으로 보아 일시적2주택 비과세된다(법령해석재산-0374, 2019.10.21 참조).

4 일시적2주택 비과세특례와 임대주택 비과세특례 중복적용 여부

사례 1

일시적2주택을 보유한 상태에서 임대주택을 취득한 후 거주주택을 양도하는 경우

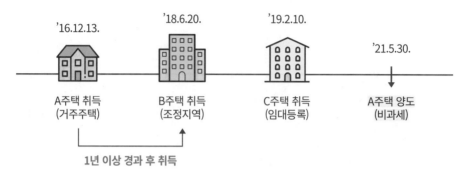

■ C주택(조정지역)은 임대등록(지자체 + 세무서), 임대개시 당시 기준시가 6억원 이하

해설 1세대가 일시적2주택을 보유한 상태에서 C주택을 취득하여 장기임대주택으로 등록한 후, 신규주택B 취득일로부터 3년 이내에 2년 이상 거주한 종전주택A를 양도하는 경우에는 비과세된다(법령해석재산-0320, 2021.1.20 참조).

사례 2

거주주택과 임대주택을 보유한 상태에서 신규주택 취득 후 거주주택을 양도하는 경우

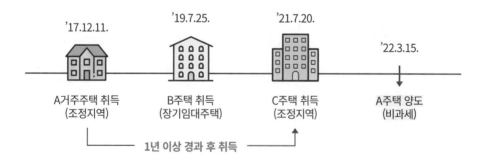

해설 1세대가 거주주택과 법정 요건을 충족한 장기임대주택을 보유한 상태에서 2019.12.17. 이후 조정대상지역 내 소재 신규주택C를 취득한 후, 2022.5.9. 이전에 종전주택A를 1년 이내 양도하면 비과세된다.

사례 1

일시적2주택자가 1주택을 보유한 자와 혼인한 후 종전주택을 양도하는 경우

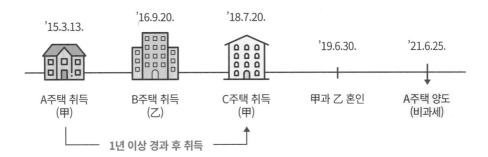

해설 일시적2주택을 보유한 자와 1주택을 보유한 乙이 혼인하여 1세대 3주택이 된 후, 신규주택C를 취득한 날로부터 3년 이내에 종전주택A를 양도하는 경우에는 비과세된다. A주택을 양도한 후 B주택 또는 C주택을 혼인합가일로부터 5년 이내 양도하는 경우에도 혼인합가로 인한 비과세특례가 적용된다(법령해석재산-0038, 2017.2.16 참조).

대비사례

혼인으로 3주택이 된 상태에서 종전주택을 양도하여 비과세를 적용받고
다시 신규주택을 취득한 경우 비과세 적용여부

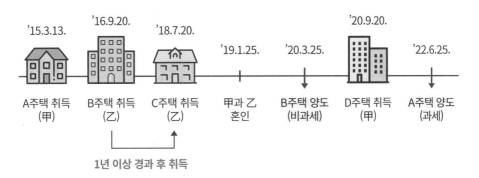

[해설] 1주택자인 甲과 일시적2주택 보유자인 乙이 혼인한 후, 신규주택C 취득일로부터 3년 이내 종전주택B를 양도하여 비과세를 적용받고 다시 甲이 신규주택D를 취득하여 3주택이 된 상태에서 신규주택D 취득일로부터 일시적2주택 양도기한 내에 A주택 또는 C주택을 양도하는 경우에는 비과세를 적용받을 수 없다(부동산거래관리과-421, 2012.8.10 참조).

[사례 2]

혼인합가 후 2주택 상태에서 신규주택 취득한 후 종전주택을 양도하는 경우

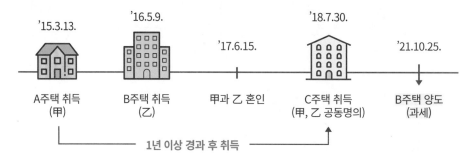

[해설] 1주택자인 甲과 1주택자인 乙이 혼인하여 1세대 2주택이 된 상태에서 신규주택C를 취득한 후, 일시적2주택 비과세 양도기한과 혼인합가 비과세 양도기한 중 짧은 기간 내에 A주택 또는 B주택을 양도하면 비과세되나, 이 사례에서는 B주택을 신규주택C 취득일로부터 3년 이상 경과한 후 양도하였으므로 비과세되지 않는다(법령해석재산-0737, 2020.6.22 참조).

[응용사례]

일시적2주택자와 일시적2주택자가 혼인한 후 종전주택을 양도하는 경우

[해설] 일시적2주택자와 1주택자가 혼인하거나, 1주택자와 1주택자가 혼인 후 신규로 주택을 취득하여 3주택인 된 경우에는 혼인합가로 인한 비과세특례와 일시적2주택 비과세특례가

중복 적용되나, 일시적2주택자와 일시적2주택자가 혼인하여 1세대 4주택이 된 상태에서 A주택을 양도하는 경우에는 비과세특례가 적용되지 않는다.

만약 위 사례에서 A주택을 양도하여 양도소득세가 과세된 후, B주택 또는 C주택을 D주택 취득일로부터 일시적2주택 비과세 양도기한 내에 양도하는 경우 비과세될 수 있다(부동산거래관리과-108, 2010.1.20 참조).

사례 3

일시적2주택자와 2주택을 보유한 자가 동거봉양합가한 후 종전주택을 양도하는 경우

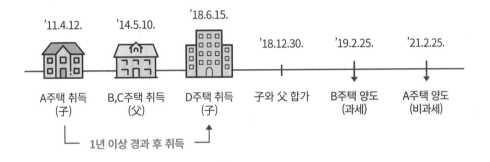

해설 1세대가 일시적2주택 상태에서 2주택을 보유한 자와 동거봉양을 위해 합가한 후, 직계존속이 소유하고 있던 2주택 중 주택B를 먼저 과세로 양도한 후, 직계비속이 신규주택D를 취득한 날로부터 3년 이내에 종전주택A를 양도하는 경우 비과세된다(부동산거래관리과-108, 2010.1.20 참조).

6 일시적2주택 비과세특례와 농어촌주택 또는 감면주택 비과세특례 중복적용 여부

사례 1

일반주택과 농어촌주택을 보유한 상태에서 신규주택을 취득한 후 종전주택을 양도하는 경우

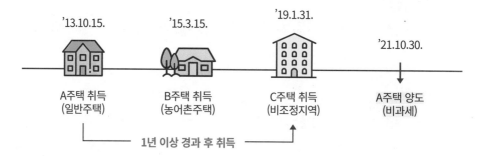

해설 1세대가 일반주택A와 조세특례제한법 제99조의4에 해당하는 농어촌주택B를 보유한 상태에서 신규주택C를 취득하여 일시적 3주택이 된 후, 신규주택 취득일부터 3년 이내 종전주택A를 양도하는 경우 일시적2주택 비과세특례를 적용받을 수 있다(부동산납세과-2367, 2015.2.2 참조).

사례 2

일반주택과 감면주택을 보유한 상태에서 신규주택을 취득한 후 종전주택을 양도하는 경우

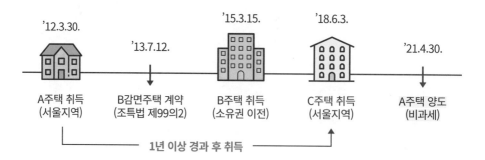

해설 조세특례제한법 제99조의2가 적용되는 감면주택을 포함하여 양도일 현재 1세대가 3주택이 된 경우 감면주택은 1세대1주택 비과세 판단시 주택수에서 제외되므로 종전주택A를 신규주택C 취득일로부터 3년 이내 양도하는 경우 일시적2주택 비과세특례가 적용된다(법령해석재산-0586, 2017.10.11 참조).

7 일시적2주택 비과세특례와 2개의 비과세 특례규정 중복적용 여부

사례

일시적2주택과 거주주택 및 상속주택 비과세 특례의 중복적용 여부

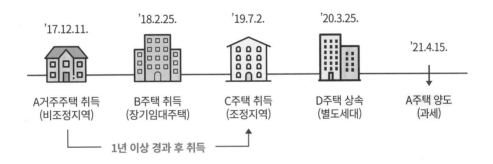

해설 1세대가 거주주택A와 법정 요건을 충족한 장기임대주택B를 보유한 상태에서 거주주택A를 취득한 날부터 1년 이상 경과하여 신규주택C를 취득한 후, 별도세대원으로 주택D를 상속받아 1세대 4주택이 된 상태에서 신규주택C를 취득한로부터 3년 이내 2년 이상 거주한 종전주택A를 양도하는 경우에는 비과세되지 않는다(재산세제과-30, 2022.1.6 참조).

📖 배경 및 취지

일시적2주택 비과세특례와 상속주택 또는 임대주택 비과세특례 등과 같이 2가지 특례가 동시에 적용되는 경우 또는 1주택자와 1주택자가 동거봉양(혼인)을 위해 세대를 합가한 후 실수요 목적으로 1주택을 취득하여 1세대 3주택자가 된 경우에는 예외적으로 중복적용이 가능하나, 위 사례와 같이 3가지 특례가 동시에 중복 적용되는 경우에는 투기목적으로 주택을 취득한 것으로 보아 비과세특례가 인정되지 않는 것이다.

Ⅱ 1주택을 보유한 상태에서 주택분양권을 취득한 경우 일시적2주택 비과세 특례

1 개요

2020.12.31. 이전에 취득한 주택분양권은 주택을 취득할 수 있는 권리로 취급되어 1세대1주택 비과세 및 다주택자 중과세 여부를 판단할 때 주택수에 포함되지 않았으나, 2021.1.1. 이후 취득하는 주택분양권은 주택으로 취급되어 1세대1주택 비과세 및 다주택자 중과세 규정 적용시 주택수에 포함되는 것으로 개정되었다. 이 경우 주택분양권의 취득유형별 취득시기는 아래와 같다.

[취득유형별 분양권의 취득시기]

구 분	취득시기
최초로 주택을 분양받은 경우	분양계약체결일이 아니라 분양권당첨일
분양권을 매입한 경우	분양권 대가의 잔금을 지급한 날
분양권을 증여 받은 경우	증여계약일이 아니라 분양권의 권리의무 승계일
분양권을 상속 받은 경우	상속개시일

비교학습

조합원입주권도 주택분양권과 마찬가지로 부동산을 취득할 수 있는 권리에 속하나, 조합원입주권은 2020.12.31. 이전에 취득한 경우에도 1세대1주택 비과세 및 다주택자 중과여부 판단시 주택수에 포함되었다.

[취득시기별 주택분양권과 조합입주권 주택수 포함여부]

구 분		조합입주권	분양권	
			'20.12.31. 이전 취득	'21.1.1. 이후 취득
주택 수 포함 여부	1세대1주택 비과세	포함	제외	포함
	다주택 중과세	포함	제외	포함

2021.1.1 이후 취득한 주택분양권에 대한 비과세 특례

2021.1.1. 이후에 취득한 주택분양권은 주택수에 포함되므로 1세대1주택자가 2021.1.1. 이후 주택분양권을 취득한 후 종전주택을 양도하면 비과세가 적용되지 않는 것이 원칙이나, 종전주택을 보유한 상태에서 주택분양권을 취득한 후 아래와 같이 일정기한 내에 종전주택을 양도하는 경우에는 양도소득세가 비과세된다.

1) 주택분양권을 취득한 후 3년 이내 종전주택을 양도하는 경우

1주택을 보유한 1세대가 종전주택을 취득한 날로부터 1년 이상 경과한 후 주택분양권을 신규로 취득하고, 주택분양권을 신규로 취득한 날로부터 3년 이내에 1세대1주택 비과세 요건을 갖춘 종전주택을 양도하는 경우에는 비과세된다(소득령§156의3②).

이 경우 종전주택과 신규로 취득한 분양권이 모두 조정대상지역에 소재하더라도 분양권 취득 후 3년 이내에 양도하는 종전주택은 비과세되며, 양도가액 12억원(2021.12.7. 이전 양도분은 9억원) 초과분 양도차익에 대하여는 중과되지 않는다.

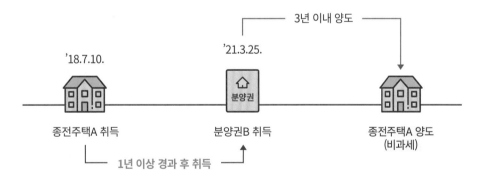

[주택분양권 취득시점별 종전주택 비과세 양도기한]

주택분양권 취득일	종전주택 비과세 양도기한
'20.12.31. 이전 취득	신규주택 취득일로부터 3년(조정대상지역은 2년 또는 1년 이내) 양도
'21.1.1. 이후 취득	조정대상지역 불문하고 분양권 취득일로부터 3년 이내 양도

📖 배경 및 취지

> 주택을 신규로 취득한 경우에는 신규주택에 전입할 시기를 예측할 수 있으나, 분양권을 신규로 취득한 경우에는 공사지연 등으로 인하여 분양권이 신규주택으로 완공되기까지 상당기간 소요되는 경우가 있으므로 종전주택의 양도기한을 3년으로 폭넓게 인정해 주는 것이다.

┌──────────────── **일반사례** ────────────────┐

사례를 통한 주택분양권에 대한 일시적2주택 비과세

사례 1

'20.12.31. 이전에 취득한 분양권에 대한 일시적2주택 비과세 적용방법

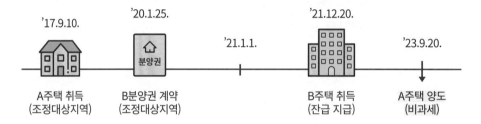

'17.9.10.	'20.1.25.	'21.1.1.	'21.12.20.	'23.9.20.
A주택 취득 (조정대상지역)	B분양권 계약 (조정대상지역)		B주택 취득 (잔금 지급)	A주택 양도 (비과세)

해설 2019.12.17. 이후 취득한 조정대상지역 내 주택(분양권 계약 포함)에 대해 일시적2주택 비과세특례규정을 적용받기 위해서는 2022.5.9. 이전 양도분까지는 신규주택 취득일로부터 1년 이내 종전주택을 양도하고 신규주택으로 전입해야 비과세되나, 2022.5.10. 이후 양도분부터는 2년 이내에 종전주택을 양도해야 비과세된다. 위 사례에서는 종전주택을 신규주택 취득일로부터 2년 이내에 양도하였으므로 양도소득세가 비과세된다.

대비사례

'21.1.1. 이후 취득한 분양권에 대한 일시적2주택 비과세 적용방법

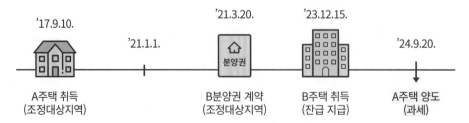

'17.9.10.	'21.1.1.	'21.3.20.	'23.12.15.	'24.9.20.
A주택 취득 (조정대상지역)		B분양권 계약 (조정대상지역)	B주택 취득 (잔금 지급)	A주택 양도 (과세)

2021.1.1. 이후에 취득한 분양권은 주택수에 포함되므로 주택분양권에 대한 일시적2주택 비과세특례 규정을 적용받으려면 조정대상지역 지정여부와 관계없이 분양권B 취득일인 2021.3.20.부터 3년 이내에 종전주택A를 양도해야 비과세되나, 이 사례에서는 3년 이상 경과하여 비과세되지 않는다.

사례 2

일시적2주택 상태에서 '20.12.31. 이전에 분양권을 취득한 경우

2020.12.31. 이전에 취득한 C분양권은 주택수에 포함되지 않으므로 2019.12.17. 이후에 조정대상지역 내 신규주택을 취득한 상태에서 신규주택B 취득일로부터 1년 이내 종전주택A를 양도하여 일시적2주택 비과세가 적용된다.

대비사례

일시적2주택 상태에서 '21.1.1. 이후에 분양권을 취득한 경우

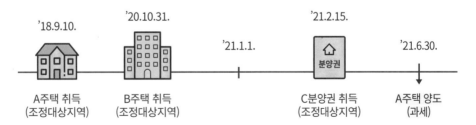

2021.1.1. 이후에 취득한 분양권은 주택수에 포함되므로 일시적2주택 상태에서 신규주택B 취득일로부터 1년 이내 종전주택A를 양도하더라도 일시적2주택 비과세규정을 적용받을 수 없을 뿐만 아니라, 2021.1.1. 이후 취득하는 분양권은 조합원입주권과 마찬가지로 조정대상지역 내 다주택자 중과세 판단시 주택수에 포함되어 A주택 양도시 장기보유특별공제가 배제되고, 세율은 기본세율 + 30%가 적용된다.

거주주택과 장기임대주택을 보유한 상태에서 '21.1.1. 이후 분양권을 취득한 경우 거주주택 양도시 비과세 여부

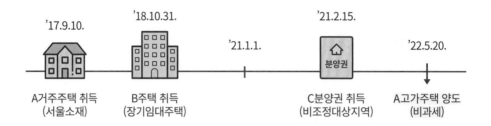

'17.9.10.
A거주주택 취득
(서울소재)

'18.10.31.
B주택 취득
(장기임대주택)

'21.1.1.

'21.2.15.
분양권
C분양권 취득
(비조정대상지역)

'22.5.20.
A고가주택 양도
(비과세)

해설 거주주택과 법정 요건을 충족한 장기임대주택을 보유한 상태에서 2021.1.1. 이후 분양권을 취득한 후 3년 이내에 거주주택을 양도하는 경우 1세대1주택 비과세가 적용되며, 이 경우 양도가액이 12억원(2021.12.7. 이전 양도분은 9억원)을 초과하는 고가주택에 대해서는 최대 80%의 장기보유특별공제가 적용되고 세율은 기본세율이 적용된다(법규과-702, 2022.2.24 참조).

'20.12.31. 이전에 취득한 분양권을 배우자에게 증여한 경우 주택수 포함 여부

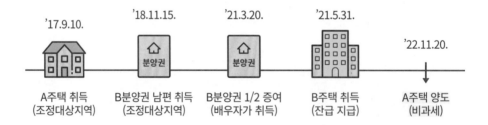

'17.9.10.
A주택 취득
(조정대상지역)

'18.11.15.
분양권
B분양권 남편 취득
(조정대상지역)

'21.3.20.
분양권
B분양권 1/2 증여
(배우자가 취득)

'21.5.31.
B주택 취득
(잔금 지급)

'22.11.20.
A주택 양도
(비과세)

해설 2020.12.31. 이전에 취득한 주택분양권의 일부 지분을 2021.1.1. 이후 동일세대원에게 증여한 경우 세대단위로 판단하면 주택분양권은 2020.12.31. 이전에 취득한 것이므로 1세대1주택 비과세 및 중과세 판단시 주택수에 포함되지 않는다. 위 사례에서는 2018.9.14.~2019.12.16. 사이에 B분양권의 매매계약을 체결하였으므로 신규주택 취득일로부터 2년 이내에 종전주택A를 양도한 경우에 해당하여 비과세된다(법령해석재산-0918, 2021.7.23 참조).

'20.12.31. 이전에 취득한 분양권을 자녀에게 증여한 경우 주택수 포함 여부

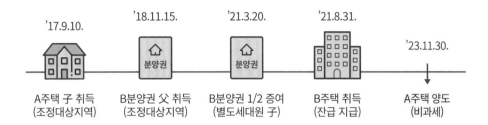

'17.9.10.
A주택 子 취득
(조정대상지역)

'18.11.15.
B분양권 父 취득
(조정대상지역)

'21.3.20.
B분양권 1/2 증여
(별도세대원 子)

'21.8.31.
B주택 취득
(잔급 지급)

'23.11.30.
A주택 양도
(비과세)

해설 일시적2주택 비과세 판단시 보유주택수는 세대단위로 판단하므로 2020.12.31. 이전에 취득한 주택분양권의 일부 지분을 2021.1.1. 이후 별도세대원인 자녀에게 증여하는 경우 자녀가 취득한 분양권은 2021.1.1. 이후에 취득한 것이 된다. 따라서 주택분양권은 1세대1주택 비과세 및 다주택자 중과세 판단시 주택수에 포함되어 종전주택A 양도시 양도소득세가 과세될 수 있으나, 2021.1.1. 이후 취득한 분양권에 대해서는 조정대상지역 여부와 상관없이 분양권 취득일로부터 3년 이내 종전주택A를 양도하는 경우 비과세되므로 이 사례에서는 종전주택A를 양도할 경우 일시적2주택 비과세가 적용된다.

사례 5

일시적2주택 상태에서 '21.1.1. 이후 취득한 분양권 양도 후 주택 양도시

'17.9.10.
A주택 취득
(조정대상지역)

'19.10.31.
B주택 취득
(조정대상지역)

'21.1.1.

'21.2.15.
C분양권 취득
(비조정대상지역)

'21.4.10.
C분양권 양도
(과세)

'21.9.30.
A주택 양도
(과세)

해설 일시적2주택 상태에서 2021.1.1. 이후 취득한 분양권을 먼저 양도하여 과세된 후, 종전주택A를 신규주택B 취득일로부터 2년 이내 양도하면 일시적2주택 비과세특례가 적용되나, 2021.1.1. 이후부터 2022.5.9. 이전 양도분까지는 종전주택A의 보유기간은 직전 분양권 양도일인 2021.4.10.부터 보유기간을 다시 기산하므로 A주택은 C분양권 양도일로부터 2년 이상 보유하지 못하였으므로 비과세가 적용되지 않는다.

2) 주택분양권 취득 후 3년 이상 경과한 후 종전주택을 양도하는 경우

1주택을 소유한 1세대가 주택분양권을 신규로 취득한 후 분양권을 취득한 날부터 3년 이상 경과한 후 종전주택을 양도하는 경우에도 아래의 요건을 모두 충족한 경우에는 비과세된다(소득령§156의3③).

① 종전주택을 취득한 날로부터 1년 이상 경과 후 주택분양권을 신규로 취득할 것(2022.2.15 이후 취득하는 분양권부터 적용)
② 분양권이 주택으로 완성되기 전에 종전주택을 양도하거나 또는 주택분양권이 주택으로 완성된 후 2년 이내 종전주택을 양도할 것
③ 분양권이 주택으로 완성된 후 2년 이내 신규주택으로 세대전원이 이사하여 1년 이상 계속 거주할 것

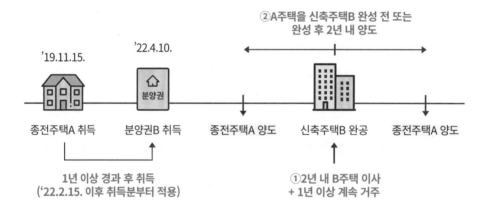

📖 **배경 및 취지**

분양권 취득 후 공사가 지연되는 등 불가피한 사정으로 3년 내에 신규주택에 입주할 수 없는 사정이 발생할 수 있는 점을 감안하여 분양권 취득일로부터 3년 이상 경과한 후 종전주택을 양도한 경우에도 비과세되는 것으로 종전주택 양도기한 요건을 완화하는 대신 신규주택 완성일로부터 2년 이내 종전주택을 양도하고 2년 이내에 신규주택에 전입하여 1년 이상 거주해야 하는 요건을 추가하였다.

구 분		조합입주권	분양권	
		취득시기 무관	'20.12.31. 이전 취득	'21.1.1. 이후 취득
주택 보유 상태에서 조합원입주권 또는 분양권 취득한 경우	종전주택 3년 이내 양도	적용	제외	적용
	종전주택 3년 경과 후 양도	적용	제외	적용
원조합원입주권 또는 분양권 보유 상태에서 주택 취득한 경우	조합원입주권 또는 분양권 3년 이내 양도	적용	해당없음	해당없음
사업시행인가일 이후 취득한 대체주택 양도		적용	해당없음	해당없음

Ⅲ 일시적2주택에 대한 취득세 중과적용 여부

1주택을 보유하고 있는 1세대가 조정대상지역에 있는 주택을 신규로 취득하는 경우에는 투기목적으로 취득한 것으로 보아 원칙적으로 8%의 취득세 중과세율이 적용된다. 그러나 실수요 목적으로 주택을 취득하여 일시적2주택이 된 경우에는 취득세 중과세율을 적용하지 않고 1~3%의 기본세율이 적용된다.

1 일시적2주택에 대한 취득세 기본세율 적용요건

1주택(2020.8.12. 이후 취득한 조합원입주권, 주택분양권 및 오피스텔 포함)을 보유하고 있는 1세대가 조정대상지역에 있는 주택을 신규로 취득한 경우에는 원칙적으로 8%의 취득세율이 적용되나, 신규주택 취득일[1]로부터 3년(종전주택 등과 신규주택이 모두 조정대상지역에 있는 경우에는 2년) 이내에 종전주택[2]등을 처분(증여, 용도변경, 멸실 등 포함)하는 경우 일시적2주택자로 보아 조정대상지역에 소재하는 신규주택에 대해 1~3%의 기본세율이 적용된다.

1) 조합원입주권 또는 주택분양권을 보유한 상태에서 신규주택을 취득한 후 해당 조합원입주권 또는 주택분양권으로 인해 주택이 완성 또는 신축되는 경우에는 완성일 또는 잔금지급일을 기준으로 일시적2주택 기간을 계산한다. 〈사례3 참조〉

2) 신축주택이 주택분양권에 의하여 완공된 주택〈사례2 참조〉이거나, 종전주택이 조합원입주권 또는 주택분양권에 의한 신축주택인 경우에도 해당 신축주택을 종전주택 범위에 포함하여 일시적2주택 해당 여부를 판단한다. 〈사례3 참조〉

[일시적2주택자의 취득세 기본세율 적용 종전주택 처분기한]

종전주택	신규주택	종전주택 등 처분기한
비조정대상지역	조정대상지역	3년
조정대상지역	조정대상지역	2년3)
조정대상지역	비조정대상지역	취득세 중과대상 아님
비조정대상지역	비조정대상지역	

3) 2022.5.10. 이후 주택을 취득하는 경우 또는 2022.5.10. 이후 종전주택 등을 처분하는 경우 일시적2주택 취득세 중과배제 허용기한이 1년에서 2년으로 연장되었다.

2 주택 종류별 일시적2주택 취득세 중과적용 여부

사례 1

종전주택을 보유한 상태에서 신규주택을 취득한 경우

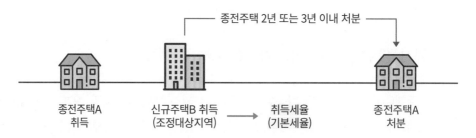

해설 종전주택을 보유한 상태에서 신규로 취득한 B주택은 조정대상지역에 소재하고 있으므로 8%의 취득세 중과세율이 적용되어야 하나, 신규주택B 취득일로부터 3년(종전주택A도 조정대상지역에 소재한 경우에는 2년) 이내에 종전주택A를 처분한 경우에는 일시적2주택에 해당하여 B주택의 취득세율은 1~3%의 기본세율이 적용된다.

종전주택을 보유한 상태에서 주택분양권을 취득한 경우

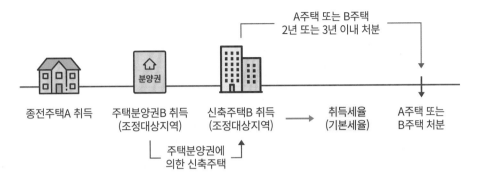

종전주택A 취득   주택분양권B 취득
(조정대상지역)   신축주택B 취득
(조정대상지역) → 취득세율
(기본세율)   A주택 또는
B주택 처분

주택분양권에
의한 신축주택

A주택 또는 B주택
2년 또는 3년 이내 처분

해설 종전주택을 보유한 상태에서 신규로 취득한 B주택은 조정대상지역에 소재하고 있으므로 8%의 취득세 중과세율이 적용되어야 하나, 신규주택B 취득일로부터 3년(종전주택A도 조정대상지역에 소재한 경우에는 2년) 이내에 종전주택A 또는 신축주택B 중 1채를 처분한 경우에는 일시적2주택에 해당하여 신축주택B의 취득세율은 1~3%의 기본세율이 적용된다.

종전주택을 보유한 상태에서 조합원입주권을 취득한 경우

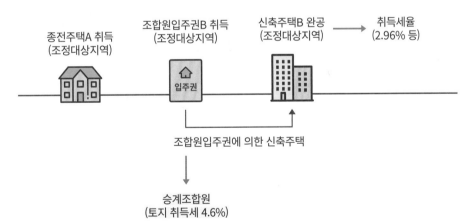

종전주택A 취득
(조정대상지역)   조합원입주권B 취득
(조정대상지역)   신축주택B 완공
(조정대상지역) → 취득세율
(2.96% 등)

조합원입주권에 의한 신축주택

승계조합원
(토지 취득세 4.6%)

해설 종전주택A를 보유한 상태에서 조정대상지역에 소재하고 있는 조합원입주권B를 취득한 후 B주택이 완공되었을 때 신축주택을 취득한 것으로 볼 수 있으나, 조합원입주권이 주택으로 완공된 경우에는 유상취득이 아닌 원시취득에 해당하므로 취득세 중과세율이 적용되지 않는다. 따라서, 조합원입주권이 주택으로 완공된 경우에는 주택 규모에 따라 2.96%~3.16%의 취득세율이 적용된다.

사례 3

조합원입주권 또는 주택분양권을 보유한 상태에서 신규주택을 취득한 경우

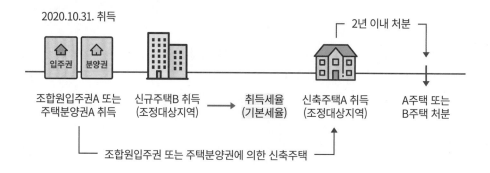

해설 2020.8.12. 이후 취득한 조합원입주권A 또는 주택분양권A를 보유한 상태에서 신규로 취득한 B주택은 조정대상지역에 소재하여 8%의 2주택 중과세율이 적용되어야 하나, 조합원입주권(주택분양권)에 의해 완공된 신축주택A 또는 신규주택B 중 1채를 신축주택A를 취득한 날부터 일시적2주택 기간 내에 처분한 경우에는 신규주택B의 취득세율은 1%~3%의 기본세율이 적용된다.

3 양도소득세와 취득세 일시적2주택 차이 비교

1) 종전주택 취득일로부터 1년 이상 경과 후 신규주택 취득 여부

소득세법상 양도소득세에 대하여 일시적2주택 비과세특례를 적용받으려면 종전주택을 취득하고 1년 이상 경과한 후에 신규주택을 취득해야 하나, 종전주택을 취득하고 1년 이내에 신규주택을 취득한 경우에도 일시적2주택에 대하여 취득세 기본세율이 적용된다.

2) 신규주택 취득 후 세제혜택을 적용받기 위한 종전주택의 양도기한

① 양도소득세

조정대상지역 내 종전주택을 2022.5.10. 이후 양도하는 경우로서 2019.12.17. 이후 조정대상지역 내 신규주택을 취득하고, 그 신규주택 취득일로부터 2년 이내 종전주택을 양도하면 비과세된다.

② 취득세

2022.5.10. 이후 주택을 취득한 경우 또는 2022.5.10. 이후 종전주택 등을 처분하는 경우 일시적2주택 취득세 중과배제 허용기한이 종전 1년에서 2년으로 연장되었다.

4 일시적2주택에 대한 취득세 기본세율 적용 후 종전주택 등 미처분시 추징

신규주택에 대하여 일시적2주택 규정을 적용받아 1~3%의 기본세율로 취득세를 납부한 후, 일시적2주택 처분기한 내에 종전주택 등을 처분하지 않은 경우에는 2주택자 중과세율과 당초 기본세율로 납부한 세액과의 차액에 대하여 가산세를 포함한 세액이 추징된다.

심화학습

취득세 중과대상 주택수 판단시 조합원입주권 또는 주택분양권 포함 여부

1. 조합원입주권

2020.8.11. 이전에 취득한 조합원입주권(2020.8.11. 이전에 매매계약을 체결한 조합원입주권 포함)은 취득세 중과여부 판정시 주택수에 포함되지 않았으나, 2020.8.12. 이후 취득한 조합원입주권은 취득세 중과여부 판정시 주택수에 포함되어 다른 주택을 취득할 경우 취득세가 중과될 수 있다. 이 경우 조합원입주권의 취득시기는 원조합원의 경우 관리처분계획인가 후 주택이 멸실된 시점이고, 승계조합원은 원조합원으로부터 매매·증여·상속 등으로 승계취득한 날이다.

📋 비교학습

양도소득세법상 조합원입주권은 2020.8.11. 이전에 취득한 경우에도 1세대1주택 비과세 판단시 또는 중과대상 주택수 판단시 주택수에 포함되고, 원조합원의 조합원입주권 취득시기는 관리처분계획인가일로 규정하고 있다.

사례 1

조합원입주권을 보유한 상태에서 조정대상지역 내 다른 주택을 취득한 경우

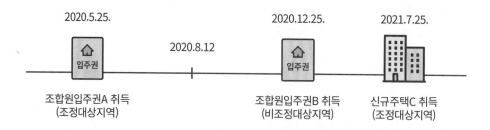

2020.5.25.	2020.8.12	2020.12.25.	2021.7.25.
조합원입주권A 취득 (조정대상지역)		조합원입주권B 취득 (비조정대상지역)	신규주택C 취득 (조정대상지역)

해설 2020.8.11. 이전에 취득한 조합원입주권A는 취득세 중과주택수 판단시 주택수에서 제외되고, 조합원입주권B는 2020.8.12. 이후 취득하여 중과대상 주택수 판단시 주택수에 포함되므로 조정대상지역 내 신규주택 C는 8%의 취득세 중과세율이 적용된다. 단, 일시적2주택 처분기한 내에 신축주택B 또는 신규주택C 중 1채를 처분한 경우에는 1~3%의 취득세 기본세율이 적용된다.

2. 주택분양권의 경우

2020.8.11. 이전에 취득한 주택분양권(2020.8.11. 이전에 매매계약을 체결한 주택분양권 포함)은 취득세 중과여부 판정시 주택수에 포함되지 않았으나, 2020.8.12. 이후 취득한 주택분양권은 취득세 중과여부 판정시 주택수에 포함되어 다른 주택을 취득할 경우 취득세가 중과될 수 있다.

📋 **비교학습**

양도소득세법상 주택분양권은 2020.12.31. 이전에 취득한 경우에는 1세대1주택 비과세 판단시 또는 중과대상 주택수 판단시 주택수에 포함되지 않았으나, 2021.1.1. 이후 취득분부터 주택수에 포함되어 취득세 중과 적용시 주택분양권 취득시기와 달리 규정하고 있다.

사례 2

주택분양권을 보유한 상태에서 조정대상지역 내 다른 주택을 취득한 경우

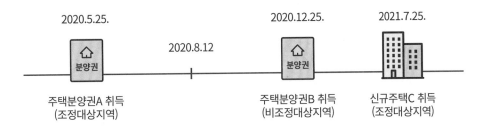

2020.5.25.
주택분양권A 취득
(조정대상지역)

2020.8.12

2020.12.25.
주택분양권B 취득
(비조정대상지역)

2021.7.25.
신규주택C 취득
(조정대상지역)

해설 2020.8.11. 이전에 취득한 주택분양권A는 취득세 중과주택수 판단시 주택수에서 제외되고, 주택분양권B는 2020.8.12. 이후 취득하여 주택수에 포함되므로 조정대상지역 내 신규주택C는 8%의 중과세율이 적용된다. 단, 일시적2주택 처분기한 내에 신축주택B 또는 신규주택C 중 1채를 처분한 경우에는 1~3%의 취득세 기본세율이 적용된다.

사례 3

주택분양권이 주택으로 완공된 시점에 따른 취득세 중과여부 판단

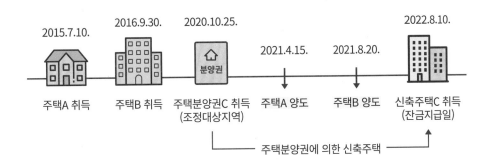

2015.7.10.
주택A 취득

2016.9.30.
주택B 취득

2020.10.25.
주택분양권C 취득
(조정대상지역)

2021.4.15.
주택A 양도

2021.8.20.
주택B 양도

2022.8.10.
신축주택C 취득
(잔금지급일)

주택분양권에 의한 신축주택

해설 2020.8.12. 이후 취득한 주택분양권C에 의해 완공된 신축주택은 주택분양권 취득일(계약일, 승계취득분은 잔금지급일)을 기준으로 주택수를 판정한다. 위 사례에서 기존 주택 A,B를 모두 처분하여 2022.8.10. 신축주택C 취득시점에서 1주택자에 해당하더라도 주택분양권 취득시점에서는 이미 2주택을 보유하였으므로 신축주택C의 취득세율은 조정대상지역 3주택자 중과세율인 12%가 적용된다.

[주택분양권 취득 시점별 취득세 중과대상 여부 판단]

구 분	'20.7.10. 이전	'20.7.11. ~ '20.8.11.	'20.8.12. 이후
다른 주택 취득세 적용시 분양권 주택수 포함여부	주택수 제외		주택수 포함
신축주택에 대한 취득세 적용시 중과대상 주택수 판단기준일	주택취득일(잔금지급일)		분양권 취득일

👤 필자의 견해

2020.8.12. 이후 취득한 분양권이 추후 주택으로 완공된 경우 주택 완공 시점에서 보유한 주택수를 기준으로 중과여부를 판단하지 않고, 주택분양권 취득 당시 주택수를 기준으로 판단하는 것은 불합리하므로 분양권이 주택으로 완공된 시점의 주택수만으로 중과여부를 판단하는 것이 합리적이라고 생각한다.

02
상속주택 보유자의 일반주택 양도시 비과세 특례

I 개요

1세대가 1주택(이하 "일반주택"이라 함)을 보유하던 중 별도세대원으로부터 1주택(이하 "상속주택"이라 함)을 상속받아 2주택이 된 상태에서 비과세요건을 갖춘 일반주택을 먼저 양도하는 경우 일반주택에 대하여는 양도소득세가 비과세된다. 이는 1세대1주택자가 주택 1채를 상속받아 본인의사와 무관하게 1세대 2주택자가 된 것이므로 상속주택은 없는 것으로 보아 비과세를 적용하는 것이다.

📋 비교학습

대체주택을 취득하여 일시적2주택이 된 경우나 동거봉양·혼인합가 등으로 2주택자가 된 경우에는 법에서 정한 일정한 기한 내에 주택을 양도해야 비과세되나, 상속으로 2주택자가 된 후 일반주택을 양도하는 경우에는 양도기한에 제한없이 비과세된다.

사례 1

일반주택을 보유한 상태에서 1주택을 상속받고 일반주택을 먼저 양도하는 경우

해설 1세대1주택자가 상속으로 2주택이 된 경우 상속받은 주택은 없는 것으로 보므로 2년 이상 보유 등 비과세요건을 갖춘 일반주택을 양도할 경우 비과세된다.

대비사례

일반주택을 보유한 상태에서 1주택을 상속받고 상속주택을 먼저 양도하는 경우

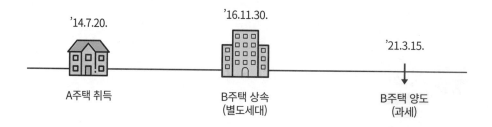

해설 상속주택 비과세특례 규정은 상속으로 2주택이 된 경우로서 일반주택을 먼저 양도해야 비과세되므로 상속주택을 먼저 양도하는 경우에는 비과세되지 않는다.

사례 2

상속주택을 보유한 상태에서 '13.2.15. 이후에 일반주택을 취득한 후 일반주택을 양도하는 경우

해설 상속주택을 보유한 상태에서 일반주택을 취득한 후 일반주택을 먼저 양도하는 경우에는 본인의 의사에 따라 신규로 주택을 취득하여 1세대 2주택자가 된 것이므로 비과세되지 않는 것이다.

대비사례

상속주택을 보유한 상태에서 '13.2.14. 이전에 일반주택을 취득한 후 일반주택을 양도하는 경우

'10.7.20.
A주택 상속
(별도세대)

'12.11.30.
B주택 취득

'21.3.15.
B주택 양도
(비과세)

해설 상속받은 주택을 소유한 상태에서 2013.2.14. 이전에 취득한 일반주택을 양도할 때에는 상속주택을 보유한 상태에서 일반주택을 취득하고 일반주택을 양도한 경우에도 비과세되나, 2013.2.15. 이후 일반주택을 취득한 후 일반주택을 양도하는 경우에는 상속개시 당시 일반주택을 보유한 상태에서 상속주택을 취득해야 비과세특례를 적용받을 수 있다.

📖 **배경 및 취지**

상속주택을 보유한 상태에서 투기목적으로 일반주택을 수차례 취득하고 양도하는 경우 반복해서 비과세를 받을 수 있으므로 상속주택을 보유한 상태에서 2013.2.15. 이후 일반주택을 취득하였다가 양도하는 경우에는 1세대1주택 비과세가 적용되지 않는 것으로 개정되었다.

응용사례

상속주택이 있는 상태에서 일반주택을 취득하여 일시적2주택에 해당하는 경우

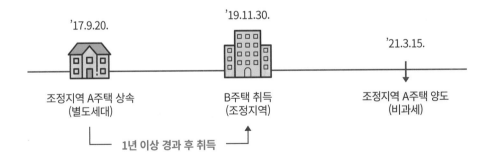

'17.9.20.
조정지역 A주택 상속
(별도세대)

'19.11.30.
B주택 취득
(조정지역)

'21.3.15.
조정지역 A주택 양도
(비과세)

└── 1년 이상 경과 후 취득 ──┘

해설 1주택을 상속받은 상태에서 상속개시일로부터 1년 이상 경과한 후 2018.9.14. ~2019.12.16. 사이에 신규주택을 취득한 경우로서 종전의 상속주택과 신규주택 모두 조정대 상지역 내 소재한 경우 신규주택 취득일로부터 2년 이내 종전의 상속주택을 양도하는 경우 에는 일시적2주택 비과세 규정을 적용받을 수 있다.

Ⅱ 일반주택과 상속주택의 범위

상속주택 비과세 특례규정이 적용되는 일반주택과 상속주택의 범위는 아래와 같다.

1 일반주택의 범위

취득 및 보유단계에서는 주택뿐만 아니라 조합원입주권이나 2021.1.1. 이후 취득 한 주택분양권도 일반주택의 범위에 포함되나 양도단계에서는 주택을 양도한 경우에만 비과세된다. 따라서 주택을 상속받기 전에 보유하던 조합원입주권이 나 분양권을 주택으로 완공되기 전에 권리 상태에서 양도하거나 일반주택이 조합원입주권으로 변환된 후 주택으로 완공되기 전에 입주권 상태에서 양도되 는 경우에는 일반주택의 범위에 포함되지 않아 비과세되지 않는다.

사례 1

상속개시 당시 상속인이 보유하던 조합원입주권이 주택으로 완성된 경우

'16.3.15.	'17.12.20.	'18.11.25.	'21.4.15.
A조합원입주권 취득 (직계비속 甲)	B주택 상속 (별도세대 甲 취득)	A신축주택	A주택 양도 (비과세)

해설 조합원입주권을 보유한 상태에서 주택을 상속받은 후 조합원입주권을 양도하는 경우에는 비과세 되지 않으나, 조합원입주권이 신축주택으로 전환된 후 해당 신축주택을 양도하는 경우에는 일반주택의 범위에 포함되므로 A주택 양도시 상속주택 비과세특례를 받을 수 있다.

사례 2

'21.1.1. 이후에 상속인이 취득한 분양권이 주택으로 완성된 경우

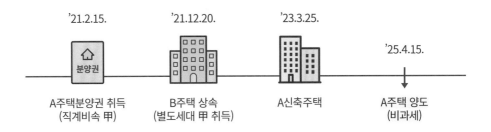

'21.2.15.	'21.12.20.	'23.3.25.	'25.4.15.
A주택분양권 취득 (직계비속 甲)	B주택 상속 (별도세대 甲 취득)	A신축주택	A주택 양도 (비과세)

해설 2021.1.1. 이후에 취득한 주택분양권은 주택수에 포함되므로, A신축주택은 기존주택의 연장으로 보아 A주택을 양도할 경우 상속주택 비과세특례를 적용받을 수 있다.

대비사례

'20.12.31. 이전에 상속인이 취득한 분양권이 주택으로 완성된 경우

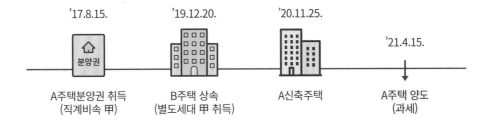

'17.8.15.	'19.12.20.	'20.11.25.	'21.4.15.
A주택분양권 취득 (직계비속 甲)	B주택 상속 (별도세대 甲 취득)	A신축주택	A주택 양도 (과세)

해설 2020.12.31. 이전에 취득한 주택분양권을 보유한 상태에서 주택을 상속받은 후 분양권이 주택으로 완공되어 취득한 신축주택을 양도하는 경우에는 신축주택A 취득(2020.11.25.) 당시 이미 상속주택을 보유하고 있었으므로 1세대 2주택자에 해당되어 A주택을 양도하는 경우 상속주택 비과세특례를 적용받을 수 없다(재산세제과-861, 2021.9.29 참조).

'20.12.31. 이전에 상속인이 취득한 분양권이 주택으로 완성된 경우

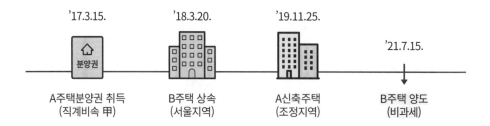

'17.3.15.
A주택분양권 취득
(직계비속 甲)

'18.3.20.
B주택 상속
(서울지역)

'19.11.25.
A신축주택
(조정지역)

'21.7.15.
B주택 양도
(비과세)

해설 2020.12.31. 이전에 취득한 주택분양권은 부동산을 취득할 수 있는 권리로서 일반주택의 범위에 포함되지 않으므로 신축주택A 취득일인 2019.11.25. 당시 이미 상속주택을 보유하여 A주택을 양도하는 경우 상속주택 비과세특례를 적용받을 수 없으나, 신규주택A 취득일로부터 2년 이내 종전주택B를 양도하는 경우 상속주택B를 종전주택으로 취급하고 신축주택A를 신규주택으로 볼 수 있으므로 일시적2주택 비과세가 적용될 수 있다.

사례 3

상속개시일 전 2년 이내 증여받은 주택 등의 일반주택 범위 포함 여부

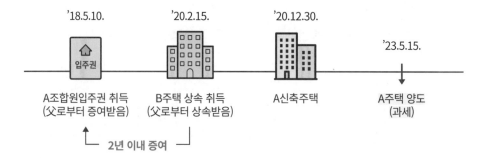

'18.5.10.
A조합원입주권 취득
(父로부터 증여받음)

'20.2.15.
B주택 상속 취득
(父로부터 상속받음)

2년 이내 증여

'20.12.30.
A신축주택

'23.5.15.
A주택 양도
(과세)

해설 상속개시일부터 소급하여 2년 이내에 피상속인으로부터 증여받은 주택 또는 증여받은 조합원입주권이나 분양권에 의하여 사업시행 완료 후 취득한 신축주택은 일반주택에서 제외되므로 A주택 양도시 상속주택 비과세특례를 적용받을 수 없다.

2개의 주택을 상속받은 후 먼저 양도하는 상속주택은 양도소득세가 비과세되지 않으므로 상속받을 예정인 2개의 주택(조합원입주권 또는 분양권 포함) 중 1주택은 상속개시 전에 증여받고 나머지 1주택을 상속받아 상속개시 전에 증여로 취득한 1주택을 비과세받는 경우가 있으므로 이를 방지하기 위하여 2018.2.13. 이후 증여분(분양권은 2021.1.1. 이후 증여분)부터 상속개시일로부터 소급하여 2년 이내에 증여받은 주택을 양도하는 경우에는 비과세를 배제하도록 한 것이다.

2 상속주택의 범위

상속주택의 범위에는 일반주택과 마찬가지로 주택뿐만 아니라 조합원입주권이나 2021.1.1. 이후 취득한 주택분양권도 포함된다. 다만, 1채의 일반주택을 보유한 자가 동일세대원으로부터 주택(조합원입주권 또는 2021.1.1. 이후 취득한 주택분양권 포함)을 상속받은 경우에는 상속개시 당시 이미 2주택자에 해당되어 원칙적으로는 상속주택 비과세특례를 적용받을 수 없다.

그러나 1주택을 보유한 1세대가 1주택을 보유하고 있는 60세 이상 직계존속을 동거봉양하기 위하여 합가하여 2주택이 된 상태에서 합가 전에 직계존속이 보유하던 1주택을 상속받은 후 직계비속이 보유한 일반주택을 양도하는 경우에는 상속주택 비과세특례가 적용된다.

📑 배경 및 취지

동거봉양을 위하여 합가한 후 동일세대원으로부터 상속받은 주택에 대하여 상속주택 비과세특례 규정을 적용하지 않게 되면 노부모 봉양을 장려하는 미풍양속에 역행하며, 동거봉양 합가에 따른 비과세 규정의 취지와 부합하지 않기 때문이다.

조합원입주권을 상속받는 경우 상속주택 범위 포함 여부

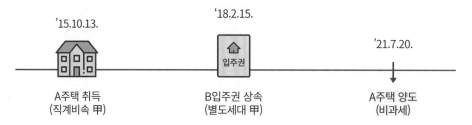

▪ 피상속인은 상속개시 당시 조합원입주권 이외에 다른 주택을 소유하고 있지 않음

해설 상속주택의 범위에는 조합원입주권도 포함되므로 상속인이 상속개시 당시 보유하던 일반주택을 양도하는 경우에는 상속주택 비과세특례가 적용된다.

'20.12.31. 이전에 분양권을 상속받은 경우 상속주택 범위에 포함 여부

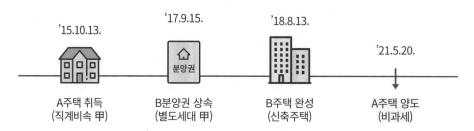

▪ 피상속인은 상속개시 당시 주택분양권 이외에 다른 주택을 소유하고 있지 않음

해설 2020.12.31. 이전에 피상속인이 취득한 주택분양권이 상속된 후 주택으로 완공된 경우에는 상속주택 범위에 포함되지 않으므로 상속주택 비과세특례는 적용받을 수 없으나, 일시적2주택 비과세 규정에 따라 신규주택 취득일인 2018.8.13.로부터 3년 이내에 종전주택A를 양도하는 경우에는 비과세된다(국심 2001서2549,2002.1.22 참조).

'21.1.1. 이후 취득한 주택분양권을 상속받는 상속주택 범위 포함 여부

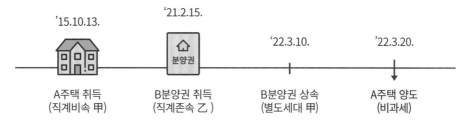

'15.10.13.
A주택 취득
(직계비속 甲)

'21.2.15.
B분양권 취득
(직계존속 乙)

'22.3.10.
B분양권 상속
(별도세대 甲)

'22.3.20.
A주택 양도
(비과세)

▪ 피상속인은 상속개시 당시 B주택분양권 이외에 다른 주택을 소유하고 있지 않음

해설 피상속인이 2021.1.1. 이후 취득한 주택분양권을 상속인이 상속받는 경우 해당 주택분양권도 상속주택 범위에 포함되므로 상속인이 상속개시 당시 보유하던 일반주택을 양도하는 경우에는 상속주택 비과세특례가 적용된다.

상속주택이 조합원입주권으로 전환된 후 일반주택을 양도하는 경우

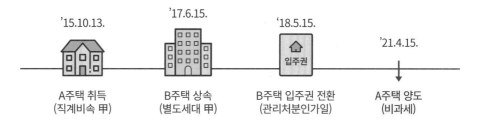

'15.10.13.
A주택 취득
(직계비속 甲)

'17.6.15.
B주택 상속
(별도세대 甲)

'18.5.15.
B주택 입주권 전환
(관리처분인가일)

'21.4.15.
A주택 양도
(비과세)

▪ 피상속인은 상속개시 당시 B주택 이외에 다른 주택을 소유하고 있지 않음

해설 상속받은 주택이 조합원입주권으로 전환된 후 주택으로 완성되지 않은 상태에서 일반주택을 양도하는 경우에도 상속주택 비과세특례가 적용된다.

동거봉양합가 후 동일세대원으로부터 상속받은 주택에 대한 비과세 여부

'15.10.20.
A주택 취득
(자녀 甲)

'18.12.15.
B주택 취득
(부모 乙)

'19.2.15.
甲과 乙
(합가)

'19.12.20.
B주택 상속
(甲이 상속받음)

'22.10.20.
A주택 양도
(비과세)

해설 1세대1주택자가 직계존속을 동거봉양하기 위해 세대를 합침에 따라 2주택을 보유하게 되는 경우로서 직계존속이 합가 이전부터 소유하고 있던 주택은 동일세대원으로부터 상속받은 경우에도 별도세대원으로부터 상속받은 것으로 취급하여 상속주택 비과세특례가 적용된다.

동거봉양합가 후 동일세대원으로부터 상속받은 입주권에 대한 비과세 여부

'15.10.20.
A주택 취득
(자녀 甲)

'17.10.15.
B주택 취득
(부모 乙)

'18.7.12.
甲과 乙
(합가)

'19.2.15.
입주권
B주택
(입주권으로 전환)

'19.10.25.
B입주권 상속
(甲이 상속받음)

'23.11.10.
A주택 양도
(비과세)

해설 원칙적으로 상속개시일 현재 동일세대원으로부터 상속받은 조합원입주권은 상속주택 비과세특례가 적용되지 않으나, 동거봉양 합가 후 직계존속의 기존주택이 조합원입주권으로 전환된 후 조합입주권을 상속받은 경우에는 상속주택 비과세특례가 적용된다.

합가 후 직계존속이 취득한 주택을 상속받는 경우 비과세 여부

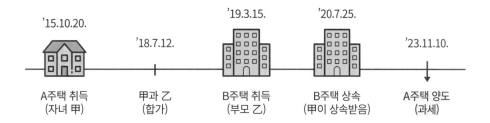

'15.10.20.
A주택 취득
(자녀 甲)

'18.7.12.
甲과 乙
(합가)

'19.3.15.
B주택 취득
(부모 乙)

'20.7.25.
B주택 상속
(甲이 상속받음)

'23.11.10.
A주택 양도
(과세)

해설 합가 당시 무주택 상태에서 직계존속이 합가 후 신규로 취득한 주택을 직계비속이 상속받고 합가 전 직계비속이 소유하던 일반주택을 양도하는 경우에는 상속주택 비과세특례가 적용되지 않는다(법령해석재산-1566, 2021.10.29 참조).

동거봉양 합가 후 직계비속이 취득한 일반주택을 양도하는 경우 비과세 여부

'15.10.20.
A주택 취득
(부모 甲)

'18.7.12.
甲과 乙
(합가)

'19.3.15.
B주택 취득
(자녀 乙)

'20.7.25.
A주택 상속
(乙이 상속받음)

'23.11.10.
B주택 양도
(과세)

해설 합가 당시 무주택자인 직계비속이 합가 후 신규주택을 취득한 후 합가 전 직계존속이 소유하고 있던 주택을 직계비속이 상속받은 경우로서 직계비속이 합가 후 취득한 일반주택을 양도하는 경우에는 상속주택 비과세특례가 적용되지 않는다.

[상속주택 비과세특례가 적용되는 일반주택과 상속주택의 범위]

취득 및 보유 단계				양도단계 (③ 일반주택 범위)	
① 일반주택 범위		② 상속주택 범위			
주택	포함	주택	포함	주택	포함
조합원입주권	포함	조합원입주권	포함	조합원입주권	제외
'21.1.1. 이후 취득한 주택분양권	포함	'21.1.1. 이후 취득한 주택분양권	포함	주택분양권	제외

Ⅲ 피상속인이 상속개시 당시 2 이상의 주택을 소유한 경우 비과세 특례

2주택 이상을 상속받은 경우에는 1주택만 선순위 상속주택으로 보아 상속주택 비과세특례가 적용되고, 나머지 상속주택은 후순위 상속주택이 되어 상속주택 비과세특례가 적용되지 않는다. 따라서 선순위 상속주택을 상속받은 상속인과 후순위 상속주택을 상속받는 상속인의 주택 보유상황에 따라 1세대1주택 비과세 여부나 다주택자 중과여부가 달라진다. 이 경우 상속주택 비과세특례가 적용되는 선순위 상속주택을 정하는 주요 순서는 아래와 같다.

① 상속주택 중 피상속인이 보유한 기간이 가장 긴 1주택
② 피상속인이 보유한 기간이 같은 상속주택이 2주택 이상일 경우에는 피상속인이 거주한 기간이 가장 긴 주택

중과유예 조치

2022.5.31. 소득세법 시행령 개정으로 다주택자가 2년 이상 보유한 중과대상 주택을 2022.5.10. 이후부터 2023.5.9.까지 양도하는 경우 1년간 한시적으로 양도소득세를 중과하지 않게 되었으나, 아래 사례에서는 상속주택에 대한 양도소득세 중과제도 이해를 위하여 중과유예 조치에도 불구하고 양도소득세가 중과되는 것으로 설명하였다.

2주택을 상속받은 경우 비과세 및 중과세 적용 여부

[피상속인 및 상속인의 주택 소유현황]

구 분	피상속인		상속인	
	남편		부인	아들(별도세대)
주택보유 현황	A주택(선순위)	B주택(후순위)	C주택	D주택
보유기간	15년	10년	7년	5년
상속개시일	2019.2.15.			
비과세여부	주택 C와 D는 1세대1주택 비과세요건을 충족한 것으로 가정			

사례 1

부인이 A, B주택을 모두 단독 상속받은 경우

Case 1 양도당시 조정대상지역 내에 소재한 부인 소유 C주택을 먼저 양도하는 경우

해설 부인과 남편은 동일세대이므로 상속개시 당시 이미 1세대 3주택자로서 상속주택 비과세를 적용받을 수 없다. 따라서 C주택을 양도하는 경우 3주택자에 해당하므로 양도소득세가 과세되며, 상속주택 A,B가 중과대상 주택수에 포함되는 경우에는 3주택 중과대상이 된다.

Case 2 선순위 상속주택A 또는 후순위 상속주택B를 먼저 양도하는 경우

해설

1. A주택을 먼저 양도하는 경우

부인은 양도당시 1세대 3주택자에 해당하므로 일반주택보다 상속주택을 먼저 양도하는 경우 비과세를 적용받을 수 없다. 만일 선순위 상속주택A가 조정대상지역 내에 소재하는 경우 상속개시일로부터 5년 이내에 먼저 양도하더라도 「선순위 상속주택 5년 이내 양도시 중과배제 규정」이 적용되지 않아 3주택자 중과세대상이 된다. 왜냐하면 「선순위 상속주택 5년 이내 양도시 중과배제 규정」은 상속개시 당시 동일세대원에게는 적용되지 않기 때문이다.

2. B주택을 먼저 양도하는 경우

B주택을 5년 이내 먼저 양도하는 경우에도 후순위 상속주택에 해당하여 중과세 배제규정을 적용할 수 없으나 B주택이 조정대상지역 외에 있는 경우에는 중과되지는 않는다. 만약 B주택이 조정대상지역 내에 있고 다른 주택 A, C가 중과대상 주택수에 포함되는 경우에는 3주택 중과대상이 된다.

사례 2

부인이 선순위 A주택을 상속받고, 아들은 후순위 B주택을 상속받은 경우

Case 1 양도당시 조정대상지역 내에 소재한 부인 소유 C주택을 먼저 양도하는 경우

해설 부인과 남편은 동일세대이므로 상속개시 당시 이미 2주택 보유자로서 상속주택 비과세를 적용받을 수 없다. 따라서 C주택을 양도하는 경우 2주택에 해당하므로 양도소득세가 과세되며, 상속주택 A가 중과대상 주택수에 포함되는 경우에는 2주택 중과대상이 된다.

Case 2 선순위 상속주택 A주택을 먼저 양도하는 경우

해설 부인은 1세대 2주택자에 해당하므로 상속주택을 먼저 양도하는 경우 비과세를 적용받을 수 없다. 이 경우 선순위 상속주택A가 조정대상지역 내에 소재하는 경우 상속개시일로부터 5년 이내에 먼저 양도하더라도 「선순위 상속주택 5년 이내 양도시 중과배제 규정」이 적용되지 않아 2주택 중과대상이 된다.

Case 3 아들 소유 D주택을 먼저 양도하는 경우

해설 원칙적으로 후순위 상속주택은 상속주택 비과세가 적용되지 않으므로 아들이 소유한 D주택을 양도하는 경우 비과세가 적용되지 않는다. 그러나 아들이 상속으로 취득한 B주택을 대체주택을 취득한 것으로 보아 일시적2주택비과세 규정을 적용하는 경우 아들이 양도한 D주택은 비과세될 것으로 판단된다. 이 경우 일시적2주택 비과세 규정을 적용받기 위해서 아들은 D주택을 취득한 후 1년 이상 경과한 시점에서 B주택을 상속받고, B주택을 상속받은 날로부터 3년(조정대상지역 내인 경우 1년 또는 2년) 이내에 D주택을 양도하여야 한다.

Case 4 후순위 상속주택 B주택을 먼저 양도하는 경우

해설 B상속주택은 후순위 상속주택에 해당하므로 상속주택을 먼저 양도하는 경우 비과세를 적용받을 수 없으며, 만약 조정대상지역에 소재하는 B주택을 상속개시일로부터 5년 이내에 먼저 양도하는 경우에는 중과세가 적용된다.

아들이 선순위 A주택을 상속받고, 부인이 후순위 B주택을 상속받은 경우

Case 1 아들 소유 D주택을 먼저 양도하는 경우

해설 아들은 아버지와 별도세대인 상태에서 선순위 상속주택A를 상속받았으므로 아들이 소유한 D주택을 양도할 경우 상속주택 비과세특례가 적용된다. 2021.2.16. 이전에 D주택을 상속개시일로부터 5년 경과 후 양도하는 경우에는 양도가액 9억원을 초과하는 고가주택의 양도차익에 대하여는 중과세를 적용하였으나, 2021.2.17. 이후 D주택을 양도하는 경우에는 양도가액 12억원(2021.12.8. 이전 양도분은 9억원)을 초과하는 고가주택의 양도차익에 대하여는 상속개시일로부터 5년 경과 후 양도하더라도 중과세를 적용하지 않는다.

Case 2 선순위 상속주택 A를 먼저 양도하는 경우

해설 일반주택보다 상속주택을 먼저 양도하는 경우 비과세를 적용받을 수 없다. 만일 A주택을 상속개시일로부터 5년 이내에 먼저 양도하는 경우에는 「선순위 상속주택 5년 이내 양도시 중과배제 규정」이 적용되어 기본세율이 적용된다.

Case 3 부인 소유 C주택을 먼저 양도하는 경우

해설 부인과 남편은 동일세대이므로 상속개시일 현재 이미 2주택자로서 일시적2주택 특례를 적용받을 수 없다, 따라서 부인 소유 C주택 양도시 2주택으로 양도소득세가 과세되고 C주택이 조정대상지역 내 소재하고 있고 후순위 B상속주택이 중과대상 주택수에 포함되는 경우에는 2주택 중과대상이 된다.

Case 4 후순위 상속주택 B주택을 먼저 양도하는 경우

해설 후순위상속주택인 B주택은 상속주택 비과세가 적용되지 않고, 상속개시일로부터 5년 이내 양도하더라도 중과세가 적용된다.

아들이 A,B주택을 모두 상속받은 경우

Case 1 아들 소유 D주택을 먼저 양도하는 경우

해설 아들이 상속주택 A,B 2채를 상속받은 경우 상속주택 비과세특례를 적용할 수 없으므로 아들 소유 D주택을 양도할 경우 3주택으로 양도소득세가 과세되며, D주택이 조정대상지

역 내 소재하고 상속주택 A,B가 중과대상 주택수에 포함되는 경우에는 3주택 중과대상이
된다.

Case 2 선순위 상속주택A 또는 후순위 상속주택B를 먼저 양도하는 경우

해설

1. A주택을 먼저 양도하는 경우

일반주택보다 상속받은 주택을 먼저 양도하는 경우에 해당하여 비과세를 적용받을 수 없다.
만일 A주택을 5년 이내 먼저 양도하는 경우에는 「선순위 상속주택 5년 이내 양도시 중과배
제 규정」이 적용되어 기본세율이 적용된다.

2. B주택을 먼저 양도하는 경우

B주택이 조정대상지역 내 소재하고 5년 이내 먼저 양도하는 경우에도 후순위 상속주택에 해
당하므로 다른 주택 A, C가 중과대상 주택수에 포함되는 경우에는 3주택 중과대상이 된다.

Ⅳ 1주택을 공동으로 상속받는 경우 비과세 특례

상속주택을 여러 사람이 공동으로 상속받는 경우에는 공동상속주택은 상속
지분이 가장 큰 상속인의 주택으로 본다. 다만, 최다지분권자가 2명 이상인 경
우 아래 순서에 따라 정해진 자의 상속주택으로 보아 일반주택 양도시 상속
주택 비과세특례규정을 적용한다.

① 해당 상속주택에 거주하는 자
② 최연장자

1주택을 공동으로 상속받은 경우 비과세 및 중과세 적용여부

[피상속인 및 상속인 주택 소유현황]

구 분	피상속인	상속인	
	남편	부인	아들(별도세대)
주택보유 현황	A주택	B주택	C주택
보유기간	15년	7년	5년
상속개시일	2019.2.15.		
비과세여부	주택 B와 C는 양도일 현재 비과세요건을 충족한 것으로 가정		

사례 1

부인이 60%, 아들이 40%의 지분을 상속받은 경우

Case 1 양도 당시 조정대상지역 내 소재한 부인 소유 B주택을 먼저 양도하는 경우

해설 1주택을 공동으로 상속받은 경우에는 상속지분이 가장 큰 부인의 주택으로 보게 되는데, 부인과 남편은 동일세대로서 상속개시 당시 이미 2주택 보유자가 되어 상속주택 비과세를 적용받을 수 없다. 따라서 B주택을 먼저 양도하는 경우 2주택에 해당되어 양도소득세가 과세되며, B주택이 조정대상지역내에 소재하고 상속주택A가 중과대상 주택수에 포함되는 경우에는 2주택 중과대상이다.

Case 2 부인이 공동상속주택 A를 먼저 양도하는 경우

해설 부인은 양도 당시 2주택자에 해당하므로 최다지분 공동상속주택 A를 먼저 양도하는 경우 비과세를 적용받을 수 없다. 만일 부인이 조정대상지역 내에 소재하는 공동상속주택A를 상속개시일로부터 5년 이내에 먼저 양도하는 경우에도 상속개시 당시 동일세대원이므로 2주택 중과규정이 적용된다.

Case 3 양도 당시 조정대상지역 내 소재한 아들 소유 C주택을 먼저 양도하는 경우

해설 별도세대원인 아들이 상속받은 공동상속주택은 소수지분에 해당하여 주택수에서 제외되므로C주택을 먼저 양도하는 경우에는 1세대1주택 비과세를 적용받을 수 있다.

Case 4 아들이 공동상속주택 소수지분 A주택을 먼저 양도하는 경우

해설 공동상속주택 소수지분을 먼저 양도하는 경우 비과세를 적용받을 수 없으나, 만일 공동상속주택 소수지분이 조정대상지역 내에 소재하더라도 상속개시일로부터 5년 경과 후 양도하는 경우에는 중과되지 않는다.

사례 2

부인이 40%, 아들이 60%의 지분을 상속받은 경우

Case 1 양도 당시 조정대상지역 내 소재한 부인 소유 B주택을 먼저 양도하는 경우

해설 1주택을 공동으로 상속받은 경우에는 상속지분이 가장 큰 아들의 주택으로 보아 공동상속주택 소수지분이 주택수에서 제외될 수 있다고 생각할 수 있으나, 남편과 부인은 동일세대원이므로 B주택을 먼저 양도하는 경우에는 1세대1주택 비과세를 적용받을 수 없다(법령해석재산-0199, 2021.5.31.참조). 그러나 공동상속주택 소수지분은 중과배제 되므로 B주택을 상속개시일로부터 5년 경과 후 양도하더라도 중과되지 않는다.

Case 2 부인 소유 B주택이 아닌 공동상속주택 소수지분 A를 먼저 양도하는 경우

해설 공동상속주택 소수지분을 먼저 양도하는 경우 비과세를 적용받을 수 없으나, 공동상속주택 소수지분을 상속개시일로부터 5년 경과 후 양도하더라도 중과되지 않는다.

Case 3 양도 당시 조정대상지역 내 소재한 아들 소유 C주택을 먼저 양도하는 경우

해설 별도세대원인 아들이 상속받은 공동상속주택은 최다지분권자에 해당하여 주택수에는 포함되나, C주택을 먼저 양도하는 경우에는 상속주택 비과세를 적용받을 수 있다.

Case 4 아들 소유 C주택이 아닌 최다지분 공동상속주택 A주택을 먼저 양도하는 경우

해설 최다지분 공동상속주택을 먼저 양도하는 경우 비과세를 적용받을 수 없다. 만일 A주택을 상속개시일로부터 5년 이내에 먼저 양도하는 경우에는 선순위 상속주택 5년 이내 양도시 중과배제 규정에 따라 적용되어 기본세율이 적용된다.

V 2주택 이상을 공동으로 상속받는 경우 비과세 특례

2인 이상의 상속인이 2채 이상의 주택을 각각 공동으로 상속받은 후 일반주택을 양도할 경우 선순위 공동상속주택 1주택에 대하여만 상속주택 비과세특례가 적용되고, 상속주택 소수지분을 포함한 나머지 후순위 공동상속주택에 대해서는 상속특례가 적용되지 않는다. 이 경우 선순위 상속주택을 정하는 주요 순서는 아래와 같이 2주택을 각각의 상속인이 단독으로 상속받는 경우와 동일하게 적용된다.

① 피상속인이 소유한 기간이 가장 긴 1주택
② 피상속인이 소유한 기간이 같은 주택이 2이상일 경우에는 피상속인이 거주한 기간이 가장 긴 주택

───────────────── 적용사례 ─────────────────

2주택 이상을 공동으로 상속받은 경우 비과세 및 중과세 적용여부

[피상속인 및 상속인 주택 소유현황]

구 분	피상속인		상속인	
	남편		부인	아들(별도세대)
주택현황	A주택(선순위)	B주택(후순위)	C주택	D주택
보유기간	15년	10년	7년	5년
상속개시일	2019.2.15.			
비과세여부	주택 C와 D는 양도일 현재 비과세요건을 충족한 것으로 가정			

사례 1

부인은 A,B의 최다지분을 상속받고, 아들은 소수지분을 상속받은 경우

Case 1 부인은 상속주택 A,B의 상속지분을 각각 60% 소유하고, 아들은 상속주택

A,B의 상속지분을 각각 40% 소유한 상태에서 양도 당시 조정대상지역 내 소재한 부인 소유 C주택을 먼저 양도하는 경우

해설 2주택을 공동으로 상속받은 경우에는 2주택 모두 상속지분이 가장 큰 부인의 주택으로 보므로 상속개시 당시 이미 3주택 보유자가 되어 상속주택 비과세를 적용받을 수 없다. 따라서 C주택을 먼저 양도하는 경우 3주택자에 해당하므로 양도소득세가 과세되며, 상속주택 A,B가 중과대상 주택수에 포함되는 경우에는 3주택 중과대상이다.

Case 2 부인이 공동상속주택 A 또는 B를 먼저 양도하는 경우

해설

1. A주택을 먼저 양도하는 경우

2주택을 공동으로 상속받은 경우에는 상속지분이 가장 큰 부인의 주택으로 보게 되므로 부인과 남편은 동일세대로서 상속개시 당시 이미 2주택 보유자가 되어 상속주택 비과세를 적용받을 수 없으며, A주택이 조정대상지역에 소재하고 B,C주택이 중과대상 주택수에 포함되는 경우에는 3주택 중과대상이다.

2. B주택을 먼저 양도하는 경우

B주택이 조정대상지역 내 소재하고 5년 이내 먼저 양도하는 경우에도 후순위 상속주택에 해당하므로 다른 주택 A,C가 중과대상 주택수에 포함되는 경우에는 3주택 중과대상이 된다.

Case 3 양도 당시 조정대상지역 내 소재한 아들 소유 D주택을 먼저 양도하는 경우

해설 별도세대인 아들이 상속받은 공동상속주택 A,B는 소수지분에 해당하나, 1세대1주택 비과세특례적용시 선순위 A주택만 주택 수에서 제외되고 B주택은 주택 수에 포함되므로 아들이 D주택을 양도하는 경우 양도소득세가 과세되나, 상속주택소수지분 A,B는 모두 중과세 판단시 주택수에서 제외되므로 기본세율이 적용된다.

구분	A주택(선순위)		B주택(후순위)	
	지분율	주택수 포함여부	지분율	주택수 포함여부
부인(최다지분)	60%	포함	60%	포함
자(소수지분)	40%	제외	40%	포함

Case 4 아들이 공동상속주택 A 또는 B를 먼저 양도하는 경우

해설 일반주택보다 상속주택을 먼저 양도하는 경우에는 비과세를 적용받을 수 없다. 그러

나 소수지분권자가 공동상속주택을 양도하는 경우에는 주택수, 동일세대 여부 및 양도기한과 관계없이 중과세를 적용하지 않는다.

사례 2

아들이 A,B의 최다지분을 상속받고, 부인은 A,B의 소수지분을 상속받는 경우

Case 1 아들이 상속주택 A,B의 상속지분을 각각 60% 소유하고, 부인은 상속주택 A,B의 상속지분을 각각 40% 소유한 상태에서 조정대상지역에 소재한 아들 소유 D주택을 먼저 양도하는 경우

해설 공동상속주택 중 선순위 상속주택A는 상속주택 비과세특례가 적용되나, 1세대1주택 비과세 판단시 후순위 상속주택 B는 주택 수에 포함되므로 상속개시 당시 3주택 보유자에 해당하여 상속주택 비과세특례를 적용받을 수 없다. 따라서 D주택을 먼저 양도하는 경우 3주택에 해당하므로 양도소득세가 과세되며, 상속주택 A,B가 중과대상 주택수에 포함되는 경우에는 3주택 중과대상이다.

Case 2 아들이 공동상속주택 A 또는 B를 먼저 양도하는 경우

해설

1. A주택을 먼저 양도하는 경우

일반주택보다 상속주택을 먼저 양도하는 경우 비과세를 적용받을 수 없다. 조정대상지역내 선순위 상속주택 A를 상속개시일로부터 5년 이내에 먼저 양도하는 경우에는 선순위 상속주택 5년 이내 양도시 중과배제 규정에 따라 기본세율이 적용된다.

2. B주택을 먼저 양도하는 경우

B주택이 조정대상지역 내 소재하고 5년 이내 먼저 양도하는 경우에도 후순위 상속주택에 해당하므로 다른 주택 A,D가 중과대상 주택수에 포함되는 경우에는 3주택 중과대상이 된다.

Case 3 부인이 조정대상지역에 소재한 C주택을 먼저 양도하는 경우

해설 부인과 남편은 동일세대이므로 상속개시 당시 이미 3주택 보유자로서 상속주택 비과세를 적용받을 수 없다. 그러나 부인이 상속받은 주택 A,B는 공동상속주택 소수지분에 해당되어 중과세 판단시 주택수에서 제외되므로 C주택을 먼저 양도하는 경우 중과세가 적용되지 않는다.

Case 4 부인이 공동상속주택 A 또는 B를 먼저 양도하는 경우

해설 일반주택보다 상속주택을 먼저 양도하는 경우에는 비과세를 적용받을 수 없다. 그러나 공동상속주택 소수지분을 양도하는 경우에는 주택수, 동일세대 여부 및 양도기한과 관계없이 중과세를 적용하지 않는다.

심화학습

공동상속주택 소수지분권자의 소유주택 비과세 및 중과세 여부 판단

사례 1

소수지분 상속주택을 보유한 상태에서 일반주택을 취득하여 일반주택을 양도하는 경우 비과세 여부

'14.7.20.
A주택 상속
(별도세대 소수지분권자)

'17.11.30.
B주택 취득

'21.3.15.
B주택 양도
(비과세)

해설 원칙적으로 상속주택을 보유한 상태에서 일반주택을 취득한 후 일반주택을 먼저 양도하는 경우에는 상속주택 비과세특례가 적용되지 않으나, 공동상속주택 소수지분을 상속받은 경우에는 주택수에서 제외되므로 상속주택을 일반주택보다 먼저 취득한 경우에도 일반주택을 양도시 비과세된다.

사례 2

별도세대원이 2채 이상 공동상속주택 소수지분을 상속받은 경우 비과세 여부

'15.2.10.	'16.7.20.	'21.10.30.
A주택 취득 (서울소재)	B,C주택 상속 (별도세대 소수지분권자)	A주택 양도 (과세)

해설 공동상속주택 소수지분에 해당하더라도 2채 이상의 공동상속주택에 대하여 소수지분을 소유한 경우에는 선순위 공동상속주택의 소수지분만 주택수에서 제외되므로 일반주택 양도시 비과세를 받을 수 없다. 이 경우 조정대상지역 내 A주택을 상속개시일로부터 5년 경과 후 양도하더라도 별도세대원이 상속받은 2채의 공동상속주택 소수지분은 중과대상 주택수에서 제외되므로 A주택은 중과되지 않는다(조심2019서4322, 2020.2.12 참조).

유사사례

동일세대원이 2채 이상 공동상속주택 소수지분을 상속받은 경우 비과세 여부

'15.2.10.	'16.7.20.	'21.10.30.
A주택 취득 (서울소재)	B,C주택 상속 (동일세대 소수지분권자)	B주택 양도 (과세)

해설 일반주택을 보유한 상태에서 동일세대원이 2채의 공동상속주택 소수지분을 상속받은 경우에는 일반주택 양도시 비과세를 받을 수 없다. 이 경우 조정대상지역 내 일반주택A를 양도하는 경우 동일세대원이 상속받은 2채의 공동상속주택 소수지분은 중과대상 주택수에서 제외되므로 A주택에 대하여는 중과세가 적용되지 않는다(조심2020서806, 2020.6.1 참조). 만일 조정대상지역 내 상속주택 B 또는 C의 소수지분을 5년 이상 경과하여 일반주택보다 먼저 양도하는 경우에도 중과세가 적용되지 않는다.

사례 3

동일세대원인 일반주택 보유자가 공동상속주택 소수지분을 상속받은 경우

'15.2.10.	'16.7.20.	'21.7.25.
A주택 취득	B주택 상속 (동일세대 소수지분권자)	A주택 양도 (과세)

> **해설** 일반주택을 보유한 상태에서 동일세대원이 공동상속주택 소수지분을 상속받은 경우에는 동거봉양합가로 동일세대가 된 후에 상속받은 경우를 제외하고는 일반주택 양도시 비과세를 적용받을 수 없다(대법원2021두33562, 2021.5.27 참조).

Ⅵ 비과세 거주요건 적용시 1주택을 공동으로 상속받은 경우 주택 소유자 판단

조정대상지역 내 주택을 공동으로 상속받은 후 양도하는 경우에도 2년 이상 거주요건을 충족해야 1세대1주택 비과세가 적용되며, 이 경우 상속주택에 2년 이상 거주하였는지 여부는 최다지분권자 등 공동상속주택을 소유한 것으로 보는 사람이 거주한 기간으로 판단한다.

사례

1주택을 공동으로 상속받은 경우 주택 소유자 및 거주요건 판단

상속인	상속인(별도세대) 보유주택 현황	조정대상지역 소재 공동상속주택 상속지분
甲	무주택	50%
乙	무주택	30%
丙	1주택	20%

1. 甲이 공동상속주택의 지분을 양도하는 경우

甲은 최다지분권자에 해당하므로 조정대상지역 내 소재하는 주택의 지분을 상속받아 양도하는 경우 2년 이상 보유 및 거주요건을 갖추어야 1세대1주택 비과세된다.

2. 乙이 공동상속주택의 소수지분을 양도하는 경우

乙은 소수지분권자에 해당하므로 조정대상지역 내 소재하는 주택의 소수지분을 상속받아 양도하는 경우 거주요건을 충족하지 않은 경우에도 2년 이상 보유요건만 충족하면 1세대1주택 비과세된다.

3. 丙이 일반주택 또는 공동상속주택 지분을 양도하는 경우

공동상속주택의 소수지분은 주택수에서 제외되므로 丙이 보유한 일반주택을 양도하는 경우 1세대1주택 비과세되나, 공동상속주택의 소수지분을 일반주택보다 먼저 양도하는 경우에는 비과세를 적용받을 수 없다.

VII 최초분할 후 공동상속주택의 지분이 변동되는 경우 주택 소유자 판정기준일

1 최초분할 후 소수지분권자가 지분변동으로 최다지분권자로 된 경우

최초로 상속지분을 분할한 후 상속인 사이에 상속지분의 변동이 발생한 경우에도 최초로 상속재산을 분할한 당시의 상속지분의 현황에 따라 주택소유자를 판단한다.

사례

상속받은 1주택을 최초분할 후 일부 지분변동이 있는 경우

상속인	상속인(별도세대) 보유주택 현황	공동상속주택 상속지분	
		최초분할 당시	일부지분 변동 후
甲	일반주택A	50%	30%

| 乙 | 일반주택B | 30% | 50% |
| 丙 | 일반주택C | 20% | 20% |

※ 甲은 최초분할 당시 소유한 공동상속주택 소유지분 20%를 乙에게 양도하였다.

해설

1. 甲이 일반주택을 양도하는 경우
甲은 상속개시 당시 최다지분권자에 해당하므로 해당 공동상속주택 지분은 甲의 주택수에 포함되나, 상속주택 비과세특례 규정에 따라 甲이 소유한 일반주택을 양도하는 경우 1세대1주택 비과세된다.

2. 乙이 일반주택을 양도하는 경우
乙은 상속개시 당시 상속주택 소수지분권자에 해당하므로 공동상속주택 소수지분은 주택수에서 제외되므로 乙이 소유한 일반주택을 양도하는 경우 1세대1주택 비과세된다.

3. 丙이 일반주택을 양도하는 경우
丙은 상속개시 당시 상속주택 소수지분권자에 해당하므로 공동상속주택 소수지분은 주택수에서 제외되므로 丙이 소유한 일반주택을 양도하는 경우 1세대1주택 비과세된다.

배경 및 취지

일반주택의 다주택 중과세여부 판단시 공동상속주택 소수지분은 주택수에서 제외되고 최다지분권자의 주택수에 포함되므로 상속주택 최다지분권자인 다주택자가 최초로 상속 받은 지분의 일부를 다른 상속인에게 매도하거나 증여한 후 본인 소유 일반주택을 양도하여 다주택자 중과세를 회피할 수 있으므로 최초로 상속분할한 후에 상속지분의 일부만 변동된 경우에는 상속개시일 현재의 현황에 따라 주택수를 판단한다(집행기준89-155-13참조).

2 소수지분권자가 다른 상속인의 지분을 모두 취득하여 단독 소유하게 된 경우

매매 또는 증여로 인하여 최초 상속재산 분할 당시의 상속지분이 상속인 중 1인에게 모두 이전된 경우에는 최초 분할 당시의 현황에 따라 판단하지 않고, 양도 당시 실제 보유현황에 따라 소유자를 판단한다(집행기준89-155-14참조).

> **사례**

상속받은 1주택을 최초분할 후 소수지분권자가 100% 소유하게 된 경우

상속인	상속인(별도세대) 보유주택 현황	공동상속주택 상속지분	
		최초분할 당시	소유지분 변동 후
甲	일반주택A	50%	-
乙	일반주택B	30%	100%
丙	일반주택C	20%	-

※ 甲과 丙은 乙에게 최초분할 당시 소유한 공동상속주택의 지분을 모두 양도하였다.

> **해설**

1. 甲이 상속지분을 양도한 후 일반주택A를 양도한 경우
甲은 상속개시 당시 상속주택 최다지분권자에 해당하였으나, 상속개시 이후 상속지분을 전부 양도하여 1주택자에 해당하므로 A주택 양도시 1세대1주택 비과세가 적용된다.

2. 乙이 상속지분을 전부 매수한 후 일반주택B를 양도한 경우
乙은 상속개시 당시 상속주택 소수지분권자에 해당하였으나, 甲과 丙으로부터 상속지분을 전부 매수하여 양도시점에 乙이 단독소유하게 된 경우에도 상속주택 비과세특례가 적용되므로 B주택 양도시 1세대1주택 비과세가 적용된다(법령해석재산-3032, 2021.8.31 참조).

3. 丙이 상속지분을 양도한 후 일반주택C를 양도한 경우
丙은 상속개시 당시 상속주택 소수지분권자에 해당하였으나, 상속개시 이후 상속지분을 전부 양도하여 1주택자에 해당하므로 C주택 양도시 1세대1주택 비과세가 적용된다.

Ⅷ 농어촌주택을 상속받는 경우 비과세 특례

1세대가 별도세대인 피상속인으로부터 상속받은 주택으로서 피상속인이 취득 후 5년 이상 거주한 수도권 밖 읍(도시지역 제외)·면 지역에 소재하는 농어촌주택과 일반주택을 각각 1개씩 소유하고 있는 상태에서 일반주택을 양도하는 경우에는 상속받은 농어촌주택은 없는 것으로 보아 1세대1주택 비과세 규정을 적용한다.

☑ 비교학습

일반적인 상속주택 비과세특례 규정은 일반주택을 보유한 상태에서 상속주택을 취득하고 일반주택을 먼저 양도하는 경우에 적용되나, 피상속인이 취득 후 5년 이상 거주한 농어촌주택을 상속받은 경우에는 상속주택을 먼저 취득하고 일반주택을 나중에 취득한 경우에도 양도하는 일반주택에 대하여 비과세가 적용된다.

사례

일반주택보다 농어촌상속주택을 먼저 취득한 후 일반주택을 양도하는 경우

'14.7.20.
A농어촌주택 상속
(별도세대)

'16.11.30.
B주택 취득

'21.3.15.
B주택 양도
(비과세)

[해설] 피상속인이 취득 후 5년 이상 거주한 농어촌주택을 상속받아 보유하던 중 신규로 1주택을 취득한 후 신규주택을 양도하는 경우에도 주택 취득순서와 관계없이 1세대1주택 비과세를 적용받을 수 있다.

Ⅸ 상속받은 주택을 협의분할하였으나 상속등기를 하지 않은 경우

상속인이 상속주택을 「민법 제1013조」에 따라 협의분할하였으나, 아직 상속등기를 하지 않은 경우에는 민법상 법정 상속지분 비율이 가장 높은 상속인이 상속주택을 소유한 것으로 보아 1세대1주택 비과세 또는 다주택자 중과여부를 판정한다. 이 경우 민법상 상속인의 법정 상속지분 비율이 동일한 경우에는 해당 상속주택에 거주하는 자가 상속주택을 소유한 것으로 보고, 해당 상속주택에 거주하는 자가 2인 이상인 경우에는 연장자가 상속주택을 소유한 것으로 본다.

📖 배경 및 취지

협의분할 후 상속등기를 하지 않고 상속주택 이외에 다른 주택을 양도하여 1세대1주택 비과세를 적용받거나 양도소득세 중과세를 회피할 수 있으므로 이를 방지하기 위하여 법정상속지분 비율로 상속받은 것으로 보고 상속주택 소유자를 판단하는 것이다.

사례 1

동일세대원이 1주택을 상속받은 후 상속등기를 하지 않은 경우

상속인	상속인 보유주택 현황	민법상 법정상속지분비율	일반주택 양도시
甲(배우자)	일반주택(1주택)	1.5	과세
乙(자녀)	일반주택(1주택)	1	비과세

해설 상속재산을 협의분할하였으나 상속등기를 하지 않은 경우에는 민법상 법정상속지분 비율 가장 큰 甲이 해당 상속주택을 소유한 것으로 본다. 따라서 甲이 동일세대원으로서 상속받은 주택은 비과세특례가 적용되지 않으므로 甲이 일반주택을 양도할 경우 양도소득세가 과세되며, 乙이 상속주택을 제외한 본인 소유의 일반주택을 양도하는 경우에는 1세대1주택 비과세를 적용받을 수 있다.

별도세대원인 상속인이 상속받은 1주택을 상속등기 하지 않은 경우

상속인	상속인 보유주택 현황	민법상 법정상속지분비율	일반주택 양도시
甲(장남)	일반주택(1주택)	1	비과세
乙(차남)	일반주택(1주택)	1	비과세

해설 상속등기를 하지 않은 경우에는 민법상 법정상속지분비율 가장 큰 소유자의 주택으로 보게 되고, 법정상속지분비율이 동일한 경우에는 상속인 중 연장자의 주택으로 본다. 따라서 법정상속지분비율이 동일한 경우 甲과 乙중 연장자인 甲이 해당 상속주택을 소유한 것으로 보므로 甲은 상속주택 비과세특례 규정에 따라 일반주택 양도시 비과세를 받을 수 있으며 乙은 상속주택을 제외한 본인 소유의 1주택을 양도하는 경우 1세대1주택 비과세를 적용받을 수 있다.

기본사례

상속주택 비과세특례 관련 사례

사례 1

상속주택이 2개의 조합원입주권으로 전환된 후 신축주택을 양도하는 경우

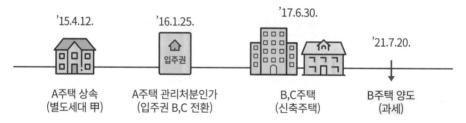

'15.4.12.
A주택 상속
(별도세대 甲)

'16.1.25.
A주택 관리처분인가
(입주권 B,C 전환)

'17.6.30.
B,C주택
(신축주택)

'21.7.20.
B주택 양도
(과세)

▪ 甲은 상속개시 당시 무주택자임

해설 피상속인으로부터 1주택을 상속받은 후 상속주택이 2개의 조합원입주권으로 전환되어 재건축 등으로 완공된 신축주택B를 양도하는 경우에는 2개의 주택을 상속받은 것으로 보아 상속주택 비과세특례가 적용되지 않는다(부동산납세과-749, 2018.7.19 참조).

사례 2

일반주택이 조합원입주권으로 전환된 후 입주권을 양도하는 경우 비과세 여부

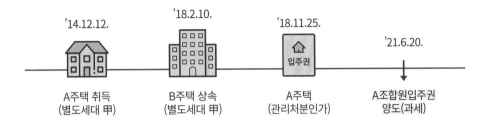

'14.12.12.	'18.2.10.	'18.11.25.	'21.6.20.
A주택 취득 (별도세대 甲)	B주택 상속 (별도세대 甲)	A주택 (관리처분인가)	A조합원입주권 양도(과세)

해설 상속주택 비과세특례는 주택을 양도하는 경우에만 적용되므로 조합원입주권을 양도하는 경우에는 상속주택 비과세특례 규정을 적용받을 수 없다. 만약 A조합원입주권이 주택으로 완공되어 신축주택을 양도하는 경우에는 상속주택 비과세특례가 적용될 수 있다(부동산납세과-1757, 2015.10.26 참조).

대비사례

조합원입주권을 보유한 상태에서 주택을 상속받고 입주권을 양도하는 경우

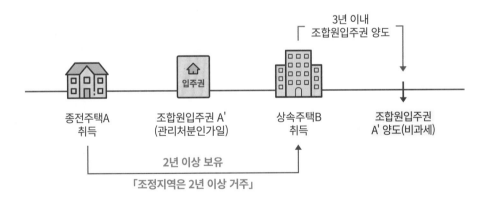

3년 이내
조합원입주권 양도

종전주택A 취득	조합원입주권 A' (관리처분인가일)	상속주택B 취득	조합원입주권 A' 양도(비과세)

2년 이상 보유
「조정지역은 2년 이상 거주」

해설 원조합원입주권을 보유한 상태에서 주택을 상속받은 후 상속주택 취득일로부터 3년 이내 조합원입주권을 양도하는 경우에는 1세대1주택 비과세 규정을 적용받을 수 있다(소득령 §89①4호 참조).

일반주택 보유 중 2채의 주택을 상속받고 일반주택을 양도하는 경우

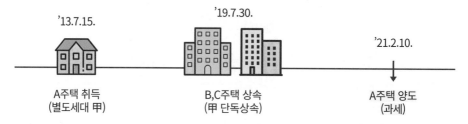

- 甲은 피상속인이 소유한 2주택(B주택 선순위, C주택 후순위)을 모두 상속받음

해설 1세대1주택자가 별도세대원인 피상속인으로부터 2주택을 상속받아 3주택이 된 상태에서 종전주택A를 양도하는 경우 B선순위 상속주택은 주택수에서 제외하고 C후순위 상속주택은 신규주택을 취득한 것으로 보아 일시적2주택 비과세특례를 적용할 수는 없다(서면법규과-1330, 2014.12.17 참조).

일반주택을 보유한 상태에서 후순위 상속주택을 취득한 경우 비과세 여부

- B주택은 별도세대원인 父로부터 상속받은 후순위 상속주택이며, 선순위 상속주택은 다른 상속인이 상속받음

해설 1세대1주택자가 별도세대원으로부터 후순위 상속주택을 상속받은 경우에는 상속주택 비과세는 적용받을 수 없으나, 상속주택B를 취득한 날로부터 3년 이내에 종전주택A를 양도하는 경우에는 일시적2주택 비과세특례는 적용된다(부동산거래관리과-293, 2011.4.5 참조).

📖 **배경 및 취지**

일반주택을 보유한 상태에서 2개의 상속주택을 상속인 1인이 모두 상속받은 경우에는 3주택자로서 일시적2주택 비과세를 적용할 수 없으나, 일반주택을 보유한 상태에서 2개의 상속주택 중 선순위 상속주택과 후순위 상속주택을 각각 다른 상속인이 상속받는 경우에는 선순위 상속주택을 취득한 상속인은 상속주택 비과세특례를 적용받을 수 있고, 후순위 상속주택을 취득한 상속인은 일시적2주택 비과세특례를 적용받을 수 있는 것이다.

응용사례

별도세대인 다른 피상속인들로부터 각각 1주택씩 상속받은 경우 비과세 여부

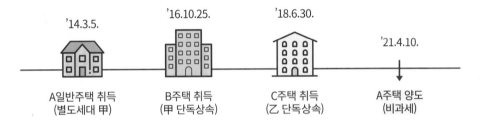

- B주택은 甲이 별도세대인 부친으로부터 상속받은 선순위상속주택임
- C주택은 갑의 배우자인 乙이 1주택자인 별도세대인 모친으로부터 상속받은 주택임

해설 1주택을 소유한 1세대가 상속개시 당시 별도세대인 피상속인으로부터 선순위 상속주택B를 상속받아 2주택이 된 상태에서 별도세대인 다른 피상속인으로부터 C주택을 취득하여 3주택인 된 경우에도 C주택 취득일로부터 3년 이내에 종전주택A를 양도하는 경우 1세대 1주택 비과세 규정이 적용된다(서면4팀-3478, 2007.12.5 참조).

사례 4

상속주택을 포함하여 3주택자에 대한 일시적2주택 특례 적용여부

해설 1세대가 일반주택A와 상속주택B를 보유한 상태에서 1년 이상 경과 후 신규주택C를 취득하여 3주택을 보유한 경우로서 신규주택C 취득일로부터 3년 이내 종전주택A를 양도하면 상속주택은 없는 것으로 보아 일시적2주택 비과세특례가 적용되고, A주택 양도 후 상속주택B를 양도하는 경우에도 상속주택B를 종전주택으로 보아 일시적2주택 비과세특례가 적용된다. 만약 일반주택A를 양도한 후 나중에 취득한 신규주택C를 상속주택B보다 먼저 양도하는 경우에는 상속개시 당시 일반주택을 보유하지 않았으므로 상속주택 비과세특례를 적용받을 수 없다(부동산납세과-425, 2016.3.31 참조).

Ⅹ 상속관련 기타 세법규정

1 유증·사인증여로 주택을 취득한 경우 상속주택 비과세특례 적용여부

구 분		내 용
유증·사인증여로 주택을 상속받은 경우	법정상속인이 취득한 경우	상속주택 비과세 특례적용 가능
	법정상속인이 아닌 자가 취득한 경우	상속주택 비과세 특례적용 불가*

* 민법상 상속인이 아닌 손녀가 조부모로부터 주택을 유증받는 경우에는 상속주택 특례가 적용되지 않는다(법규과-75, 2013.1.24).

2 종합부동산세

1) 일반적인 경우

조정대상지역 내 1세대1주택자와 1세대 2주택자에 대한 종합부동산세 주요 차이는 아래 표와 같다.

구 분	1세대1주택자	2주택자
과세표준 계산시 공제금액	11억원	6억원
장기보유 및 고령자 세액공제	적용가능	적용불가
조정대상지역의 세율	일반세율	중과세율
조정대상지역의 세부담상한율	150%	300%

2) 주택을 상속받는 경우

1세대1주택자가 주택을 상속받아 2주택자가 된 경우 상속주택의 공시가격 상당액은 과세표준에 합산되고, 과세기준금액 산정 및 세액공제 적용시에도 2주택자로 보게 되나, 종합부동산세 세율 적용시에는 상속개시일로부터 2년간(수도권 및 세종특별시 소재 읍·면지역, 광역시 소재 군지역과 기타 지방지역은 3년간) 1세대1주택자에 해당하는 종합부동산세 세율을 적용한다.

📖 배경 및 취지

종전에는 상속주택에 대하여 상속지분율이 20%이하이면서 주택공시가격이 3억원 이하인 경우에만 종합부동산세 세율 적용시 주택수에서 제외하였으나, 주택가격이 상승하면서 공시가격이 3억원 이하인 경우가 줄어들었고, 상속인이 5명 이상이 되어야 지분율 20%이하 기준을 충족하게 되어 상속인이 적은 경우에는 종합부동산세 경감혜택을 받을 수 없는 불합리한 점이 있어 상속주택의 공시가액이나 지분율과는 관계없이 일정기간 종합부동산세 부담을 낮춘 것이다.

3 취득세

상속주택을 보유한 상태에서 조정대상지역에 소재한 주택을 신규로 취득한 경우에는 취득세 중과세율이 적용되나, 아래와 같은 경우에는 취득세 중과세 여부판단시 주택수에서 제외되므로 신규주택에 대하여는 기본세율이 적용될 수 있다.

1) 상속받은 주택을 단독 소유하는 경우

① 상속주택을 보유한 상태에서 조정대상지역 내에서 추가로 1주택을 취득한 경우

2020.8.12. 이후 상속받은 주택(조합원입주권, 주택분양권 및 오피스텔 포함)을 보유한 상태에서 상속개시일로부터 5년 이내에 조정대상지역 내에서 신규로 1주택을 취득한 경우에는 중과세율이 아닌 1~3%의 취득세 기본세율이 적용된다. 이 경우 2020.8.11. 이전에 상속받은 주택이 이미 상속개시일로부터 5년이 경과된 경우에도 2020.8.12.부터 다시 기산하여 5년간 주택수에서 제외된다.

사례 1

상속주택을 보유한 상태에서 조정대상지역 내 1주택을 취득한 경우

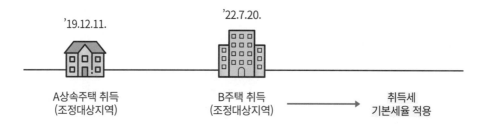

해설 취득세 중과여부 판정시 상속주택을 보유한 상태에서 조정대상지역 내 주택을 추가로 취득하는 경우 상속주택은 상속개시일로부터 5년간 주택수에서 제외되므로, B주택을 취득할 경우 1~3%의 취득세 기본세율이 적용된다.

사례 2

상속개시일로부터 5년 경과 후 조정대상지역 내 1주택을 취득한 경우

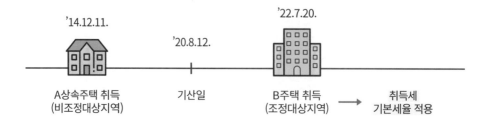

해설 2020.8.11. 이전에 상속받은 주택의 경우 2020.8.12. 이후부터 5년의 기간을 다시 기산하므로, B주택를 취득할 경우 1~3%의 취득세 기본세율이 적용된다.

비교학습

양도소득세법에서는 선순위 1주택만 상속주택으로 보아 1세대1주택 비과세 규정을 적용하나, 취득세 중과세율 적용여부 판단시에는 2주택 이상을 상속받은 경우에도 선순위 상속주택 여부와 관계없이 5년 이내 상속받은 주택은 다른 주택에 대한 취득세 중과대상 주택수 판단시 주택수에서 제외된다.

② 상속주택을 포함하여 2주택을 보유한 상태에서 조정대상지역 외 소재한 1주택을 취득한 경우

2020.8.12. 이후 상속받은 주택(조합원입주권, 주택분양권 및 오피스텔 포함)과 일반주택을 포함하여 2주택 이상을 보유한 상태에서 조정대상지역외 소재한 1주택을 취득한 경우에는 1~3%의 취득세 기본세율이 적용된다.

유사사례

상속주택 포함 2주택을 보유한 상태에서 조정대상지역 외 주택을 신규로 취득한 경우

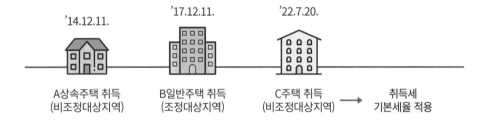

해설 상속주택을 포함하여 2주택을 보유한 상태에서 조정대상지역 외에 소재하는 주택을 추가로 취득하는 경우 상속주택은 상속개시일로부터 5년간 주택수에서 제외되므로, C주택 취득시 1~3%의 취득세 기본세율이 적용된다.

2) 상속받은 주택을 공동소유하는 경우

상속받은 주택을 공동소유하는 경우 ① 상속지분이 가장 큰 상속인, ② 해당 상속주택에 거주하는 상속인, ③ 최연장자 순으로 주된 상속인의 주택수에만 포함하고, 공동상속주택 소수지분은 상속개시일로부터 5년이 경과한 경우에도 취득세 중과대상 주택수 판단시 주택수에서 제외된다.

3) 상속받은 조합원입주권 또는 주택분양권이 5년 이내 주택으로 전환된 경우

상속받은 조합원입주권 또는 주택분양권이 완공되어 주택으로 전환된 경우에는 상속개시일로부터 5년의 기간이 경과하지 않았더라도 주택수에 포함되므로 조정대상지역 내에서 신규로 1주택을 취득한 경우에는 중과세율이 적용될 수 있다.

사례 3

상속받은 분양권을 보유한 상태에서 조정대상지역 내 1주택을 취득한 경우

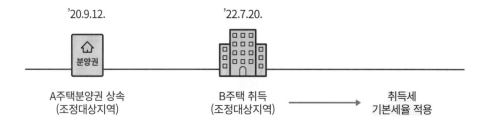

| '20.9.12. | '22.7.20. | |
| A주택분양권 상속
(조정대상지역) | B주택 취득
(조정대상지역) | 취득세
기본세율 적용 |

해설 2020.8.12. 이후 상속받은 주택분양권(또는 조합원입주권)을 보유한 상태에서 조정대상지역 내 주택을 추가 취득하는 경우 상속받은 주택분양권(조합원입주권)은 상속개시일로부터 5년간 주택수에서 제외되므로, B주택 취득시 1~3%의 취득세 기본세율이 적용된다.

상속받은 분양권이 주택으로 완성된 후 신규주택을 취득하는 경우

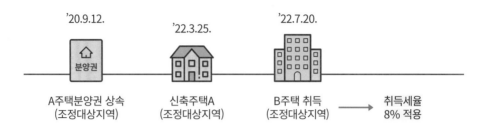

'20.9.12.
분양권
A주택분양권 상속
(조정대상지역)

'22.3.25.
신축주택A
(조정대상지역)

'22.7.20.
B주택 취득
(조정대상지역) → 취득세율 8% 적용

해설 취득세 중과여부 판정시 상속주택을 보유한 상태에서 조정대상지역 내 주택을 추가로 취득하는 경우 상속주택은 상속개시일로부터 5년간 주택수에서 제외되어 추가로 취득한 주택에 대해서는 기본세율이 적용되는 것이 원칙이나, 위 사례에서 주택분양권이 주택으로 전환된 경우에는 5년의 기간이 경과되지 않은 경우에도 주택수에 포함되어 B주택 취득시 8%의 취득세 중과세율이 적용된다.

03
동거봉양합가 및 혼인합가에 대한 비과세 특례

I 동거봉양합가에 따른 비과세 특례

1세대1주택자가 1주택을 보유하고 있는 60세* 이상의 직계존속(배우자의 직계존속을 포함하며, 직계존속 중 한 사람이 60세 미만인 경우 포함)을 동거봉양하기 위하여 세대를 합침으로써 1세대가 2주택을 보유하게 된 경우 세대를 합친 날로부터 10년 이내에 먼저 양도하는 주택이 비과세 요건을 갖춘 경우에는 양도소득세가 비과세된다.

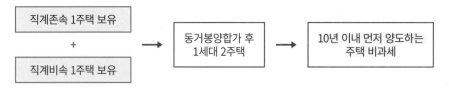

* 직계존속의 연령은 세대 합가일을 기준으로 판단한다. 이 경우 암이나 희귀성 질환 등 중대한 질병이 발생한 경우에는 60세 미만이라도 2주택 비과세특례가 적용된다.

II 혼인합가에 따른 비과세 특례

1세대1주택자가 1주택을 보유한 자와 혼인함으로써 1세대가 2주택을 보유하게 된 경우 또는 1주택을 보유한 60세 이상 직계존속(배우자의 직계존속을 포함하며, 직계존속 중 한 사람이 60세 미만인 경우 포함)을 동거봉양하는 무주택자가 1주택을 보유한 자와 혼인함으로써 1세대가 2주택을 보유하게 된 경우 혼인한 날로부터 5년 이내에 먼저 양도하는 주택이 비과세 요건을 갖춘 경우에는 양도소득세가 비과세된다.

1) 1주택자가 1주택자와 혼인한 경우

2) 1주택자인 직계존속과 동일세대원인 무주택자가 1주택자와 혼인한 경우

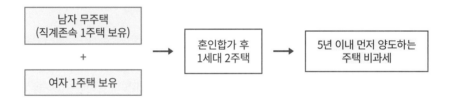

III 동거봉양합가 및 혼인합가에 따른 비과세특례 사례

사례 1

동거봉양합가 후 주택을 상속받고 신규주택을 취득한 경우 비과세 여부

해설 1주택을 보유한 자가 1주택을 보유한 자와 동거봉양 합가한 후 직계존속이 사망하여 주택B를 상속받고 종전주택A를 취득한 날부터 1년 이상 경과 후 신규주택C를 취득하여 일시적으로 1세대 3주택이 된 경우 신규주택C를 취득한 날로부터 3년 이내에 종전주택A을 양도하면 비과세된다(법령해석재산-1439, 2016.6.3 참조).

사례 2

동거봉양합가 후 직계존속으로부터 증여받은 주택을 양도하는 경우 비과세 여부

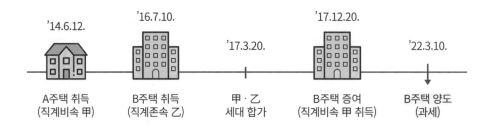

해설 동거봉양합가로 인하여 1세대 2주택이 된 상태에서 직계존속으로부터 B주택을 증여받은 후 A주택보다 먼저 양도하는 경우에는 1세대1주택 비과세가 적용되지 않으나, 동거봉양 합가 전 직계비속이 보유하던 A주택을 합가일로부터 10년 이내 양도하는 경우 비과세된다(양도집행 89-155-20 참조).

유사사례

혼인합가 후 2주택 상태에서 5년 이내 배우자가 사망한 경우 비과세 여부

해설 혼인으로 인하여 1세대 2주택이 된 상태에서 5년 이내 배우자가 사망한 경우 상속받은 B주택을 먼저 양도하는 경우에는 혼인합가로 인한 비과세특례가 적용되지 않으나, 생존

한 배우자가 당초 보유하던 A주택을 양도하는 경우 비과세특례가 적용된다(서면4팀-3305, 2006.9.27 참조).

혼인합가 후 주택이 조합원입주권으로 전환된 후 입주권 양도시 비과세 여부

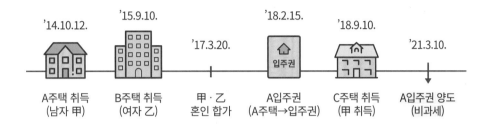

'14.10.12.
A주택 취득
(남자 甲)

'15.9.10.
B주택 취득
(여자 乙)

'17.3.20.
甲 · 乙
혼인 합가

'18.2.15.
A입주권
(A주택→입주권)

'18.9.10.
C주택 취득
(甲 취득)

'21.3.10.
A입주권 양도
(비과세)

해설 혼인합가로 인하여 1세대 2주택이 된 후 혼인 전 보유하던 주택A가 조합원입주권으로 전환된 상태에서 신규주택C를 취득한 경우 신규주택 취득일로부터 3년 이내 조합원입주권을 양도하면 비과세된다(부동산납세과-1347, 2015.8.27 참조).

1주택자가 1입주권을 보유한 자와 혼인한 후 신규주택을 취득하고 종전주택 양도시 비과세 여부

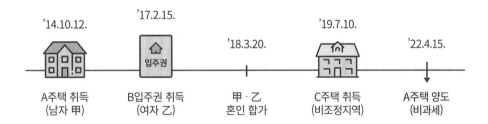

'14.10.12.
A주택 취득
(남자 甲)

'17.2.15.
B입주권 취득
(여자 乙)

'18.3.20.
甲 · 乙
혼인 합가

'19.7.10.
C주택 취득
(비조정지역)

'22.4.15.
A주택 양도
(비과세)

해설 1세대1주택자가 1조합원입주권을 소유하고 있는 자와 혼인한 후, 신규주택을 취득한 경우에도 신규주택 취득일로부터 3년 내에 A주택을 양도하면 비과세된다(부동산납세과-481, 2019.5.7 참조.).

사례 4

동거봉양합가 후 2주택 상태에서 1주택자와 혼인합가한 경우 비과세 적용 여부

'13.10.12.
A주택 취득
(직계비속 甲)

'15.7.10.
B주택 취득
(직계존속 乙)

'16.11.10.
甲·乙
세대 합가

'17.12.20.
C주택 취득
(여자 丙)

'18.6.10.
혼인합가
(甲,丙)

'22.8.25.
A주택 양도
(비과세)

해설 1주택자인 甲과 1주택자인 乙이 동거봉양합가로 인하여 1세대 2주택자가 된 상태에서 甲이 1주택자인 丙과 혼인하여 1세대가 3주택을 보유한 경우 혼인합가일로부터 5년 이내 먼저 양도하는 주택은 비과세된다(부동산거래관리과-611, 2010.4.28 참조).

Ⅳ 조합원입주권 또는 주택분양권 등을 보유한 상태에서 합가시 비과세 특례

아래의 사례와 같이 1주택, 1조합원입주권(1분양권) 또는 1주택과 1조합원입주권(1분양권)을 보유한 자가 1주택, 1조합원입주권(1분양권) 또는 1주택과 1조합원입주권(1분양권)을 보유한 자와 동거봉양·혼인합가 후 합가일로부터 10년(혼인은 5년) 이내 비과세 요건을 갖춘 주택을 양도하는 경우 1세대1주택으로 보아 비과세한다.

구 분	1주택 등을 보유한 자	1주택 등을 보유한 자	합가 후
사례1	1주택	1입주권(1분양권)	1주택 + 1입주권(1분양권)
사례2	1주택	1주택 + 1입주권(1분양권)	2주택 + 1입주권(1분양권)
사례3	1입주권(1분양권)	1입주권(1분양권)	2입주권(2분양권)
사례4	1주택 + 1입주권(1분양권)	1입주권(1분양권)	1주택 + 2입주권(2분양권)
사례5	1주택 + 1입주권(1분양권)	1주택 + 1입주권(1분양권)	2주택 + 2입주권(2분양권)

※ 분양권은 2021.1.1. 이후 취득한 주택분양권을 말함

1 **1주택 보유자 + 1조합원입주권 보유자 합가**

1주택을 보유한 자가 1조합원입주권(또는 2021.1.1. 이후 취득한 주택분양권)을 보유한 자와 합가한 후 10년(혼인은 5년) 이내 먼저 양도하는 종전주택 또는 재건축 등으로 인하여 완공된 신축주택

사례

1주택 보유자가 1조합원입주권 보유자와 동거봉양(혼인)합가한 경우

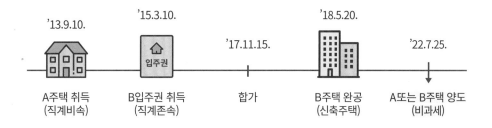

'13.9.10.	'15.3.10.	'17.11.15.	'18.5.20.	'22.7.25.
A주택 취득 (직계비속)	B입주권 취득 (직계존속)	합가	B주택 완공 (신축주택)	A또는 B주택 양도 (비과세)

해설 동거봉양(혼인)합가에 따른 1세대1주택 비과세 특례대상에는 주택뿐만 아니라 합가 전에 보유하던 조합원입주권이 합가 후 재건축 등으로 완공된 신축주택도 포함된다. 따라서, 동거봉양(혼인)합가한 날로부터 10년(혼인은 5년) 이내에 주택A 또는 신축주택B를 양도하는 경우에는 비과세되나, 합가 후 조합원입주권 상태에서 양도하는 경우에는 비과세 되지 않는다.

유사사례

'21.1.1. 이후 취득한 분양권을 보유한 상태에서 합가한 경우

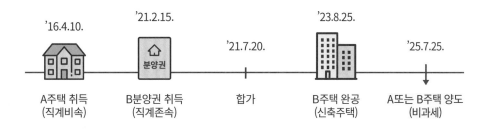

'16.4.10.	'21.2.15.	'21.7.20.	'23.8.25.	'25.7.25.
A주택 취득 (직계비속)	B분양권 취득 (직계존속)	합가	B주택 완공 (신축주택)	A또는 B주택 양도 (비과세)

해설 2021.1.1. 이후 취득한 분양권은 주택수에 포함되므로 1주택 보유자와 1분양권 보유자가 동거봉양(혼인)합가한 경우에는 동거봉양(혼인)합가에 따른 1세대1주택 비과세특례가 적용되므로 동거봉양(혼인)합가한 날로부터 10년(혼인은 5년) 이내에 주택A 또는 신축주택B를 양도하는 경우 비과세된다.

대비사례

'20.12.31. 이전에 취득한 분양권을 보유한 상태에서 합가한 경우

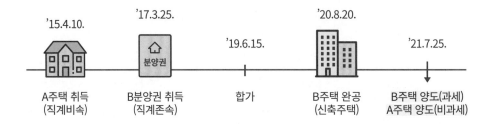

'15.4.10.	'17.3.25.	'19.6.15.	'20.8.20.	'21.7.25.
A주택 취득 (직계비속)	B분양권 취득 (직계존속)	합가	B주택 완공 (신축주택)	B주택 양도(과세) A주택 양도(비과세)

해설 2020.12.31. 이전에 취득한 분양권은 주택수에 포함되지 않으므로 1주택을 보유한 자가 1개의 분양권을 보유한 자와 동거봉양(혼인)합가한 후, 2020.12.31. 이전에 취득한 분양권에 의한 완공된 B신축주택을 양도하는 경우에는 동거봉양(혼인)합가에 따른 1세대1주택 비과세특례가 적용되지 않으나 분양권이 주택으로 완공된 후 종전주택A를 신규주택B 취득일로부터 3년 이내 양도하면 일시적2주택 비과세특례는 적용된다.

1주택을 보유한 자가 1주택과 1조합원입주권(또는 2021.1.1. 이후 취득한 주택분양권) 보유한 자와 합가한 후 10년(혼인은 5년) 이내 먼저 양도하는 주택

 사례

1주택을 보유한 자가 1주택과 1입주권을 보유한 자와 동거봉양(혼인)합가한 경우

해설 1주택을 보유한 자가 1주택과 1조합원입주권을 보유한 자와 동거봉양(혼인)합가한 후 합가한 날로부터 10년(혼인은 5년) 이내에 주택A 또는 주택B을 양도하는 경우 비과세된다.

유사사례

1주택과 1입주권 보유자가 1주택 보유자와 동거봉양(혼인)합가한 경우

해설 1주택이 조합원입주권으로 전환된 후 거주목적으로 대체주택을 취득하여 1조합원입주권과 1대체주택을 보유한 상태에서 1주택을 보유한 자와 합가한 후 동거봉양(혼인)합가후 합가한 날로부터 10년(혼인은 5년) 이내에 대체주택B 또는 주택C를 양도하는 경우 비과세된다.

3 1조합원입주권 보유자 + 1조합원입주권 보유자 합가

1조합원입주권(또는 2021.1.1. 이후 취득한 주택분양권)을 보유한 자가 1조합원
입주권(또는 2021.1.1. 이후 취득한 주택분양권)을 보유한 자와 합가한 후 10년
(혼인은 5년) 이내 먼저 양도하는 재건축 등에 따라 완공된 신축주택

사례

1조합원입주권 보유자가 1조합원입주권 보유자와 동거봉양(혼인)합가한 경우

해설 1조합원입주권을 보유한 자가 1조합원입주권을 보유한 자와 동거봉양(혼인)합가한 후
합가한 날로부터 10년(혼인은 5년) 이내에 재건축 등에 따라 신축된 주택A 또는 주택B를 양
도하는 경우 비과세된다.

4 1주택과 1조합원입주권 보유자 + 1조합원입주권 보유자 합가

1주택과 1조합원입주권(또는 2021.1.1. 이후 취득한 주택분양권) 보유자와 1조합
원입주권(또는 2021.1.1. 이후 취득한 주택분양권)보유자가 합가한 후 10년(혼인
은 5년) 이내 먼저 양도하는 주택 또는 재건축 등에 따라 완공된 신축주택

사례

1주택과 1입주권 보유자가 1입주권 보유자와 동거봉양(혼인)합가한 경우

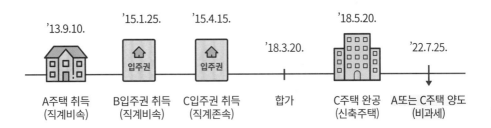

해설 1조합원입주권을 승계취득하여 1주택과 1조합원입주권을 보유한 자가 1조합원입주권을 보유한 자와 합가한 후 동거봉양(혼인)합가한 날로부터 10년(혼인은 5년) 이내에 종전주택A 또는 신축주택C를 양도하는 경우 비과세된다.

유사사례

1입주권과 1주택 보유자가 1입주권 보유자와 동거봉양(혼인)합가한 경우

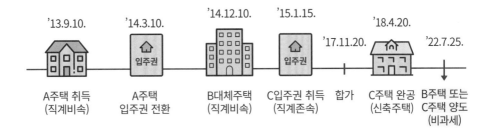

해설 1주택이 조합원입주권으로 전환된 후 거주목적으로 대체주택을 취득하여 1조합원입주권과 1대체주택을 보유한 상태에서 1조합원입주권을 보유한 자와 합가한 후 동거봉양(혼인)합가한 날로부터 10년(혼인은 5년) 이내에 대체주택B 또는 신축주택C를 양도하는 경우 비과세된다.

5 **1주택과 1조합원입주권 보유자 + 1주택과 1조합원입주권 보유자 합가**

1주택과 1조합원입주권(또는 2021.1.1. 이후 취득한 주택분양권) 보유자가 1주택
과 1조합원입주권(또는 2021.1.1. 이후 취득한 주택분양권) 보유자와 합가한 후
10년(혼인은 5년) 이내 먼저 양도하는 종전주택

사례

1주택과 1입주권 보유자가 1주택과 1입주권 보유자와 동거봉양(혼인)합가한 경우

해설 1조합원입주권을 승계취득하여 1주택과 1조합원입주권을 보유한 자가 1조합원입주권
을 승계취득하여 1주택과 1조합원입주권을 보유한 자와 동거봉양(혼인)합가한 후 합가한 날
로부터 10년(혼인은 5년) 이내에 종전주택A 또는 종전주택C를 양도하는 경우 비과세된다.

Ⅴ 동거봉양(혼인)합가 관련 기타 세법규정

1 세대합가로 인한 종합부동산세 계산시 주택수 합산여부

1) 동거봉양을 위해 합가한 경우

동거봉양합가로 인하여 과세기준일 현재 2주택이 된 경우 합가한 날로부터 10년 동안은 자녀와 직계존속을 각각 1세대로 보아 인별로 종합부동산세를 계산하므로 본인과 직계존속이 각각 1주택자인 경우에는 각각 11억원씩 공제된다.

2) 혼인으로 인하여 합가한 경우

혼인합가로 인하여 과세기준일 현재 2주택이 된 경우 혼인한 날로부터 5년 동안은 본인과 배우자를 각각 1세대로 보아 인별로 종합부동산세를 계산하므로 본인과 배우자가 각각 1주택자인 경우에는 각각 11억원씩 공제된다.

2 취득세 중과여부 판단시 주택수 계산

1주택을 보유한 자가 1주택을 보유한 65세 이상 직계존속을 동거봉양하기 위하여 합가한 후 주택을 추가로 취득할 경우 직계존속과 자녀는 각각 별도세대로 보아 주택수를 계산하여 취득세 중과여부를 판단한다.

예를 들어 조정대상지역 내 1주택을 보유한 자와 조정대상지역 내 1주택을 보유한 65세 이상 직계존속이 세대합가로 인하여 1세대 2주택이 된 상태에서 조정대상지역 내 1주택을 추가로 취득한 경우에는 1세대 3주택자가 아닌 1세대 2주택자로 보아 8%의 취득세 중과세율이 적용된다.

04
농어촌주택에 대한
비과세 특례

I 소득세법상 농어촌주택에 대한 비과세 특례

다음 중 어느 하나에 해당하는 수도권 밖 읍·면 지역에 소재한 농어촌주택과 그 밖의 일반주택을 국내에 각각 1개씩 소유하고 있는 1세대가 일반주택을 먼저 양도하는 경우 국내에 1개의 주택을 소유하고 있는 것으로 보아 양도소득세를 비과세한다.

① 피상속인이 5년 이상 거주한 상속주택
② 이농인(어업에서 떠난 자 포함)이 취득일 후 5년 이상 거주한 이농주택
③ 영농 또는 영어의 목적으로 취득한 귀농주택. 다만, 2016.2.17. 이후 취득하는 귀농주택부터는 취득일로부터 5년 이내 일반주택을 양도하는 경우에 한함

 +

일반주택　　농어촌주택

상속주택, 이농주택은 일반주택
양도기한 제한 없음

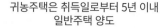

귀농주택은 취득일로부터 5년 이내
일반주택 양도

일반주택 양도
(비과세)

1 일반주택과 농어촌 상속주택을 보유한 상태에서 일반주택 양도시 비과세특례

1) 피상속인이 5년 이상 거주한 농어촌주택을 상속받을 것

피상속인이 5년 이상 거주한 농어촌주택을 피상속인과 별도세대원이 상속받은 후 일반주택을 양도할 경우 양도소득세가 비과세된다.

2) 상속주택의 소재지 요건

농어촌주택에 해당하는 상속주택은 수도권 밖 읍·면지역에 소재하여야 한다.

3) 일시적2주택과 중복적용 여부

농어촌 상속주택에 대한 비과세특례는 상속주택과 일반주택을 각각 1개씩 소유한 경우에만 적용되는 것이 원칙이나, 일시적2주택 비과세특례 규정과 중복하여 적용될 수 있다.

> **사례 1**
>
> **동거봉양합가 후 농어촌주택을 상속받고 일반주택을 재차 양도하는 경우**

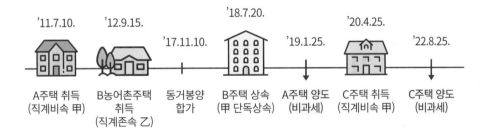

해설 1세대가 동거봉양 합가 이후 농어촌주택을 상속받고 합가 당시 보유한 일반주택을 양도한 후 다시 일반주택을 취득하여 양도한 경우에도 농어촌주택 비과세특례가 적용된다(재산세제과-529, 2018.6.18 참조).

동거봉양합가 후 1주택을 먼저 양도하여 비과세받고, 신규주택을 취득한 상태에서 농어촌주택을 상속받고 신규주택을 양도하는 경우 비과세 여부

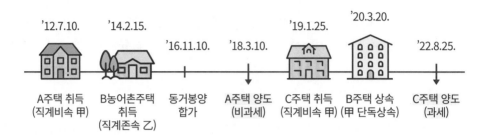

'12.7.10.
A주택 취득
(직계비속 甲)

'14.2.15.
B농어촌주택
취득
(직계존속 乙)

'16.11.10.
동거봉양
합가

'18.3.10.
A주택 양도
(비과세)

'19.1.25.
C주택 취득
(직계비속 甲)

'20.3.20.
B주택 상속
(甲 단독상속)

'22.8.25.
C주택 양도
(과세)

해설 동거봉양 합가 후 상속인이 1주택을 먼저 취득한 후 농어촌주택을 상속받은 경우에는 농어촌주택 비과세특례가 적용되지 않는다(부동산납세과-121, 2013.11.5. 참조).

사례 2

농어촌주택을 먼저 상속받고 일반주택을 취득한 후 일반주택을 양도하는 경우

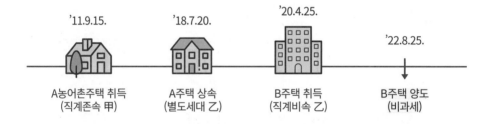

'11.9.15.
A농어촌주택 취득
(직계존속 甲)

'18.7.20.
A주택 상속
(별도세대 乙)

'20.4.25.
B주택 취득
(직계비속 乙)

'22.8.25.
B주택 양도
(비과세)

해설 피상속인이 5년 이상 거주한 소득세법 시행령 제155조 제7항에 해당하는 농어촌주택을 상속받아 보유한 상태에서 일반주택을 취득한 후 일반주택을 양도하는 경우에도 1세대1주택 비과세특례가 적용된다(부동산납세과-1898, 2016.12.12 참조).

비교학습

일반주택을 보유한 상태에서 소득세법 시행령 제155조 제2항에 해당하는 상속주택과 조세특례제한법 제99조의4에 해당하는 농어촌주택을 취득한 후 일반주택을 양도하는 경우에만 비과세된다.

사례 3

일반주택과 상속받은 농어촌주택을 보유한 상태에서 신규주택을 취득한 후 종전주택을 양도하는 경우 비과세 여부

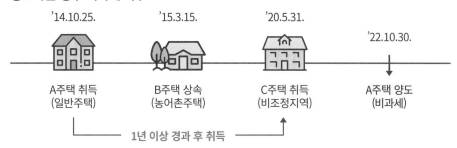

```
    '14.10.25.        '15.3.15.           '20.5.31.
                                                          '22.10.30.

    A주택 취득        B주택 상속          C주택 취득         A주택 양도
   (일반주택)        (농어촌주택)        (비조정지역)        (비과세)

        └─── 1년 이상 경과 후 취득 ───┘
```

해설 1세대1주택자가 별도세대원으로부터 소득세법 시행령 제155조 제7항에 해당하는 농어촌주택B를 상속받아 1세대 2주택자가 된 상태에서 신규주택C를 취득하여 일시적으로 3주택이 된 후 신규주택 취득일부터 3년 이내 종전주택A를 양도하는 경우에도 일시적2주택 비과세특례를 적용받을 수 있다(부동산거래관리과-388, 2011.5.11 참조).

[일반 상속주택 비과세특례와 농어촌 상속주택 비과세특례규정 비교]

구 분	상속주택 특례규정	농어촌 상속주택 특례규정
관련법령	소득령§155②③	소득령§155⑦
소재지	상속주택의 소재지 제한 없음	수도권 밖 읍·면 소재
피상속인의 거주요건	거주요건 없음	피상속인이 취득 후 5년 이상 거주할 것
일반주택 취득시기	일반주택을 보유한 상태에서 상속주택을 취득하고 일반주택을 1차례 양도하는 경우에만 비과세 적용	농어촌 상속주택을 보유한 상태에서 일반주택을 수차례 취득하고 양도해도 비과세 적용
비과세 주택	일반주택 양도	일반주택 양도
별도세대 여부	별도세대 (동거봉양합가는 예외)	별도세대 (동거봉양합가는 예외)
일반주택 양도기한	제한 없음	제한 없음
2채 이상 상속시	선순위 상속주택만 적용	명문규정 없음 (심판례 : 선순위 상속주택만 적용)

2 이농주택을 보유한 상태에서 일반주택 취득 후 일반주택 양도시 비과세특례

1) 이농인이 5년 이상 거주한 이농주택일 것

이농인(어업에서 떠난 자 포함)이 농어촌주택을 취득한 후 5년 이상 거주하였 어야 한다.

2) 이농주택의 소재지 요건

농어촌주택에 해당하는 이농주택은 수도권 밖 읍·면지역에 소재하여야 한다.

3) 일반주택의 취득 및 양도 요건

농어촌주택을 먼저 취득한 후 나중에 취득한 일반주택을 양도하는 경우에만 이농주택(농어촌주택)에 대한 비과세특례가 적용되므로 일반주택을 먼저 취득 하고 나중에 농어촌주택을 취득한 후 일반주택을 양도하는 경우에는 비과세 되지 않는다.

📖 **배경 및 취지**

> 이농주택에 대한 비과세특례는 농어촌주택에 거주하면서 영농에 종사하던 자가 이농함에 따라 다른 지역에 소재한 일반주택을 취득한 경우에도 당해 이농주택을 양도하지 않고 보유 하도록 하는데 목적이 있으므로 농어촌주택을 먼저 취득하고 나중에 일반주택을 취득한 후 일반주택을 양도한 경우에 한하여 비과세되는 것이다.

사례

일반주택을 먼저 취득한 후 농어촌주택을 취득하고 일반주택을 양도하는 경우

* 5년 이상 거주한 후 다른 시로 이사

이농주택은 영농에 종사하던 자가 전업으로 인하여 다른 시·구·읍·면으로 전출할 당시 소유한 주택을 말하는 것이므로, 일반주택을 먼저 취득한 후 농어촌주택을 취득한 경우 해당 농어촌주택은 이농주택에 해당하지 않는다(집행기준 89-155-24 참조).

3 일반주택을 보유한 상태에서 귀농주택 취득 후 일반주택 양도시 비과세특례

1) 귀농주택의 요건

① 취득 당시에 고가주택에 해당하지 않을 것

② 대지면적이 660㎡ 이내일 것

③ 취득 요건

　귀농주택은 영농·영어의 목적으로 취득하는 것으로서 다음(㉠~㉢)의 어느 하나에 해당하여야 한다.

㉠ 농지를 먼저 취득하고, 귀농주택을 나중에 취득하는 경우에는 1,000㎡ 이상 농지를 소유하는 자 또는 그 배우자가 당해 농지 소재지에 있는 주택을 취득할 것

㉡ 귀농주택을 먼저 취득한 후 1년 이내 농지를 취득하는 경우에는 1,000㎡ 이상 농지를 소유하는 자 또는 그 배우자가 당해 농지를 소유하기 전 1년 이내에 해당 농지소재지에 있는 주택을 취득할 것

㉢ 수산업법에 의한 신고·허가 및 면허 어업자(고용된 어업 종사자 포함)가 취득할 것

④ 세대 전원이 귀농주택으로 이사하여 거주할 것

⑤ 2016.2.16. 이전에 취득한 귀농주택은 연고지에 소재할 것

2) 귀농주택의 소재지 요건

귀농주택은 아래의 요건을 모두 충족한 농지가 소재하는 시·군·자치구 안의 지역, 농지소재지와 연접한 시·군·자치구 안의 지역 또는 농지로부터 직선거리 $30km^2$ 이내에 있는 지역에 소재해야 한다.

① 수도권 밖의 읍·면지역
② 농지면적이 $1,000m^2$ 이상

3) 일반주택의 취득 및 양도 요건

① 취득요건

귀농주택에 대한 비과세특례규정도 상속주택과 이농주택에 대한 특례규정과 마찬가지로 일시적2주택 등 다른 특례주택과 중복하여 적용될 수 있으나, 귀농주택을 먼저 취득하여 귀농한 후 새로 취득한 일반주택에 대해서는 비과세특례가 적용되지 않는다.

② 양도요건

귀농주택에 대한 비과세특례는 상속주택 및 이농주택과는 달리 1개의 일반주택에 대해서만 비과세특례가 적용되므로, 다시 일반주택을 취득하여 양도하는 경우에는 비과세를 적용받을 수 없다.

또한, 귀농주택을 취득한 날로부터 5년 이내에 일반주택을 양도해야 비과세특례를 적용받을 수 있다.

4) 귀농일로부터 3년 이상 계속하여 영농·영어에 종사하고 귀농주택에 거주할 것

귀농주택 소유자가 귀농일부터 계속하여 3년 이상 영농 또는 영어에 종사하지 않거나 해당 주택에 거주하지 않은 경우 먼저 양도한 일반주택은 1세대1주택 비과세되지 않는다. 이 경우 3년의 기간 중에 상속이 개시된 때에는 피상속인의 영농·영어 기간과 상속인의 영농·영어 기간을 통산한다.

사례 1

귀농주택을 보유하던 중 일반주택을 취득한 후 일반주택을 먼저 양도하는 경우

'14.9.25.	'17.11.20.	'22.5.25.
A귀농주택 취득	B일반주택 취득	B주택 양도 (과세)

해설 귀농주택을 먼저 취득하여 귀농한 후 일반주택을 취득하여 일반주택을 먼저 양도하는 경우에는 귀농주택에 대한 비과세특례가 적용되지 않는다(부동산거래관리과-386, 2010.3.15 참조).

사례 2

귀농주택을 보유한 상태에서 일반주택을 양도하여 비과세를 적용받고 다시 일반주택을 취득하여 재차 양도하는 경우 비과세 여부

'13.7.10.	'16.11.15.	'19.7.25.	'20.6.5.	'22.10.25.
A주택 취득 (일반주택)	B귀농주택 취득	A주택 양도 (비과세)	C주택 취득 (일반주택)	C주택 양도 (과세)

해설 일반주택을 보유한 상태에서 귀농주택을 취득하여 귀농한 후 일반주택을 양도하는 경우에만 비과세가 적용되고, 재차 취득한 일반주택에 대해서는 비과세가 적용되지 않는다.

비교사례

일반주택을 보유한 상태에서 귀농주택을 취득한 후 일반주택을 귀농주택 취득일로부터 5년 이상 경과하여 양도한 경우

'13.7.10.	'16.11.15.	'22.10.25.
A주택 취득 (일반주택)	B귀농주택 취득	A주택 양도 (과세)

해설 2016.2.17. 이후 귀농주택을 취득한 경우로서 귀농주택을 취득한 날로부터 5년 이내 일반주택을 양도해야 비과세되나, 일반주택A를 귀농주택B 취득일로부터 5년 이상 경과한 후 양도하여 비과세되지 않는다.

사례 3

남편이 일반주택과 귀농주택을 보유한 상태에서 부인이 취득한 주택을 먼저 과세로 양도한 후, 남편 소유 일반주택 양도시 비과세 여부

| '12.4.5.
A주택 취득
(남편 소유) | '15.3.15.
B귀농주택 취득
(남편 소유) | '17.2.15.
C주택 취득
(부인 소유) | '19.7.25.
C주택 양도
(과세) | '22.6.25.
A주택 양도
(비과세) |

해설 귀농주택에 대한 비과세특례 규정은 일반주택을 보유한 상태에서 귀농주택을 취득하고 귀농 후 최초로 양도하는 1개의 일반주택에 대해서만 적용하는 것이므로 부인이 취득한 C주택을 양도하여 과세되었더라도 남편이 취득한 주택에 대해 귀농주택 비과세특례를 적용받지 않은 경우에는 A주택 양도시 비과세된다(집행기준 89-155-25 참조).

[소득세법상 농어촌주택 요약 비교]

구 분	상속·이농주택	귀농주택
주택 규모	제한 없음	▪취득 당시 고가주택 제외 ▪대지면적 660㎡ 이내
거주 요건	▪상속주택 : 피상속인 5년 이상 거주 ▪이농주택 : 이농인 5년 이상 거주	1,000㎡ 이상의 본인 또는 배우자 소유 농지와 함께 귀농주택 취득 및 3년 이상 거주하면서 영농에 종사
주택 보유	농어촌주택과 일반주택을 각각 1채씩 보유	
비과세 대상	일반주택	▪세대전원이 이사하여 최초로 양도하는 일반주택에 한함 ▪귀농주택을 2016.2.17. 이후 취득한 경우 일반주택은 귀농주택 취득일로부터 5년 이내 양도할 것
사후관리	해당 없음	귀농하여 3년 이상 영농(영어)에 종사

Ⅱ 조세특례제한법상 농어촌주택에 대한 비과세 특례

1세대가 일반주택을 보유한 상태에서 2003.8.1.부터 2022.12.31.까지 농어촌주택 (고향주택은 2009.1.1.부터 2022.12.31.까지)을 취득한 후 일반주택을 양도하는 경우 농어촌주택 등은 보유 주택수에서 제외하고 1세대1주택 비과세 여부를 판단한다.

2014.2.3	2017.10.5	2022.9.7
일반주택 취득	농어촌주택 취득	일반주택 양도 (비과세)

사례

일반주택 보유자가 농어촌주택 2채를 취득한 경우 비과세 여부

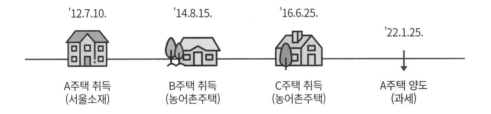

'12.7.10.	'14.8.15.	'16.6.25.	'22.1.25.
A주택 취득 (서울소재)	B주택 취득 (농어촌주택)	C주택 취득 (농어촌주택)	A주택 양도 (과세)

▪B,C주택은 조세특례제한법 제99조의4에 해당하는 농어촌주택임

해설 일반주택을 보유한 자가「조세특례제한법」제99조의4에 해당하는 농어촌주택을 2채 취득하는 경우에는 농어촌주택 등 취득자에 대한 양도소득세 비과세특례 규정이 적용되지 않는다(부동산납세과-1163, 2019.11.12 참조).

비교사례

일시적2주택자가 농어촌주택을 취득한 경우 비과세 여부

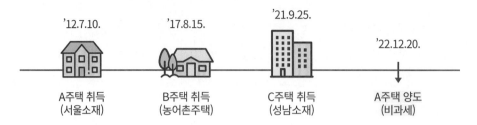

'12.7.10.	'17.8.15.	'21.9.25.	'22.12.20.
A주택 취득 (서울소재)	B주택 취득 (농어촌주택)	C주택 취득 (성남소재)	A주택 양도 (비과세)

▪ B주택은 조세특례제한법 제99조의4에 해당하는 농어촌주택임

해설 종전주택A를 보유한 1세대가 농어촌주택B을 취득한 후 다른 일반주택C를 취득하여 1세대 3주택인 상태에서 종전주택A를 종전주택 비과세 양도기한 내에 양도하는 경우 비과세된다(법령해석재산-0462, 2017.8.30.).

1 비과세특례 적용요건

1) 지역요건

취득 당시 아래 지역을 제외[1]한 읍·면 또는 동[2]에 소재하는 농어촌주택 또는 가족관계등록부에 10년 이상 등재된 등록기준지 10년 이상 거주한 사실이 있는 인구 20만명 이하의 시 지역에 소재하는 고향주택

[1] 과세특례 제외지역

① 수도권 지역(경기도 연천군, 인천광역시 옹진군 제외)

② 도시지역 및 토지거래 허가구역

③ 지정지역(2021.1.1. 이후 조정대상지역)

④ 관광단지

[2] 인구 20만명 이하의 시지역에 속한 동으로서 보유하고 있던 일반주택이 소재하는 동과 같거나 연접하지 않은 동을 말함

2) 가액기준

취득 당시 주택 및 부수토지의 기준시가 합계액이 취득시기별로 아래 기준가액 이하에 해당해야 한다. 이 경우 주택과 주택 부수토지의 소유자가 다른 경우 또는 2인 이상이 농어촌주택 등을 공동으로 취득한 경우에는 주택과 주택부수토지 전체의 기준시가로 판단한다.

[취득시기별 농어촌주택 등의 취득당시 기준시가 요건]

취득시기	'07.12.31. 이전	'08.1.1.~'08.12.31.	'09.1.1. 이후	비 고
기준금액	7천만원	1억5천만원	2억원	'14.1.1. 이후 취득하는 한옥은 4억원

3) 보유기간 요건

농어촌주택 등을 법에서 정한 기간 내에 취득하고 3년 이상 보유해야 한다.

4) 비과세특례가 적용되지 않는 경우

일반주택을 보유한 상태에서 일반주택과 같은 읍·면 지역 또는 일반주택과 연접한 읍·면 지역에 있는 농어촌주택 등을 취득한 후 일반주택을 양도하거나 아래 사례와 같이 농어촌주택을 먼저 취득하고 일반주택을 취득한 후 일반주택을 양도하는 경우에는 비과세특례가 적용되지 않는다.

2014.10.5	2017.4.10	2022.3.5
농어촌주택 취득	일반주택 취득	일반주택 양도 (과세)

2 비과세특례 적용 후 사후관리

농어촌주택 등을 3년 이상 보유하지 않은 상태에서 일반주택을 먼저 양도하는 경우에도 양도소득세를 비과세한다. 그러나 일반주택에 대하여 비과세 받은 후 농어촌주택 등을 3년 이상 보유하지 않고 양도한 경우에는 기존에 일반주택에 대하여 비과세받은 세액을 신고·납부해야 한다. 다만, 농어촌주택 등이 수용, 상속, 멸실 등의 사유로 3년 이상 보유요건을 충족하지 않게 된 경우에는 이미 비과세받은 세액은 추징되지 않는다.

사례 1

일반주택에 대하여 비과세 받고 농어촌주택을 3년 이상 보유한 후 양도한 경우 비과세 받은 세액 추징여부

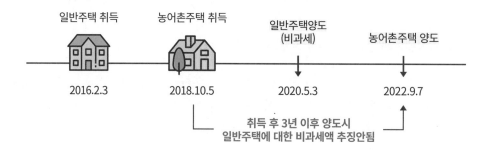

사례 2

일반주택을 비과세 받고 농어촌주택을 3년 내 양도한 경우 비과세받은세액 추징여부

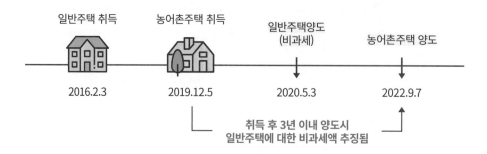

3 일반주택을 비과세 받고 양도한 후 농어촌주택 등 양도시 보유기간 기산일

일반주택과 조세특례제한법 제99조의4에 해당하는 농어촌주택 등을 보유하다
가 일반주택을 양도하여 1세대1주택 비과세 받은 후 당해 농어촌주택 등을 양
도하는 경우로서 1세대1주택 비과세를 적용하는 경우 보유기간 등은 직전 일
반주택 양도일의 다음날부터 다시 기산한다.

사례

일반주택을 먼저 비과세로 양도한 후 농어촌주택 양도시 보유기간 등 계산

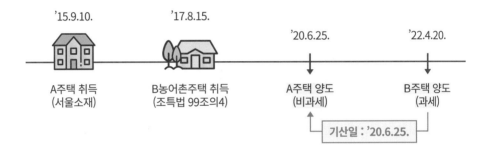

해설 일반주택과 조세특례제한법 제99조의4에 해당하는 농어촌주택을 보유한 상태에서
일반주택에 대하여 1세대1주택 비과세를 적용받은 후 농어촌주택을 양도하는 경우로서 1세
대1주택 비과세를 적용받기 위한 보유기간은 일반주택A의 양도한 날로부터 새로 기산하므
로 이 사례에서는 일반주택 양도일의 다음날부터 농어촌주택 양도일까지 보유기간이 2년 미
만에 해당하여 비과세되지 않는다(부동산납세과–1232, 2021.9.3 참조).

기본사례

농어촌주택 비과세특례 관련 사례

사례 1

농어촌주택을 보유한 동일세대원이 일반주택을 상속받은 후 일반주택을 양도하는 경우 비과세 여부

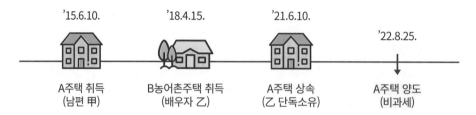

해설 일반주택A를 피상속인의 배우자인 乙이 상속받아 양도하는 경우 甲과 乙은 배우자로서 동일세대원에 해당하여 일반주택A 취득일부터 상속개시일까지 보유기간을 통산하므로 취득일로부터 양도일까지 2년 보유기간 요건을 충족한 경우에 해당하고, 조세특례제한법 제99조의4에 따라 농어촌주택은 1세대1주택 비과세여부 판단시 주택수에 포함하지 않으므로 일반주택A를 양도할 경우 비과세된다(부동산납세과-441, 2014.6.24 참조).

사례 2

비과세 요건을 충족한 일반주택이 입주권으로 전환된 상태에서 농어촌주택을 취득 후 신축주택을 양도하는 경우 비과세 여부

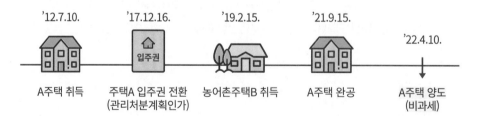

해설 1세대가 보유한 일반주택이「도시 및 주거환경정비법」에 따라 조합원입주권으로 전환된 후 조세특례제한법 제99조의4의 요건을 충족한 농어촌주택을 취득한 상태에서 재건축으로 완성된 신축주택을 양도하는 경우에도 기존주택의 연장으로 보아 신축주택 양도시 비과세가 적용된다(부동산납세과-884, 2020.7.24 참조).

유사사례

비과세 요건을 충족한 일반주택이 입주권으로 전환된 상태에서 농어촌주택을 취득한 후 조합원입주권을 양도하는 경우 비과세 여부

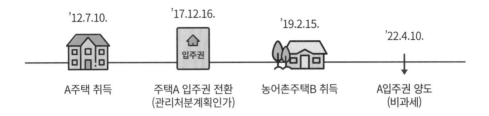

| '12.7.10. | '17.12.16. | '19.2.15. | '22.4.10. |
| A주택 취득 | 주택A 입주권 전환 (관리처분계획인가) | 농어촌주택B 취득 | A입주권 양도 (비과세) |

해설 조세특례제한법 제99조의4 규정에 해당하는 농어촌주택은 1세대1주택 비과세 여부 판단시 주택수에서 제외되므로 관리처분계획인가일 현재 1세대1주택 비과세 요건을 충족한 조합원입주권을 양도하는 경우 비과세된다(서면4팀-767, 2005.5.16 참조).

사례 3

일반주택과 감면주택을 보유한 상태에서 농어촌주택을 취득한 후 일반주택을 양도하는 경우 비과세 여부

| '15.6.10. | '16.3.15. | '18.6.10. | '22.8.25. |
| A주택 취득 (일반주택) | B감면주택 취득 (조특법 99의2) | C농어촌주택 취득 (조특법 99의4) | A주택 양도 (비과세) |

해설 일반주택A와 조세특례제한법 제99조의2에 해당하는 감면주택B를 보유한 1세대가 조세특례제한법 제99조의4에서 규정하는 농어촌주택C를 취득한 후 일반주택A를 양도하는 경우에는 비과세된다(서면5팀-997, 2006.11.27 참조).

[소득세법상 농어촌주택과 조특법상 농어촌주택의 비교]

구 분	소득령 제155조⑦	조특법 99의4
대 상	상속주택, 이농주택, 귀농주택	농어촌주택·고향주택
소 재	수도권 밖 읍·면지역으로 하되, 도시지역은 제외	수도권 밖 읍·면지역으로 하되, 도시지역, 토지거래 허가지역 등은 제외
면적기준	대지면적 660㎡ 이내(귀농주택만 해당)	-
보유요건 거주요건	▪상속주택 및 이농주택은 5년 거주요건 필요 ▪귀농주택은 3년 이상의 영농종사기간 동안 거주요건 필요	▪취득 후 3년 이상 보유요건 필요(농어촌주택·고향주택을 3년 이상 보유하지 않은 상태에서 일반주택 양도시 비과세 가능) ▪거주요건 불필요
가액기준	고가주택이 아닐 것(귀농주택만 해당)	취득 당시 기준시가 2억원(한옥은 4억원) 이하
취득순서 및 취득기한	▪先 이농주택 보유 + 後 일반주택 취득 ▪先 일반주택 보유 + 後 귀농주택 취득	▪농어촌주택 : '03.8.1.~ '22.12.31. ▪고향주택 : '09.1.1.~'22.12.31. ▪先 일반주택 보유 + 後 농어촌주택 취득
특례내용	일반주택 양도시 농어촌주택은 주택수에서 제외하고 1세대1주택 비과세 여부 판정	

Ⅲ 농어촌주택 관련 취득세 중과 여부

아래 요건을 갖춘 농어촌주택을 취득하는 경우에는 취득세 중과세가 적용되지 않으며, 농어촌주택을 보유한 상태에서 다른 주택을 취득할 경우에도 해당 농어촌주택은 취득세 중과대상 주택수 판단시 주택수에서 제외된다.

① 대지면적 660㎡이내, 주택의 연면적이 150㎡ 이내일 것
② 주택의 시가표준액이 6,500만원 이내일 것
③ 수도권 지역 등 법 소정 지역에 소재하지 않을 것

05

부득이한 사유로 취득한
수도권 밖 소재 주택에 대한 비과세 특례

I 비과세가 적용되는 경우

1세대가 일반주택을 보유하고 있는 상태에서 고등학교 이상의 취학·근무상의
형편·질병의 요양·학교폭력에 따른 전학 등 부득이한 사유로 수도권 밖에 소재
한 주택을 취득하여 일시적으로 2주택이 된 경우 학교 졸업 등 부득이한 사유
가 해소된 날로부터 3년 이내에 비과세요건을 갖춘 일반주택을 양도하는 경우
에는 비과세된다.

일반주택   특례주택
(先 취득)   (後 취득)

학교졸업, 직장복귀, 질병완치 등

부득이한 사유가 해소된 날로부터
3년 이내

일반주택 양도
(비과세)

Ⅱ 비과세가 적용되는 않는 경우

1) 부득이한 사유로 수도권 밖 주택을 먼저 취득한 후 일반주택을 취득한 경우

사례 1

수도권 밖 소재 주택을 먼저 취득한 후 일반주택을 취득하고 일반주택을 먼저 양도하는 경우

'17.4.10.
A주택 취득
(세종시 소재)

'20.8.15.
B주택 취득
(서울소재)

'22.1.25.
B주택 양도
(과세)

▪ A주택은 근무상 형편으로 취득한 주택임

2) 부득이한 사유로 취득한 주택을 일반주택보다 먼저 양도하는 경우

사례 2

일반주택을 취득하고 수도권 밖 소재 주택을 취득한 후 수도권 밖 소재 주택을 먼저 양도하는 경우

'16.4.15.
A주택 취득
(서울소재)

'19.10.15.
B주택 취득
(세종시 소재)

'22.1.25.
B주택 양도
(과세)

▪ B주택은 근무상 형편으로 취득한 주택임

해설 부득이한 사유로 취득한 수도권 밖 소재 주택을 일반주택보다 먼저 양도하는 경우 비과세 받을 수 없으나, 당해 주택이 양도일 현재 조정대상지역에 소재하고 있는 경우에는 중과세는 적용되지 않는다.

[1세대1주택 비과세 규정 비교]

구 분	일반주택에 대한 비과세특례	보유 및 거주기간에 대한 특례
관련법령	소득령§155⑧	소득령§154①3
관련내용	일반주택 보유자가 수도권 밖 소재 주택 취득 후 일반주택 양도시 비과세	세대전원이 다른 시·군으로 이전시 2년 이상 보유요건 등 미 충족시 비과세
이전지역	수도권 밖 소재	다른 시·군
비과세 대상 양도주택	비과세 요건을 충족한 일반주택	1년 이상 거주한 주택
양도기한	부득이한 사유가 해소된 후 3년 이내	제한 없음

Ⅲ 관련예규

서울에서 근무하던 거주자가 근무상의 형편 등의 부득이한 사유로 수도권 밖 소재 주택을 취득하고, 세대전원이 수도권 밖 소재 주택으로 이전하여 거주하다가 부득이한 사유가 해소되지 않은 상태에서 일반주택을 양도하는 경우에도 비과세가 적용되는 것이다(법령해석재산-0834, 2020.10.26. 참조).

06

장기임대주택 또는 장기가정어린이집 보유자의 거주주택 비과세 특례

Ⅰ 장기임대주택 보유자의 거주주택 비과세 특례

1 개요

1세대가 소득세법시행령 제167조의3 규정에 따른 장기임대주택을 임대 중인 상태에서 아래의 요건을 충족한 거주주택을 양도하는 경우 장기임대주택은 없는 것으로 보아 1세대1주택 비과세 규정을 적용한다.

[거주주택과 장기임대주택의 요건]

구 분	적용요건
거주주택	조정대상지역 지정여부와 상관없이 세대전원이 보유기간 중 2년 이상 거주[1]하였을 것
장기임대 주택	① 임대개시일[2] 당시 기준시가 6억원(수도권 밖 3억원) 이하일 것 ② 의무임대기간을 준수할 것 ③ 거주주택 양도일 현재 임대주택을 임대 중일 것 ④ 임대료 증액제한규정을 준수할 것 ⑤ 지방자치단체 및 세무서에 주택임대사업자로 등록할 것

[1] 양도일 현재 해당 거주주택에서 거주하지 않은 경우에도 세대전원(세대원 중 일부가 취학, 질병, 근무상 형편 등 부득이한 사유로 거주기간 2년을 충족하지 못한 경우 포함)이 보유기간 중 통산하여 2년 이상 거주하면 비과세된다. 이 경우 2년 이상 거주기간을 계산할 때 임차하여 거주하다가 해당 주택을 취득한 경우 임차상태로 거주한 기간은 제외한다.

[2] 임대개시일은 ① 지방자치단체 임대사업자등록일, ② 세무서 주택임대사업자등록일, ③ 실제 임대개시일 중 가장 늦은 날로 한다. 예를 들어 분양권 상태에서 세무서와 지방자치단체에 각각 임대등록한 후 임대한 경우 위 3개 일자 중 가장 늦은 날인 실제 임차인 전입일을 임대개시일로 한다.

[임대등록 시점별 장기임대주택 요건]

구 분	'20.7.10. 이전 임대등록	'20.7.11.~'20.8.17. 임대등록	'20.8.18. 이후 임대등록
대 상	모든 주택	아파트를 제외한 모든 주택	
면적기준	면적기준 없음		
가액기준	임대개시일 현재 기준시가 6억원(수도권 밖 3억원) 이하		
임대유형	단기임대, 장기임대	장기임대	장기임대
임대기간	5년 이상	8년 이상	10년 이상
증액제한	임대료(또는 임대보증금) 인상률 5% 이내		
등록기관	시군구 + 세무서		

2 주택 취득시기에 따른 거주주택 비과세 적용범위

1) 2019.2.11. 이전에 취득한 거주주택을 양도하는 경우

장기임대주택을 보유한 상태에서 2019.2.11. 이전에 취득한 주택에 대하여는 횟수에 제한없이 거주주택 비과세특례가 적용된다. 다만, 장기임대주택을 보유한 상태에서 신규주택을 취득한 경우가 아니라 의무임대기간 종료 후 장기임대주택을 거주주택으로 전환하여 2년 이상 보유요건 등을 충족한 후 양도하는 경우에는 직전 거주주택 양도일 이후에 발생한 양도차익에 대해서만 비과세가 적용된다.

[2019.2.11. 이전에 취득한 거주주택 비과세]

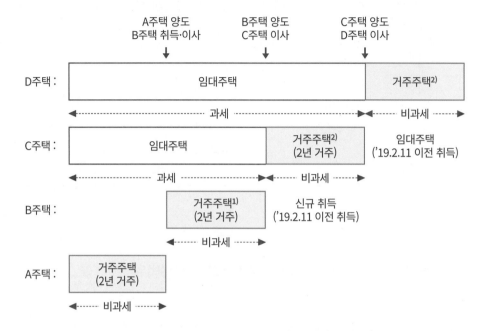

1) 2년 이상 거주한 A주택을 양도하여 거주주택 비과세를 받은 경우에도, 2019.2.11. 이전에 B주택을 신규로 취득하여 2년 이상 거주하고 양도하면 재차 거주주택 비과세를 받을 수 있다.

2) 임대등록한 C주택 또는 D주택의 보유기간 중에 직전 거주주택 A주택 또는 B주택을 양도하여 거주주택 비과세특례를 적용받은 후, 의무임대기간 종료 후 C주택 또는 D주택을 거주주택으로 전환하여 비과세 요건을 충족한 후 양도하는 경우에는 양도소득금액 전체가 아닌 A주택 또는 B주택 양도일 이후 기간분에 대해서만 비과세를 적용한다. 이 경우 마지막으로 남은 D주택이 2017.8.3. 이후 취득한 조정대상지역 내 주택으로서 2019.12.16. 이전에 임대등록하였거나, 2017.8.2. 이전에 취득한 주택에 해당하는 경우에는 2년 이상 거주요건이 적용되지 않으므로 D주택 양도시 2년 이상 보유요건만 충족하면 된다.

사례

'19.2.11. 이전에 취득한 주택에 대한 재차 거주주택 비과세 적용여부

해설 임대주택B를 보유한 상태에서 2019.2.11. 이전에 취득한 주택은 횟수에 제한없이 거주주택 비과세특례가 적용되므로, A주택을 양도하여 거주주택 비과세특례를 적용받은 후 2018.6.15.에 취득한 C주택을 2년 이상 거주한 후 양도할 경우에도 재차 거주주택 비과세가 적용된다.

계산사례 1

거주주택을 양도한 후 의무임대기간이 종료된 임대주택을 양도하는 경우

● 주택 임대 및 양도에 관한 자료

구 분	내 용
거주주택A	3년 전에 이미 거주주택 비과세특례를 적용받음
일반주택B	▪ 양도일 : 2022.2.15. ▪ 양도가액 : 11억원 ▪ 양도차익 : 6억원 ▪ 1세대1주택 비과세 요건 충족하고, 전체 보유기간 10년으로 가정
기준시가	거주주택A 양도 당시 임대주택B 기준시가 : 5억원
	일반주택B 양도 당시 기준시가 : 7억원
	임대주택B 취득 당시 기준시가 : 2억원

※ 일반주택B는 당초 장기임대주택으로 등록하여 임대하다 의무임대기간 종료 후 1년 6개월 거주하다 양도한 주택임

해설

1. B주택의 전체 양도소득금액 : 600,000,000 – 600,000,000 × 20% = 480,000,000

* 의무임대기간 종료 후 B주택에서 2년 이상 거주하지 않았으므로 최대 30%를 한도로 20%(10년 × 2%)의 장기보유특별공제율이 적용된다.

2. 직전 거주주택A 양도일 이전 B주택 보유기간분에 대한 과세소득금액

$$\text{B주택 전체 양도소득금액} \times \frac{\text{직전거주주택 양도 당시 임대주택 기준시가} - \text{취득 당시 기준시가}}{\text{양도 당시 기준시가} - \text{취득 당시 기준시가}}$$

$$= \text{과세분} : 480,000,000 \times \frac{(500,000,000 - 200,000,000)}{(700,000,000 - 200,000,000)} = 288,000,000$$

추가해설 의무임대기간이 종료된 후 1세대1주택 비과세 요건을 충족한 B주택을 양도하는 경우 양도소득금액 4.8억원 전체에 대하여 비과세되는 것이 아니라, 직전 거주주택A의 양도일 이후 발생한 양도소득금액 1.92억원에 대해서만 비과세된다. 이 경우 직전 거주주택A의 양도일 이후 발생한 양도소득금액은 기준시가 비율로 안분하여 계산한다.

$$※ \text{ 비과세 : } 480,000,000 \times \frac{(700,000,000 - 500,000,000)}{(700,000,000 - 200,000,000)} = 192,000,000$$

계산사례 2

고가주택에 해당하는 임대주택을 의무임대기간 종료 후 양도하는 경우

● 주택 임대 및 양도에 관한 자료

구 분	내 용
거주주택A	3년 전에 이미 거주주택 비과세특례를 적용받음
일반주택B	▪ 양도일 : 2022.2.15. ▪ 양도가액 : 20억원 ▪ 양도차익 : 8억원 ▪ 1세대1주택 비과세 요건 충족하고, 전체 보유기간 10년으로 가정
기준시가	거주주택A 양도 당시 임대주택B 기준시가 : 9억원
	일반주택B 양도 당시 기준시가 : 12억원
	임대주택B 취득 당시 기준시가 : 4억원

※ 일반주택B는 당초 장기임대주택으로 등록하여 임대하다 의무임대기간 종료 후 2년 6개월 거주하다 양도한 주택임

해설

1. 직전 거주주택A 양도일 이전 B주택의 보유기간분에 대한 과세소득금액

① 전체 양도소득금액 : 800,000,000 − 800,000,000 × 20%(10년 × 2%) = 640,000,000

② B주택의 과세소득금액

$$640,000,000 \times \frac{(900,000,000 - 400,000,000)}{(1,200,000,000 - 400,000,000)} = 400,000,000$$

2. 직전 거주주택A 양도일 이후 B주택 보유기간분에 대한 12억원 초과분 양도소득금액

① 전체 양도소득금액 : 800,000,000 − 800,000,000 × 48% = 416,000,000

　＊ 의무임대기간 종료 후 주택B에서 2년 이상 거주하였으므로 최대 80%를 한도로 48%(10년×4% + 2년×4%)의 장기보유특별공제율이 적용된다.

② B주택에 대한 12억원 초과분 과세소득금액

$$416,000,000 \times \frac{(1,200,000,000 - 900,000,000)}{(1,200,000,000 - 400,000,000)} \times \frac{20억원 - 12억원}{20억원} = 62,400,000$$

3. 과세분 양도소득금액 합계 : 400,000,000 + 62,400,000 = 462,400,000

2) 2019.2.12. 이후에 취득한 거주주택을 양도하는 경우

임대주택을 보유한 상태에서 거주주택 비과세특례를 적용받은 후, 2019.2.12. 이후 취득한 주택(장기임대주택을 거주주택으로 전환한 주택 포함)을 양도하는 경우에는 거주 여부를 불문하고 재차 거주주택 비과세특례가 적용되지 않는다. 다만, 2019.2.12. 현재 거주하고 있는 주택과 2019.2.11. 이전에 거주주택을 취득하기 위해 매매계약을 체결하고 계약금을 지급한 사실이 확인되는 주택 (2019.2.12. 당시 보유 중인 분양권 또는 조합원입주권 포함)은 종전규정이 적용되어 재차 거주주택 비과세특례를 적용받을 수 있다.

[2019.2.12. 이후에 취득한 거주주택에 대한 비과세]

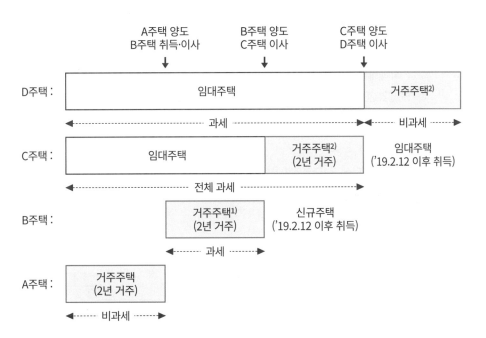

1) 2019.2.12. 이후 취득한 B주택을 2년 이상 거주하고 양도하는 경우에는 A주택에 대해 이미 거주주택 비과세를 받았으므로 재차 거주주택 비과세를 적용받을 수 없으며, 2019.2.12. 이후 취득한 C주택을 임대주택으로 등록한 후 의무임대기간 종료 후 거주주택으로 전환하여 비과세 요건을 충족한 후 양도하는 경우에도 전체 양도소득금액에 대해 과세된다.

2) 1세대1주택 비과세 요건을 충족한 최종 임대주택D만 보유하게 된 경우에는 직전 거주주택C 양도일 이후 발생한 양도소득금액에 대해서는 비과세된다. 이 경우 마지막으로 남은 D주택이 2017.8.3. 이후 취득한 조정대상지역 내 주택으로서 2019.12.16. 이전에 임대등록하였거나, 2017.8.2. 이전에 취득한 주택에 해당하는 경우에는 2년 이상 거주요건이 적용되지 않으나, 2019.12.17. 이후에 임대등록한 경우에는 2년 이상 거주요건이 적용된다.

'19.2.11. 이전에 비과세 받고 2019.2.12. 이후 취득한 거주주택의 비과세 여부

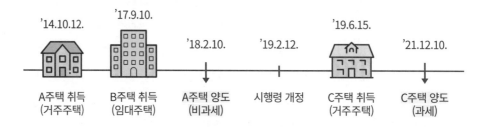

A주택 취득 (거주주택) '14.10.12. B주택 취득 (임대주택) '17.9.10. A주택 양도 (비과세) '18.2.10. 시행령 개정 '19.2.12. C주택 취득 (거주주택) '19.6.15. C주택 양도 (과세) '21.12.10.

해설 임대주택을 보유한 상태에서 거주주택A에 대하여 비과세 받은 후 2019.2.12. 이후 취득한 C주택을 양도하는 경우 평생 1회만 비과세를 적용하므로 재차 거주주택 비과세를 받을 수 없다. 이 경우 평생 비과세 1회 적용은 2019.2.12. 이후 취득한 주택분부터 적용하는 것이 아니라 2019.2.11. 이전에 취득한 주택을 포함해서 평생 1회를 적용하는 것이므로 이미 거주주택 비과세를 적용받은 경우에는 재차 거주주택 비과세를 적용받을 수 없다(재산세제과-192, 2020.2.18 참조).

'19.2.11. 이전에 신규주택에 대해 매매계약을 체결한 후 '19.2.12. 이후에 주택을 취득한 경우 재차 거주주택 비과세 적용여부

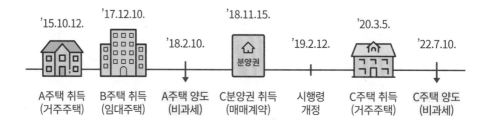

A주택 취득 (거주주택) '15.10.12. B주택 취득 (임대주택) '17.12.10. A주택 양도 (비과세) '18.2.10. C분양권 취득 (매매계약) '18.11.15. 시행령 개정 '19.2.12. C주택 취득 (거주주택) '20.3.5. C주택 양도 (비과세) '22.7.10.

해설 임대주택을 보유한 상태에서 거주주택A에 대하여 이미 비과세를 받은 경우에도 2019.2.11. 이전에 C주택에 대해 매매계약 체결하고 계약금을 지급한 후 2019.2.12. 이후 신축주택을 취득하여 2년 이상 거주요건을 충족한 C주택을 양도하는 경우에는 재차 거주주택 비과세가 적용된다(법령해석재산-1409, 2021.4.27 참조).

임대주택이 없는 상태에서 '19.2.11. 이전에 신규주택에 대한 매매계약을 체결한 경우

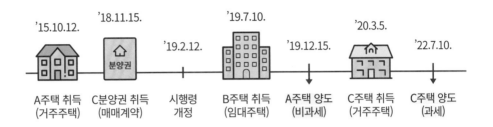

'15.10.12.	'18.11.15.	'19.2.12.	'19.7.10.	'19.12.15.	'20.3.5.	'22.7.10.
A주택 취득 (거주주택)	C분양권 취득 (매매계약)	시행령 개정	B주택 취득 (임대주택)	A주택 양도 (비과세)	C주택 취득 (거주주택)	C주택 양도 (과세)

해설 임대주택이 없는 상태에서 2019.2.11. 이전에 C주택에 대하여 매매계약을 체결하고 계약금을 지급한 후 2019.2.12. 이후 장기임대주택을 취득하고 주택분양권에 의해 준공된 C주택을 2년 이상 거주한 후 양도할 경우에는 거주주택A에 대하여 이미 비과세를 받았기 때문에 재차 거주주택 비과세를 받을 수 없다(법령해석재산-1464, 2021.3.8 참조).

3 의무임대기간 중 거주주택에 대해 비과세 적용 이후 임대주택에 대한 사후관리

장기임대주택의 의무임대기간이 종료되기 전에 거주주택을 양도하는 경우에도 비과세를 받을 수 있으나 거주주택 비과세를 적용받은 후 ① 임대의무호수를 임대하지 않은 기간이 6개월 이상인 경우 ② 의무임대기간이 경과되기 전에 포괄양도하는 경우 ③ 본인이 임대주택에 직접 거주하는 경우 등 의무임대기간요건을 충족하지 못하게 된 때에는 그 사유가 발생한 날이 속하는 달의 말일로부터 2개월 이내에 아래 계산식에 따라 계산한 금액을 신고·납부하여야 한다.

> 거주주택 양도 당시 임대주택을 장기임대주택으로 보지 않을 경우에 납부하였어야 할 세액
> – 거주주택 양도 당시 1세대1주택 비과세 규정을 적용받아 납부한 세액

4 임대등록 시점별 거주주택 비과세 적용 여부

1) 2020.7.10. 이전까지 임대주택으로 등록한 경우

2020.7.10. 이전까지 소득세법상 장기임대주택으로 등록한 경우 장단기 구분 없이 5년 이상 임대하면 양도한 거주주택에 대하여 비과세특례가 적용된다.

2) 2020.7.11. 이후 임대주택으로 등록한 경우

2020.7.11. 이후부터는 단기임대로 등록할 수 없고 장기임대로 등록하여야 하며, 8년(2020.8.18. 이후 등록분부터는 10년) 이상의 의무임대기간을 충족해야 거주주택 비과세를 적용받을 수 있으므로 아파트를 제외한 주택을 2020.7.11. 이후 장기임대주택으로 등록하는 경우에는 취득시기 및 조정대상지역 소재여부와 관계 없이 거주주택 비과세 규정을 적용받을 수 있다.

사례 1

조정대상지역 소재 아파트를 '20.7.10. 이전에 단기임대주택으로 등록한 경우

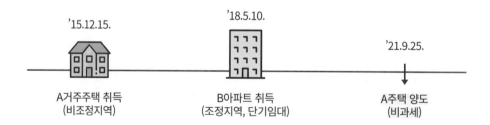

'15.12.15.
A거주주택 취득
(비조정지역)

'18.5.10.
B아파트 취득
(조정지역, 단기임대)

'21.9.25.
A주택 양도
(비과세)

▪ B주택은 취득일에 임대등록하였고, 법적 요건을 충족한 것으로 가정함

해설 2020.7.10.까지 임대등록한 주택은 장단기 불문하고 거주주택 비과세 규정을 적용받을 수 있으므로, A거주주택을 양도할 경우 비과세된다.

사례 2

'18.9.14. 이후 취득한 조정대상지역 소재 아파트를 단기임대주택으로 등록한 경우

'15.12.15.
A거주주택 취득
(서울지역)

'18.10.10.
B아파트 취득
(조정지역, 단기임대)

'21.11.25.
A주택 양도
(비과세)

▪B주택은 취득일에 임대등록하였고, 법적 요건을 충족한 것으로 가정함

해설 2018.9.14. ~ 2020.7.10.까지 취득한 조정대상지역 내 주택을 임대등록한 경우 장단기 및 조정대상지역 지정여부를 불문하고 거주주택 비과세 규정을 적용받을 수 있으므로, A거주주택을 양도할 경우 비과세된다.

사례 3

'20.7.11. 이후 취득한 조정대상지역 소재 다가구주택을 단기임대로 등록한 경우

'15.12.15.
A거주주택 취득
(서울지역)

'20.11.10.
B다가구 취득
(조정지역, 단기임대)

'22.8.25.
A주택 양도
(비과세)

▪B주택은 취득일에 임대등록하였고, 법적 요건을 충족한 것으로 가정함

해설 2020.7.11. 이후에는 장기임대로 등록한 경우에만 거주주택 비과세 규정을 적용받을 수 있으므로 A거주주택을 양도할 경우 거주주택 비과세를 적용받을 수 없으나, 2019.12.17. 이후 조정대상지역 내 신규주택을 취득한 경우로서 2022.5.10. 이후에 종전주택을 양도하는 경우에는 2년 이내 양도하면 일시적2주택 비과세특례가 적용된다.

'20.7.11. 이후 취득한 조정대상지역 소재 아파트를 장기임대주택으로 등록한 경우

'15.12.15.
A거주택 취득
(서울지역)

'20.8.10.
B아파트 취득
(조정지역, 장기임대)

'22.1.25.
A주택 양도
(과세)

• B주택은 취득일에 임대등록하였고, 법적 요건을 충족한 것으로 가정함

해설 2020.7.11. 이후부터는 아파트는 조정대상지역 여부를 불문하고 더 이상 임대등록을 할 수 없으므로 거주주택 비과세는 적용받을 수 없고, 2019.12.17. 이후 조정대상지역 내 신규주택을 취득한 경우로서 2022.5.9. 이전에 종전주택을 양도하는 경우에는 1년 이내 양도해야 일시적2주택 비과세특례가 적용되므로 해당 사례에서는 1년 이상 경과하여 종전주택을 양도하였으므로 비과세되지 않는다.

5 거주주택 비과세 관련 주요 사례

1) 장기임대주택을 지분형태로 공동소유한 경우

임대주택을 동일세대원이 공동소유한 경우 거주주택 비과세 적용 여부

'17.9.10.
A거주택 취득
(甲 단독소유)

'19.7.25.
B주택 취득
(장기임대등록)

'22.4.15.
A주택 양도
(비과세)

• B주택은 甲과 배우자 乙이 각각 50%씩 공동소유하고 있음

해설 甲과 乙이 별도세대인 경우 각각 1호 미만의 주택을 임대한 경우에 해당하나, 甲과 乙은 동일세대원으로서 1세대 기준으로 1호 이상의 주택을 임대하는 경우에 해당하여 거주주택을 양도할 경우 비과세된다(부동산납세과-989, 2020.8.31 참조).

대비사례

임대주택을 별도세대원이 공동소유한 경우 거주주택 비과세 적용 여부

A거주주택 취득
(甲 단독소유)

'17.9.10.

B주택 취득
(장기임대등록)

'19.7.25.

A주택 양도
(과세)

'22.4.15.

▪ B주택은 甲과 별도세대원인 乙이 각각 50%씩 공동소유하고 있음

해설 1세대가 1호 이상의 임대주택을 보유하고 있는 상태에서 거주주택을 양도해야 비과세되므로 별도세대원인 甲과 乙이 50%씩 공동으로 소유한 임대주택은 세대당 1호 이상 임대 호수 요건을 충족하지 않아 거주주택 비과세를 적용받을 수 없다(부동산거래관리과-212, 2012.4.18 참조).

응용사례

별도세대원이 다가구주택을 임대주택으로 등록하여 공동소유한 경우

甲은 별도세대원인 乙,丙과 공동으로 2018년 수도권 소재 다가구주택을 취득하여(甲,乙,丙 소유지분 각각 1/3) 임대사업자로 등록하고 임대하던 중 매입 후 2년 이상 거주한 주택을 2022.2.15.에 양도하였다. 甲이 거주주택을 양도할 당시 乙,丙과 함께 임대 중인 다가구주택 등의 임대현황은 아래와 같다.

● 다가구주택 및 상가 임대 현황

층별	가구수	용도	연면적(㎡)	취득당시 기준시가
지상3층	2가구	주택	100	1,650,000,000
지상2층	2가구	주택	100	
지상1층		근린생활시설	100	250,000,000

지하1층		근린생활시설	60	100,000,000
계			360	2,000,000,000

해설 거주주택 비과세는 1세대가 1호 이상의 임대주택을 임대하고 있는 상태에서 거주주택을 양도하는 경우에 한하여 적용된다. 이 때 다가구주택을 공동소유한 경우 1호 이상을 임대하는지 여부는 공동소유한 다가구주택의 전체 임대호수에 1세대에 속한 소유자의 지분비율을 곱하여 판단한다(부동산납세과-361, 2019.4.5 참조).

위 사례에서 전체 임대호수 4호에 甲의 지분비율 1/3을 곱한 임대호수는 1.333호로서 甲은 1호 이상 임대호수 요건을 충족하고 있고, 다가구주택의 전체 취득당시 기준시가 16.5억원을 전체임대 4호로 나눈 가액이 4.12억원으로서 취득당시 수도권 기준가액 6억원 이하에 해당하여 가구당 가액기준도 충족하므로 甲이 양도한 A거주주택은 비과세를 적용받을 수 있다.

2) 동일세대원으로부터 부담부증여로 취득한 거주주택의 거주기간 계산방법

사례

동일세대인 父로부터 부담부증여로 취득한 거주주택을 양도하는 경우 거주기간 계산

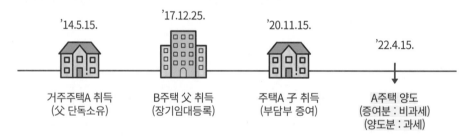

'14.5.15. / '17.12.25. / '20.11.15. / '22.4.15.

거주주택A 취득
(父 단독소유)

B주택 父 취득
(장기임대등록)

주택A 子 취득
(부담부 증여)

A주택 양도
(증여분 : 비과세)
(양도분 : 과세)

▪자녀는 거주주택A를 부담부증여로 취득한 후 해당 주택에서 거주하지 않음

해설 동일세대원으로부터 부담부증여로 취득한 주택을 양도한 경우 증여로 보는 부분에 대한 거주기간은 증여자와 수증자가 동일세대로서 거주한 기간을 통산하며, 양도로 보는 채무액에 해당하는 부분에 대한 거주기간은 수증자가 증여받은 날부터 거주주택 양도일까지 계산하여 거주주택 비과세 여부를 판단한다.

따라서 위 사례에서 증여로 취득한 부분의 양도차익에 대하여는 2년 이상 거주요건을 충족하여 비과세되나, 양도로 보는 채무액에 해당하는 부분의 양도차익에 대하여는 2년 이상 거주요건을 충족하지 못하여 양도소득세가 과세된다(법령해석재산-2718, 2021.5.17 참조).

3) 거주주택 비과세와 상속주택 비과세 중복적용 가능 여부

> **사례**
>
> **장기임대주택과 상속주택을 보유하고 있는 경우 거주주택 비과세 적용 여부**

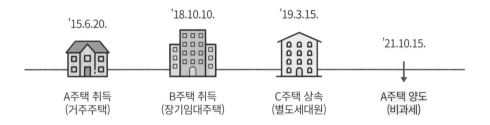

'15.6.20.
A주택 취득
(거주주택)

'18.10.10.
B주택 취득
(장기임대주택)

'19.3.15.
C주택 상속
(별도세대원)

'21.10.15.
A주택 양도
(비과세)

해설 장기임대주택 보유자에 대한 거주주택 비과세와 상속주택 비과세는 중복적용되므로 장기임대주택과 상속주택을 보유한 상태에서 거주주택을 양도하는 경우에도 비과세된다(부동산거래관리과-0010, 2012.1.3 참조).

4) 거주주택과 장기임대주택을 보유한 상태에서 출국한 경우 비과세 적용 여부

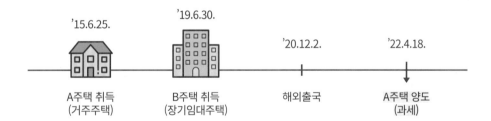

'15.6.25.
A주택 취득
(거주주택)

'19.6.30.
B주택 취득
(장기임대주택)

'20.12.2.
해외출국

'22.4.18.
A주택 양도
(과세)

해설 거주주택과 장기임대주택을 보유한 1세대가 해외이주로 세대전원이 출국하는 경우 출국일 현재 1주택자가 아니므로 출국일로부터 2년 이내 양도한 거주주택은 비과세를 적용받을 수 없다(법령해석재산-4922, 2017.8.22 참조).

Ⅱ 장기가정어린이집 보유자의 거주주택 비과세 특례

1 개요

소득세법 시행령 제167조의3 제1항 제8호의2에 따라 거주주택 양도일 현재 세무서에 사업자등록을 하고 5년 이상 운영한 장기가정어린이집을 보유한 상태에서 거주주택 보유기간 중 세대전원이 2년 이상 거주한 주택을 양도하는 경우 장기가정어린이집은 없는 것으로 보아 1세대1주택 비과세 규정을 적용한다.

2 2019.2.12. 이후 취득한 주택에 대한 거주주택 비과세 재차 적용여부

장기임대주택을 보유한 자가 2019.2.12. 이후 취득한 거주주택에 대해서는 평생 1회에 한하여 거주주택 비과세특례가 적용되나, 장기가정어린이집을 보유한 자가 2019.2.12. 이후에 취득한 거주주택에 대해서는 횟수에 제한없이 거주주택 비과세특례가 적용된다.

> **사례**
>
> 장기어린이집을 보유한 상태에서 '19.2.11. 이전에 거주주택 비과세를 적용받은 후 2019.2.12. 이후 취득한 거주주택의 비과세 여부

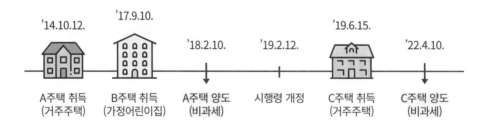

'14.10.12. A주택 취득 (거주주택)
'17.9.10. B주택 취득 (가정어린이집)
'18.2.10. A주택 양도 (비과세)
'19.2.12. 시행령 개정
'19.6.15. C주택 취득 (거주주택)
'22.4.10. C주택 양도 (비과세)

해설 거주주택A와 장기가정어린이집B를 보유한 상태에서 거주주택A 대하여 비과세를 적용받은 후, 2019.2.12. 이후 취득한 C주택을 양도할 경우에도 평생 1회 제한이 없으므로 재차 거주주택 비과세를 적용받을 수 있다.

3 가정어린이집으로 사용하지 않게 된 날부터 6개월 이내 거주주택을 양도하는 경우 비과세 및 중과적용 여부

5년 이상 장기가정어린이집으로 운영하였다 하더라도 거주주택 양도일 현재 가정어린이집 용도로 사용하고 있지 않는 경우에는 거주주택 비과세특례는 적용받을 수 없으나, 폐업 등으로 인하여 가정어린이집으로 사용하지 않게 된 날로부터 6개월 이내 거주주택을 양도한 경우에는 중과세는 적용되지 않는다.

> **사례**

거주주택 양도일 현재 장기가정어린이집으로 운영하지 않는 경우

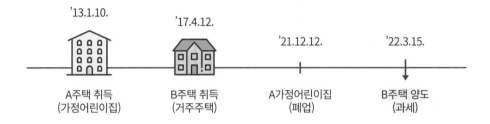

| '13.1.10. | '17.4.12. | '21.12.12. | '22.3.15. |

A주택 취득 (가정어린이집)   B주택 취득 (거주주택)   A가정어린이집 (폐업)   B주택 양도 (과세)

해설 장기가정어린이집과 거주주택을 보유하다가 5년 이상 운영한 장기가정어린이집을 폐업한 후 거주주택을 양도하는 경우에는 거주주택 비과세가 적용되지 않는다. 다만, 장기가정어린이집 폐업일로부터 6개월 이내 거주주택을 양도하였으므로 중과세는 적용되지 않는다 (법규과-667, 2022.2.23 참조).

Chapter 4

재개발·재건축 등에 대한 양도소득세

01
재개발·재건축 등에 대한 총설

I 조합원입주권의 범위

1 조합원입주권의 정의

도시및주거환경정비법에 따른 재개발·재건축 사업을 통해 조합원이 기존에 보유하고 있던 주택이나 토지를 조합에 제공하고 관리처분계획인가에 따라 신축주택을 분양받을 수 있는 권리를 말한다.

1) 소득세법상 조합원입주권에 대한 취급

① 부동산을 취득할 수 있는 권리로 취급되는 경우 세법상 영향

조합원입주권은 신축주택을 분양받을 수 있는 권리로서 조합원입주권을 보유한 기간동안 발생한 양도차익에 대하여 장기보유특별공제가 적용되지 않으며, 승계조합원이 조합원입주권을 취득하여 신축주택으로 양도하는 경우 조합원입주권으로 보유한 기간은 신축주택의 보유기간으로 인정되지 않는다.

② 주택으로 취급되는 경우 세법상 영향

조합원입주권은 신축주택을 분양받을 수 있는 권리임에도 불구하고 다른 주택의 1세대1주택 비과세여부나 중과여부 판단시 주택수에 포함되고, 1세대1주택 비과세요건을 갖춘 조합원입주권을 양도하는 경우 비과세 될 수 있다.

2) 조합원입주권에 포함되는 정비사업 범위

2021.12.31. 이전까지는 도시및주거환경정비법에 따른 재개발·재건축사업과 빈집 및 소규모주택정비에 관한 특별법상 소규모 재건축사업 과정에서 취득한 신축주택을 분양받을 수 있는 권리만 조합원입주권에 포함되었으나, 2022.1.1. 이후부터는 자율주택정비사업, 가로주택정비사업 및 소규모재개발사업 과정에서 취득한 입주권도 조합원입주권에 포함된다.

📚 **배경 및 취지**

조합원입주권이나 주택분양권과 마찬가지로 소규모 정비사업과정에서 취득한 입주권도 다른 주택의 1세대1주택 비과세여부나 중과여부 판단시 주택수에 포함하여 투기수요를 억제하기 위한 것이다.

[정비사업별 조합원입주권 해당 여부]

근거 법령	정비사업종류	조합원입주권 해당 여부	
		2021.12.31. 이전 취득	2022.1.1. 이후 취득
도시 및 주거환경정비법	재개발사업	포함	포함
	재건축사업	포함	포함
빈집 및 소규모주택정비에 관한 특례법	소규모 재건축사업	포함	포함
	자율주택정비사업	제외	포함
	가로주택정비사업	제외	포함
	소규모 재개발사업	제외	포함

✏️ **몰라도 그만**

소규모 정비사업의 요건은 아래와 같으며, 재건축이나 재개발 사업에 비하여 규모가 작은 것이 특징이다.

구 분	요 건
자율주택정비사업	단독주택 10호 미만, 다세대등 공동주택 20호 미만의 정비구역
가로주택정비사업	단독주택 10호 이상 또는 다세대 등 공동주택 20호 이상, 대지 면적 1만㎡ 미만
소규모재건축사업	200세대 미만, 대지 면적 1만㎡ 미만

1) 조합원입주권에 해당하는 경우

① 정비사업조합의 조합원으로부터 승계 취득한 조합원입주권(부동산납세과-1273, 2015.8.17.참조)

② 소유하던 상가를 조합에 제공하고 취득한 주택에 대한 조합원입주권(부동산납세과-1057, 2017.9.18.)

2) 조합원입주권에 해당하지 않는 경우

① 도시정비법에 따른 주택재개발·재건축사업으로 상가를 소유한 자가 취득하는 상가입주권(서면4팀-587, 2008.3.7.)

② 직장주택조합 입주권 또는 지역주택조합 입주권

📖 **배경 및 취지**

> 정비구역 내 상가를 소유한 자는 관리처분계획인가에 따라 신축상가 또는 신축주택을 분양 받을 수 있는 권리를 취득하게 되는데, 신축주택을 취득할 수 있는 권리만 조합원입주권에 포함되고 신축상가를 분양받을 수 있는 권리는 조합원입주권에 포함되지 않는다.

☕ **여담 코너**

주택관련 법규에서는 평소에 접하지 못한 생소한 용어가 사용되다보니 비슷한 용어들끼리 혼동하는 경우가 있다. 2021년 여름 어떤 납세자가 세무상담을 하러 왔다. 본인이 가진 주택 을 양도하려고 하는데 부인이 소유한 조합입주권까지 포함하면 1세대 2주택자가 되어 중과 대상이 된다고 들었는데 중과세를 피할 방법이 없겠냐고 물었다. 조합입주권을 취득한 경위 를 유심히 캐물으니 부인이 소유한 조합원입주권은 도시 및 주거환경정비법에 따른 관리처분 계획인가로 인하여 취득한 조합원입주권이 아니라 지역주택조합 입주권이었다. 양도소득세 중과여부 판단시 지역주택조합 입주권이나 직장주택조합 입주권은 주택수에 포함되지 않고, 도시 및 주거환경정비법에 따른 관리처분계획인가로 인하여 취득한 조합원입주권만 주택수에 포함되는데 용어가 서로 비슷하다보니 두가지 개념을 혼동한 것이다. 상담손님은 양도할 주택 이 중과되는 줄 알고 찾아왔는데 1주택자로서 비과세된다고 하니 무척 기뻐하며 상담료를 후하게 …

2021.1.1. 이후 취득한 지역주택조합 입주권이나 직장주택조합 입주권도 1세대1주택 비과세 나 중과여부 판단시 주택수에 포함되나, 상담 손님은 2020.12.31. 전에 지역주택조합입주권 을 취득하여 중과세도 피하고 비과세를 받을 수 있게 되었다.

Ⅱ 주택과 조합원입주권간 상호 변환시기

1 종전주택이 조합원입주권으로 변환되는 시기

도시및주거환경정비법에 따른 재개발·재건축 사업에 따라 조합원이 조합에 제공한 종전 부동산은 관리처분계획인가일에 조합원입주권으로 변환된다.

💡 **용어해설 _ 관리처분계획인가란?**

조합이 조합원으로부터 종전주택이나 토지 등을 출자받고 그 대가로 신축주택으로 교환해 주는 절차를 관리처분이라고 한다. 조합은 도시및주거환경정비법과 조합정관에 정해진 바에 따라 관리처분계획을 작성하여 시·군·구청장에게 인가받아야 한다. 관리처분은 징수처분이나 부과처분과 같은 행정청의 행정행위나 도시및주거환경정비법에서는 조합에도 일정부분 행정행위를 할 수 있는 권한을 부여하고 있다. 조합이 작성한 관리처분계획은 시·군·구청장이 인가해야 비로소 효력이 발생하는데, 관리처분계획을 인가하여 관보에 고시하는 날이 관리처분계획인가 고시일이다. 관리처분계획이 인가되면 조합원은 출자한 종전주택이나 토지를 사용수익 할 수 없게 되는 대신 신축주택을 분양받을 수 있는 권리를 얻게 된다.

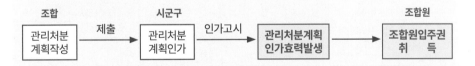

소득세법에서 종전주택이 조합원입주권으로 전환되는 시점을 관리처분계획인가일로 정한 이유는 바로 관리처분계획인가일에 조합원이 소유한 주택에 대한 사용·수익권을 상실하고 신축주택을 분양받을 권리를 갖게 되기 때문이다. 재개발·재건축사업으로 종전주택은 멸실되고, 신축주택이 완성되면 조합원은 소유권이전고시일의 다음 날에 신축주택의 소유권을 취득하게 된다. 소유권 이전고시는 관리처분계획인가 내용에 따라 조합원에게 분양하여 주기로 한 신축주택의 소유권을 조합원에게 돌려주는 절차이므로 관리처분계획의 실행절차이다.

2 조합원입주권이 신축주택으로 변환되는 시기

관리처분계획인가일에 변환된 조합원입주권이 다시 신축주택으로 변환되는 시기는 신축주택의 준공일 또는 사용승인일이다. 이 경우 원조합원의 신축주택 취득시기는 종전주택을 취득한 날이며, 조합원입주권을 승계취득한 승계조합원의 경우 신축주택을 취득하는 시기는 신축주택의 사용승인일이 된다.

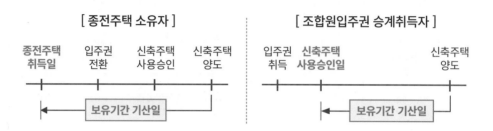

예를 들어 무주택자가 관리처분계획인가 전 A시점에서 주택을 취득하여 재건축·재개발 공사가 완료된 후 신축주택을 양도한 경우 신축주택은 종전주택의 연장으로 보므로 2년 이상 보유기간을 충족하여 양도소득세가 비과세될 수 있으나, 관리처분계획인가 후 B시점에서 주택을 취득한 경우에는 조합원입주권을 승계취득한 것이 되어 신축주택 취득일은 2022.2.10이 되므로 신축주택을 양도할 경우 비과세가 되지 않을 뿐만 아니라, 장기보유특별공제가 적용되지 않고 1년 미만 보유에 따른 70%의 단기세율이 적용된다.

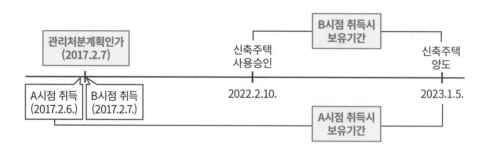

Ⅲ 조합원입주권의 주택수 포함 및 중과세 여부

조합원입주권은 주택은 아니나 1세대1주택 비과세 판단시 또는 다주택자 중과세 판단시 주택수에 포함되므로, 조합원입주권 외에 다른 주택을 양도할 경우 1세대1주택 비과세를 받지 못하게 되거나 다주택자로 중과될 수 있다.

[조합입주권이 주택 양도에 미치는 영향]

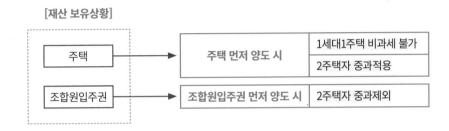

[주택과 조합원입주권의 비교]

구 분	주택	조합원입주권
세법상 취급	부동산	부동산을 취득할 수 있는 권리
1세대1주택 비과세 여부	적용 가능 (소득세법§89①제3호)	적용 가능 (소득세법§89①제4호)
비과세 판단시 주택수 포함 여부	포함	포함
다주택자 중과시 주택수 포함 여부	포함	포함
양도시 다주택자 중과 여부	중과 대상	중과대상 아님

02

조합원입주권 등에 대한
비과세 특례

I 조합원입주권에 대한 양도소득세 비과세

관리처분계획인가일 현재 1세대1주택 비과세 요건을 충족한 주택을 조합원입주권으로 변환된 상태에서 양도하는 경우로서 아래의 요건을 충족하면 양도소득세가 비과세되나, 양도가액 12억원(2021.12.7. 이전 양도분은 9억원) 초과분에 해당하는 고가주택 양도차익에 대하여는 양도소득세가 과세된다.

📖 배경 및 취지

원칙적으로 조합원입주권은 주택을 취득할 수 있는 권리로서 1세대1주택 비과세가 적용되지 않으나, 1세대1주택 비과세 요건을 갖춘 종전주택이 조합원입주권으로 전환된 후 양도되는 경우에는 조합원입주권을 종전주택의 연장으로 보아 비과세하는 것이다.

1 양도일 현재 조합원입주권만 보유한 경우

1) 2021.12.31. 이전에 전환된 원조합원입주권인 경우

조합원입주권 양도일 현재 다른 주택 또는 조합원입주권을 보유하고 있지 않아야 한다.

2) 2022.1.1. 이후에 전환된 원조합원입주권인 경우

조합원입주권 양도일 현재 다른 주택, 조합원입주권 또는 2022.1.1. 이후 취득한 주택분양권을 보유하고 있지 않아야 한다.

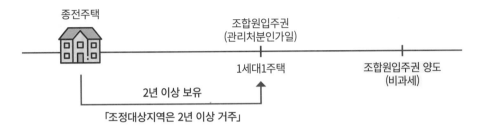

2 양도일 현재 조합원입주권과 신규주택을 보유한 경우

1) 2021.12.31. 이전에 전환된 원조합원입주권인 경우

조합원입주권을 보유한 1세대가 신규주택을 취득하고 신규주택 취득일부터 3년 이내 조합원입주권을 양도해야 한다.

2) 2022.1.1. 이후에 전환된 원조합원입주권인 경우

조합원입주권을 보유한 1세대가 신규주택을 취득하고 2022.1.1. 이후 취득한 주택분양권을 보유하지 않은 상태에서 신규주택 취득일부터 3년 이내 조합원입주권을 양도해야 한다.

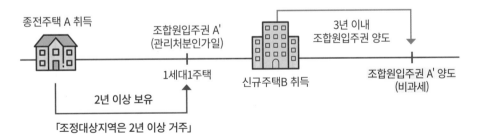

조합원입주권은 2006.1.1. 이후 관리처분계획인가를 받아 취득하는 분부터 1세대1주택 비과세 여부 및 중과대상 주택수 판단시 주택수에 포함되었으나, 주택분양권은 2020.12.31. 이전 취득분까지는 주택수에 포함되지 않다가 주택을 취득할 수 있는 권리라는 측면에서 조합원입주권과 성격이 유사하므로 과세형평 차원에서 2021.1.1. 이후 취득분부터는 1세대1주택 비과세 여부 및 다주택 중과세 판단시 주택수에 포함되도록 소득세법 시행령이 개정되었다. 다만, 2022.1.1. 이후 전환된 조합원입주권 비과세 판단시 주택분양권은 2022.1.1. 이후 취득분부터 주택수에 포함된다.

[조합원입주권과 주택의 일시적2주택 비과세 특례 비교]

구 분	조합원입주권 비과세 특례	일시적2주택 비과세 특례
특례적용 대상	원조합원입주권 + 신규주택	종전주택 + 신규주택
비과세 대상	원조합원입주권	종전주택
신규주택 취득시점	-	종전주택 취득일로부터 1년 이상 경과 후
양도기한	3년 이내(조정대상지역 불문)	3년(조정대상지역은 2년 또는 1년) 이내

사례 1

관리처분계획인가일 현재 다른 주택 등을 보유하고 있는 경우 비과세 여부

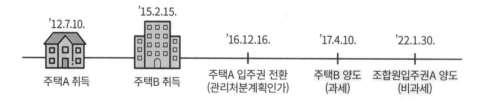

해설 1세대1주택 비과세 여부는 양도일 현재를 기준으로 판단하므로 A주택의 관리처분계획인가일 현재 2주택을 보유하고 있다 하더라도 관리처분계획인가일 현재 2년 이상 보유 등 비과세 요건을 충족한 A조합원입주권 양도시점에서는 다른 주택을 보유하고 있지 않아 1세대1주택 비과세가 적용된다(대판2007두10501, 2008.6.12.참조).

사례 2

양도 당시 2개의 입주권을 보유한 상태에서 1개의 입주권 양도시 비과세 여부

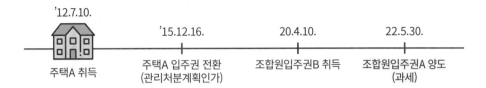

- '12.7.10. 주택A 취득
- '15.12.16. 주택A 입주권 전환 (관리처분계획인가)
- 20.4.10. 조합원입주권B 취득
- 22.5.30. 조합원입주권A 양도 (과세)

해설 1세대1주택 비과세요건을 갖춘 주택이 조합원입주권으로 전환된 상태에서 신규로 주택을 취득한 경우 실수요 목적으로 주택을 취득한 것으로 보아 조합원입주권에 대하여 비과세되는 것이나, 신규로 조합원입주권을 취득한 경우 실수요 목적이 아니라 투기목적으로 취득한 것으로 보아 1세대1주택 비과세요건을 갖춘 조합원입주권을 양도하는 경우에도 비과세되지 않는 것이다.

유사사례

승계취득한 조합원입주권 2개가 순차로 완성된 경우 일시적2주택 여부

- '15.5.10. A입주권 승계 취득
- '16.3.15. B입주권 승계 취득
- '18.4.12. A주택 준공
- '20.12.25. B주택 준공
- '21.7.12. A주택 양도 (과세)

해설 조합입주권에 대한 일시적2주택 비과세는 비과세요건을 갖춘 주택을 보유하던 중 조합원입주권을 취득한 경우 또는 비과세요건을 갖춘 조합원입주권을 보유하던 중 주택을 취득한 경우에만 적용된다. 따라서 A,B 조합원입주권을 승계 취득한 후 조합원입주권이 순차로 완공되어 일시적2주택이 된 상태에서 A주택을 양도하는 경우 비과세되지 않는다(부동산납세과-1231, 2021.9.3.참조).

사례 3

조합원입주권 전환된 시점이 '21.12.31. 이전인 경우 조합원입주권 양도시 비과세 여부

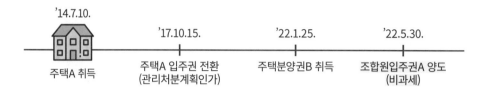

'14.7.10.
주택A 취득

'17.10.15.
주택A 입주권 전환
(관리처분계획인가)

'22.1.25.
주택분양권B 취득

'22.5.30.
조합원입주권A 양도
(비과세)

해설 2022.1.1. 이후에 분양권을 취득한 경우에도 종전주택이 조합원입주권으로 전환된 시점이 2021.12.31. 이전이므로 관리처분계획인가일 현재 2년 이상 보유 등 1세대1주택 비과세 요건을 갖춘 조합원입주권A를 양도하는 경우 비과세된다.

대비사례

조합원입주권 전환된 시점이 '22.1.1. 이후인 경우 조합원입주권 양도시 비과세 여부

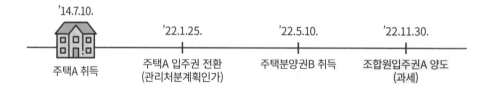

'14.7.10.
주택A 취득

'22.1.25.
주택A 입주권 전환
(관리처분계획인가)

'22.5.10.
주택분양권B 취득

'22.11.30.
조합원입주권A 양도
(과세)

해설 2022.1.1. 이후 종전주택이 조합원입주권으로 전환된 상태에서 2022.1.1. 이후 주택분양권을 취득한 후 조합원입주권A를 양도하는 경우 비과세되지 않는다.

사례 4

조합원입주권과 장기임대주택 보유 중 조합원입주권 양도시 비과세 여부

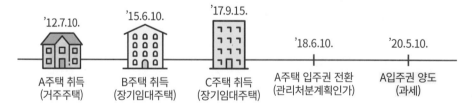

'12.7.10.
A주택 취득
(거주주택)

'15.6.10.
B주택 취득
(장기임대주택)

'17.9.15.
C주택 취득
(장기임대주택)

'18.6.10.
A주택 입주권 전환
(관리처분계획인가)

'20.5.10.
A입주권 양도
(과세)

해설 2년 이상 거주주택 비과세특례 요건을 충족한 거주주택과 장기임대주택 2채를 보유하던 중 거주주택을 양도하는 경우 비과세되나, 거주주택이 조합원입주권으로 전환된 후 양도하는 경우에는 비과세되지 않는다(법령해석재산-1581, 2018.4.8.참조).

사례 5

조합원입주권 양도시 일시적 1세대 2주택 비과세 적용 여부

해설 주택 A, B를 보유하던 중 주택B가 조합원입주권으로 전환된 상태에서 새로운 주택C를 취득한 후 주택A를 먼저 양도하고 관리처분계획인가일 현재 2년 이상 보유 등 비과세요건을 충족한 조합원입주권B를 신규주택C 취득일로부터 3년 이내 양도하는 경우에는 비과세된다(부동산납세과-1076, 2017.9.25.참조).

사례 6

혼인합가로 2주택이 된 후 그 중 1주택이 입주권으로 전환되어 양도된 경우

해설 각각 1주택을 보유한 자가 혼인한 후 1주택이 조합원입주권으로 전환된 경우 혼인한 날로부터 5년 이내에 관리처분계획인가일 현재 1세대1주택 비과세요건을 갖춘 조합원입주권을 양도하는 경우 비과세된다. (재산세제과-1410, 2009.9.10.참조)

Ⅱ 조합원입주권 취득 후 종전주택 양도시 비과세

1 종전주택을 조합원입주권 취득한 후 3년 이내에 양도하는 경우

1세대가 1주택을 보유한 상태에서 조합원입주권을 취득하여 1주택과 1조합원입주권을 보유하게 된 경우로서 아래 요건을 충족한 종전주택을 조합원입주권 취득한 후 3년 내에 양도하는 경우 비과세된다.

① 종전주택 취득일로부터 1년 이상 경과 후 1개의 조합원입주권을 승계 취득할 것
② 조합원입주권을 취득한 날로부터 3년 이내에 1세대1주택 비과세 요건을 충족한 종전주택을 양도할 것

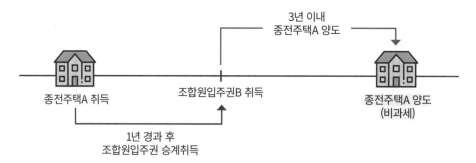

📑 배경 및 취지

종전주택과 신규주택 모두 조정대상 지역에 있는 경우 신규주택 취득시기에 따라 비과세되는 종전주택의 양도기한이 1년 또는 2년으로 단축될 수 있으나, 종전주택을 보유한 상태에서 신규로 취득한 조합원입주권이 주택으로 완공되어 입주할 때까지 상당한 기간이 소요될수 있음을 감안하여 비과세되는 종전주택 양도기한을 조정대상지역 지정여부와 관계없이 3년으로 하는 것이다.

2 종전주택을 조합원입주권 취득 후 3년 이상 경과한 후 양도하는 경우

종전주택을 조합원입주권 취득 후 3년 이상 경과 후 양도하는 경우에도 아래 요건을 모두 충족하면 비과세된다.

① 종전주택 취득일로부터 1년 이상 경과 후 1개의 조합원입주권을 승계 취득할 것
② 재건축·재개발 주택이 완성되기 전에 종전주택을 양도하거나 또는 신축주택 으로 완성된 후 2년 이내 종전주택을 양도할 것
③ 재건축·재개발 주택이 완성된 후 2년 이내 신축주택으로 세대전원이 이사 하여 1년 이상 계속 거주할 것

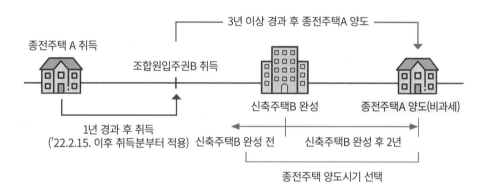

📖 **배경 및 취지**

재개발·재건축사업이 지연되는 등 불가피한 사정으로 3년 내에 신축주택에 입주할 수 없는 사정이 발생할 수 있는 점을 감안하여, 조합원입주권 취득일로부터 3년 이상 경과한 후 종전 주택을 양도한 경우에도 비과세되는 것으로 종전주택 양도일 요건을 완화하는 대신 신축주 택 완성일로부터 2년 이내 종전주택을 양도하고 신축주택에 전입해야 하는 등 전입요건을 강화하여 비과세 혜택의 균형을 맞춘 것이다.

사례 1

입주권이 재건축되어 준공일부터 2년 이상 경과 후 종전주택 양도시 비과세 여부

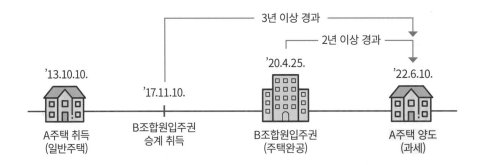

해설 1주택자가 조합원입주권을 승계취득한 날로부터 3년 이내에 종전주택을 양도하는 경우 소득령 §156의2③에 따라 비과세되며, 3년 경과 후 종전주택을 양도하는 경우에도 소득세법 §156의2④에 따라 신축주택의 준공일로부터 2년 이내 종전주택을 양도하면 비과세된다. 이 사례에서는 종전주택을 조합원입주권 승계취득일로부터 3년 이상 경과 후 양도하는 경우로서 조합원입주권이 주택으로 완공된 후 2년 이상 경과하여 종전주택을 양도하였으므로 비과세가 적용되지 않는다.

사례 2

조합원입주권을 보유한 상태에서 일반주택을 취득하여 일반주택 양도시 비과세 여부

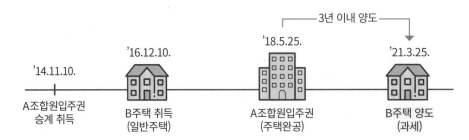

해설 일시적2주택 비과세는 종전주택을 양도하는 경우에만 적용되는데, A조합원입주권을 승계 취득한 후에 B주택을 취득하고 A조합원입주권이 주택으로 완공된 이후 B주택을 양도하는 경우 B주택은 종전주택으로 볼 수 없으므로 일시적2주택 비과세가 적용되지 않는다.

사례 3

장기임대주택과 조합원입주권 소유시 거주주택 비과세 특례 적용여부

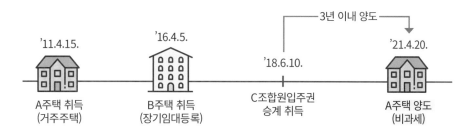

┌─ 3년 이내 양도 ─┐

'11.4.15.   '16.4.5.   '21.4.20.

                              '18.6.10.

A주택 취득   B주택 취득   C조합원입주권   A주택 양도
(거주주택)   (장기임대등록)   승계 취득   (비과세)

해설 장기임대주택은 1세대1주택 비과세 여부 판단시 주택수에서 제외되므로 거주주택과 장기임대주택을 보유하던 중 거주주택을 양도하기 전에 조합원입주권을 취득한 후 조합원입주권 취득일로부터 3년 이내에 거주주택을 양도하는 경우에는 비과세된다(법령해석재산-0433, 2017.9.8.참조).

Ⅲ 재건축 등 기간 중 취득한 대체주택 양도시 비과세

아래 요건을 모두 갖춘 1세대1주택자가 재개발·재건축 또는 소규모재건축사업의 시행기간 동안 거주하기 위하여 대체주택을 취득한 후 1년 이상 거주한 대체주택을 양도하는 경우 비과세된다.

① 재개발·재건축사업 또는 소규모재건축사업의 원조합원에 해당할 것
② 사업시행인가일 현재 1세대가 1주택을 보유할 것
③ 사업시행인가일 이후 대체주택을 취득하여 1년 이상 거주할 것
④ 조합원입주권이 주택으로 완성되기 전에 대체주택을 양도하거나 완성된 후 2년 이내 대체주택을 양도할 것
⑤ 재건축·재개발 주택이 완성된 후 2년 이내 신축주택으로 세대전원이 이사하여 1년 이상 계속 거주할 것

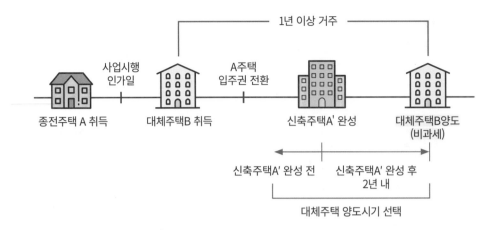

📖 배경 및 취지

보유하던 주택이 재건축·재개발 되는 경우 사업시행기간 동안 거주할 대체주택을 취득할 필요가 있는데, 2년 이상 보유 등 비과세요건을 갖추지 못한 경우에도 1년 이상 거주 등 대체주택 비과세 요건을 갖춘 주택을 양도하는 경우에는 비과세를 적용하여 이주가 원활히 진행되도록 세제상으로 지원하기 위한 것이다.

[주택과 조합원입주권을 보유한 경우 비과세 특례 비교]

구 분	종전주택 3년 이내 또는 3년 경과 후 양도		대체주택 양도
관련법령	소득령§156의2③	소득령§156의2④	소득령§156의2⑤
비과세 대상	종전주택 양도	종전주택 양도	대체주택 양도
적용대상	승계조합원		원조합원
취득시기	관리처분계획인가일 이후 조합원입주권 취득		사업시행인가일 이후 대체주택 취득
취득 순서	① 종전주택 보유 ② 승계조합원입주권 취득 ③ 3년 이내 종전주택 양도	① 종전주택 보유 ② 승계조합원입주권 취득 ③ 3년 경과후 종전주택 양도	① 조합원입주권 취득 ② 대체주택 취득 ③ 대체주택 양도
거주요건	-	완공후 2년 이내 이사 + 1년 이상 거주	완공후 2년 이내 이사 + 1년 이상 거주

원조합원과 승계조합원의 차이 비교

구 분		원 조합원	승계조합원
비과세 특례	조합원입주권 양도	비과세특례 적용됨	비과세 안됨
	조합원입주권 + 주택 취득 → 조합원입주권 양도	비과세특례 적용됨	비과세 안됨
	종전주택 + 조합원입주권 취득 → 종전주택 양도	비과세 안됨	비과세특례 적용됨
	사업시행기간 중 취득한 대체주택 양도	비과세특례 적용됨	비과세 안됨
1세대1주택 비과세 판단시 주택수 포함 여부		포함	포함
중과대상 주택수 판단시 주택수 포함 여부		포함	포함
조합원입주권 양도시 세율 적용을 위한 보유기간 계산		종전주택 취득일부터 입주권 양도일까지	입주권 취득일부터 입주권 양도일까지
조합원입주권 양도시 장기보유특별공제 적용기간		종전주택 취득일부터 관리처분계획인가일까지	적용 불가
신축주택 양도시 보유기간 계산		종전주택 취득일부터 신축주택 양도일까지	신축주택 사용승인일부터 신축주택 양도일까지

🖋 용어해설 _ 사업시행인가

사업시행인가란 조합이 작성한 정비사업의 전체적인 사업계획을 시·군·구청장이 인가하는 것을 말한다. 시·군·구청장은 조합이 작성한 신축할 주택의 건폐율과 용적율에 관한 사항, 도로나 공원 등의 설치에 관한 사항 등이 포함된 사업시행계획이 인가요건에 맞으면 사업시행계획을 인가하고 관보에 게시하게 되는데, 이 때부터 사업시행계획인가의 효력이 발생된다.

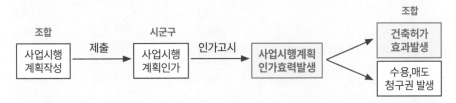

사업시행계획인가에 따라 조합은 건축허가를 받은 것으로 보아 별도로 건축허가를 신청할 필요가 없고, 조합이 정비구역 내 토지나 건물을 수용하거나 조합원 소유 토지나 건물을 매도청구할 수 있게 된다. 정비구역 지정 후 사업시행계획인가가 완료되면 중요한 인가절차가 거의 종료되어 정비사업이 무산될 가능성이 낮아지므로 이 때부터 정비구역 내 주민들은 이사 준비를 하게 된다. 사업시행계획인가일 이후에 대체주택을 취득하여 양도하는 경우에만 비과세하는 것은 투기목적이 아니라 사업시행 기간 동안 거주하기 위한 목적으로 취득한 것으로 판단할 수 있기 때문이다.

사례 1

사업시행기간 중 취득한 대체주택이 입주권으로 변환된 후 양도하는 경우

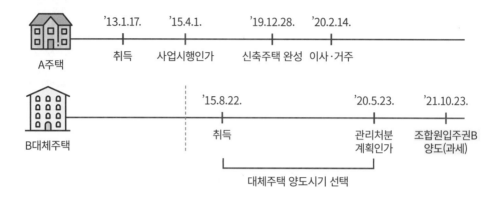

해설 대체주택 비과세는 주택을 양도하는 경우에 한하여 적용되므로, 대체주택이 조합원입주권으로 변환되어 조합원입주권으로 양도하는 경우에는 양도소득세가 비과세되지 않는다 (부동산납세과-1024, 2021.7.20.참조).

사례 2

승계조합원입주권을 보유한 자가 대체주택 취득 및 양도시 비과세 여부

해설 종전주택을 보유하다 재건축사업 시행에 따라 대체주택을 취득하여 1년 이상 거주하다 양도하는 경우에 대체주택 비과세가 적용되나, 승계조합원입주권을 취득한 후 대체주택을 취득한 경우에는 대체주택 비과세가 적용되지 않는다(부동산납세과-511, 2020.4.21. 참조).

사례 3

장기임대주택과 조합원입주권을 보유한 경우 대체주택 양도시 비과세 적용 여부

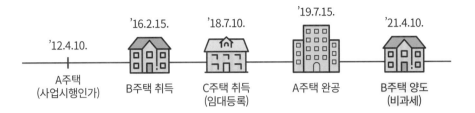

'12.4.10.	'16.2.15.	'18.7.10.	'19.7.15.	'21.4.10.
A주택 (사업시행인가)	B주택 취득	C주택 취득 (임대등록)	A주택 완공	B주택 양도 (비과세)

해설 장기임대주택은 1세대1주택 비과세 여부 판단시 주택수에 포함되지 않으므로, 장기임대주택과 조합원입주권을 소유한 1세대가 소득세법 시행령 제156조의2 제5항에 해당하는 대체주택을 양도하는 경우에는 1세대1주택 비과세된다(부동산납세과-601, 2019.6.11.참조).

03
조합원입주권을 양도하는 경우 양도소득세 계산

I 조합원입주권을 양도하는 경우

1 양도차익 구분의 필요성

조합원입주권을 양도한 경우 양도소득세를 계산하기 위해서는 종전주택을 취득하여 조합원입주권을 양도할 때까지 발생한 전체 양도차익을 관리처분계획인가 전 양도차익과 관리처분계획인가 후 양도차익으로 구분해야 한다. 양도차익을 구분하는 이유는 종전주택을 보유한 기간 동안 발생한 양도차익에 대해서는 장기보유특별공제가 적용되나, 조합원입주권을 보유한 기간 동안 발생한 양도차익에 대하여는 장기보유특별공제가 적용되지 않기 때문이다.

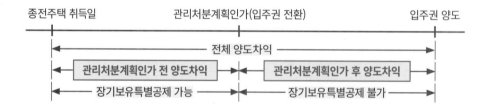

📖 배경 및 취지

조합원입주권은 주택을 취득할 수 있는 권리로 보기 때문에 조합원입주권을 보유한 기간 동안 발생한 양도차익은 장기보유특별공제가 적용되지 않는 것이다.

2 **양도차익의 구분계산**

1) 관리처분계획인가 전 양도차익

종전주택을 보유하는 기간 동안 발생한 양도차익으로서 종전주택의 권리가액에서 종전주택의 취득가액 및 필요경비를 차감하여 계산한다.

[관리처분계획 인가 전 양도차익]

종전주택의 권리가액 - (종전주택의 취득가액 + 필요경비)

2) 관리처분계획인가 후 양도차익

조합원입주권을 보유하는 기간 동안 발생한 양도차익으로서 조합원입주권 양도가액에서 종전주택의 권리가액과 양도 당시 지출한 필요경비를 차감하여 계산한다.

[관리처분계획 인가 후 양도차익]

조합원입주권 양도가액 - (종전주택의 권리가액 + 필요경비)

🕐 **여기서 잠깐 _ 종전주택 권리가액이란?**

조합원이 조합에 출자한 종전주택의 가액을 종전주택 권리가액이라고 하며, 종전주택의 권리가액은 도시 및 주거환경정비법에 따라 감정평가사가 감정평가한 가액을 기초로 산정된다. 종전주택의 권리가액은 신축아파트의 분양대금으로 불입한 금액으로 보게 되므로 종전주택의 권리가액이 신축아파트의 분양가액보다 큰 경우 조합원은 청산금을 수령하게 되고, 종전주택의 권리가액이 신축아파트의 분양가액보다 작은 경우 조합원은 추가분담금에 해당하는 청산금을 납부하게 된다.

[조합원이 청산금을 수령하는 경우]

| 종전주택
권리가액 | > | 신축주택
분양가액 |

[조합원이 청산금을 납부하는 경우]

| 종전주택
권리가액 | < | 신축주택
분양가액 |

아래 그림과 같이 종전주택의 권리가액은 종전주택의 양도차익을 계산할 때 종전주택의 양도가액으로 사용되고, 조합원입주권의 양도차익을 계산할 때 조합원입주권의 취득가액으로 사용된다.

$$\begin{bmatrix} 입주권 \\ 양도가액 \end{bmatrix} - \begin{bmatrix} 종전주택 \\ 취득가액 \end{bmatrix} = \begin{bmatrix} 입주권 \\ 양도가액 \end{bmatrix} - \boxed{\begin{matrix} 종전주택 \\ 권리가액 \end{matrix}} + \boxed{\begin{matrix} 종전주택 \\ 권리가액 \end{matrix}} - \begin{bmatrix} 종전주택 \\ 취득가액 \end{bmatrix}$$

서로 상계

종전주택이 조합원입주권으로 변환된 후 조합원입주권을 양도하는 경우

● 종전주택 취득 및 조합원입주권 양도에 관한 자료

구 분	내 용
1. 종전주택 취득내역	취득일 : 2013.1.10.
	실지 취득가액 : 5억원
	취득세 등 기타 필요경비 : 1천만원
2. 관리처분계획인가 내역	인가일 : 2019.3.5.
	종전주택의 권리가액 : 9억원
3. 조합원입주권 양도내역	양도일 : 2022.2.16.
	양도가액 : 15억원
	기타 필요경비 : 2천만원
4. 기타 내용	입주권 양도 당시 2주택 보유

	구 분	종전주택	조합원입주권	계
	양도가액	900,000,000	1,500,000,000	
(−)	취득가액	500,000,000	900,000,000	
(−)	기타 필요경비	10,000,000	20,000,000	
(=)	양도차익	390,000,000	580,000,000	970,000,000
(−)	장기보유특별공제	46,800,000	-	46,800,000
(=)	양도소득금액	343,200,000	580,000,000	923,200,000
(−)	양도소득기본공제			2,500,000
(=)	과세표준			920,700,000
	산출세액	920,700,000 × 42% − 35,400,000		351,294,000
(+)	지방소득세	351,294,000 × 10%		35,129,400
(=)	총부담세액			386,423,400

1. 양도소득금액의 계산

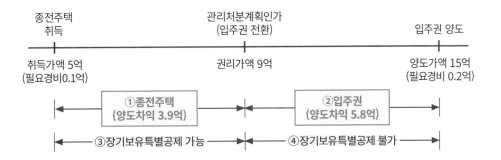

① 종전주택 양도차익은 종전주택의 권리가액 9억원에서 종전주택의 취득가액 5억원과 필요경비 0.1억원을 차감한 3.9억원이다.

② 조합원입주권 양도차익은 입주권의 양도가액 15억원에서 종전주택의 권리가액 9억원과 필요경비 0.2억원을 차감한 5.8억원이다.

③ 주택을 보유한 기간동안 발생한 양도차익에 대하여만 장기보유특별공제가 적용되므로 종전주택 취득일부터 관리처분계획 인가일까지 장기보유특별공제를 적용한다.

장기보유특별공제액 : 390,000,000 × 12%(6년×2%) = 46,800,000

④ 조합원입주권을 보유한 기간동안 발생한 양도차익에 대하여는 장기보유특별공제가 적용되지 않는다.

2. 세율 적용 및 중과 여부

조합입주권을 양도하는 경우에는 중과되지 않으므로 기본세율을 적용하고, 다른 주택의 양도시 중과대상 주택수에는 포함된다.

Ⅱ 조합원이 청산금을 납부하고 조합원입주권을 양도하는 경우 양도소득세 계산

조합원이 조합에 종전주택을 출자하고 조합원입주권을 취득하는 과정에서 납부할 청산금이 발생한 경우 조합원입주권의 양도차익은 관리처분계획인가 전 양도차익과 청산금을 반영한 관리처분계획인가 후 양도차익으로 구분하여 계산한다.

1 양도차익의 구분계산

1) 관리처분계획인가 전 양도차익

관리처분계획인가일 현재 종전주택의 권리가액에서 종전주택의 취득가액 및 필요경비를 차감하여 계산한다.

[관리처분계획 인가 전 양도차익]

종전주택의 권리가액 - (종전주택의 취득가액 + 필요경비)

2) 관리처분계획인가 후 양도차익

조합원입주권 양도가액에서 종전주택의 권리가액, 청산금 납부액 및 양도 당시 지출한 필요경비를 차감하여 계산한다.

[관리처분계획 인가 후 양도차익]

조합원입주권 양도가액 - (신축주택 분양가액 + 필요경비)

여기서 신축주택의 분양가액은 종전 부동산의 권리가액에 청산금 납부액을 더한 금액이다.

2 조합원입주권이 고가주택인 경우 양도차익 계산

조합원입주권이 1세대1주택 비과세 대상이면서 양도가액이 12억원(2021.12.7. 이전 양도분은 9억원)을 초과하는 경우 양도차익은 아래와 같이 주택부분과 입주권부분으로 구분하여 계산한다.

[주택 부분]

$$관리처분계획인가\ 전\ 양도차익\ \times\ \frac{(조합원입주권\ 양도가액 - 12억원)}{조합원입주권\ 양도가액}$$

[입주권 부분]

$$관리처분계획인가\ 후\ 양도차익\ \times\ \frac{(조합원입주권\ 양도가액 - 12억원)}{조합원입주권\ 양도가액}$$

🕐 여기서 잠깐 _ 청산금이란?

조합원이 조합에 청산금을 납부하는 경우와 조합으로부터 청산금을 수령하는 경우 종전주택 양도차익과 조합원입주권 양도차익에 미치는 영향은 아래와 같다.

청산금을 납부하는 경우

종전주택의 권리가액이 10억원이고 조합원이 분양받는 신축주택의 분양가액이 12억원이라 가정하면 조합원은 청산금 2억원을 납부해야 한다. 이 경우 납부한 청산금 2억원은 종전주택을 양도하는 과정에서 발생한 것이 아니고, 신축주택을 취득하면서 종전주택의 권리가액 10억원에 2억원을 추가로 납부한 것이므로 조합원입주권의 양도차익을 계산할 때 조합원입주권의 취득가액에 가산한다.

청산금을 수령하는 경우

종전주택의 권리가액이 10억원이고 조합원이 분양받는 신축주택의 분양가액 8억원이라 가정하면 조합원은 청산금 2억원을 수령하게 된다. 이 경우 조합원이 수령한 청산금 2억원은 종전주택을 일부 양도한 것이므로 종전주택의 양도차익에 영향을 주는 것이며, 조합원입주권의 취득가액은 종전주택의 권리가액 10억원에서 2억원을 차감한 8억원이 된다.

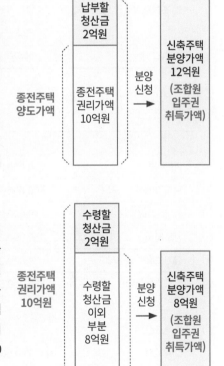

청산금을 납부하고 원조합원입주권을 양도하는 경우

● 종전주택 취득 및 조합원입주권 양도에 관한 자료

구 분	내 용
1. 종전주택 취득내역	취득일 : 2010.1.10.
	실지 취득가액 : 6억원
	취득세 등 기타 필요경비 : 4천만원
2. 관리처분계획인가 내역	인가일 : 2019.3.5.
	종전주택의 권리가액 : 10억원
	조합원 신축주택 분양가액 : 14억원
	납부할 청산금 : 4억원
3. 조합원입주권 양도내역	양도일 : 2022.4.10.
	양도가액 : 20억원
	기타 필요경비 : 6천만원
4. 기타 내용	입주권 양도 당시 2주택 보유

계산내역

	구 분	종전주택	조합원입주권	계
	양도가액	1,000,000,000	2,000,000,000	
(−)	취득가액	600,000,000	1,400,000,000	
(−)	기타 필요경비	40,000,000	60,000,000	
(=)	양도차익	360,000,000	540,000,000	900,000,000
(−)	**장기보유특별공제**	64,800,000	-	**64,800,000**
(=)	양도소득금액	295,200,000	540,000,000	835,200,000
(−)	양도소득기본공제			2,500,000
(=)	과세표준			832,700,000
	산출세액	832,700,000 × 42% - 35,400,000		314,334,000
(+)	지방소득세	314,334,000 × 10%		31,433,400
(=)	총부담세액			345,767,400

1. 양도소득금액의 계산

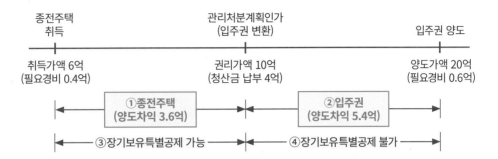

① 종전주택 양도차익은 종전주택의 권리가액 10억원에서 종전주택의 취득가액 6억원과 필요경비 0.4억원을 차감한 3.6억원이 된다. 이 경우 청산금 납부액 4억원은 종전주택을 양도하면서 발생한 것이 아니라 새로운 주택을 분양받으면서 추가 불입하는 것이므로 종전주택 양도차익에는 영향을 주지 않는다.

② 조합원입주권 양도차익은 입주권의 양도가액 20억원에서 종전주택의 권리가액 10억원, 청산금 납부액 4억원 및 필요경비 0.6억원을 차감한 5.4억원이 된다. 청산금 납부액 4억원은 신축주택을 분양받으면서 추가로 납부한 것이므로 입주권 취득가액에 포함된다.

③ 주택을 보유한 기간 동안 발생한 양도차익에 대하여는 종전주택 취득일부터 관리처분계획 인가일까지에 대하여 장기보유특별공제가 적용된다.

> **장기보유특별공제액 : 360,000,000 × 18% (9년×2%) = 64,800,000**

④ 조합원입주권을 보유한 기간동안 발생한 양도차익에 대하여는 장기보유특별공제가 적용되지 않는다.

2. 세율적용 및 중과 여부

조합입주권을 양도하는 경우에는 중과되지 않으므로 기본세율을 적용하고, 다른 주택의 양도시 중과대상 주택수에는 포함된다.

계산사례 2

청산금을 납부하고 비과세되는 원조합원입주권을 양도하는 경우

● 종전주택 취득 및 조합원입주권 양도에 관한 자료

구 분	내 용
1. 종전주택 취득내역	취득일 : 2010.3.20.
	실지 취득가액 : 10억원
	취득세 등 기타 필요경비 : 2천만원
2. 관리처분계획인가 내역	인가일 : 2019.4.9.
	종전주택의 권리가액 : 16억원
	조합원 신축주택 분양가액 : 18억원
	납부할 청산금 : 2억원
3. 조합원입주권 양도내역	양도일 : 2022.4.10.
	양도가액 : 20억원
	기타 필요경비 : 1천만원
4. 기타 내용	종전주택은 관리처분계획인가 당시 1세대1주택 비과세요건을 충족하였고, 종전주택에서 5년2개월 거주함

계산내역

	구 분	종전주택	조합원입주권	계
	양도가액	1,600,000,000	2,000,000,000	
(-)	취득가액	1,000,000,000	1,800,000,000	
(-)	기타 필요경비	20,000,000	10,000,000	
(=)	양도차익	580,000,000	190,000,000	770,000,000
	12억원 초과분 양도차익	232,000,000	76,000,000	308,000,000
(-)	장기보유특별공제	129,920,000	-	129,920,000
(=)	양도소득금액	102,080,000	76,000,000	178,080,000
(-)	양도소득기본공제			2,500,00
(=)	과세표준			175,580,000
	산출세액	175,580,000 × 38% - 19,400,000		47,320,400
(+)	지방소득세	47,320,400 × 10%		4,732,040
(=)	총부담세액			52,052,440

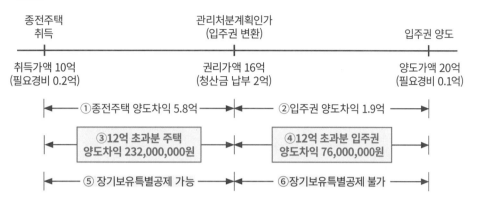

① 종전주택 양도차익은 종전주택의 권리가액 16억원에서 종전주택의 취득가액 10억원과 필요경비 0.2억원을 차감한 5.8억원이다.

② 조합원입주권 양도차익은 입주권의 양도가액 20억원에서 종전주택의 권리가액 16억원, 청산금 납부액 2억원 및 필요경비 0.1억원을 차감한 1.9억원이다.

③ 1세대1주택 비과세 고가주택 12억원 초과분에 대한 양도차익은 종전주택의 양도차익 5.8억원에 전체 양도가액 20억원 중 12억원을 초과한 8억원이 전체 양도가액 20억원에서 차지하는 비율 40%를 곱한 2.32억원이다.

$$580,000,000 \ \times \ \frac{(2,000,000,000 - 1,200,000,000)}{2,000,000,000} = \ 232,000,000$$

④ 1세대1주택 비과세 고가주택 12억원 초과분에 대한 양도차익은 입주권의 양도차익 1.9억원에 전체 양도가액 20억원 중 12억원을 초과한 8억원이 전체 양도가액 20억원에서 차지하는 비율 40%를 곱한 0.76억원이다.

$$190,000,000 \ \times \ \frac{(2,000,000,000 - 1,200,000,000)}{2,000,000,000} = \ 76,000,000$$

⑤ 관리처분계획인가일 현재 1세대1주택 비과세 요건을 갖추었으므로 입주권 상태로 양도하는 경우에도 비과세되나, 양도가액이 12억원을 초과하여 고가주택에 해당하므로 주택으로 보유한 기간 동안 발생한 양도차익에 대하여만 보유기간과 거주기간으로 구분하여 장기보유특별공제를 적용한다.

$232,000,000 \ \times \ 56\%(보유기간\ 9년\times연4\% + 거주기간\ 5년\times연4\%) = \ 129,920,000$

⑥ 조합원입주권을 보유한 기간동안 발생한 양도차익에 대하여는 장기보유특별공제가 적용되지 않는다.

종전주택의 취득가액은 불분명하고 비과세 원조합원입주권을 양도하는 경우

● 종전주택 취득 및 조합원입주권 양도에 관한 자료

구 분	내 용	
1. 종전주택 취득내역	취득일 : 2010.1.10.취득가액 불분명	
	종전주택 취득 당시 기준시가 : 토지 2억원, 건물 1억원	
2. 관리처분계획인가 내역	인가일 : 2018.3.5.	
	종전주택의 권리가액 : 9억원	
	조합원 분양가액 : 12억원	
	납부할 청산금 : 3억원	
	관리처분인가일 현재 기준시가 : 토지 5억원, 건물 3억원	
3. 조합원입주권 양도내역	양도일 : 2022.4.10.	
	양도가액 : 15억원	
4. 기타 내용	종전주택은 관리처분계획인가 당시 1세대1주택 비과세요건 충족하였고, 취득일 이후 관리처분계획인가일까지 계속 종전주택에 거주함	

계산내역

	구 분	종전주택	조합원입주권	계
	양도가액	900,000,000	1,500,000,000	
(-)	취득가액	337,500,000	1,200,000,000	
(-)	기타 필요경비	9,000,000	-	
(=)	양도차익	553,500,000	300,000,000	853,500,000
	고가주택 양도차익	110,700,000	60,000,000	170,700,000
(-)	**장기보유특별공제**	70,848,000	-	70,848,000
(=)	양도소득금액	39,852,000	60,000,000	99,852,000
(-)	양도소득기본공제			2,500,000
(=)	과세표준			97,352,000
	산출세액	97,352,000 × 35% - 14,900,000		19,173,200
(+)	지방소득세	19,173,200 × 10%		1,917,320
(=)	총부담세액			21,090,520

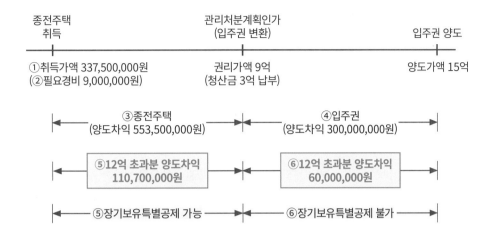

① 종전건물과 그 부수토지의 취득가액을 확인할 수 없는 경우에는 다음과 같이 환산취득가액으로 계산한다.

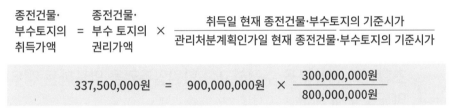

② 필요경비개산공제는 취득 당시 기준시가의 3%를 적용하여 계산한다.

취득당시 토지 및 건물의 기준시가 합계 300,000,000원 × 3% = 9,000,000원

③ 종전주택 양도차익은 종전주택의 권리가액 900,000,000원에서 종전주택의 환산취득가액 337,500,000원과 필요경비개산공제 9,000,000원을 차감한 553,500,000원이다.

④ 조합원입주권 양도차익은 입주권의 양도가액 15억원에서 종전주택의 권리가액 9억원과 청산금 납부액 3억원을 차감한 3억원이다.

⑤ 1세대1주택 비과세 고가주택 12억원 초과분에 대한 종전주택 양도차익은 종전주택의 양도차익 553,500,000원에 전체 양도가액 15억원 중 12억원을 초과한 3억원이 전체 양도가액 15억원에서 차지하는 비율 20%를 곱한 110,700,000원이다.

$$553,500,000 \times \frac{(1,500,000,000 - 1,200,000,000)}{1,500,000,000} = 110,700,000$$

⑥ 1세대1주택 비과세 고가주택 12억원 초과분에 대한 입주권 양도차익은 입주권의 양도차익 3억원에 전체 양도가액 15억원 중 12억원을 초과한 3억원이 전체 양도가액 15억원에서 차지하는 비율 20%를 곱한 0.6억원이다.

$$300,000,000 \times \frac{(1,500,000,000 - 1,200,000,000)}{1,500,000,000} = 60,000,000$$

⑦ 종전주택 취득일로부터 관리처분계획인가일까지 주택으로 보유한 기간동안 발생한 양도차익에 대하여 보유기간과 거주기간으로 구분하여 장기보유특별공제를 적용한다.

110,700,000 × 64%(보유기간 8년 × 연4%+ 거주기간 8년 × 연4%) = 70,848,000

⑧ 조합원입주권을 보유한 기간동안 발생한 양도차익에 대하여는 장기보유특별공제가 적용되지 않는다.

Ⅲ 조합원이 청산금을 수령하고 조합원입주권을 양도하는 경우 양도소득세 계산

원조합원이 조합에 종전주택을 출자하고 조합원입주권을 취득하는 과정에서 수령할 청산금이 발생한 경우 조합원입주권의 양도차익은 관리처분계획인가 전 양도차익과 관리처분계획인가 후 양도차익으로 나누고, 관리처분계획인가 전 양도차익은 다시 청산금 수령분에서 발생한 양도차익과 청산금 수령분 이외에서 발생한 양도차익으로 구분 계산해야 한다. 세 가지로 양도차익을 구분하는 이유는 조합원입주권으로 보유한 기간 동안은 장기보유특별공제가 적용되지 않고, 종전주택으로 보유한 기간에 대하여 장기보유특별공제가 적용되더라도 청산금 수령분에 대하여는 장기보유특별공제가 적용되는 보유기간이 다르게 적용되기 때문이다.

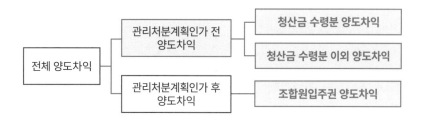

1 양도차익의 구분계산

1) 관리처분계획인가 전 양도차익

관리처분계획 인가일 현재 종전주택의 권리가액에서 종전주택의 취득가액 및 필요경비를 차감하여 계산한다.

[관리처분계획인가 전 양도차익]

종전주택의 권리가액 - (종전주택의 취득가액 + 필요경비)

관리처분계획인가 전 양도차익은 다시 청산금 수령분에서 발생한 양도차익과 청산금수령분 이외에서 발생한 양도차익으로 구분한다.

① 청산금 수령분 종전주택의 양도차익

청산금 수령분의 종전주택 양도차익은 관리처분계획인가 전 양도차익에서 청산금 수령분을 종전주택의 권리가액으로 나눈 금액으로 아래와 같이 계산한다.

[청산금 수령분 종전주택의 양도차익]

$$\text{관리처분계획인가 전 양도차익} \times \frac{\text{청산금 수령액}}{\text{종전주택의 권리가액}}$$

② 청산금 수령분 이외 종전주택의 양도차익

청산금 수령분 이외 종전주택 양도차익은 관리처분계획인가 전 양도차익에서 종전주택의 권리가액에서 청산금 수령액을 차감한 가액을 종전주택의 권리가액으로 나눈 금액으로 아래와 같이 계산한다.

[청산금 수령분 이외 종전주택의 양도차익]

$$관리처분계획인가\ 전\ 양도차익 \times \frac{종전주택의\ 권리가액 - 청산금\ 수령액}{종전주택의\ 권리가액}$$

예를 들어 종전주택 권리가액이 1,000인데 그 중 청산금 400을 수령한 경우 종전주택의 양도차익이 500이라면, 청산금 수령분에 해당하는 양도차익은 청산금수령액 400이 종전주택 권리가액 1,000에서 차지하는 비율 40%에 종전주택 양도차익 500을 곱한 200이 된다.

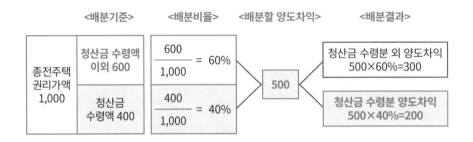

2) 관리처분계획인가 후 양도차익

조합원입주권 양도가액에서 신축주택 분양가액과 양도 당시 지출한 필요경비를 차감하여 계산한다.

[관리처분계획 인가 후 양도차익]

조합원입주권 양도가액 - (신축주택 분양가액 + 필요경비)

예를 들어 조합원입주권의 양도가액이 10억원이고 종전주택 권리가액이 8억원인데, 청산금 2억원을 수령한 경우 신축주택 분양가액은 종전주택 권리가액 8억원에서 청산금 수령액 2억원을 차감한 금액인 6억원이 되며, 조합원입주권 양도차익은 조합원입주권 양도가액 10억원에서 신축주택 분양가액 6억원을 차감한 4억원이 된다.

2 **장기보유특별공제 계산 및 비과세 등 판단**

1) 청산금을 수령한 경우 종전주택 양도차익에 대한 장기보유특별공제 적용방법

종전주택 양도차익 중 청산금 수령분에 대한 양도차익에 대하여는 종전주택 취득일로부터 소유권이전 고시일의 다음날까지의 기간에 대해 장기보유특별공제를 적용하고, 종전주택 양도차익 중 청산금 수령분 이외에서 발생한 양도차익에 대하여는 종전주택 취득일로부터 관리처분계획인가일까지의 기간에 대해 장기보유특별공제를 적용한다.

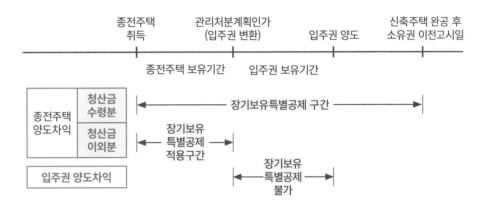

2) 청산금 수령분의 비과세 및 중과세 적용 여부 판단 시점

청산금 수령분이 1세대1주택으로 비과세되는지 여부 및 다주택자로서 중과되는지 여부는 소유권이전 고시일의 다음날을 기준으로 판단하나, 청산금수령분이 1세대1주택 비과세 대상이 되는 고가주택에 해당되는지 여부는 관리처분계획인가일 현재 종전주택의 권리가액을 기준으로 판단하고, 비과세 요건(2년이상 보유 또는 거주) 충족 여부도 관리처분계획인가일 현재를 기준으로 판단한다.

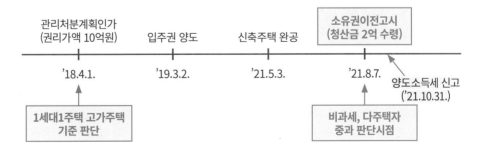

위 사례에서 종전주택이 1세대1주택 비과세대상인 경우 종전주택에 대한 청산금 수령액 2억원으로 판단하게 되면 양도소득세가 전액 비과세되나, 관리처분계획인가일 현재 종전주택 권리가액이 10억원으로서 고가주택 기준금액 9억원을 초과하므로 청산금 수령액이 9억원 이하라 하더라도 양도가액 9억원 초과분에 대한 양도차익에 대하여는 양도소득세가 과세되며, 과세되는 고가주택 양도차익은 아래와 같이 계산된다.

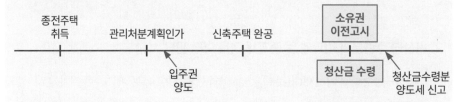

$$\text{관리처분계획 인가 전 양도차익} \times \frac{\text{수령한 청산금}}{\text{종전주택의 권리가액}} \times \frac{(\text{종전주택의 권리가액} - 9억원^*)}{\text{종전주택의 권리가액}}$$

* 2021.12.8. 이후 양도분부터는 12억원 적용

👤 필자의 견해

정비사업이 완료되면 종전주택 등기는 폐쇄되고, 신축주택 소유권은 소유권이전고시일 다음 날 조합원에게 이전된다. 이 때 조합원이 수령할 청산금은 도시및주거환경정비법상 소유권이전 고시일에 지급하도록 규정하고 있으므로 조합원이 수령할 청산금의 양도시기는 소유권이전 고시일의 다음날이 된다.

```
종전주택                                           소유권
취득      관리처분계획인가    신축주택 완공        이전고시
  │          │                 │               ┌──────┐
──┼──────────┼─────────────────┼───────────────┤      ├──────
             │                                  └──────┘
             ▼                                 ┌──────────┐
           입주권                              │ 청산금 수령 │    청산금수령분
           양도                                └──────────┘     양도세 신고
```

그런데, 청산금수령액의 양도시기를 소유권이전 고시일의 다음날로 보는 것은 다음과 같은 문제를 갖고 있다.

첫째, 조합원입주권 거래 시점에 원조합원과 승계조합원 사이에서 청산금이 정산되어 원조합원 입장에서 조합원입주권 매매시점에 이미 양도차익이 실현된 경우 굳이 청산금 수령액의 양도시기를 소유권이전 고시일의 다음날로 늦춤으로서 조합원입주권을 양도한 후 몇 년을 기다렸다가 양도소득세 신고를 하여야 하므로 납세자 입장에서 큰 불편이 따른다.

둘째, 조합원입주권을 양도한 날 현재 주택 보유상황이 아니라 양도일로부터 몇 년이 지난 후 소유권이전 고시일의 다음날 현재 주택 보유상황에 따라 1세대1주택 비과세 여부나 다주택 중과여부가 결정된다면 1세대1주택 상태에서 조합원입주권을 양도한 후 주택을 매입하면 예측하지 못하게 1세대1주택 비과세를 받지 못하거나 다주택 중과가 되는 경우가 발생할 수 있다.

따라서 조합원입주권 매매 당시에 원조합원과 승계조합원 사이에 청산금을 정산하는 경우에는 청산금 수령액의 양도시기를 소유권이전 고시일의 다음날이 아니라 조합원입주권의 매매대금을 정산한 날로 하는 것이 합리적이라고 판단된다.

청산금을 수령하고 조합원입주권을 양도하는 경우

● 종전주택 취득 및 조합원입주권 양도에 관한 자료

구 분	내 용	
1. 종전주택 취득내역	취득일 : 2011.4.15.	
	실지 취득가액 : 5억원	
2. 관리처분계획인가 내역	인가일 : 2019.5.20.	
	종전주택의 권리가액 : 8억원	
	조합원 분양가액 : 6억원	
	수령할 청산금 : 2억원	
3. 조합원입주권 양도내역	양도일 : 2022.3.31.	
	양도가액 : 15억원	
4. 기타 내용	입주권 양도 당시 2주택을 보유하고 있으며, 수령한 청산금은 양도소득세 과세대상이나 중과대상 아님	
	소유권 이전고시일 : 2023.5.15.	
	사업시행인가일 : 2017.4.2.	

구 분	청산금 수령분	청산금 수령분 이외분(입주권 양도시 신고분)		
		종전주택부분	입주권부분	계
양도가액	200,000,000	600,000,000	1,500,000,000	
(−) 취득가액	125,000,000	375,000,000	600,000,000	
(=) 양도차익	75,000,000	225,000,000	900,000,000	1,125,000,000
(−) 장기보유특별공제	18,000,000	36,000,000	-	36,000,000
(=) 양도소득금액	57,000,000	189,000,000	900,000,000	1,089,000,000
(−) 양도소득기본공제	2,500,000			2,500,000
(=) 과세표준	54,500,000			1,086,500,000
산출세액	7,860,000	해설 참조		423,525,000
(−) 감면세액	786,000			
(=) 감면후 세액	7,074,000			423,525,000
(+) 지방소득세	707,400			42,352,500
(+) 농어촌특별세	157,200	786,000 × 20%		-
(=) 총부담세액	7,938,600			465,877,500

`해설`

1. 양도소득금액의 계산

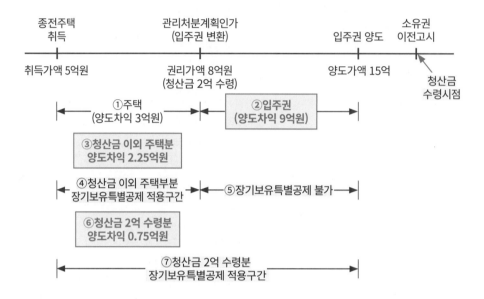

① 청산금을 수령한 경우 종전주택의 전체 양도차익은 종전주택의 권리가액 8억원에서 종전주택의 취득가액 5억원을 차감한 3억원이다.

② 조합원입주권 양도차익은 입주권 양도가액 15억원에서 신축주택의 분양가액 6억원을 차감한 9억원이다.

③ 청산금 수령분 이외 종전주택의 양도차익은 관리처분계획인가 전 양도차익 3억원에 종전주택의 권리가액 8억원에서 청산금 수령분 2억원을 차감한 가액이 권리가액 8억원에서 차지하는 비율 75%를 곱한 2.25억원이다.

$$300,000,000 \times \frac{(800,000,000 - 200,000,000)}{800,000,000} = 225,000,000$$

④ 청산금 이외 주택부분 양도차익 225,000,000원에 대하여는 종전주택 취득일부터 관리처분계획인가일까지 보유기간에 대하여 장기보유특별공제를 적용한다.

$$225,000,000 \times 16\%(보유기간\ 8년 \times 2\%) = 36,000,000$$

⑤ 조합원입주권을 보유한 기간동안 발생한 양도차익에 대하여는 장기보유특별공제가 적용되지 않는다.

⑥ 청산금 수령분의 종전주택 양도차익은 관리처분계획인가 전 양도차익 3억원에 청산금 수령분 2억원이 권리가액 8억원에서 차지하는 비율 25%를 곱한 0.75억원이다.

$$300,000,000 \times \frac{200,000,000}{800,000,000} = 75,000,000$$

⑦ 일반적으로 청산금은 소유권 이전고시일에 수령하게 되므로 조합원입주권을 양도하고 추후 청산금을 수령하는 경우 청산금 수령분에 대한 장기보유특별공제는 종전주택 취득일부터 소유권이전 고시일의 다음날까지의 보유기간에 대하여 적용한다.

$$양도차익 \; 75,000,000 \times 24\%(보유기간12년 \times 2\%) = 18,000,000$$

2. 청산금 수령분 양도소득세 신고

조합원이 수령할 청산금은 도시 및 주거환경정비법상 소유권이전 고시일 이후에 지급하도록 규정하고 있으므로 조합원이 수령할 청산금의 양도시기는 소유권이전 고시일의 다음날이 되는 것이며, 이 날의 말일로부터 2개월 이내 양도소득세를 신고해야 한다. 이 경우 사업시행인가일로부터 소급하여 2년 이전에 취득한 토지 등을 사업시행자에게 양도하는 경우에는 양도소득세의 10%를 감면하며, 감면되는 양도소득세의 20%를 농어촌특별세로 납부하여야 한다.

3. 산출세액

1) 청산금 수령분

54,500,000 × 24% − 5,220,000(누진공제) = 7,860,000

2) 청산금 수령분 이외분

1,086,500,000 × 45% − 65,400,000(누진공제) = 423,525,000

상속주택 등 보유자의 일반주택 양도시
비과세특례 규정 적용여부

구 분	일반주택 양도시 비과세 특례
先일반주택 + 後승계조합원입주권 + (1상속주택, 1상속조합원입주권, '21.1.1. 이후 1상속분양권 중 하나만 적용)	조합원입주권 취득일로부터 3년 이내 일반주택 양도시 비과세(소득령 제156의2③)
	조합원입주권 취득일로부터 3년 경과 후 일반주택 양도시 비과세(소득령 제156의2④)

사례 1

소득령 제156조의2 제3항, 제4항에 해당하는 규정과 상속주택이 있는 경우

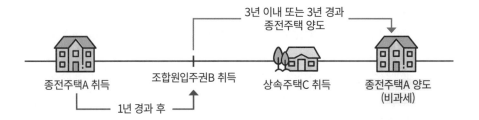

해설 1세대1주택자가 종전주택 취득 후 1년 이상 경과한 상태에서 조합원입주권을 취득한 후 별도세대원인 피상속인으로부터 주택을 상속받은 경우에는 상속주택은 없는 것으로 보아 소득령 제156조의③ 또는 소득령 제156조의④ 규정에 따라 1세대1주택 비과세 특례 규정이 적용된다.

사례 2

소득령 제156조의2 제3항, 제4항에 해당하는 규정과 입주권이 있는 경우

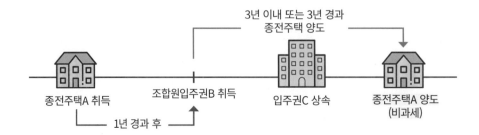

해설 1세대가 A종전주택을 취득하고 1년 이상 지난 후 B조합원입주권을 취득한 상태에서 별도세대인 피상속인으로부터 C조합원입주권을 상속받은 경우에는 종전주택과 조합원입주권을 소유하고 있는 것으로 보아 소득령 제156조의③ 또는 소득령 제156조의④ 규정에 따라 1세대1주택 비과세 특례 규정이 적용된다.

사례 3

소득령 제156조의2 제3항,제4항에 해당하는 규정과 분양권이 있는 경우

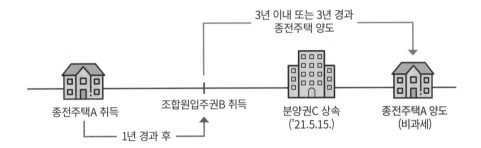

해설 종전주택A를 보유한 1세대가 종전주택 취득일로부터 1년 이상 경과된 후조합원입주권B를 취득하고 별도세대인 피상속인으로부터 2021.1.1. 이후 C주택분양권을 상속받은 경우에는 종전주택과 조합원입주권을 소유하고 있는 것으로 보아 소득령 제156조의③ 또는 소득령 제156조의④ 규정에 따라 1세대1주택 비과세 특례 규정이 적용된다(소득령§156의2⑦).

심화학습 2
1+1 형태의 조합원입주권 과세문제

📖 배경 및 취지

조합원이 보유한 종전주택의 면적이나 감정가액이 새로 분양받는 아파트 2채의 면적이나 분양가액보다 큰 경우 기존에 분양신청하는 1개의 조합원입주권 이외에 1개의 조합원입주권을 추가로 신청하여 받게 되는 경우가 있는데, 이를 1+1조합원입주권이라 한다. 1+1조합원입주권은 1조합원입주권+현금청산보다 투자 수익률면에서는 유리하나 세제측면에서는 불리하다.

1+1 조합원입주권이 2주택으로 전환되어 먼저 양도하는 주택 비과세 여부

1세대가 비과세 요건을 충족한 1주택을 보유하던 중 주택이 재개발·재건축으로 2채의 신축주택으로 완공된 경우 양도일 현재 2주택자에 해당되어 신축주택 중 먼저 양도하는 주택은 비과세되지 않는다.

1+1조합원입주권을 보유한 상태에서 대체주택(156조의2⑤) 양도시 비과세 적용 여부

종전주택이 관리처분계획인가로 2개의 조합원입주권으로 전환된 상태에서 재건축공사기간 중 거주할 목적으로 대체주택을 취득하여 1년 이상 거주한 후 양도하는 경우 비과세 되지 않으며, 해당 대체주택이 조정대상지역에 소재하고 있는 경우 3주택자 중과세 대상이 될 수 있다.

사례

1주택이 2개의 조합원입주권으로 변환된 상태에서 대체주택을 취득한 경우

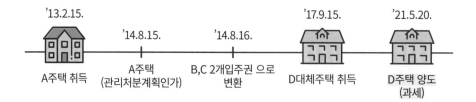

| '13.2.15. | '14.8.15. | '14.8.16. | '17.9.15. | '21.5.20. |
| A주택 취득 | A주택 (관리처분계획인가) | B,C 2개입주권 으로 변환 | D대체주택 취득 | D주택 양도 (과세) |

해설 1세대1주택자가 보유한 1주택이 도시 및 주거환경정비법에 따른 관리처분계획인가에 따라 조합원입주권 2개로 변환된 상태에서 재건축사업의 시행기간 동안 거주하기 위하여 대체주택을 취득하였다가 양도하는 경우 비과세되지 않는다(법령해석재산-3798, 2019.9.3. 참조).

일시적2주택 비과세 특례와 재건축주택 또는 신축주택과의 관계

사례 1

1세대 2주택자가 보유한 주택 중 1주택이 재건축으로 완공된 상태에서 다른 주택을 양도하는 경우 비과세 여부

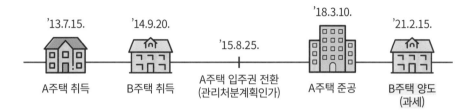

`해설` 일시적2주택 비과세는 종전주택을 먼저 양도한 경우에 적용되는 것이므로, 이 사례에서는 종전주택A를 취득한 후 신규주택B를 취득하고 신규주택B를 양도하여 비과세되지 않는다.

사례 2

1주택이 입주권으로 전환된 후, 다른 주택을 취득하고 입주권에 의한 신축주택을 양도하는 경우 비과세 적용 여부

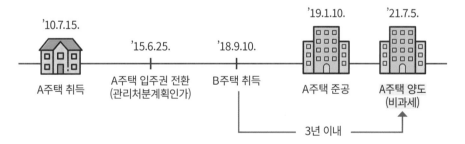

`해설` A주택이 조합원입주권으로 전환된 경우 종전주택의 연장으로 보아 신축주택A를 신규주택B 취득일로부터 3년 이내 양도한 경우에는 일시적2주택 비과세 특례가 적용된다(부동산납세과-1250, 2021.9.8.참조).

일시적2주택 상태에서 신규주택이 조합원입주권으로 전환된 경우 1세대1주택 비과세 특례 적용여부

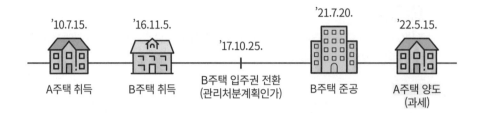

'10.7.15. A주택 취득
'16.11.5. B주택 취득
'17.10.25. B주택 입주권 전환 (관리처분계획인가)
'21.7.20. B주택 준공
'22.5.15. A주택 양도 (과세)

해설 재개발·재건축으로 인하여 완공된 주택은 종전주택의 연장으로 보므로 신규로 취득한 B주택이 조합원입주권으로 전환된 경우 B주택 완공일이 아닌 당초 B주택의 취득일로부터 3년 이내 종전주택A을 양도해야 일시적2주택 비과세되나, 당초 B주택의 취득일로부터 3년 이상 경과하여 종전주택A를 양도하였으므로 비과세되지 않는다(부동산납세과-540, 2019.5.27.참조).

'20.12.31. 이전에 취득한 주택분양권을 보유한 상태에서 다른 주택을 취득한 후 분양권이 신축주택으로 전환된 경우 일시적2주택 특례 적용여부

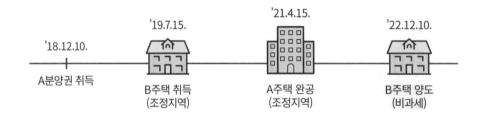

'18.12.10. A분양권 취득
'19.7.15. B주택 취득 (조정지역)
'21.4.15. A주택 완공 (조정지역)
'22.12.10. B주택 양도 (비과세)

해설 2020.12.31. 이전에 취득한 분양권은 1세대1주택 비과세여부 판단시 주택에 포함되지 않으므로 주택분양권A를 보유하고 있는 상태에서 주택B를 취득한 경우에는 주택B가 종전주택이 되고, 주택분양권A에 의해 완공된 주택은 신규주택에 해당되므로 종전주택B를 신규주택A 취득일로부터 2년 이내 양도하면 일시적2주택 비과세가 적용된다.

대비사례

'21.1.1. 이후에 취득한 주택분양권을 보유한 상태에서 다른 주택을 취득한 후 분양권이 신축주택으로 전환된 경우 일시적2주택 특례 적용여부

'21.3.12.
A분양권 취득

'21.7.15.
B주택 취득

'23.4.15.
A주택 완공

'23.12.10.
B주택 양도
(과세)

해설 2021.1.1. 이후 취득한 주택분양권은 1세대1주택 비과세 판단시 주택수에 포함되어 A주택분양권을 보유한 상태에서 B주택을 취득한 후 B주택을 양도하는 경우에는 완공된 A주택을 신규주택으로 볼 수 없으므로 일시적2주택 비과세가 적용되지 않는다.

1세대1주택 비과세 판정시 조합원입주권과 관련된 보유기간 계산방법

사례 1

1주택과 1조합원입주권 보유하다 1조합원입주권 양도(과세) 후 1주택 양도시

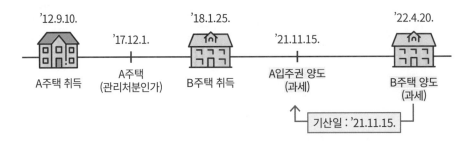

> **해설** 1주택과 1개의 원조합원입주권을 보유한 세대가 1조합원입주권을 양도하여 과세된 후 남은 '최종1주택'을 양도하는 경우 1세대1주택 비과세 판정시 보유기간은 조합원입주권을 양도하여 1주택이 된 날부터 기산하는데 이 사례에서는 최종1주택 양도일로부터 2년 미만 보유한 상태에서 양도하여 비과세되지 않는다(법령해석재산-2349, 2020.2.25 참조).

사례 2

1주택과 1조합원입주권 보유하다 1주택 양도 후 1조합원입주권 양도시

> **해설** 1주택과 1조합원입주권을 보유한 1세대가 1주택을 양도하여 과세된 후 남은 '최종 1조합원입주권'을 양도하는 경우 주택을 양도하는 것이 아니므로 최종1주택 보유기간 단축규정을 적용하지 않으므로 1세대1주택 비과세 판정시 보유기간은 최초 취득일부터 기산한다.

04

신축주택을 양도하는 경우
양도소득세 계산

I 원조합원이 청산금을 납부하거나 수령하지 않고 신축주택을 양도하는 경우

조합원입주권을 양도하는 경우에는 주택 보유기간의 양도차익과 입주권 보유기간의 양도차익을 구분하여 주택으로 보유한 기간에 대하여만 장기보유특별공제를 적용하나, 원조합원이 보유하던 주택이 조합원입주권으로 전환되었다가 다시 주택으로 완공된 후 신축주택을 양도하는 경우에는 종전주택의 취득일부터 신축주택의 양도일까지 전체 보유기간에서 발생한 양도차익에 대하여 장기보유특별공제를 적용한다.

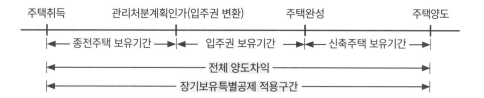

📖 배경 및 취지

관리처분계획 인가 후 신축주택 완공까지 대략 3~5년의 기간이 소요되는데, 조합원입주권으로 보유한 기간에 대하여 장기보유특별공제가 적용되지 않을 경우 조합원이 정비사업을 기피하는 경우가 생기므로 공익성이 있는 정비사업의 원활한 진행을 위해 세제상 지원할 필요가 있고, 원조합원은 승계조합원과 달리 시세차익 목적으로 입주권을 취득한 것이 아니라 정비사업 과정에서 신축주택 완공 전까지 불가피하게 입주권 상태로 보유하게 된 것이므로 조합원입주권으로 보유한 기간에 대하여도 장기보유특별공제를 적용하는 것이다.

청산금 납부 또는 수령하지 않고 비과세요건을 충족한 신축주택을 양도하는 경우

● 종전주택 취득 및 신축주택 양도에 관한 자료

구 분	내 용
1. 종전주택 취득내역	취득일 : 2008.5.1
	실지 취득가액 : 5억원
2. 관리처분계획인가 내역	인가일 : 2018.7.20.
	종전주택의 권리가액 : 10억원
3. 신축주택 양도내역	양도일 : 2022.4.16.
	양도가액 : 20억원
4. 기타 내용	종전주택 취득일부터 양도일까지 계속 거주하였으며, 양도 당시 다른 주택 보유하고 있지 않음
	신축주택 사용승인일 : 2022.1.10.

계산내역

	구 분	종전주택	신축주택	계
	양도가액	1,000,000,000	2,000,000,000	
(−)	취득가액	500,000,000	1,000,000,000	
(=)	양도차익	500,000,000	1,000,000,000	1,500,000,000
	12억원 초과분 양도차익	200,000,000	400,000,000	600,000,000
(−)	장기보유특별공제	160,000,000	320,000,000	480,000,000
(=)	양도소득금액	40,000,000	80,000,000	120,000,000
(−)	양도소득기본공제			2,500,000
(=)	과세표준			117,500,000
	산출세액	117,500,000 × 35% − 14,900,000		26,225,000
(+)	지방소득세	26,225,000 × 10%		2,622,500
(=)	총부담세액			28,847,500

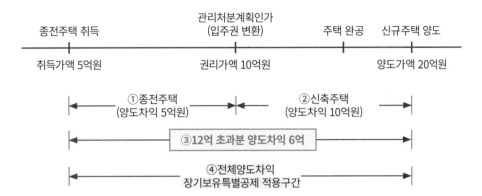

① 관리처분계획인가 전 양도차익은 종전주택의 권리가액 10억원에서 종전주택 취득가액 5억원을 차감한 5억원이다.

② 관리처분계획인가 후 양도차익은 신축주택의 양도가액 20억원에서 종전주택 권리가액 10억원을 차감한 10억원이다.

③ 1세대1주택 비과세 고가주택 12억원 초과분에 대한 양도차익은 전체 양도차익 15억원에 20억원 중 12억원을 초과한 8억원이 전체 양도가액 20억원에서 차지하는 비율 40%를 곱한 6억원이다.

$$1,500,000,000 \times \frac{(2,000,000,000 - 1,200,000,000)}{2,000,000,000} = 600,000,000$$

④ 1세대1주택 고가주택의 장기보유특별공제는 종전주택 취득일부터 신축주택 양도일까지의 보유기간 및 거주기간에 따른 공제율을 적용한다.

$$600,000,000 \times 80\%(보유기간 10년 \times 연4\% + 거주기간 10년 \times 연4\%) = 480,000,000$$

Ⅱ 원조합원이 청산금을 납부하고 신축주택을 양도하는 경우

1 청산금 납부분 양도차익과 청산금 납부분 이외 양도차익 구분계산

1) 관리처분계획인가 후 청산금 납부분 양도차익

청산금 납부분 양도차익은 종전주택의 권리가액과 청산금 납부액을 함께 출자하여 관리처분계획인가 후 양도차익이 발생한 것으로 보아 청산금 납부분에서 발생한 양도차익은 관리처분계획인가 후 양도차익에 청산금 납부액이 권리가액과 청산금 납부액의 합계액에서 차지하는 출자비율을 곱하여 아래와 같이 계산한다.

$$\text{청산금 납부분 양도차익} = \text{관리처분계획인가 후 양도차익} \times \frac{\text{납부한 청산금}}{\text{(종전주택의 권리가액 + 납부한 청산금)}}$$

예를 들어 종전주택 권리가액이 800이고 청산금 납부액이 200인데 관리처분계획인가 후 양도차익이 500이라 가정하면 청산금 납부분 양도차익은 관리처분계획인가후 양도차익 500에 청산금 납부액이 전체 출자액에서 차지하는 비율 20%를 곱한 100이 된다.

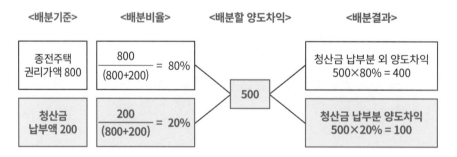

2) 청산금 납부분 이외 양도차익

청산금 납부분 이외 양도차익 계산은 ① 관리처분계획인가 전 양도차익과 ② 관리처분계획인가 후 양도차익에 권리가액이 권리가액과 청산금 납부액의 합계액에서 차지하는 비율을 곱하여 아래와 같이 계산한다.

[청산금 납부분 이외 양도차익 = ① + ②]

① 관리처분계획인가 전 양도차익

② 관리처분계획인가 후 양도차익 × $\dfrac{\text{종전주택의 권리가액}}{(\text{종전주택의 권리가액} + \text{납부한 청산금})}$

2 청산금 납부분과 청산금 납부분 이외 양도차익에 대한 장기보유특별공제

1) 청산금 납부분에 대한 장기보유특별공제

청산금 납부분에서 발생한 양도차익에 대하여는 관리처분계획인가일부터 신축주택 양도일까지의 기간에 대해 장기보유특별공제를 적용한다.

📖 **배경 및 취지**

납부할 청산금이 발생한 경우 관리처분계획인가 후 신축주택 완공일까지 정비사업에 소요되는 비용을 충당하기 위하여 수회에 걸쳐 납부하게 되는데, 각 회차별로 납부하는 청산금에 대하여 양도일까지 장기보유특별공제를 적용하면 계산이 지나치게 복잡하므로 각 회차별로 납부한 청산금 전체를 관리처분계획인가일에 일괄 납부한 것으로 보아 관리처분계획인가일부터 신축주택 양도일까지 장기보유특별공제를 적용하는 것이다.

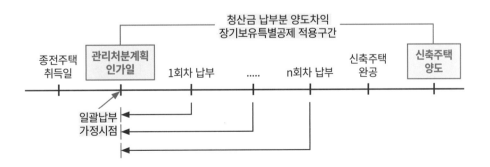

2) 청산금 납부분 이외에 대한 장기보유특별공제

청산금 납부분 이외에서 발생한 양도차익에 대하여는 종전주택 취득일부터 신축주택 양도일까지의 기간에 대해 장기보유특별공제를 적용한다.

[청산금납부분과 청산금납부분 이외분 장기보유특별공제 적용구간]

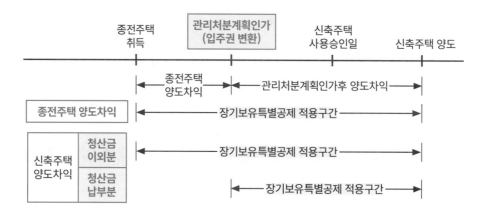

🐚 **관련예규 _ 청산금 납부분 양도차익에 대한 장기보유특별공제 적용**

재건축사업을 시행하는 정비사업조합의 조합원이 해당 조합에 종전주택과 그 부수토지를 제공하고 청산금을 납부한 후 관리처분계획인가에 따라 취득한 1세대1주택에 해당하는 신축주택을 양도하는 경우로서 종전주택에서는 2년 이상 거주했으나 신축주택에서는 2년 이상 거주하지 않은 경우에는 청산금 납부분 양도차익에 대해서는 보유기간 및 거주기간에 따른 최대 80%의 공제율을 적용하지 않는다(법령해석재산-0386, 2020.11.23.).

원조합원이 청산금을 납부하고 신축주택을 양도하는 경우

● 종전주택 취득 및 신축주택 양도에 관한 자료

구 분	내 용
1. 종전주택 취득내역	취득일 : 2007.5.15.
	실지 취득가액 : 5억원
2. 관리처분계획인가 내역	인가일 : 2017.7.20.
	종전주택의 권리가액 : 12억원
	조합원 분양가액 : 15억원
	납부할 청산금 : 3억원
3. 신축주택 양도내역	양도일 : 2022.6.25.
	양도가액 : 20억원
4. 기타 내용	신축주택 양도 당시 2주택을 보유하고 있으나, 신축주택은 중과대상 아님
	신축주택 사용승인일 : 2022.1.10.

계산내역

구 분	청산금 납부분 (합산신고)	청산금 납부 이외분		
		종전주택부분	신축주택부분	계
양도가액	400,000,000	1,200,000,000	1,600,000,000	
(−) 취득가액	300,000,000	500,000,000	1,200,000,000	
(=) 양도차익	100,000,000	700,000,000	400,000,000	1,200,000,000
(−) 장기보유특별공제	8,000,000	210,000,000	120,000,000	338,000,000
(=) 양도소득금액	92,000,000	490,000,000	280,000,000	862,000,000
(−) 양도소득기본공제				2,500,000
(=) 과세표준				859,500,000
산출세액	859,500,000 × 42% − 35,400,000			325,590,000
(+) 지방소득세	325,590,000 × 10%			32,559,000
(=) 총부담세액				358,149,000

해설

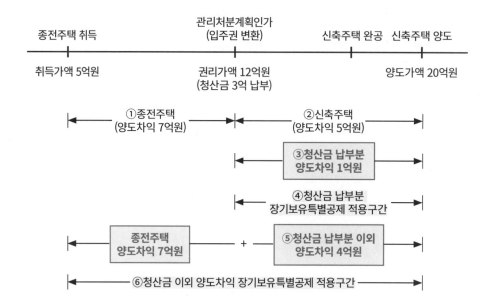

① 관리처분계획인가 전 종전주택 양도차익은 종전주택의 권리가액 12억원에서 종전주택의 취득가액 5억원을 차감한 7억원이다.

② 관리처분계획인가 후 양도차익은 신축주택 양도가액 20억원에서 권리가액 12억원과 청산금 납부액 3억원을 차감한 5억원이다.

③ 청산금 납부분 양도차익은 관리처분계획인가 후 양도차익 5억원에 청산금 납부액 3억원이 전체 분양가액 15억원에서 차지하는 비율 20%를 곱한 1억원이다.

$$500,000,000 \times \frac{300,000,000}{(1,200,000,000 + 300,000,000)} = 100,000,000$$

※ 청산금 납부분 양도차익 : 4억원(양도가액) - 3억원(취득가액) = 1억원

㉮ 양도가액 : $20억원 \times \dfrac{3억원}{15억원} = 4억원$

㉯ 취득가액 : $15억원 \times \dfrac{3억원}{15억원} = 3억원$

382

④ 청산금은 관리처분계획인가일에 모두 납부하였다고 보아 청산금 납부액에서 발생한 양도차익 1억원에 대하여는 관리처분계획인가일로부터 신축주택 양도일까지 기간에 대하여 장기보유특별공제를 적용한다.

$$100,000,000 \times 8\%(보유기간\ 4년 \times 연2\%) = 8,000,0000$$

⑤ 청산금 납부분 이외 양도차익은 관리처분계획인가 후 양도차익 5억원에 권리가액 12억원이 전체 분양가액 15억원에서 차지하는 비율 80%를 곱한 4억원이다.

$$500,000,000 \times \frac{1,200,000,000}{(1,200,000,000 + 300,000,000)} = 400,000,000$$

※ 청산금 납부분 이외 양도차익 : 16억원(양도가액) - 12억원(취득가액) = 4억원

$$㉮\ 양도가액 :\ 20억원 \times \frac{12억원}{15억원} = 16억원$$

$$㉯\ 취득가액 :\ 15억원 \times \frac{12억원}{15억원} = 12억원$$

⑥ 종전주택 양도차익 7억원과 관리처분계획인가 후 청산금 납부분 이외 양도차익 4억원의 합계액 11억원에 대하여는 종전주택 취득일부터 신축주택 양도일까지 전체 기간에 대하여 장기보유특별공제를 적용한다.

$$1,100,000,000 \times 30\% (보유기간15년 \times 2\%) = 330,000,000$$

Ⅲ 원조합원이 청산금을 수령하고 신축주택을 양도하는 경우

1 양도차익 구분 계산

청산금을 수령하고 신축주택을 양도하는 경우 양도차익 계산은 청산금을 수령하고 조합원입주권을 양도한 경우의 조합원입주권 양도차익 계산구조와 동일하다.

1) 관리처분계획인가 전 양도차익

관리처분계획인가일 현재 종전주택의 권리가액에서 종전주택의 취득가액 및 필요경비를 차감하여 계산한다.

[종전주택 양도차익]

종전주택의 권리가액 - (종전주택의 취득가액 + 필요경비)

2) 관리처분계획인가 후 양도차익

신축주택 양도가액에서 신축주택 분양가액과 양도 당시 지출한 필요경비를 차감하여 계산한다.

[신축주택 양도차익]

신축주택의 양도가액 - (신축주택 분양가액+필요경비)

1) 청산금 수령분 양도차익에 대한 장기보유특별공제

청산금 수령분 양도차익에 대하여는 종전주택 취득일부터 소유권이전 고시일의 다음날까지의 기간에 대해 장기보유특별공제를 적용한다.

2) 청산금 수령분 이외 양도차익에 대한 장기보유특별공제

청산금 수령분 이외 양도차익에 대하여는 종전주택 취득일부터 신축주택 양도일까지의 전체 기간에 대해 장기보유특별공제를 적용한다.

[청산금수령분과 청산금수령분 이외분 장기보유특별공제 적용구간]

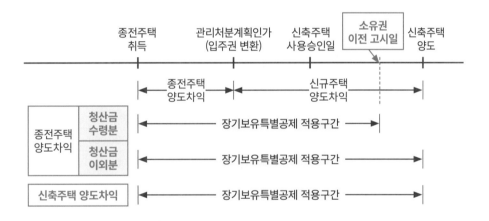

청산금을 수령하고 신축주택을 양도하는 경우

● 종전주택 취득 및 신축주택 양도에 관한 자료

구 분	내 용	
1. 종전주택 취득내역	취득일 : 2008.1.10.	
	실지 취득가액 : 5억원	
2. 관리처분계획인가 내역	인가일 : 2016.3.15.	
	종전주택의 권리가액 : 8억원	
	조합원 분양가액 : 6억원	
	수령할 청산금 : 2억원	
3. 신축주택 양도내역	양도일 : 2022.6.25.	
	양도가액 : 15억원	
4. 기타 내용	청산금 수령액은 과세대상이나 중과대상은 아니며, 신축주택 양도 당시 다른 주택을 보유하고 있으나 중과대상은 아님	
	소유권이전 고시일 : 2021.4.10.	

계산내역

구 분	청산금 수령분 (2021.6.30.까지 신고)	청산금 수령분 이외분(신축주택 양도시 신고)		
		종전주택분	신축주택분	계
양도가액	200,000,000	600,000,000	1,500,000,000	
(-) 취득가액	125,000,000	375,000,000	600,000,000	
(=) 양도차익	75,000,000	225,000,000	900,000,000	1,125,000,000
(-) **장기보유특별공제**	**19,500,000**	**63,000,000**	**252,000,000**	**315,000,000**
(=) 양도소득금액	55,500,000	162,000,000	648,000,000	810,000,000
(-) 양도소득기본공제	2,500,000			2,500,000
(=) 과세표준	53,000,000			807,500,000
산출세액	7,500,000	807,500,000 × 42% - 35,400,000		303,750,000
(-) 감면세액	750,000			
(=) 감면후 세액	6,750,000			
(+) 지방소득세	675,000	303,750,000 × 10%		30,375,000
(+) 농어촌특별세	150,000	750,000 × 20%		-
(=) 합계	7,575,000			334,125,000

1. 양도소득금액 계산

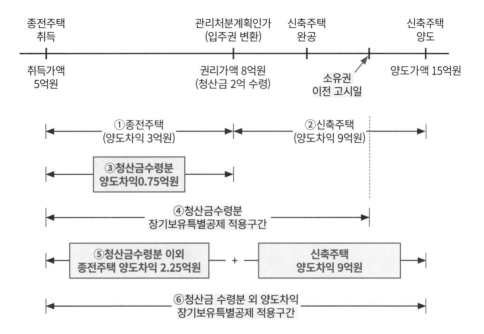

① 청산금을 수령한 경우 종전주택의 전체 양도차익은 종전주택의 권리가액 8억원에서 종전주택의 취득가액 5억원을 차감한 3억원이다.

② 관리처분계획인가 후 신축주택 양도차익은 신축주택의 양도가액 15억원에서 신축주택의 분양가액 6억원을 차감한 9억원이다.

③ 청산금 수령분의 종전주택 양도차익은 관리처분계획인가 전 양도차익 3억원에 청산금 수령분 2억원이 권리가액 8억원에서 차지하는 비율 25%를 곱한 0.75억원이다.

$$300,000,000 \times \frac{200,000,000}{800,000,000} = 75,000,000$$

※ 청산금 수령분 양도차익 : 2억원(양도가액) − 1.25억원(취득가액) = 0.75억원

㉮ 양도가액 : 8억원 $\times$ $\dfrac{2억원}{8억원}$ = 2억원

㉯ 취득가액 : 5억원 $\times$ $\dfrac{2억원}{8억원}$ = 1.25억원

④ 청산금 수령분 양도차익 0.75억원은 종전주택을 취득하여 양도하면서 발생한 것이고 소유권 이전고시일에 청산금을 수령하므로 종전주택 취득일부터 소유권이전 고시일의 다음날까지의 기간에 대하여 장기보유특별공제를 적용한다.

$$75,000,000원 \times 26\%(보유기간 13년 \times 연2\%)=19,500,000$$

⑤ 청산금 수령분 이외 종전주택 양도차익은 관리처분계획인가 전 양도차익 3억원에 청산금 수령분 2억원을 제외한 6억원이 권리가액 8억원에서 차지하는 비율 75%를 곱한 2.25억원이다.

$$300,000,000 \times \frac{600,000,000}{800,000,000} = 225,000,000$$

※ 청산금 수령분 이외 양도차익 : 6억원(양도가액) – 3.75억원(취득가액) = 2.25억원

㉮ 양도가액 : $8억원 \times \dfrac{6억원}{8억원} = 6억원$

㉯ 취득가액 : $5억원 \times \dfrac{6억원}{8억원} = 3.75억원$

⑥ 신축주택 양도차익 9억원과 청산금 납부분 이외 양도차익 2.25억원의 합계액 11.25억원에 대하여는 종전주택 취득일부터 신축주택 양도일까지의 기간에 대하여 장기보유특별공제를 적용한다.

$$양도차익 1,125,000,000 \times 28\%(보유기간14년 \times 2\%) = 315,000,000$$

2. 청산금 수령액에 대한 양도소득세 신고 및 세액감면

청산금 수령분 2억원에 해당하는 양도차익은 종전주택을 조합에 양도함으로써 발생한 것이므로 사업시행인가일로부터 소급하여 2년 이전에 종전주택을 취득한 경우 양도소득세 산출세액의 10%를 감면하되, 감면받은 양도소득세의 20%를 농어촌특별세로 납부해야 한다.

청산금을 수령하고 비과세되는 고가주택을 양도하는 경우

● 종전주택 취득 및 신축주택 양도에 관한 자료

구 분	내 용	
1. 종전주택 취득내역	취득일 : 2011.1.10.	
	실지 취득가액 : 9억원	
2. 관리처분계획인가 내역	인가일 : 2016.3.15.	
	종전주택의 권리가액 : 15억원	
	조합원 분양가액 : 12억원	
	수령할 청산금 : 3억원	
3. 신축주택 양도내역	양도일 : 2022.3.15.	
	양도가액 : 20억원	
4. 기타 내용	청산금 수령액은 비과세 대상이며, 종전주택과 신축주택에서 실제 거주하지 않음	
	소유권이전 고시일 : 2020.5.20.	

계산내역

	구 분	청산금 수령분 (2020.7.31.까지 신고)	청산금 수령분 이외분(신축주택 양도시 신고)		
			종전주택부분	신축주택부분	계
	양도가액	300,000,000	1,200,000,000	2,000,000,000	
(−)	취득가액	180,000,000	720,000,000	1,200,000,000	
(=)	양도차익	120,000,000	480,000,000	800,000,000	1,280,000,000
	고가주택양도차익	48,000,000	192,000,000	320,000,000	512,000,000
(−)	장기보유특별공제	8,640,000	42,240,000	70,400,000	112,640,000
(=)	양도소득금액	39,360,000	149,760,000	249,600,000	399,360,000
(−)	양도소득기본공제	2,500,000			2,500,000
(=)	과세표준	36,860,000			396,860,000
	산출세액	4,449,000	396,860,000 × 40% − 25,400,000		133,344,000
(+)	지방소득세	444,900	133,344,000 × 10%		13,334,000
(=)	총부담세액	4,893,900			146,678,000

해설

1. 양도소득금액 계산

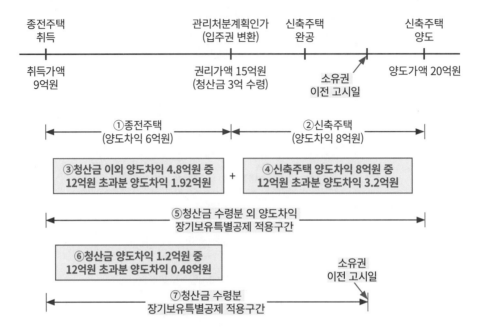

① 종전주택 양도차익은 종전주택의 권리가액 15억원에서 종전주택의 취득가액 9억원을 차감한 6억원이다.

② 신축주택 양도차익은 신축주택의 양도가액 20억원에서 종전주택의 분양가액 12억원을 차감한 8억원이다.

③ 청산금 수령분 이외 종전주택에 대한 1세대1주택 비과세 고가주택 12억원 초과분에 대한 양도차익 1.92억원은 다음과 같이 계산된다.

㉮ 청산금 수령분 이외 종전주택의 양도차익은 전체 양도차익 6억원에 종전주택의 권리가액 15억원에서 청산금 수령분 3억원을 차감한 가액이 권리가액 15억원에서 차지하는 비율 80%를 곱한 4.8억원이다.

$$600,000,000 \times \frac{1,200,000,000}{1,500,000,000} = 480,000,000$$

④ 청산금 수령분 이외 종전주택에 대한 1세대1주택 비과세 고가주택 12억원 초과분 양도차익은 4.8억원에 양도가액 20억원 중 12억원을 초과한 8억원이 전체 양도가액 20억원에서 차지하는 비율 40%를 곱한 1.92억원이다.

$$600,000,000 \times \frac{1,200,000,000}{1,500,000,000} \times \frac{(20억원 - 12억)원}{20억원} = 192,000,000$$

④ 신축주택에 대한 1세대1주택 고가주택 12억원 초과분 양도차익은 신축주택의 양도차익 8억원에 전체 양도가액 20억원 중 12억원을 초과한 8억원이 전체 양도가액 20억원에서 차지하는 비율 40%를 곱한 3.2억원이다.

$$800,000,000 \times \frac{(20억원 - 12억)원}{20억원} = 320,000,000$$

⑤ 청산금 수령분 양도차익을 제외한 종전주택의 고가주택 양도차익 1.92억원과 신축주택의 고가주택 양도차익 3.2억원의 합계액 5.12억원에 대하여는 종전주택 취득일로부터 신축주택 양도일까지 보유기간에 대하여 장기보유특별공제를 적용한다.

$$512,000,000 \times 22\%(보유기간 11년 \times 연2\%) = 112,640,000$$

⑥ 청산금 수령분에 해당하는 1세대1주택 고가주택의 양도차익은 종전주택의 전체 양도차익 6억원에 청산금 수령액 3억원을 권리가액 15억원 나눈 비율 20%를 곱한 양도차익 1.2억원에 12억원 초과분에 해당하는 비율 40%를 적용한 0.48억원이다.

$$600,000,000 \times \frac{300,000,000}{1,500,000,000} \times \frac{(20억원 - 12억)원}{20억원} = 48,000,000$$

⑦ 청산금 수령분 양도차익 0.48억원에 대하여는 종전주택 취득일로부터 소유권이전 고시일의 다음날까지의 보유기간에 대하여 장기보유특별공제를 적용한다.

$$48,000,000 \times 18\%(보유기간 9년 \times 연2\%) = 8,640,000$$

2. 청산금 수령분 양도소득세 신고

소득세법에서는 조합원이 수령할 청산금의 양도시기는 소유권이전 고시일의 다음날로 정하고 있으며, 이 날의 말일로부터 2개월 이내 양도소득세를 신고 및 납부해야 한다.

Ⅳ 조합원입주권을 승계 취득하여 신축주택을 양도하는 경우

1 양도차익 계산

조합원입주권을 승계 취득하여 신축주택을 양도하는 경우 신축주택 양도가액에서 조합원입주권의 취득가액과 필요경비를 차감하여 신축주택 양도차익을 계산한다.

2 장기보유특별공제 계산

신축주택의 사용승인일부터 양도일까지의 기간에 대하여 장기보유특별공제를 적용한다.

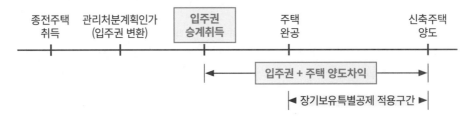

3 취득시기

신축주택의 취득시기는 사용승인일이 되므로 사용승인일부터 2년 이상 경과된 후 신축주택을 양도하는 경우에만 1세대1주택 비과세가 적용될 수 있고, 세율은 기본세율이 적용된다.

🕐 **여기서 잠깐 _ 조합원 자격의 제한**

서울 등 투기지역 내에서 시행되는 재건축사업의 경우 조합설립인가일, 재개발사업의 경우
는 관리처분계획인가일 이후 정비구역 내 토지나 건물을 취득한 자는 도시 및 주거환경정비
법 제 39조 2항에 따라 조합원이 될 수 없으므로 신축주택을 분양받을 자격이 없다.

[투기과열 지구내 주택 등 거래시 조합원 자격 유지 여부]

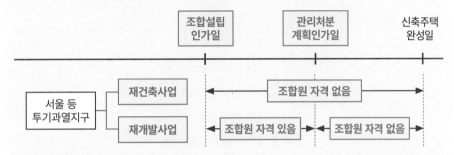

다만, 상속이나 이혼으로 인한 재산분할신청에 의한 경우 등은 예외적으로 조합설립인가일
등 기준일 이후에 토지나 건물을 취득한 경우에도 조합원이 되어 신축주택을 분양받을 수
있으며, 기타 예외적으로 조합원이 될 수 있는 경우는 도시 및 주거환경정비법 제 39조 제2
항 및 동법시행령 제 37조에 규정되어 있다.

조합원입주권을 승계 취득한 후 완성된 주택을 양도하는 경우

● 조합원입주권 취득 및 신축주택 양도에 관한 자료

구 분	내 용	
1. 조합원입주권 취득내역	취득일 : 2016.7.5.	
	취득가액 : 13억원	
	기타 필요경비 : 2천만원	
2. 신축주택 양도내역	사용승인일 : 2020.7.20.	
	양도일 : 2022.6.25.	
	양도가액 : 20억원	
	취득세 등 기타 필요경비 : 4천만원	
4. 기타 내용	1주택자로서 신축주택 양도 당시 다른 주택 없음	

계산내역

	구 분	금 액	계산 근거
	양도가액	2,000,000,000	
(-)	취득가액	1,300,000,000	
(-)	기타필요경비	60,000,000	취득 및 양도시 필요경비 합산
(=)	양도차익	640,000,000	
(-)	장기보유특별공제	-	3년 미만 보유하여 공제불가
(=)	양도소득금액	640,000,000	
(-)	양도소득기본공제	2,500,000	
(=)	과세표준	637,500,000	
(×)	세율	60%	1년 이상 2년 미만 보유
(=)	산출세액	382,500,000	637,500,000 × 60%(단기 보유세율)
(+)	지방소득세	38,250,000	382,500,000 × 10%
(=)	총부담세액	420,750,000	

1. 양도소득금액의 계산

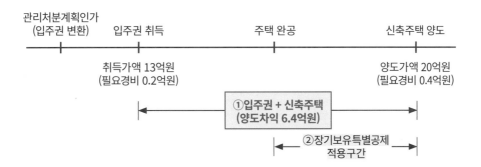

① 조합원입주권을 승계취득한 후 신축주택을 양도하는 경우 신축주택 양도차익은 신축주택의 양도가액 20억원에서 입주권 취득가액 13억원, 취득 및 양도당시 필요경비 합계액 0.6억원을 차감한 6.4억원이다.

② 조합원입주권을 승계취득한 경우 신축주택의 사용승인일부터 보유기간을 기산하므로 신축주택 보유기간이 3년 미만이 되어 장기보유특별공제를 적용할 수 없다.

2. 1세대1주택 비과세 여부 및 산출세액 계산

조합원입주권을 승계취득하여 신축주택을 양도하는 경우 신축주택의 사용승인일부터 양도일까지가 보유기간을 계산하여 1세대1주택 비과세여부 및 세율을 판단한다. 이 사례에서는 사용승인일부터 신축주택양도일까지의 보유기간이 2년 미만이므로 1세대1주택 비과세가 적용되지 않고, 60%의 단기 보유세율이 적용된다.

조합원입주권을 취득하여 완성된 주택을 1세대1주택 비과세 받고 양도하는 경우

● 조합원입주권 취득 및 신축주택 양도에 관한 자료

구 분	내 용
1. 조합원입주권 취득내역	취득일 : 2016.7.5.
	취득가액 : 9억원
	기타 필요경비 : 3천만원
2. 신축주택 양도내역	사용승인일 : 2018.7.20.
	양도일 : 2022.8.25.
	양도가액 : 25억원
	취득세 등 기타 필요경비 : 7천만원
4. 기타 내용	신축주택은 1세대1주택 비과세 대상이며, 신축주택에 사용승인일 이후부터 양도일까지 계속 거주

계산내역

	구 분	금 액	계산 근거
	양도가액	2,500,000,000	
(-)	취득가액	900,000,000	
(-)	기타필요경비	100,000,000	취득 및 양도시 필요경비 합산
(=)	양도차익	1,500,000,000	
	12억원 초과분 양도차익	780,000,000	비과세 12억원 초과분
(-)	장기보유특별공제	249,600,000	해설 참조
(=)	양도소득금액	530,400,000	
(-)	양도소득기본공제	2,500,000	
(=)	과세표준	527,900,000	
(×)	세율	42%	기본세율 적용
(=)	산출세액	186,318,000	527,900,000 × 42% - 3,540만원
(+)	지방소득세	18,631,800	186,318,000 × 10%
(=)	총부담세액	204,949,800	

1. 양도소득금액의 계산

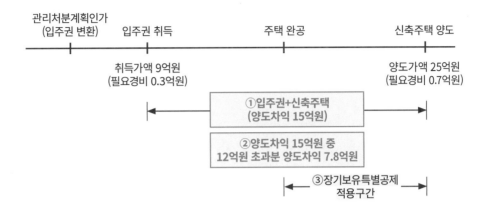

① 조합원입주권을 승계취득한 후 신축주택을 양도하는 경우 신축주택 양도차익은 신축주택의 양도가액 25억원에서 입주권 취득가액 9억원과 취득 및 양도당시 필요경비 합계액 1억원을 차감한 15억원이다.

② 1세대주택 비과세 고가주택 12억원 초과분에 대한 양도차익은 전체 양도차익 15억원에 양도가액 25억원 중 12억원을 초과한 13억원이 전체 양도가액 25억원에서 차지하는 비율 52%를 곱한 7.8억원이다.

$$1,500,000,000 \times \frac{(2,500,000,000 - 1,200,000,000)}{2,500,000,000} = 780,000,000$$

③ 조합원입주권을 승계취득한 후 신축주택으로 완공된 상태에서 양도하였으므로 신축주택 취득일은 입주권 취득일이 아니라 신축주택 사용승인일이 되며, 과세되는 고가주택 양도차익 7.8억원에 대하여 신축주택 사용승인일부터 양도일까지의 기간에 대하여 보유기간과 거주기간별로 나누어 장기보유특별공제를 적용한다.

$$780,000,000 \times 32\%(보유기간 4년 \times 4\% + 거주기간 4년 \times 4\%) = 249,600,000$$

2. 1세대1주택 비과세 여부 및 산출세액 계산

신축주택 사용승인일부터 2년 이상 보유 및 거주하였으므로 1세대1주택 비과세되며, 과세되는 고가주택 양도차익에 대하여는 기본세율이 적용된다.

05
종전주택을 조합에 양도하는 경우 양도소득세 계산

1 개요

종전 부동산 소유자가 재개발·재건축 사업의 조합원이 되지 않고 조합 등 사업시행자에게 종전주택을 양도하는 경우 양도소득세가 과세된다.

2 다주택자 중과여부

종전에는 다주택자가 신축주택을 분양받지 않고 종전주택을 양도하는 경우에는 중과대상이 되었으나, 2021.2.17. 이후 조정대상지역 내 주택을 사업시행자인 정비사업조합에 양도하는 경우 중과되지 않는다.

3 양도소득세 감면

현금청산 대상자가 사업시행인가일부터 소급하여 2년 이전에 취득한 정비구역의 주택을 조합 등 사업시행자에게 양도한 경우 산출세액의 10%를 감면한다. 다만, 감면받은 양도소득세의 20%는 농어촌특별세로 납부해야 한다.

📖 배경 및 취지

조합에 주택을 양도하는 경우 양도가액이 시가에 미치는 못하는 경우가 많고, 조합원의 자발적 의사에 따라 양도한 것이 아니므로 원활한 공익사업의 진행을 위해 양도소득세를 감면한다.

계산사례

사업시행자인 조합에 주택을 양도한 경우

● 주택 취득 및 양도에 관한 자료

구 분	내 용
1. 주택 취득내역	취득일 : 2012.1.15.
	실지 취득가액 : 4억원
	취득세 등 기타 필요경비 : 2천만원
2. 주택 양도내역	양도일 : 2022.2.16.
	양도가액 : 10억원
	기타 필요경비 : 3천만원
4. 기타 내용	양도주택 외 2주택을 보유하고 있으며, 양도주택은 조정대상지역에 소재하고 있음
	사업시행인가일 : 2019.7.15.

계산내역

	구 분	금 액	계산 근거
	양도가액	1,000,000,000	
(−)	취득가액	400,000,000	
(−)	기타필요경비	50,000,000	취득 및 양도시 필요경비 합산
(=)	양도차익	550,000,000	
(−)	장기보유특별공제	110,000,000	해설 참조
(=)	양도소득금액	440,000,000	
(−)	양도소득기본공제	2,500,000	
(=)	과세표준	437,500,000	
(×)	세율	40%	기본세율 적용
(=)	산출세액	149,600,000	해설 참조
(−)	감면세액	14,960,000	해설 참조
(=)	감면후세액	134,640,000	
(+)	지방소득세	13,464,000	134,640,000 × 10%
(+)	농어촌특별세	2,992,000	해설 참조
(=)	총부담세액	151,096,000	

1. 양도소득금액의 계산

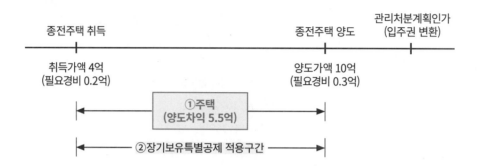

① 주택 양도차익은 조합으로부터 수령한 양도가액 10억원에서 종전주택의 취득가액 4억원과 필요경비 0.5억원을 차감한 5.5억원이다.

② 주택으로 보유한 전체 기간에 대하여 장기보유특별공제를 적용한다.

$$550,000,000 \times 20\%(10년 \times 2\%) = 110,000,000$$

2. 산출세액

$$437,500,000 \times 40\% - 25,400,000(누진공제) = 149,600,000$$

3. 감면세액

$$149,600,000 \times 10\% = 14,960,000$$

4. 농어촌특별세

$$14,960,000 \times 20\% = 2,992,000$$

06

조합원입주권 관련 기타 세목

I 조합원입주권 관련 취득세 등

관리처분계획인가일 이후 이주를 완료하고 건물이 멸실될 때까지 대략 1~2년 정도 소요되는데, 이 기간 동안 멸실되지 않은 주택은 양도소득세법상으로는 주택이 아닌 조합원입주권으로 취급되나 지방세법상으로는 주택으로 취급되어 주택에 대한 취득세 등이 과세된다.

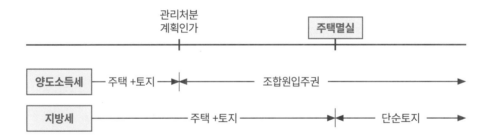

1 조합원입주권 취득시점에서 주택이 멸실된 상태인 경우

종전주택이 멸실된 후 조합원입주권을 승계 취득한 경우 토지를 취득한 것으로 보아 토지에 대하여만 취득세 및 재산세가 과세되며, 해당 토지는 분리과세 대상 토지로 분류되어 종합부동산세는 과세되지 않는다.

사례

주택이 멸실된 상태에서 입주권을 취득한 경우

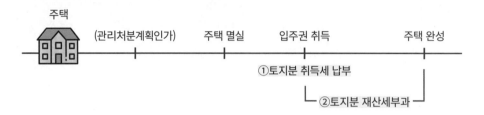

2 조합원입주권 취득시점에서 주택이 멸실되지 않은 상태인 경우

주택이 멸실되지 않은 상태에서 조합원입주권을 승계 취득한 경우 주택분에 해당하는 취득세를 납부하여야 하고, 주택에 대한 재산세 및 종합부동산세가 과세된다. 따라서, 1주택자가 추가로 조정대상지역 내에서 주택이 멸실되지 않은 상태에서 조합원입주권을 취득하는 경우 주택에 대하여 8%의 취득세 중과세율이 적용될 수 있으며, 과세기준일인 6월 1일 현재 주택이 멸실되지 않은 경우에는 주택분에 대한 재산세 및 종합부동산세가 부과될 수 있다.

사례

주택이 멸실되지 않은 상태에서 입주권을 취득한 경우

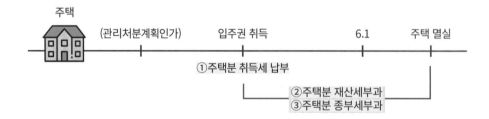

Ⅱ 재개발·재건축 정비사업조합에 대한 과세

재개발·재건축 정비사업조합은 비영리법인이므로 고유목적사업인 조합원 분양분에 대하여는 법인세나 부가가치세가 과세되지 않고, 수익사업인 일반분양분에 대하여만 법인세나 부가가치세가 과세된다.

[조합원분양분과 일반분양분 과세여부 비교]

구 분		조합원분양분	일반분양분
법인세		과세대상 아님	과세
부가가치세	전용면적 85㎡ 초과		과세
	전용면적 85㎡ 이하		면세
	상 가		과세

Ⅲ 조합원의 배당소득에 대한 과세

조합원이 조합으로부터 일반분양분에서 발생한 이익을 배당받는 경우 배당소득으로 과세되며, 지급받은 금액이 2,000만원 이하인 경우 분리과세되고 2,000만원을 초과하는 경우 근로소득 등 다른 소득과 합산하여 종합과세된다.

Ⅳ 조합원입주권에 대한 상속세 및 증여세 과세가액 산정방법

조합입주권을 상속 또는 증여받은 경우 상속재산가액 또는 증여재산가액은 상속개시일 또는 증여일 현재 해당 자산의 매매가액, 감정가액, 해당 자산과 유사한 자산의 매매사례가액 등 시가로 평가한다.

구 분	조합원입주권 평가액
시가가 확인되는 경우	시 가
시가가 확인되지 않는 경우	권리가액에 평가기준일까지 납부 또는 수령한 청산금 가감

사례 1

시가가 확인되는 경우

유사매매사례가액 : 12억원
분양가액 : 7억원
추가청산금 : 3억원
증여일 현재까지 납입한 청산금 : 1억원

평가액 : 유사매매사례가액 12억원 – 청산금 미납액 2억원 = 10억원*

*권리가액 4억원 + 납부한 청산금 1억원 + 프리미엄(12억원-7억원) = 10억원

사례 2

시가가 확인되지 않는 경우

조합원권리가액 : 5억원
분양가액 : 8억원
추가청산금 : 3억
증여일까지 조합에 납입한 청산금 : 1억원

평가액 : 권리가액 5억원 + 납부한 청산금 1억원 = 6억원

V 조합원입주권에 대한 동거주택 상속공제 적용

📖 배경 및 취지

주택이 재건축·재개발 사업으로 인하여 조합원입주권으로 전환되는 것은 피상속인의 의사와 관계없이 이루어지는 것이므로 주택을 상속한 경우와 과세형평을 맞추기 위하여 동거주택 상속공제 요건을 갖춘 조합원입주권도 동거주택 상속공제를 적용하는 것이다.

1 동거주택 상속공제 요건

1) 상속인 요건

민법상 상속인 중 직계비속이 동거주택을 상속받거나 직계비속이 사망한 경우 직계비속의 배우자가 상속을 받을 것

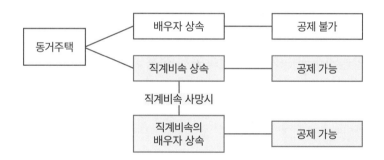

2) 동거요건

피상속인과 상속인이 상속개시일부터 소급하여 10년 이상 계속하여 하나의 주택에서 동거할 것

3) 상속주택 요건

① 피상속인과 상속인이 상속개시일부터 소급하여 10년 이상 계속하여 1세대를 구성하면서 대통령령으로 정하는 1세대1주택에 해당할 것
② 상속개시일 현재 무주택자이거나 피상속인과 공동으로 1세대1주택을 보유한 자로서 피상속인과 동거한 상속인이 상속받은 주택일 것

2 동거주택 상속공제 금액 및 한도

최대 6억원을 한도로 하여 상속주택가액에서 상속주택을 담보로 한 차입금을 차감한 금액을 공제한다.

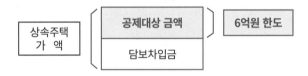

3 조합원입주권 동거주택 상속공제 적용여부

피상속인이 동거주택 상속공제 요건을 갖춘 주택을 보유하던 중 해당 주택이 조합원입주권으로 전환된 후 상속된 경우 동거주택 상속공제 대상이 된다(재산세과–237, 2012.6.25.참조).

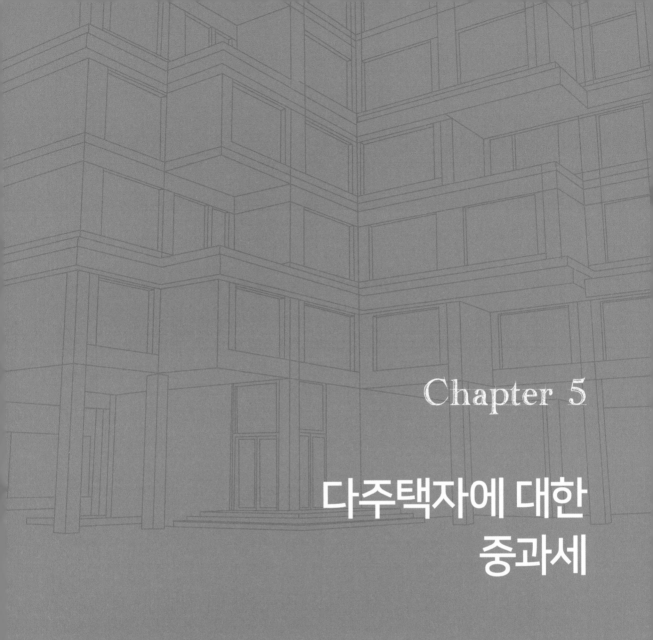

Chapter 5

다주택자에 대한
중과세

01
다주택자 양도소득세 중과제도 개요

┤ **다주택자 양도소득세 중과유예 조치** ├

❋ 2022.5.31. 소득세법 시행령 개정으로 다주택자가 2년 이상 보유한 중과대상 주택을 2022.5.10. 이후부터 2023.5.9.까지 양도하는 경우 1년간 한시적으로 양도소득세를 중과하지 않게 되었으나, 양도소득세 중과제도에 대한 전반적인 이해를 위하여 중과유예 조치에도 불구하고 양도소득세가 중과되는 것으로 설명하였다.

Ⅰ 다주택자 양도소득세 중과대상 및 적용세율

📖 배경 및 취지

투기 목적으로 취득한 주택을 양도할 경우 고율의 양도소득세를 부과함으로써 투기수요를 억제하여 주택가격을 안정시키고, 투기로 형성된 소득을 국고로 환수하기 위함이다.

1 조정대상지역 내 주택을 2년 이상 보유하다 양도하는 경우 세율 적용

양도일 현재 2채 이상의 중과대상 주택(조합원입주권과 2021.1.1. 이후 취득한 주택분양권 포함)을 보유한 자가 조정대상지역 내 중과대상 주택을 양도하는 경우 장기보유특별공제가 배제되고, 아래와 같이 기본세율에 추가세율이 적용된다.

구 분	2주택	3주택 이상
2021.5.31. 이전 양도	기본세율 + 추가세율 10%	기본세율 + 추가세율 20%
2021.6.1. 이후 양도	기본세율 + 추가세율 20%	기본세율 + 추가세율 30%

1) 조합원입주권 또는 주택분양권 양도시 중과적용 여부

다주택 중과는 주택에 대하여만 적용되므로 조합원입주권 또는 주택분양권을 양도하는 경우에는 중과되지 않는다.

☕ 여담 코너

2019년 가을 국회에서는 조합입주권을 양도하는 경우에도 중과하는 법안이 채이배의원의 대표발의로 상정되었는데, 조합입주권을 1세대1주택 비과세 여부 판단시 주택수에 포함하고 있는 상태에서 양도소득세까지 중과하는 것은 과도하다는 점, 조합원입주권은 사실상 토지와 같으므로 주택으로 보아 중과하는 것은 무리가 있다는 점이 법안의 문제점으로 지적되었다. 또한, 조합입주권을 중과대상에 포함시킬 경우 주택거래가 위축되어 매물잠김 현상이 있을 수 있다는 우려가 있었는데, 상정하려던 법안은 20대 국회 임기만료로 폐기되어 더 이상 논의되지 않았다.

2) 중과세적용 기준시점

다주택자 중과 적용여부는 주택의 양도일 현재 기준으로 판단한다. 따라서 양도하는 주택이 취득 당시에는 조정대상지역에 해당되지 않았더라도 양도일 현재 조정대상지역에 해당되는 경우 양도소득세가 중과되고, 주택 취득 당시 조정대상지역에 해당되었더라도 양도일 현재 조정대상지역에 해당되지 않는 경우에는 중과되지 않는다.

🧑 필자의 견해

현행 다주택 중과는 양도일 현재 조정대상지역으로 지정된 주택에 대하여 적용하나, 주택 취득일 현재를 기준으로 조정대상지역으로 지정된 경우에 중과를 적용하는 것이 타당하다고 생각한다.

왜냐하면 주택을 취득할 당시에는 조정대상지역이 아니었으나 이후 조정대상지역으로 지정되어 예상치 못하게 중과되는 것은 납세자의 예측가능성을 침해할 수 있고, 중과로 인한 세금부담 증가로 매물이 더욱 잠기는 현상이 발생하게 되기 때문이다.

따라서 취득일 기준으로 조정대상지역으로 지정된 경우에만 중과되도록 세제를 운영하는 것이 납세자의 예측가능성을 높여 주고, 다주택자들이 주택시장에 매물을 내놓게 하는 방법이라고 생각한다. 한편, 1세대1주택 비과세 규정에서 거주요건은 취득일 현재 조정대상지역으로 지정된 경우에만 적용함으로써 납세자의 예측가능성을 보호해 주고 있다.

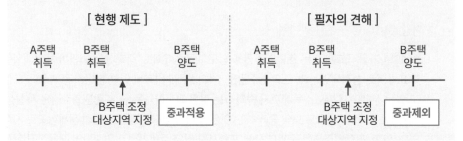

[조정대상지역 지정 및 해제에 따른 거주요건과 중과적용 여부 비교]

구 분		다주택자 중과여부	1세대1주택 비과세 판단시 거주요건
취득당시	양도당시		
비조정대상지역	조정대상지역	중과적용	거주요건 없음
조정대상지역	비조정대상지역	중과제외	2년 이상 거주요건 적용

사례 1

- 양도일 현재 다주택자로서 2015. 2.17. 경기도 의왕시에 소재한 주택을 취득한 후 2021.8.16. 양도

해설 경기도 의왕시는 2020.2.21. 조정대상지역으로 지정되었고, 취득당시에는 비조정대상 지역이었으나 주택 양도일 현재 조정대상지역이므로 중과됨

사례 2

- 양도일 현재 다주택자로서 2020.7.15. 인천광역시 중구 을왕동에 소재한 주택을 취득한 후 2022.9.10. 양도

해설 인천광역시 중구 을왕동은 2020.6.19. 조정대상지역으로 지정되었으나, 2020. 12.18. 조정대상지역에서 해제되었으므로 주택 양도일 현재 비조정대상지역에 해당하여 중과되지 않음

2 조정대상지역 내 주택을 2년 미만 보유하다 양도하는 경우 세율 적용방법

① 1년 미만 보유 : 70%의 단일세율을 적용하여 산출한 세액과 기본세율에 20% 또는 30%의 추가세율을 적용하여 산출한 세액 중 큰 세액
② 1년 이상 2년 미만 보유 : 60%의 단일세율을 적용한 산출세액과 기본세율에 20% 또는 30%의 추가세율을 적용하여 산출한 세액 중 큰 세액

3 같은 연도에 자산을 둘 이상 양도하는 경우 세율 적용방법

같은 연도에 중과대상 주택과 중과대상이 되지 않는 자산을 양도한 경우에는 둘 이상 자산의 양도소득금액을 합산한 후 기본세율을 적용하여 계산된 산출세액과 각 개별 자산별로 구분하여 계산된 산출세액의 합계액 중 큰 세액을 적용한다.

중과주택 포함 둘 이상 자산 양도시 비교과세 산출세액 = ①,② 중 큰 세액
① 각각의 자산별로 구분하여 계산된 산출세액의 합계액
② 전체 자산의 과세표준 합계액 (자산 양도소득금액 합계액 – 양도소득 기본공제) × 기본세율

배경 및 취지

중과대상 주택을 포함하여 2개 이상 자산을 같은 연도에 양도한 경우 중과대상 주택에 중과세율을 적용한 세액과 중과대상 주택 외 다른 자산에 기본세율을 적용한 세액의 합계가 중과대상 주택을 포함한 전체 자산에 기본세율을 적용한 세액보다 적게 되면 다주택자에게 고율의 세금을 부과하는 중과제도의 취지에 맞지 않으므로 두 방법으로 계산한 세액 중 큰 세액을 산출세액으로 하는 것이다.

[비교세액 산출 방법]

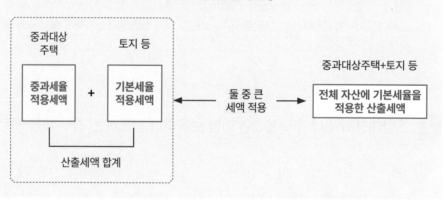

사례

- 2021. 4.10. 토지 양도 : 양도소득금액 140,000,000원 (기본세율 적용대상)
- 2021. 7.25. 주택 양도 : 양도소득금액 150,000,000원 (2주택 중과세율 적용대상)

해설

산출세액 : Max(①, ②) = 100,825,000원

① 각각의 자산별 산출세액 합계액 (㉠+㉡) : 100,825,000

  ㉠ 토지 : (140,000,000 – 250만원) × 35% – 1,490만원(누진공제) = 33,225,000

ⓒ 주택 : 150,000,000 × 55%(기본세율 + 20%) − 1,490만원(누진공제) = 67,600,000

② 토지와 주택의 과세표준 합계액 × 기본세율

(290,000,000 − 250만원) × 38% − 1,940만원(누진공제) = 89,850,000

다주택자 양도소득세 중과 흐름도

양도하는 주택이 양도소득세 중과대상이 되는지 및 중과세율 적용 여부는 아래 흐름도를 통해 판단할 수 있다.

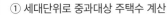

1 단계 양도주택 지역확인	① 양도한 주택이 조정대상지역 외에 있는 경우 : 중과제외 ② 양도한 주택이 조정대상지역 내에 있는 경우 : 2단계 진행

2 단계 중과대상 주택수 계산	① 세대단위로 중과대상 주택수 계산 　주택수 포함 : 조합원입주권 및 '21.1.1 이후 취득한 주택분양권 　주택수 제외 : 양도당시 기준시가 3억원 이하 수도권 읍·면 지역 및 지방 소도 　　　　　　　시 지역 소재 주택 ② 중과대상 주택수가 1채인 경우 : 중과제외 ③ 중과대상 주택수가 2채 이상인 경우 : 3단계 진행

3 단계 양도주택 중과제외 여부확인	① 양도하는 주택이 장기임대주택, 상속주택, 감면주택 등 중과제외 대상인 　경우 : 중과제외 ② 중과대상 주택인 경우 : 4단계 진행

4 단계 세율 적용	① 2주택 중과대상인 경우 : 　장기보유특별공제 적용 배제, 기본세율 + 추가세율 20% 　('21.5.31. 이전 양도분은 기본세율 + 추가세율 10%) ② 3주택 이상 중과대상인 경우 : 　장기보유특별공제 적용 배제, 기본세율 + 추가세율 30% 　('21.5.31. 이전 양도분은 기본세율 + 추가세율 20%)

2주택 및 3주택 이상 중과적용 사례

사례 1

2주택 중과적용 사례

구 분	소재지	양도당시 기준시가	비 고	양도시 적용세율
A주택	청주시 상당구	2억원	조정대상지역	기본세율
B주택	남양주시 별내읍	3억원	조정대상지역	기본세율
C주택	서울시 강남구	8억원	조정대상지역	기본세율+20% 추가세율
D주택	성남시 분당구	6억원	조정대상지역	기본세율+20% 추가세율

1단계 조정대상지역 소재 주택 판단

A,B,C,D주택 모두 조정대상지역에 있으므로 2단계 진행

2단계 중과대상 주택수 계산

A주택과 B주택은 지방 소도시 또는 경기도 읍 ·면 지역에 소재하고 있고, 양도당시 기준시가 3억원 이하이므로 중과대상 주택수 계산시 제외되어 중과대상 주택은 C,D주택 2채임

3단계 양도주택 중과제외 여부

A,B주택은 양도당시 기준시가 3억원 이하이면서 지방소도시 또는 읍·면 지역에 소재하고 있으므로 조정대상지역과 상관없이 중과제외 대상 주택에 해당하여 해당 주택 양도시 중과제외되고, C,D주택은 중과제외 대상주택에 해당하는 규정이 없으므로 중과대상임

4단계 세율 적용

중과세 적용주택은 C,D주택 2채이므로 C주택 또는 D주택을 양도하는 경우 2주택자 중과세가 적용되어 장기보유특별공제가 배제되고, 기본세율 + 20%의 추가세율이 적용됨

3주택 이상 중과 적용사례

구 분	소재지	양도당시 기준시가	비 고	양도시 적용세율
A주택	서울시 송파구	5억원	요건충족 장기임대주택	기본세율
B주택	성남시 분당구	3억원	5년이내 선순위 상속주택	기본세율
C주택	서울시 강남구	6억원	조정대상지역	기본세율+30% 추가세율
D주택	용인시 수지구	4억원	조정대상지역	기본세율+30% 추가세율

1단계 조정대상지역 소재 주택 판단

A,B,C,D주택 모두 조정대상지역에 있으므로 2단계 진행

2단계 중과대상 주택수 계산

A,B주택은 양도시 중과제외 주택이나, 다른 주택 양도시 중과대상 주택수에는 포함되므로 중과대상 주택수는 A,B,C,D주택 4채임

3단계 양도주택 중과제외 여부

요건 충족한 A장기임대주택과 상속개시일로부터 5년 이내 선순위 상속주택을 양도하는 경우에는 중과되지 않음

4단계 세율 적용

중과세 적용주택은 C,D주택 2채이나 A,B주택이 중과대상 주택수에 포함되므로 C주택 또는 D주택을 양도하는 경우 3주택자 중과세가 적용되어 장기보유특별공제가 배제되고, 기본세율 + 30%의 추가세율이 적용됨

02
다주택자 중과대상 주택수 계산

I 중과대상 주택수 판단

1 세대단위로 판단

다주택자 중과대상 주택수는 아래와 같이 세대단위로 계산한다.

세대단위 주택 등 보유 상황	본인기준	세대기준
본 인 : 1주택 배우자 : 1주택 + 1조합원입주권	1주택	3주택 중과

배경 및 취지

개인단위로 중과여부를 판단하게 되면 가족 등 세대원에게 명의를 분산하여 다주택 중과를 회피할 수 있으므로, 이를 방지하기 위하여 1세대1주택 비과세 판단과 마찬가지로 세대단위로 중과여부를 판단하는 것이다.

2 자산별 중과대상 주택수 포함여부

중과대상 주택수는 조합원입주권, 2021.1.1. 이후 취득한 주택분양권 등 주택을 취득할 수 있는 권리와 주택법상 주택은 아니나 사실상 주택으로 사용되는 주거용오피스텔 등도 포함하여 판단하며, 자산 종류별 중과대상 주택수 포함여부는 아래와 같다.

[자산 종류별 중과대상 주택수 포함 여부]

구 분	내 용
① 조합원입주권	원조합원 및 승계조합원 모두 주택수에 포함
② 주택분양권	주택수에 포함('20.12.31. 이전 취득분은 주택수에서 제외)
③ 주거용 오피스텔	주택수에 포함
④ 다가구주택	가구 단위로 계산하나 전체를 하나의 주택으로 선택할 수 있음
⑤ 공동상속주택	상속지분이 가장 큰 자의 주택수에 포함
⑥ 공동소유주택	공동상속주택을 제외한 공동소유자 각자의 주택수에 포함
⑦ 부동산매매업자의 주택재고자산	주택수에 포함
⑧ 주택신축판매업자의 주택재고자산	주택수에서 제외
⑨주택임대사업자의 임대주택	주택수에 포함

3 20.12.31. 이전에 취득한 분양권 지분을 21.1.1. 이후 증여하는 경우

2020.12.31. 이전에 취득한 분양권의 일부지분을 2021.1.1. 이후 동일세대원에게 증여하는 경우 해당 분양권의 일부지분은 주택수에 포함되지 않으나, 별도 세대원에게 증여하는 경우에는 별도세대원의 주택수에 포함된다(법령해석재산-0918, 2021.7.23 참조).

남편 분양권A 취득 — 2019.8.5.
부인 조정지역 주택B 취득 — 2020.8.5.
기준일 — 2021.1.1.
분양권A 부인에게 증여 — 2021.11.15.
부인소유 주택B 양도 — 중과제외

배경 및 취지

중과여부는 세대단위로 판단하므로 2020.12.31. 이전에 취득한 주택분양권을 동일세대원에게 2021.1.1. 이후 증여한 경우 세대단위로 판단하면 여전히 2020.12.31. 이전에 주택분양권을 보유한 것이나 다름없다. 따라서 2020.12.31. 이전에 취득한 분양권은 중과대상 주택수에 포함되지 않으므로 다른 주택 양도시 분양권을 제외하고 중과대상 주택수를 계산한다.

4 **주택과 부수토지의 소유자가 다른 경우**

1) 주택의 소유자와 부수토지의 소유자가 동일세대인 경우

동일세대원이 주택과 주택부수토지를 각각 보유하고 있는 상태에서 부수토지 소유자가 본인이 소유한 다른 주택을 양도하는 경우 동일세대원인 주택 보유자의 주택도 부수토지 소유자의 다른 주택수에 포함하여 중과세 여부를 판단한다.

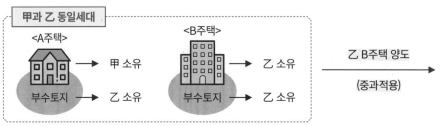

* A,B 주택은 조정대상지역에 소재

📖 **배경 및 취지**

1세대1주택 비과세나 다주택 중과세 여부는 세대단위로 판단하므로, 동일세대원이 보유한 주택은 모두 합산하여 다주택 중과여부를 판단한다.

2) 주택의 소유자와 부수토지의 소유자가 별도세대인 경우

주택과 부수토지를 별도세대원이 각각 보유하고 있는 경우로서 부수토지 소유자가 본인이 소유한 다른 주택을 양도하는 경우 별도세대원인 주택 보유자의 주택은 부수토지 소유자의 다른 주택수에 포함되지 않는다(집행기준 104-167의 3-11 참조).

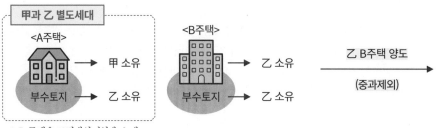

* A,B 주택은 조정대상지역에 소재

1세대1주택 비과세나 다주택 중과세 여부는 세대단위로 판단하며, 주택과 부수토지 소유자가 다른 경우 주택소유자를 기준으로 1세대1주택 비과세나 다주택 중과세 여부를 판단하므로 부수토지만을 소유한 자가 다른 주택을 양도하는 경우 별도세대원의 주택은 다른 세대원의 주택수에 포함되지 않는다.

5 중과대상 주택의 부수토지만 양도하는 경우

중과대상주택을 보유한 자가 중과대상주택의 건물부분을 제외하고 주택의 부수토지만 양도하는 경우에도 중과세를 적용한다(집행기준 104-167의3-9참조).

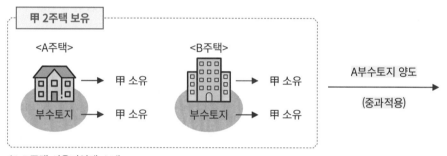

*A,B주택 서울지역에 소재

다주택자 중과는 주택을 양도하는 경우에만 적용되는 점을 악용하여 주택을 제외하고 주택의 부수토지만을 양도함으로써 다주택중과를 회피하는 행위를 규제하기 위함이다.

6 혼인으로 3주택 이상을 보유한 경우 주택수 계산

1주택 이상을 보유한 자가 1주택 이상을 보유한 자와 혼인함으로써 혼인한 날 현재 1세대 3주택 이상을 보유하게 된 경우로서 그 혼인한 날부터 5년 이내에 본인이 보유한 주택을 양도하는 경우에는 양도일 현재 배우자가 보유한 주택수를 차감하여 본인이 보유한 주택수만으로 중과 여부를 판단한다. 다만, 배우자가 혼인한 후 신규로 주택을 취득한 경우에는 신규주택을 포함하여 다주택 중과여부를 판단한다(집행기준 104-167조의3-12 참조).

📖 배경 및 취지

다주택 중과제도는 투기목적으로 2주택 이상을 소유하는 경우에 적용되는 것인데, 배우자가 될 사람이 혼인합가 전에 소유하던 주택을 중과대상 주택수에 포함할 경우 투기목적으로 취득하지 않은 경우에도 중과대상에 포함될 수 있기 때문이다.

사례

혼인합가 후 4주택 상태에서 배우자 일방의 종전주택 양도시 중과세 적용

1단계 4주택 모두 조정대상지역 내에 소재하므로 중과대상 주택수에 포함된다.

2단계 세대별로 주택수를 산정하는 것이 원칙이나, 혼인합가 후 1세대 3주택 이상이 된 경우로서 혼인한 날부터 5년 이내 배우자 일방이 주택을 양도하는 경우 상대 배우자의 주택수는 제외하고 중과대상 주택수를 계산하므로 이 사례에서는 A,D 2채가 중과대상 주택이다.

3단계 양도자의 중과대상 주택이 2채이지만, 신규주택D 취득일로부터 3년 이내에 종전주택 A를 양도하였으므로 일시적2주택 중과제외 규정에 따라 양도소득세가 중과되지 않는다.

혼인합가 후 새로운 주택을 취득한 경우로서 종전주택 양도시 중과세 적용

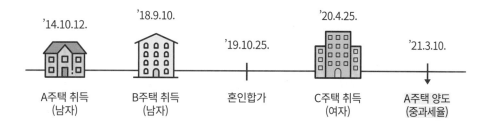

'14.10.12.	'18.9.10.	'19.10.25.	'20.4.25.	'21.3.10.
A주택 취득 (남자)	B주택 취득 (남자)	혼인합가	C주택 취득 (여자)	A주택 양도 (중과세율)

해설 혼인합가 전 배우자가 보유하던 주택은 중과대상 주택수 판단시 주택수에서 제외되나, 혼인합가 후 배우자가 신규주택C를 취득한 경우에는 종전주택A를 신규주택B 취득일로부터 3년 이내 양도한 경우에도 배우자의 신규주택C가 중과대상 주택수에 포함되어 3주택자 중과세가 적용된다.

Ⅱ 중과대상 주택수 판단시 지역기준과 가액기준

1 주택을 보유한 경우 지역기준과 가액기준

중과대상 주택수 계산시 양도일 현재 수도권, 광역시, 세종시에 소재하고 있는 주택은 기준시가에 관계 없이 중과대상 주택수에 포함되나, 경기도 및 세종시 읍·면지역, 광역시의 군지역과 그 밖의 지역에 소재하고 있는 주택은 조정대상지역을 불문하고 양도일 현재 기준시가가 3억원 이하인 경우에는 중과되지 않는다.

기준시가에 관계없이 중과대상 주택수에 포함되는 지역	양도 당시 기준시가가 3억원을 초과하는 경우에만 중과대상 주택수에 포함되는 지역
서울특별시	광역시의 군 지역
광역시(군 지역 제외)	경기도 및 세종시의 읍·면 지역
경기도 및 세종시(읍·면 지역 제외)	강원, 전남, 전북, 충남, 충북, 제주도 등 지방지역

[양도당시 기준시가 3억원 이하 중과대상 주택수 제외지역]

[지역기준 및 가액기준에 따른 중과대상 여부 판단]

주택 소재지역	양도당시 기준시가		중과대상 주택수 포함 여부	양도시 중과세 대상 여부	포함 또는 제외 사유
서울시 노원구	조정	2억원	주택수 포함	중과대상	조정지역
경기도 광주시 오포읍	조정	3억원	주택수 제외	중과대상 아님	읍·면지역, 3억원 이하
충남 천안시	조정	4억원	주택수 포함	중과대상	3억원 초과, 조정지역
인천광역시 강화군	비조정	4억원	주택수 포함	중과대상 아님	비조정지역
강원도 강릉시	비조정	2억원	주택수 제외	중과대상 아님	비수도권, 3억원 이하

📖 배경 및 취지

다주택자 중과제도는 수도권 등 대도시에 소재한 주택의 투기수요를 방지하기 위하여 도입된 것이므로 수도권이나 광역시 등을 제외한 지역에 소재한 저가주택 또는 수도권 등에 소재하는 경우라도 실질적으로는 농어촌에 해당하는 군지역이나 읍·면지역에 있는 저가주택은 중과대상에서 제외되는 것이다.

☕ 여담 코너

지방자치법상 군이 기초자치단체인 시로 승격하기 위해서는 상공업 등 도시산업에 종사하는 인구가 군 전체인구의 45% 이상, 재정자립도가 전국 군 평균 이상, 인구가 5만 이상 등의 요건을 갖추어야 한다.

군이 시로 승격되면 행정조직이 확대되어 보다 나은 행정서비스를 받을 수 있고, 중앙정부 및 도의 재정지원이 확대되므로 시 재정이 풍부해지는 장점이 있다.

자치시가 광역시로 승격되기 위해서는 인구 100만 이상이어야 하는데, 수도권 과밀화를 억제하기 위하여 수도권 소재 시는 광역시로 승격될 수 없도록 법으로 정하고 있다.

자치시가 광역시로 승격되면 도에서 행정이 분리되어 자치적으로 행정을 수행하게 되며, 세원으로 비중이 가장 큰 취득세 등을 자체 예산으로 사용할 수 있게 되어 재정면에서 상당한 도움이 된다. 시가 광역시로 승격되면 도 입장에서는 시에 대한 행정지배력을 잃게 되고 도 예산도 줄어들게 되어 좋을 리가 없으므로 광역시 승격을 달가워하지 않는다.

2 **조합원입주권 또는 주택분양권을 보유한 경우 지역기준과 가액기준**

조합원입주권과 주택분양권은 기준시가가 고시되어 있지 않으므로 조합원입주권은 감정평가액, 주택분양권은 공급가액으로 3억원 이하 여부를 판단한다.

1) 가액과 관계없이 중과대상 주택수에 포함되는 경우

조합원입주권과 2021.1.1. 이후 취득한 주택분양권이 서울특별시, 광역시(군지역 제외), 경기도·세종시(읍·면지역 제외)에 소재하는 경우에는 가액과 관계없이 중과대상 주택수에 포함된다.

2) 3억원 이하로서 중과대상 주택수에 제외되는 경우

조합원입주권과 2021.1.1. 이후 취득한 주택분양권이 광역시의 군지역, 경기도·세종시의 읍·면지역, 그 밖의 지역에 소재하는 경우로서 아래의 기준금액이 3억원 이하인 경우에는 중과대상 주택수에 제외된다.

① 조합원입주권 : 사업시행계획인가 고시일 현재 종전주택의 감정평가액
② 주택분양권 : 분양계약서상 선택품목을 제외한 순수 공급가액

3 **다가구주택을 보유한 경우 가액기준**

다가구주택의 기준시가는 가구별로 고시되지 않고 주택 전체를 대상으로 고시되므로 전체 주택의 기준시가를 가구별로 안분하여 계산한 가액으로 3억원 이하 여부를 판단한다.

관련예규

> 중과대상 주택수를 판단함에 있어 다가구주택은 개별주택가격 전체를 기준으로 기준시가 3억원 이하인지 여부를 판단하는 것이 아니라 각 가구별로 기준시가 3억원 이하인지 여부를 판단한다. 이 경우 각 가구별 기준시가는 개별주택가격 전체금액을 각 가구별 면적으로 안분계산한 가액으로 한다(법령해석재산-0117, 2019.1.30.참조).

[조정대상지역 중과대상 주택수 판단 여부 및 중과세 적용여부 요약]

구 분			수도권, 광역시, 세종시		경기도·세종시 읍면, 광역시 군, 기타지역	
			주택수 포함 여부	중과세 적용 여부	주택수 포함 여부	중과세 적용 여부
주택 (다가구 주택은 가구당 기준)	기준시가	3억원 초과	주택수 포함	여	주택수 포함	여
		1억원 초과 ~3억원 이하	주택수 포함	여	주택수 제외	부
		1억원 이하	주택수 포함	부*	주택수 제외	부
조합원입주권	감정가액	3억원 초과	주택수 포함	부	주택수 포함	부
		3억원 이하	주택수 포함		주택수 제외	
'21.1.1 이후 취득한 주택분양권	분양가액	3억원 초과	주택수 포함	부	주택수 포함	부
		3억원 이하	주택수 포함		주택수 제외	

* 수도권 내 1억원 이하 주택의 중과배제 규정은 1세대 2주택인 경우에만 적용한다.

Ⅲ 장기임대주택 등 중과대상 주택수 포함여부

법에서 정한 요건을 충족한 장기임대주택, 조세특례제한법상 감면주택, 상속받은 후 5년 이상 경과되지 않은 주택 등을 양도할 경우에는 양도소득세가 중과되지 않으나, 다른 주택의 중과여부 판단시에는 중과대상 주택수에 포함된다.

[장기임대주택 등 중과제외 주택]

📑 배경 및 취지

장기임대주택이나 조세특례제한법상 감면주택 등은 서민의 주거안정이나 미분양해소를 위하여 정부가 세제혜택을 통해 매입을 권장한 것이며, 상속주택은 투기목적으로 취득한 것이 아니므로 중과되지 않는 것이다.

📑 비교학습

경기도 및 세종시 읍·면지역, 광역시 군지역과 그 밖의 지역에 소재하고 있는 주택은 조정대상지역을 불문하고 양도일 현재 기준시가가 3억원 이하인 경우 중과대상 주택수에도 포함되지 않고, 해당 주택을 양도하는 경우에도 중과되지 않는다.

[3억원 이하 지방소재 중과제외 주택]

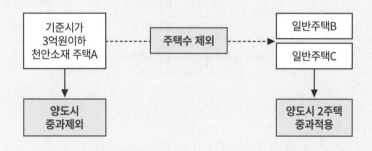

03

1세대 3주택 이상 중과제외 주택

1세대가 3주택 이상을 보유하던 중 1채를 양도하더라도 정부가 구입을 권장한 장기임대주택, 감면주택, 미분양 주택 및 부득이한 사유로 취득한 상속주택 등은 양도소득세가 중과되지 않으며, 구체적인 중과제외 주택은 아래 표와 같다.

구 분	내 용
① 중과대상 주택수 판단시 제외되는 주택	수도권·광역시·세종특별자치시 외 지역(소속 군 및 읍·면지역 포함)에 소재하는 주택으로서 양도 당시 기준시가 3억원 이하인 주택
② 소득세법상 장기임대주택	지방자치단체와 세무서에 주택임대사업자로 등록하고 임대개시일 당시 기준시가 6억원(수도권 밖은 3억원) 이하 주택
③ 조세특례제한법상 감면대상임대주택	조특법 제97조(장기임대주택), 제97조의2(신축임대주택) 및 제98조(미분양주택) 규정에 따른 임대주택
④ 장기사원용 주택	사용자와 특수관계가 없는 종업원에게 10년 이상 무상으로 제공한 사용자 소유의 주택
⑤ 조세특례제한법상 감면대상주택	조특법 제77조, 제98조의2, 제98의3, 제98조의5~제98조의8 및 제99조~제99조의3 규정에 따른 감면주택
⑥ 문화재주택	문화재보호법에 의해 문화재로 지정되거나 등록된 주택
⑦ 상속주택	선순위 상속주택으로서 상속개시일로부터 5년 이내 양도하는 주택
⑧ 저당권실행 및 채권변제로 취득한 주택	저당권의 실행으로 취득하거나 대물변제로 취득한 주택으로서 취득일로부터 3년 이내 양도하는 주택
⑨ 가정어린이집	지방자치단체장으로부터 어린이집으로 인가를 받아 사업자등록을 하고 5년 이상 가정어린이집으로 사용한 후, 가정어린이집으로 사용하지 않게 된 날부터 6개월 이내 양도하는 주택
⑩ 중과제외 주택외1주택	위 ①~⑨에 해당하는 주택을 제외하고 1주택만을 보유한 상태에서 양도하는 주택
⑪ 조정 대상지역 공고 이전 계약한 주택	조정대상지역의 공고가 있은 날 이전에 매매계약을 체결하고 계약금을 지급받은 사실이 증빙서류에 의하여 확인되는 주택
⑫ 비과세특례 등 적용대상 주택	소득령 제155조 및 조특법에 따라 1개의 주택을 소유하고 있는 것으로 보거나 1세대1주택 비과세규정이 적용되는 주택

I 양도당시 기준시가 3억원 이하 주택

수도권 및 광역시·세종특별자치시 외의 지역(광역시 군, 경기도 및 세종시 읍·면지역 포함)에 소재하는 주택으로서 양도 당시 기준시가 3억원 이하인 경우에는 조정대상지역 해당 여부와 관계없이 중과세를 적용하지 않고, 다른 주택을 양도할 경우에도 중과대상 주택수에 포함되지 않는다.

그러나, 수도권(경기도의 읍·면지역 제외)·광역시(군지역 제외)·세종특별자치시(읍·면지역 제외) 내에 소재하는 주택 및 조합원입주권·2021.1.1. 이후 취득한 주택분양권은 기준시가와 관계없이 주택수에 포함된다.

📖 **배경 및 취지**

> 중과제도는 주택에 대한 투기수요를 억제하기 위해 도입된 것인데, 지방 또는 농어촌 소재 저가주택은 주택가격이 안정되어 있어 투기수요를 억제할 필요성이 적으므로 중과대상에서 제외하는 것이다.

종합사례 1

기준시가 3억원 이하 주택과 일반주택을 보유한 경우(2021.6.1. 이후 양도)

구 분	A주택	B주택	C주택	D주택
소재지	충북 청주시	경기도 과천시	인천 강화군	서울 마포구
조정대상지역 해당 여부	여	여	부	여
양도당시 기준시가	3억원	2억원	2억원	5억원
양도차익	1.5억원	2억원	1억원	4억원

▪양도하는 주택의 보유기간 10년으로 하고, 세액 계산시 기본공제 250만원은 생략한다.

1. A주택을 먼저 양도하는 경우

A주택은 조정대상지역내에 소재하고 있으나 수도권 등 외의 지역에 소재하고 있고 양도 당시 기준시가가 3억원 이하이므로 중과되지 않으며, 다른 주택을 양도하는 경우에도 중과대상 주택수에 포함되지 않는다.

구 분	세액 계산 내역
양도차익	150,000,000
장기보유특별공제	150,000,000 × 20%(10년 × 2%) = 30,000,000
양도소득금액	120,000,000
산출세액	120,000,000 × 35% - 14,900,000(누진공제) = 27,100,000

2. B주택을 먼저 양도하는 경우

B주택은 수도권 내 조정대상지역에 소재하고 있으므로 양도 당시 기준시가에 관계없이 중과대상이 되며, 중과대상 주택수 계산시 비수도권 소재 A주택과 광역시 군지역 소재 C주택은 기준시가 3억원 이하로서 중과대상 주택수에서 제외되므로 중과대상 주택수는 B,D 등 2채이다. 따라서 B주택을 양도하는 경우 장기보유특별공제가 배제되고, 세율은 기본세율 38% + 추가세율 20%가 적용된다.

구 분	세액 계산 내역
양도차익	200,000,000
장기보유특별공제	-
양도소득금액	200,000,000
산출세액	200,000,000 × 58% - 19,400,000(누진공제) = 96,600,000

3. C주택을 먼저 양도하는 경우

C주택은 군지역에 소재하고 있으면서 기준시가가 3억원 이하이므로 중과되지 않으며, 다른 주택의 중과여부 판단시 중과대상 주택수에 포함되지 않는다.

구 분	세액 계산 내역
양도차익	100,000,000
장기보유특별공제	100,000,000 × 20%(10년 × 2%) = 20,000,000
양도소득금액	80,000,000
산출세액	80,000,000 × 24% - 5,220,000(누진공제) = 13,980,000

4. D주택을 먼저 양도하는 경우

D주택은 수도권 내 조정대상지역에 소재하고 있으므로 양도 당시 기준시가에 관계없이 중과되며, 비수도권 소재 A주택과 광역시 군지역 소재 C주택은 기준시가 3억원 이하로서 다주택자 중과대상 주택수에서 제외되므로 중과대상 주택수는 B,D 2채이다. 따라서 D주택을 양도하는 경우 장기보유특별공제가 배제되고, 세율은 기본세율 40% + 추가세율 20%가 적용된다.

구 분	세액 계산 내역
양도차익	400,000,000
장기보유특별공제	-
양도소득금액	400,000,000
산출세액	400,000,000 × 60% - 25,400,000(누진공제) = 214,600,000

종합사례 2

기준시가 3억원 이하 주택과 일반주택 및 조합원입주권을 보유한 경우(2021.6.1. 이후 양도)

구 분	A주택	B조합원입주권	C주택	D주택
소재지	경기도 분당구	전남 광양시	부산광역시 기장군	서울 강남구
조정대상지역 해당 여부	여	여	부	여
기준시가(종전주택감정가)	3억원	2억원	3억원	7억원
양도차익	3억원	1억원	1.5억원	6억원

▪ 양도하는 주택의 보유기간 10년으로 하고, 세액 계산시 기본공제 250만원은 생략한다.

※ B조합원입주권은 승계취득한 것이며, 보유기간은 1년 6개월이다.

해설

1. A주택을 먼저 양도하는 경우

A주택은 수도권 내 조정대상지역에 소재하고 있으므로 양도 당시 기준시가에 관계없이 중과대상이 되며, 비수도권 소재 B조합원입주권은 종전주택 감정평가액이 3억원 이하이고, 광역시 군지역 소재 C주택은 기준시가 3억원 이하로서 다주택자 중과대상 주택수에서 제외되므로 중과대상 주택수는 A,D 2채이다. 따라서 조정대상지역에 소재한 A주택을 양도할 경우 장기보유특별공제가 배제되고, 세율은 기본세율 38% + 추가세율 20%가 적용된다.

구 분	세액 계산 내역
양도차익	300,000,000
장기보유특별공제	-
양도소득금액	300,000,000
산출세액	300,000,000 × 58% - 19,400,000(누진공제) = 154,600,000

2. B조합원입주권을 먼저 양도하는 경우

B조합원입주권은 주택이 아니므로 중과되지 않으나, 보유기간이 1년 이상 2년 미만이므로 60%의 단기 보유세율이 적용된다.

한편, B조합원입주권은 수도권 등 외 지역에 소재하고 있고 종전주택 감정평가액이 3억원 이하이므로 다른 주택의 중과여부 판단시 중과대상 주택수에 포함되지 않는다.

구 분	세액 계산 내역
양도차익	100,000,000
장기보유특별공제	-
양도소득금액	100,000,000
산출세액	100,000,000 × 60% = 60,000,000

3. C주택을 먼저 양도하는 경우

C주택은 조정대상지역 내에 소재하고 있지 않으므로 중과되지 않으며, 광역시 군지역에 소재하면서 기준시가가 3억원 이하이므로 다른 주택의 중과여부 판단시 중과대상 주택수에 포함되지 않는다.

구 분	세액 계산 내역
양도차익	150,000,000
장기보유특별공제	150,000,000 × 20%(10년 × 2%) = 30,000,000
양도소득금액	120,000,000
산출세액	120,000,000 × 35% - 14,900,000(누진공제) = 27,100,000

4. D주택을 먼저 양도하는 경우

D주택은 수도권 내 조정대상지역에 소재하고 있으므로 양도 당시 기준시가에 관계없이 중과대상이며, 비수도권 소재 B조합원입주권과 광역시 군지역 소재 C주택은 감정가액 또는 기준시가 3억원 이하로서 다주택자 중과대상 주택수에서 제외되므로 중과대상 주택수는 A,D 2채이다. 따라서, D주택을 양도하는 경우 장기보유특별공제가 배제되고, 세율은 기본세율 42% + 추가세율 20%가 적용된다.

구 분	세액 계산 내역
양도차익	600,000,000
장기보유특별공제	-
양도소득금액	600,000,000
산출세액	600,000,000 × 62% - 35,400,000(누진공제) = 336,600,000

종합사례 3

다가구주택과 주택분양권 및 일반주택을 보유한 경우(2021.6.1. 이후 양도)

구 분	A다가구주택	B주택분양권	C주택	D주택
소재지	충북 청주시	경기도 성남시	경북 구미시	용인시 수지구
조정대상지역 해당 여부	여	여	부	여
기준시가 및 공급가액	15억원[1]	3억원[2]	4억원	3억원
양도차익	3억원	1억원	1.5억원	6억원

▪양도하는 주택의 보유기간 10년으로 하고, 세액 계산시 기본공제 250만원은 생략한다.

[1] A다가구주택은 3층 건물로서 각 층당 2호씩 있고 호당 면적은 동일하며, 제시된 기준시가는 전체 개별주택가격이다.

[2] B주택분양권은 2021.1.1. 이후에 취득한 것으로서 공급가액에는 옵션가액 0.5억원이 포함되어 있으며, 취득 후 양도일 현재까지 보유기간은 10개월이다.

해설

1. A주택을 먼저 양도하는 경우

A주택은 수도권 등 외 지역에 소재한 다가구주택으로서 양도 당시 개별주택가격이 15억원이나 면적으로 안분한 각 호당 가액은 2.5억원으로서 3억원 이하이므로 조정대상지역 내에 소재하더라도 중과되지 않으며, 다른 주택의 중과여부 판단시 중과대상 주택수에 포함되지 않는다.

구 분	세액 계산 내역
양도차익	300,000,000
장기보유특별공제	300,000,000 × 20%(10년 × 2%) = 60,000,000
양도소득금액	240,000,000
산출세액	240,000,000 × 38% - 19,400,000(누진공제) = 71,800,000

2. B주택분양권을 먼저 양도하는 경우

B주택분양권은 주택이 아니므로 중과되지 않으나, 보유기간이 1년 미만이므로 70%의 단기보유세율이 적용된다. 한편, B주택분양권은 수도권에 소재하고 있고, 2021.1.1. 이후에 취득하였으므로 중과대상 주택수에는 포함된다.

구 분	세액 계산 내역
양도차익	100,000,000
장기보유특별공제	-
양도소득금액	100,000,000
산출세액	100,000,000 × 70% = 70,000,000

3. C주택을 먼저 양도하는 경우

C주택은 조정대상지역 내에 소재하고 있지 않으므로 중과되지 않으나, 양도 당시 기준시가가 3억원을 초과하므로 다른 주택의 중과여부 판단시 중과대상 주택수에 포함된다.

구 분	세액 계산 내역
양도차익	150,000,000
장기보유특별공제	150,000,000 × 20%(10년 × 2%) = 30,000,000
양도소득금액	120,000,000
산출세액	120,000,000 × 35% - 14,900,000(누진공제) = 27,100,000

4. D주택을 먼저 양도하는 경우

D주택은 수도권 내 조정대상지역에 소재하고 있으므로 양도 당시 기준시가에 관계없이 중과대상이며, 비수도권 소재 A주택은 기준시가가 3억원 이하이므로 중과대상 주택수에서 제외된다. 2021.1.1. 이후에 취득한 수도권 소재 B주택분양권은 중과대상 주택수에 포함되고, C주택은 비수도권에 소재하고 있으나 기준시가가 3억원을 초과하여 중과대상 주택수에 포함되어 중과대상 주택수는 B,C,D 3채이다. 따라서 D주택을 양도하는 경우 장기보유특별공제가 배제되고, 세율은 기본세율 42% + 추가세율 30%가 적용된다.

구 분	세액 계산 내역
양도차익	600,000,000
장기보유특별공제	-
양도소득금액	600,000,000
산출세액	600,000,000 × 72% - 35,400,000(누진공제) = 396,600,000

Ⅱ 소득세법상 장기임대주택

📖 **배경 및 취지**

정부 재정만으로 서민의 주거안정을 위한 임대주택을 공급하는데 한계가 있으므로 민간임대의 활성화를 세제상 지원하기 위하여 장기임대등록 주택은 중과하지 않는 것이다.

1 법정 요건을 충족한 장기임대주택을 양도하는 경우 중과제외

시·군·구와 세무서에 임대사업자로 등록한 임대주택으로서 아래 표와 같이 의무임대기한 등을 충족한 장기임대주택을 양도할 경우에는 양도소득세가 중과되지 않는다.

[중과배제 장기임대주택]

구 분	'18.3.31. 이전 임대등록	'18.4.1.~'20.8.17. 임대등록	'20.8.18. 이후 임대등록
대 상	모든 주택	모든주택	아파트를 제외 모든 주택
면적기준	▪매입임대주택: 해당 없음 ▪건설임대주택: 토지면적 298㎡, 주택면적 149㎡		
가액기준	▪매입임대주택: 임대개시일 당시 기준시가 6억원(수도권 밖 3억원) 이하 ▪건설임대주택: 임대개시일 당시 기준시가 6억원 이하		
임대유형	단기, 장기	장기	장기
임대기간	5년 이상	8년 이상	10년 이상
증액제한	임대료(임대보증금) 인상률 5% 이내(2019.2.12. 임대분부터 적용)		
등록기관	지방자치단체 + 세무서		

의무임대기간 요건을 충족한 장기임대주택 양도시 중과세 여부

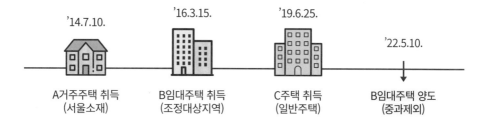

'14.7.10. A거주주택 취득 (서울소재)

'16.3.15. B임대주택 취득 (조정대상지역)

'19.6.25. C주택 취득 (일반주택)

'22.5.10. B임대주택 양도 (중과제외)

2 2018.9.14. 이후 취득한 장기임대주택에 대한 중과적용

1) 중과적용

2018.9.14. 이후 취득한 조정대상지역 내 주택을 임대등록하고 법정 요건을 충족한 장기임대주택을 양도하는 경우에도 중과적용된다.

2018.9.13. 부동산대책에 따라 1주택 이상 보유한 1세대가 2018. 9.14. 이후 조정대상지역 내에서 신규로 주택을 취득하고 장기임대등록하여 의무임대기한이 종료된 후 양도하는 경우에는 양도소득세가 중과된다.

📖 배경 및 취지

2017년부터 서울을 중심으로 시작된 주택가격 상승의 주된 원인이 다주택자가 주택을 추가로 매입하여 임대등록을 하는 것으로 나타나자, 정부는 2018.9.14. 이후 다주택자가 조정대상지역 내에서 신규로 주택을 매입하여 임대등록한 경우에는 양도소득세를 중과하는 부동산 대책을 발표하였다.

의무임대기간 요건을 충족한 조정대상지역 장기임대주택 양도시 중과세 여부

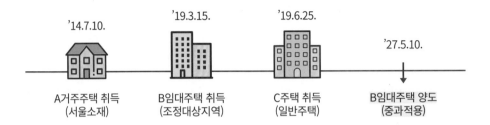

2) 중과제외

① 2018. 9.14. 이후 조정대상지역 내에서 취득한 주택을 임대등록하고 법적 요건을 충족한 후 장기임대주택을 양도하는 경우에도 건설임대주택에 해당하는 경우에는 중과제외된다.

📖 배경 및 취지

> 건설임대주택은 건설업자가 직접 주택을 건설하여 임대하는 주택이므로 매입임대주택과 달리 주택가격 상승에 영향을 주지 않고 임대 공급을 활성화하므로 계속 중과배제 혜택을 유지하는 것이다.

② 다음의 경우에는 2018.9.14. 이후 주택을 취득하였더라도 중과제외된다.

　㉠ 2018.9.13. 이전에 주택을 취득하기 위하여 매매계약을 체결하고 계약금을 지급한 사실이 증빙서류에 의하여 확인되는 경우

　㉡ 2018.9.14. 이후에 조정대상지역으로 지정된 주택으로서 조정대상지역의 공고가 있는 날 이전에 주택(주택을 취득할 수 있는 권리 포함)을 취득하거나 주택을 취득하기 위하여 매매계약을 체결하고 계약금을 지급한 사실이 증빙서류에 의하여 확인되는 경우

　㉢ 2018.9.14. 이후에 조정대상지역 밖에 소재하고 있는 주택을 취득한 경우

📖 배경 및 취지

정부 대책 발표일 이전에 주택에 대한 분양계약을 하였으나 아직 주택이 완성되지 않은 경우 또는 매매계약을 하였으나 정부대책 발표일 현재 주택에 대한 매매대금 잔금을 지급하지 않은 경우 정부대책 발표일 현재 주택을 취득한 것은 아니나, 중과제외 혜택을 기대하고 매매계약을 체결한 납세자의 예측가능성을 보호하기 위해 매매계약을 체결한 날에 주택을 취득한 것으로 보는 것이다.

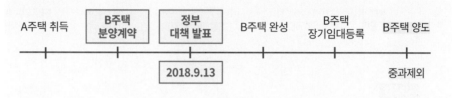

사례 1

조정대상지역 내 주택을 장기임대주택으로 등록한 경우에도 중과제외되는 경우

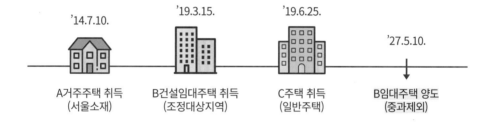

사례 2

'18.9.13. 이전에 매매계약을 체결한 후 취득한 주택을 임대등록한 경우

| '14.7.10. | '18.5.15. | '19.3.15. | '19.6.25. | '27.5.10. |
| A거주주택 취득 (서울소재) | B주택 취득 (매매계약) | B주택 임대등록 (조정대상지역) | C주택 취득 (일반주택) | B임대주택 양도 (중과제외) |

사례 3

조정대상지역 지정 이전에 취득한 주택을 임대등록한 경우

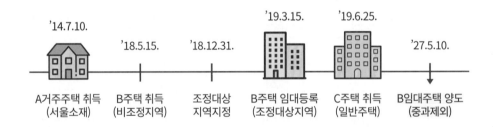

| '14.7.10. | '18.5.15. | '18.12.31. | '19.3.15. | '19.6.25. | '27.5.10. |
| A거주주택 취득 (서울소재) | B주택 취득 (비조정지역) | 조정대상 지역지정 | B주택 임대등록 (조정대상지역) | C주택 취득 (일반주택) | B임대주택 양도 (중과제외) |

종합사례

임대주택(단기, 장기)과 일반주택을 보유한 경우(2021.6.1. 이후 양도)

구 분	A주택	B아파트	C주택	D아파트
소재지	평택시 팽성읍	경기도 성남시	서울 강남구	경기도 과천시
조정대상지역 해당 여부	여	여	여	여
기준시가	3억원	4억원1)	8억원	6억원2)
주택유형	일반주택	단기임대주택*1)	일반주택	장기임대주택2)
양도차익	1.5억원	2억원	6억원	4억원

▪ 양도하는 주택의 보유기간 10년으로 하고, 세액 계산시 기본공제 250만원은 생략한다.

1) B아파트는 2018.2.15. 취득한 단기임대등록주택으로 임대개시 당시 기준시가 4억원임

2) D아파는 2018.10.10. 취득한 장기임대등록주택으로 임대개시 당시 기준시가 6억원임

1. A주택을 먼저 양도하는 경우

A주택은 조정대상지역에 소재하고 있으나 경기도 읍·면 지역에 소재하면서 양도당시 기준시가 3억원 이하의 주택에 해당되므로 중과되지 않고, 다른 주택의 중과여부 판단시 중과대상 주택수에 포함되지 않는다.

구 분	세액 계산 내역
양도차익	150,000,000
장기보유특별공제	150,000,000 × 20%(10년 × 2%) = 30,000,000
양도소득금액	120,000,000
산출세액	120,000,000 × 35% - 14,900,000(누진공제) = 27,100,000

2. B주택을 먼저 양도하는 경우

2018.3.31. 이전 임대등록한 B주택을 5년 이상 임대 등 법적요건을 충족한 후 양도하는 경우에는 중과되지 않으나, 다른 주택의 중과 여부 판단시 중과대상 주택수에 포함된다.

구 분	세액 계산 내역
양도차익	200,000,000
장기보유특별공제	200,000,000 × 20%(10년 × 2%) = 40,000,000
양도소득금액	160,000,000
산출세액	160,000,000 × 38% - 19,400,000(누진공제) = 41,400,000

3. C주택을 먼저 양도하는 경우

C주택은 수도권 내 조정대상지역에 소재하고 있으므로 양도 당시 기준시가에 관계없이 중과대상이 되며, A주택은 수도권 소재 읍·면지역에 소재하면서 기준시가 3억원 이하이므로 중과대상 주택수에서 제외되나 B,D임대주택은 중과대상 주택수에 포함된다. 따라서 C주택을 양도하는 경우 장기보유특별공제가 배제되고, 세율은 기본세율 42% + 추가세율 30%가 적용된다.

구 분	세액 계산 내역
양도차익	600,000,000
장기보유특별공제	-
양도소득금액	600,000,000
산출세액	600,000,000 × 72% - 35,400,000(누진공제) = 396,600,000

만약 D주택을 2018.9.13. 이전에 매매계약을 체결하고 계약금을 지급한 사실이 증빙서류에 의하여 확인되는 경우 소득령 §167조의3 ①항 10호 규정에 따라 중과제외 주택 A,B,D 외에 1주택만 보유하다 양도하는 경우에 해당되므로 C주택 양도시 중과되지 않는다.

4. D주택을 먼저 양도하는 경우

2018.9.14. 이후 취득한 조정대상지역 내 소재한 주택은 법정요건을 갖추어 양도하는 경우에도 중과되므로 중과대상 주택수는 B,C,D 3채이고, 양도하는 D주택이 조정대상지역에 소재하고 있으므로 장기보유특별공제가 배제되고, 세율은 기본세율 40% + 추가세율 30%가 적용된다.

구 분	세액 계산 내역
양도차익	400,000,000
장기보유특별공제	-
양도소득금액	400,000,000
산출세액	400,000,000 × 70% - 25,400,000(누진공제) = 254,600,000

Ⅲ 조세특례제한법상 감면주택

📖 배경 및 취지

공익사업에 따라 수용되는 주택은 본인의 의사와 관계없이 소유권이 이전되고 대부분 보상가액이 시가에 미치지 못하므로 원활한 공익사업 진행을 위해 중과되지 않는 것이고, 조특법상 장기임대주택, 미분양주택, 신축주택 등은 국가가 서민의 주거안정이나 건설경기 진작을 위하여 조세감면 혜택을 통하여 매입을 권장한 주택이므로 중과되지 않는 것이다.

양도소득세가 중과되지 않는 주요 조세특례제한법상 감면대상 주택은 아래 표와 같이 공익사업으로 수용된 주택, 장기임대주택, 미분양주택 및 신축주택 등으로 구분된다.

중과제외 관련 조문		중과제외되는 감면대상 주택
공익사업주택	조특법 제77조	사업인정고시일로부터 소급하여 2년 이전에 취득한 주택이 수용되는 경우(2021.2.17. 이후 양도분부터 적용)
장기임대주택	조특법 제97조	장기임대주택에 대한 양도세 감면
	조특법 제97조의2	신축임대주택에 대한 양도세 감면 특례
미분양주택	조특법 제98조	미분양주택 취득에 대한 양도세 과세특례
	조특법 제98조의2	
	조특법 제98조의3	
	조특법 제98조의5~제98조의8	
신축주택	조특법 제99조	신축주택의 취득자에 대한 양도세 감면
	조특법 제99조의2	신축주택 등 취득자에 대한 양도세 감면
	조특법 제99조3	신축주택의 취득자에 대한 양도세 과세특례

📑 **비교학습**

조세특례제한법 제97조의3(장기보유특별공제율 특례적용 50% 또는 70%), 제97조의4(장기보유특별공제율 10% 추가공제), 제97조의5(양도소득세 100% 감면), 제99조의4(농어촌주택 등에 대한 과세특례)의 규정을 적용받은 주택을 양도하는 경우에는 양도소득세가 중과될 수 있다.

Ⅳ 상속받은 주택

1 별도세대원으로부터 상속받은 주택

별도세대원으로부터 상속받은 주택을 상속개시일로부터 5년 이내에 양도하는 경우 양도소득세가 중과되지 않는다.

[상속주택 양도시 중과 여부]

📖 배경 및 취지

> 상속주택은 본인의 의사에 따라 취득한 것이 아니므로 상속주택을 양도하는 경우 중과되지 않으나, 상속개시일로부터 5년 이상 경과된 후에 상속주택을 매각하는 경우에는 시세차익을 목적으로 장기간 보유한 것으로 보아 중과되는 것이다.

📋 비교학습

> 일반주택을 보유한 상태에서 주택을 상속받고, 일반주택을 양도하는 경우 양도시기를 불문하고 비과세된다.
>
> [상속주택 비과세특례]
>
>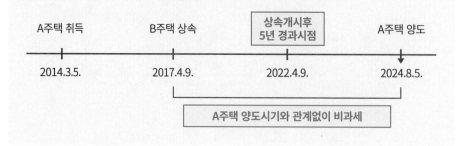

사례

별도세대원으로부터 상속받은 주택을 상속개시일로부터 5년 이내 양도하는 경우

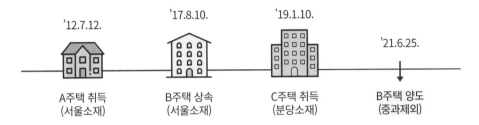

• B주택은 별도세대원인 父로부터 상속받은 선순위 상속주택에 해당함

대비사례

후순위 상속주택을 상속개시일로부터 5년 이내 양도하는 경우

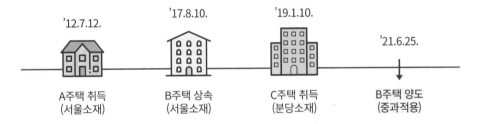

• B주택은 별도세대원인 父로부터 상속받은 후순위 상속주택에 해당함

응용사례

2채의 상속주택을 상속받아 상속개시일로부터 5년 이내 양도하는 경우

• 선순위 B주택과 후순위 C주택 2채를 별도세대원인 父로부터 상속받음

2 동일세대원으로부터 상속받은 주택

원칙적으로 동일세대원으로부터 상속받은 주택을 상속개시일로부터 5년 이내 양도하는 경우에도 중과대상이나, 동거봉양합가 후 동일세대원으로부터 상속받은 주택을 상속개시일부터 5년 이내 양도하는 경우에는 중과되지 않는다.

📖 배경 및 취지

중과여부는 세대단위로 판단하므로 동일세대원으로부터 주택을 상속받은 경우 세대단위로 보면 상속개시일 전부터 2주택자이나, 노부모 봉양을 위하여 합가한 경우 부득이하게 2주택자가 된 것이므로 동거봉양합가 후 상속받은 주택을 5년 이내 양도하는 경우에는 중과되지 않는 것이다(집행기준 104-167의3-23 참조).

🖋 비교학습

1주택을 보유한 직계비속과 1주택을 보유한 직계존속이 동거봉양합가 후 직계존속의 1주택을 상속받고 직계비속의 일반주택을 양도하는 경우에는 상속주택 비과세특례가 적용되어 비과세된다.

[상속주택 비과세특례]

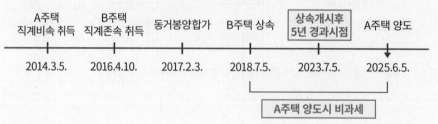

사례

동일세대원으로부터 상속받은 주택을 상속개시일로부터 5년 이내 양도하는 경우

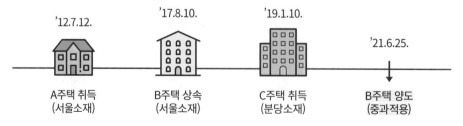

▪ B주택은 동일세대원인 父로부터 상속받은 선순위 상속주택에 해당함

대비사례

동거봉양합가 후 상속주택을 상속개시일로부터 5년 이내 양도하는 경우

'14.10.12.　'15.9.10.　'16.10.25.　'18.4.25.　'21.3.10.

A주택 취득　B주택 취득　동거봉양합가　A주택 상속　A주택 양도
(직계존속)　(직계비속)　　　　　　(서울소재)　(중과제외)

▪ A주택은 동거봉양합가 후 동일세대원인 父로부터 상속받은 선순위 상속주택에 해당함

3 공동상속주택 소수지분권자가 상속받은 주택

공동상속주택 소수지분권자의 상속지분은 다른 주택의 중과여부 판단시 중과대상 주택수에서 제외되며, 해당 소수지분상속주택을 동일세대원으로부터 상속받아 상속개시일로부터 5년 이상 경과된 후 양도하는 경우에도 양도소득세가 중과되지 않는다. 따라서, 소수지분권자의 공동상속주택을 양도하는 경우 선순위·후순위, 동일세대 여부 및 주택수를 불문하고 양도소득세가 중과되지 않는 것으로 판단된다(조심2019서4322, 2020.2.12. 참조).

📖 배경 및 취지

토지나 상가와 달리 주택은 주거용으로 사용되므로 주택의 소수지분권자가 일부지분만 매각하는 것이 현실적으로 어려운 점을 감안하여 상속개시일로부터 5년 이상 경과된 후 본인의 상속지분을 양도하는 경우에도 중과되지 않는 것이다.

동일세대원으로부터 상속받은 주택을 상속개시일로부터 5년 경과 후 양도하는 경우

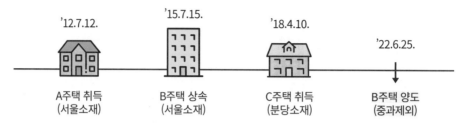

'12.7.12.
A주택 취득
(서울소재)

'15.7.15.
B주택 상속
(서울소재)

'18.4.10.
C주택 취득
(분당소재)

'22.6.25.
B주택 양도
(중과제외)

▪B주택은 동일세대원인 父로부터 상속받은 공동상속주택 소수지분권자에 해당함

2채의 주택을 상속받아 상속개시일로부터 5년 경과 후 양도하는 경우

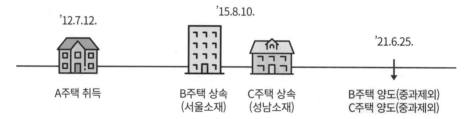

'12.7.12.
A주택 취득

'15.8.10.
B주택 상속
(서울소재)

C주택 상속
(성남소재)

'21.6.25.
B주택 양도(중과제외)
C주택 양도(중과제외)

▪선순위 B와 후순위 C 공동상속주택 소수지분을 별도세대원인 父로부터 상속받음

[중과대상과 중과제외 상속주택의 비교]

구 분	내 용
중과대상	① 배우자 및 동일세대원으로부터 상속받은 단독상속 또는 공동상속주택 최다지분권자의 상속주택을 상속개시일로부터 5년 이내 양도하는 경우 ② 별도세대원으로부터 상속받은 선순위 단독상속 또는 공동상속주택 최다지분권자의 상속주택을 상속개시일로부터 5년 경과하여 양도하는 경우 ③ 후순위 상속주택을 5년 이내 양도하는 경우
중과제외	① 동거봉양합가 후 동일세대원으로부터 상속받은 선순위 상속주택을 상속개시일로부터 5년 이내 양도하는 경우 ② 별도세대원으로부터 상속받은 공동상속주택 소수지분권자의 상속주택을 상속개시일로부터 5년 경과하여 양도하는 경우 ③ 동일세대원으로부터 상속받은 공동상속주택 소수지분권자의 상속주택을 상속개시일로부터 5년 경과하여 양도하는 경우

단독상속주택과 일반주택 및 장기임대주택을 보유한 경우(2021.6.1. 이후 양도)

구 분	A주택	B아파트	C주택	D아파트
소재지	서울 서초구	경기도 성남시	서울 강남구	경기도 과천시
조정대상지역 해당 여부	여	여	여	여
주택유형	일반주택	장기임대주택[1]	상속주택[2]	상속주택[3]
양도차익	2억원	4억원	3억원	1억원

▪ 양도하는 주택의 보유기간 10년(C,D주택은 4년)으로 하고, 세액 계산시 기본공제는 생략한다.

[1] B아파트는 장기임대주택의 법정요건을 충족한 것으로 가정함

[2] C주택은 단독으로 상속받은 주택으로서 상속개시일로부터 5년이 경과되지 않은 선순위 상속주택임

[3] D주택은 단독으로 상속받은 주택으로서 상속개시일로부터 5년이 경과되지 않은 후순위 상속주택임

해설

1. A주택을 먼저 양도하는 경우

A주택은 수도권 내 조정대상지역에 소재하고 있으므로 양도 당시 기준시가에 관계없이 중과대상이며, B임대주택과 C,D상속주택은 다른 주택 중과여부 판단시 중과대상 주택수에 포함된다. 따라서 A주택을 양도하는 경우 장기보유특별공제가 배제되고, 세율은 기본세율 38% + 추가세율 30%가 적용된다.

구 분	세액 계산 내역
양도차익	200,000,000
장기보유특별공제	-
양도소득금액	200,000,000
산출세액	200,000,000 × 68% - 19,400,000(누진공제) = 116,600,000

1-1. D주택을 먼저 양도한 후 A주택을 양도하는 경우

A주택을 양도하는 경우 소득령 §167조의3 제1항 10호 규정에 따라 중과제외 B,C주택 외 1주택만 보유하다 양도하는 경우에 해당하여 중과되지 않는다.

구 분	세액 계산 내역
양도차익	200,000,000
장기보유특별공제	200,000,000 × 20%(10년 × 2%) = 40,000,000
양도소득금액	160,000,000
산출세액	160,000,000 × 38% - 19,400,000(누진공제) = 41,400,000

2. B주택을 먼저 양도하는 경우

장기임대등록한 B주택을 의무임대기간 등 소득세법상의 요건을 모두 충족한 후 양도하는 경우에는 중과되지 않으나, 다른 주택의 중과여부 판단시 중과대상 주택수에 포함된다.

구 분	세액 계산 내역
양도차익	400,000,000
장기보유특별공제	400,000,000 × 20%(10년 × 2%) = 80,000,000
양도소득금액	320,000,000
산출세액	320,000,000 × 40% - 25,400,000(누진공제) = 102,600,000

3. C주택을 먼저 양도하는 경우

C상속주택은 선순위 상속주택으로서 상속개시일로부터 5년 이내 양도하는 경우에는 중과되지 않으나, 다른 주택의 중과여부 판단시 중과대상 주택수에 포함된다.

구 분	세액 계산 내역
양도차익	300,000,000
장기보유특별공제	300,000,000 × 8%(4년 × 2%) = 24,000,000
양도소득금액	276,000,000
산출세액	276,000,000 × 38% - 19,400,000(누진공제) = 85,480,000

4. D주택을 먼저 양도하는 경우

D주택은 후순위 상속주택으로서 양도당시 조정대상지역 내에 소재하고 있으므로 상속개시일로부터 5년 이내 양도하더라도 중과대상이 된다. 이 경우 A,B,C주택이 중과대상 주택수에 포함되므로 3주택 이상 중과대상이 되어 장기보유특별공제가 배제되고, 세율은 기본세율 35% + 추가세율 30%가 적용된다.

구 분	세액 계산 내역
양도차익	100,000,000
장기보유특별공제	-
양도소득금액	100,000,000
산출세액	100,000,000 × 65% - 14,900,000(누진공제) = 50,100,000

공동상속주택 소수지분과 일반주택 및 감면주택을 보유한 경우(2021.6.1. 이후 양도)

구 분	A주택	B아파트	C주택	D아파트
소재지	서울 강남구	경기도 분당구	경기도 용인시	경기도 과천시
조정대상지역 해당 여부	여	여	여	여
주택유형	일반주택	감면주택	상속주택[1]	상속주택[2]
양도차익	3억원	1억원	2억원	1억원

- 양도하는 주택의 보유기간 10년으로 하고, 세액 계산시 기본공제 250만원은 생략한다.

[1] C주택은 상속개시일로부터 5년 이상 경과된 공동상속주택으로서 선순위 소수지분 상속주택임
[2] D주택은 상속개시일로부터 5년 경과된 공동상속주택으로서 후순위 소수지분 상속주택임

해설

1. A주택을 먼저 양도하는 경우

A주택은 수도권 내 조정대상지역에 소재하고 있으므로 양도 당시 기준시가에 관계없이 중과 대상이 되며, 소수지분 공동상속주택C,D는 선순위·후순위 상속주택과 상관없이 주택수에서 제외되므로 A주택을 양도하는 경우 소득령 §167조의3 제1항 10호 규정에 따라 중과제외 대상인 감면주택 B 외에 1주택만 보유하다 양도하는 경우에 해당하여 중과되지 않는다.

구 분	세액 세액 계산 내역
양도차익	300,000,000
장기보유특별공제	300,000,000 × 20%(10년 × 2%) = 60,000,000
양도소득금액	240,000,000
산출세액	240,000,000 × 38% - 19,400,000(누진공제) = 71,800,000

2. B주택을 먼저 양도하는 경우

B주택은 법정 요건을 갖춘 감면주택에 해당되어 중과되지 않으나, 다른 주택의 중과여부 판단시 중과대상 주택수에 포함된다.

구 분	세액 계산 내역
양도차익	100,000,000
장기보유특별공제	100,000,000 × 20%(10년 × 2%) = 20,000,000
양도소득금액	80,000,000
산출세액	80,000,000 × 24% - 5,220,000(누진공제) = 13,980,000

3. C주택을 먼저 양도하는 경우

C공동상속주택의 소수지분은 조정대상지역 지정 여부와 상관없이 상속개시일로부터 5년 이상 경과된 후 양도하더라도 중과되지 않고, 다른 주택의 중과여부 판단시 중과대상 주택수에 포함되지 않는다.

구 분	세액 계산 내역
양도차익	200,000,000
장기보유특별공제	200,000,000 × 20%(10년 × 2%) = 40,000,000
양도소득금액	160,000,000
산출세액	160,000,000 × 38% - 19,400,000(누진공제) = 41,400,000

4. D주택을 먼저 양도하는 경우

D주택은 공동상속주택 소수지분으로서 조정대상지역 지정 여부와 상관없이 상속개시일로부터 5년 경과된 후 양도하더라도 중과되지 않고, 다른 주택의 중과여부 판단시 중과대상 주택수에 포함되지 않는다.

구 분	세액 계산 내역
양도차익	100,000,000
장기보유특별공제	100,000,000 × 20%(10년 × 2%) = 20,000,000
양도소득금액	80,000,000
산출세액	80,000,000 × 35% - 14,900,000(누진공제) = 13,100,000

종합사례 3

공동상속주택 최다지분과 일반주택을 보유한 경우(2021.6.1. 이후 양도)

구 분	A주택	B아파트	C주택	D아파트
소재지	서울 강남구	경기도 분당구	경기도 용인시	경기도 과천시
조정대상지역 해당 여부	여	여	여	여
주택유형	일반주택	일반주택	상속주택[1]	상속주택[2]
양도차익('21.6.1. 이후 양도)	3억원	1억원	2억원	1억원

▪ 양도하는 주택의 보유기간 10년(C,D주택은 4년)으로 하고, 세액 계산시 기본공제는 생략한다.

[1] C주택은 상속개시일로부터 5년이 경과되지 않은 선순위 공동상속주택 최다지분 상속주택임
[2] D주택은 상속개시일로부터 5년이 경과되지 않은 후순위 공동상속주택 최다지분 상속주택임

> 해설

1. A주택을 먼저 양도하는 경우

A주택은 수도권 내 조정대상지역에 소재하고 있으므로 양도 당시 기준시가에 관계없이 중과대상이며, B일반주택과 C,D상속주택은 중과대상 주택수에 포함된다. 따라서, A주택을 양도하는 경우 장기보유특별공제가 배제되고, 세율은 기본세율 38% + 추가세율 30%가 적용된다.

구 분	세액 계산 내역
양도차익	300,000,000
장기보유특별공제	-
양도소득금액	300,000,000
산출세액	300,000,000 × 68% - 19,400,000(누진공제) = 184,600,000

2. B주택을 먼저 양도하는 경우

B주택은 수도권 내 조정대상지역에 소재하고 있으므로 양도 당시 기준시가에 관계없이 중과대상이며 A주택과 C,D상속주택은 중과대상 주택수에 포함된다. 따라서, A주택을 양도하는 경우 장기보유특별공제가 배제되고, 세율은 기본세율 35% + 추가세율 30%가 적용된다.

구 분	세액 계산 내역
양도차익	100,000,000
장기보유특별공제	-
양도소득금액	100,000,000
산출세액	100,000,000 × 65% - 14,900,000(누진공제) = 50,100,000

3. C주택을 먼저 양도하는 경우

C주택은 선순위 최다지분 상속주택으로서 상속개시일로부터 5년 이내 양도하는 경우에는 중과되지 않으나, 다른 주택의 중과여부 판단시 중과대상 주택수에 포함된다.

구 분	세액 계산 내역
양도차익	200,000,000
장기보유특별공제	200,000,000 × 8%(4년 × 2%) = 16,000,000
양도소득금액	184,000,000
산출세액	184,000,000 × 38% - 19,400,000(누진공제) = 50,520,000

4. D주택을 먼저 양도하는 경우

D주택은 후순위 최다지분 상속주택으로서 양도당시 수도권 내 조정대상지역 내에 소재하고 있으므로 상속개시일로부터 5년 이내 양도하더라도 중과대상이 된다. 이 경우 A,B,C주택이 중과대상 주택수에 포함되므로 1세대 3주택 이상자에 해당되어 장기보유특별공제가 배제되고, 세율은 기본세율 35% + 추가세율 30%가 적용된다.

구 분	세액 계산 내역
양도차익	100,000,000
장기보유특별공제	-
양도소득금액	100,000,000
산출세액	100,000,000 × 65% - 14,900,000(누진공제) = 50,100,000

V 중과제외 주택 이외 1주택

소득령 §167조의3 제1항 제1호~제8호 및 제8호의2에 따라 중과제외 주택 이외 1주택을 양도하는 경우에는 중과되지 않는다.

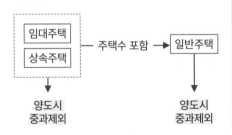

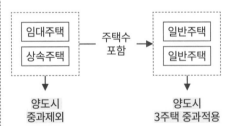

📖 배경 및 취지

장기임대주택, 상속주택, 감면주택 등 중과제외 주택도 원칙적으로 중과대상 주택수에 포함되므로 다른 일반주택 양도시 중과세가 적용될 수 있으나, 중과제외 주택 외 1주택만 보유하다 양도하는 1주택은 투기목적으로 보유하다 양도하는 것으로 보지 않으므로 중과되지 않는 것이다.

사례

중과제외 주택외 1주택을 양도하는 경우로서 양도주택이 고가주택인 경우

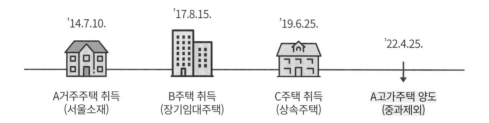

'14.7.10.
A거주주택 취득
(서울소재)

'17.8.15.
B주택 취득
(장기임대주택)

'19.6.25.
C주택 취득
(상속주택)

'22.4.25.
A고가주택 양도
(중과제외)

해설 장기임대주택과 5년 이내 선순위 상속주택은 중과배제되므로 중과배제 주택외 유일한 1주택인 A주택을 양도하는 경우로서 해당 주택이 고가주택의 경우에도 중과되지 않는다.

대비사례

상속개시일로부터 5년 이상 경과된 상속주택 포함 3주택 상태에서 고가주택을 양도한 경우

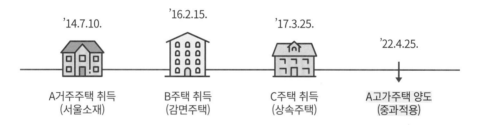

'14.7.10.
A거주주택 취득
(서울소재)

'16.2.15.
B주택 취득
(감면주택)

'17.3.25.
C주택 취득
(상속주택)

'22.4.25.
A고가주택 양도
(중과적용)

해설 상속개시일로부터 5년 이상 경과된 상속주택은 중과배제 주택에 해당하지 않으므로 A주택 양도시 비과세되나 중과배제 주택 외 2주택에 해당하여 고가주택 양도차익에 대해서는 3주택 중과세가 적용된다.

종합사례 1

중과배제 주택외 1주택 여부 판단(2021.6.1. 이후 양도)

구 분	A주택	B아파트	C주택	D아파트
소재지	충북 청주시	경기도 성남시	서울 강남구	경기도 분당구
조정대상지역 해당 여부	여	여	여	여
기준시가	2억원	3억원	5억원	4억원
주택유형	일반주택	장기임대주택[1]	상속주택[2]	일반주택

양도차익	1억원	2억원	5억원	3억원

• 양도하는 주택의 보유기간 10년(C주택은 4년)으로 하고, 세액 계산시 기본공제는 생략한다.

1) B아파트는 장기임대주택의 법정요건을 충족한 것으로 가정함

2) C주택은 단독으로 상속받은 주택으로서 상속개시일로부터 5년이 경과되지 않은 선순위 상속주택임

해설

1. A주택을 먼저 양도하는 경우

A주택은 조정대상지역에 소재하고 있으나 수도권 등 외 지역에 소재하면서 양도당시 기준시가 3억원 이하의 주택에 해당되므로 중과되지 않고, 다른 주택의 중과여부 판단시 중과대상 주택수에도 포함되지 않는다

구 분	세액 계산 내역
양도차익	100,000,000
장기보유특별공제	100,000,000 × 20%(10년 × 2%) = 20,000,000
양도소득금액	80,000,000
산출세액	80,000,000 × 24% - 5,220,000(누진공제) = 13,980,000

2. B주택을 먼저 양도하는 경우

B주택은 법정 요건을 충족한 장기임대주택에 해당되어 중과되지 않으나, 다른 주택의 중과여부 판단시 중과대상 주택수에 포함된다.

구 분	세액 계산 내역
양도차익	200,000,000
장기보유특별공제	200,000,000 × 20%(10년 × 2%) = 40,000,000
양도소득금액	160,000,000
산출세액	160,000,000 × 38% - 19,400,000(누진공제) = 41,400,000

3. C주택을 먼저 양도하는 경우

C주택은 선순위 상속주택으로서 상속개시일로부터 5년 이내 양도하는 경우에는 중과되지 않으며, 다른 주택의 중과여부 판단시 중과대상 주택수에 포함된다.

구 분	세액 계산 내역
양도차익	500,000,000
장기보유특별공제	500,000,000 × 8%(4년 × 2%) = 40,000,000
양도소득금액	460,000,000
산출세액	460,000,000 × 40% - 25,400,000(누진공제) = 158,600,000

4. D주택을 먼저 양도하는 경우

D주택은 수도권 내 조정대상지역에 소재하고 있으므로 양도 당시 기준시가에 관계없이 중과되나, D주택을 양도하는 경우 소득령 §167조의3 ①항 10호 규정에 따라 중과배제 주택 A,B,C 외에 1주택만 보유하다 양도하는 경우에 해당되어 중과되지 않는다.

구 분	세액 계산 내역
양도차익	300,000,000
장기보유특별공제	300,000,000 × 20%(10년 × 2%) = 60,000,000
양도소득금액	240,000,000
산출세액	240,000,000 × 38% - 19,400,000(누진공제) = 71,800,000

종합사례 2

중과배제 주택외 1주택 여부 판단(2021.6.1. 이후 양도)

구 분	A주택	B아파트	C주택	D아파트
소재지	경기도 용인시	경기도 성남시	서울 강남구	경기도 분당구
조정대상지역 해당 여부	여	여	여	여
기준시가	4억원	5억원	5억원	4억원
주택유형	감면주택	장기임대주택1)	상속주택2)	일반주택
양도차익	2억원	2억원	5억원	3억원

▪ 양도하는 주택의 보유기간 10년으로 하고, 세액 계산시 기본공제 250만원은 생략한다.

1) B아파트는 2018.7.25. 매매계약 체결하고 계약금을 지급한 후 2018.12.21. 취득하여 장기임대주택으로 등록하였으며 임대개시 당시 기준시가는 5억원임
2) C주택은 단독으로 상속받은 주택으로서 상속개시일로부터 5년이 경과되지 않은 선순위 상속주택임

해설

1. A주택을 먼저 양도하는 경우

A주택은 법정 요건을 갖춘 감면주택에 해당되어 중과되지 않으나, 다른 주택의 중과여부 판단시 중과대상 주택수에 포함된다.

구 분	세액 계산 내역
양도차익	200,000,000
장기보유특별공제	200,000,000 × 20%(10년 × 2%) = 40,000,000
양도소득금액	160,000,000
산출세액	160,000,000 × 38% - 19,400,000(누진공제) = 41,400,000

2. B주택을 먼저 양도하는 경우

B임대주택은 2018.9.14. 이후 신규로 취득한 조정대상지역 내 주택이나 2018.9.13. 이전에 매매계약을 체결하고 계약금을 지급한 사실이 증빙서류에 의하여 확인되므로 중과제외된다. 따라서 B주택을 의무임대기간 등 법적 요건을 충족한 후 양도하는 경우에는 중과되지 않으나, 다른 주택의 중과여부 판단시 중과대상 주택수에는 포함된다.

구 분	세액 계산 내역
양도차익	200,000,000
장기보유특별공제	200,000,000 × 20%(10년 × 2%) = 40,000,000
양도소득금액	160,000,000
산출세액	160,000,000 × 38% - 19,400,000(누진공제) = 41,400,000

3. C주택을 먼저 양도하는 경우

C주택은 선순위 상속주택으로서 다른 주택 양도시 중과대상 주택수에 포함되고, 상속개시일로부터 5년 이상 경과된 후 양도하였으므로 중과된다. 중과대상 주택수는 3채이므로 C를 양도할 경우 장기보유특별공제가 배제되고, 세율은 기본세율 40% + 추가세율 30%가 적용된다.

구 분	세액 계산 내역
양도차익	500,000,000
장기보유특별공제	-
양도소득금액	500,000,000
산출세액	500,000,000 × 70% - 25,400,000(누진공제) = 324,600,000

4. D주택을 먼저 양도하는 경우

D주택은 수도권 내 조정대상지역에 소재하고 있으므로 양도 당시 기준시가에 관계없이 중과대상이 된다. C주택은 상속받은 후 5년 이상 경과되어 중과대상 주택수에 포함되므로 감면주택이나 임대주택 등 중과제외 주택도 모두 중과대상 주택수에 포함되어 3주택 중과대상이된다. 따라서 D주택을 양도할 경우 장기보유특별공제가 배제되고, 기본세율 38% + 추가세율 30%가 적용된다.

구 분	세액 계산 내역
양도차익	300,000,000
장기보유특별공제	-
양도소득금액	300,000,000
산출세액	300,000,000 × 68% - 19,400,000(누진공제) = 184,600,000

VI 비과세특례 등 적용주택

1 2021.2.16. 이전 양도분

2021.2.16. 이전에는 일시적2주택(거주주택 포함)과 장기임대주택 또는 감면주택 등을 보유한 상태에서 1세대1주택 비과세가 적용되는 고가주택을 양도하는 경우로서 9억원을 초과하는 고가주택의 양도차익에 대해서는 3주택 중과세가 적용되었다.

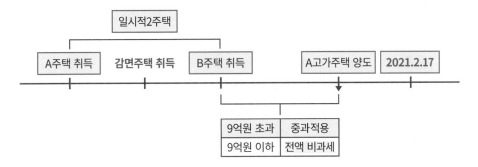

2 2021.2.17. 이후 양도분

2021.2.17. 이후 양도분부터는 대체주택 취득으로 인하여 일시적으로 3주택이 된 상태에서 1세대1주택 비과세 대상주택을 양도하는 경우 양도가액이 12억원 (2021.12.7 이전 양도분은 9억원)을 초과하는 고가주택의 양도차익에 대해서는 양도소득세가 중과되지 않는다.

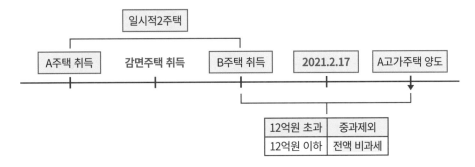

단기임대주택을 보유한 상태에서 일시적2주택 중 종전주택을 양도하는 경우

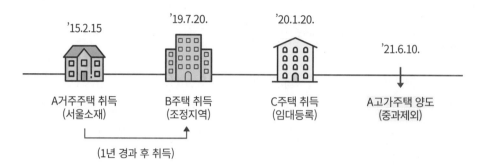

'15.2.15
A거주주택 취득
(서울소재)

'19.7.20.
B주택 취득
(조정지역)

'20.1.20.
C주택 취득
(임대등록)

'21.6.10.
A고가주택 양도
(중과제외)

(1년 경과 후 취득)

▪ C주택은 조정대상지역에 소재하고 4년 단기로 지자체와 세무서에 임대등록하였고, 임대개시 당시 기준시가 6억원 이하임

해설 장기 또는 단기를 불문하고 5년 이상 임대한 임대주택과 거주주택을 보유한 1세대가 대체주택을 취득한 날로부터 비과세 양도기한 내에 종전주택을 양도하는 경우에는 비과세되며, 이 경우 종전주택은 조정대상지역 여부를 불문하고 2년 이상 거주해야 비과세된다(법령해석재산-0320, 2021.1.20.참조).

<가정> 고가주택(양도가액 15억원)의 양도차익 5억원(5년 보유 및 거주, 기본공제 무시)

구 분	2021.2.16. 이전 양도	2021.2.17. 이후 양도
양도차익	500,000,000	500,000,000
9억원 초과 양도차익	200,000,000	200,000,000
장기보유특별공제	-	80,000,000
양도소득금액	200,000,000	120,000,000
산출세액	96,600,000[1]	27,100,000[2]

[1] 200,000,000 × 58%(기본세율 + 20%) – 1,940만원(누진공제) = 96,600,000
[2] 120,000,000 × 35%(기본세율) – 1,490만원(누진공제) = 27,100,000

일시적2주택 비과세가 적용되는 않는 경우로서 종전주택을 양도하는 경우

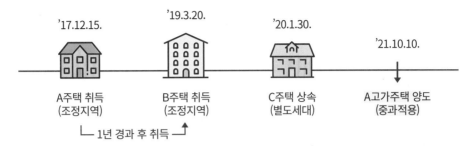

'17.12.15.
A주택 취득
(조정지역)

'19.3.20.
B주택 취득
(조정지역)

└ 1년 경과 후 취득 ┘

'20.1.30.
C주택 상속
(별도세대)

'21.10.10.
A고가주택 양도
(중과적용)

해설 1주택을 보유한 1세대가 종전주택 취득일로부터 1년 이상 지난 후 신규주택을 취득하고, 신규주택 취득일로부터 2년 이내 종전주택을 양도하는 경우에는 비과세되나, 종전주택A를 신규주택 취득일로부터 2년 이상 경과된 후 양도하여 비과세가 적용되지 않을 뿐만 아니라, 3주택자로서 중과된다.

일시적2주택 비과세는 적용되나 상속개시일로부터 5년 경과하여 양도한 경우

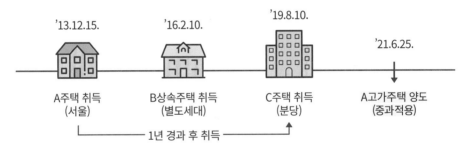

'13.12.15.
A주택 취득
(서울)

'16.2.10.
B상속주택 취득
(별도세대)

└ 1년 경과 후 취득 ┘

'19.8.10.
C주택 취득
(분당)

'21.6.25.
A고가주택 양도
(중과적용)

해설 상속주택 포함 2주택자가 종전주택 취득일로부터 1년 이상 지난 후 신규주택을 취득하고 신규주택 취득일로부터 2년 이내 종전주택을 양도하는 경우에는 비과세되나, 상속개시일로부터 5년 이상 경과된 후 종전주택A를 양도하여 양도가액 9억원 초과분에 해당하는 고가주택 양도차익에 대하여는 3주택자로서 중과된다.

💰 절세 방안

상속개시일로부터 5년 이내에 상속주택을 양도하는 경우에는 중과되지 않고, 일시적2주택자가 신규주택취득일로부터 3년 이내에 종전주택을 양도하면 소득령 §167조의10 제1항 제8호 규정에 따라 중과되지 않으므로 상속주택을 먼저 양도하고, 나머지 종전주택을 양도하는 것이 세제상 유리하다.

04

1세대 2주택 중과제외 주택

1세대가 2주택을 보유하던 중 1채를 양도하도라도 시세차익을 목적으로 취득한 것이 아닌 동거봉양·혼인합가로 취득한 주택, 일시적2주택 및 소형주택 등은 양도소득세가 중과되지 않으며, 구체적인 중과제외 주택의 내용은 아래 표와 같다.

구 분	내용
① 3주택 이상 중과제외 주택	3주택 이상 중과제외 규정 ①~⑨에 해당하는 3주택 이상 중과제외 주택
② 다른 시·군 소재 주택	취학 등 부득이한 사유로 다른 시·군에 소재하는 기준시가 3억원 이하 주택을 취득한 후 1년 이상 거주하고 부득이한 사유가 해소된 날로부터 3년 이내 양도하는 해당 주택
③ 수도권 밖 소재 주택	취학 등 부득이한 사유로 취득한 수도권 밖에 소재하는 주택으로서 양도하는 해당 주택
④ 동거봉양합가주택	동거봉양합가일로부터 10년 이내 양도하는 주택
⑤ 혼인합가주택	혼인한 날로부터 5년 이내 양도하는 주택
⑥ 소송중인주택	주택의 소유권에 관한 소송이 진행 중이거나 해당 소송결과로 취득한 주택을 확정판결일로부터 3년이 양도하는 주택
⑦ 중과제외 주택외1주택	위 ①~⑥에 해당하는 주택을 제외하고 1주택만을 보유한 상태에서 양도하는 해당 1주택
⑧ 일시적2주택	신규주택 취득일로부터 3년 이내에 양도하는 종전주택
⑨ 기준시가 1억원 이하 소형주택	양도하는 주택이 양도 당시 기준시가 1억원 이하인 주택. 다만 정비구역으로 지정·고시된 지역 또는 사업시행구역에 소재하는 주택은 제외
⑩ 조정대상지역 공고이전 계약한주택	조정대상지역의 공고가 있은 날 이전에 해당 지역의 주택을 양도하기 위하여 매매계약을 체결하고 계약금을 지급받은 사실이 증빙서류에 의하여 확인되는 주택
⑪ 상속주택 보유자의 일반주택	비과세 요건을 충족한 일반주택과 소득령§155②에 따른 상속주택을 보유하고 있는 1세대가 양도하는 일반주택

⑫	장기임대주택 보유자의 거주주택	비과세 요건을 충족한 거주주택과 소득령§155⑳에 따른 장기임대주택을 보유하고 있는 1세대가 양도하는 거주주택
⑬	조합원입주권 보유자의 주택	일정한 요건을 충족한 주택과 조합원입주권 보유한 상태에서 양도하는 주택

I 부득이한 사유로 취득한 다른 시·군 소재 주택

1주택을 보유한 자가 취학, 근무상의 형편, 질병의 요양, 그 밖에 부득이한 사유로 다른 시·군으로 주거를 이전하기 위하여 취득 당시 기준시가가 3억원 이하인 1주택을 취득하여 1년 이상 거주하고 부득이한 사유가 해소된 날부터 3년 이내 해당 주택을 양도하는 경우에는 양도소득세가 중과되지 않는다.

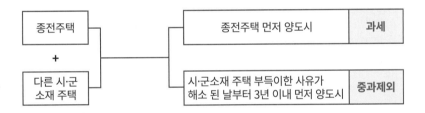

📖 **배경 및 취지**

부득이한 사유로 취득한 다른 시·군 소재 주택을 먼저 양도하는 경우에는 양도소득세가 과세되나 부득이한 사유 해소일로부터 3년 이내에 양도하면 주거이전 목적으로 취득한 것이므로 중과되지 않는 것이다.

Ⅱ 부득이한 사유로 취득한 수도권 밖 소재 주택

1주택을 보유한 자가 취학, 근무상의 형편, 질병의 요양, 그 밖에 부득이한 사유로 수도권 밖에 소재하는 주택을 취득하여 해당 주택을 양도하는 경우에는 양도소득세가 중과되지 않는다.

📖 **배경 및 취지**

부득이한 사유로 취득한 수도권 밖 소재 주택을 먼저 양도하는 경우에는 2주택자로서 양도소득세가 과세되지만 투기목적으로 취득한 것이 아니므로 중과되지 않는 것이다.

[2주택 중과제외 규정과 1세대1주택 비과세 규정 비교]

구 분	2주택 중과제외		1세대1주택 비과세
관련법령	소득령§167조의10①3	소득령§167조의10①4	소득령§154①3
이전지역	다른 시·군	수도권 밖	다른 시·군
관련내용	중과제외		2년 이상 보유 및 거주요건 미 충족시 비과세 가능
양도주택	다른 시·군 주택	수도권 밖 주택	1년 이상 거주한 주택
양도기한	부득이한 사유가 해소된 후 3년 이내	제한없음	제한없음
가액기준 등	▪기준시가 3억 이하 ▪1년 이상 거주	-	-

Ⅲ 동거봉양합가 주택

1세대1주택자가 1세대1주택자인 60세 이상의 직계존속(배우자의 직계존속 포함, 직계존속 중 어느 한 사람이 60세 미만인 경우 포함)을 동거봉양하기 위하여 세대를 합하여 1세대가 2주택을 보유하게 되는 경우 세대합가일로부터 10년 이내 먼저 양도하는 주택은 양도소득세가 비과세된다.

그러나 먼저 양도하는 주택의 양도가액이 12억원(2021.12.7. 이전 양도분은 9억원)을 초과하여 고가주택 양도차익에 대해 과세되는 경우 또는 2년 이상의 보유요건이나 거주요건 등 비과세요건을 충족하지 못한 경우에는 양도소득세가 과세되나, 동거봉양 합가일로부터 10년 이내에 먼저 양도하는 주택은 소득령 제167조의10 제1항 제5호에 따라 중과되지 않는다.

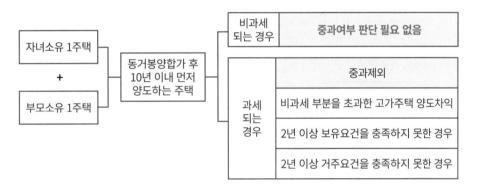

📖 배경 및 취지

동거봉양 합가 후 10년 이내 먼저 양도하는 주택은 투기목적 없이 2주택을 보유하다 양도하는 것으로 보아 중과세는 적용하지 않으나, 동거봉양 합가 후 10년 이상 경과하여 양도한 경우에는 시세차익 목적으로 2주택을 보유한 것으로 보아 중과세를 적용하는 것이다.

Ⅳ 혼인합가 주택

1주택을 보유한 자가 1주택을 보유한 자와 혼인함으로써 1세대 2주택이 된 경우 혼인한 날부터 5년 이내 먼저 양도하는 주택은 양도소득세가 비과세된다. 그러나 먼저 양도하는 주택의 양도가액이 12억원(2021.12.7. 이전 양도분은 9억원)을 초과하여 고가주택 양도차익에 대해 과세되는 경우 또는 2년 이상의 보유요건이나 거주요건 등 비과세요건을 충족하지 못한 경우에는 양도소득세가 과세되나, 혼인합가일로부터 5년 이내에 먼저 양도하는 주택은 소득령 제167조의10 ①항 제6호에 따라 중과되지 않는다.

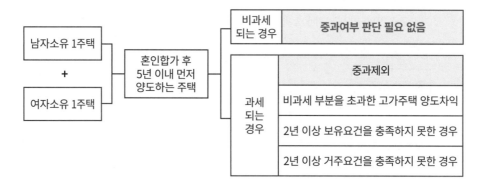

📖 배경 및 취지

투기목적 없이 각각 1주택을 보유하다가 혼인으로 인하여 부득이하게 2주택이 된 상태에서 먼저 양도하는 주택은 중과되지 않으나, 혼인합가 후 5년 이상 경과하여 양도하는 경우에는 시세차익 목적으로 2주택을 보유한 것으로 보아 중과세를 적용하는 것이다.

Ⅴ 일시적2주택자가 양도하는 종전주택

일시적2주택자가 비과세 양도기한 내에 양도하는 종전주택은 일반적으로 일시적2주택 비과세특례가 적용되나, ①양도하는 종전주택이 2년 이상의 보유 또는 거주요건 등 비과세요건을 충족하지 못한 경우 ②종전주택이 양도가액 12억원을 초과하여 고가주택 양도차익에 대하여 과세되는 경우 ③종전주택을 신규주택 취득일로부터 비과세 양도기한(신규주택 취득당시 조정대상지역 지정여부에 따라 1,2년) 내에 양도하지 못한 경우에는 양도소득세가 과세된다.

일시적2주택자가 양도하는 종전주택이 비과세되지 않은 경우에도 신규주택을 취득한 날로부터 3년 이내 종전주택을 양도하면 소득세법시행령 제167조의10 ①항 제8호규정에 따라 중과되지 않는다.

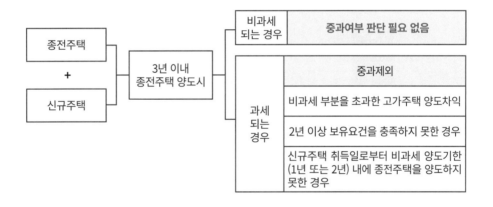

[일시적2주택 비과세와 중과제외 차이 비교]

구 분	일시적2주택 비과세	일시적2주택 중과제외
관련법령	소득령§155①	소득령§167조의10①8
신규주택	종전주택 취득일로부터 1년 경과된 후 취득	1년 이내 취득해도 중과제외
주택요건	비과세 요건 충족한 종전주택	종전주택
종전주택 양도기한	① 비조정대상지역 : 3년 이내 양도 ② 조정대상지역 : '18.9.14. 이후 취득분은 2년 이내, 　'19.12.17. 이후 취득분은 1년 이내 양도	조정대상지역 불문하고 신규주택 취득일로부터 3년 이내 양도
신규주택 전입요건	'19.12.17. 이후 취득분은 1년 이내 전입	전입요건 없음

사례 1

1년 이내 신규주택 취득 후 종전주택을 3년 이내 양도하는 경우

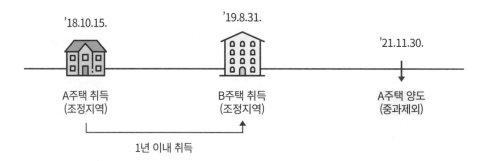

해설 1세대1주택자가 종전주택 취득일로부터 1년 이내 신규주택을 취득한 경우에는 일시적2주택 비과세가 되지 않으나, 신규주택 취득일로부터 3년 이내 종전주택을 양도하는 경우에는 중과되지 않는다.

대비사례

신규주택 취득일로부터 3년 이상 경과된 후 종전주택을 양도하는 경우

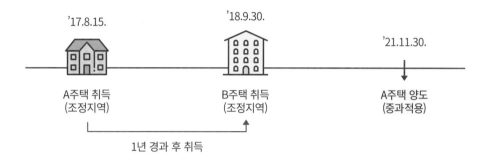

'17.8.15.
A주택 취득
(조정지역)

'18.9.30.
B주택 취득
(조정지역)

'21.11.30.
A주택 양도
(중과적용)

1년 경과 후 취득

해설 신규주택을 2018.9.14. ~ 2019.12.16. 사이에 취득하였고, 종전주택과 신규주택이 모두 조정대상지역에 소재하고 있으므로 신규주택을 취득한 날로부터 2년 이내에 종전주택을 양도해야 일시적2주택 비과세 규정을 적용받을 수 있으나, 이 사례에서는 신규주택 취득일로부터 3년 이상 경과된 후 종전주택을 양도하여 비과세가 되지 않을 뿐 아니라 양도소득세가 중과된다.

사례 2

일시적2주택 비과세가 적용되는 경우로서 고가주택을 양도한 경우

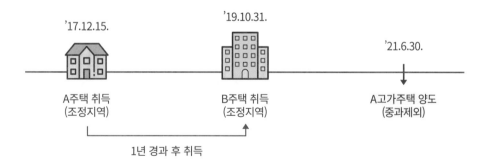

'17.12.15.
A주택 취득
(조정지역)

'19.10.31.
B주택 취득
(조정지역)

'21.6.30.
A고가주택 양도
(중과제외)

1년 경과 후 취득

해설 1세대1주택자가 신규로 주택을 취득하여 일시적으로 2주택이 된 경우로서 신규주택을 취득한 날부터 2년 이내 양도하였으므로 일시적2주택 비과세 규정을 적용받을 수 있으며, 2021.2.17. 이후 양도하여 고가주택 양도차익에 대하여도 중과되지 않는다.

사례 3

거주요건 미충족으로 종전주택이 비과세되지 않는 경우

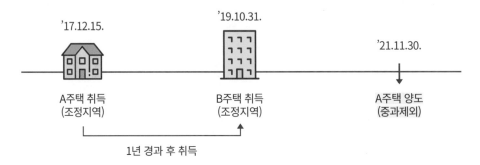

'17.12.15.
A주택 취득
(조정지역)

'19.10.31.
B주택 취득
(조정지역)

'21.11.30.
A주택 양도
(중과제외)

1년 경과 후 취득

▪A주택은 조정대상지역에 소재하고 있으나, 취득일 이후 거주하지 않음

해설 종전주택A는 조정대상지역 지정 후 취득한 주택으로서 2년 이상 거주요건을 충족하지 못하였으므로 일시적2주택 비과세는 적용되지 않으나, 신규주택 취득일로부터 3년 이내 종전주택을 양도하였으므로 양도소득세가 중과되지 않는다.

사례 4

보유기간 요건을 충족하지 못하여 과세되는 경우

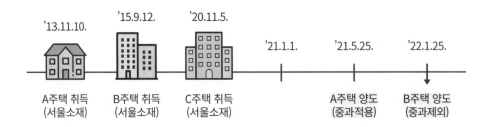

'13.11.10.
A주택 취득
(서울소재)

'15.9.12.
B주택 취득
(서울소재)

'20.11.5.
C주택 취득
(서울소재)

'21.1.1.

'21.5.25.
A주택 양도
(중과적용)

'22.1.25.
B주택 양도
(중과제외)

▪B주택 취득일부터 양도일까지 계속 거주함

해설 3주택을 보유하다가 2021.1.1. 이후 1주택을 양도하여 과세된 후 남은 일시적2주택 중 종전주택B를 2021.11.2. 이후 양도한 경우 비과세 받기 위한 보유기간은 A주택 양도일부터 기산하므로 2년 이상 보유요건을 충족하지 못하여 일시적2주택 비과세특례는 적용되지 않는다. 다만, 신규주택C를 취득한 날부터 3년 이내 종전주택을 양도하였으므로 중과되지 않는다.

기준시가 3억원 이하 주택 외 일시적2주택 중과배제에 해당하는 경우

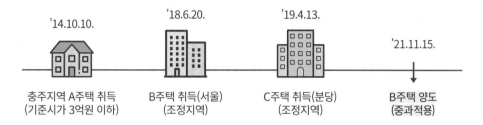

충주지역 A주택 취득 ('14.10.10.)
(기준시가 3억원 이하)

B주택 취득(서울) ('18.6.20.)
(조정지역)

C주택 취득(분당) ('19.4.13.)
(조정지역)

B주택 양도 ('21.11.15.)
(중과적용)

해설 1세대 3주택자가 보유한 주택 중 1주택이 수도권 외 기타지역에 소재하는 주택으로 기준시가 3억원 이하 주택에 해당하더라도 당초부터 3주택 이상 보유한 경우에 해당되어 B주택은 일시적2주택 중과배제 규정을 적용할 수 없으므로, B주택을 양도할 경우 2주택자로 중과세가 적용된다(부동산납세과-1179, 2018.12.12. 참조).

Ⅵ 기준시가 1억원 이하 소형주택

양도일 현재 기준시가 1억원 이하인 주택(이하 '소형주택'이라 함)을 양도하는 경우에는 양도소득세가 중과되지 않는다. 다만, 양도당시 기준시가 1억원 이하의 주택이라도 도시 및 주거환경정비법에 따른 정비구역으로 지정·고시된 지역 또는 빈집 및 소규모주택 정비에 관한 특별법에 따른 사업시행구역에 소재하는 주택은 양도소득세가 중과된다.

배경 및 취지

양도당시 기준시가 1억원 이하 소형주택은 투기성이 없다고 보아 중과제외되나, 정비구역으로 지정된 곳에 소재한 소형주택은 투기성이 있다고 보아 중과대상에 포함된다.

기준시가 1억원 이하 소형주택을 양도하여도 양도소득세가 중과되지 않는 경우는 <사례1>과 같이 기준시가 1억원 이하 소형주택을 포함하여 2주택을 보유한 경우이고 <사례2>와 같이 기준시가 1억원 이하 소형주택 2채와 일반주택 1채를 보유한 상태에서 기준시가 1억원 이하 소형주택 1채를 양도하거나, 일반주택을 양도하는 경우에는 양도소득세가 중과된다.

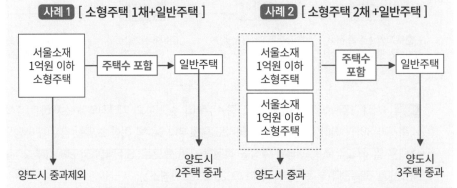

반면 <사례3>과 같이 기준시가 6억원 장기임대주택 1채, 기준시가 5억원 상속주택 1채와 일반주택 1채를 보유하다 장기임대주택이나 상속주택(상속개시일로부터 5년 내) 등을 양도하는 경우에는 중과세가 적용되지 않고, <사례4>와 같이 수도권 읍·면소재 기준시가 3억원 이하 저가주택 2채와 일반주택 1채를 보유한 상태에서 저가주택을 양도하거나 일반주택을 양도하는 경우에도 중과되지 않는다.

4가지 사례를 종합해보면 수도권소재 기준시가 1억원 이하 소형주택의 경우에도 지방소재 또는 수도권 읍·면지역 소재 기준시가 3억원 이하 주택 등과 같이 양도시 중과세를 적용하지 않을 뿐만 아니라, 다른 주택을 양도할 때에도 중과대상 주택수에서 제외하는 것이 과세형평성 측면에서 타당하다고 판단된다.

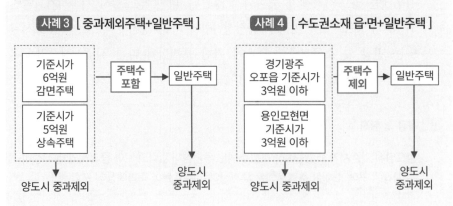

[양도세 중과배제 기준시가 3억원 이하 주택과 1억원 이하 주택의 비교]

구 분		기준시가 3억원 이하 주택	기준시가 1억원 이하 주택
1세대1주택 비과세		주택수 포함	주택수 포함
다주택자 중과적용 여부	대상주택	1세대 2주택 이상	1세대 2주택인 경우만 해당
	적용지역	① 수도권, 광역시, 세종시 이외 ② 광역시 군 ③ 경기도 및 세종시 읍·면 지역	정비구역을 제외한 모든 지역
	당해 주택 양도시	중과배제	중과배제
	다른 주택 양도시	주택수 제외	주택수 포함(기준시가 3억원 이하 주택의 중과배제 적용지역에 해당하는 경우 주택수 제외)

사례 1

일반주택과 소형주택을 보유하다 소형주택을 양도하는 경우 중과세 여부

■ A주택은 양도당시 기준시가 1억원 이하 주택으로 정비구역 외 지역에 소재함

일반주택과 소형주택을 보유하다 일반주택을 양도하는 경우 중과세 여부

서울소재

분당소재

'21.11.30.

A주택 취득
(소형주택)

B주택 취득
(일반주택)

B주택 양도
(중과적용)

▪ A주택은 양도당시 기준시가 1억원 이하 주택으로 정비구역 외 지역에 소재함

소형주택 포함 3주택을 보유하다 소형주택을 양도하는 경우 중과세 여부

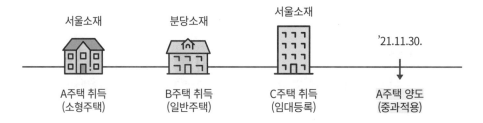

서울소재

분당소재

서울소재

'21.11.30.

A주택 취득
(소형주택)

B주택 취득
(일반주택)

C주택 취득
(임대등록)

A주택 양도
(중과적용)

▪ A주택은 양도당시 기준시가 1억원 이하 주택으로 정비구역 외 지역에 소재함

공동상속주택 소수지분 포함 소형주택을 보유하다 소형주택을 양도하는 경우

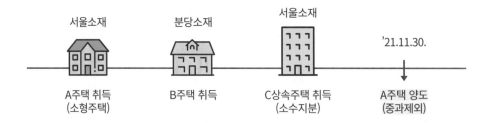

서울소재

분당소재

서울소재

'21.11.30.

A주택 취득
(소형주택)

B주택 취득

C상속주택 취득
(소수지분)

A주택 양도
(중과제외)

▪ A주택은 양도당시 기준시가 1억원 이하 주택으로서 정비구역 외 지역에 소재함

기준시가 3억원 이하 주택 외 2주택 중 소형주택을 양도하는 경우

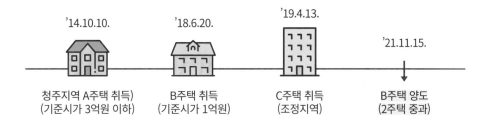

'14.10.10.
청주지역 A주택 취득)
(기준시가 3억원 이하)

'18.6.20.
B주택 취득
(기준시가 1억원)

'19.4.13.
C주택 취득
(조정지역)

'21.11.15.
B주택 양도
(2주택 중과)

해설 기준시가 1억원 이하의 소형주택에 대한 중과제외 규정은 2주택 보유자에 한하여 적용되므로 1세대 3주택자가 보유한 주택 중 1주택이 수도권 외 기타지역에 소재하는 주택으로 기준시가 3억원 이하 주택에 해당하여 중과대상 주택수가 2채인 경우에는 양도당시 기준시가 1억원 이하인 소형주택 중과제외 규정이 적용되지 않는다. 따라서 이 사례에서는 기준시가 1억원 이하 주택을 양도하는 경우에도 2주택자로서 중과된다(부동산납세과-1254, 2020.10.29. 참조).

VII 5년 이상 경과된 상속주택 보유자가 양도하는 일반주택

1 2021.2.16. 이전 양도분

2021.2.16. 이전에는 1세대1주택자가 1주택을 상속받아 보유하던 중 상속개시일로부터 5년 이상 경과하여 일반주택을 양도한 경우로서 양도가액 9억원 이하는 전액 비과세되었고, 양도가액 9억원을 초과하는 고가주택 양도차익에 대해서는 양도소득세가 중과되었다.

2 2021.2.17. 이후 양도분

2021.2.17. 이후 일반주택과 상속주택을 보유한 상태에서 상속개시일로부터 5년 이상 경과된 후 양도한 경우로서 양도가액이 12억원(2021.12.7. 이전 양도분은 9억원)을 초과하는 고가주택 양도차익에 대해서는 양도소득세가 중과되지 않는다.

[2021.2.17. 시행령 개정 전후 고가주택 양도차익 중과여부 비교]

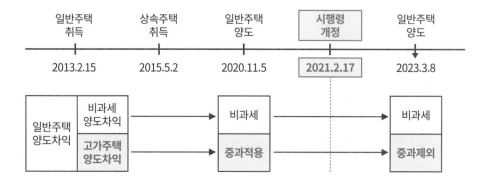

사례 1

'21.2.16. 이전에 상속개시일로부터 5년 이상 경과 후 고가주택을 양도하는 경우

해설 일반주택을 보유한 상태에서 1주택을 상속받은 후 상속개시일로부터 5년 이상 경과된 후 일반주택을 2021.2.16. 이전에 양도하는 경우 양도가액 9억원 이하는 전액 비과세되나, 9억원 초과분에 해당하는 고가주택의 양도차익에 대해서는 중과된다.

'21.2.17. 이후 상속개시일로부터 5년 이상 경과 후 고가주택을 양도하는 경우

'14.9.30.
A주택 취득
(서울지역)

'15.11.15.
B상속주택 취득
(서울지역)

'21.7.31.
A고가주택
(중과제외)

해설 일반주택을 보유한 상태에서 1주택을 상속받은 후 상속개시일로부터 5년 이상 경과된 후 일반주택을 양도하는 경우 비과세되며, 고가주택 양도차익에 대해서는 2021.2.16.까지 양도분에 대하여는 중과되었으나 2021.2.17. 이후 양도분부터는 중과되지 않는다.

3주택자가 상속개시일로부터 5년 이상 경과하여 일반주택 양도시 중과세 적용 여부

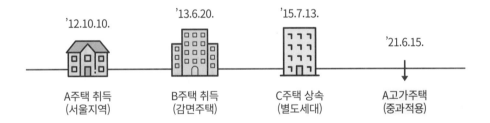

'12.10.10.
A주택 취득
(서울지역)

'13.6.20.
B주택 취득
(감면주택)

'15.7.13.
C주택 상속
(별도세대)

'21.6.15.
A고가주택
(중과적용)

해설 감면주택과 일반주택을 보유한 상태에서 1주택을 상속받은 3주택자가 일반주택을 양도하는 경우에는 상속주택 비과세특례가 적용되어 양도소득세가 비과세되며, 상속받은 주택을 상속받은 날로부터 5년 이내에 양도한 경우에는 고가주택 기준금액을 초과하는 양도차익에 대하여도 양도소득세가 중과되지 않는다. 그러나 상속개시일로부터 5년 이상 경과된 상태에서 일반주택을 양도하는 경우 양도소득세는 비과세되나 고가주택 기준금액을 초과하는 양도차익에 대하여는 양도소득세가 중과된다.

📑 **비교학습**

상속개시일로부터 5년 이상 경과한 상태에서 일반주택을 양도하는 경우 소득세법 시행령 제167조의3 1항 13호에 따라 고가주택 기준금액을 초과하는 양도차익에 대해서도 중과되지 않는 규정은 2주택 중과제외 규정에만 적용되는 것이며, 3주택 이상 중과제외 규정에는 적용되지 않으므로 양도소득세가 중과된다.

Ⅷ 장기임대주택 보유자가 양도하는 거주주택

거주주택과 2018.4.1.~2020.7.10. 사이에 단기임대등록한 주택 또는 2018.9.14. 이후 취득한 조정대상지역 내 장기임대등록주택을 보유하고 있는 1세대가 2021.2.16. 이전에 거주주택을 양도하는 경우로서 양도가액이 9억원 이하인 경우에는 전액 비과세되고, 양도가액 9억원 초과분에 해당하는 고가주택 양도차익에 대하여는 양도소득세가 중과되었으나 2021.2.17. 이후 양도분부터는 거주주택의 양도가액이 12억원(2021.12.7. 이전 양도분까지는 9억원)을 초과하더라도 양도소득세가 중과되지 않는다.

[2021.2.17. 시행령 개정 전후 고가주택 양도차익 중과여부 비교]

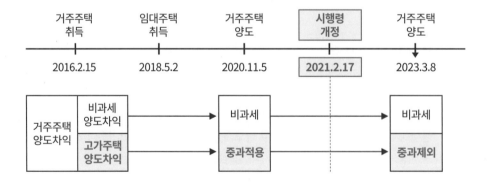

'18.3.31. 이전에 임대주택을 보유한 상태에서 거주주택을 양도하는 경우

'15.12.15.

A거주주택 취득
(서울지역)

'18.3.10.

B주택 취득
(조정지역, 단기임대)

'21.1.25.

A고가주택 양도
(중과제외)

해설 2018.3.31. 이전에 법정 요건을 충족한 임대주택을 보유한 상태에서 거주주택을 양도하는 경우에는 거주주택의 양도시기와 관계없이 고가주택 기준금액 초과분에 대해서는 중과되지 않는다.

'18.4.1. 이후 단기임대주택을 보유한 상태에서 거주주택을 양도하는 경우

'15.12.15.

A거주주택 취득
(서울지역)

'18.5.10.

B주택 취득
(조정지역, 단기임대)

'21.1.25.

A고가주택 양도
(중과적용)

해설 2018.4.1. ~2020.7.10. 사이에 단기로 임대등록을 한 주택을 보유한 상태에서 거주주택을 양도하는 경우 비과세되나, 2021.2.16. 이전까지는 9억원 초과분에 해당되는 양도차익에 대해서는 양도소득세가 중과되었다.

대비사례

단기임대주택을 보유한 상태에서 '21.2.17. 이후 거주주택을 양도하는 경우

'15.12.15.
A거주주택 취득
(서울지역)

'18.5.10.
B주택 취득
(조정지역, 단기임대)

'21.7.25.
A고가주택 양도
(중과제외)

해설 2018.4.1. ~2020.7.10. 사이에 단기로 임대등록을 한 주택을 보유한 상태에서 거주주택을 양도하는 경우 비과세되나, 2021.2.17. 이후에는 9억원(2021.12.8. 이후 양도분부터는 12억원) 초과분에 해당되는 양도차익에 대해서는 양도소득세가 중과되지 않는다.

사례 3

'18.9.14. 이후 조정대상지역 내 주택을 취득하고 장기임대등록한 경우

'15.12.15.
A거주주택 취득
(서울지역)

'18.10.10.
B주택 취득
(조정지역, 단기임대)

'21.1.25.
A고가주택 양도
(중과적용)

해설 2018.9.14. 이후 취득한 조정대상지역 내 주택을 장기임대주택으로 등록한 상태에서 거주주택을 양도하는 경우 비과세되나, 2021.2.16. 이전까지는 9억원 초과분에 해당되는 양도차익에 대해서는 양도소득세가 중과되었다.

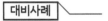

장기임대주택을 보유한 상태에서 '21.2.17. 이후 거주주택을 양도하는 경우

'15.12.15.
A거주주택 취득
(서울지역)

'18.10.10.
B주택 취득
(조정지역, 장기임대)

'21.7.25.
A고가주택 양도
(중과제외)

해설 2018.9.14. 이후 취득한 조정대상지역 내 주택을 장기로 임대등록한 상태에서 거주주택을 양도하는 경우 비과세되나, 2021.2.17. 이후에는 9억원(2021.12.8. 이후 양도분부터는 12억원) 초과분에 해당되는 양도차익에 대해서는 양도소득세가 중과되지 않는다.

IX 주택과 조합원입주권

1 종전주택을 조합원입주권 취득 후 3년 이내에 양도하는 경우

1주택을 보유한 1세대가 종전주택 취득일로부터 1년 이상 경과된 후 1조합원입주권(또는 2021.1.1. 이후 취득한 주택분양권)을 취득하여 3년 이내 종전주택을 양도하는 경우에는 비과세되며, 종전주택의 양도가액이 12억원(2021.12.7. 이전 양도분은 9억원)을 초과하는 부분의 양도차익에 대하여는 양도소득세가 중과되지 않는다.

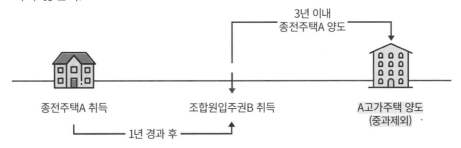

3년 이내
종전주택A 양도

종전주택A 취득

조합원입주권B 취득

A고가주택 양도
(중과제외)

1년 경과 후

2 종전주택을 조합원입주권 취득 후 3년 이상 경과한 후 양도하는 경우

1주택을 보유한 1세대가 종전주택 취득일로부터 1년 이상 경과한 후 1조합원입주권(또는 2021.1.1. 이후 취득한 주택분양권)을 취득하고 조합원입주권 등을 취득한 날로부터 3년 이상 경과된 후 종전주택을 양도하는 경우에도 신축주택 완성 후 2년 이내 종전주택을 양도하면 비과세되며, 종전주택의 양도가액이 12억원(2021.12.7. 이전 양도분은 9억원)을 초과하는 부분의 양도차익에 대하여는 양도소득세가 중과되지 않는다.

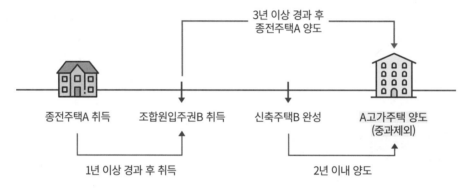

- 1년 이상 경과 후 취득 요건은 2022.2.15. 이후 취득하는 조합원입주권(또는 주택분양권)부터 적용

📖 **배경 및 취지**

재개발·재건축사업의 지연 등으로 인하여 3년 이내에 신축주택에 입주할 수 없는 경우를 감안하여 조합원입주권 등을 취득한 후 일정한 요건을 충족한 종전주택을 3년 이상 경과된 후 양도하는 경우에도 비과세하고, 해당 주택이 고가주택인 경우에도 중과하지 않는 것이다.

3 재건축 등 기간 중 취득한 대체주택을 양도하는 경우

1세대1주택자가 재개발사업, 재건축사업 또는 소규모재건축사업의 시행기간 동안 거주하기 위하여 대체주택을 취득하여 1년 이상 거주한 후 대체주택을 양도한 경우로서 양도가액이 12억원(2021.12.7. 이전 양도분은 9억원)을 초과하는 부분의 양도차익에 대하여는 중과되지 않는다.

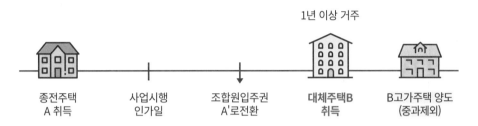

4 동거봉양(혼인)합가한 후 주택을 양도하는 경우

1세대가 1주택(또는 1조합원입주권이나 2021.1.1. 이후 취득한 1주택분양권)을 보유한 상태에서 1주택(또는 1조합원입주권이나 2021.1.1. 이후 취득한 1주택분양권)을 보유하고 있는 자와 동가봉양 또는 혼인으로 합가하여 1세대가 1주택과 1조합원입주권(또는 1주택과 1주택분양권)을 보유하게 되는 경우 합가일로부터 10년(혼인합가의 경우 5년) 이내 먼저 양도하는 주택은 양도소득세가 중과되지 않는다.

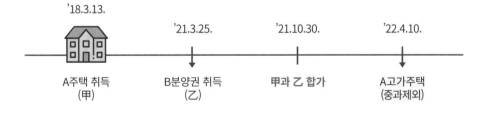

05

중과세 관련 기타 사항

I 취득세 중과대상 주택수 판단시 포함 또는 제외되는 주요 주택의 범위

주택수 포함 여부	내 용
주택수 포함	2020.8.12. 이후 취득한 주택분양권
	2020.8.12. 이후 취득한 조합원입주권
	2020.8.12. 이후 취득한 주거용오피스텔
	상속 이외 원인으로 취득한 주택의 공유지분
	주택임대사업자의 임대주택
	정비구역 내 주택공시가격 1억원 이하 주택
주택수 제외	정비구역 외 주택공시가격 1억원 이하 주택
	상속후 5년 미만의 주택·조합원입주권·주택분양권·오피스텔
	주택분으로 재산세가 부과되는 시가표준액 1억원이하 오피스텔
	가정어린이집으로 운영하기 위해 취득한 주택
	법정 요건을 충족한 농어촌주택

Ⅱ 각 세법에서 규정하고 있는 소형주택의 범위 및 중과대상 여부

구 분		주택수 포함여부
취득세		다른 주택을 보유한 상태에서 정비구역 외에 소재한 주택공시가격이 1억원 이하인 주택을 취득하는 경우 취득세 중과가 적용되지 않고, 해당 주택을 보유한 상태에서 다른 주택을 취득하는 경우에도 해당 주택은 중과대상 주택수 판단시 제외
종합부동산세		주택공시가격과 상관없이 주택수에 포함하여 종합부동산세 합산과세
양도소득세 중과세	2주택자	수도권·광역시·세종시 지역 기준시가 1억원 이하 소형주택은 중과대상 주택수 포함, 해당 주택 양도시 중과제외
	3주택 이상자	수도권·광역시·세종시 지역 기준시가 1억원 이하 소형주택은 중과대상 주택수 포함, 해당 주택 양도시 중과적용

Ⅲ 조정대상지역 내에서 적용되는 주요 세법규정

구 분	규제 내용	적용시기
2주택 중과	조정대상지역 내 주택 양도시 기본세율 + 추가세율 20%, 장기보유특별공제 배제	'21.6.1. 이후 양도분부터 적용
3주택 중과	조정대상지역 내 주택 양도시 기본세율 + 추가세율 30%, 장기보유특별공제 배제	
1세대1주택 비과세 적용시 거주요건	취득당시 조정대상지역 내 주택은 2년 이상 거주요건 필요	'17.8.3. 이후 취득분부터 적용
일시적2주택 비과세 적용시 종전주택 양도기한 단축	종전주택과 신규주택 모두 조정대상지역 내 소재한 경우 2년 이내 종전주택 양도	'18.9.14. 이후 취득분부터 적용
	종전주택과 신규주택 모두 조정대상지역 내 소재한 경우 1년 이내 종전주택 양도 및 신규주택 전입	'19.12.17. 이후 취득분부터 적용
장기임대주택 중과배제 및 합산배제	조정대상지역 내 신규 취득한 주택을 장기로 임대등록한 경우에도 양도소득세 중과적용, 종합부동산세 합산과세	'18.9.14. 이후 취득분부터 적용
등록임대주택 거주요건	의무임대 기간 종료 후 2년 이상 거주한 경우에만 비과세	'19.12.17. 이후 신규 임대등록하는 주택분부터 적용
취득세 중과	조정대상지역 내 주택 추가 취득시 8% 또는 12%의 취득세율 적용	'20.8.12. 이후 취득분부터 적용

Chapter 6

주택임대사업자에 대한 세제혜택

Appetizer

2017년 12월 정부는 '임대주택등록 활성화방안'을 내놓는다. 정부가 진행하는 공공임대주택 공급만으로 전세난을 잡기에 한계가 있었으므로 민간임대주택 공급을 확대하기 위해 시·군·구에 임대등록하고 전월세를 5% 이내로 인상하는 임대인에게 다양한 세제혜택을 통해 임대등록을 유도하였다.

때마침 2017년 가을 다주택자에 대한 양도소득세 중과제도가 부활되었고, 2018년부터 종합부동산세 과세가 강화되면서 임대등록 주택에 대한 양도소득세 중과배제와 종합부동산세 합산배제 혜택은 훌륭한 세금도피처 역할을 하였다. 이로 인해 미등록 임대사업자들 뿐 아니라 1주택자들도 추가로 주택을 매입하여 임대등록을 하는 바람에 임대등록 주택은 2017년말부터 2019년까지 폭발적으로 증가하였다.

그러나 임대등록한 주택을 법에서 정한 4년 또는 8년의 의무임대기한을 채우기 전에 매각할 경우 최대 3,000만원까지 과태료가 부과되고, 기존에 받았던 세제혜택을 추징당하게 되므로 임대주택은 의무임대기간 동안 주택 매매시장에 매물로 나올 수 없게 되었다. 임차인의 주거안정을 목표로 장려한 임대등록제도가 매매가격 상승의 주원인으로 떠오르자, 정부는 2018년부터 등록임대주택에 대한 세제혜택을 점차 축소하다가 급기야 2020년 7월에 의무임대기간 4년의 단기임대등록과 주택가격 상승의 주원인이 된 아파트에 대한 장단기 임대등록제도를 폐지하였다.

정부는 등록 임대주택이 조기에 매매시장에 나오도록 유도하기 위하여 의무임대기한을 채우지 않고 자진말소를 하는 경우에도 과태료를 부과하지 않을 뿐 아니라 기존에 감면받은 세액을 추징하지 않고, 임대등록 말소일로부터 일정기한 내에 임대주택을 매각하면 양도소득세 중과를 배제하는 등 세제보완조치를 내놓게 되는데 …

01
주택임대사업자의 임대주택 규정 개요

I 세제혜택별 의무임대기간

민간임대주택특별법(이하 이 장에서 '민특법'이라 한다)상 시·군·구에 하는 임대등록은 선택사항이므로 주택임대인이 반드시 임대등록을 하여야 하는 것은 아니다. 의무임대기간과 임대료 증액제한 규정을 준수해야 하는 등 공적의무를 부담함에도 불구하고 민특법상 임대등록을 하는 이유는 각 세법에서 정해진 세제혜택을 적용받기 위해서는 민특법상 임대등록을 요건으로 규정하고 있기 때문이다. 각 세법상 세제혜택과 의무임대기간의 변천내역은 아래 표와 같다.

〈표 1〉 [각 세법상 세제혜택 및 의무임대기간 변천]

구 분	세제혜택	'18.3.31. 이전	'18.4.1.~ '20.7.10	'20.7.11.~ '20.8.17	'20.8.18 이후
민간임대주택법	-	4년 또는 8년 이상		8년 이상	10년 이상
소득세법	거주주택 비과세	5년 이상	5년 이상	8년 이상	10년 이상
	양도소득세 중과배제		8년 이상	8년 이상	10년 이상
	종합부동산세 합산배제		8년 이상	8년 이상	10년 이상
조세 특례제한법	장기보유특별공제 특례적용(50%, 70%)	8년 이상 또는 10년 이상			10년 이상
	양도소득세 100% 감면	10년 이상			
지방세 특례제한법	취득세 감면	4년 또는 8년 이상			10년 이상
	재산세 감면	4년 또는 8년 이상			

1 민간임대주택법상 임대주택 의무임대기간

민특법상 임대등록주택의 의무임대기간은 단기 4년, 장기 8년으로 구분되어 있었으나, 2020.8.17. 4년의 단기 임대등록제도가 폐지되어 장기 8년의 임대등록만 남게 되었다. 2020.7.31. 주택임대차보호법의 개정으로 미등록주택의 임차인도 계약갱신청구권(2년+2년)과 전월세상한제 혜택을 받게 되어 4년 단기 임대등록 주택과 차이가 없어짐에 따라 4년 단기 임대등록제도를 유지할 필요가 없어졌기 때문이다. 2020.8.18. 정부는 임차인의 안정적인 거주생활을 보장하기 위해 민특법을 개정하여 의무임대기간을 8년에서 10년으로 연장하였다.

2 소득세법상 장기임대주택 의무임대기간

일정요건을 갖춘 임대주택에 대해서는 거주주택 비과세, 양도소득세 중과배제, 종합부동산세 합산배제 세제혜택 등을 받을 수 있는데, <표1>과 같이 임대등록 시기에 따라 의무임대기간에 차이가 있다.

3 조세특례제한법상 장기일반민간임대주택 의무임대기간

장기일반민간임대주택은 임대등록 후 의무임대기간 8년을 충족하면 장기보유특별공제 50%가 적용되고, 의무임대기간 10년을 충족하면 장기보유특별공제 70%가 적용되거나 양도소득세가 100% 감면되어 민특법상 의무임대기간과 일부 차이가 있었으나, 2020.8.18. 민특법상 의무임대기간이 10년으로 연장되면서 조세특례제한법상 장기일반민간임대주택의 의무임대기간도 10년으로 일치시켰다.

4 지방세특례제한법상 임대주택 의무임대기간

지방세특례제한법상 취득세 및 재산세 감면은 단기 4년 또는 장기 8년으로 구분되다가, 2020.8.18. 이후 임대등록분부터는 의무임대기간이 10년으로 변경되었다.

Ⅱ 주택임대사업자의 요건 및 세제혜택

1 민간임대주택법상 주택임대사업자의 요건

민특법상 임대주택은 의무임대기간과 임대료 증액제한 및 표준임대차 계약서 사용 등에 대한 의무규정만 있고 세제혜택은 소득세법, 조세특례제한법 등 개별세법에 규정하고 있다.

〈표 2〉[민특법상 주택임대사업자등록 요건]

구 분	2020.8.17. 이전 임대등록한 경우	2020.8.18. 이후 임대등록한 경우
대 상	아파트 포함 모든 주택	아파트를 제외한 모든 주택
면적기준	제한 없음(주거용오피스텔은 85㎡ 이하)	
호수기준	1호 이상	
가액기준	제한 없음	
임대유형	단기임대, 장기임대	장기임대
임대기간	4년 이상, 8년 이상	10년 이상
증액제한	임대료(또는 임대보증금) 인상률 5% 이내	
등록기관	주택임대사업자 주소지 관할 시·군·구	

2 소득세법상 장기임대주택에 대한 요건 및 세제혜택

소득세법상 장기임대주택에 대한 세제혜택은 거주주택 비과세, 양도소득세 중과배제 등 양도소득세 전반에 걸쳐 있고, 종합부동산세 합산배제 등 다른 세목에 대한 내용도 포함되어 있어 세제혜택 범위가 가장 넓다. 소득세법상 장기임대주택 관련 세제혜택을 받기 위해서는 시·군·구와 세무서에 임대사업자 등록을 하고, 아래 〈표3〉과 같이 일정한 요건을 갖추어야 한다.

〈표 3〉[장기임대주택에 의한 임대등록 요건 및 세제혜택]

구 분			내용
요건	① 가액기준	매입임대주택	임대개시일 현재 기준시가 6억원(수도권 밖 3억원) 이하
		건설임대주택	임대개시일 현재 기준시가 6억원(또는 9억원) 이하
	② 면적기준*	매입임대주택	제한 없음
		건설임대주택	대지면적 298㎡ 이하, 주택면적 149㎡ 이하
	③ 임대료 증액제한		임대료 인상률 5% 이내
세제혜택	① 1세대1주택 비과세		조정대상지역 내 임대주택 거주요건 적용 배제
			임대주택외 2년 이상 거주한 주택 양도시 비과세
	② 양도세소득세 중과배제		임대주택 양도시 양도소득세 중과배제
	③ 종합부동산세 합산배제		임대주택 종합부동산세 합산대상에서 제외
	④ 임대소득세 감면		임대소득에 대한 종합소득세 감면
	⑤ 장기보유특별공제 추가공제		6년 이상 임대시 장기보유특별공제 추가공제(최대 10%)

* 임대소득세 감면 적용시 85㎡이하

3 조세특례제한법상 장기일반민간임대주택에 대한 요건 및 세제혜택

조세특례제한법상 장기일반민간임대주택에 대한 세제혜택을 받기 위해서는 시·군·구와 세무서에 임대사업자 등록을 하고 아래 〈표4〉와 같이 일정한 요건을 갖추어야 한다.

📖 배경 및 취지

주택 시장의 장기간 침체로 매매보다 임차를 선호하는 경향이 높아져 2012년부터 본격적으로 전세난이 심화되었다. 이에 정부는 2014년 1월 전세난을 해결하고 침체된 건설경기도 활성화시킬 목적으로 일정 요건을 충족한 주택을 매입하여 임대할 경우 장기보유특별공제율을 최대 60%까지 허용하는 조세감면 정책을 발표하고, 2015년 12월에는 70%의 장기보유특별공제율을 적용하거나 양도세의 100%를 감면해주는 파격적인 혜택을 마련하였다.

〈표 4〉 [장기일반민간임대주택에 의한 임대등록 요건 및 세제혜택]

구 분		내용
요건	① 가액기준*	임대개시일 현재 기준시가 6억원(수도권 밖 3억원) 이하
	② 면적기준	국민주택규모(85㎡ 이하)
	③ 증액제한	임대료 인상률 5% 이내
	장기일반민간임대주택으로 등록(양도소득세 100% 감면규정은 취득 후 3개월 이내 등록)	
세제혜택	① 장기보유특별공제 특례적용	8년 임대하고 양도시 장기보유특별공제 50% 적용
		10년 이상 임대하고 양도시 장기보유특별공제 70% 적용
	② 양소득세 100% 감면	10년 이상 임대하고 양도시 양도소득세 100% 감면

* 2018.9.14. 이후 취득분부터 가액요건 적용

4 지방세특례제한법상 임대주택에 대한 요건 및 세제혜택

지방세특례제한법상 일정한 요건을 갖추고 민특법에 따라 시·군·구에 주택임대사업자 등록을 하는 경우 아래 〈표5〉, 〈표6〉과 같은 세제혜택이 있다. 앞서 설명한 세제혜택과는 달리 세무서에 사업자등록을 하지 않고 시·군·구에만 주택임대등록을 해도 취득세나 재산세 감면 세제혜택이 주어진다.

〈표 5〉 [취득세 감면 적용대상 임대등록 요건 및 세제혜택]

구 분		내용
요건	① 가액기준*	취득가액 6억원(수도권 밖 3억원) 이하
	② 면적기준	최초 분양받은 전용면적 60㎡ 이하 공동주택 또는 오피스텔
	③ 증액제한	임대료 인상률 5% 이내
	④ 등록기한	취득일로부터 60일 이내 임대등록
세제혜택		취득세 100% 감면(취득세 200만원 초과시 85% 감면)

* 2020.8.12. 이후 취득분부터 가액요건 적용

〈표 6〉 [재산세 감면 적용대상 임대등록 요건 및 세제혜택]

구 분		내 용
요건	① 가액기준[1]	공동주택 : 주택공시가격 6억원(수도권 밖 3억원) 이하 오피스텔 : 시가표준액 4억원(수도권 밖 2억원) 이하
	② 면적기준	공동주택 또는 오피스텔 : 전용면적 85㎡ 이하 오피스텔 또는 다가구주택 : 전용면적 40㎡ 이하
	③ 증액제한	임대료 인상률 5% 이내
	④ 주택유형	장·단기 임대등록 : 공동주택과 오피스텔을 합하여 2호 이상 임대 장기 임대등록 : 주택종류별로 2호 또는 다가구 1호 이상 임대
세제 혜택	재산세 감면	장·단기 임대등록 : 재산세 25%~50% 감면
		장기 임대등록 : 재산세 50%~100% 감면[2]

1) 2020.8.12. 이후 임대등록분부터 가액기준 적용
2) 100% 감면되는 재산세액이 50만원 초과시 세액의 85%만 감면

Ⅲ 임대주택에 대한 가액기준, 면적기준 및 임대료 증액제한 요건

등록임대주택에 대하여 세제혜택을 받기 위해서는 각 세법상 요건을 모두 충족시켜야 하는데, 그 중 가장 대표적인 것이 가액기준, 면적기준 및 임대료 증액제한 요건이다. 각 세제혜택별 가액기준, 면적기준 및 임대료 증액제한 요건을 요약하면 아래 〈표7〉과 같다.

〈표 7〉 [임대등록 요건 중 가액기준, 면적기준 및 증액제한 요건 비교]

세제혜택	가액기준	면적기준	임대료 증액제한
조정대상지역 내 임대주택 거주요건 배제[1]	미적용		적용[3]
거주주택 양도소득세 비과세	적용	미적용	적용[3]
다주택자 양도소득세 중과배제[2]	적용	미적용	적용[3]
종합부동산세 합산배제[2]	적용	미적용	적용[3]
임대소득세 감면	적용	적용	적용[3]
장기보유특별공제율 추가공제(10%)	적용	미적용	적용[3]

장기보유특별공제율 특례적용(50%, 70%)	적용[4]	적용	적용
양도소득세 100% 감면	적용[4]	적용	적용
취득세 감면	적용[5]	적용	적용
재산세 감면	적용[6]	적용	적용

1) 2019.12.17. 이후 임대등록분부터는 거주요건 적용

2) 2018.9.14. 이후 조정대상지역 내 주택 취득하여 임대등록시 중과세 적용 및 합산 과세(건설임대주택은 제외)

3) 2019.2.12. 이후 임대차계약을 갱신하거나 새로 체결하는 분부터 적용

4) 2018.9.14. 이후 취득분부터 적용

5) 2020.8.12. 이후 취득분부터 적용

6) 2020.8.12. 이후 임대등록분부터 적용

1 가액기준

1) 소득세법상 장기임대주택의 가액기준

원칙적으로 소득세법상 장기임대주택 관련 세제혜택을 받기 위해서는 임대개시일 현재 기준시가가 6억원(수도권 밖은 3억원)이하이어야 한다. 그러나 임대소득세 감면대상이 되는 주택은 수도권 소재 여부 또는 임대유형(매입·건설)에 관계없이 임대개시일 현재 기준시가 6억원 이하이어야 하고, 종합부동산세 합산배제가 적용되는 건설임대주택을 2021.2.17. 이후 등록하는 경우에는 기준시가 9억원 이하이어야 한다.

〈표 8〉 [장기임대주택에 대한 가액기준]

세제혜택	매입임대주택	건설임대주택
① 임대주택 거주요건 배제	제한 없음	
② 거주주택 비과세 특례	6억원(수도권 밖 3억원) 이하	지역에 관계없이 6억원 이하
③ 양도소득세 중과배제		지역에 관계없이 6억원 이하
④ 종합부동산세 합산배제		지역에 관계없이 9억원 이하
⑤ 임대소득세 감면	지역에 관계없이 6억원 이하	
⑥ 장기보유특별공제 추가공제(10%)	6억원(수도권 밖 3억원) 이하	

2) 조세특례제한법상 장기일반민간임대주택의 가액기준

종전에는 조세특례제한법상 50% 또는 70%의 장기보유특별공제율 특례적용과 양도소득세 100%감면이 되는 주택은 가액요건이 없었으나, 2018.9.14. 이후 취득하는 주택에 대해서는 임대개시일 현재 기준시가가 6억원(수도권 밖은 3억원) 이하인 경우에만 세제혜택을 받을 수 있다. 이 경우 다가구주택은 가구당 기준시가를 기준으로 판단한다.

📖 **배경 및 취지**

조세특례제한법상 장기일반민간임대주택은 제도신설 당시에는 가액기준을 적용하지 않았으므로 주택가액과 상관없이 세제혜택을 받을 수 있었다. 이는 전세난을 해결하기 위하여 임대등록을 활성화하려는 목적과 더불어 침체된 건설경기 부양을 위해 미분양아파트를 해소하려는 목적이 있었기 때문이다. 그러나 2016년부터 주택 가격이 꾸준히 상승하며 2018년 들어서는 과열양상을 보이자 2018.9.14. 이후 취득하는 주택은 조정대상지역 여부와 관계 없이 임대개시일 현재 기준시가가 6억원을 초과할 경우 조세특례제한법상 장기보유특별공제 50% 또는 70% 혜택이나 양도소득세 100% 감면을 적용받을 수 없도록 하였다.

3) 지방세특례제한법상 임대주택의 가액기준

종전에는 취득세와 재산세 감면요건 중 가액기준이 없었으나, 2020.8.12. 이후 취득분부터는 취득세의 경우 주택 취득가액 6억원(수도권 밖 3억원) 이하, 재산세의 경우에는 2020.8.12. 이후 임대등록분부터는 공동주택은 기준시가 6억원(수도권 밖 3억원) 이하, 오피스텔은 시가표준액 4억원(수도권 밖 2억원)이하의 가액기준이 추가되었다.

📖 **배경 및 취지**

2020년 서울 및 경기 지역뿐만 아니라 충청지역 일부까지 주택가격이 상승하게 되자 주택 실수요자를 보호하고 투기수요를 근절하기 위하여 다주택자들이 취득하는 주택에 대하여 취득세율을 강화하면서 임대등록자에 대하여도 취득세와 재산세 감면요건에 가액기준을 추가하였다.

2 면적기준

1) 소득세법상 장기임대주택의 면적기준

소득세법상 장기임대주택 중 매입임대주택은 임대소득세 감면 규정에서만 면적기준이 적용되고, 건설임대주택에 대한 면적기준은 아래 〈표9〉와 같다.

〈표 9〉 [장기임대주택에 대한 면적기준]

구 분	면적기준	
	매입임대주택	건설임대주택
① 임대주택 거주요건 배제	제한 없음	
② 거주주택 비과세 특례	제한 없음	전용면적 : 149㎡
③ 종합부동산세 합산배제		전용면적 : 149㎡
④ 양도소득세 중과배제		대지면적 : 298㎡, 전용면적 : 149㎡
⑤ 임대소득세 감면	전용면적 85㎡ 이하	
⑥ 장기보유특별공제 10% 추가공제	제한 없음	

2) 조세특례제한법상 장기일반민간임대주택의 면적기준

조세특례제한법상 50% 또는 70%의 장기보유특별공제율 특례적용과 양도소득세 100% 감면은 전용면적 85m^2이하인 경우에만 적용된다. 다가구주택은 가구당 전용면적을 기준으로 판단하고, 임대주택 등록시점부터 양도시점까지 국민주택규모의 요건을 충족하여야 한다.

3) 지방세특례제한법상 임대주택의 면적기준

취득세는 전용면적 60m^2이하, 재산세는 전용면적이 85m^2이하(다가구 주택의 경우 40m^2이하)인 경우에만 감면 된다. 다가구주택은 가구당 전용면적을 기준으로 판단하고, 임대주택 등록시점부터 양도시점까지 국민주택규모의 요건을 충족하여야 한다.

3 **임대료 증액제한 요건**

임대료 등 인상률 5% 제한규정은 당초 민간임대주택법, 조세특례제한법상 장기보유특별공제율 특례적용, 양도소득세 100%감면, 지방세특례제한법상 취득세 감면과 재산세 감면규정에서만 적용되다가, 2019.2.12. 이후 임대차계약을 체결하거나 기존 계약을 갱신하는 분부터는 양도소득세, 종합부동산세 등 다른 세제혜택을 적용받는 경우까지 그 범위가 확대되었다.

[주요 세법상 임대료 등 5% 증액제한 규정 적용시기]

구 분	세제 혜택	적용시기
① 임대주택 거주요건 배제	조정대상지역 내 임대주택 거주요건 적용 배제	'19.2.12. 이후 계약분부터 적용
② 거주주택 비과세 특례	장기임대주택 보유 중 거주주택 양도시 비과세	
③ 양도소득세 중과배제	일정요건 충족한 장기임대주택 양도시 중과배제	
④ 종합부동산세 합산배제	일정요건 충족한 장기임대주택 보유시 합산배제	
⑤ 임대소득세 감면	주택임대사업자에 대한 세액감면	
⑥ 장기보유특별공제 추가공제	6년 이상 임대시 장기보유특별공제 추가공제(최대 10%)	
⑦ 장기보유특별공제 특례적용	8년 이상 임대시 장기보유특별공제 50% 또는 70% 적용	임대개시 시점부터 적용
⑧ 양도소득세 100% 감면	10년 이상 임대시 양도소득세 100% 감면	

🕐 **여기서 잠깐**

사업주체와 공급목적에 따른 임대주택 관련 주요 개념은 아래와 같다.

구분	내 용
공공 임대주택	LH공사 등 공적 기관뿐 아니라 민간이 국가나 국민주택기금의 지원을 받아 임대주택을 공급하는 경우 공공임대라 한다. 공공임대주택은 5년 또는 10년 임대 후 분양전환하는 점에서 영구임대나 국민임대와 차이가 있다.
민간 임대주택	민특법에 따라 시·군·구에 임대등록한 주택을 말하며, 임대업자가 직접 주택을 건설하여 임대하는 민간건설임대주택과 매매 등을 통해 주택을 취득하여 임대하는 민간매입임대주택으로 구분된다.
준공공 임대주택	준공공임대주택을 임대하는 경우 국가 등으로부터 저리의 자금지원과 세제혜택을 받는 대신 의무임대기간과 임대료 인상률 등을 준수해야 하며, 공공임대주택과 성격이 유사하나 민간이 공급주체가 되므로 준공공임대주택이라 불리게 되었다. 준공공임대주택은 2018년도에 장기일반민간임대주택으로 명칭이 변경되었다.
공공지원 민간임대주택	민간 임대사업자가 주택도시기금으로부터 출자를 받거나 건축시 용적율의 완화 혜택 등을 받아 건설 또는 매입한 임대주택을 말하며, 10년 이상 임대해야 하고 청소년이나 신혼부부 등으로 임차인자격에 제한이 있는 주택을 말한다.

02
소득세법상 장기임대주택

I 주택 취득 및 임대등록 시기별 임대주택 요건

1 2018.4.1. 이후 장기임대주택으로 등록하는 경우 임대유형 및 의무임대기간

종전에는 조정대상지역 내 다주택자 중과세 배제, 종합부동산세 합산배제 혜택을 적용 받기 위해서는 장·단기 불문하고 5년 이상의 의무임대기간을 충족하면 되었으나, 2018.4.1. 이후 주택임대 등록하는 분부터는 장기임대로 등록하여 8년 이상의 의무임대기간을 충족한 경우에만 세제혜택을 받을 수 있다.

한편, 2020.7.10. 이전에 임대주택으로 등록한 경우에는 의무임대기간 4년 이상의 단기임대 및 의무임대기간 8년 이상의 장기임대 구분 없이 5년 이상 의무임대기간만 충족하면 거주주택 비과세 규정을 적용받을 수 있었으나, 2020.8.18. 이후부터는 10년 의무임대기간으로 등록해야 거주주택 비과세 특례를 적용 받을 수 있다.

〈표 10〉 [2018. 4.1. 전·후 임대등록시 주요 세제혜택 요건]

구 분	'18.3.31. 이전 임대등록	'18.4.1. 이후 임대등록	
		중과배제 및 종합부동산세 합산배제	거주주택 비과세
가액기준	매입임대주택: 임대개시 당시 기준시가 6억원(수도권 밖 3억원) 이하 건설임대주택: 임대개시 당시 기준시가 6억원 이하(종합부동산세 합산배제의 경우 9억원)		
임대기간	5년 이상	8년 이상	5년 이상
임대유형	단기임대 또는 장기임대	장기임대	단기임대 또는 장기임대

2 **2018.9.14. 이후 조정대상지역 소재 주택을 취득하여 장기임대주택으로 등록한 경우**

1주택 이상자가 2018.9.14. 이후 조정대상지역 내에서 주택을 취득한 후 매입임대주택으로 등록한 경우 다주택자 양도소득세 중과배제와 종합부동산세 합산배제규정은 적용받을 수 없으나, 거주주택 비과세 특례는 종전과 같이 그대로 적용된다.

〈표 11〉[2018.9.14. 전·후 취득한 주택을 임대등록한 경우 세제혜택 비교]

구 분	조정대상지역		비조정대상지역 (취득시기 불문)
	'18.9.13. 이전 취득	'18.9.14. 이후 취득	
거주주택 비과세 특례	적용가능	적용가능	적용가능
양도소득세 중과배제	적용가능	적용불가[1]	
종합부동산세 합산배제	적용가능	적용불가[1]	

1) 다음의 경우에는 양도소득세 중과배제 및 종합부동산세 합산배제를 적용받을 수 있다.
① 2018.9.13. 이전에 매매계약(분양권 및 조합원입주권 매매계약 포함)을 체결하고 계약금을 지급한 경우
② 2018.9.14. 이후 조정대상지역 공고가 있는 경우 조정대상지역 공고일까지 매매계약을 체결하고 계약금을 지급한 경우
③ 건설임대주택의 경우

참고

2018.9.14. 이후 취득한 조정대상지역 내 주택을 임대등록한 경우 세제혜택 적용 여부

구 분	소득세법상 장기임대주택		조세특례제한법상 장기일반민간임대주택	
	거주주택 비과세	양도소득세 중과배제 종합부동산세 합산배제	장기보유 특별공제 특례	양도소득세 100% 감면
매입임대주택	적용가능	적용불가	적용가능	적용가능
건설임대주택	적용가능	적용가능	적용가능	적용불가

3 장기임대주택의 세제혜택 비교

1) 공통점

구 분	양도소득세 중과배제	종합부동산세 합산배제	거주주택 비과세
면적기준	제한 없음(매입임대주택)		
가액기준	매입임대주택: 임대개시 당시 기준시가 6억원(수도권 밖 3억원) 이하 건설임대주택: 임대개시 당시 기준시가 6억원 이하(종합부동산세 합산배제의 경우 9억원)		
증액제한	임대료(또는 임대보증금) 인상률 5% 이내		
등록기관	시·군·구 + 세무서		

2) 차이점

민특법상 임대등록한 주택에 대한 소득세법상 세제혜택 중 양도소득세 중과배제 및 종합부동산세 합산배제는 당해 임대주택에 대한 직접적인 혜택이고, 거주주택 비과세는 임대주택 외에 다른 거주주택을 양도할 경우 적용되는 간접적인 혜택이다.

〈표 12-1〉 [양도소득세세 중과배제 및 종합부동산세 합산배제시 의무임대기간]

구 분	'18.3.31. 이전	'18.4.1.~'20.7.10	'20.7.11.~'20.8.17	'20.8.18. 이후
의무임대기간	5년 이상	8년 이상		10년 이상
주택임대유형	단기,장기	장기		장기

〈표 12-2〉 [거주주택 비과세 특례 적용시 의무임대기간]

구 분	'18.3.31. 이전	'18.4.1.~'20.7.10	'20.7.11.~'20.8.17	'20.8.18. 이후
의무임대기간	5년 이상	5년 이상	8년 이상	10년 이상
주택임대유형	단기,장기	단기,장기	장기	장기

4 **2019.12.17. 이후 임대등록분부터 2년 이상 거주요건 적용**

2017.8.3. 이후 조정대상지역 내에 소재하는 주택을 취득한 경우 1세대1주택 비과세를 적용받기 위해서는 일반적으로 2년 이상 보유하고 거주하여야 하나, 아래의 요건을 충족한 조정대상지역 내 소재하는 임대주택을 의무임대기간 종료후 양도하는 경우에는 2년 이상 거주하지 않은 경우에도 비과세 된다.

구 분	요 건
임대유형	단기임대주택, 장기임대주택
임대기간	4년 이상 단기임대, 8년 이상 장기 임대
증액한도*	임대료(임대보증금) 인상률 5% 이내
등록기관	시·군·구 + 세무서

* 2019.2.12. 이후 임대차계약을 갱신하거나 새로 체결하는 분부터 적용

그러나, 조정대상지역 내에 있는 주택을 취득하여 2019.12.17. 이후 주택임대사업자로 등록한 경우에는 의무임대기간 종료 후 2년 이상 해당 주택에서 거주한후 양도한 경우에만 1세대1주택 비과세 혜택을 적용받을 수 있다.

▤▤ 배경 및 취지

본 규정은 조정대상지역에 소재한 1주택 소유자가 해당 주택에 거주하지 않고 의무임대기간 동안 임대한 후 해당 주택을 양도하는 경우 1세대1주택 비과세 요건 중 거주요건을 적용하지 않는다는 것이다.

5 **2020.8.18. 이후 장기임대주택 등록시 의무임대기간 10년 이상 적용**

2020.8.18. 이후부터는 단기임대 및 아파트의 장기임대등록 제도는 폐지되었으며, 장기임대주택의 의무임대기간도 종전 8년 이상에서 10년 이상으로 연장되었다. 따라서 2020.8.18. 이후 임대등록하는 임대주택에 대한 양도소득세 중과배제 및 종합부동산세 합산배제 또는 임대주택 외 거주주택에 대한 양도소득세 비과세 등 소득세법상 세제혜택을 적용받기 위해서는 10년 이상 의무임대기간을 준수하여야 한다.

Ⅱ 주택임대사업자의 종합부동산세 합산배제

1 종합부동산세 과세 개요

주택에 대한 종합부동산세는 매년 6월 1일 기준으로 아래와 같이 임대주택 등 합산배제되는 주택을 제외하고 개인이 보유한 모든 주택의 공시가격을 합산하여 과세한다.

[주택분 종합부동산세 계산구조]

① 주택공시가격합계액	합산배제 주택을 제외한 주택의 공시가격 합계액
② 공제금액	6억원(1세대1주택자 및 부부 공동명의 1주택 특례자는 11억원)
③ 과세표준	(① - ②)
④ 세율	기본세율 또는 중과세율
⑤ 종합부동산세액	③ × ④
⑥ 공제할재산세액	재산세로 부과된 세액 중 일정한 금액
⑦ 산출세액	⑤ - ⑥
⑧ 세액공제	최대 40%의 1세대1주택자의 고령자 세액공제 또는 최대 50%의 장기보유자 세액공제, 중복 적용시 공제한도 최대 80%
⑨ 세부담상한초과세액	(직전연도 재산세와 종합부동산세)×세부담상한율 초과세액
⑩ 납부세액	⑦ - ⑧ - ⑨
⑪ 농어촌특별세	종합부동산세의 20%

2 주택임대사업자의 종합부동산세 합산배제

1) 합산배제 기본내용

원칙적으로 종합부동산세는 개인별로 전국에 있는 모든 주택을 합산하여 과세하나, 아래의 요건을 갖춘 소득세법상 장기임대주택은 종합부동산세 합산과세대상에서 제외한다.

[임대등록 시기별 종합부동산세 합산배제 적용 요건]

구 분	'18.3.31. 이전 임대등록	'18.4.1.~'20.8.17. 임대등록	'20.8.18. 이후 임대등록
대 상	아파트 포함 모든 주택	아파트 포함 모든 주택1)	아파트를 제외한 모든 주택1)
면적기준	제한 없음(매입임대주택)		
가액기준	매입임대주택: 임대개시 당시 기준시가 6억원(수도권 밖 3억원) 이하 건설임대주택: 임대개시 당시 기준시가 9억원 이하		
임대유형	단기임대, 장기임대	장기임대	장기임대
임대기간	5년 이상 계속2)임대	8년 이상 계속2) 임대	10년 이상 계속2) 임대
증액제한3)	임대료(또는 임대보증금) 인상률 5% 이내		
등록기관	시·군·구 + 세무서		

1) 2020.7.11. ~ 2020.8.17. 사이에 단기임대주택을 장기임대주택으로 변경신고 하거나, 장기임대주택으로 등록신청한 아파트는 제외
2) 종합부동산세 합산배제를 적용받으려면 임대주택을 의무임대기간 동안 계속하여 임대해야 하나 기존 임차인의 퇴거일로부터 다음 임차인의 입주일까지의 공실기간이 2년 이내인 경우에는 계속 임대하는 것으로 본다.
3) 2019.2.12. 이후 임대차계약을 갱신하거나 새로 체결하는 분부터 적용

2) 2018.9.14. 이후 조정대상지역 내 주택을 취득하여 임대주택으로 등록한 경우

1주택 이상을 소유한 1세대가 2018.9.14. 이후 조정대상지역 내 주택을 취득하여 장기임대주택으로 등록하는 경우에는 면적기준 등 장기임대주택의 요건을 충족하더라도 종합부동산세를 합산과세한다. 다만, 건설임대주택으로 등록하는 경우에는 합산배제 가능하다.

📖 배경 및 취지

1. 2018년 중반기부터 다주택자가 주택을 추가로 매수하여 주택가격이 상승함에 따라 1주택 이상 주택을 소유한 자가 추가로 주택을 구입하여 임대등록하는 방법으로 종합부동산세 합산배제나 양도소득세 중과배제 혜택을 받는 것을 방지하기 위한 것이다.
2. 건설임대사업자가 주택을 신축하여 임대하는 경우에는 주택 매매와 전월세 시장 안정에 도움이 되므로 2018.9.14. 이후에 취득한 경우에도 종합부동산세 혜택을 유지한 것이다.

3) 임대주택 합산배제 신청

종합부동산세 합산배제를 적용받으려면 해당연도 6월 1일 현재 임대 중인 주택을 시·군·구와 세무서에 임대등록하고 합산배제 신청기간(9.16.~9. 30.) 내에 주소지 관할세무서장에게 합산배제 신고를 해야 하나, 6월 1일 현재 임대등록을 하지 않았다 하더라도 주택을 임대 중인 경우에는 합산배제 신청기한(9.16.~9.30.) 내에 시·군·구와 세무서에 임대등록하고 합산배제 신청을 하면 종합부동산세 합산배제 혜택을 받을 수 있다.

4) 종합부동산세 합산배제 제외신고

과세기준일 현재 임대등록이 말소된 경우 종합부동산세 합산배제 신청기간인 9.16.~9.30.까지 합산배제 제외신고를 하여야 한다. 임대주택등록이 말소되었는데도 합산배제 제외신고를 하지 않는 경우 추후 경감받은 세액이 추징되거나 가산세가 부과될 수 있다.

사례 1

합산배제 장기임대주택 종합부동산세 계산시 과세대상 주택수 포함여부

 +

본인거주 일반주택　　　　　　　　　장기임대주택
(기준시가 10억원)　　　　　　　　　(기준시가 5억원)

해설 합산배제요건을 충족한 장기임대주택은 종합부동산세 과세대상 주택수에서 제외되므로 1세대1주택자가 되어 과세기준금액 11억원을 초과하지 않아 종합부동산세가 과세되지 않는다.

본인이 거주하지 않는 일반주택 종합부동산세 과세기준금액 판단

 +

미거주 일반주택
(기준시가 10억원)

장기임대주택
(기준시가 5억원)

해설 합산배제요건을 충족한 장기임대주택은 종합부동산세 과세대상 주택수에서 제외되나 본인 실제 거주하지 않는 주택의 과세기준금액은 6억원이므로 종합부동산세가 과세된다.

합산배제 임대주택을 제외하고 일반주택을 2채 보유한 경우

  +

일반주택
(기준시가 10억원)

일반주택
(기준시가 7억원)

장기임대주택
(기준시가 10억원)

해설 합산배제요건을 충족한 장기임대주택은 종합부동산세 과세대상 주택수에서 제외되나 일반주택 2채를 보유하고 있으므로 과세기준금액은 6억원으로 종합부동산세가 과세된다.

3 임대등록이 자진말소 또는 자동말소된 경우 이전에 종합부동산세 합산배제로 경감받은 세액 추징여부

민특법의 개정으로 인해 임대인이 의무임대기간 전에 임대등록을 자진말소한 경우 또는 의무임대기간이 종료된 후 임대등록이 자동말소되는 경우에는 종합부동산세 합산배제로 이미 경감받은 세액은 추징되지 않는다.

임대인이 의무임대기간이 경과되지 않은 상태에서 임대등록을 자진말소하고 주택을 처분할 경우 과태료가 부과되고 그동안 받은 세제혜택이 추징되므로 의무임대기간 동안은 임대주택이 매매시장에 나오지 않는 것으로 파악되자, 정부는 의무임대기한 내에 임대등록을 자진말소한 경우에도 과태료를 부과하지 않고, 그동안 감면받은 종합부동산세 등을 추징하지 않기로 하여 임대주택이 조기에 매물로 나올 수 있도록 유도하였다.

Ⅲ 주택임대사업자의 종합소득세 감면

1 주택임대소득 과세기준

1) 월세

원칙적으로 2주택 이상자가 월세를 받는 경우에만 소득세가 과세되나, 1주택을 소유한 경우라 하더라도 기준시가 9억원 이상인 주택을 임대한 경우 또는 국외에 소재한 주택을 임대하는 경우에는 월세에 대하여 소득세가 과세된다.

2) 임대보증금

원칙적으로 3주택 이상자의 임대보증금에서 발생한 간주임대료에 대하여 소득세가 과세되나, 다음의 경우에는 3주택 이상자인 경우에도 간주임대료에 대하여 소득세가 과세되지 않는다.

① 3주택 이상을 소유하였으나 전용면적 $40m^2$이하, 주택공시가격이 2억원 이하를 동시에 만족하는 주택을 제외하고 3주택 미만인 경우
② 임대보증금 합계액이 3억원 이하인 경우

3) 과세대상 주택수 판단시 부부단위 기준으로 판단

주택임대소득 과세대상 주택수 판단은 본인과 배우자의 주택만 합산하여 계산하고, 부모나 자녀의 주택은 동일세대원에 해당하더라도 합산하지 않는다.

[주택임대소득의 과세요건]

소유 주택수(부부단위 합산)	월세	보증금
1주택	비과세	비과세
2주택	과세	
3주택 이상		간주임대료 과세

📑 비교학습 _ 세목별 주택수 판정 방법

세 목	양도소득세	임대소득세	종합부동산세	취득세
주택수 계산	세대별 합산	배우자 합산	개인별	세대별 합산

2 주택임대소득 과세방법

1) 연간 임대수입금액이 2,000만원 이하인 경우

납세자가 임대소득을 다른 소득과 합산하지 않고 지방소득세 포함 15.4%의 세율을 적용하여 분리과세로 신고하는 방법과 임대소득을 다른 종합소득과 합산하여 종합소득세율을 적용하여 신고하는 방법 중 유리한 방법을 선택하여 신고할 수 있다.

[분리과세로 신고하는 경우 주택임대소득 계산구조]

수입금액 구분	필요경비율	공제금액*	세율	세액감면율
등록 임대수입금액	60%	400만원	14%	20%~75%
미등록 임대수입금액	50%	200만원		-

* 분리과세 주택임대소득을 제외한 해당 과세기간의 종합소득금액이 2천만원 이하인 경우에만 공제

[임대유형별 소득세 감면율]

구 분		세액감면율	
		단기임대주택	장기임대주택
2020.12.31. 이전	1호 임대	30%	75%
	2호 이상 임대		
2021.1.1. 이후	1호 임대	30%	75%
	2호 이상 임대	20%	50%

2) 연간 임대수입금액이 2,000만원을 초과하는 경우

납세자의 선택에 따라 분리과세를 적용할 수 없고 임대소득을 다른 종합소득과 합산하여 세액을 계산한다.

3 주택임대사업자에 대한 소득세 감면

아래의 요건을 갖춘 주택을 시·군·구와 세무서에 임대등록한 경우에는 임대소득세를 감면받을 수 있다. 다만, 감면세액의 20%를 농어촌특별세로 납부해야 한다.

[2020.8.17. 이전 및 이후 임대소득세 감면 요건 요약]

구 분	2020.8.17. 이전 임대등록한 경우	2020.8.18. 이후 임대등록한 경우
대 상	모든 주택1)	아파트를 제외한 모든 주택
면적기준	전용면적 85㎡이하	
가액기준	임대개시일 당시 기준시가 6억원 이하(수도권 밖 불문)	
임대유형	단기임대, 장기임대	장기임대
임대기간	4년 이상, 8년 이상	10년 이상
증액제한2)	임대료(또는 임대보증금) 인상률 5% 이내	
등록기관	시·군·구 + 세무서	

1) 2020.7.11. ~ 2020.8.17. 사이 단기임대주택을 장기임대주택으로 변경신고 하거나, 장기임대주택으로 등록신청한 아파트는 제외
2) 2019.2.12. 이후 임대차계약을 갱신하거나 새로 체결하는 분부터 적용

소득세를 감면 받은 경우에는 감가상각의제규정이 적용되어 감가상각을 하지 않은 경우에도 감가상각을 한 것으로 본다. 따라서 임대 소득세를 감면받은 후 임대주택을 양도하는 경우 감가상각한 것으로 의제된 금액은 취득가액에서 차감하여 양도소득세를 계산하므로, 양도소득세 적용세율이 임대소득에 대한 적용세율보다 높은 경우 임대소득세를 감면받는 것이 불리할 수도 있다.

4 임대등록 말소에 따른 종합소득세 감면추징 여부

폐지되는 임대등록 유형에 해당하여 의무임대기간이 종료되기 전에 임대등록을 자진말소한 경우 또는 의무임대기간이 종료되어 임대등록이 자동말소되는 경우에는 이미 감면받은 임대소득세는 추징되지 않는다.

5 주택임대사업자 미등록시 가산세

사업개시일부터 20일 이내에 사업장소재지 관할세무서에 주택임대사업자 등록을 신청하지 않은 경우 사업개시일부터 등록 신청일 직전일까지 수입금액의 0.2%에 해당하는 금액을 가산세로 부과한다.

👤 필자의 견해

임대사업자 미등록기간 중 임대수입이 2,000만원인 경우 미등록가산세는 4만원에 불과하고, 임대수익이 1억원이라 하더라도 20만원에 불과하여 임대등록을 유도하기 위한 방법으로 실효성이 별로 없어 보인다.

소득세법상 세제혜택이 적용되는 장기임대주택 해당여부

사례 1

① 매입임대주택

▶ 등록 : 2017.9.30.에 취득하여 단기임대등록(수도권 소재 조정대상지역)

▶ 면적 : 전용면적 85㎡ 이하

▶ 가액 : 임대개시 당시 기준시가 6억원 이하

▶ 기타 : 임대사업자 등록하고 임대료 인상제한 등 소득세법상 등록 요건 충족

② 거주주택

▶ 소재지 : 조정대상지역

▶ 취득일 : 2015.5.20.

▶ 양도일 : 2022.2.15.

▶ 양도가액 : 20억원

해설

1. 임대주택에 대한 양도소득세 중과세율 적용여부 및 종합부동산세 합산배제 적용 여부

2018.3.31. 이전에 임대등록한 주택은 장단기 구분없이 의무임대기간 5년 이상 임대하면 조정대상지역 지정 여부와 관계없이 단기임대주택에 대해서는 의무임대기간 동안 종합부동산세가 합산배제되고, 의무임대기간 종료 후 임대주택을 양도하는 경우 양도소득세가 중과배제된다.

2. 거주주택 양도시 비과세 및 중과세 적용 여부

임대주택을 보유한 상태에서 2년 이상 거주한 주택을 양도하는 경우에는 비과세가 적용된다. 거주주택을 2021.2.17. 이후 양도하는 경우로서 양도가액이 12억원(2021.12.7. 이전 양도분은 9억원)을 초과하는 고가주택에 해당하는 경우 최대 80%의 장기보유특별공제율이 적용되고, 기본세율이 적용된다.

3. 임대주택에 대한 장기보유특별공제 추가공제 및 소득세 감면 적용 여부

2018.3.31. 이전에 임대등록한 주택은 장단기 구분 없이 일정한 요건을 충족한 경우에는 최대 장기보유특별공제 10% 추가공제가 적용되고, 임대유형 및 임대호수에 따라 일정금액의 임대소득세가 감면된다.

① 매입임대주택

▶ **등록** : 2018.6.15.에 취득하여 단기임대등록(수도권 소재 조정대상지역)

▶ **면적** : 전용면적 85㎡ 초과

▶ **가액** : 임대개시 당시 기준시가 6억원 이하

▶ **기타** : 임대사업자 등록하고 임대료 인상제한 등 소득세법상 등록 요건 충족

② 거주주택

▶ **소재지** : 조정대상지역

▶ **취득일** : 2015.5.20.

▶ **양도일** : 2022.2.15.

▶ **양도가액** : 20억원

해설

1. 임대주택에 대한 양도소득세 중과세율 및 종합부동산세 합산배제 적용 여부

2018.4.1이후부터는 단기로 등록한 임대주택은 양도소득세 중과세 배제 및 종합부동산세 합산배제를 적용받을 수 없으므로 해당 단기임대주택에 대해서는 임대기간 동안 종합부동산세가 합산과세되고, 의무임대기간 종료 후 임대주택을 양도하는 경우 양도소득세가 중과된다.

2. 거주주택 양도시 비과세 및 중과세 적용 여부

2020.7.10. 이전까지 단기로 등록한 임대주택을 보유한 상태에서 2년 이상 거주한 주택을 양도하는 경우에는 비과세된다. 거주주택을 2021.2.17. 이후 양도하는 경우로서 양도가액이 12억원(2021.12.7. 이전 양도분은 9억원)을 초과하는 고가주택에 해당하는 경우 최대 80%의 장기보유특별공제율이 적용되고, 기본세율이 적용된다.

3. 임대주택에 대한 장기보유특별공제 추가공제 및 소득세 감면 적용 여부

최대 장기보유특별공제 10% 추가공제 규정은 2018.3.31. 이전에 임대등록한 경우에 한하여 적용되므로 2018.4.1. 이후 임대등록한 경우에는 장기보유특별공제 추가공제를 적용받을 수 없으며, 소득세 감면규정은 전용면적이 85㎡ 이하인 경우에만 적용되므로 임대주택의 전용면적이 85㎡를 초과하여 임대소득세 감면규정을 적용받을 수 없다.

① 매입임대주택

▶ 등록 : 2020.7.15.에 취득하여 장기임대등록(수도권 소재 조정대상지역)

▶ 면적 : 전용면적 85㎡ 이하

▶ 가액 : 임대개시 당시 기준시가 6억원 이하

▶ 기타 : 임대사업자 등록하고 임대료 인상제한 등 소득세법상 등록 요건 충족

② 거주주택

▶ 소재지 : 조정대상지역

▶ 취득일 : 2015.5.20.

▶ 양도일 : 2022.2.15.

▶ 양도가액 : 20억원

해설

1. 임대주택에 대한 양도소득세 중과세율 및 종합부동산세 합산배제 적용 여부

2018.9.14 이후 조정대상지역에 있는 주택을 취득하여 장기임대주택으로 등록한 경우 양도소득세 중과세 배제 및 종합부동산세 합산배제를 적용받을 수 없다.

2. 거주주택 양도시 비과세 및 중과세 적용 여부

2020.7.11. 이후부터는 장기로 임대등록한 임대주택에 대해서만 거주주택 비과세를 적용받을 수 있다. 거주주택을 2021.2.17. 이후 양도하는 경우로서 양도가액이 12억원(2021.12.7. 이전 양도분은 9억원)을 초과하는 고가주택에 해당하는 경우 최대 80%의 장기보유특별공제율이 적용되고, 기본세율이 적용된다.

3. 임대주택에 대한 장기보유특별공제 추가공제 및 소득세 감면 적용 여부

최대 10% 장기보유특별공제율 추가공제 규정은 2018.3.31. 이전에 임대등록한 경우에 한하여 적용되므로 2018.4.1. 이후 임대등록한 경우에는 장기보유특별공제 추가공제를 적용받을 수 없으나, 전용면적 85㎡ 이하 임대주택에 대해서는 임대유형 및 임대호수에 따라 일정금액의 임대소득세가 감면된다.

① 건설임대주택

▶ 등록 : 2018.10.15.에 신축하여 건설임대등록(수도권 소재 조정대상지역)

▶ 면적 : 전용면적 85㎡ 이하

▶ 가액 : 임대개시 당시 기준시가 6억원 이하

▶ 기타 : 임대사업자 등록하고 임대료 인상제한 등 소득세법상 등록 요건 충족

② 거주주택

▶ 소재지 : 조정대상지역

▶ 취득일 : 2019.4.20.

▶ 양도일 : 2022.2.15.

▶ 양도가액 : 20억원

▶ 기타내용 : 2018.12.25.에 거주주택 비과세특례를 적용받은 사실이 있음

해설

1. 임대주택에 대한 양도소득세 중과세율 및 종합부동산세 합산배제 적용 여부

2018.9.14 이후 조정대상지역에 있는 주택을 매입하여 장기임대주택으로 등록하는 경우에는 양도세 중과세 배제 및 종부세 합산배제를 적용받을 수 없으나, 건설임대주택에 대해서는 의무임대기간 동안 종합부동산세가 합산배제되고, 의무임대기간 종료 후 임대주택을 양도하는 경우 양도소득세를 중과하지 않는다.

2. 거주주택 양도시 비과세 및 중과세 적용 여부

거주주택 비과세특례는 평생1회에 한하여 적용되는데 이미 2018.12.25.에 거주주택 비과세특례를 적용받았으므로 임대주택을 보유한 상태에서 2019.2.11. 이후 취득한 주택에 2년 이상 거주한 주택을 양도하는 경우에는 비과세특례를 적용받을 수 없다. 이 경우 거주주택 비과세특례는 적용되지 않으나 중과배제되는 임대주택 외 1주택을 양도하는 경우 중과세되지 않으므로 양도하는 거주주택은 최대 30%의 장기보유특별공제율이 적용되고, 기본세율이 적용된다.

3. 임대주택에 대한 장기보유특별공제 추가공제 및 소득세 감면 적용 여부

최대 10% 장기보유특별공제율 추가공제는 2018.3.31. 이전에 임대등록한 경우에 한하여 적용되므로 2018.4.1. 이후 임대등록한 경우에는 장기보유특별공제 추가공제를 적용받을 수 없으나, 전용면적 85㎡ 이하 임대주택에 대해서는 임대유형 및 임대호수에 따라 임대소득세가 감면된다.

사례 5

① 매입임대주택

▶ 등록 : 2018.7.25.에 취득하여 장기임대등록(세종시 소재)

▶ 면적 : 전용면적 85㎡ 이하

▶ 가액 : 임대개시 당시 기준시가 4억원

▶ 기타 : 임대사업자 등록하고 임대료 인상제한 등 소득세법상 등록 요건 충족

② 거주주택

▶ 소재지 : 조정대상지역

▶ 취득일 : 2015.5.20.

▶ 양도일 : 2022.2.15.

▶ 양도가액 : 20억원

해설

1. 임대주택에 대한 양도소득세 중과세율 및 종합부동산세 합산배제 적용 여부

임대개시 당시 기준시가 6억원(수도권 밖은 3억원) 이하인 경우에만 양도세 중과세 배제 및 종부세 합산배제를 적용받을 수 있는데, 해당 장기임대주택은 수도권 밖에 소재하면서 임대개시 당시 기준시가가 3억원을 초과하므로 의무임대기간 동안 종합부동산세가 합산과세되고, 의무임대기간 종료 후 임대주택을 양도하는 경우 양도소득세가 중과된다.

2. 거주주택 양도시 비과세 및 중과세 적용 여부

임대주택 요건 중 가액기준으로 임대개시 당시 수도권 밖 3억원 이하 요건을 충족하지 못하였으므로 거주주택 비과세특례를 적용받을 수 없다. 이 경우 양도하는 거주주택이 중과배제 주택(임대주택 외 1주택)에도 해당하지 않으므로 장기보유특별공제 적용이 배제되고, 세율은 중과세율이 적용된다.

3. 임대주택에 대한 장기보유특별공제 추가공제 및 소득세 감면 적용 여부

최대 10% 장기보유특별공제율 추가공제는 2018.3.31. 이전에 임대등록한 경우에 한하여 적용되므로 2018.4.1. 이후 임대등록한 경우에는 장기보유특별공제 추가공제를 적용받을 수 없으나, 소득세 감면규정은 지역에 관계없이 임대개시 당시 6억원 이하이면 적용되므로 해당 임대주택에 대해서는 임대유형 및 임대호수에 따라 일정금액의 임대소득세가 감면된다.

〈표 13〉[유형별 소득세법상 장기임대주택 세제혜택 비교 요약]

취득 및 등록 시기	임대 유형			가액 기준	면적 기준	거주주택 과세특례	양도세 중과배제	종부세 합산배제
18.9.13 이전 취득	18.3.31 이전 등록	단기	-	6억원 이하	-	적용	적용	적용
		장기 일반	매입	6억원 이하	-	적용	적용	적용
				6억원 초과	-	미적용	미적용	미적용
			건설	6억원 이하	대지: 298㎡ 주택: 149㎡	적용	적용	적용
				6억원 초과	대지: 298㎡ 주택: 149㎡	미적용	미적용	미적용[1]
	18.4.1 이후 등록	단기	-	6억원 이하	-	적용	미적용	미적용
		장기 일반	매입	6억원 이하	-	적용	적용	적용
				6억원 초과	-	미적용	미적용	미적용
			건설	6억원 이하	대지: 298㎡ 주택: 149㎡	적용	적용	적용
				6억원 초과	대지: 298㎡ 주택: 149㎡	미적용	미적용	미적용[1]
18.9.14~20.7.10. 이후 취득 및 등록 (조정대상지역) 장기 일반		단기	-	6억원 이하	-	적용	미적용	미적용
		매입		6억원 이하	-	적용	미적용	미적용	미적용
		매입		6억원 초과	-	미적용	미적용	미적용	미적용
		건설		6억원 이하	대지: 298㎡ 주택: 149㎡	적용	적용	적용	적용
		건설		6억원 초과	대지: 298㎡ 주택: 149㎡	미적용	미적용	미적용	미적용[1]
20.7.11. 이후 취득 및 등록 (조정대상지역) 장기 일반		단기	-	6억원 이하	-	미적용	미적용	미적용
		매입		6억원 이하	-	적용	미적용	미적용	미적용
		매입		6억원 초과	-	미적용	미적용	미적용	미적용
		건설		6억원 이하	대지: 298㎡ 주택: 149㎡	적용	적용	적용	적용
		건설		6억원 초과	대지: 298㎡ 주택: 149㎡	미적용	미적용	미적용	미적용[1]

※ 매입임대주택의 경우 가액기준은 수도권을 기준으로 한 가액으로서 수도권 밖은 3억원이 적용되며, 건설임대주택의 대지면적 298㎡는 양도세 중과배제 규정에만 적용됨.

[1] 건설임대주택의 경우 임대개시 당시 기준시가 9억원 이하까지 종부세 합산배제 규정이 적용됨.

필자가 중학교 시절 공부한 참고서 완전정복 시리즈와 롯데에서 나온 저가 양주 캡틴큐 라벨에는 이탈리아를 정복하기 위해 백마를 타고 알프스 산맥을 넘어가는 나폴레옹의 모습이 그려져 있었다. 푸른 모자에 주황색 망토를 휘날리며 산 정상을 가리키는 그의 모습은 강한 정복자의 이미지를 한껏 드러내 준다.

그런데 그가 프랑스 민법 제정과정에 직접 참여하여 복잡한 법체계를 통일하고 어려운 법을 쉽고 명료하게 만드는데 크게 기여하였다는 사실을 아는 사람은 많지 않다. 프랑스 민법은 세계 최초의 민법으로서 독일을 거쳐 우리나라 민법에도 많은 영향을 주었는데, 소설가들의 교재로 쓰일 정도로 문체가 화려하면서도 쉽게 만들어져 2016년 프랑스 민법이 대폭 개정되기 전까지 민법전 내용의 절반 이상이 그대로 내려왔다고 한다. 나폴레옹도 그의 자서전에서 "나의 진정한 영광은 마흔 번의 전투에서 거둔 승리에 있는 것이 아니라 나의 민법전을 말살시킬 수 없다는 데 있다"고 하며 자부심을 드러내었다.

서두가 길었는데 주택 관련 양도소득세법은 어떤지 한번 생각해보자. 무엇보다 세법이 너무 자주 바뀌다 보니 세무사들 사이에 "또 바뀌었어?" "언제 바뀌었대?"하고 묻는 일이 다반사이고, 해석이라기보다는 번역이 필요한 수준의 난해한 문장에 혀를 내두르게 된다. 게다가 문장 속에 대괄호와 소괄호는 무엇이며, 예외에 예외가 있다 보니 한 개의 조문을 다 읽기도 전에 피로가 몰려올 지경이다. 그러다 보니 양도소득세를 포기한 일명 양포세무사가 대규모로 양산되고 이제는 양도소득세를 상담해 줄 수 있는 세무사가 드문 실정이다.

법의 취지가 아무리 좋아도 너무 자주 바뀌거나 난해하면 좋은 법이라고 할 수 없다. 누군가 나폴레옹 같은 영웅이 나타나 그동안 시행하던 복잡한 법을 일거에 폐지하고 쉽고 명료한 세법으로 통일하면 어떨까 상상을 해본다.

조세특례제한법상
장기일반민간임대주택

Ⅰ 장기일반민간임대주택에 대한 장기보유특별공제 과세특례

거주자가 2020.12.31.(민간건설임대주택은 2022.12.31.)까지 국민주택주택규모 이하의 주택을 장기일반민간임대주택으로 등록하여 아래의 요건을 모두 충족한 후 양도하는 경우 임대기간 중 발생한 양도차익에 대해 8년 이상 의무임대기간을 충족한 경우 50%, 10년 이상 의무임대기간을 충족한 경우에는 70%의 장기보유특별공제율을 적용한다.

[2020.8.17. 전·후 장기보유특별공제율 과세특례 적용 요건]

구 분	2020.8.17. 이전 임대등록한 경우	2020.8.18. 이후 임대등록한 경우
대 상	모든 주택[1]	아파트를 제외한 모든 주택
면적기준[2]	전용면적 85㎡(수도권 밖 읍·면지역 100㎡) 이하	
가액기준[3]	임대개시일 현재 기준시가 6억원(수도권 밖 3억원) 이하	
임대유형	장기임대	장기임대
임대기간[4]	8년 또는 10년 이상	10년 이상
증액제한[5]	임대료(또는 임대보증금) 인상률 5% 이내	
등록기관	시·군·구 + 세무서	
등록기한	2020.12.31.(건설임대주택은 2022.12.31.까지)	
특례내용	장기보유특별공제율 50%(10년 이상 임대시 70%) 적용	

1) 2020.7.11. ~ 2020.8.17. 사이에 단기임대주택을 장기임대주택으로 변경신고 하거나, 장기임대주택으로 등

록한 아파트는 적용제외함

2) 다가구주택의 경우에는 가구당 전용면적 기준으로 판단함

3) 가액기준은 2018.9.14. 이후 취득분부터 적용하므로 2018.9.13. 이전에 주택에 대한 매매계약을 체결하거나 주택을 취득할 수 있는 권리에 해당하는 분양권, 조합입주권을 취득한 경우에는 가액기준을 적용하지 않음

4) 의무임대기간은 시·군·구에 등록한 날,세무서에 사업자등록한 날, 실제 임대 개시일 중 가장 늦은 날부터 기산하며, 다음의 기간도 의무임대기간에 포함하여 계산함

   ① 상속으로 피상속인의 주택을 취득하여 임대하는 경우에는 피상속인의 주택 임대기간

   ② 기존 임차인의 퇴거일로부터 다음 임차인의 입주일까지의 기간으로 3개월 이내의 기간

   ③ 단기임대주택을 장기임대주택으로 변경등록하는 경우에는 기존 단기 임대기간 전체(4년 한도)

5) 증액제한은 임대개시 시점부터 적용

1 장기일반민간임대주택의 장기보유특별공제 적용방법

일반적으로 장기보유특별공제율은 보유기간에 따라 최대 30%까지 적용되나, 장기일반민간임대주택의 경우에는 임대기간에 따라 8년 이상 임대한 경우 양도차익의 50%, 10년 이상 임대한 경우 양도차익의 70%까지 장기보유특별공제율을 적용한다.

양도하는 주택이 양도소득세 중과대상인 경우에는 장기보유특별공제를 배제하고 중과세율을 적용하는 것이 원칙이나, 장기일반민간임대주택이 양도소득세 중과대상인 경우에도 50%, 또는 70%의 장기보유특별공제를 적용하고 세율만 중과세율을 적용한다.

한편, 50% 또는 70%의 장기보유특별공제는 전체 주택 보유기간 중 발생한 양도차익에 대하여 적용하는 것이 아니라, 아래 산식에 따라 임대기간 중 발생한 양도차익에 대해서만 적용한다.

[임대기간 중 발생한 양도차익의 계산]

$$\text{전체 양도차익} \times \frac{\text{임대기간 종료 당시 기준시가 - 임대개시 당시 기준시가}}{\text{양도 당시 기준시가 – 취득 당시 기준시가}}$$

[임대기간에 따른 장기보유특별공제율 비교]

임대기간	3년	4년	5년	6년	7년	8년	9년	10년 이상
일반	6%	8%	10%	12%	14%	16%	18%	20%
특례적용	6%	8%	10%	12%	14%	50%	50%	70%

☕ 여담 코너

2014.1.1. 장기일반민간임대주택 규정 신설 당시에는 취득일로부터 양도일까지 발생한 전체 양도차익에 대해 장기보유특별공제를 적용하였으나, 2021.2.17. 조세특례제한법 제97조의3 시행령에서 전체 양도차익이 아닌 임대기간 중 발생한 양도차익에 대해서만 장기보유특별공제를 적용하는 것으로 개정되어 소급입법 논란이 있었다.

사례 1

일반적인 경우와 50%의 장기보유특별공제율이 적용되는 경우 세액 비교

● 8년 보유한 중과배제 임대주택을 2024.7.5 양도 (양도차익 5억원, 기본공제 무시)

구 분	일반적인 경우	50% 공제율 적용
양도차익	500,000,000	500,000,000
(-) 장기보유특별공제	80,000,000[1]	250,000,000[2]
(=) 양도소득금액	420,000,000	250,000,000
산출세액	142,600,000[3]	75,600,000[4]

[1] 500,000,000 × 16%(= 8년 × 2%) = 80,000,000

[2] 500,000,000 × 50% = 250,000,000

[3] 420,000,000 × 40%(기본세율) − 2,540만원(누진공제) = 142,600,000

[4] 250,000,000 × 38%(기본세율) − 1,940만원(누진공제) = 75,600,000

사례 2

일반적인 경우와 70%의 장기보유특별공제율이 적용되는 경우 세액 비교

● 10년 보유한 2주택 중과대상 임대주택을 2025.7.10 양도(양도차익 5억원, 기본공제 무시)

구 분		일반적인 경우	70% 공제율 적용
	양도차익	500,000,000	500,000,000
(-)	장기보유특별공제	-	350,000,000[1]
(=)	양도소득금액	500,000,000	150,000,000
	산출세액	274,600,000[2]	67,600,000[3]

[1] 500,000,000 × 70% = 350,000,000(중과대상 임대주택의 경우에도 70% 공제율 적용)
[2] 500,000,000 × 60%(기본세율 + 20%) − 2,540만원(누진공제) = 274,600,000
[3] 150,000,000 × 55%(기본세율 + 20%) − 1,490만원(누진공제) = 67,600,000

해설   소득세법상 임대개시 당시 기준시가가 6억원(수도권 밖 3억원)을 초과하거나 2018.9.14. 이후 조정대상지역에 있는 주택을 취득하여 임대등록하고 양도하는 경우에는 중과세가 적용되나, 2018.9.13. 이전에 취득하여 등록한 장기일반민간임대주택은 가액요건은 적용되지 아니하므로, 기준시가가 6억원을 초과하더라도 장기보유특별공제 특례적용은 받을 수 있다.

사례 3

장기보유특별공제 특례 적용시 임대기간 중 발생한 양도차익 산정 방법

● 다주택자가 조정대상지역 소재 장기일반민간임대주택을 양도하는 경우

구 분	내 용
취득일자 및 취득가액	2010.4.10. 3억원
양도일자 및 양도가액	2022.9.15. 15억원
임대기간(임대등록)	2014.1.1. ~ 2022.8.10.(2014.1.1. 준공공임대주택 등록)
아파트 기준시가	2009.4.30 : 1억원
	2013.4.30 : 3억원
	2022.4.30 : 9억원

구 분		금 액
	양도가액	1,500,000,000
(−)	취득가액	300,000,000
(=)	전체양도차익	1,200,000,000
(−)	장기보유특별공제	450,000,000[1]
(=)	양도소득금액	684,000,000

1) 장기보유특별공제액 계산

	임대 기간분	임대외 기간분	합계
양도차익	$12억원 \times \dfrac{(9억원-3억원)}{(9억원-1억원)} = 9억원$	$12억원 \times \dfrac{(3억원-1억원)}{(9억원-1억원)} = 3억원$	12억원
공제율	50%	-	-
장기보유특별공제	4.5억원	-	4.5억원

여기서 잠깐 _장기일반민간임대주택 관련 주요 제도 변천

구 분	관련 내용
2013.12.5.	매입임대주택(단기,의무임대기간 5년 이상)에서 준공공임대주택(장기,의무임대기간 10년 이상)이 별도 신설되어 이원화
2014.1.1.	10년 이상 임대 후 양도시 60% 장기보유특별공제율 적용 규정 신설
2015.1.1.	8년 이상 임대 후 양도시 50% 장기보유특별공제율 적용하고 10년 이상 임대 후 양도시 60%에서 2016.1.1. 이후부터는 70% 공제율 적용
2015.12.29.	① 임대주택법에서 민간임대주택법에 관한 특별법으로 명칭변경 ② 단기민간임대주택 의무임대기간 5년 이상에서 4년 이상으로 단축 ③ 준공공임대주택 의무임대기간 10년 이상에서 8년 이상으로 단축
2018.7.17.	① 단기임대주택 → 단기민간임대주택, ②준공공임대주택 → 장기일반민간임대주택으로 명칭변경
2018.9.14.	2018.9.14. 이후 신규주택 취득분부터 임대개시 당시 기준시가 6억원(수도권 밖 3억원) 이하 가액기준 신설
2019.2.12.	① 2019.2.11. 이전 : 단기민간임대주택을 장기일반민간임대주택으로 전환한 경우에는 5년 한도 내에서 단기민간임대주택으로 임대한 기간의 50%만 장기일반민간임대주택의 임대기간에 포함 ② 2019.2.12. 이후 : 단기민간임대주택의 의무임대기간 4년이 경과되기 전에 장기일반민간임대주택으로 전환한 경우에는 단기민간임대주택으로 임대한 기간을 장기일반민간임대주택의 의무임대기간에 포함하고, 단기민간임대주택의 의무임대기간 4년이 경과된 후 장기일반민간임대주택으로 전환한 경우에는 단기민간임대주택의 의무임대기간 4년을 장기일반민간임대주택의 임대기간에 포함 다만, 단기민간임대주택의 임대기간이 8년을 초과하는 경우에는 종전규정 적용
2020.8.18.	단기민간임대주택 및 장기일반민간임대주택 중 아파트에 대한 임대사업자 등록이 폐지되고, 장기일반민간임대주택 의무임대기간을 8년에서 이상 10년 이상으로 연장

2 단기민간임대주택을 장기일반민간임대주택으로 전환한 경우 보유기간 산정방법

단기민간임대주택을 장기일반민간임대주택(준공공임대주택)으로 변경하는 경우 장기일반민간임대주택의 의무임대기간에 포함되는 인정 임대기간을 변경시점별로 구분하면 아래와 같다.

1) 2019.2.11. 이전에 변경한 경우

① 민간임대주택법

단기민간임대주택을 장기일반민간임대주택으로 변경할 경우 4년 한도 내에서 단기임대주택으로 임대한 기간 전체를 장기일반민간임대주택의 의무임대기간에 포함한다.

② 조세특례제한법

5년 한도 내에서 단기민간임대주택으로 임대한 기간의 50%에 해당하는 기간만 장기일반민간임대주택의 임대기간에 포함한다.

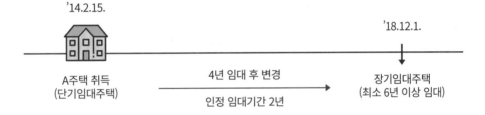

2019.2.12. 이전에 단기임대주택을 장기일반민간임대주택으로 변경하는 경우에는 단기임대주택으로 임대한 기간 중 2년(4년×50%)만 장기일반민간임대주택의 임대기간에 포함하므로 장기임대주택으로 변경 후 최소 6년 이상 임대해야 50% 또는 70%의 장기보유특별공제율을 적용받을 수 있다.

2) 2019.2.12. 이후에 변경한 경우

조세특례제한법상 인정 의무임대기간을 민특법과 일치시키기 위하여 단기민간임대주택을 장기일반민간임대주택으로 변경 신고한 경우 4년 한도 내에서 단

기민간임대주택으로 임대한 기간 전체를 장기일반민간임대주택의 임대기간에 포함하도록 개정되었다. 다만, 2019.2.12. 현재 단기민간임대주택을 8년 초과하여 임대한 경우에는 개정규정에도 불구하고 종전규정에 따라 최대 5년을 한도로 임대기간을 인정한다.

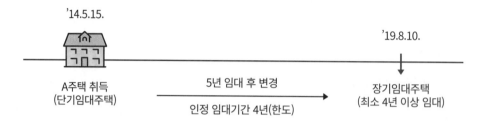

해설 2019.2.12. 이후에 단기임대주택을 장기일반민간임대주택으로 변경하는 경우에는 4년을 한도로 단기임대주택으로 임대한 기간 전체를 장기일반민간임대주택의 임대기간에 포함하므로 장기임대주택으로 변경 후 최소 4년 이상 임대해야 50% 또는 70%의 장기보유특별공제율을 적용받을 수 있다.

적용사례 1

단기임대주택을 장기임대주택으로 전환한 경우
인정의무임대기간 계산

Case 1 2019.2.11. 이전에 단기임대주택을 장기임대주택으로 전환한 경우

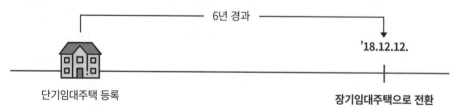

해설 단기임대주택으로 등록하여 6년이 경과된 시점에서 2018.12.12.에 장기임대주택으로 전환한 경우, 3년(6년간 임대기간 × 50%, 최대 5년 한도)을 장기임대주택의 임대기간에 포함하여 추가로 5년 이상 장기임대주택으로 임대하면 장기보유특별공제율 특례규정을 적용받을 수 있다.

Case 2 2019.2.12. 이후에 단기임대주택을 장기임대주택으로 전환한 경우

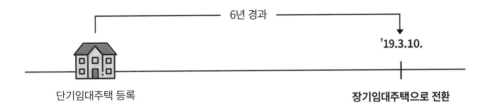

6년 경과

'19.3.10.

단기임대주택 등록

장기임대주택으로 전환

해설 단기임대주택으로 등록하여 6년이 경과된 시점에서 2019.3.10.에 장기임대주택으로 전환한 경우, 이미 단기로 등록하여 6년동안 임대하였으나 단기로 임대등록한 기간은 최대 4년을 한도로 장기 의무임대기간에 포함되므로 추가로 장기임대주택으로 등록하여 4년 이상 임대하면 장기보유특별공제율 특례규정을 적용받을 수 있다.

Case 3 2019.2.12. 이후에 단기임대주택을 장기임대주택으로 전환한 경우

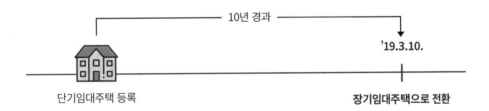

10년 경과

'19.3.10.

단기임대주택 등록

장기임대주택으로 전환

해설 2019.2.12. 이후 단기에서 장기로 전환하는 경우에는 4년을 한도로 장기 의무임대기간에 포함되나 전환 전 임대기간이 8년을 초과하는 경우 경과조치에 따라 5년을 한도로 장기 의무임대기간에 포함되므로 장기임대주택으로 등록하여 추가로 3년 이상 임대하면 장기보유특별공제율 특례규정을 적용받을 수 있다.

등록 유형에 따른
50%, 70% 장기보유특별공제 특례적용 여부 판단

Case 1 매입임대주택

소재지	호수(세대수)	임대등록유형	주택 유형	주택 규모	임대개시일
경기도 이천시	1	매입임대	아파트	85㎡이하	2012-09-27

2014.1.1. 이후 등록분에 한하여 장기보유특별공제율 특례적용이 가능하므로 단기로 등록한 매입임대주택은 특례규정을 적용받을 수 없다. 그러나 2020.7.10. 이전에 매입임대주택을 장기일반민간임대주택으로 전환한 경우에는 단기 의무임대기간의 일정부분을 장기임대주택의 의무임대기간으로 인정받아 장기보유특별공제율 특례규정을 적용받을 수 있다.

Case 2 장기건설민간임대주택

소재지	호수(세대수)	임대유형	주택 유형	주택 규모	임대개시일
경기도 성남시	12	장기일반(10년)	다가구(건설)	40㎡초과 ~ 60㎡이하	2019-10-15

장기일반민간임대주택으로 등록된 다가구 건설임대주택은 가구당 전용면적으로 판단하므로 장기보유특별공제율 특례규정을 적용받을 수 있다.

주택유형, 규모 등 임대 상황별
장기보유특별공제율 특례적용 가능 여부

구 분	A주택	B주택[1]	C주택	D주택	E주택
전용면적	85㎡ 이하	100㎡ 이하	85㎡ 초과	85㎡ 이하	85㎡ 이하
기준시가[2]	6억원 초과	6억원 이하	6억원 이하	6억원 초과	6억원 이하
임대유형	장기	장기	장기	장기	단기
주택유형	아파트	단독	아파트	다세대	다가구
자동말소여부	여	부	여	부	부

[1] B주택은 수도권 밖에 소재하고 있음

[2] 임대개시일 현재의 기준시가(임대주택은 모두 2018.9.13. 이전에 취득함)

구 분	장기보유특별공제율 특례적용 여부
A주택	아파트는 8년 경과 후 임대등록 자동말소 대상이므로 50% 공제율 적용
B주택	임대등록 자동말소 대상이 아니므로 10년 이상 임대시 70% 공제율 적용
C주택	국민주택규모(85㎡)를 초과하므로 특례적용 대상 아님
D주택	임대등록 자동말소 대상이 아니므로 10년 이상 임대시 70% 공제율 적용
E주택	단기임대주택이므로 특례적용 대상이 아님

3 임대보증금(임대료) 증액제한과 임대보증금과 월임대료의 전환

임대료 등의 인상률이 5%를 초과하는 경우 50% 또는 70%의 장기보유특별공제율을 적용받을 수 없다. 또한, 임대사업자가 임대료의 증액을 청구하면서 임대보증금과 월임대료를 상호 간에 전환하는 경우에는 법에서 정한 전환율을 준수하여야 하고 임차인의 동의를 받아야 한다.

4 1세대1주택 비과세 적용시 장기일반민간임대주택의 주택수 포함 여부

조세특례제한법에서는 법 소정 요건을 충족한 장기일반민간임대주택과 다른 일반주택을 보유한 경우 장기일반민간임대주택은 거주자의 소유주택으로 보지 않으므로 장기일반민간임대주택 이외에 1세대1주택 비과세 요건을 갖춘 다른 일반주택을 양도하는 경우 비과세된다.

💬 생각해 볼 사례

2018.9.13. 이전에 취득하여 등록한 장기일반민간임대주택은 임대개시일 현재 기준시가 6억(수도권 밖 3억)이하의 가액기준을 적용받지 않지만, 소득세법에서는 임대개시 당시 주택의 기준시가가 6억(수도권 밖 3억) 이하인 경우에만 다른 주택을 양도할 때 주택수에 포함하지 않고 양도소득세 비과세여부를 판단하므로 임대개시 당시 기준시가가 6억원을 초과하는 장기일반민간임대주택을 보유한 상태에서 1세대1주택 비과세 요건을 갖춘 일반주택을 양도하는 경우에는 비과세를 적용받지 못할 수 있다.

5 장기일반민간임대주택 양도시 중과적용 여부

소득세법에서는 1주택 이상자가 2018.9.14. 이후 조정대상지역 내에서 주택을 신규로 취득하여 장기임대주택으로 등록한 경우 임대주택에 대한 양도소득세 중과배제 및 종합부동산세 합산배제가 적용되지 않으나, 조특법 제97조의3 규정에 의한 장기일반민간임대주택은 양도소득세가 중과되는 경우에도 장기보유특별공제율 특례 50% 또는 70%를 적용하고 세율만 중과세율을 적용한다. 소득세법에 따라 양도소득세가 중과되는 경우 장기보유특별공제가 적용되지 않으나, 조세특례제한법은 특별법으로서 소득세보다 우선하여 적용되므로 양도소득세가 중과되는 경우에도 장기보유특별공제가 적용된다.

6 2018.9.14. 이후 취득한 장기일반민간임대주택에 대한 가액기준 신설

2018.9.13. 이전에 주택을 취득한 경우에는 가액요건이 없었으나, 2018.9.14. 이후 취득하는 주택에 대해서는 조정대상지역 내에 소재하고 있는지 여부와 관계 없이 임대개시일 당시 기준시가 6억원(수도권 밖은 3억원) 이하의 가액기준이 적용된다. 다만, 2018.9.13. 이전에 조합원입주권 또는 주택분양권을 포함하여 주택 매매계약을 체결한 경우에는 가액요건이 적용되지 않는다.

2018.9.13. 이전에 주택분양권을 취득한 경우 장기보유특별공제율 특례적용 여부

'17.2.15.
분양권
주택분양권 매매 계약
(분양가 5억원 / 서울소재)

'19.7.20.
완공 후 장기일반민간임대주택으로 등록
(공시가격 7억원)

해설 2018.9.14. 이후 취득한 주택이 장기일반민간임대주택으로 등록된 시점에서 주택의 공시가격이 6억원을 초과하더라도 2018.9.13. 이전에 매매계약을 체결하였으므로 50% 또는 70%의 장기보유특별공제율 특례를 적용받을 수 있다.

7 공동으로 임대등록한 경우 장기보유특별공제율 과세특례 적용여부

2인 이상이 공동 명의로 1호 이상의 주택을 임대등록하고 각각의 공동사업자가 조세특례제한법 제97조의3 제1항 각 호의 요건을 모두 충족한 경우 공동소유한 지분의 양도로 인해 발생하는 양도차익에 대하여도 50% 또는 70%의 장기보유특별공제율을 적용한다.

8 임대등록 자동말소시 장기보유특별공제율 과세특례 적용여부

아파트에 대한 임대등록제도는 2020.7.10. 폐지되었으므로 당초 의무임대기간 8년으로 장기일반민간임대주택으로 등록하고 아파트를 임대한 경우에는 50%의 장기보유특별공제율을 적용받을 수 있으나, 의무임대기간 10년을 충족해야 적용되는 70%의 장기보유특별공제율을 적용받을 수 없다. 다만, 2015.12.28. 이전에 준공공임대주택으로 등록한 아파트의 경우에는 당초 의무임대기간이 10년이상으로 규정되어 있으므로 10년 이상 임대하면 70% 장기보유특별공제율을 적용받을 수 있다.

[아파트 임대등록 자동말소시 장기보유특별공제율 50% 또는 70% 적용여부]

구 분	'14.1.1.~'15.12.28. 이전 임대주택 등록	'15.12.29. 이후 임대주택 등록
50% 공제율	적용가능	적용가능
70% 공제율	적용가능	적용불가

사례 1

의무임대기간 8년 이상 충족되지 않은 상태에서 임대주택이 자동말소되는 경우

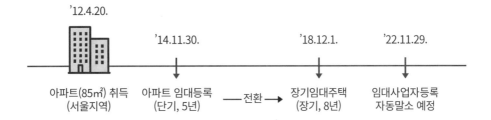

해설 2019.2.12. 이전에 단기임대주택을 장기일반민간임대주택으로 전환하는 경우에는 단기임대주택으로 임대한 기간의 50%에 해당하는 기간 2년을 장기일반민간임대주택의 임대기간에 포함하여 전체 임대기간이 8년 이상이면 장기보유특별공제율 50%, 10년 이상 임대 시 70%를 적용받을 수 있으나, 위 사례에서 임대주택이 아파트인 경우에는 민간임대주택법상 8년이 되면 자동말소되며, 이 경우 조특법 제97조의3에 따른 의무임대기간이 8년이 되지 않는 경우에도 8년 동안 등록 및 임대한 것으로 보는 것이므로, 의무임대기간을 제외하고 법 소정의 요건을 모두 충족한 경우에는 임대기간 중에 발생한 양도차익에 대해 50%의 장기보유특별공제율 적용받을 수 있다.

사례 2

의무임대기간 종료 후 5년 추가 임대하고 임대주택을 양도하는 경우

해설 장기일반민간임대주택의 임대의무기간 8년이 종료되어 자동말소된 후 5년 동안 추가로 임대하고 임대주택을 양도하는 경우에는 자동말소 전 임대한 기간 8년에 대해서는 50%의 장기보유특별공제율을 적용하고, 자동말소 후 추가 임대한 기간에 대해서는 최대 30%가 공제되는 장기보유특별공제율을 적용하여야 할 것으로 판단된다.

Ⅱ 장기임대주택에 대한 장기보유특별공제 추가공제

거주자 또는 비거주자가 2018.3.31.까지 아래의 요건을 충족한 장기임대주택을 6년이상 임대한 후 양도하는 경우 최대 30%가 공제되는 기본 장기보유특별공제율에 임대기간에 따라 최대 10%를 한도로 추가공제율을 적용한다.

[장기보유특별공제율 추가공제 적용요건]

구 분	내 용
적용 대상자	거주자, 비거주자
가액기준	임대개시일 현재 기준시가 6억원(수도권 밖 3억원) 이하
면적기준	제한 없음
임대유형	단기임대, 장기임대
임대기간	6년 이상
증액제한	임대료(또는 임대보증금) 인상률 5% 이내
등록기관	시·군·구 + 세무서
등록기한	2018.3.31.까지
특례내용	장기보유특별공제 추가공제(2%~10%) 적용

[장기보유특별공제율 추가공제]

임대기간	기본공제율	추가공제율
6년 이상 7년 미만	12%	2%
7년 이상 8년 미만	14%	4%
8년 이상 9년 미만	16%	6%
9년 이상 10년 미만	18%	8%
10년 이상 11년 미만	20%	10%
11년 이상 12년 미만	22%	10%
· · ·	· · ·	· · ·
15년 이상	30%	10%

[임대기간에 따른 장기보유특별공제율 비교]

임대기간	3년	4년	5년	6년	7년	8년	9년	10년
일반공제율	6%	8%	10%	12%	14%	16%	18%	20%
특례적용율	6%	8%	10%	12%	14%	50%	50%	70%
추가공제율	6%	8%	10%	14%	18%	22%	26%	30%

Ⅲ 장기일반민간임대주택에 대한 양도소득세 세액감면

거주자가 2015.1.1. 이후 최초로 취득한 매입임대주택을 취득일로부터 3개월 이내에 장기일반민간임대주택으로 등록하여 아래의 요건을 모두 충족한 후 양도하는 경우 임대기간 중 발생한 양도소득에 대하여 양도소득세를 100% 감면한다. 다만, 감면세액의 20%를 농어촌특별세로 납부해야 한다.

[2020.8.17. 전·후 양도소득세 100% 감면 적용요약]

구 분	2020.8.17. 이전 임대등록한 경우	2020.8.18. 이후 임대등록한 경우
대 상	모든 주택[1]	아파트를 제외한 모든 주택
면적기준[2]	전용면적 85㎡(수도권 밖 읍·면 지역 100㎡)이하	
가액기준[3]	임대개시일 현재 기준시가 6억원(수도권 밖 3억원) 이하	
임대유형	장기임대	장기임대
임대기간	10년 이상(계속)	10년 이상(계속)
증액제한[4]	임대료(또는 임대보증금) 인상률 5% 이내	
등록기관	시·군·구 + 세무서	
등록기한	2018.12.31.까지(취득일로부터 3개월 이내)	
특례내용	양도소득세 100% 감면(감면세액의 20% 농어촌특별세 부과)	

[1] 2020.7.11. ~ 2020.8.17. 사이에 단기임대주택을 장기임대주택으로 변경신고 하거나, 장기임대주택으로 등록한 아파트는 적용제외함
[2] 다가구주택의 경우에는 가구당 전용면적 기준으로 판단함
[3] 가액기준은 2018.9.14. 이후 취득분부터 적용하므로 2018.9.13. 이전에 주택에 대한 매매계약을 체결하거

나 주택을 취득할 수 있는 권리에 해당하는 분양권, 조합입주권을 취득한 경우에는 가액기준을 적용하지 않음

4) 증액제한은 임대개시 시점부터 적용

1 임대기간 중 발생한 양도소득금액의 계산

양도소득세 100% 감면규정은 전체 주택 보유기간 중 발생한 양도소득금액에 대해서 양도소득세를 감면하는 것이 아니라 아래 산식에 따라 임대기간 중 발생한 양도소득금액에 대해서만 감면한다.

[임대기간 중 발생한 양도소득금액의 계산]

$$\text{전체 양도소득금액} \quad \times \quad \frac{\text{임대기간 종료 당시 기준시가 - 취득 당시 기준시가}}{\text{양도 당시 기준시가 - 취득 당시 기준시가}}$$

2 취득일로부터 3개월 이내 장기일반민간임대주택으로 등록

1) 다른 세법규정과의 차이

양도소득세 100% 감면규정은 2018.12.31. 이전까지 취득한 주택을 취득일로부터 3개월 이내에 장기일반민간임대주택으로 등록한 경우에만 적용된다. 다만, 2018.12.31. 이전에 매매계약을 체결하고 계약금을 납부한 경우로서 2019.1.1. 이후 주택을 취득하여 3개월 이내에 장기일반민간임대주택으로 등록한 경우에도 양도소득세 감면규정이 적용된다.

연관학습

주택을 취득한 후 양도소득세, 종합부동산세 등의 세제혜택을 받기 위해서는 민특법상 임대등록을 하여야 하는데 일반적으로 임대등록 이후 시기에 대해서만 세제혜택이 주어진다. 그러나 다음의 경우에는 임대등록시기를 놓치면 세제혜택을 받을 수 없으므로 주의가 필요하다.
① 취득세 감면 : 주택 취득일로부터 60일 이내
② 건설임대주택 등록 : 소유권보존 등기 이전

2) 장기보유특별공제율 특례적용과 차이

단기임대주택으로 등록하였다가 장기일반민간임대주택으로 전환하는 경우에는 단기임대주택으로 등록하여 임대한 기간 중 일부를 장기임대기간에 포함하여 50% 또는 70%의 장기보유특별공제율을 적용할 수 있으나, 양도소득세를 100% 감면 받기 위해서는 처음부터 장기임대주택으로 등록하여야 한다.

📖 배경 및 취지

양도소득세 100% 감면규정은 세제혜택이 큰 대신 임대등록 당시 10년 이상 의무임대기간을 준수하는 조건으로 임대등록한 것이므로 임대등록 당시 단기로 임대등록 하였다가 임대기간 도중에 양도소득세 100% 감면을 적용받기 위해 장기로 전환하는 경우에는 100% 감면이 적용되지 않는다.

3 농어촌특별세 부과

양도소득세 감면세액의 20%를 농어촌특별세로 납부해야 한다.

4 1세대1주택 비과세 적용시 장기일반민간임대주택의 주택수 포함 여부

조세특례제한법상 법정 요건을 충족한 장기일반민간임대주택과 다른 일반주택을 보유한 경우 장기일반민간임대주택은 거주자의 소유주택으로 보지 않으므로 장기일반민간임대주택 이외에 1세대1주택 비과세 요건을 갖춘 다른 일반주택을 양도하는 경우 비과세된다.

5 장기일반민간임대주택 양도시 중과적용 여부

1주택 이상을 소유한 상태에서 2018.9.14. 이후 조정대상지역으로 지정된 주택을 취득하여 장기임대주택으로 등록하여 양도하는 경우에는 양도소득세 중과배제 및 종합부동산세 합산배제가 적용되지 않는다. 다만, 장기일반민간임대주택은 양도소득세 중과세를 적용한 후 양도소득세를 100% 감면한다.

양도소득세를 중과세하더라도 양도소득세를 100% 감면받게 되므로 중과세 효과가 없다고 생각할 수 있으나, 중과세가 적용되면 양도차익에서 장기보유특별공제를 하지 않고 추가세율을 적용한 세액에 대하여 양도소득세를 100% 감면하되, 감면된 세액의 20%를 농어촌특별세로 납부하는 것이므로 어느 정도 중과의 효과가 발생하는 것이다.

6 장기보유특별공제 추가공제 적용배제

양도소득세 100% 감면을 적용받는 경우에는 6년 이상 임대한 장기임대주택에 대하여 적용되는 장기보유특별공제율 최대 10%의 추가 혜택을 받을 수 없고, 10년 이상 임대한 장기일반국민임대주택에 대한 장기보유특별공제율 70%도 적용받을 수 없으므로 일반 장기보유특별공제율을 적용하여 산출세액을 계산한 후 양도소득세 신고를 하여야 한다.

7 임대등록 자동말소시 양도소득세 세액감면 적용여부

민특법 개정으로 2020.7.11. 이후에는 기존 장기일반민간임대주택으로 등록한 아파트는 8년 이상의 의무임대기간이 경과하면 임대등록이 자동말소되므로 8년이 경과되면 임대등록이 자동말소되는 아파트는 10년의 의무임대기간을 충족하지 못하게 되므로 양도소득세 100% 감면규정을 적용받을 수 없다. 다만, 2015.1.1.~2015.12.28. 사이에 준공공임대주택으로 등록한 경우에는 의무임대기간이 10년 이상 경과해야 자동말소되므로 양도소득세 100% 감면을 적용받을 수 있다.

☕ **여담 코너**

장기일반민간임대주택에 대한 양도소득세 100%감면은 2015.1.1. 이후 취득하는 주택부터 적용되므로 100%감면을 받기 위해서는 2015년 초에 취득하여 임대등록한 경우라도 아무리 빨라야 2025년도가 되어야 한다. 그런데 정부는 아파트에 대해서는 더 이상 임대등록을 연장하지 않기로 하고 의무임대기간 종료 된 후 기존의 임대등록을 자동말소하기로 하여, 민특법상 8년으로 임대등록한 아파트 소유자들은 100% 감면규정을 적용 받지 못하게 되었다. 이에 정부는 아파트 이외의 다른 유형의 주택을 소유한 임대인은 10년 의무임대기간 종료 후 신규로 임대등록이 가능하므로 계속 100% 감면혜택이 적용되고, 아파트를 소유한 경우에도 8년 동안 의무임대기간을 준수한 경우에 해당하면 50%의 장기보유특별공제 특례가 적용되므로 어쩔 수 없다는 반응을 보였다고 한다. 어쨌든 양도소득세 100% 감면혜택을 믿고 아파트를 임대등록하여 10년이 가기만을 기다리던 사람들은 정부의 소급입법에 황당하다는 반응을 보이며 …

사례

주택유형, 규모 등 임대 상황별 양도소득세 100% 감면 가능 여부

구 분	A주택	B주택	C주택	D주택	E주택
전용면적	85㎡ 이하	85㎡ 이하	85㎡ 이하	85㎡ 초과	85㎡ 이하
기준시가[1]	6억원 초과	6억원 이하	6억원 이하	6억원 초과	6억원 이하
임대유형	장기	장기	장기	장기	장기
임대등록[2]	3개월 이내	3개월 이내	3개월 초과	3개월 이내	3개월 이내
주택유형	아파트	단독	다가구	다세대	다가구
자동말소여부	여	부	부	부	부

[1] 임대개시일 현재 기준시가임(임대주택은 2018.9.13. 이전에 취득함)

[2] 2018.12.31. 이전에 주택취득일 이후 주택임대사업자로 등록한 기간임

해설

구 분	양도소득세 100%감면규정 적용여부
A주택	아파트는 8년 경과 후 임대등록 자동말소 대상이므로 감면규정 적용 불가
B주택	임대등록 자동말소 대상이 아니므로 10년 이상 임대시 100% 감면규정 적용 가능
C주택	주택 취득일로부터 3개월 경과후 임대등록한 경우 100% 감면규정 적용 불가
D주택	국민주택규모(85㎡)를 초과하므로 양도소득세 100% 감면대상이 아님
E주택	임대등록 자동말소 대상이 아니므로 10년 이상 임대시 100% 감면규정 적용 가능

[조세특례제한특법 제97조3과 제97조의5 규정 비교]

● 공통점

구 분	장기보유특별공제 특례적용(조특법 97조3)	양도소득세 100% 감면(조특법 97조의5)
공통점	① 적용 대상자 : 거주자 ② 주택규모 : 전용면적 85㎡(수도권 밖 읍·면지역 100㎡) 이하 ③ 임대호수 : 1호 이상 ④ 가액기준 : 2018.9.14. 이후 취득분부터 기준시가 6억원(수도권 밖 3억원) 적용 ⑤ 임대료 증액제한 : 임대등록시점부터 임대료 등 5% 이내 인상률 준수 ⑥ 등록기관 : 시·군·구 및 세무서 ⑦ 양도차익 및 양도소득금액 구분 : 임대기간 중 발생한 양도차익에 한하여 세제혜택 적용	

● 차이점

구 분	장기보유특별공제 특례적용(조특법 97조3)	양도소득세 100% 감면(조특법 97조의5)
대 상	기존 매입임대주택 및 건설임대주택	신규 매입임대주택만 적용
세제혜택	장기보유특별공제 50%, 70%적용	양도소득세 100% 감면
임대기간	통산하여 8년 또는 10년 이상 임대	계속하여 10년 이상 임대
임대등록기한	임의 선택	취득일로부터 3개월 이내
적용기간	▪매입임대 : '20.12.31까지 ▪건설임대 : '22.12.31까지	'18.12.31까지(매매계약 포함)
등록말소 불이익	아파트 임대등록 자동말소시 50%의 장기보유특별공제율만 적용 가능	아파트 임대등록 자동말소시 양도세 100% 감면 적용불가
공실 허용기간	3개월(임대기간에 산입)	6개월(임대기간에 불산입)
농특세	해당 없음	감면세액의 20% 농특세 과세
적용기간	'14.1.1. 이후 최초로 양도하는 분부터 적용	'15.1.1. 이후 취득하는 분부터 적용

서울소재 장기임대주택을 10년 임대한 후 양도하는 경우 세액계산 비교

● 임대주택 취득 및 양도관련 자료

구 분	내 용
취득일자	2015.1.10.
임대내역	2015.3.15. 준공공임대주택 등록 (장기일반민간임대)
주택유형	가구당 전용면적 65㎡ 다가구주택
양도일자	2025.12.1
양도차익	5억원
주택보유	장기임대주택 외 서울소재 2주택 보유

● 임대주택 취득 및 양도관련 자료

	구 분	제97조의3(장특공제율 특례적용)	제97조의5(양도세 100% 감면)
	양도차익	500,000,000	500,000,000
(−)	장기보유특별공제	350,000,000[1]	-
	양도소득금액	150,000,000	500,000,000
(−)	기본공제	2,500,000	2,500,000
	과세표준	147,500,000	497,500,000
(×)	세율	65%	70%
(−)	누진공제	14,900,000	25,400,000
	산출세액	80,975,000	322,850,000
	납부할 세액	80,975,000	0
(+)	지방소득세	8,097,500	0
(+)	농어촌특별세	-	64,570,000[2]
	총부담세액	89,072,500	64,570,000

[1] 500,000,000 × 70% = 350,000,000

[2] 322,850,000 × 20% = 64,570,000

1. 조특법 제97조의3 : 70%의 장기보유특별공제율 특례가 적용되나, 세율은 기본세율 + 30% 추가세율이 적용된다.

2. 조특법 제97조의5 : 장기보유특별공제가 배제되고, 세율은 기본세율 + 30% 추가세율이 적용된다.

3. 장기보유특별공제 특례와 양도소득세 100%감면은 중복적용이 되지 않으므로 세부담 측면에서 양도소득세 100% 감면규정을 적용받는 것이 유리하다.

＊ 주의 : 조특법 제97조의3과 제97조의5 규정에 해당하는 주택은 중과배제 대상이 아니다.

04

기타 주택임대 관련 세제혜택

I 임대주택에 대한 취득세 감면

1 취득세 기본내용

1) 신고·납부 기한

주택을 취득한 경우 취득일로부터 60일 이내에 주택소재지 관할 시·군·구에 취득세를 신고·납부해야 한다.

2) 과세표준 및 세율

① 과세표준

주택을 유상으로 취득한 경우 과세표준은 실제거래금액으로 하고, 상속이나 증여로 취득한 경우 과세표준은 주택공시가격으로 한다.

② 세율

주택을 매매로 취득한 경우 아래 표와 같이 취득가액, 소유 주택수 또는 조정 대상지역 지정여부 등에 따라 각각 다른 취득세율이 적용된다.

주택수	조정대상지역	비조정대상지역
1주택	1%~3%	1%~3%
2주택	8%	
3주택	12%	8%
4주택 이상	12%	12%

2 주택임대사업자의 취득세 감면

1) 취득세 감면 기본요건

주택임대사업자가 전용면적 60㎡ 이하의 공동주택을 신축하거나 공동주택 또는 주거용 오피스텔을 최초로 분양받아 60일 이내에 시·군·구에 임대등록하고 법 소정의 요건을 충족한 경우 취득세를 100% 감면받을 수 있다. 한편, 20호 이상의 공동주택을 최초로 분양받아 장기임대주택으로 등록하는 경우에는 전용면적이 60㎡를 초과하더라도 85㎡ 이하에 대하여는 취득세 50% 감면규정이 적용된다.

📖 배경 및 취지

임대주택에 대한 취득세 감면 규정은 임대주택 공급을 활성화하기 위하여 신축건물을 분양받는 임대사업자를 정책적으로 지원하기 위한 것이므로 매매나 상속 또는 증여 등으로 취득한 경우에는 감면대상에서 제외된다.

2) 매입임대주택에 대한 취득세 감면요건 중 가액기준과 임대유형의 변화

2020.8.11. 이전에는 최초로 분양받아 취득한 주택을 주택임대사업자 등록하는 경우 가액기준이 적용되지 않았으나, 2020.8.12. 이후 최초로 분양받아 취득한 주택은 취득 당시 주택의 취득가액이 6억원(수도권 밖 3억원) 이하인 경우에 한

하여 취득세 감면규정을 적용받을 수 있다. 또한, 2020.8.18. 이후부터는 10년의 의무임대기간이 적용되는 장기임대주택으로만 등록이 가능하게 되었으므로, 신규로 주택임대사업자 등록하고 취득세 감면을 받게 되는 경우에는 의무임대 기간 10년을 준수하여야 한다.

3) 건설임대주택에 대한 취득세 감면

건설임대주택사업자가 공동주택을 건축하여 임대하는 경우에는 취득세 감면이 적용되나, 주택법상 다가구주택이나 오피스텔은 공동주택에 해당하지 않아 건설임대주택으로 등록하더라도 취득세를 감면받을 수 없다.

ⓘ **실무상 주의점**

> 건설임대사업자가 아파트나 다세대주택 등 공동주택을 신축하고 소유권보존등기 이후 임대사업자로 등록한 경우에는 취득세 감면을 적용받지 못하게 되므로 주의하여야 한다.

③ 취득세 100% 감면 적용시 최소납부세액

취득세 감면세액이 200만원 이하인 경우에는 100% 감면되나, 감면세액이 200만원을 초과하는 경우에는 납부할 세액의 85%만 감면된다.

> **사례 1**
>
> **분양가액 5억원인 전용면적 60㎡이하 주택을 주택임대사업자 등록할 경우**
>
> 감면대상 취득세 : 500,000,000 × 1.1% = 5,500,000

해설 감면대상 취득세가 200만원을 초과하므로 취득세의 85%는 감면되고, 취득세 5,500,000원의 15%에 해당하는 825,000은 납부해야 한다.

사례 2

분양가액 1억원인 오피스텔을 주택임대사업자 등록할 경우

> 감면대상 취득세 : 100,000,000 × 4.6% = 4,600,000

해설 오피스텔은 건축법상 주택이 아니므로 주택에 해당하는 취득세율이 아니라 4.6%의 일반건물 취득세율이 적용된다. 감면대상 취득세가 200만원을 초과하므로 취득세의 85%만 감면되고 4,600,000원의 15%에 해당하는 690,000은 납부해야 한다.

사례 3

분양가액 1.8억원인 전용면적 60㎡ 이하 주택을 주택임대사업자 등록할 경우

> 감면대상 취득세 : 180,000,000 × 1.1% = 1,980,000

해설 감면대상 취득세가 200만원 이하이므로 전액 감면된다.

4 임대등록 말소에 따른 취득세 감면세액 추징 여부

주택임대사업자가 의무임대기간이 종료하기 전에 임대주택을 주택 임대 외의 용도로 사용하거나 매각 또는 증여하는 경우에는 임대사업자의 등록이 말소되며 감면받은 취득세를 추징한다. 한편, 민특법의 개정으로 폐지되는 임대주택을 의무임대기간을 충족하지 않는 상태에서 임차인의 동의를 얻어 임대등록을 자진말소하는 경우 감면받은 취득세는 추징되지 않는다.

[2020.8.17. 전·후 임대주택에 대한 취득세 감면요약]

구 분	2020.8.17. 이전 임대등록한 경우	2020.8.18. 이후 임대등록한 경우
대 상	공동주택 신축 및 공동주택·오피스텔 최초분양	공동주택 신축 및 공동주택(아파트 제외)·오피스텔 최초분양
임대호수	1호 이상	
면적기준	전용면적 60㎡ 이하[1]	
가액기준	취득가액 6억원(수도권 밖 3억원) 이하	
임대유형	단기임대, 장기임대	장기임대
임대기간	4년 이상(단기), 8년 이상(장기)	10년 이상

증액제한	임대료(또는 임대보증금) 인상률 5% 이내
등록기관	시·군·구
감면율	100%[2]

[1] 20호 이상의 공동주택을 최초로 분양받아 장기임대주택으로 등록하는 경우 전용면적 $60m^2$~$85m^2$이하인 주택에 한하여 50%의 취득세를 감면받을 수 있다.

[2] 감면되는 취득세액이 200만원 초과시 세액의 85%만 감면

Ⅱ 임대주택에 대한 재산세 감면

1 과세기준일

주택에 대한 재산세는 매년 6월 1일 현재 주택을 소유하고 있는 자에게 부과한다.

2 주택임대사업자의 재산세 감면

1) 재산세 감면 기본요건

임대주택에 대한 재산세 감면은 아래와 같이「임대주택에 대한 재산세 감면」과「장기임대주택에 대한 재산세 감면」으로 구분되며, 2호 이상의 공동주택이나 오피스텔 또는 1호 이상의 다가구주택을 임대등록한 경우에만 적용받을 수 있다.

구 분	임대유형	주택유형 및 의무 임대호수
임대주택에 대한 재산세 감면	단기 또는 장기	공동주택과 오피스텔을 합하여 2호 이상
장기임대주택에 대한 재산세 감면	장기	주택종류별(공동주택, 오피스텔)로 2호 또는 다가구 1호 이상 임대

544

2) 임대유형에 따른 재산세 감면율

① 공동주택과 오피스텔을 합하여 2호 이상을 단기 또는 장기로 임대한 경우

전용면적	40㎡ 이하	40㎡초과~60㎡ 이하	60㎡초과~85㎡ 이하
감면율	100%	50%	25%

* 공공임대주택에 한하여 적용

② 공동주택(또는 오피스텔) 2호 또는 다가구주택 1호 이상을 주택종류별로 장기로 임대한 경우

전용면적	40㎡ 이하	40㎡초과~60㎡ 이하	60㎡초과~85㎡ 이하
감면율	100%	75%	50%

3) 취득세 감면대상 주택과의 차이

취득세 감면은 최초 분양받은 경우에 한하여 적용되므로 매매나 증여로 취득한 경우에는 감면대상이 아니나, 재산세 감면은 최초 분양받은 경우뿐만 아니라 매매나 상속 또는 증여로 주택을 취득한 경우에도 적용받을 수 있다.

3 재산세 100% 감면 적용시 최소납부세액

재산세액이 50만원 이하인 경우에는 100% 감면되나, 감면 세액이 50만원을 초과하는 경우에는 세액의 85%만 감면된다.

사례

임대주택 유형별 취득세 및 재산세 감면적용 판단 사례

구 분	임대유형 및 전용면적	취득원인
Case 1	아파트(1채, 장기임대, 85㎡초과) + 오피스텔(1채, 장기임대, 60㎡이하)	분양
Case 2	아파트(2채, 장기임대, 85㎡이하) + 오피스텔(1채, 장기임대, 40㎡이하)	매매

1. 취득세 감면여부

임대주택은 장단기 불문하고 최초 분양받는 전용면적 85㎡이하 공동주택과 전용면적 60㎡이하 오피스텔에 한하여 적용되므로 아파트는 면적기준 미충족으로 취득세 감면을 받을 수 없으나, 오피스텔은 감면요건을 충족하므로 100% 감면(감면세액 200만원 초과시 85%만 감면)을 받을 수 있다.

2. 재산세 감면여부

장단기 불문하고 전용면적 85㎡ 이하인 공동주택이나 오피스텔을 합하여 2채 이상이면 25%~50%의 감면율을 적용받을 수 있으므로 공동주택은 25%, 오피스텔은 50%의 감면율을 적용받을 수 있으나, 50%~100%의 감면율은 주택유형별로 2호 이상의 임대를 하지 않아 적용받을 수 없다.

1. 취득세 감면여부

최초 분양 또는 신축이 아니므로 취득세를 감면받을 수 없다.

2. 재산세 감면여부

전용면적85㎡이하 아파트 2채를 임대한 경우에는 장기임대주택에 대한 감면을 적용받을 수 있으나, 전용면적40㎡이하 오피스텔 1채는 2채 이상 요건을 충족하지 못하여 장기임대주택에 대한 감면은 적용받을 수 없다. 그러나 아파트와 오피스텔을 합해서 2채 이상을 임대한 경우에 해당하므로 임대주택에 대한 25%~50%의 감면은 적용받을 수 있다.

4 임대등록 말소에 따른 재산세 감면세액 추징 여부

주택임대사업자가 의무임대기간이 경과하기 전에 임대주택을 주택 임대 외의 용도로 사용하거나 매각 또는 증여하는 경우에는 임대사업자의 등록이 말소되며 감면받은 재산세를 추징한다. 한편, 민특법의 개정으로 인하여 폐지되는 유형의 임대주택을 의무임대기간을 충족하지 않는 상태에서 임차인의 동의를 얻어 임대등록을 자진말소하는 경우 감면받은 재산세는 추징되지 않는다.

[2020.8.17. 전·후 임대주택에 대한 재산세 감면 요약]

구 분	2020.8.17. 이전 임대등록	2020.8.18. 이후 임대등록
대상주택	공동주택·오피스텔	공동주택(아파트 제외)·오피스텔
면적기준	전용면적 85㎡ 이하	
임대호수	공동주택과 오피스텔 합하여 2호 이상	
가액기준	▪공동주택 : 주택공시가격 6억원(수도권 밖 3억원) 이하 ▪오피스텔 : 시가표준액 4억원(수도권 밖 2억원) 이하	
임대유형	단기임대, 장기임대	장기임대
임대기간	4년 이상(단기), 8년 이상(장기)	10년 이상
증액제한	임대료(임대보증금 포함) 인상률 5% 이내	
등록기관	시·군·구	

[2020.8.17. 전·후 장기임대주택에 대한 재산세 감면 요약]

구 분	2020.8.17. 이전 임대등록	2020.8.18. 이후 임대등록
대상주택	공동주택·오피스텔, 다가구[1]	공동주택(아파트 제외)·오피스텔, 다가구[1]
면적기준	전용면적 85㎡ 이하(다가구주택은 전용면적 40㎡ 이하)	
임대호수	같은 유형별 공동주택 2호 또는 오피스텔 2호(다가구 1호) 이상	
가액기준	▪공동주택 : 주택공시가격 6억원(수도권 밖 3억원) 이하 ▪오피스텔 : 시가표준액 4억원(수도권 밖 2억원) 이하	
임대유형	장기임대주택	
임대기간	8년 이상	10년 이상
증액제한	임대료(임대보증금 포함) 인상률 5% 이내	
등록기관	시·군·구	

1) 다가구주택은 주택 소유자가 거주하는 호수를 제외한 모든 가구의 전용면적이 $40m^2$ 이하이고 건축물대장상 호수별로 전용면적이 구분 기재되어야 하며, 장기임대주택으로 등록한 경우에 한하여 재산세 감면이 적용된다.

임대사업자 등록시 취득세 및 재산세 감면 요약

구 분	임대유형	면적기준	감면율	공통요건
취득세	4년 단기	60㎡이하	100%	▪취득일로부터 60일 이내 시·군·구에 임대등록 ▪최초분양받은 공동주택 또는 오피스텔 ▪취득세 200만원 초과시 85% 감면 ▪취득가액 6억원(수도권 밖 3억원) 이하 ▪임대료 등 5% 인상한도 준수
	8년 장기 ('20.8.18. 이후 등록시 10년 장기)	60㎡이하	100%	
재산세	4년 단기 8년 장기 ('20.8.18. 이후 등록시 10년 장기)	60㎡이하	50%	▪시·군·구에 임대등록(단기 또는 장기) ▪공동주택 및 오피스텔을 합하여 2호 이상 ▪공동주택은 공시가격 6억원(수도권 밖 3억원) 이하, 오피스텔은 4억원(수도권 밖 2억원) 이하 ▪임대료 등 5% 인상한도 준수
		85㎡이하	25%	
	8년 장기 ('20.8.18. 이후 등록시 10년 장기)	40㎡이하	100%	▪시·군·구에 장기임대등록 ▪공동주택은 공시가격 6억원(수도권 밖 3억원) 이하, 오피스텔은 4억원(수도권 밖 2억원) 이하 ▪공동주택 2호 또는 오피스텔 2호 이상 또는 다가구주택 1호 이상 주택유형별 임대 ▪재산세 50만원 초과시 85% 감면 ▪임대료 등 5% 인상한도 준수
		60㎡이하	75%	
		85㎡이하	50%	

Ⅲ 법인 임대사업자의 세제혜택 축소

배경 및 취지

세제와 대출면에서 법인 명의로 주택을 취득하는 것이 개인으로 취득하는 경우보다 유리한 점을 이용하여 법인 명의로 주택을 취득하는 사례가 증가하자 이를 규제하기 위하여 법인의 세제혜택을 대폭 축소하게 되었다.

1 법인 임대사업자의 세제혜택 변화

1) 종합부동산세

① 종합부동산세 합산배제 세제혜택 폐지

2020.6.18. 이후 조정대상지역에 있는 법인 소유의 주택을 임대등록하는 경우에는 종합부동산세 합산배제를 적용받을 수 없다. 다만, 건설임대주택으로 등록할 경우에는 종합부동산세 합산배제를 받을 수 있다.

② 종합부동산세 부과시 차감하는 기본공제 6억원 폐지

개인과 마찬가지로 법인에 대하여도 6억원의 기본공제가 적용되었으나, 2021년 종합부동산세 부과분부터는 6억원의 기본공제가 적용되지 않는다.

③ 주택분 종합부동산세 부과시 3% 또는 6% 단일세율 신설

2020년까지는 개인과 같은 세율을 적용하였지만, 2021년 종합부동산세 부과분부터는 개인보다 높은 3% 또는 6%의 세율을 적용한다.

2) 토지등 양도소득 법인세 과세대상 확대 및 세율인상

① 일반법인세 외 추가과세 대상 범위 확대

종전에는 주택, 별장 및 비사업용토지 등에 대하여만 법인세 외에 토지등 양도소득에 대한 법인세가 추가과세 되었으나, 2021년 이후 양도분부터는 법인이 보유한 조합원입주권과 주택분양권도 법인세 추가과세 대상에 포함되었다.

② 주택 등을 양도하는 경우 추가과세 세율 인상

종전에는 법인이 주택 등을 양도하는 경우 10%의 토지 등 양도소득에 대한 추가세율이 적용되었으나, 2021.1.1. 이후 양도분부터는 비사업용토지를 제외하고 주택 등에 대해서는 법인세 추가과세 세율이 10%에서 20%로 인상되었다.

③ 임대주택에 대한 법인세 추가과세 제외 적용불가

종전에는 법인이 일정한 요건을 갖춘 임대주택을 양도하는 경우 법인세 외에 토지 등 양도소득에 대한 추가과세가 적용되지 않았으나, 2020.6.18. 이후 법인 소유의 주택을 매입임대등록하는 경우 더 이상 추가과세 제외 규정을 적용받을 수 없게 되었다.

3) 법인이 주택을 취득하는 경우 취득세율 인상

종전에는 법인이 주택을 취득하는 경우 개인과 마찬가지로 1%~3%의 취득세율을 적용하였으나, 2020.8.12. 이후 법인이 주택을 취득하는 경우 12%의 단일세율을 적용한다. 이 경우 수도권과밀억제권역 내에 소재하는 법인으로서 설립 후 5년 이상 경과하지 않은 법인이 해당 수도권 과밀억제권역 내 주택을 취득하면 12%의 기본세율에 8%의 중과세율이 추가로 적용된다.

2 개인 임대사업자와 법인 임대사업자의 주요 세제혜택 비교

구 분			매입임대주택	건설임대주택
① 취득세 감면			개인과 동일하게 적용	
② 재산세 감면				
③ 임대소득세 감면				
④ 취득세			2020.8.12. 취득분부터 12%의 취득세율 적용	
⑤ 종합부동산세	합산배제	조정대상	적용불가	적용가능
		비조정대상	적용가능	
	기본공제 6억원		적용불가	
	적용세율		3% 또는 6%	종전규정 적용
⑥ 법인세 추가과세 대상			주택, 별장, 비사업용토지, 조합원입주권, 분양권	
⑦ 임대주택 양도시 법인세 추가과세 제외			적용불가	적용가능
⑧ 임대등록 말소대상	단기임대		아파트 포함 모든 주택	
	장기임대		아파트	-

Ⅳ 주택임대사업자의 건강보험료

📖 배경 및 취지

민특법에 따른 임대등록과 더불어 소득세를 감면받기 위해서는 세무서에 임대사업자등록을 하고 임대소득을 신고하여야 하는데, 신고된 소득으로 인하여 건강보험료가 증가하여 사업자등록을 기피하는 경우가 많았다. 이에 정부에서는 세무서에 임대사업자 등록을 하고 소득세 신고를 하는 임대사업자의 건강보험료를 경감해주는 조치를 함께 시행하였는데, 임차인의 주거안정을 위하여 장기임대등록사업자에게 단기임대등록사업자보다 더 큰 건강보험료 경감혜택을 주었다.

1 직장가입자와 지역가입자의 구분

건강보험 가입자는 크게 직장가입자와 직장가입자의 피부양자, 지역가입자로 구분된다. 직장가입자는 주로 근로자에 해당하고, 지역가입자는 직장가입자와 직장가입자의 피부양자 중 어느 쪽에도 속하지 않는 자이다.

여기서 피부양자란 직장가입자의 배우자 및 직계존비속 등으로 직장가입자에게 주로 생계를 의존하는 사람으로서 소득이 없는 자를 말한다. 따라서, 피부양자의 소득, 재산 등이 기준요건을 초과한다면 피부양자의 자격이 상실되고 지역가입자로 전환된다.

2 주택임대사업자의 건강보험료 납부의무 기준

주택임대사업자의 건강보험료는 가입대상 및 임대수입금액에 따라 보험료 산정기준이 다르고, 임대유형(단기임대, 장기임대) 등에 따라 건강보험료 감면액이 달라진다.

1) 직장가입자가 주택임대사업자 등록을 한 경우

주택임대사업에서 발생한 수입금액이 연 3,400만원(2022년 7월부터는 2,000만원)을 초과하는 직장가입자는 직장에서 납부한 건강보험료 외 소득금액을 기준으로 부과되는 건강보험료를 추가로 납부해야 한다.

2) 직장가입자의 피부양자 자격 상실 여부 및 건강보험료 면제 기준

직장가입자의 피부양자가 주택임대소득이 발생한 경우 직장가입자의 피부양자 지위를 상실하게 되고 지역가입자로 전환되어, 소득 및 재산 등을 기준으로 건강보험료를 납부해야 한다. 다만, 주택임대소득이 발생한 경우에도 아래와 같이 수입금액이 일정 수준 이하인 경우에는 건강보험료가 면제된다.

① 피부양자가 주택임대사업자 등록을 한 경우 건강보험료 면제 기준금액

주택임대사업자로 등록한 경우 필요경비율 60%와 공제금액 400만원이 적용된다. 따라서 지역가입자로 전환된 피부양자의 임대수입금액이 연 1,000만원 이하인 경우에는 소득금액을 기준으로 납부할 건강보험료가 면제된다.

산출근거 : 1,000만원 × (1 - 60%) - 400만원 = 0원

② 피부양자가 주택임대사업자로 등록하지 않은 경우 건강보험료 면제 기준금액

주택임대사업자로 등록하지 않은 경우 필요경비율 50%와 공제금액 200만원이 적용된다. 따라서 지역가입자로 전환된 피부양자의 임대수입금액이 연 400만원 이하인 경우에는 소득금액을 기준으로 납부할 건강보험료가 면제된다.

산출근거 : 400만원 × (1 - 50%) - 200만원 = 0원

3 **주택임대사업자의 건강보험료 감면**

임대주택의 의무임대기간 동안 주택임대사업자의 임대수입이 연 2,000만원 이하로서 아래의 요건을 모두 충족한 경우 단기임대주택은 건강보험료 인상분에 대해 40%, 장기임대주택은 건강보험료 인상분에 대해 80%를 감면받을 수 있다.

[2020.8.17. 전후 장기임대주택에 대한 건강보험료 감면 요건]

구 분	2020.8.17. 이전 임대등록	2020.8.18. 이후 임대등록
대상주택	모든 주택	아파트를 제외한 모든 주택
면적기준	전용면적 85㎡(국민주택규모) 이하	
가액기준	임대개시일 당시 기준시가 6억원 이하(수도권 밖 불문)	
임대유형	단기임대, 장기임대	장기임대
임대기간	4년 이상, 8년 이상	10년 이상
증액제한	임대료(또는 임대보증금) 인상률 5% 이내	
등록기관	시·군·구 + 세무서	
감면기한	의무임대기간	
수입금액	주택 임대수입금액 연 2,000만원 이하	

[건강보험료 감면율]

구 분	단기임대(4년)	장기임대(8년)
감면율	40%	80%

05
임대등록 자진말소와 자동말소

📑 배경 및 취지

2018년부터 임대등록 주택의 폭발적 증가로 시중에 매물잠김 현상이 발생하여 주택가격이 상승하자, 단기임대와 아파트 등 폐지되는 유형의 임대등록을 의무임대기간 내에 자진말소하는 경우 과태료를 부과하지 않고 그동안 받은 세제혜택을 추징하지 않도록 하였으며, 의무임대기간이 종료되면 임대등록을 자동말소하여 임대주택이 조기에 주택 매매시장에 나올 수 있도록 유도하였다.

I 폐지되는 임대유형 및 세제혜택 추징 또는 유지 여부

1 폐지되는 임대유형

아래와 같이 단기로 등록한 모든 유형의 임대주택과 장기로 등록한 아파트는 임대등록이 자동말소된다. 따라서 이미 장기임대주택으로 등록한 단독주택, 다중주택, 다가구주택, 연립주택, 다세대주택, 오피스텔은 자진말소 또는 자동말소 대상이 아니다.

[임대유형별 임대등록 폐지여부]

구 분	주택유형	폐지여부
단기임대주택	아파트	폐지
	단독, 다중, 다가구, 연립, 다세대, 오피스텔	
장기임대주택	매입아파트	유지
	단독, 다중, 다가구, 연립, 다세대, 오피스텔, 건설아파트	

☕ **여담 코너**

정부가 2020.7.11. 이후 아파트에 대한 신규 임대등록과 아파트를 제외한 다른 주택 유형의 주택에 대하여도 신규 단기임대등록을 폐지하기로 발표하자, 2020.7.10. 인터넷 등록 사이트와 시·군·구의 임대등록 창구는 폐지유형에 해당하는 임대사업을 하려는 사람들로 북새통을 이뤘다. 정부가 당일 오전 11시 30분에 대책을 발표한지 약 6시간만에 기습적으로 인터넷 임대 등록 시스템인 '렌트홈'이 10일 오후 5시 59분을 기준으로 창구가 닫히게 되자 이날까지 임대등록을 못한 사람들 중 아파트를 소유한 경우는 임대등록을 통하여 세제혜택을 받을 길이 아예 없어졌고, 아파트 이외의 주택을 단기로 임대등록을 하려는 사람들은 의무 임대기간 8년 이상 장기로 임대를 해야 세제혜택을 받게 되었다.

정부에서 발표한 이번 대책은 최종 심의 기능을 하는 주거정책심의위원회조차 열지 않고 진행된 것으로 드러나 사전에 전문가 의견조차 듣지 않고 졸속으로 대책을 내놓았다는 비판이 제기되었다.

2 임대등록을 자진말소하는 경우 세제혜택 적용여부

거주주택 비과세 등 임대주택 관련 양도소득세는 의무임대기간의 1/2 이상 경과된 후 자진말소한 경우에만 세제혜택이 유지되고, 양도소득세 이외의 종합부동산세 등 보유관련 세목과 취득세는 의무임대기간의 1/2 이내에 자진말소한 경우에도 그동안 받은 세제혜택을 추징하지 않는다.

[임대등록 자진말소시 의무임대기간 적용 여부]

구 분	내 용
의무임대기간의 1/2이상을 충족해야 적용받을 수 있는 세제혜택	거주주택 양도소득세 비과세
	양도소득세 중과배제
의무임대기간의 1/2이상을 충족하지 않아도 적용받을 수 있는 세제혜택	종합부동산세 합산배제
	임대 소득세 감면
	재산세 감면
	취득세 감면

🕐 여기서 잠깐

주택임대 관련 규정이 워낙 어렵다보니 자진말소와 관련된 실수의 유형도 아래와 같이 다양하게 나타나고 있다. 이러한 실수로 인하여 과태료가 부과되거나 그동안 받은 세제혜택이 추징될 수 있으므로 상당한 주의가 필요하다.

첫째, 민특법상 폐지되는 임대주택 유형에 해당하지 않는 다가구주택나 오피스텔 등을 자진말소한 경우

둘째, 폐지되는 임대주택 유형에는 해당하나, 민특법상 의무임대기간의 1/2 이상을 임대하지 않고 자진말소하는 경우

셋째, 폐지되는 임대주택 유형이고 의무임대기간의 1/2 이상을 임대하였으나, 먼저 임대주택을 양도한 후 시·군·구에 자진말소 신청한 경우

3 임대등록 자진말소에 따른 양도소득세 세제혜택 적용 여부

1) 거주주택 비과세 특례 적용 여부

① 이미 거주주택을 양도하여 비과세 받은 후 임대등록을 자진말소한 경우

민특법상 의무임대기간의 1/2 이상 임대한 후 임대등록을 자진말소한 경우 이미 적용 받은 거주주택 비과세는 추징되지 않는다.

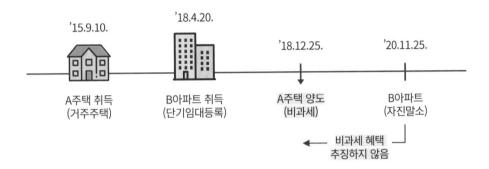

② 거주주택 비과세를 적용받기 전에 임대등록을 자진말소한 경우

민특법상 의무임대기간의 1/2 이상 임대한 후 임대등록을 자진말소하는 경우 자진말소일로부터 5년 이내 거주주택을 양도하는 경우 비과세된다.

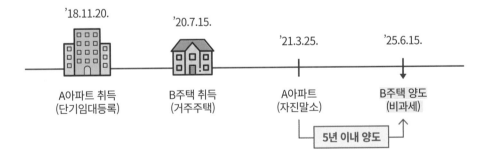

2) 양도소득세 중과배제 적용 여부

① 일반주택을 먼저 양도하여 중과배제 받은 후 임대등록을 자진말소한 경우

등록임대주택 외 일반주택 1채만 보유하던 중 일반주택을 양도하여 중과배제 혜택을 받은 후 의무임대기간을 충족하지 않은 경우에는 중과배제 받은 세액이 추징되나, 의무임대기간의 1/2 이상 경과한 후 임대등록을 자진 말소하는 경우에는 이미 중과배제 받은 세액은 추징되지 않는다.

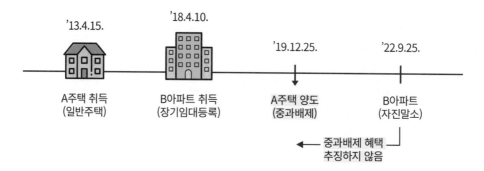

② 일반주택을 보유한 상태에서 임대등록을 자진말소한 경우

민특법상 의무임대기간의 1/2 이상 임대한 후 임대등록을 자진말소하고, 1년 이내에 임대주택을 양도하는 경우에는 양도소득세가 중과되지 않는다.

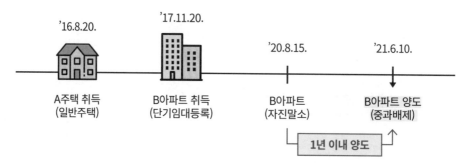

3) 조세특례제한법상 세제혜택 적용 여부

① 장기보유특별공제율 특례적용 여부

의무임대기간 경과 전에 자진말소하는 경우에는 50% 또는 70%의 장기보유특별공제율 특례적용을 받을 수 없다.

② 양도소득세 100% 감면 규정 적용 여부

의무임대기간 경과 전에 자진말소하는 경우에는 양도소득세 100% 감면을 받을 수 없다.

4 의무임대기간 경과 후 임대등록이 자동말소된 경우

1) 거주주택 비과세 특례 적용 여부

① 거주주택을 양도하여 비과세 받은 후 임대등록이 자동말소된 경우

거주주택을 양도한 후 민특법상 의무임대기간이 종료되어 임대등록이 자동말소된 경우 이미 적용 받은 비과세는 추징되지 않는다.

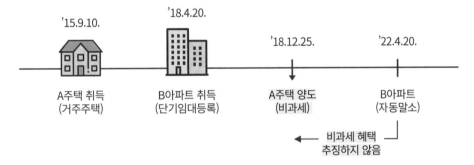

② 거주주택 비과세를 적용받지 않은 상태에서 임대등록이 자동말소된 경우

거주주택을 보유한 상태에서 민특법상 의무임대기간이 종료되어 임대등록이 자동말소된 경우 자동말소일로부터 5년 이내 거주주택을 양도하는 경우 비과세된다.

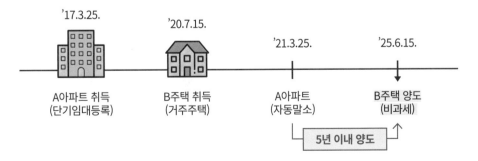

2) 양도소득세 중과배제 적용 여부

① 일반주택을 먼저 양도하여 중과배제 받은 후 임대등록이 자동말소된 경우

등록임대주택 외 일반주택을 1채만 보유하던 중 일반주택을 양도하여 중과배제 적용을 받은 후 민특법상 의무임대기간이 종료되어 임대등록이 자동말소된 경우에는 이미 중과배제 받은 세액은 추징되지 않는다

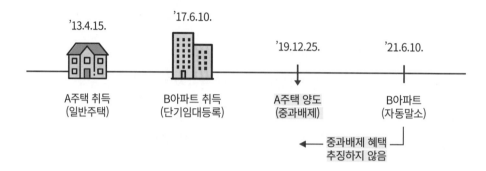

② 일반주택을 보유한 상태에서 임대등록이 자동말소된 경우

일반주택을 보유한 상태에서 민특법상 의무임대기간이 종료되어 임대등록이 자동말소된 후 임대주택을 양도하는 경우에는 양도기한에 제한 없이 양도소득세가 중과되지 않는다.

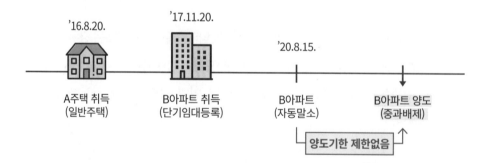

📖 **배경 및 취지**

임대등록을 자진말소한 경우와 달리 양도기한에 제한 없이 중과제외되는 세제혜택을 신뢰하고 취득한 임대사업자를 보호하기 위하여 임대등록이 자동말소된 후 임대주택을 양도하는 경우 양도기한에 제한 없이 양도소득세 중과세를 하지 않는 것이다.

3) 조세특례제한법상 세제혜택 적용 여부

① 장기보유특별공제율 특례 적용여부

의무임대기간이 경과된 후에 임대등록이 자동말소된 경우에는 50% 장기보유 특별공제율 특례적용은 가능하나, 70%의 장기보유특별공제율은 적용 받을 수 없다. 다만, 2014.1.1.~2015.12.28.까지 등록한 장기일반민간임대주택(舊, 준공공임 대주택)은 의무임대기간 10년 이상이 적용되므로, 임대등록이 자동말소되더라 도 장기보유특별공제율 70% 특례를 적용받을 수 있다.

📖 배경 및 취지

2020.7.10.부터 아파트는 더 이상 신규 임대등록이 불가능하므로 의무임대기간 8년이 경과 되면 임대등록이 자동말소되어 더 이상 등록임대를 할 수 없게 된다. 따라서 아파트는 8년 동 안 등록하고 임대한 경우에 적용되는 50%의 장기보유특별공제 특례만 남은 것이다. 그러나 아파트를 제외한 다가구주택 등 다른 유형의 주택은 임대등록 폐지대상이 아니므로 10년 이 상 장기일반민간임대주택으로 임대등록한 경우에도 70%의 장기보유특별공제 특례가 적용 된다.

② 양도소득세 100% 감면

양도소득세 100% 감면규정은 10년 이상 임대등록하고 임대해야 적용되므로 8 년이 경과하면 임대등록이 자동말소되는 아파트의 경우 양도소득세 100% 감 면규정은 적용받을 수 없다. 다만, 2015.1.1.~2015.12.28.까지 등록한 장기일반민 간임대주택(舊, 준공공임대주택)은 의무임대기간 10년이 적용되므로, 임대등록 이 자동말소되더라도 양도소득세 100% 감면을 적용받을 수 있다.

〈표 14〉[매입임대주택 등록 말소 후 세제혜택 적용여부 요약]

구 분	4년 단기임대	8년 장기임대	
	아파트 포함 모든 주택	아파트	아파트 외
임대등록 폐지여부	폐지		말소 불가
			기존 등록 / 신규 등록

말소 유형	자진말소	자동말소	자진말소	자동말소	-	-
거주주택 비과세	말소 후 5년 이내 거주주택 양도시 비과세				혜택 유지	2020.8.18. 이후 의무임대기간 10년 적용
양도소득세 중과배제	말소 후 1년 이내 양도시 중과배제	양도시기 제한없이 중과배제	말소 후 1년 이내 양도시 중과배제	양도시기 제한없이 중과배제		
장기보유특별 공제 특례적용	적용불가		적용불가	50% 가능, 70% 불가[1]		
양도소득세 100% 감면			적용 불가[2]			
종합부동산세 합산배제	이미 경감받은 세액을 추징하지 않고, 말소 이후 합산과세					
임대소득세 감면	이미 감면받은 세액 추징 안함					
취득세 감면						
재산세 감면						

1) 2014.1.1.~2015.12.28. 사이에 등록한 장기일반민간임대주택은 적용 가능
2) 2015.1.1.~2015.12.28. 사이에 등록한 장기일반민간임대주택은 적용 가능

사례 1

등록 말소된 주택을 먼저 양도하고 거주주택을 양도하는 경우 보유기간 기산일

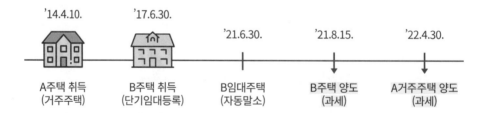

'14.4.10.   '17.6.30.

'21.6.30.   '21.8.15.   '22.4.30.

A주택 취득   B주택 취득   B임대주택   B주택 양도   A거주주택 양도
(거주주택)   (단기임대등록) (자동말소)   (과세)   (과세)

해설 거주주택 1채와 임대주택 1채를 보유하다가 임대주택이 자동말소된 후 등록 말소된 임대주택을 먼저 과세(중과배제)로 양도한 경우에는 직전임대주택 양도일로부터 다시 2년을 보유(남은 거주주택이 취득 당시 조정대상지역에 있던 주택인 경우에는 다시 2년 거주)하고 양도하면 양도시기에 상관 없이 비과세된다. 하지만 위 사례에서는 A거주주택을 직전임대주택 양도일로부터 2년 이상 미경과하여 양도하였으므로 비과세를 받을 수 없다.

임대등록 말소 후 거주주택을 먼저 양도한 후 임대주택을 양도하는 경우

'14.4.10.	'17.6.30.	'21.6.30.	'21.11.30.	'22.4.15.
A주택 취득 (거주주택)	B주택 취득 (단기임대등록)	B임대주택 (자동말소)	A거주주택 양도 (비과세)	B주택 양도 (비과세)

해설 거주주택 1채와 임대주택 1채를 보유하다가 임대주택이 자동말소된 후 자동말소일로부터 5년 이내 A거주주택을 먼저 양도하는 경우에는 비과세되고, 남은 B주택은 당해 주택 취득일로부터 보유기간을 기산하므로, B주택 양도시 비과세되나 거주주택 양도일 이후 발생한 양도차익에 대해서만 비과세를 적용한다.

추가해설 폐지유형의 임대등록을 자진말소하거나 임대등록이 자동말소된 이후에는 거주주택 비과세를 위한 임대료 5% 인상제한 등 요건을 충족하지 않은 경우에도 거주주택 비과세가 적용된다(재산세제과-151, 2022.1.24.참조).

사례 2

2호 이상 임대등록이 말소된 경우 거주주택의 양도기한의 기산점 판단

'17.4.10.	'18.5.30.	'19.2.15.	'22.5.30.	'25.4.10.	'27.8.5.
A주택 취득 (장기임대등록)	B주택 취득 (단기임대등록)	C주택 취득 (거주주택)	B임대주택 (자동말소)	A임대주택 (자동말소)	C거주주택 양도 (과세)

해설 임대주택을 2호 이상 임대하던 중 임대등록이 자동말소되는 경우에는 처음으로 임대등록을 말소한 날로부터 5년 이내에 거주주택을 양도하는 경우에만 비과세가 적용되는데, 위 사례에서는 최초 B임대주택의 등록 말소일로부터 5년 이상 경과한 후 C거주주택을 양도하였으므로 거주주택 비과세가 적용되지 않는다.

대비사례

2호 이상 임대등록이 말소되고 먼저 말소된 주택을 거주주택 전환시

'17.4.10.　　'18.5.30.　　'19.2.15.　　'22.5.30.　　'25.4.10.　　'29.8.25.

A주택 취득　　B주택 취득　　C주택 취득　　B임대주택　　A임대주택　　B거주주택 양도
(장기임대등록)　(단기임대등록)　(장기임대등록)　(자동말소)　　(자동말소)　　(비과세)

해설 임대주택을 2호 이상 임대하는 경우 최초 임대등록 말소일 이후 5년 이내 거주주택을 양도하는 경우에만 거주주택 비과세가 적용되나, 위 사례와 같이 최초로 임대등록이 말소된 주택을 거주주택으로 전환하여 2년 이상 거주한 후 B주택을 양도한 경우에는 B주택의 임대 등록 말소일이 아닌 A주택의 임대등록 말소일로부터 5년 이내 양도하면 거주주택 비과세가 적용된다(법령해석재산-5916, 2021.10.28. 참조).

사례 3

거주주택 비과세를 적용받은 상태에서 임대주택이 재개발·재건축되는 경우

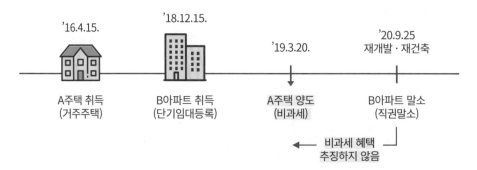

'16.4.15.　　'18.12.15.　　'19.3.20.　　'20.9.25 재개발·재건축

A주택 취득　　B아파트 취득　　A주택 양도　　B아파트 말소
(거주주택)　　(단기임대등록)　(비과세)　　(직권말소)

비과세 혜택
추징하지 않음

해설 거주주택을 양도하여 비과세를 적용 받은 후 임대하던 주택이 재개발·재건축으로 임대등록이 말소되는 경우 말소된 날에 의무임대기간 요건을 충족한 것으로 보아 이미 받은 거주주택 비과세 혜택은 추징되지 않는다.

거주주택 비과세를 적용받지 않은 상태에서 임대주택이 재개발·재건축된 경우

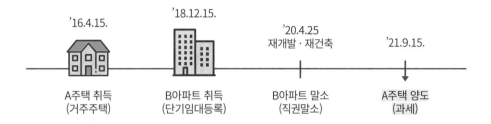

해설 거주주택 비과세를 적용받지 않은 상태에서 재개발·재건축으로 주택임대등록이 의무임대기간이 경과되기 전에 직권말소되는 경우에는 민특법상 자진말소 또는 자동말소에 해당하지 않기 때문에 거주주택 비과세를 적용받을 수 없다.

중과배제를 적용받은 후 임대주택이 재개발·재건축된 경우

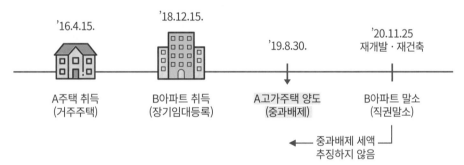

해설 임대주택의 의무임대기간이 경과되기 전에 고가주택인 거주주택을 먼저 양도하여 중과배제를 적용받은 후 임대주택이 재개발·재건축되어 임대등록이 직권말소된 경우에도 임대등록이 말소된 날에 임대기간요건을 충족한 것으로 보아 경우 이미 중과배제를 적용받은 세액은 추징되지 않는다.

대비사례

중과배제를 적용받지 않은 상태에서 임대주택이 재개발·재건축된 경우

'16.4.15.
A주택 취득
(거주주택)

'18.12.15.
B아파트 취득
(장기임대등록)

'20.4.25
재개발 · 재건축
B아파트 말소
(직권말소)

'21.9.15.
A주택 양도
(과세)

해설 중과배제를 적용받지 않은 상태에서 임대주택이 재개발·재건축되어 임대등록이 직권
말소된 후 거주주택을 양도하는 경우에는 비과세가 적용되지 않고, 중과세가 적용된다.

종합사례 1

주택임대사업자의 주요 세목별 세제혜택 적용 사례

● 주택 보유 현황

구 분	취득일	조정대상지역여부	소재지역	취득당시 기준시가	주택유형	비고
A거주주택	2014.5.10	여	수도권	5억원	85㎡초과 아파트	2년 이상 거주
B임대주택	2017.8.15	여	수도권	4억원	40㎡이하 오피스텔	단기임대
C임대주택	2018.10.12	여	수도권	15억원	85㎡이하 다가구(6가구)	장기건설 임대주택
D임대주택	2019.9.15	여	수도권	5억원	85㎡초과 아파트	장기일반 민간임대

해설

1. A거주주택을 양도하는 경우 1세대1주택 비과세 및 중과세 적용 여부

1) 비과세 적용 여부

〈표12〉와 같이 2020.7.10.까지 단기 또는 장기로 임대등록하고 〈표3〉과 같이 소득세법상 장기
임대주택 요건을 충족한 임대주택은 1세대1주택 판단시 주택수에서 제외되므로 임대주택 외
1세대1주택 비과세 요건을 갖추고 2년 이상 거주한 주택을 양도하는 경우 비과세 된다.

2) 중과세 적용 여부

〈표13〉과 같이 거주주택A를 2021.2.17. 이후 양도하는 경우로서 양도가액이 12억원 (2021.12.7. 이전 양도분은 9억원)을 초과하는 고가주택에 해당하는 경우 최대 80%의 장기 보유특별공제율이 적용되고, 기본세율이 적용된다.

2. B임대주택을 보유 및 양도하는 경우 임대주택에 대한 세제혜택 적용 여부

1) 소득세법상 장기임대주택에 대한 세제혜택 적용 여부

〈표10〉과 같이 2018.3.31. 이전에 임대등록한 경우에는 단기 및 장기 불문하고 임대개시 당시 기준시가 6억원 이하, 의무임대기간 5년 이상 등 일정 요건을 충족한 경우 양도소득세 중과배제와 종합부동산세 합산배제를 적용받을 수 있다

2) 조세특례제한법상 장기일반민간임대주택에 대한 세제혜택 적용 여부

단기임대주택으로 등록한 경우에는 〈표4〉와 같이 50% 또는 70%의 장기보유특별공제율 적용과 양도소득세 100% 감면규정을 적용받을 수 없다.

3. C임대주택을 보유 및 양도하는 경우 임대주택에 대한 세제혜택 적용 여부

1) 소득세법상 장기임대주택에 대한 세제혜택 적용 여부

〈표11〉과 같이 2018.9.14. 이후 조정대상지역 소재 주택을 취득한 경우에는 양도소득세 중과 및 종합부동산세 합산 규정이 적용되나, 해당 임대주택은 건설임대주택에 해당하므로 〈표8〉 및 〈표9〉과 같이 소득세법상 장기임대주택에 대한 요건을 충족한 경우 양도소득세 중과배제와 종합부동산세 합산배제를 적용받을 수 있다.

2) 조세특례제한법상 장기일반민간임대주택에 대한 세제혜택 적용 여부

〈표4〉와 같이 국민주택규모, 임대개시 당시 6억원 이하(2018.9.14. 이후 취득분에 한함) 등 장기일반민간임대주택 등록 요건을 충족한 경우에는 50% 또는 70%의 장기보유특별공제율 특례적용은 가능하나, 〈표11〉과 같이 건설임대주택은 양도소득세 100% 감면규정을 적용받을 수 없다.

4. D임대주택을 보유 및 양도하는 경우 임대주택에 대한 세제혜택 적용 여부

1) 소득세법상 장기임대주택에 대한 세제혜택 적용 여부

〈표11〉과 같이 2018.9.14. 이후 취득한 조정대상지역 소재 주택은 임대주택으로 등록하더라도 양도소득세 중과배제 및 종합부동산세 합산배제 규정을 적용받을 수 없다.

2) 조세특례제한법상 장기일반민간임대주택에 대한 세제혜택 적용 여부

〈표4〉와 같이 50% 또는 70%의 장기보유특별공제율 특례적용과 양도소득세 100% 감면규정을 적용받으려면 국민주택규모이어야 하는데, 해당 임대주택은 국민주택규모를 초과하여 세제혜택을 적용받을 수 없다.

종합사례 2

주택임대사업자의 주요 세목별 세제혜택 적용 사례

● 주택의 보유 현황

구 분	취득일	조정대상지역 여부	소재 지역	취득당시 기준시가	주택유형	비고
A거주주택	2014.5.10	여	여	5억원	85㎡초과 아파트	2년 이상 거주
B신규주택	2020.7.25	여	여	4억원	85㎡이하 아파트	조정대상지역 지정 후 취득
C임대주택	2019.10.12[1]	여	여	5억원	85㎡이하 아파트	장기일반민간임대
D임대주택	2019.1.10[2]	여	여	5억원	85㎡이하 다세대	장기일반민간임대

1) 2017.3.20에 분양권 매매계약을 체결하고 계약금을 지급하였으며, 2027.10.12에 임대등록이 자동말소될 예정임

2) 2018.6.20에 매매계약 체결시점에서는 비조정대상지역이었으나, 매매계약일과 잔금지급일 사이에 조정대상지역으로 지정됨

해설

1. 거주주택 A를 양도하고 B로 전입하는 경우 1세대1주택 비과세 적용 여부

1) 비과세 적용 여부

〈표12〉와 같이 2020.7.10.까지 단기 또는 장기로 임대등록하고 〈표3〉과 같이 소득세법상 장기임대주택 요건을 충족한 임대주택은 1세대1주택 판단시 주택수에서 제외되므로 임대주택 외 1세대1주택 비과세 요건을 갖추고 2년 이상 거주한 주택을 양도하는 경우 비과세된다. 이 경우 종전주택과 신규주택 모두 조정대상지역에 소재하는 경우에는 B신규주택 취득일로부터 1년 이내 A거주주택을 양도하고 B신규주택으로 전입해야 비과세를 받을 수 있다.

2) 중과세 적용 여부

〈표13〉과 같이 거주주택A를 2021.2.17. 이후 양도하는 경우로서 양도가액이 12억원 (2021.12.7. 이전 양도분은 9억원)을 초과하는 고가주택에 해당하는 경우 최대 80%의 장기

보유특별공제율이 적용되고, 기본세율이 적용된다.

2. C임대주택을 양도하는 경우 임대주택에 대한 세제혜택 적용 여부

1) 소득세법상 장기임대주택에 대한 세제혜택 적용 여부

〈표11〉과 같이 2018.9.14. 이후 취득한 조정대상지역 소재 주택을 임대주택으로 등록하더라도 양도소득세 중과배제 및 종합부동산세 합산배제 규정을 적용받을 수 없으나, 2018.9.13. 이전에 매매계약(분양계약 포함)을 체결하고 2018.9.14. 이후 취득한 주택을 임대등록한 경우에는 양도소득세 중과배제와 종합부동산세 합산배제를 적용받을 수 있다.

한편, 〈표15〉와 같이 임대주택이 2027.10.12.에 자동말소되는 경우에는 말소되기 전까지 종합부동산세가 합산배제되고, 해당 임대주택을 자동말소일 이후 양도하더라도 양도시기에 제한 없이 중과세되지 않는다.

2) 조세특례제한법상 장기일반민간임대주택에 대한 세제혜택 적용 여부

〈표4〉와 같이 국민주택규모, 임대개시 당시 6억원 이하(2018.9.14. 이후 취득분에 한함) 등 장기일반민간임대주택 등록요건을 충족한 경우 원칙적으로 장기보유특별공제율을 적용받거나 양도소득세 100% 감면을 받을 수 있으나, 〈표15〉와 같이 해당 임대주택은 아파트로서 8년이 되면 자동말소되므로 50%의 장기보유특별공제율 특례적용은 가능하나 70%의 장기보유특별공제율 특례적용과 양도소득세 100% 감면은 적용받을 수 없다.

3. D임대주택을 보유 및 양도하는 경우 임대주택에 대한 세제혜택 적용 여부

1) 소득세법상 장기임대주택에 대한 세제혜택 적용 여부

〈표11〉과 같이 2018.9.14. 이후 조정대상지역 소재 주택을 취득한 경우 임대주택으로 등록하더라도 양도소득세 중과배제 및 종합부동산세 합산배제 규정을 적용받을 수 없으나, 2018.9.14. 이후 조정대상지역 공고가 있는 경우 조정대상지역 공고일까지 매매계약을 체결한 경우에는 양도소득세 중과배제와 종합부동산세 합산배제를 적용받을 수 있다.

['18.9.13.에 조정대상지역 공고가 있는 경우_ 서울, 세종시 등]

중과배제, 합산배제 가능	중과배제, 합산배제 불가
'18.9.13. 이전 취득·계약	'18.9.14. 이후 취득 또는 계약

'18.9.14. 조정대상지역 지정

2) 조세특례제한법상 장기일반민간임대주택에 대한 세제혜택 적용 여부

〈표4〉와 같이 국민주택규모, 임대개시 당시 6억원 이하(2018.9.14. 이후 취득분에 한함) 등 장기일반민간임대주택 등록 요건을 충족한 경우 50% 또는 70%의 장기보유특별공제율을 적용받거나 양도소득세 100% 감면을 받을 수 있다.

주택임대사업자의 주요 세목별 세제혜택 적용 사례

● 주택 보유 현황

구 분	임대유형	말소유형	말소일자	주택유형	비고
A거주주택	일반주택	-	-	아파트	2년 이상 거주
B임대주택	단기임대	자진말소	2021.7.10	오피스텔	민특법상 의무임대기간의 1/2 이상 임대하고 말소 전까지 임대요건 충족
C임대주택	단기임대	자동말소	2019.4.15	아파트	
D임대주택	장기임대	자진말소	2021.12.25	아파트	

해설

1. 임대등록 말소한 후 A거주주택을 양도하는 경우 1세대1주택 비과세 및 중과세 적용 여부

1) 비과세 적용 여부

〈표14〉와 같이 임대등록을 자진말소하거나 임대등록이 자동말소되는 경우 등록말소일로부터 5년 이내 A거주주택을 양도하면 거주주택 비과세가 적용된다. 이 경우 2주택 이상 임대등록이 말소되는 경우에는 최초로 말소되는 C주택의 말소일로부터 5년 이내 거주주택을 양도해야 비과세 된다.

2) 중과세 적용 여부

〈표13〉과 같이 A거주주택을 2021.2.17. 이후 양도하는 경우로서 양도가액이 12억원(2021.12.7. 이전 양도분은 9억원)을 초과하는 고가주택에 해당하는 경우 최대 80%의 장기보유특별공제율이 적용되고, 기본세율이 적용된다.

2. 등록말소된 임대주택을 양도하는 경우 중과세 적용 여부

1) B,D임대주택을 자진 등록말소하고 양도하는 경우

〈표14〉와 같이 자진말소일로부터 1년 이내에 B,D임대주택을 양도하는 경우 중과세 되지 않는다.

2) C임대주택이 자동 등록말소된 후 양도하는 경우

〈표14〉와 같이 자동말소일로부터 C임대주택을 양도하는 경우 양도기한에 제한없이 중과세 되지 않는다.

임대주택 관련 세제혜택 및 적용요건

구분	임대유형	가액 요건	면적요건	의무임대기간	임대호수	특례 내용	
거주주택비과세	단기, 장기	6억원 이하 (수도권 밖 3억원 이하)	-	5년 이상 (20.7.10.까지 단기도 가능)	1호 이상	장기임대주택 외 2년 이상 거주한 주택 양도시 비과세	
양도소득세 중과배제	단기, 장기	6억원 이하 (수도권 밖 3억원 이하)	-	5년 이상 (18.4.1. 이후 8년 장기만 가능)	1호 이상	장기임대주택 양도시 중과 배제('18.9.14. 이후 조정대상 지역내 취득 주택 제외)	
종합부동산세 합산배제	단기, 장기					종합부동산세 합산배제 ('18.9.14. 이후 조정대상 지역 내 취득 주택 제외)	
장기보유특별공제 특례적용	장기일반	'18.9.14. 이후 취득분부터 취득가액 6억원 이하 (수도권 밖 3억원 이하)	85㎡ 이하	8년(10년) 이상	1호 이상	8년 50%, 10년 70% (임대등록 자동말소된 아파트 50%)	
양도소득세 100% 감면	장기일반		85㎡ 이하	10년 이상 (3개월 이내 등록)	1호 이상	양도소득세 100% 감면 (아파트 적용불가)	
임대소득세 감면	단기, 장기	전국 6억원 이하	85㎡ 이하	단기, 장기	1호 이상	단기 30%, 장기 75%	
				단기, 장기	2호 이상	단기 20%, 장기 50%	
취득세 감면	단기, 장기	'20.8.12. 이후 취득분부터 6억원 이하 (수도권 밖 3억원 이하)	60㎡ 이하	단기, 장기 (60일 이내 등록)	1호 이상	100%감면 200만원 초과시 85% 감면	
재산세 감면	단기, 장기	'20.8.12. 이후 취득분부터 6억원 이하 (수도권 밖 3억원 이하) 오피스텔 4억원 이하 (수도권 밖 2억원 이하)	40㎡ 이하	단기, 장기	2호 (다가구 1호) 이상	단기	장기
			60㎡ 이하			25% ~50%	50% ~100%
			85㎡ 이하			50만원 초과시 85% 감면	

06
주택임대 관련 임차인 보호제도

I 주택임대사업자의 부기등기

📖 배경 및 취지

예비임차인이 중개사의 중개물건 설명 없이도 등기부등본을 통해 임차하려는 주택이 의무임대기간, 임대료증액제한 등 공적의무가 부여된 등록임대주택인지 여부를 손쉽게 미리 알 수 있도록 한 것이다.

1 개요

주택임대사업자가 임대등록을 한 경우에는 지체 없이 아래와 같이 등기부등본상에 임대하려는 주택이 의무임대기간과 임대료 증액기준을 준수하여야 하는 주택임을 부기등기하여야 하며, 임대사업자 등록 후 보존등기를 하는 경우에는 소유권 보존등기와 동시에 부기등기하여야 한다.

[부기등기 예시]

순위번호	등기목적	접수	등기원인	권리자 및 기타사항
2	소유권 이전	2018년 6월 15일	2018년 6월 12일	소유자 홍길동
2-1	민간임대 주택등기	2020년 12월 15일	2020년 12월 13일 민간임대주택등록	이 주택은 「민간임대주택에 관한 특별법」…임대의무기간 동안 계속 임대 및 임대료 증액기준을 준수해야 하는 민간임대주택임

2 부기등기 신청기한

구 분	부기등기
2020.12.9. 이전 임대등록	2022.12.9.까지 부기등기
2020.12.10. 이후 임대등록	임대사업자등록 후 지체 없이 부기등기

3 부기등기 의무 위반시 과태료

주택임대사업자가 임대주택에 대한 부기등기의무를 위반한 경우에는 위반 횟수에 따라 다음과 같이 과태료가 부과된다.

위반 횟수	과태료
1회	200만원
2회	400만원
3회 이상	500만원

II 임대보증금 보증보험

📖 배경 및 취지

임대보증금 보험제도는 주택이 경매될 경우 임차인의 보증금이 세금이나 선순위 저당권 등보다 후순위가 되어 임차보증금을 돌려받지 못하게 되는 경우를 방지하기 위하여 마련되었다.

1 **개요**

임대보증금 보증보험제도란 임차인이 임대보증금을 반환받지 못하는 경우 보증보험회사가 임차인에게 임대보증금을 반환하는 제도로서, 2020.8.18. 이후 신규로 민특법상 임대사업자로 등록하여 주택을 임대하는 경우 임대보증금에 대하여 보증보험에 가입해야 하나, 2020.8.17. 이전에 등록한 임대주택은 1년 동안 유예기간을 두어 임대인이 선순위대출을 상환하는 등 임대보증금 보증보험 가입요건을 갖출 수 있도록 하기 위하여 2021.8.18. 이후 갱신되는 임대차 계약분부터 보증보험에 가입하도록 하였다.

2 **주요 보증보험 의무가입 제외대상**

1) 보증보험 의무가입 면제 대상자

임대보증금이 주택임대차보호법상 지역별 최우선변제금액 이하이면서 임차인이 동의한 경우에는 임대보증금 보증보험에 가입할 의무가 없다.

📖 **배경 및 취지**

임대보증금이 주택임대차보호법상 지역별 최우선변제금액(서울 특별시 5천만원, 세종자치시 4,300만원, 광역시 2,300만원, 그 밖의 지역 2천만원) 이하인 경우 임대주택이 경매되더라도 임차인은 경매대금에서 보증금을 최우선변제를 받을 수 있으므로 보증보험에 가입할 필요가 없는 경우가 있는데, 이러한 경우에는 임차인의 동의를 받으면 보증보험 가입의무가 면제된다.

2) 보증보험 선택적 가입 기준

담보권 설정금액과 임대보증금의 합계액에서 주택 산정가격의 60%를 초과하는 금액에 대하여 보증보험에 가입하여야 하고, 해당 금액에 미달하는 경우에는 보증보험에 가입하지 않아도 된다. 이 경우 주택 산정가격은 주택공시가격에 120%에서 190%에 달하는 적용비율을 곱하여 계산된다.

보증보험 가입여부 및 대상금액 판단

보증보험 가입대상 금액
① (담보권설정금액 + 임대보증금) > 주택 산정가격의 60% : 초과액
② (담보권설정금액 + 임대보증금) < 주택 산정가격의 60% : 가입여부 선택

---

3 보증보험 수수료 분담 및 미가입시 불이익

1) 보증수수료 부담

임대보증금에 대한 보증보험 가입시 발생하는 수수료는 임대사업자가 75%를 부담하고, 임차인은 25%를 부담한다.

2) 보증보험 미가입시 불이익

보증보험 가입대상자가 보증보험에 가입하지 않은 경우 최대 3,000만원을 한도로 임대보증금의 10% 이하에 상당하는 과태료가 부과될 수 있고, 특별한 사유 없이 보증보험에 가입하지 않으면 임대등록이 직권말소되어 각종 세제혜택을 적용받을 수 없게 된다.

Chapter 7

신축주택 및 미분양주택 등에 대한
양도소득세 감면

01
임대주택에 대한 감면

I 장기임대주택에 대한 양도소득세 감면(조특법 제97조)

거주자가 아래의 요건을 충족한 국민주택규모 주택을 2000.12.31. 이전에 5호 이상 임대 개시하여 5년 이상 또는 10년 이상 임대한 후 양도하는 경우 양도소득세를 50% 또는 100% 감면한다. 다만, 감면되는 양도소득세액의 20%를 농어촌특별세로 납부해야 한다.

이 경우 임대호수 5호 이상 판단시 다가구주택은 구획된 부분을 각각 하나의 주택으로 보며, 국민주택규모 여부는 가구당 전용면적을 기준으로 판단한다.

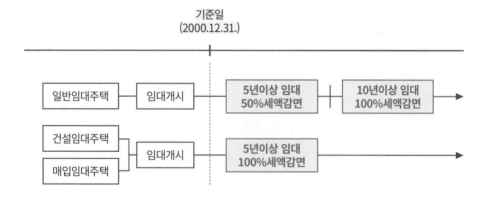

[임대주택유형 및 임대기간에 따른 세액 감면율]

임대주택유형	취득 및 적용요건	임대기간	감면율
일반 임대주택	2000.12.31. 이전에 아래 기간에 신축한 국민주택규모 주택을 5호 이상 임대개시 ① 1986.1.1.부터 2000.12.31.까지 신축된 주택 ② 1985.12.31. 이전에 신축된 공동주택으로서 1986.1.1. 현재 입주사실이 없는 주택	5년 이상	50%
		10년 이상	100%
임대주택법상 건설임대주택		5년 이상	
임대주택법상 매입임대주택	1995.1.1. 이후 취득하여 임대를 개시한 5호 이상의 국민주택규모 주택으로서 취득 당시 입주사실이 없는 주택을 2000.12.31. 이전에 임대 개시	5년 이상	

📖 배경 및 취지

임대주택법상 임대등록한 건설임대주택과 매입임대주택은 임대주택법에 따라 의무임대기간 및 임대료 인상제한 요건 등을 준수해야 하는 대신 5년 이상 임대한 경우 100%세액 감면혜택을 준 것이고, 일반임대주택은 임대주택법에 따라 임대등록을 하지 않은 주택으로서 임대주택법에 따라 준수할 요건이 없는 대신 10년 이상 임대해야 100% 세액감면이 되는 것이다.

1 장기임대주택의 주택수 포함여부 및 감면세액 적용 방법

1) 장기임대주택의 주택수 포함여부

장기임대주택과 다른 일반주택을 보유한 경우 장기임대주택은 거주자의 소유주택으로 보지 않으므로 장기임대주택 이외 양도하는 일반주택이 1세대1주택 비과세 요건을 갖춘 경우에는 양도소득세가 비과세된다.

[1세대1주택 비과세 판단시 장기임대주택 주택수 포함 여부]

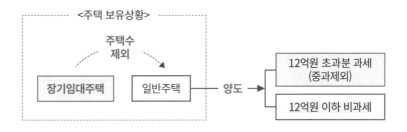

장기임대주택의 1주택을 소유한 자에게 비과세 혜택을 줌으로써 장기임대주택을 활성화하기 위한 것이다.

2) 고가주택에 해당하는 장기임대주택을 양도하는 경우 감면세액 적용방법

1세대1주택 비과세 요건을 갖춘 장기임대주택을 양도하는 경우로서 해당 주택이 고가주택인 경우 먼저 과세되는 부분에 대한 세액을 산출하고, 산출된 세액에 대하여 장기임대주택에 대한 감면규정을 적용한다.

[1세대1주택 비과세적용 장기임대주택의 세액감면 계산방법]

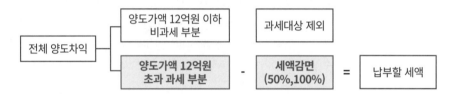

세액감면은 산출세액에 감면율을 곱하여 계산되는데, 비과세되는 부분은 과세대상에서 제외되어 산출세액이 있을 수 없으므로 과세되는 부분의 양도차익에 대해서만 세액감면을 적용하는 것이다.

2 조정대상지역 내 장기임대주택 양도시 중과적용 여부

감면대상인 장기임대주택을 의무임대기간 종료 후 양도하는 경우 장기임대주택외 다른 주택을 보유하고 있는 경우에도 중과되지 않는다. 다만, 해당 장기임대주택은 다른 주택의 중과여부 판단시 중과대상 주택수에 포함된다.

[중과여부 판단시 장기임대주택 주택수 포함 여부]

3 장기임대주택 감면적용시 임대사업자 등록여부

50% 또는 100%의 양도소득세 감면을 적용받는 일반임대주택은 지방자치단체 및 세무서에 임대사업자등록을 할 필요는 없으나, 건설임대주택 및 매입임대주택은 반드시 시군구에 임대사업자로 등록해야 100%의 양도소득세 감면이 적용된다.

4 세액감면의 한도 및 농어촌특별세 과세

장기임대주택의 양도소득세 세액감면은 감면한도 규정이 적용되지 않으므로 전액 감면되나, 감면되는 양도소득세의 20%를 농어촌특별세로 납부해야 한다.

[농어촌특별세 계산방법]

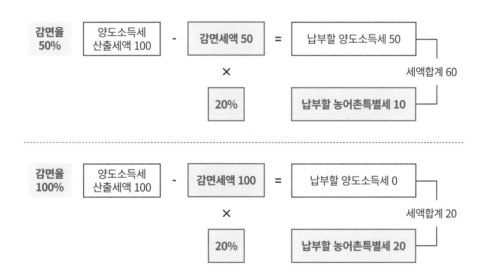

장기임대주택에 대하여 양도소득세가 100%감면되는 경우에도 감면되는 양도소득세의 20%를 농어촌특별세로 납부해야 하므로 실제 감면효과는 80%이며, 지방소득세까지 감안한 실제 감면효과는 81.82%이다.

5 **2인 이상이 장기임대주택을 공동소유하는 경우 감면적용 여부**

임대주택을 2인 이상이 공동소유하는 경우 임대주택의 전체호수에 각 소유자의 지분비율을 곱한 호수를 기준으로 감면대상 여부를 판단한다. 따라서, 임대주택 전체호수에 각 소유자의 지분비율을 곱하여 계산한 임대호수가 5호 미만이 되는 경우에는 장기임대주택에 대한 감면을 받을 수 없다.

> **사례**
>
> **전체 10호인 임대주택을 甲 50%, 乙 30%, 丙 20%의 지분으로 공동소유하는 경우**

> **해설** 甲은 5호(전체호수 10호 × 甲의 지분 50%) 이상 보유한 것으로 인정되어 세액감면을 받을수 있고, 乙과 丙은 임대호수 5호에 미달되어 세액감면을 받을 수 없다.

6 **장기임대주택 관련 주요 예규**

① 당초 근린생활시설로 신축한 부분을 실제 주택용도로 임대한 경우에는 장기임대주택 감면대상이 아니다(부동산거래관리과-269, 2011.3.24. 참조).

② 5년 이상 임대한 장기임대주택 중 5채를 먼저 양도하여 장기임대주택 감면을 적용받은 후 남은 임대주택 2호를 폐업하고 양도하는 경우에도 장기임대주택 감면을 받을 수 있다(부동산세-36, 2014.1.17.).

③ 장기임대주택에 대한 양도소득세의 감면 규정을 적용함에 있어 5호 이상 임대주택을 5년 또는 10년 이상 임대한 후 임대주택 외의 용도로 사용하다 양도하는 경우에는 감면규정을 적용받을 수 없다(재산세과-640, 2009.3.27.).

④ 조세특례제한법 제97조에 따른 장기임대주택을 2000.12.31. 이전에 임대 개시하여 5년 이상 임대한 후 재건축 등으로 당해 장기임대주택이 조합원입주권으로 전환되어 양도하는 경우에도 장기임대주택에 대한 양도소득세 감면을 적용받을 수 있다(재산세제과-283, 2010.3.29.).

[조특법 제97조 장기임대주택 감면요건 및 내용 요약]

구 분		일반임대주택 및 건설임대주택	매입임대주택
적용대상자		거주자에 한함	
임대개시 기간		1986.1.1.~2000.12.31.	1995.1.1.~2000.12.31.
주택규모		전용면적 85㎡(수도권 밖 도시지역이 아닌 읍·면지역 100㎡) 이하	
지역요건		없음	
가액요건			
취득 및 임대시기		▪'86.1.1.부터'00.12.31.까지 신축된주택 ▪'85.12.31. 이전에 신축되어 '86.1.1. 현재 입주한 사실이 없는 공동주택	'95.1.1. 이후 취득한 주택으로서 취득 당시 입주한 사실이 없는 매입임대주택
의무임대기간		5년 이상	
임대호수		5호 이상	
감면율		▪5년 이상 임대시 50% (건설임대주택은 100%) ▪10년 이상 임대시 100%	5년 이상 임대시 100%
농어촌특별세		감면세액의 20%	
기타특례		양도시 중과 제외 및 비과세 적용시 주택수 제외	
등록 요건	지자체등록	▪일반임대 : 필수요건 아님 ▪건설임대 : 등록 필수	임대등록 필수
	세무서등록	사업자등록 필수요건 아님	

사례 1

다주택자가 10년 이상 임대한 서울소재 장기임대주택을 양도하는 경우

● **주택의 취득 및 양도에 관한 자료**

구 분	내 용
임대등록 여부	지자체 및 세무서에 임대등록 및 사업자등록을 하지 않음
주택유형	신축 다가구주택 총 12가구
주택면적	가구당 전용면적 85㎡ 이하
임대현황	2000.6.25.부터 양도일까지 계속 12가구 전부 임대
취득일자 및 취득가액	1999.3.15. 취득가액 10억원
양도일자 및 양도가액	2022.1.15. 25억원에 양도
주택 보유현황	양도일 현재 장기임대주택 외 2주택 보유

구 분	계산내역	계산근거
양도가액	2,500,000,000	
(−) 취득가액	1,000,000,000	
(=) 양도차익	1,500,000,000	
(−) 장기보유특별공제	450,000,000	1,500,000,000×30%(15년 ×2%)
(=) 양도소득금액	1,050,000,000	
(−) 기본공제	2,500,000	
(=) 과세표준	1,047,500,000	
(×) 세율	45%	
(=) 산출세액	405,975,000	1,047,500,000×45% - 6,540만원(누진공제)
(−) 감면세액	405,975,000	감면한도 없음
(+) 농어촌특별세	81,195,000	405,975,000×20%

추가해설 1986.1.1.부터 2000.12.31.까지 신축된 주택을 2000.12.31. 이전에 5호 이상 임대 개시하여 10년 이상 임대 후 양도하는 경우 양도소득세가 100% 감면되며, 양도당시 다주택 자라 하더라도 양도소득세가 중과되지 않으나 감면되는 양도소득세의 20%를 농어촌특별세로 납부해야 한다.

사례 2

10년 이상 임대한 비과세 요건을 충족한 서울소재 장기임대주택을 양도하는 경우

● 주택의 취득 및 양도에 관한 자료

구 분	내 용
임대등록 여부	지자체 및 세무서에 임대등록 및 사업자등록을 하지 않음
주택유형	신축 다가구주택 총 12가구
주택면적	가구당 전용면적 85㎡ 이하
임대현황	2000.6.25.부터 양도일까지 계속 12가구 전부 임대
취득일자 및 취득가액	1999.3.15. 취득가액 10억원
양도일자 및 양도가액	2022.1.15. 25억원에 양도
주택 보유현황	장기임대주택 양도일 현재 다른 주택 없음

구 분	계산내역	계산근거
양도가액	2,500,000,000	
(-) 취득가액	1,000,000,000	
(=) 전체양도차익	1,500,000,000	
과세대상양도차익	780,000,000	1,500,000,000×(25억원-12억원)/25억원
(-) 장기보유특별공제	234,000,000	780,000,000×30%(15년×2%)
(=) 양도소득금액	546,000,000	
(-) 기본공제	2,500,000	
(=) 과세표준	543,500,000	
(×) 세율	42%	
(=) 산출세액	192,870,000	543,500,000×42% - 3,540만원(누진공제)
(-) 감면세액	192,870,000	감면한도 없음
(+) 농어촌특별세	38,574,000	192,870,000×20%

추가해설 양도하는 장기임대주택이 1세대1주택 비과세 요건을 갖춘 고가주택에 해당하는 경우 1세대1주택 비과세를 먼저 적용한 후, 과세되는 부분에 대하여만 장기임대주택에 대한 양도소득세 100% 감면규정을 적용한다. 1세대1주택 비과세가 적용되더라도, 양도한 주택에 거주하지 않았으므로 보유연수에 따라 최대 30%가 공제되는 장기보유특별공제율을 적용한다.

Ⅱ 신축임대주택에 대한 양도소득세 감면(조특법 제97조의2)

거주자가 아래의 요건을 충족한 1호 이상의 신축임대주택을 포함하여 2호 이상의 국민주택규모이하 주택을 5년 이상 임대한 후 신축임대주택을 양도하는 경우 양도소득세를 100% 감면한다. 다만, 감면되는 양도소득세의 20%를 농어촌특별세로 납부해야 한다. 이 경우 감면대상 주택 2호를 판정함에 있어 2호 모두 신축주택이어야 하는 것은 아니며, 기존주택 1호와 신축주택 1호를 임대한 경우에도 2호 이상의 임대주택에 요건에 해당한다.

[임대주택유형 및 취득요건에 따른 감면대상 신축임대주택]

임대주택유형	취득요건	감면율
임대주택법상 건설임대주택	① 1999.8.20.부터 2001.12.31.까지 신축된 주택 ② 1999.8.19. 이전에 신축된 공동주택으로서 1999.8.20. 현재 입주한 사실이 없는 주택	100%
임대주택법상 매입임대주택	① 1999.8.20. 이후 신축된 주택 ② 1999.8.19. 이전에 신축된 공동주택으로서 1999.8.20. 현재 입주한 사실이 없는 주택을 1999.8.20. 이후 취득하여 임대를 개시한 주택 (1999.8.20.부터 2001.12.31.까지 매매계약을 체결하고 계약금을 지급한 경우에 한함)	

1 신축임대주택의 주택수 포함여부 및 감면세액 적용 방법

1) 신축임대주택의 주택수 포함여부

신축임대주택과 다른 일반주택을 보유한 경우 신축임대주택은 거주자의 소유주택으로 보지 않으므로 신축임대주택 이외 양도하는 일반주택이 1세대1주택 비과세 요건을 갖춘 경우에는 양도소득세가 비과세된다.

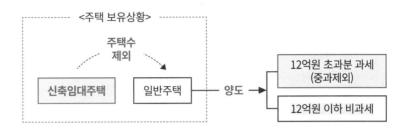

2) 감면세액 적용방법

1세대1주택 비과세 요건을 갖춘 신축임대주택을 양도하는 경우로서 해당 주택이 고가주택인 경우 먼저 과세되는 부분에 대한 세액을 산출하고, 산출된 세액에 대하여 신축임대주택에 대한 감면규정을 적용한다.

2 조정대상지역 내 신축임대주택 양도시 중과적용 여부

감면대상인 신축임대주택을 의무임대기간이 종료된 후 양도하는 경우 신축임대주택외 다른 주택을 보유하고 있는 경우에도 중과되지 않는다. 다만, 해당 신축임대주택은 다른 주택의 중과여부 판단시 중과대상 주택수에 포함된다.

[중과대상 판단시 신축임대주택 주택수 포함 여부]

3 신축임대주택 감면적용시 임대사업자 등록요건 적용 여부

조세특례제한법 97조2의 감면규정을 적용받으려면 시·군·구에 임대주택법에 의한 임대사업자등록을 해야 하나, 세무서에 필수적으로 사업자등록을 해야 하는 것은 아니다.

4 신축임대주택이 아닌 기존 임대주택 양도시 감면적용 여부

법정 요건을 충족한 신축임대주택을 양도하는 경우에만 감면이 적용되고, 기존에 보유한 임대주택을 양도하는 경우에는 양도소득세가 감면되지 않는다.

5 세액감면의 한도 및 농어촌특별세 과세

신축임대주택의 양도소득세 세액감면은 감면한도가 적용되지 않으므로 전액 감면되나, 감면되는 양도소득세의 20%를 농어촌특별세로 납부해야 한다.

6 신축임대주택 관련 주요 예규

① 타인으로부터 분양권을 취득하여 신축한 주택도 신축임대주택 감면규정을 적용받을 수 있다(부동산납세과-695, 2019.7.4.).
② 1999.8.20.부터 2001.12.31. 기간 중에 매매계약을 체결하고 계약금을 지급한 경우로서 2002.1.1. 이후 완공된 신축주택도 신축임대주택 감면규정을 적용받을 수 있다(서면4팀-112,2004.2.23.).
③ 조세특례제한법 제97조의2를 적용받을 수 있는 임대주택법상 매입임대주택은 1999.8.20.부터 2001.12.31. 기간 중에 매매계약을 체결하고 계약금을 지급한 경우에만 적용되므로 1999.8.19. 이전에 매매계약을 체결한 경우에는 신축임대주택 감면을 적용받을 수 없다(법규재산2014-226, 2014.6.27.).

[조세특례제한특법 제97조와 제97조의2 감면규정 비교]

● **공통점**

구 분	장기임대주택(조특법 97조)	신축임대주택(조특법 97조의2)
공통점	① 감면대상자 : 거주자 ② 주택규모 : 전용면적 85㎡(수도권 밖 도시지역 아닌 읍·면지역 100㎡) 이하 ③ 감면세액의 20% 농어촌특별세 납부 ④ 다른 주택의 1세대1주택 비과세 판단시 주택수에서 제외 ⑤ 임대주택 양도시 중과제외 및 다른 주택 중과여부 판정시 주택수에 포함 ⑥ 건설임대주택 및 매입임대주택 : 지자체 임대등록 필수, 세무서 사업자등록 선택 ⑦ 양도기한 : 제한 없음 ⑧ 주택소재지 요건 및 주택가액 요건 : 제한 없음	

● **차이점**

구 분	장기임대주택(조특법 97조)	신축임대주택(조특법 97조의2)
대상 주택	① 일반임대주택 및 건설임대주택 ▪'86.1.1.부터 '00.12.31.까지 신축된 주택 ▪'85.12.31. 이전에 신축된 공동주택으로서 '86.1.1. 현재 입주한 사실이 없는 주택 ② 매입임대주택 ▪'95.1.1. 이후 취득하여 임대개시한 주택으로서 취득 당시 입주한 사실이 없는 주택	① 임대주택법상 건설임대주택 ▪'99.8.20.부터 '01.12.31.까지 신축된 주택 ▪'99.8.19. 이전에 신축된 공동주택으로서 '99.8.20. 현재 입주한 사실이 없는 주택 ② 임대주택법상 매입임대주택 ▪'99.8.20.~'01.12.31. 사이에 계약금을 지급하고 취득하여 임대를 개시한 주택 ▪'99.8.20. 이후 신축된 주택으로서 취득당시 입주한 사실이 없는 주택 ▪'99.8.19. 이전에 신축된 공동주택으로서 '99.8.20. 현재 입주한 사실이 없는 주택
감면 요건	2000.12.31. 이전에 국민주택규모의 주택을 5호 이상 임대 개시하여 5년 이상 임대 후 양도	1호 이상 신축된 국민주택규모 주택을 포함하여 2호 이상 임대주택을 5년 이상 임대 후 신축임대주택 양도
감면 내용	① 일반임대주택 ▪5년 이상 임대 후 양도 : 50% 감면 ▪10년 이상 임대 후 양도 : 100% 감면 ② 임대주택법상 건설임대주택 ▪5년 이상 임대 후 양도 : 100% 감면 ③ 임대주택법상 매입임대주택 ▪5년 이상 임대 후 양도 : 100% 감면	① 신축 임대주택 ▪5년 이상 임대 후 양도 : 100% 감면 ② 기존 임대주택 ▪5년 이상 임대 후 양도 : 과세

02
미분양주택 취득에 대한 양도소득세 과세특례

Ⅰ 미분양주택에 대한 과세특례(조특법 제98조)

거주자가 취득시기 등 법정 요건을 갖춘 미분양주택을 5년 이상 보유·임대한 후 양도함으로써 발생한 소득에 대해서는 20%의 단일세율을 적용한 양도소득세 납부방식과 기본세율을 적용한 종합소득세 납부방식 중 하나를 선택하여 신고할 수 있다.

[조특법 제98조 미분양주택 세율적용 방법]

[조특법 제98조 미분양주택에 대한 과세특례 요약]

구 분	내 용
적용대상자	거주자
대상주택	① 1995.11.1.부터 1997.12.31.까지 취득한 서울특별시 밖에 소재하는 국민주택규모 주택(1997.12.31.까지 매매계약을 체결하고 계약금을 납부한 경우 포함) ② 1998.3.1.부터 1998.12.31.까지 취득한 서울특별시 밖에 소재하는 국민주택규모 주택(1998.12.31.까지 매매계약을 체결하고 계약금을 납부한 경우 포함)
1세대1주택 판단	해당 미분양주택은 다른 일반주택의 1세대1주택 비과세 판단시 주택수에서 제외

중과제외 여부	해당 미분양주택을 양도하는 경우 양도소득세 중과 제외
농어촌특별세	농어촌특별세 비과세
과세특례	미분양주택을 취득하여 5년 이상 보유·임대한 후 양도함으로써 발생한 소득에 대하여 20%의 단일세율을 적용한 양도소득세 납부방식과 기본세율을 적용한 종합소득세 납부방식 중 하나를 선택하여 적용

Ⅱ 지방 미분양주택 취득에 대한 양도소득세 등 과세특례
(조특법 제98조의2)

거주자가 2008.11.3.부터 2010.12.31.까지의 기간 중에 취득(2010.12.31.까지 매매계약을 체결하고 계약금을 납부한 경우 포함)한 수도권 밖에 소재하는 미분양주택을 양도하여 발생한 소득에 대하여는 최대 80%의 장기보유특별공제율을 적용하고, 세율은 기본세율을 적용하며, 법인은 30%의 추가 법인세 과세를 하지 않는다.

[조특법 제98조의2 미분양주택 세액계산 방법]

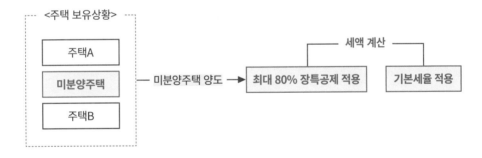

[조특법 제98조의2 양도소득세 등 과세특례 요약]

구 분	내 용
적용대상자	개인 및 법인
대상주택	① 2008.11.2.까지 미분양된 주택을 2008.11.3. 이후 선착순의 방법으로 공급하는 주택 ② 2008.11.3.까지 사업계획승인을 받았거나 사업계획승인신청을 한 사업주체가 공급하는 주택으로서 해당 사업주체와 최초로 매매계약을 체결하고 취득하는 신규 분양주택

대상지역	수도권 밖에 소재하는 주택
1세대1주택 판단	해당 미분양주택은 다른 일반주택의 1세대1주택 비과세 판단시 주택수에서 제외
중과제외 여부	해당 미분양주택을 양도하는 경우 양도소득세 중과 제외
부동산매매업을 영위하는 경우	부동산매매업을 영위하는 거주자가 해당 지방 미분양주택을 양도함으로써 발생하는 소득에 대해서는 비교과세를 적용하지 않고 기본세율 적용
과세특례	주택수에 관계없이 최대 80% 장기보유특별공제율 및 기본세율 적용
과세특례 신청	양도소득세 신고시 '미분양주택임을 확인하는 날인'을 받은 매매계약서 사본 제출

Ⅲ 서울시 밖 미분양주택 취득자에 대한 양도소득세 과세특례
(조특법 제98조의3)

거주자가 2009.2.12.부터 2010.2.11.까지(비거주자는 2009.3.16.부터 2010.2.11.까지) 서울특별시 밖에 있는 법정 요건을 갖춘 미분양주택을 사업주체와 최초로 매매계약을 체결하고 취득한 후, 취득일로부터 5년 이내 양도한 경우 양도소득세를 100%(수도권과밀억제권역인 경우 60%) 감면하고, 미분양주택의 취득일로부터 5년 이상 경과된 후 양도하는 경우에는 취득일로부터 5년간 발생한 양도소득금액(수도권과밀억제권역인 경우 양도소득금액의 60%)을 해당 주택의 양도소득세 과세대상 소득금액에서 차감한다.

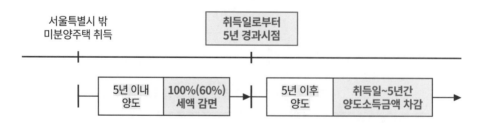

[조특법 제98조의3 양도소득세 과세특례 요약]

구 분	내 용
적용대상자	거주자 또는 비거주자
대상지역	서울특별시 밖에 소재하는 주택(수도권 과밀억제권역 내에 있는 경우에는 주택면적 149㎡ 및 대지면적 660㎡ 이하)
1세대1주택 판단	해당 미분양주택은 다른 일반주택의 1세대1주택 비과세 판단시 주택수에서 제외
중과제외 여부	해당 미분양주택을 양도하는 경우 양도소득세 중과 제외
농어촌특별세	농어촌특별세 비과세
장기보유특별공제	다주택자는 최대 30%, 1세대1주택자는 최대 80% 장기보유특별공제율 적용
과세특례	① 5년 이내 양도시 100%(수도권과밀억제권역 60%) 감면율 적용 ② 5년 경과후 양도시 취득일로부터 5년간 발생한 양도소득금액(수도권과밀억제권역 60%)을 양도소득세 과세대상 소득금액에서 차감

적용사례

취득일로부터 5년 이상 경과 후 양도하는 경우 감면소득금액 등의 계산

[취득일로부터 5년간 발생한 양도소득금액의 계산]

$$\text{양도소득금액} \times \frac{\text{취득일로부터 5년이 되는 날 현재 기준시가 - 취득당시 기준시가}}{\text{양도당시 기준시가 - 취득당시 기준시가}}$$

사례 1

기준시가가 계속 상승한 수도권 밖 소재 미분양주택을 취득 후 양도한 경우

● 주택의 취득 및 양도에 관한 자료

구 분	내 용
취득일자 및 소재지역	2010.11.3. 수도권 밖 소재 미분양주택으로서 2년 이상 미거주
양도일자	2021.6.15
양도차익	5억원

기준시가	취득 당시 : 2억원
	취득 후 5년이 되는 날 : 5억원
	양도 당시 : 7억원

해설

구 분		조특법 제98조의3	계산 근거
	양도차익	500,000,000	
(-)	장기보유특별공제	100,000,000	500,000,000 × 20%(10년 × 2%)
(=)	양도소득금액	400,000,000	
(-)	감면소득금액	240,000,000	4억원 × (5억원 - 2억원)/(7억원 - 2억원)
(-)	기본공제	2,500,000	
(=)	과세표준	157,500,000	
(×)	세율	38%	
(=)	산출세액	40,450,000	157,500,000 × 38% - 19,400,000(누진공제)
(+)	지방소득세	4,045,000	40,450,000 × 10%
(=)	총부담세액	44,495,000	
	농어촌특별세	-	농어촌특별세 비과세

사례 2

양도당시 기준시가가 하락한 수도권 밖 소재 미분양주택을 취득 후 양도한 경우

● 주택의 취득 및 양도에 관한 자료

구 분	내 용
취득일자 및 소재지역	2010.11.30. 수도권 밖 소재 미분양주택으로서 2년 이상 미거주
양도일자	2021.6.15
양도차익	5억원
기준시가	취득 당시 : 4억원
	취득 후 5년이 되는 날 : 5억원
	양도 당시 : 3억원

해설

구 분		조특법 제98조의3	계산 근거
	양도차익	500,000,000	
(−)	장기보유특별공제	100,000,000	500,000,000 × 20%(10년 × 2%)
(=)	양도소득금액	400,000,000	
(−)	감면소득금액	400,000,000	4억원 × (5억원 − 4억원)/(3억원 − 4억원)
(−)	기본공제	2,500,000	
(=)	과세표준	0	

추가해설 기준시가로 볼 때 전체 보유기간동안 양도차손이 발생하였으나, 취득일로부터 5년이 되는 날까지 양도차익이 발생하였으므로 취득일로부터 5년 동안 전체 양도차익이 발생하였다고 보아 전체 양도소득금액에 대하여 감면되는 것이다.

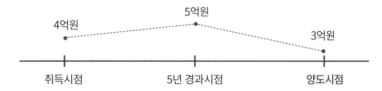

Ⅳ 비거주자의 주택취득에 대한 양도소득세 과세특례(조특법 제98조의4)

비거주자가 2009.3.16.부터 2010.2.11.까지 조특법 제98조의3제1항에 따른 미분양주택 외의 주택을 취득한 후 해당 주택을 양도하는 경우 양도소득세의 10%를 감면한다.

[조특법 제98조의4 양도소득세 과세특례 요약]

구 분	내 용
적용대상자	비거주자
대상주택	조특법 제98조의3제1항(서울특별시 밖 미분양주택)에 따른 미분양주택 외의 일반주택
과세특례	양도소득세의 10% 감면
농어촌특별세	감면되는 양도소득세의 20%를 농어촌특별세로 납부

구 분	조특법 98조의 3	조특법 98조의 4
거주자 여부	거주자 또는 비거주자	비거주자
대상주택	미분양주택	일반주택
주택소재지	서울특별시 밖	소재지 구분 없음
취득시기	2009.3.16.~2010.2.11.	
감면율	▪5년 이내 : 100%(60%) 세액감면 ▪5년 경과 : 과세대상소득금액에서 차감	양도소득세의 10%
감면한도	감면한도 없음	
농어촌특별세	비과세	감면세액의 20%

V 수도권 밖 미분양주택 취득자에 대한 양도소득세 과세특례
(조특법 제98조의5)

거주자 또는 비거주자가 2010.2.11. 현재 수도권 밖에 있는 미분양주택을 2010.5.14.부터 2011.4.30.까지 사업주체 등과 최초로 분양계약을 체결하여 취득 (2011.4.30.까지 매매계약을 체결하고 계약금을 납부한 경우 포함)한 후, 취득일로부터 5년 이내 양도한 경우 아래의 감면율을 곱하여 계산한 세액을 감면하고, 취득일로부터 5년 이상 경과된 후 양도하는 경우 취득일로부터 5년간 발생한 양도소득금액에 아래의 감면율을 곱하여 계산한 금액을 과세대상 소득금액에서 차감한다.

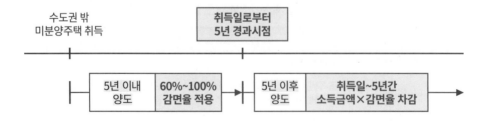

분양가격 인하율	감면율
10%이하(인하율이 0인 경우 포함)인 경우	60%
10%초과 20%이하인 경우	80%
20%를 초과하는 경우	100%

배경 및 취지

해당 감면 규정은 미분양 해소를 통해 건설경기를 진작시키기 위한 것이므로 최초로 분양계약을 체결한 미분양 주택에 대해서만 감면이 적용되고, 승계취득한 분양권은 감면이 적용되지 않는 것이다.

[조특법 제98조의5 양도소득세 과세특례 요약]

구 분	내 용
적용대상자	거주자 또는 비거주자
대상주택	수도권 밖에 소재하는 미분양주택
1세대1주택 판단	해당 미분양주택은 다른 일반주택의 1세대1주택 비과세 판단시 주택수에서 제외
중과제외 여부	해당 미분양주택을 양도하는 경우 양도소득세 중과 제외
농어촌특별세	농어촌특별 비과세
장기보유특별공제	다주택자는 최대 30%, 1세대1주택자는 최대 80% 장기보유특별공제율 적용
과세특례	① 5년 이내 양도시 분양가격 인하율에 따른 감면율 적용 ② 5년 경과후 양도시 5년간 발생한 양도소득금액에 분양가격 인하율에 따른 감면율을 곱하여 계산한 금액을 양도소득세 과세대상 소득금액에서 차감
과세특례 신청	양도소득세 신고시 '미분양주택임을 확인하는 날인'을 받은 매매계약서 사본을 제출해야 함

사례

다주택자가 취득일로부터 5년 이상 경과 후 미분양주택을 양도하는 경우

● 주택의 취득 및 양도에 관한 자료

구 분	내 용
취득일 및 취득가액	2011.3.18 2억원
양도일 및 양도가액	2022.1.15 6억원
최초 분양가액	2.2억원
기준시가	취득 당시 : 1.5억원
	취득 후 5년이 되는 날 : 2억원
	양도 당시 : 4억원

해설

	구 분	금 액	계산 근거
	양도차익	400,000,000	
(−)	장기보유특별공제	80,000,000	400,000,000 × 20%(10년 × 2%)
(=)	양도소득금액	320,000,000	
(−)	감면소득금액	38,400,000	3.2억원 × (2억원 - 1.5억원)/(4억원 - 1.5억원) × 60%
(−)	기본공제	2,500,000	
(=)	과세표준	279,100,000	
(×)	세율	38%	
(=)	산출세액	86,658,000	279,100,000 × 38% - 19,400,000(누진공제)
(+)	지방소득세	8,665,800	86,658,000× 10%
(=)	총부담세액	95,323,800	
	농어촌특별세	-	농어촌특별세 비과세

추가해설

1. 감면소득금액은 분양가격 인하율이 10% 이하($\frac{2.2억-2억원}{2.2억}$ = 9%)인 경우 감면율은 60%이므로, 취득일로부터 5년간 발생한 양도소득금액에 60%의 감면율을 곱하여 계산한다.

2. 다주택자인 경우에도 미분양주택은 중과제외되므로 장기보유특별공제 및 기본세율을 적용한다.

Ⅵ 준공후 미분양주택 취득자에 대한 양도소득세 과세특례
(조특법 제98조의6)

1 사업주체 등이 2년 이상 임대한 주택을 취득한 경우

준공 후 미분양된 주택으로서 2011.12.31.까지 사업주체 등이 2년 이상 임대한 주택을 거주자 또는 비거주자가 사업주체 등과 최초로 매매계약을 체결하고 취득한 주택을 취득일로부터 5년 이내 양도한 경우 양도소득세를 50% 감면하고, 취득일로부터 5년 이상 경과된 후 양도하는 경우에는 해당 주택의 취득일로부터 5년간 발생한 양도소득금액의 50%에 상당하는 금액을 과세대상 소득금액에서 차감한다.

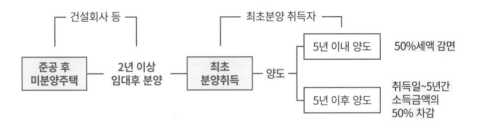

2 거주자 또는 비거주자가 취득하여 5년 이상 임대한 경우

거주자 또는 비거주자가 준공된 후 미분양된 주택을 사업주체등과 최초로 매매계약을 체결하여 취득한 후 2011.12.31.까지 임대계약을 체결하여 5년 이상 임대한 주택을 양도하는 경우 취득일로부터 5년간 발생한 양도소득금액의 50%에 상당하는 금액을 과세대상 소득금액에서 차감한다.

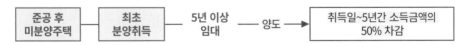

[조특법 98조의6 양도소득세 과세특례 요약]

구 분	내 용
적용대상자	거주자 또는 비거주자
1세대1주택 판단	해당 미분양주택은 다른 일반주택의 1세대1주택 비과세 판단시 주택수에서 제외
중과제외 여부	해당 미분양주택을 양도하는 경우 양도소득세 중과 제외
농어촌특별세	감면되는 양도소득세의 20%를 농어촌특별세로 납부
장기보유특별공제	다주택자는 최대 30%, 1세대1주택자는 최대 80% 장기보유특별공제율 적용
과세특례	① 5년 이내 양도시 50% 감면율 적용 ② 5년 경과후 양도시 5년간 발생한 양도소득금액의 50%에 상당하는 금액을 과세대상 소득금액에서 차감
과세특례 신청	양도소득세 신고시 '미분양주택임을 확인하는 날인'을 받은 매매계약서 사본 제출

Ⅶ 미분양주택 취득자에 대한 양도소득세 과세특례 (조특법 제98조의7)

내국인이 2012.9.24. 현재 미분양주택으로서 취득가액이 9억원 이하인 미분양주택을 2012.9.24.부터 2012.12.31.까지 사업주체 등과 최초로 매매계약을 체결하여 취득한 후 취득일로부터 5년 이내 양도한 경우 양도소득세를 100% 감면하고, 취득일로부터 5년 이상 경과된 후 양도하는 경우에는 취득일로부터 5년간 발생한 양도소득금액을 과세대상 소득금액에서 차감한다.

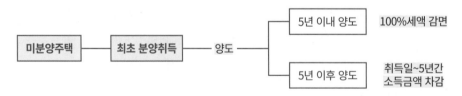

[조특법 98조의7 양도소득세 과세특례 요약]

구 분	내 용
적용대상자	내국인
가액요건	2012.9.24. 현재 미분양주택으로 취득가액이 9억원 이하 미분양 주택
1세대1주택 판단	해당 미분양주택은 다른 일반주택의 1세대1주택 비과세 판단시 주택수에서 제외
중과제외 여부	해당 미분양주택을 양도하는 경우 양도소득세 중과 제외
농어촌특별세	감면되는 양도소득세의 20%를 농어촌특별세로 납부
과세특례	① 5년 이내 양도시 100% 세액감면 ② 5년 경과후 양도시 5년간 발생한 양도소득금액을 양도소득세 과세대상 소득금액에서 차감

Ⅷ 준공후 미분양주택 취득자에 대한 양도소득세 과세특례
(조특법 제98조의8)

거주자가 준공 후 미분양주택으로서 취득가액이 6억원 이하이고 주택의 연면적(공동주택은 전용면적) 135㎡ 이하인 주택을 사업주체 등과 2015.1.1.부터 2015.12.31.까지 최초로 매매계약을 체결하여 취득한 후 5년 이상 임대한 주택을 양도하는 경우에는 취득일로부터 5년간 발생한 양도소득금액의 50%에 상당하는 금액을 과세대상 소득금액에서 차감한다.

[조특법 98조의8 양도소득세 과세특례 요약]

구 분	내 용
적용대상자	거주자
가액 및 면적요건	준공 후 미분양주택의 취득가액이 6억원 이하이고 주택의 연면적(공동주택은 전용면적) 135㎡ 이하인 주택
1세대1주택 판단	해당 미분양주택은 다른 일반주택의 1세대1주택 비과세 판단시 주택수에서 제외
중과제외 여부	해당 미분양주택을 양도하는 경우 양도소득세 중과 제외
농어촌특별세	감면되는 양도소득세의 20%를 농어촌특별세로 납부
과세특례	취득일로부터 5년간 발생한 양도소득금액의 50%에 상당하는 금액을 과세대상 소득금액에서 차감
등록 및 임대요건	시·군·구와 세무서에 임대사업자등록과 사업자등록을 하고, 2015.12.31. 이전에 임대계약을 체결하여 5년 이상 임대
과세특례 신청	양도소득세 신고시 '준공후 미분양주택임을 확인하는 날인'을 받은 매매계약서 사본 제출

03
신축주택 취득자에 대한 감면

I 신축주택 취득자에 대한 양도소득세 감면 (조특법 제99조)

주택건설 사업자를 제외한 거주자가 1998.5.22.부터 1999.6.30.까지(국민주택규모 주택은 1999.12.31.까지)에 해당하는 신축주택 취득기간 내에 취득한 자기가 건설한 주택 또는 주택건설사업자와 최초로 매매계약을 체결하고 취득한 신축주택을 취득한 날로부터 5년 이내 양도하여 발생한 양도소득금액은 과세대상 소득금액에서 차감하며, 5년 이상 경과된 후 양도하는 경우에는 취득일로부터 5년간 발생한 양도소득금액을 과세대상 소득금액에서 차감한다. 다만, 감면되는 양도소득세의 20%를 농어촌특별세로 납부해야 한다.

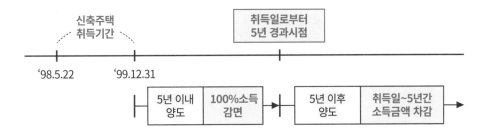

1 **신축주택의 요건**

신축주택 감면대상이 되는 주택은 법에서 정한 신축주택 취득기간 내에 자기가 건설한 주택이거나 주택건설사업자와 최초로 매매계약을 체결하고 취득하는 주택이어야 하고, 감면대상 주택 외 다른 주택을 보유하거나 1세대 2주택자가 신축주택을 취득하여 해당 신축주택을 양도하는 경우에는 조세특례제한법 제99조의 요건을 충족한 신축주택이어야 한다.

1) 자기가 건설한 주택

주택조합 및 재개발·재건축을 통해 조합원이 취득한 주택을 포함하여 신축주택 취득기간 사이에 사용승인 또는 사용검사를 받은 주택

2) 주택건설사업자 등으로부터 취득한 아래의 주택

① 신축주택 취득기간 내에 주택건설사업자와 최초로 매매계약을 체결하고 계약금을 납부한 자가 취득하는 주택
② 주택조합 등이 조합원에게 공급하고 남은 잔여주택을 신축주택 취득기간 내에 주택조합 등과 최초로 매매계약을 체결하고 계약금을 납부한 일반분양자가 취득하는 주택
③ 주택조합 등이 일반분양자와 신축주택 취득기간 내에 잔여주택에 대해 최초로 매매계약을 체결하고 계약금을 받은 경우로서 주택조합 등으로부터 공급받은 조합원 분양분이 신축주택 취득기간 경과 후 사용승인 또는 사용검사를 받은 주택

사례

재건축으로 신축된 주택의 사용승인일이 2000.1.1. 이후인 경우 감면 여부

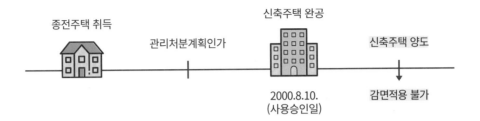

종전주택 취득   관리처분계획인가   신축주택 완공   신축주택 양도

2000.8.10.
(사용승인일)

감면적용 불가

해설 재건축조합원이 종전아파트를 조합에 제공하고 관리처분계획에 따라 조합원으로서 취득한 재건축아파트를 양도하는 경우로서 재건축아파트의 사용승인일이 2000.1.1. 이후인 경우 조세특례제한법 제99조의 규정에 의한 신축주택의 취득자에 대한 양도소득세 감면대상 주택에 해당하지 않는다(서일46014-2003.6.2.).

대비사례

재건축으로 신축된 주택의 사용승인일이 2000.1.1. 이후인 경우 감면 여부

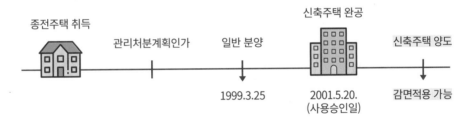

종전주택 취득   관리처분계획인가   일반 분양   신축주택 완공   신축주택 양도

1999.3.25   2001.5.20.
(사용승인일)

감면적용 가능

해설 조합원이 취득한 주택은 1998.5.22.부터 1999.6.30.까지(국민주택은 1999.12.31.까지) 사용승인 또는 사용검사를 받은 경우에만 감면대상이 되나, 신축주택 취득기간에 정비사업조합이 조합원 외의 자에게 일반분양한 사실이 있는 경우 재건축아파트를 신축주택 취득기간 경과 후 사용승인을 받은 경우에도 감면대상에 포함된다(대판200715971, 2008.6.26. 참조).

2 감면이 배제되는 신축주택

1) 고가주택에 해당하는 경우

매매계약 체결일 또는 사용승인일 당시의 면적 및 양도 당시의 가액 모두 아래 기준에 해당하는 고가주택은 신축주택 감면을 받을 수 없다. 따라서 양도가액이 고가주택 기준가액을 초과하더라도 취득당시 면적기준이 고가주택 기준면적에 미달하는 경우에는 고가주택에 해당되지 않아 신축주택 감면대상이 된다.

[감면배제 대상 고가주택의 범위]

구 분	취득당시 면적기준		양도당시 가액기준
	'98.5.22.~'02.9.30.	'02.10.1.~'02.12.31.	'21.12.8. 이후 양도
공동주택(전용면적)	165㎡ 이상	149㎡ 이상	양도가액 12억원('21.12.7. 이전 양도분은 9억원) 초과
단독주택(연면적)	대지 495㎡ 이상이거나, 주택 264㎡ 이상		

사례

주택건설사업자로부터 취득한 아파트에 대한 고가주택 판단

구 분	취득시점		양도시점		감면 여부	적용 이유
	전용면적	계약일	양도일	양도가액		
사례1	150㎡	1999.2.10.	2022.3.15.	30억원	여	계약시점 면적요건 충족
사례2	85㎡	1999.8.25.	2022.5.10	35억원	여	국민주택규모는 1999.12.31. 까지 계약가능
사례3	160㎡	1999.10.5.	2022.4.25.	25억원	부	국민주택규모 초과는 1999.6.30.까지만 계약가능
사례4	180㎡	1999.5.10.	2022.1.25	30억원	부	계약시점 면적요건과 양도시점 가액요건 미충족

2) 매매계약일 현재 다른 자가 입주한 사실이 있는 주택

3) 신축주택 취득기간 중 아래에 해당하는 주택

① 1998.5.21. 이전에 분양계약을 체결하였던 자가 분양계약을 해제하고 분양계약을 체결한 자 또는 그 배우자(분양계약자 또는 직계존비속 및 형제자매 포함)가 당초 분양계약을 체결하였던 주택을 다시 분양받아 취득한 주택

② 주택건설사업자로부터 당초 분양계약을 체결하였던 주택 대신 다른 주택을 분양받아 취득한 주택

③ 개인으로부터 분양권을 매입(상속·증여 포함)하여 취득하는 주택

4) 상속·증여받은 신축주택

3 감면소득의 계산

1) 신축주택 취득일로부터 5년 이내 양도하는 경우

신축주택을 취득한 날로부터 양도일까지 발생한 양도소득금액을 양도소득세 과세대상 소득금액에서 차감한다. 다만, 재개발·재건축조합의 조합원이 보유한 종전주택이 재개발·재건축으로 인하여 신축주택으로 완성된 경우 감면대상 양도소득금액은 아래와 같이 계산한다.

[5년 이내 양도하는 경우 감면소득금액]

$$\text{양도소득금액} \times \frac{\text{양도당시 기준시가} - \text{신축주택 취득당시 기준시가}}{\text{양도당시 기준시가} - \text{종전주택 취득당시 기준시가}}$$

2) 신축주택 취득일로부터 5년 이상 경과된 후 양도하는 경우

신축주택 취득일로부터 5년 이상 경과된 후 양도하는 경우 신축주택을 취득한 날로부터 5년간 발생한 양도소득금액을 과세대상 소득금액에서 차감하며, 감면대상 양도소득금액은 아래와 같이 계산한다.

[5년 이상 경과된 후 양도하는 경우 감면소득금액]

$$\text{양도소득금액} \times \frac{\text{신축주택 취득일로부터 5년이 되는 날의 기준시가} - \text{신축주택 취득당시 기준시가}}{\text{양도당시 기준시가} - \text{신축주택 취득당시 기준시가}^*}$$

* 재개발·재건축 원조합원의 경우 「종전주택 취득 당시 기준시가」를 적용하고 승계조합원의 경우 「신축주택 취득 당시 기준시가」를 적용한다.

재건축으로 신축된 주택을 취득일로부터 5년 후 양도하는 경우
감면소득금액 계산

사례 1

원조합원이 재건축으로 신축된 주택을 취득일로부터 5년 경과 후 양도하는 경우

구 분	내 용
양도소득금액	8억원
아파트 공시가격	종전주택 취득당시 기준시가 1억원
	신축주택 준공일 당시 기준시가 2억원
	준공일로부터 5년이 되는 날 당시 기준시가 5억원
	양도당시 기준시가 7억원

해설 재개발·재건축 신축주택의 감면소득금액

$$800,000,000 \times \frac{500,000,000 - 200,000,000}{700,000,000 - 100,000,000} = 400,000,000$$

사례 2

승계조합원이 재건축으로 신축된 주택을 취득일로부터 5년 이상 경과된 후 양도하는 경우

구 분	내 용
양도소득금액	8억원
아파트 공시가격	종전주택 취득당시 기준시가 1억원
	신축주택 준공일 당시 기준시가 2억원
	준공일로부터 5년이 되는 날 당시 기준시가 5억원
	양도당시 기준시가 7억원

해설 재개발·재건축 신축주택의 감면소득금액 계산

$$800,000,000 \times \frac{500,000,000 - 200,000,000}{700,000,000 - 200,000,000} = 480,000,000$$

4 기타 사항

1) 1세대1주택 비과세 특례 적용여부

① 신축주택을 보유한 상태에서 일반주택을 양도하는 경우

조세특례제한법 제99조 및 제99조의3에 따른 감면대상 신축주택은 거주자의 소유 주택수에 포함되므로 신축주택을 보유한 상태에서 일반주택을 양도하는 경우에는 1세대1주택 비과세를 적용받을 수 없다.

[1세대1주택 비과세 판단시 신축주택 주택수 포함 여부]

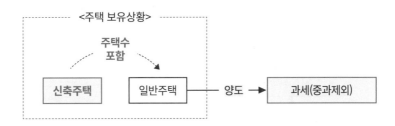

일반적으로 조세특례제한법상 양도소득세 감면 및 과세특례 주택은 다른 주택의 1세대1주택 비과세 여부 판단시 주택수에 포함되지 않으나, 조세특례제한법 제 99조 및 제99조의3에 해당하는 감면대상 주택은 다른 주택의 1세대1주택 비과세 여부 판단시 주택수에 포함되어 다른 주택을 양도할 때 양도소득세가 비과세되지 않을 수 있으므로 주의하여야 한다.

[임대주택 및 감면주택 등을 보유하고 있는 상태에서 일반주택 양도시 비과세 여부]

구 분	주택수 포함 여부	일반주택 양도시 비과세 여부
조특법 97조~97조의2,3,45	제외	비과세 가능
조특법 98조 등 미분양주택	제외	비과세 가능
조특법 99조 및 99조의3	포함	비과세 불가
조특법 99조의2	제외	비과세 가능
조특법 99조의4	제외	비과세 가능

② 양도하는 감면대상 신축주택이 1세대1주택 고가주택인 경우

양도하는 신축주택이 1세대1주택 비과세를 요건을 갖춘 고가주택인 경우에는 비과세를 먼저 적용한 후, 과세되는 양도차익에 대해 신축주택에 대한 감면규정을 적용한다.

2) 조정대상지역 내 감면주택 양도시 중과 적용여부

감면대상인 신축주택을 양도하는 경우 신축주택외 다른 주택을 보유하고 있는 경우에도 중과되지 않으나, 해당 신축주택은 다른 주택의 중과여부 판단시 주택수에 포함된다.

[중과여부 판단시 신축주택 주택수 포함 여부]

3) 농어촌특별세 과세

감면받은 양도소득세의 20%를 농어촌특별세로 납부해야 한다.

4) 신축주택 감면신청

감면을 신청하는 자는 당해 부동산의 양도일이 속하는 과세연도의 과세표준에 대한 예정신고 또는 확정신고와 함께 「세액감면신청서」를 납세지 관할세무서장에게 제출하여야 한다(조특령 §99④).

[조특법 제99조 신축주택 취득자에 대한 감면내용 요약]

구 분	감면 내용
대상주택	신축주택 및 최초 분양주택

신축주택
취득기간
	① 자기가 건설한 경우 : 1998.5.22.부터 1999.6.30(국민주택규모는
	  1999.12.31.)사이에 사용승인
	② 주택건설사업자로부터 취득한 경우 : 1998.5.22.부터 1999.6.30(국민주택
	  규모는 1999.12.31.) 사이에 최초로 분양계약 체결

취득시점	자기가 건설한 주택 : 사용승인일
	분양받은 주택 : 잔금지급일
국민주택규모	전용면적 85㎡(수도권 밖 읍·면지역은 100㎡)이하
과세특례	① 취득일로부터 5년 이내 양도 : 100% 세액감면 ② 취득일로부터 5년 경과 후 양도 : 5년간 발생한 양도소득금액을 과세대상 소 득금액에서 차감
농어촌특별세	감면되는 양도소득세의 20%를 납부
감면배제 고가주택판단	① 면적기준 판단 : 사용승인일 또는 매매계약일 시점 ② 가액기준 판단 : 양도 시점

사례 1

취득일로부터 5년 이상 경과 후 양도하는 주택이 1세대1주택 고가주택인 경우

1. 취득 및 양도 부동산의 자료 : 1세대1주택 비과세요건 및 조특법 제99조 요건 충족

구 분	내 용
양도주택	수도권 소재 아파트(대지권지분 40㎡, 전용면적 100㎡)
취득일 및 취득가액	2002.9.30. 취득가액 7억원
양도일 및 양도가액	2021.10.10. 양도가액 30억원

※ 아파트 계약일은 1999.4.15이며, 취득 후 해당 아파트에서 5년 4개월 거주함

2. 개별공시지가

고 시 일	2001.6.30.	2002.6.29.	2007.6.30.	2021.5.31.
㎡당 개별공시지가	1,000,000원	1,200,000원	1,500,000원	2,500,000원

3. 아파트 기준시가(최고 고시일 : 2003.4.30)

고 시 일	2003.4.30.	2006.4.29.	2007.4.28.	2021.4.29.
기준시가	5억원	7억원	8억원	15억원

4. ㎡당 건물 기준시가: 취득 당시 400,000원/㎡, 최초고시 당시 500,000원/㎡

해설

	구 분	금 액	계산 근거
	양도가액	3,000,000,000	
(−)	취득가액	700,000,000	
(=)	전체양도차익	2,300,000,000	
	과세대상양도차익	1,610,000,000	2,300,000,000×(30억원 − 9억원)/30억원
(−)	장기보유특별공제	966,000,000	1,610,000,000×60%(10년×4% + 5년×4%)
(=)	양도소득금액	644,000,000	
(−)	감면소득금액	215,083,495	보충설명 참조[1]
(=)	과세대상소득금액	428,916,505	
(−)	기본공제	2,500,000	
(=)	과세표준	426,416,505	
(×)	세율	40%	
(=)	산출세액	145,166,602	426,416,505×40% − 2,540만원(누진공제)
(+)	지방소득세	14,516,660	145,166,602×10%
(+)	농어촌특별세	17,772,679	보충설명 참조[2]
(=)	총부담세액	177,455,941	

[1] 감면소득금액의 계산

① 취득당시 기준시가 환산가액

$$2003.4.30\ 최초고시가액 \times \frac{취득시\ 기준시가\ 합계(토지+건물)}{최초고시\ 기준시가\ 합계(토지+건물)}$$

$$500,000,000 \times \frac{(40㎡×1,200,000) + (100㎡×400,000)}{(40㎡×1,200,000) + (100㎡×500,000)} = 448,979,592$$

② 감면소득금액

$$644,000,000 \times \frac{800,000,000 − 448,979,592}{1,500,000,000 − 448,979,592} = 215,083,495$$

※ 감면소득금액 산식

$$= \text{양도소득금액} \times \frac{\text{취득후 5년이 되는 날 당시 기준시가 – 취득당시 기준시가}}{\text{양도당시 기준시가 – 취득당시 기준시가}}$$

따라서 과세대상 소득금액은 전체 양도소득금액 644,000,000에서 감면소득 215,083,495을 차감한 428,916,505이 된다.

2) 농어촌특별세의 계산

① 농어촌특별세 과세표준의 계산 : 88,863,398

농특세 세액감면대상 과세표준 = 소득금액 차감전 산출세액* – 소득금액 차감후 산출세액**

88,863,398 = 234,030,000 – 145,166,602

* 소득금액 차감전 산출세액 = 감면대상 소득금액 차감전 과세표준 × 세율 – 누진공제액

234,030,000 = (644,000,000 – 2,500,000) × 42% – 35,400,000

** 소득금액 차감후 산출세액 = 감면대상 소득금액 차감후 과세표준 × 세율 – 누진공제액

145,166,602 = (428,916,505 – 2,500,000) × 40% – 25,400,000

② 농어촌특별세 : 88,863,398(감면세액) × 20% = 17,772,679

사례 2

재건축주택 취득 후 5년 이상 경과 후 양도하는 경우 감면소득금액 계산

1. 주택의 취득 및 양도자료

1세대 다주택자에 해당하나 조특법 제99조 요건을 충족한 경우

구 분	내 용
양도주택	수도권 소재 재건축아파트(전용면적 150㎡)
취득일 및 취득가액	1985.4.30. 취득가액 1억5천만원
관리처분계획인가일	1995.7.25.
납부할 청산금	3억원
양도일 및 양도가액	2022.6.10. 양도가액 25억원

※ 해당 신축아파트는 조정대상지역에 소재하고, 사용승인일은 1999.4.30.이다

2. 아파트 기준시가

구 분	내 용
아파트 공시가격	종전주택 취득 당시 1억원
	신축주택 완공 당시 3억원
	완공일부터 5년이 되는 날 현재 6억원
	양도 당시 15억원

해설

	구 분	금 액	계산 근거
	양도가액	2,500,000,000	
(−)	취득가액	450,000,000	150,000,000(종전주택) + 300,000,000(청산금)
(=)	양도차익	2,050,000,000	
(−)	장기보유특별공제	615,000,000	2,050,000,000×30%(15년×2%)
(=)	양도소득금액	1,435,000,000	
(−)	감면소득금액	307,500,000	보충설명 참조[1]
(=)	과세대상소득금액	1,127,500,000	
(−)	기본공제	2,500,000	
(=)	과세표준	1,125,000,000	
(×)	세율	45%	
(=)	산출세액	440,850,000	1,125,000,000×45% - 6,540만원(누진공제)
(+)	지방소득세	44,085,000	440,850,000×10%
(+)	농어촌특별세	27,675,000	보충설명 참조[2]
(=)	총부담세액	512,610,000	

[1] 감면소득금액의 계산

$$1,435,000,000 \times \frac{600,000,000 - 300,000,000}{1,500,000,000 - 100,000,000} = 307,500,000$$

※ 감면소득금액 산식

$$= \text{양도소득금액} \times \frac{\text{완공일로부터 5년이 되는 날 당시 기준시가 − 완공일 기준시가}}{\text{양도 당시 기준시가 − 종전주택 취득 당시 기준시가}}$$

따라서 과세대상 소득금액은 전체 양도소득금액 1,435,000,000에서 감면소득 307,500,000
을 차감한 1,127,500,00이 된다.

2) 농어촌특별세의 계산

① 농어촌특별세 과세표준의 계산

농특세 세액감면대상 과세표준 = 소득금액 차감전 산출세액* – 소득금액 차감후 산출세액**

138,375,000 = 579,225,000 – 440,850,000

* 소득금액 차감전 산출세액 = 감면대상 소득금액 차감전 과세표준 × 세율 – 누진공제액

579,225,000 = (1,435,000,000 – 2,500,000) × 45% – 65,400,000

** 소득금액 차감후 산출세액 = 감면대상 소득금액 차감후 과세표준 × 세율 – 누진공제액

440,850,000 = (1,127,500,000 – 2,500,000) × 45% – 65,400,000

② 농어촌특별세 : 138,375,000(감면세액) × 20% = 27,675,000

추가해설

다주택자가 조정대상지역 내 감면대상 신축주택을 양도하는 경우에는 양도소득세가 중과되지 않으므로 장기보유특별공제와 기본세율이 적용된다.

Ⅱ 신축주택 취득자에 대한 양도소득세 감면(조특법 제99조의3)

주택건설 사업자를 제외한 거주자가 지역요건 등 아래의 감면요건을 갖춘 주택을 신축하거나 주택건설사업자와 최초로 분양계약을 체결하여 취득한 후, 신축주택을 취득한 날로부터 5년 이내 양도하여 발생한 양도소득금액은 과세대상 소득금액에서 차감하며, 5년 이상 경과된 후 양도하는 경우에는 취득일로부터 5년간 발생하는 양도소득금액을 과세대상 소득금액에서 차감한다. 다만, 감면받은 양도소득세의 20%를 농어촌특별세로 납부해야 한다.

[조특법 제99조의3 신축주택 감면대상 주택]

적용대상 지역		신축주택 취득기간	가액 또는 면적기준
	수도권 외 지역	2000.11.1. ～ 2001.5.22.	국민주택규모
특정지역	서울·과천·5대 신도시	2001.5.23. ～ 2002.12.31.	고가주택 제외
일반지역	서울·과천·5대 신도시 제외한 모든 지역	2001.5.23. ～ 2003.6.30.	

1 조세특례제한법 제99조와 제99조의3 차이 비교

조세특례제한법 제99조와 조세특례제한법 제99조의3 감면세액 계산방식 등은 일치하나, 감면대상 지역 요건 및 신축주택 취득기간은 아래와 같은 차이가 있다.

[신축주택 감면 관련 조특법 제99조, 제99조의3 상호 비교]

구 분	신축주택 취득기간	적용대상 지역
조특법 제99조	1998.5.22. ~ 1999.6.30.	전국의 모든 주택
	1998.5.22. ~ 1999.12.31.	전국의 국민주택규모 주택
조특법 제99조의3	2000.11.1. ~ 2001.5.22.	수도권 외 지역 소재 주택
	2001.5.23. ~ 2002.12.31.	서울·과천·5대 신도시(분당, 일산, 평촌, 산본, 중동) 지역 소재 주택
	2001.5.23. ~ 2003.6.30.	서울·과천·5대 신도시(분당, 일산, 평촌, 산본, 중동) 지역을 제외한 전국의 모든 주택

2 주택 유형별 감면대상 신축주택 여부 판단

1) 일괄 양도하는 다가구주택

감면대상 신축주택에 해당하는 다가구주택을 일괄로 양도하는 경우에는 호수별로 구분하지 않고, 다가구주택 전체의 면적과 가액기준으로 신축주택의 감면대상 여부를 판단한다.

관련판례

신축한 다가구주택을 가구별로 분양하지 않고 하나의 매매단위로 하여 1인에게 양도하는 경우 고가주택에 해당하는지 여부는 이를 단독주택으로 보아 판단해야 한다. 따라서 신축주택의 양도가액이 고가주택의 기준가액을 초과하면서 주택의 연면적이 264㎡ 이상에 해당되는 이상 고가주택에 해당하므로 조세특례제한법 제99조 및 제99조의3 규정에 따라 양도소득세 감면대상에서 제외된다(대법원 2010두 6878, 2012.10.25. 참조).

2) 주택면적이 주택외면적보다 큰 겸용주택

주택면적이 주택 외의 면적보다 큰 겸용주택의 경우 주택외 부분의 가액을 포함한 전체 양도가액이 아닌 주택부분의 가액으로만 고가주택 여부를 판단하고, 감면대상도 주택부분에 대해서만 적용한다.

[고가 겸용주택 비과세와 감면적용시 가액기준 판단]

구 분	비과세 고가주택 가액기준 판단		감면대상 고가주택 가액기준 판단
	'21.12.31. 이전 양도	'22.1.1. 이후 양도	
주택면적 >주택외면적	전체가액으로 판단	주택가액으로만 판단	주택가액으로만 판단

3) 주거용으로 사용한 오피스텔

오피스텔은 건축법상 주택에 해당하지 않으므로 오피스텔을 주거용으로 사용하더라도 감면대상 신축주택에 해당하지 않는다(대법원 2007두21242, 2008.2.14.참조).

📑 배경 및 취지

조세특례제한법상 감면요건은 법문에 따라 엄격하게 해석해야 하므로 주택법상 주택으로 분류되지 않는 오피스텔을 주택으로 보아 신축주택 감면규정을 적용할 수 없는 것이다.

4) 부부 공동명의 신축주택

부부 공동명의로 등기된 신축주택이라 하더라도 부부 공동명의로 주택건설사업자와 최초로 매매계약을 체결하여 취득한 경우 양도소득세 감면대상이 된다(서면1팀-158, 2004.1.31. 참조).

5) 신축주택이 조합원입주권으로 전환된 경우

조세특례제한법 제99조의3에 해당하는 신축주택을 취득한 후 당해 신축주택이 조합원입주권으로 전환되어 양도되는 경우에도 감면대상이 된다.

「조세특례제한법」제99조의3에 따른 신축주택을 신축주택 취득기간 내에 취득한 후 재개발 등으로 당해 신축주택이 조합원입주권으로 전환되어 양도되는 경우에도 양도소득에 대한 양도소득세를 감면할 수 있는 것이나, 관리처분계획인가 전 양도차익에 대하여만 감면된다(법령해석재산-1339, 2021.11.18 참조).

III 신축주택 등 취득자에 대한 양도소득세 과세특례
(조특법 제99조의2)

배경 및 취지

침체된 주택경기를 활성화시키기 위하여 다른 주택 감면과는 달리 비거주자에게도 적용되고 감면되는 주택의 범위도 확대하였다.

신축주택, 미분양주택 또는 1세대1주택자가 소유한 주택(이하 "신축주택 등"이라 한다)으로서 취득가액이 6억원 이하이거나 주택의 연면적(공동주택·오피스텔은 전용면적)이 $85m^2$이하인 주택을 거주자 또는 비거주자가 2013.4.1.부터 2013.12.31.까지 주택을 공급하는 사업주체 등과 최초로 매매계약을 체결하여 취득한 후 취득일로부터 5년 이내 양도한 경우 양도소득세를 100% 감면하고, 취득일로부터 5년 이상 경과된 후에 양도하는 경우에는 해당 주택의 취득일로부터 5년간 발생한 양도소득금액을 과세대상 소득금액에서 차감한다. 다만, 감면받은 양도소득세의 20%를 농어촌특별세로 납부해야 한다.

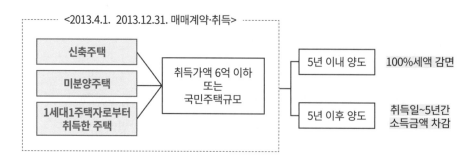

1 과세특례 요건

1) 감면적용 대상자

거주자 및 비거주자 모두 적용된다.

2) 감면대상 주택

신축주택, 미분양주택 또는 1세대1주택자의 주택으로서 취득세 등 부대비용을
제외한 취득가액 6억원 이하 또는 연면적(공동주택·오피스텔은 전용면적) 85m^2
이하인 주택을 말한다. 따라서 가액요건과 면적요건 중 하나만 충족하더라도
감면대상 주택에 해당한다.

3) 신축주택 등의 취득기간

2013.4.1.부터 2013.12.31. 사업주체 등과 최초로 매매계약을 체결하여 주택을 취
득(2013.12.31.까지 매매계약을 체결하고 계약금을 지급한 경우 포함)한 경우를
말한다.

4)감면대상 주택 확인서 제출

신축주택 등 과세특례 규정을 적용받으려면 양도소득세 신고시 아래와 같이
시·군·구청장으로부터 매매계약서상 감면대상 주택임을 확인날인 받은 매매계
약서를 제출해야 한다.

조세특례제한법 시행규칙 [별지 제63호의14서식] <신설 2013.5.14>

신축주택등 또는 감면대상기존주택임을 확인하는 날인

제 호

[ ]「조세특례제한법 시행령」제99조의2(신축주택 등 취득자에 대한 양도소득세 과세특례)
　　제1항 및 제2항에 따른 신축주택등(신축주택·미분양주택·신축오피스텔 및 미분양오피스텔)

[ ]「조세특례제한법 시행령」제99조의2(신축주택 등 취득자에 대한 양도소득세 과세특례)
　　제3항 및 제5항에 따른 감면대상기존주택(1세대1주택자의 기존주택 및
　　1세대1오피스텔 소유자의 기존오피스텔)

임을 확인합니다.

년　월　일

시장·군수·구청장　　｜ 직인 ｜　　(담당자 :　　　　　)
　　　　　　　　　　　　　　　　　(연락처 :　　　　　)

---

2 신축주택 등 감면대상 주택 여부 판단

1) 재개발·재건축된 경우 감면적용 여부

조합원이 관리처분계획인가에 따라 취득하는 신축주택은 감면대상 주택에 해당되지 않으나, 재개발·재건축으로 인하여 신축주택을 보유한 1세대1주택자로부터 주택을 취득하거나 정비사업조합으로부터 일반분양분으로 취득한 주택은 감면대상에 해당된다.

2) 자기소유 토지에 주택을 신축한 경우

자기소유 토지 위에 주택을 신축한 경우에는 감면대상이 되지 않으나, 이를 제3자가 취득하는 경우에는 감면대상 신축주택에 해당된다.

3) 겸용주택의 경우

상가와 주택이 결합된 겸용주택을 취득한 경우에는 전체 건물 중 주택부분에 대해서만 신축주택 등 감면규정을 적용한다.

4) 감면대상 분양권 등을 배우자에게 증여한 경우

거주자가 신축주택 또는 미분양주택을 최초로 분양받은 후 일부 지분을 본인의 배우자에게 증여한 경우 본인 소유의 지분에 대해서만 감면규정이 적용되고, 배우자가 증여받은 지분에 대해서는 감면되지 않는다.

3 감면소득의 계산

1) 신축주택 취득 후 5년 이내 양도하는 경우

양도소득세를 100% 감면한다.

2) 신축주택 취득 후 5년 이상 경과된 후 양도하는 경우

취득일로부터 5년간 발생한 양도소득금액을 과세소득금액에서 차감한다.

[취득일로부터 5년간 발생한 양도소득금액]

$$전체양도소득금액 \times \frac{취득일로부터\ 5년이\ 되는\ 날\ 현재\ 기준시가 - 취득\ 당시\ 기준시가}{양도\ 당시\ 기준시가 - 취득\ 당시\ 기준시가}$$

적용사례

취득일로부터 5년 후 양도하는 경우 감면소득금액 계산
(양도소득금액 2억원)

사례 1

분모와 분자 모두 양수이면서 양도 당시 기준시가가 취득일로부터 5년이 되는 날의 기준시가보다 큰 경우

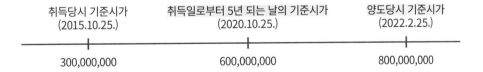

취득당시 기준시가 (2015.10.25.)	취득일로부터 5년 되는 날의 기준시가 (2020.10.25.)	양도당시 기준시가 (2022.2.25.)
300,000,000	600,000,000	800,000,000

$$① \quad \begin{array}{c} \text{감면} \\ \text{소득금액} \end{array} = \begin{array}{c} \text{양도} \\ \text{소득금액} \end{array} \times \frac{\text{취득일로부터 5년이 되는 날의 기준시가 - 취득 당시 기준시가}}{\text{양도 당시 기준시가 - 취득 당시 기준시가}}$$

$$= 200{,}000{,}000 \times \frac{600{,}000{,}000 - 300{,}000{,}000}{800{,}000{,}000 - 300{,}000{,}000} = 120{,}000{,}000$$

$$② \quad \begin{array}{c} \text{과세대상} \\ \text{소득금액} \end{array} = 200{,}000{,}000(\text{양도소득금액}) - 120{,}000{,}000(\text{감면소득금액}) = 80{,}000{,}000$$

해설 기준시가가 지속적으로 상승하는 경우 감면소득금액은 기준시가로 비율로 안분한 금액이 된다.

사례 2

분모와 분자 모두 양수이면서 취득일로부터 5년이 되는 날의 기준시가가 양도 당시 기준시가보다 큰 경우

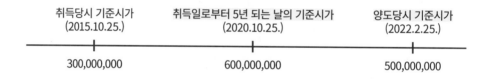

취득당시 기준시가 (2015.10.25.)	취득일로부터 5년 되는 날의 기준시가 (2020.10.25.)	양도당시 기준시가 (2022.2.25.)
300,000,000	600,000,000	500,000,000

$$① \quad \text{감면소득금액} = 200{,}000{,}000 \times \frac{600{,}000{,}000 - 300{,}000{,}000}{500{,}000{,}000 - 300{,}000{,}000} = 200{,}000{,}000$$

$$② \quad \text{과세대상소득금액} = 200{,}000{,}000(\text{양도소득금액}) - 200{,}000{,}000(\text{감면소득금액}) = 0$$

해설 기준시가로 볼 때 취득일로부터 5년이 되는 날까지 발생한 양도차익이 전체 보유기간 동안 발생한 양도차익보다 크므로 취득일로부터 5년간 양도차익이 모두 발생하였다고 보아 전체 양도소득금액을 감면소득금액으로 하는 것이다.

사례 3

분모 값은 양수, 분자 값은 음수이면서 취득일로부터 5년이 되는 날의 기준시가가 양도 당시 기준시가보다 적은 경우

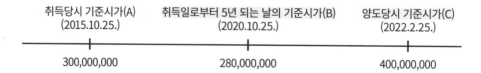

취득당시 기준시가(A) (2015.10.25.)	취득일로부터 5년 되는 날의 기준시가(B) (2020.10.25.)	양도당시 기준시가(C) (2022.2.25.)
300,000,000	280,000,000	400,000,000

① 감면소득금액 = 200,000,000 × $\dfrac{280,000,000 - 300,000,000}{400,000,000 - 300,000,000}$ = 0

② 과세대상소득금액 = 200,000,000(양도소득금액) – 0(감면소득금액) = 200,000,000

해설 기준시가로 볼 때 취득일로부터 5년이 되는 날까지 양도차익이 발생하지 않았으므로 취득일 이후 5년간 발생한 양도차익이 없는 것으로 보아 전체 양도소득금액을 과세소득금액으로 하는 것이다.

4 기타 사항

1) 1세대1주택 비과세특례 적용여부

① 신축주택 등을 보유한 상태에서 일반주택을 양도하는 경우

신축주택 등과 다른 일반주택을 보유한 경우 신축주택 등은 거주자의 소유주택으로 보지 않으므로 신축주택 등 이외에 다른 일반주택이 1세대1주택 비과세 요건을 갖춘 경우 비과세된다.

[비과세 판단시 조특법 제99조의2 신축주택 등 주택수 포함 여부]

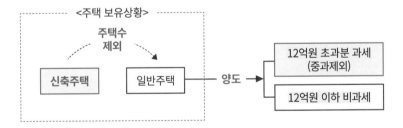

② 신축주택이 조합원입주권으로 전환된 상태에서 다른 주택을 양도하는 경우

신축주택 등이 도시및주건환경정비법상 재개발·재건축으로 인하여 조합원입주권으로 전환된 경우 또는 조합원입주권이 주택으로 완공된 경우에도 동일하게 주택수에 포함되지 않으므로 비과세요건을 갖춘 일반주택 양도시 비과세된다.

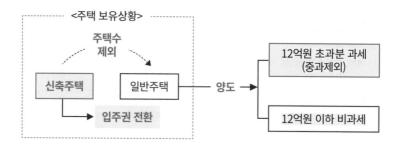

[신축주택 감면(조특법 제99조 및 제99조의3)과 조특법 제99조의2의 비교]

구 분	신축주택 양도시 중과세 여부	1세대1주택 판단시 주택수 포함 여부	과세특례 적용방법
조특법 제99조 및 제99조의3	중과 제외	주택수 포함 (다른 주택 양도시 비과세 불가)	① 5년 이내 양도 : 100% 감면율 적용 ② 5년 이상 경과 후 양도 : 취득일로부터 5년간 발생한 양도소득금액 차감 후 과세
조특법 제99조의2	중과 제외	주택수 제외 (다른 주택 양도시 비과세 가능)	① 5년 이내 양도 : 100% 감면율 적용 ② 5년 이상 경과 후 양도 : 취득일로부터 5년간 발생한 양도소득금액 차감 후 과세

2) 신축주택 등에 대한 비과세와 세액감면의 적용순서

신축주택 등을 양도하는 경우로서 해당 주택이 1세대1주택 비과세 요건을 갖춘 고가주택인 경우에는 비과세를 먼저 적용한 후 과세되는 양도차익에 대하여 신축주택 등에 대한 감면규정을 적용한다.

3) 다주택자 중과적용 여부

조특법 제99조의 2에 따라 감면대상 신축주택 등을 양도하는 경우 신축주택 등 외 다른 주택을 소유하고 있다 하더라도 중과대상이 되지 않으나, 다른 주택의 중과여부 판단시 주택수에 포함된다.

[중과대상 주판단시 신축주택 등 주택수 포함 여부]

4) 농어촌특별세 과세

감면받은 양도소득세의 20%를 농어촌특별세로 납부해야 한다.

5) 일반주택을 비과세로 양도한 후 신축주택 양도시 보유기간 등 기산일

일반주택과 조세특례제한법 제99조의2 신축주택 등을 보유하다가 일반주택을 양도하여 1세대1주택 비과세를 적용받은 후 당해 신축주택 등을 양도하는 경우로서 1세대1주택 비과세를 적용하는 경우 보유기간 등은 직전 일반주택 양도일의 다음날부터 기산한다.

사례

일반주택을 먼저 비과세로 양도한 후 감면주택 양도시 보유기간 등 계산

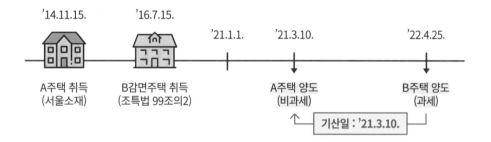

해설 일반주택A와 조특법 제99조의2에 해당하는 감면주택B를 보유한 상태에서 일반주택 A를 먼저 양도하여 1세대1주택 비과세를 적용받은 후, 감면주택B를 양도하는 경우로서 1세 대1주택 비과세 적용받기 위한 보유기간 등은 일반주택A의 양도일의 다음 날부터 기산한다. 따라서, 이 사례에서 감면주택 양도시 일반주택 양도일의 다음날부터 감면주택 양도일까지 보유기간이 2년 미만이므로 비과세는 적용받을 수 없으나, 감면주택의 취득일로부터 5년간 발생한 양도소득금액을 과세대상소득금액에서 차감할 수 있다(부동산납세과-1997, 2016.12.30.참조).

📖 배경 및 취지

직전 양도주택이 소득세법상 일시적2주택에 대한 비과세특례 규정에 따른 것이 아니고 조세특례제한법상 감면주택을 주택수에서 제외하는 규정에 따라 비과세된 것이므로 직전주택을 양도한 후 감면주택을 1세대1주택 비과세를 적용받기 위한 보유기간 기산일은 비과세되는 일반주택을 양도한 날부터 적용되는 것이다.

감면주택을 먼저 양도한 후 일반주택 양도시 보유기간 등 계산

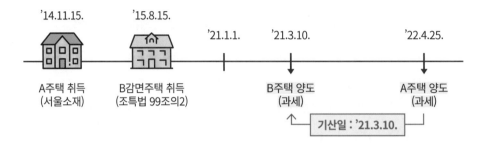

해설 일반주택과 조특법 제99조의 2에 해당하는 양도소득세 감면주택을 보유한 상태에서 감면주택을 먼저 양도한 후 일반주택을 양도하는 경우 감면주택은 비과세가 적용되지 않아 최종1주택을 보유하게 된 날로부터 다시 보유기간을 기산하여 1세대1주택 비과세여부를 판단하므로 A주택 양도시 추가 보유기간이 2년 미만이 되어 비과세되지 않는다.

감면주택과 일시적2주택을 보유한 경우 보유기간 등 기산일 계산

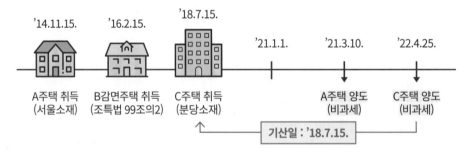

▪C주택은 조정대상지역으로 취득 후 2년 이상 거주함

해설 조세특례제한법상 감면대상 주택과 일시적2주택을 보유하다가 종전주택A를 비과세로 양도한 후, 신규주택C을 양도하는 경우 1세대1주택 비과세를 적용받기 위한 보유기간은 신규주택C 취득일로부터 계산한다(부동산납세과-1248, 2021.9.8 참조). 만약 이 사례에서 신규주택C를 먼저 양도하는 경우에는 비과세가 적용되지 않을 뿐만 아니라 3주택 중과규정이 적용된다. 왜냐하면 조세특례제한법상 감면주택은 1세대1주택 비과세 판단시 주택수에는 제외되나, 중과대상 주택수에 포함되기 때문이다.

5 신축주택 등 관련 주요 예규

1) 취득가액 6억원 초과여부 판단시 부가가치세 포함 여부

사업자가 아닌 개인이 공동주택을 공급하는 사업주체로부터 부가가치세가 포함된 분양가격으로 미분양아파트를 취득하는 경우 「조세특례제한법」제99조의2를 적용함에 있어서 취득가액은 부가가치세가 포함된 가액으로 하는 것이며, 해당 부가가치세는 추후 해당 아파트 양도 시 양도가액에서 공제하는 취득가액에 포함된다(서면법규과-692, 2013.6.17 참조).

2) 취득가액 6억원 초과여부 판단시 발코니 확장금액 포함 여부

「조세특례제한법」 제99조의 2에 따른 신축주택 등 취득자에 대한 양도소득세 과세특례를 적용함에 있어 취득가액이 6억원을 초과하는지 여부는 분양가격에 사업주체와 체결한 발코니 확장비용 등을 포함하여 판단한다(서면법규과-1418, 2013.12.30 참조).

3) 신축주택 등을 상속받은 경우 감면적용 여부

피상속인이 「조세특례제한법」 제99조의 2에 따라 신축주택 등 취득자에 대한 양도소득세의 과세특례가 적용되는 것으로 확인받은 주택을 취득하여 보유하던 중 사망하여 해당 주택을 상속받은 상속인이 양도하는 경우 동 감면이 적용되지 않는다(법령해석재산-0240, 2015.7.28.).

[조특법 제99의2 과세특례 감면요건 및 내용요약]

구 분	내 용
적용대상자	거주자 및 비거주자
적용기한	2013.4.1.~2013.12.31. 최초 계약 또는 취득
대상주택	▪2013.3.31. 현재 미분양주택 ▪2013.4.1. 이후 신규분양주택 ▪1세대1주택자로부터 취득한 주택
지역기준	없음

면적기준	전용면적 85㎡ 이하
가액기준	취득가액 6억원 이하
과세특례	▪5년 이내 양도시 : 100% 감면
	▪5년 경과 후 양도시 : 5년간 발생한 소득을 과세소득금액에서 차감
농어촌특별세	감면되는 양도소득세의 20%를 농어촌특별세로 납부
감면세액 한도	한도 없음
비과세 판단시 주택수 포함 여부	1세대1주택 비과세 판단 시 주택수에서 제외
중과세 배제 여부	중과 제외

사례 1

5년 이내 양도하는 신축주택이 1세대1주택 비과세 고가주택인 경우

● 주택의 취득 및 양도 내역

구 분	내 용
양도자산	전용면적 85㎡ 이하 아파트
취득일 및 취득가액	2017.2.15. 취득가액 12억원
취득세 등	4천만원
양도일 및 양도가액	2022.1.20.양도가액 : 20억원
보유 및 거주	취득일로부터 양도일까지 계속 거주

※ 2013.10.31. 매매계약 체결 및 계약금 지급하였고, 조특법 제99조의2 신축주택에 해당함

해설

	구 분	가 액	내 용
	양도가액	2,000,000,000	
(−)	취득가액	1,240,000,000	취득세 등 포함
(=)	양도차익	760,000,000	
(−)	비과세 양도차익	456,000,000	760,000,000 × 12억원/20억원
(=)	과세대상 양도차익	304,000,000	760,000,000 × (20억원-12억원)/20억원
(−)	장기보유특별공제	97,280,000	304,000,000 × 32%(4년×4% + 4년×4%)
(=)	양도소득금액	206,720,000	
(−)	기본공제	2,500,000	

	구 분		내 용
(=)	과세표준	204,220,000	
(×)	세율	38%	
(=)	산출세액	58,203,600	204,220,000 × 38% - 19,400,000(누진공제)
	감면세액	58,203,600	5년 이내 양도시 100% 감면
(+)	농어촌특별세	11,640,720	58,203,600 × 20%

해설 조특법 제99조의2 신축주택의 취득자에 대한 양도소득세 과세특례와 1세대1주택 고가주택 비과세 규정이 동시에 적용되는 경우에는 1세대1주택 비과세 규정을 먼저 적용한 후 과세되는 양도차익에 대하여 감면세액과 농어촌특별세를 각각 계산한다.

사례 2

다주택자가 신축주택을 취득 후 5년 이상 경과 후 양도하는 경우

● 주택의 취득 및 양도 내역

구 분	내 용
양도자산	전용면적 85㎡ 이하 아파트
취득일 및 취득가액 등	2015.8.20. 분양가액 등 9.3억원
양도일 및 양도가액	2022.3.15. 양도가액 18억원
조정대상지역 여부	신축주택 양도당시 조정대상지역 소재

※ 2013.4.30. 매매계약 체결 및 계약금 지급하였고, 조특법 제99조의2 신축주택에 해당됨

● 신축주택의 기준시가

고 시 일	2015.4.30.	2016.4.30.	2018.4.30.	2020.4.29.	2021.4.29.
기준시가	7억원	8억원	11억원	13억원	15억원

해설

	구 분	가 액	내 용
	양도가액	1,800,000,000	
(−)	취득가액	930,000,000	실제 취득가액 적용
(=)	양도차익	870,000,000	
(−)	장기보유특별공제	104,400,000	870,000,000 × 12%(6년×2%)

(=)	양도소득금액	765,600,000	
(−)	감면소득금액	574,200,000	보충설명 참조[1]
(=)	과세대상 소득금액	191,400,000	
(−)	기본공제	2,500,000	
(=)	과세표준	188,900,000	
(×)	세율	38%	신축주택은 기본세율 적용대상
(=)	산출세액	52,382,000	188,900,000 × 38% - 19,400,000(누진공제)
(+)	지방소득세	5,238,200	52,382,000 × 10%
(+)	농어촌특별세	46,544,000	보충설명 참조[2]
(=)	총부담세액	104,164,200	

1) 감면소득금액의 계산

$$765,600,000 \times \frac{1,300,000,000 - 700,000,000}{1,500,000,000 - 700,000,000} = 574,200,000$$

※ 감면소득금액 산식

$$= 양도소득금액 \times \frac{취득일로부터\ 5년이\ 되는\ 날의\ 기준시가 - 취득당시\ 기준시가}{양도당시\ 기준시가 - 취득당시\ 기준시가}$$

따라서 과세대상 소득금액은 전체 양도소득금액 765,600,000에서 감면소득 574,200,000을 차감한 191,400,000이 된다.

2) 농어촌특별세의 계산

① 농어촌특별세 과세표준의 계산 : 232,720,000

농특세 세액감면대상 과세표준 = 소득금액 차감전 산출세액* - 소득금액 차감후 산출세액**

232,720,000 = 285,102,000 - 52,382,000

* 소득금액 차감전 산출세액 = 감면대상 소득금액 차감전 과세표준 × 세율 - 누진공제액

285,102,000 = (765,600,000 - 2,500,000) × 42% - 35,400,000

** 소득금액 차감후 산출세액 = 감면대상 소득금액 차감후 과세표준 × 세율 - 누진공제액

52,382,000 = (191,400,000 - 2,500,000) × 38% - 19,400,000

② 농어촌특별세 : 232,720,000(감면세액) × 20% = 46,544,000원

사례 3

감면주택과 일시적2주택을 보유한 상태에서 종전주택을 양도하는 경우

● 주택의 취득 및 양도에 관한 자료

취득 및 양도순서	내 용
① 서울 소재 주택 취득	2012.1.15. 취득가액 3억원
② 인천 소재 감면주택 취득	2015.6.1. 취득가액 4억원
③ 성남 분당 소재 주택 취득	2021.4.20. 취득가액 10억원
④ 서울 소재 주택 양도	2022.2.10. 양도가액 15억원
서울주택 거주기간	취득일로부터 양도일까지 서울소재 주택에서 5년 3개월 거주

※ 인천소재 주택은 2013.4.30. 매매계약을 체결하고 계약금을 지급하였고, 조특법 제99조의2 신축주택에 해당함

	구 분	가 액	내 용
	양도가액	1,500,000,000	
(−)	취득가액	300,000,000	
(=)	양도차익	1,200,000,000	
(−)	비과세양도차익	960,000,000	12억원 × 12억원/15억원
(=)	과세대상양도차익	240,000,000	12억원 × (15억원-12억원)/15억원
(−)	장기보유특별공제	144,000,000	240,000,000 × 60%(10년×4% + 5년×4%)
(=)	양도소득금액	96,000,000	
(−)	기본공제	2,500,000	
(=)	과세표준	93,500,000	
(×)	세율	35%	2021.2.17. 이후 양도시 기본세율 적용
(=)	산출세액	17,825,000	93,500,000 × 35% - 14,900,000(누진공제)
(+)	지방소득세	1,782,500	17,825,000 × 10%
(=)	총부담세액	19,607,500	

해설 종전에는 감면주택 등을 보유한 상태에서 일시적2주택 비과세특례를 적용받는 종전주택이 조정대상지역에 소재한 고가주택인 경우 양도소득세가 중과되었으나, 2021. 2.17. 이후 양도분부터는 일시적2주택 비과세특례를 적용받는 종전주택이 고가주택인 경우에도 중과되지 않는다.

Chapter 8

특수한 경우의
양도소득세 계산

01
부당행위계산의 부인

I 부당행위계산 부인에 따른 양도가액 또는 취득가액의 재계산

1 부당행위계산부인 요건

자산을 시가보다 낮은 가액으로 양도하거나 시가보다 높은 가액으로 취득하는 경우로서 아래와 같은 조건을 모두 충족한 경우에는 당초 신고한 양도가액 또는 취득가액을 부인하고 시가에 따라 양도소득세를 계산한다. 여기서 시가란 「상속 및 증여세법」상 평가액을 말한다.

1) 「소득세법」상 특수관계인 사이에 거래할 것
2) 시가와 거래가액의 차액이 시가의 5% 이상이거나 3억원 이상일 것

[소득세법상 부당행위계산 부인 적용요건]

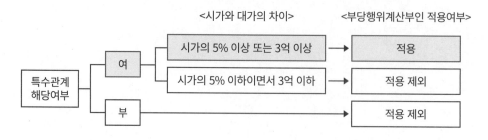

2 자산을 시가보다 낮게 양도한 경우 양도소득세 및 증여세 과세문제

1) 특수관계인과 거래한 경우

① 양도자의 양도가액

시가와 대가의 차액이 시가의 5% 이상이거나 3억원 이상인 경우에는 조세의 부담을 부당히 감소시킨 것으로 보아 부당행위계산부인 규정을 적용하여 양도가액을 시가로 한다.

② 양수자의 취득가액

시가와 대가의 차액이 시가의 30%와 3억원 중 적은 금액 이상인 경우에는 아래와 같이 증여재산가액에 대하여 증여세가 과세되고, 해당 증여재산가액은 양수자의 취득가액에 가산한다.

증여재산가액 = (시가 - 대가) - Min〔시가×30%, 3억원〕

[특수관계인에게 자산을 저가양도하는 경우 양도가액 및 취득가액]

구 분	요 건	금 액
양도자의 양도가액	시가와 대가의 차액이 시가의 5% 이상 또는 3억원 이상인 경우	시가
양수자의 취득가액	시가와 대가의 차액이 시가의 30% 이상 또는 3억원 이상인 경우	당초 취득가액 + 증여재산가액

사례

특수관계인에게 저가 양도시 양도자의 양도가액과 양수자의 취득가액 계산

구 분	甲		乙	
	신 고	경 정	신 고	경 정
양도가액	5억원	9억원[1]	13억원	13억원
(−) 취득가액	3억원	3억원	5억원	6.3억원[2]
(=) 양도차익	2억원	6억원	8억원	6.7억원

해설

[1] 특수관계인 사이의 거래로서 시가 9억원과 대가 5억원의 차액금액 4억원이 시가 9억원의 5%에 해당하는 4,500만원과 3억원 중 적은 금액인 4,500만원 이상이므로 부당행위계산부인규정을 적용하여 시가 9억원을 양도가액으로 하여 양도소득세를 계산한다.

 * 판단 : 4억원(시가와 대가의 차액) ≥ Min(0.45억원(9억원×5%), 3억원)

[2] 취득가액은 당초 취득가액 5억원에 증여의제가액 1.3억원을 더한 6.3억원이 된다.

 * 취득가액 : 5억원 + 1.3억원 = 6.3억원

여기서 증여의제가액 1.3억원은 시가 9억원과 대가 5억원의 차액 4억원에서 시가 9억원의 30%에 해당하는 2.7억원과 3억원 중 적은 금액인 2.7억원을 차감한 금액이다.

 * 증여의제가액 : 4억원(시가와 대가의 차액) − Min(2.7억원(9억원×30%), 3억원) = 1.3억원

2) 특수관계인이 아닌 자와 거래한 경우

특수관계가 없는 자에게 자산을 시가보다 낮은 가격으로 양도한 경우에는 양도자에게는 부당행위계산부인 규정이 적용되지 않으나, 양수자가 정당한 사유 없이 시가보다 낮은 가격으로 양수한 경우로서 시가와 대가의 차액이 시가의 30% 이상인 경우에는 아래와 같이 양수자에게 증여세가 과세되고, 해당 증여재산가액은 양수자의 취득가액에 가산한다.

증여재산가액 = (시가 - 대가) - 3억원

[비특수관계인에게 자산을 저가양도하는 경우 양도가액 및 취득가액]

구 분	요 건	금 액
양도자의 양도가액	없음	당초 양도가액
양수자의 취득가액	시가와 대가의 차액이 시가의 30% 이상인 경우	당초 취득가액 + 증여재산가액

사례

비특수관계인에게 저가 양도시 양도자의 양도가액과 양수자의 취득가액

구분	甲		乙	
	신고	경정	신고	경정
양도가액	5억원		13억원	13억원
(-) 취득가액	3억원	경정 없음	5억원	6억원[1]
(=) 양도차익	2억원		8억원	7억원

해설

1) 취득가액 : 5억원 + 1억원* = 6억원

* 비특수관계인 사이의 거래에 해당하는 거래로서 시가 9억원과 대가 5억원의 차액 4억원이 시가 9억원의 30%에 해당하는 2.7억원 이상(4억원 ≥ 9억원×30%)이므로 시가와 대가의 차액 4억원에서 3억원을 차감한 1억원을 증여재산가액으로 보아 취득가액에 가산한다.

3 자산을 시가보다 높게 양도한 경우 양도소득세 및 증여세 과세문제

1) 특수관계인과 거래한 경우

① 양도자의 양도가액

특수관계인에게 자산을 시가보다 높은 가액으로 양도한 경우에는 양도자에게는 부당행위계산부인 규정이 적용되지 않으나, 대가와 시가의 차액이 시가의 30%와 3억원 중 적은 금액 이상인 경우에는 아래와 같이 양도자에게 증여세가 과세되고, 해당 증여재산가액은 양도자의 양도가액에서 차감한다.

증여재산가액 = (대가 - 시가) - Min (시가×30%, 3억원)

고가양도에 따른 이익의 증여규정에 따라 양도자에게 증여세가 과세되는 경우 양도소득세가 이중으로 과세되는 것을 방지하기 위하여 당초 양도가액에서 증여재산가액을 차감하는 것이다.

② 양수자의 취득가액

대가와 시가의 차액이 시가의 5% 이상이거나 3억원 이상인 경우에는 조세의 부담을 부당히 감소시킨 것으로 보아 부당행위계산부인 규정을 적용하여 취득가액을 시가로 한다.

[특수관계인에게 자산을 고가양도하는 경우 양도가액 및 취득가액]

구 분	요 건	금액
양도자의 양도가액	대가와 시가의 차액이 시가의 30% 이상 또는 3억원 이상인 경우	당초 양도가액 - 증여재산가액
양수자의 취득가액	대가와 시가의 차액이 시가의 5% 이상 또는 3억원 이상인 경우	시가

사례

특수관계인에게 고가 양도시 양도자의 양도가액과 양수자의 취득가액

구 분	甲		乙	
	신 고	경 정	신 고	경 정
양도가액	20억원	18억원[1]	25억원	25억원
(-) 취득가액	3억원	3억원	20억원	15억원[2]
(=) 양도차익	17억원	15억원	5억원	10억원

해설

[1] 특수관계인 사이의 거래에 해당하므로 양도가액은 당초 양도가액 20억원에서 증여재산가

액 2억원을 차감한 18억원이 되며, 증여재산가액은 대가 20억원과 시가 15억원의 차액 5억원에서 시가 15억원의 30%에 해당하는 4.5억원과 3억원 중 적은 금액인 3억원을 차감한 2억원이 된다.

① 양도가액 : 20억원(당초 양도가액) − 2억원(증여재산가액) = 18억원
② 증여재산가액 : 5억원(대가와 시가의 차액) − Min〔4.5억원(15억원×30%), 3억원〕 = 2억원

2) 특수관계인으로부터 자산을 고가로 양수한 경우에 해당하므로 취득가액은 시가 15억원이 된다.

2) 특수관계인이 아닌 자와 거래한 경우

특수관계가 없는 자에게 자산을 시가보다 높은 가격으로 양도한 경우에는 양도자에게 부당행위계산부인 규정이 적용되지 않으나, 양도자가 정당한 사유 없이 시가보다 높은 가격으로 양도한 경우로서 대가와 시가의 차액이 시가의 30% 이상인 경우에는 아래와 같이 양도자에게 증여세가 과세되고, 해당 증여재산가액은 양도자의 양도가액에서 차감한다.

> **증여재산가액 = (대가 − 시가) - 3억원**

[비특수관계인에게 자산을 고가양도하는 경우 양도가액 및 취득가액]

구 분	요 건	적용가액
양도자의 양도가액	대가와 시가의 차액이 시가의 30% 이상	당초 양도가액 - 증여재산가액
양수자의 취득가액	요건 없음	당초 취득가액

사례

비특수관계인에게 고가 양도시 양도자의 양도가액과 양수자의 취득가액

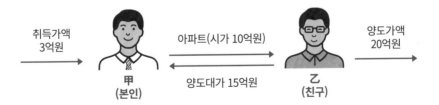

구분	甲		乙	
	신 고	경 정	신 고	경 정
양도가액	15억원	13억원[1]	20억원	
(-) 취득가액	3억원	3억원	15억원	경정 없음
(=) 양도차익	12억원	10억원	5억원	

해설

[1] 비특수관계인 사이의 거래로서 대가와 시가의 차이가 시가의 30% 이상에 해당하는 경우 대가와 시가의 차액 5억원에서 3억원을 차감한 가액 2억원에 대하여 증여세가 과세되므로 이중과세를 방지하기 위하여 증여재산가액 2억원을 당초 양도가액 15억원에서 차감한다.

　* 판단 : 5억원(대가와 시가의 차액) ≥ 3억원(10억원×30%)

Ⅱ 소득세법과 상속 및 증여세법상 특수관계인 차이에 따른 소득세와 증여세 과세문제

1 소득세법과 상속 및 증여세법상 특수관계인의 범위

소득세법상 특수관계인과 상속 및 증여세법상 특수관계인의 범위는 대부분 일치하나, 사용인의 범위에서 다소 차이가 있다.

1) 소득세법상 특수관계인에 포함되는 사용인의 범위

본인이 운영하는 개인사업체에 직접 고용된 사용인만 특수관계인에 해당되고, 본인 및 그와 특수관계에 있는 자가 30% 이상 출자하여 지배하는 법인에 고용된 사용인은 본인과 친족관계 및 경제적 연관 관계가 없는 한 특수관계인에 해당하지 않는다.

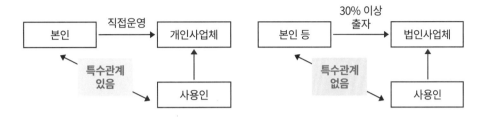

2) 상속 및 증여세법상 특수관계인에 포함되는 사용인의 범위

본인이 운영하는 개인사업체에 직접 고용된 사용인뿐만 아니라, 본인 및 그와 특수관계에 있는 자가 30% 이상 출자하여 지배하는 법인에 고용된 사용인도 특수관계인의 범위에 포함된다.

[상속 및 증여세법상 특수관계인에 포함되는 사용인의 범위]

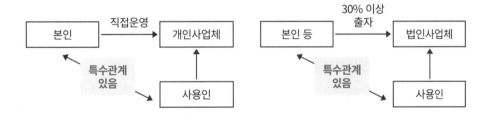

2 특수관계인에 포함되는 사용인의 범위에 따른 양도소득세 및 증여세 과세문제

① 본인이 30% 이상 출자하여 지배하는 법인의 사용인은 소득세법상 특수관계인에 포함되지 않으므로 본인과 친족관계 등이 없는 법인의 사용인 사이의 거래에 대하여는 소득세법상 부당행위계산부인 규정이 적용되지 않는다.

② 본인이 30% 이상 출자하여 지배하는 법인에 고용된 사용인은 상속 및 증여세법상 특수관계인에 포함되므로 본인과 법인의 사용인과의 거래에 대하여는 상속 및 증여세법상 증여의제규정이 적용된다.

특수관계인에 포함되는 사용인의 범위차이에 따른 과세문제

1. A법인 대표이사 甲은 A법인이 발행한 주식 20,000주를 해당 법인의 임원인 乙에게 1주당 액면가액 10,000원으로 하여 2억원에 양도하였다.

2. 甲과 乙은 친족관계 또는 경제적 연관관계가 없다.

3. A법인 주식의 상속세 및 증여세법상 1주당 평가액 40,000원이며, 주주 변동내역은 아래와 같다.

● 주주 변동내역

주주	기초		기말		비고
	주식수	지분율	주식수	지분율	
甲	50,000	50%	30,000	30%	대표이사
乙	20,000	20%	40,000	40%	임원
丙	30,000	30%	30,000	30%	주주
계	100,000	100%	100,000	100%	

해설

1. 양도소득세법상 부당행위계산부인 규정 적용여부

본인이 30% 이상 주식을 소유한 법인에 고용된 사용인이라도 본인과 친족관계 또는 경제적 연관관계가 없는 사용인은 소득세법상 특수관계인에 해당하지 않으므로 甲이 乙에게 양도한 주식에 대하여는 부당행위계산 부인규정이 적용되지 않는다. 따라서 주식의 시가 8억원과 양도 대가 2억원의 차액 6억원이 시가의 5%에 해당하는 5천만원 또는 3억원 이상에 해당하더라도, 甲이 양도한 주식의 양도가액 2억원은 소득세법상 정당한 거래가액으로 인정된다.

2. 상속세 및 증여세법상 특수관계인 및 저가양수에 따른 증여세 적용여부

1) 특수관계인 해당여부

소득세법과 달리 상속 및 증여세법에서는 본인이 운영하는 개인사업체에 고용된 사용인이 아니라 하더라도 본인이 30% 이상 주식을 소유한 법인의 사용인은 본인의 특수관계인의 범위에 포함된다. 위 사례에서 甲은 A법인에 50%를 출자하여 A법인을 지배하고 있고, 乙은 A법인에 고용된 사용인에 해당하므로 甲과 乙은 상속 및 증여세법상 특수관계인에 해당한다. 따라서 甲과 乙의 거래에 대하여는 특수관계인에 대한 증여의제규정이 적용된다.

2) 저가양수에 따른 증여세 과세여부

① 甲과 乙은 상속 및 증여세법상 특수관계인에 해당하고, 乙이 甲으로부터 저가로 양수한 주식의 시가 8억원과 대가 2억원의 차액 6억원이 시가 8억원의 30%에 해당하는 2.4억원과 3억원 중 적은 금액인 2.4억원 이상인 경우에 해당하므로 증여의제규정이 적용된다.

   * 증여의제규정 적용 판단 : (8억원 − 2억원) ≥ Min(2.4억원(8억원×30%), 3억원)

② 乙의 증여재산가액 : 시가 8억원과 대가 2억원의 차액 6억원에서 시가 8억원의 30%에 해당하는 2.4억원과 3억원 중 적음 금액을 차감한 3.6억원이 증여재산가액이 된다.

   * (8억원−2억원) − Min(8억원 × 30%, 3억원) = 3.6억원

| 대비사례 |

특수관계인에 포함되는 사용인의 범위차이에 따른 과세문제

> 1. 甲은 丙에게 A법인의 주식 중 20,000주를 1주당 5,000원에 양도하였으며, 양도일 현재 상속 및 증여세법상 1주당 평가액은 20,000원이다.
> 2. 丙은 甲이 고용한 개인사업체의 사용인이 아니며, 甲과 丙은 친족관계나 경제적 연관관계가 없다.

● 주식 변동내역

주주	기초		기말		비고
	주식수	지분율	주식수	지분율	
甲	50,000	50%	30,000	30%	대표이사
乙	20,000	20%	20,000	20%	임원
丙	30,000	30%	50,000	50%	주주
계	100,000	100%	100,000	100%	

| 해설 |

1. 소득세법상 甲과 丙은 특수관계인이 아니므로 甲이 丙에게 양도한 주식에 대하여 부당행위계산부인 규정이 적용되지 않는다.

2. 상속 및 증여세법상 丙은 단순히 회사의 주주이나 사용인은 아니므로 甲의 특수관계인 범위에 포함되지 않으므로 丙에게 증여의제규정을 적용할 수 없다. 다만, 정당한 사유 없이 甲이 비특수관계인인 丙에게 주식을 시가보다 30% 이상 낮은 가액으로 양도한 경우 시가와 대가의 차이에서 3억원을 차감한 가액을 증여의제가액으로 하여 증여세가 과세될 수는 있다.
   그러나, 해당 사례에서는 甲이 丙에게 양도한 주식의 시가 4억원과 대가 1억원의 차액 3억원

이 시가의 30% 이상에 해당하여 증여의제 과세요건은 충족하였으나, 비특수관계인간 거래에 대해서는 시가와 대가의 차액에서 3억원을 차감한 가액에 대하여 과세하므로 丙이 실제 부담할 증여세는 없다.

* 증여의제규정 적용 판단 : (4억원 – 1억원) ≥ 1.2억원(4억원×30%)
** 증여재산가액 : (4억원 – 1억원) – 3억원 = 0원

사례 2

특수관계인에게 주택을 저가 양도시 양도소득세 및 증여세

● 공동주택의 내역

1. 양도한 아파트의 취득 및 양도내역

양도물건	양도가액	양도일자	취득가액	취득일자
경기도 성남시 ××동 소재 아파트 105동 1201호	9억원	2022.1.25	4억원	2015.3.10

2. 기준시가

(단위:원)

고시일자	기준시가	전용면적
2021.4.29	900,000,000	85㎡

3. 유사 매매사례가액

(단위:원)

유사재산	매매계약일	매매가액	고시일자	기준시가	전용면적
107동 1306호	2022.1.5	1,510,000,000	2021.4.29	890,000,000	85㎡
108동 1104호	2021.12.20	1,520,000,000	2021.4.29	880,000,000	85㎡
103동 1208호	2021.11.30	1,500,000,000	2021.4.29	900,000,000	85㎡

4.기타사항

1) 甲은 해당 주택을 별도세대원인 성년 자녀 乙에게 기준시가인 9억원에 양도하고 양도소득세 신고서에 과세표준 및 세액을 기재하지 않고 1세대1주택 비과세로 표기하여 신고하였다.

2) 동 주택은 1세대1주택 비과세 요건을 충족하고 있다.

3) 甲은 해당 주택에서 거주하지 않았으며, 위 주택 외에는 다른 주택을 소유하고 있지 않다.

4) 자녀 乙은 실제로 甲에게 양도대가로 9억원을 지급하였다.

해설

1. 매매사례가액 적용 요건

공동주택의 유사 매매사례가액은 상속 및 증여세법상 규정을 준용하여 아래의 요건을 모두 충족한 경우에만 적용한다.

① 평가대상 주택과 동일한 공동주택단지 내에 있을 것

② 평가대상 주택과 주거전용면적의 차이가 평가대상 주택의 주거전용면적의 5% 이내일 것

③ 평가대상 주택과 공동주택가격의 차이가 평가대상 주택의 공동주택가격의 5% 이내일 것

	구 분	가 액	내 용
	양도가액	1,500,000,000	해설 참조
(−)	취득가액	400,000,000	실제 취득가액 적용
	취득가액 종류	실가	
(−)	기타필요경비	-	
(=)	양도차익	1,100,000,000	
(−)	비과세양도차익	880,000,000	11억원 × 12억원/15억원
(=)	과세대상양도차익	220,000,000	11억원 × (15억원-12억원)/15억원
(−)	장기보유특별공제	26,400,000	12%(6년×2%)
(=)	양도소득금액	193,600,000	
(−)	기본공제	2,500,000	
(=)	과세표준	191,100,000	
(×)	세율	38%	
(=)	산출세액	53,218,000	191,100,000 × 38% - 19,400,000(누진공제)
(+)	가산세	12,751,032	해설 참조
(=)	납부할세액	65,969,032	
(+)	지방소득세	6,596,903	65,969,032 × 10%
(=)	총부담세액	72,565,935	

2. 양도가액

시가보다 저가로 특수관계인에게 양도한 경우로서 시가와 대가의 차액이 시가의 5% 이상 또는 3억원 이상인 경우 시가를 양도가액으로 한다. 이 사례에서는 양도한 주택과 유사한 자산의 기준시가 차이가 가장 적은 103동 1208호의 매매사례가액 15억원을 주택의 양도가액으로 한다.

3. 가산세

신고서에 과세표준 및 세액을 기재하지 않고, 단순히 비과세로 표기하여 신고서를 제출한 경우에는 과세표준신고서를 법정기한 내 제출하지 않은 것으로 간주하여 무신고가산세 및 납부지연가산세가 부과된다(조심2013중1462, 2013.11.18.).

1) 무신고가산세 : 산출세액 53,218,000 × 20% = 10,643,600

2) 납부지연가산세 : 산출세액 53,218,000 × 180일(가정) × 22/100,000 = 2,107,432

4. 乙의 증여세 계산 내역

상속 및 증여세법상 특수관계인간의 거래로서 시가 15억원에서 대가 9억원의 차액 6억원이 시가의 30%에 해당하는 4.5억원과 3억원 중 적은 금액인 3억원 이상이므로 시가와 대가의 차액 6억원에서 시가의 30%에 해당하는 금액과 3억원 중 적은 금액인 3억원을 차감한 3억원을 증여가액으로 보아 증여세를 계산한다.

* (시가15억원 – 대가 9억원) – Min(15억원×30%, 3억원) = 3억원

	구 분	금 액	계산 근거
	증여재산가액	300,000,000	상증법상 저가양수에 따른 이익의 증여
(−)	증여재산공제	50,000,000	성년자녀에 해당하여 5,000만원 공제
(=)	과세표준	250,000,000	
(×)	세율	20%	
(=)	산출세액	40,000,000	250,000,000 × 20% - 1,000만원(누진공제)
(−)	신고세액공제	-	신고기한 내 무신고하여 공제불가
(=)	납부할세액	40,000,000	

02

교환으로 양도한 자산의 양도차익 계산

1 교환의 개념

교환이란 금전 외의 재산권을 상호 이전할 것을 약정하고 부동산 등의 소유권을 이전함으로써 효력이 생기는 계약을 말한다. 부동산을 교환하는 경우 실질적으로 매매와 경제적 효과가 동일하므로 양도소득세 과세대상이 된다.

2 교환시 양도차익 계산

1) 교환계약서에 교환대상 자산에 대한 감정평가액 등 시가를 반영하여 거래가액을 기재한 경우

교환으로 양도하는 자산에 대하여 감정평가액 등 시가를 반영하여 계약서에 거래가액을 기재하고, 교환차액에 대하여 정산절차를 거친 경우에는 교환계약서에 기재된 감정가액 등을 양도가액으로 보아 실지거래가액에 따라 양도차익을 계산한다.

쌍방 모두 감정가액을 적용하여 교환하는 경우 양도차익 계산

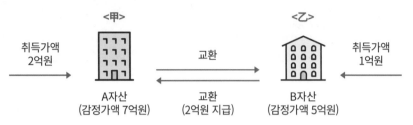

해설

	구 분	甲	乙
	양도가액	7억원	5억원
(-)	취득가액	2억원	1억원
(=)	양도차익	5억원	4억원

① 甲이 교환으로 취득한 B자산을 9억원에 양도시 양도차익 : 9억원 – 5억원 = 4억원
② 乙이 교환으로 취득한 A자산을 12억원에 양도시 양도차익 : 12억원 – 7억원 = 5억원

일방의 감정가액만 있는 경우 양도차익 계산

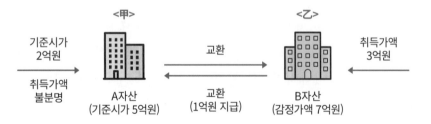

해설

	구 분	甲	乙
	양도가액	8억원[1]	7억원[1]
(-)	취득가액	3.2억원[2]	3억원
(=)	양도차익	4.8억원	4억원

648

¹⁾甲이 취득한 B토지의 감정가액 7억원에 교환을 통해 지급받은 1억원을 더한 가액이 甲이 A토지를 교환하면서 받은 가액이므로 A토지의 양도가액은 8억원이 되고, 乙이 양도한 B토지의 양도가액은 감정가액인 7억원이 된다.

²⁾취득가액이 불분명하여 환산취득가액 적용 : 8억원 × 2억원/5억원 = 3.2억원

2) 감정평가를 하지 않고 계약서에 교환대상 자산에 대한 거래가액을 임의로 기재한 경우

① 교환으로 양도한 자산의 유사 매매사례가액이 있는 경우

교환계약서에 임의로 기재된 거래가액을 부인하고 유사 매매사례가액을 양도가액으로 보아 실지거래가액에 따라 양도차익을 계산한다. 이 경우 교환으로 양도하는 자산의 유사 매매사례가액이 있는 경우 해당 가액을 우선 적용하고, 양도한 자산의 유사 매매사례가액이 없는 경우에는 교환으로 취득하는 자산의 유사 매매사례가액을 적용한다.

> **사례**

감정가액은 없고 쌍방 모두 유사 매매사례가액이 있는 경우 양도차익 계산

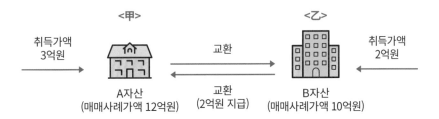

> **해설**

구 분		甲	乙
	양도가액	12억원	10억원
(-)	취득가액	3억원	2억원
(=)	양도차익	9억원	8억원

① 甲이 교환으로 취득한 B자산을 15억원에 양도시 양도차익 : 15억원 − 10억원 = 5억원
② 乙이 교환으로 취득한 A자산을 14억원에 양도시 양도차익 : 14억원 − 12억원 = 2억원

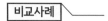

일방의 유사 매매사례가액만 있는 경우 양도차익 계산

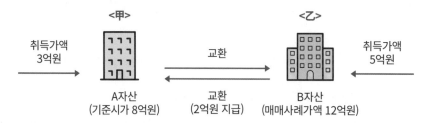

<甲> <乙>

| 취득가액
3억원 → | A자산
(기준시가 8억원) | 교환
→
교환
(2억원 지급) | B자산
(매매사례가액 12억원) | ← 취득가액
5억원 |

해설

구 분	甲	乙
양도가액	14억원	12억원
(−) 취득가액	3억원	5억원
(=) 양도차익	11억원	7억원

甲이 양도한 A자산의 양도가액은 B자산의 매매사례가액 12억원에 정산차액 2억원을 더한 14억원이 되고, 乙이 양도한 B자산의 양도가액은 매매사례가액 12억원이 된다.

② 쌍방 모두 유사 매매사례가액 또는 감정가액이 없는 경우

교환계약서에 임의로 기재된 양도가액을 부인하고, 교환으로 양도한 자산의 양도 당시 기준시가를 양도가액으로 보고 기준시가에 따라 양도차익을 계산한다.

사례

쌍방 모두 유사 매매사례가액이 없는 경우 양도차익 계산

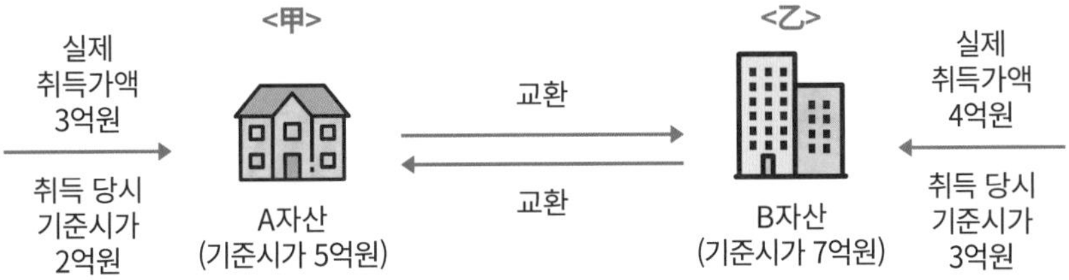

해설

	구 분	甲	乙
	양도가액	5억원	7억원
(-)	취득가액	2억원	3억원
(=)	양도차익	3억원	4억원

甲이 양도한 A자산과 乙이 양도한 B자산이 모두 기준시가만 있는 경우 각각 양도한 자산의 기준시가를 양도가액으로 한다. 이 경우 쌍방 모두 기준시가를 적용하여 자산을 교환한 후, 교환으로 취득한 자산을 양도하는 경우로서 양도가액을 실지거래가액을 적용할 경우 취득가액을 환산취득가액으로 한다.

① 甲이 교환으로 취득한 B자산을 15억원(기준시가 10억원)에 양도시 양도차익
　= 15억원 - 10.5억원(15억원 × 7억원/10억원) = 4.5억원

② 乙이 교환으로 취득한 A자산을 14억원(기준시가 8억원)에 양도시 양도차익
　= 14억원 - 8.75억원(14억원 × 5억원/8억원) = 5.25억원

03

부담부증여에 따른
양도소득세와 증여세 계산

I 부담부증여의 경우 양도차익 계산

1 부담부증여로 인한 양도소득세와 증여세

부담부증여란 증여일 현재 당해 증여재산에 담보된 대출금이나 임대보증금 등 증여자의 채무를 수증자가 인수하는 조건으로 증여하는 것을 말한다. 이 경우 증여자는 대출금이나 임대보증금 등의 채무를 면제받게 되므로 채무액에 상당하는 부분은 증여자가 수증자에게 유상으로 양도한 것으로 보아 증여자에게 양도소득세를 과세하고, 수증자에게는 증여받은 재산가액에서 인수한 채무액을 차감한 가액에 대하여는 증여세를 과세한다.

[부담부증여시 양도소득세와 증여세 구분 및 납세의무자]

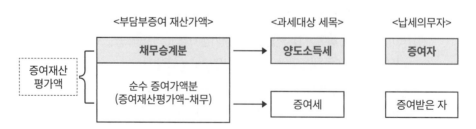

2 부담부증여시 채무에 대한 양도차익 계산

증여재산 전체를 양도하였다고 가정할 경우 발생하는 양도차익에 증여재산가액 중 채무액이 차지하는 비율을 곱한 금액이 부담부증여분에 대한 양도차익이 된다. 이 경우 부담부증여분에 대한 양도차익은 증여재산을 시가로 평가하는 경우와 기준시가로 평가하는 경우로 나누어 계산한다.

1) 증여재산을 시가로 평가한 경우 부담부증여분 양도차익 계산

증여재산가액을 증여 당시 매매사례가액이나 감정가액 등 시가로 평가하여 증여하는 경우에는 양도가액을 실지거래가액으로 계산한 것으로 보아 취득가액도 실제거래가액, 매매사례가액, 감정가액 또는 환산취득가액을 적용하며, 증여재산가액에서 채무액이 차지하는 비율을 계산할 때 증여재산의 가액도 시가로 평가한 가액으로 한다.

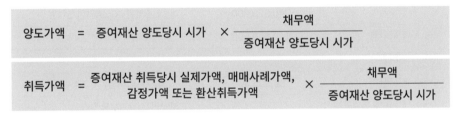

예를 들어 실제 취득가액 20, 증여 당시 시가 100, 임대보증금 30인 아파트를 자녀에게 증여할 경우 부담부증여에 따른 양도차익은 전체 양도차익 80에 증여재산가액 100 중 채무액 30이 차지하는 비율 30%를 곱한 24가 되고, 순수 증여재산가액은 전체 증여재산가액 100에서 증여받은 자가 인수한 채무액 30을 차감한 70이 된다.

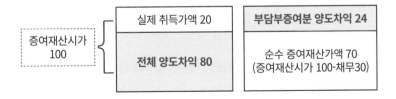

주택분양권을 자녀에게 부담부증여하는 경우 양도소득세 및 증여세 계산

● 주택분양권 취득 및 증여 내역

구 분	금 액	비 고
총 분양가액	6억원	
분양가액 중 이미 납부한 금액	6,000만원	계약금(2019.3.25.)
	2억4천만원	중도금
증여 당시 프리미엄	2억원	

- 부친은 2022.4.10.에 성인자녀에게 2년 이상 보유한 주택분양권을 증여하였으며, 증여 당시 중도금에 해당하는 대출금 2억4천만원을 자녀가 승계하기로 하였다.

1. 부친의 양도소득세

	구 분	금 액	계산 근거
	양도가액	240,000,000	5억원 × 2.4억원/5억원
(−)	취득가액	144,000,000	3억원(기납부액) × 2.4억원/5억원
(−)	기타필요경비	-	
(=)	양도차익	96,000,000	2억원(프리미엄) × 2.4억원/5억원
(−)	장기보유특별공제	-	분양권은 장기보유특별공제대상 아님
(=)	양도소득금액	96,000,000	
(−)	기본공제	2,500,000	
(=)	과세표준	93,500,000	
(×)	세율	60%	1년 이상 보유시 2021.6.1. 이후 양도분부터 60% 적용
(=)	산출세액	56,100,000	93,500,000 × 60%
(+)	지방소득세	5,610,000	56,100,000 × 10%
(=)	총부담세액	61,710,000	

상속 및 증여세법상 평가방법을 적용한 주택분양권에 대한 증여재산가액

= 매매가액(총분양가액 6억원 + 프리미엄 2억원) − 미납액(총분양가액 6억원 − 기납부액 3억원) = 5억원

※ 매매가액은 국토부 실거래가시스템의 (유사)매매가액을 적용

2. 자녀의 증여세

구 분		금 액	계산 근거
	증여재산가액	500,000,000	상속 및 증여세법상 평가액
(−)	채무액	240,000,000	수증자가 인수한 대출금
(=)	증여세과세가액	260,000,000	
(−)	증여재산공제	50,000,000	성인자녀 5천만원 공제
(=)	과세표준	210,000,000	
(×)	세율	20%	
(=)	산출세액	32,000,000	210,000,000 × 20% - 1,000만원(누진공제)
(−)	신고세액공제	960,000	32,000,000 × 3%
(=)	납부할세액	31,040,000	

2) 증여재산을 기준시가로 평가한 경우 부담부증여분 양도차익 계산

증여 당시 증여재산의 매매사례가액이나 감정가액 등의 시가가 없어 증여재산
가액을 기준시가로 평가한 경우 부담부증여분의 양도차익은 기준시가로 계산
하며, 증여재산가액에서 수증자가 인수한 채무액이 차지하는 비율을 계산할
때 증여재산의 가액도 기준시가로 평가한 가액으로 한다.

$$\text{양도가액} \ = \ \text{증여재산 양도당시 시가} \ \times \ \frac{\text{채무액}}{\text{증여재산 양도당시 기준시가}}$$

$$\text{취득가액} \ = \ \text{증여재산 취득당시 기준시가} \ \times \ \frac{\text{채무액}}{\text{증여재산 양도당시 기준시가}}$$

예를 들어 매매사례가액이나 감정가액이 없는 상가를 증여하면서 상가의 임대
보증금을 증여받은 자가 인수한 경우 부담부증여에 따른 양도차익을 계산해
보자. 취득 당시 기준시가 20, 증여 당시 기준시가 60, 임대보증금 15인 상가를
자녀에게 증여할 경우 부담부증여에 따른 양도차익은 전체 양도차익 40에 증
여재산가액 60 중 채무액 15가 차지하는 비율 25%를 곱한 10이 되고, 순수 증
여재산가액은 전체 증여재산가액 60에서 증여받은 자가 인수한 채무액 15를
차감한 45가 된다.

증여재산 기준시가 60	기준시가 취득가액 20	부담부증여분 양도차익 10
	전체 양도차익 40	순수 증여재산가액 45 (증여재산기준시가 60 - 채무15)

부담부증여시 시가 등이 없는 경우 양도소득세 계산

1. 甲은 2012. 5. 20.에 취득한 토지를 30세인 아들 乙에게 2021. 3. 13.에 증여하였다.
   甲이 증여한 토지에는 甲이 은행으로부터 차입한 차입금 1억원에 대한 담보가 설정되어 있으며, 乙은 토지를 증여받으면서 동 채무를 인수하였다.

2. 甲이 乙에게 토지를 증여할 당시 매매사례가액이나 감정가액은 없고, 토지의 개별공시지가는 5억원이다.

3. 甲이 토지를 취득할 당시 실지거래가액 및 개별공시지가는 아래와 같다.

실지 취득가액	개별공시지가
4억원	2억원

4. 甲은 토지를 취득한 후 1,500만원의 자본적지출을 하였다.

해설

	구 분	가 액	내 용
	양도가액	100,000,000	5억원 × 1억원/5억원
(−)	취득가액	40,000,000	2억원 × 1억원/5억원
(−)	기타필요경비	1,200,000	2억원 × 3% × 1억원/5억원
(=)	양도차익	58,800,000	
(−)	장기보유특별공제	9,408,000	16%(8년 × 2%)
(=)	양도소득금액	49,392,000	
(−)	기본공제	2,500,000	
(=)	과세표준	46,892,000	
(×)	세율	24%	
(=)	산출세액	6,034,080	46,892,000 × 24% - 522만원
(+)	지방소득세	603,408	6,034,080 × 10%
(=)	총부담세액	6,637,488	

656

1. 증여재산을 기준시가로 평가할 경우 양도가액 및 취득가액도 모두 기준시가를 적용하고, 기타 필요경비는 필요경비개산공제를 적용하므로 자본적지출액 15,000,000은 필요경비로 인정되지 않는다.

2. 乙의 증여 재산가액 : 500,000,000원 − 100,000,000원(은행차입금) = 400,000,000원

3) 부담부증여분 양도차익 계산시 기타 필요경비 계산

① 증여재산을 시가로 평가한 경우

증여재산에 대하여 실제 지출한 취득세, 중개수수료 등 기타 필요경비의 합계액에 채무액이 전체 증여재산의 시가 평가액에서 차지하는 비율을 곱한 금액을 필요경비로 공제한다.

$$\text{기타 필요경비} = \text{기타 필요경비 실제 지출액} \times \frac{\text{채무액}}{\text{증여재산 양도당시 시가}}$$

② 증여재산을 기준시가로 평가한 경우

필요경비 개산공제액에 채무액이 전체 증여재산의 기준시가 평가액에서 차지하는 비율을 곱한 금액을 필요경비로 공제한다.

$$\text{기타 필요경비} = \text{필요경비 개산공제액} \times \frac{\text{채무액}}{\text{증여재산 양도당시 기준시가}}$$

Ⅱ 부담부증여시 고려할 사항

1 동일세대원간 부담부증여시 1세대1주택 비과세 적용여부

1) 증여 당시 증여자가 1세대1주택자인 경우

부담부증여하는 주택이 1세대1주택 비과세 요건을 갖춘 경우에는 양도로 보는 채무액에 대하여는 양도소득세가 비과세되나, 부담부증여하는 주택의 증여재산가액이 12억원(2021.12.7. 이전 양도분은 9억원. 이하 같음)을 초과하는 경우에는 채무액에 상당하는 양도차익에 대하여는 양도소득세가 과세된다.

2)증여 당시 증여자가 일시적2주택자인 경우

1세대1주택자가 다른 주택을 취득한 날부터 3년 이내에 종전주택을 동일세대원에게 부담부증여한 경우 양도로 보는 채무부분에 대하여는 일시적2주택 비과세 규정을 적용할 수 없다(집행기준 104-167의 5-6 참조).

2 증여재산가액을 기준시가로 평가하는 경우 감가상각비 차감여부

부담부증여시 증여재산가액을 기준시가로 평가한 경우 유상으로 양도된 것으로 보는 채무액의 양도차익에 대하여도 기준시가로 과세되므로 양도차익을 계산할 때 취득가액은 소득세 계산시 필요경비로 계상한 감가상각누계액을 차감하지 않은 금액으로 한다(법령해석재산-0005, 2015.4.10 참조).

3 증여자의 채무가 아닌 제3자의 채무를 인수한 경우

증여자의 채무가 아닌 제3자의 채무를 인수하는 조건으로 부동산을 증여받은 경우 증여재산에 담보된 채무액은 당해 증여재산가액에서 공제되지 않으며, 수증자가 인수한 제3자의 채무액에 해당하는 부분에 대해서는 양도소득세 과세대상이 되지 않는다.

4 수증자의 채무변제 등에 대한 사후관리

과세당국에서는 수증자가 부담부증여로 재산을 취득한 후 증여받을 당시 인수한 채무를 상환한 경우 수증자의 소득이나 재산으로 상환하였는지 여부를 확인하여 증여세를 과세할 수 있다.

5 부담부증여로 증여받은 부동산을 5년 이내 양도시 이월과세 적용 여부

부담부증여로 취득한 자산을 5년 이내 양도하는 경우 채무승계부분은 유상으로 취득한 것이므로 이월과세대상이 되지 않으나, 증여재산가액에서 채무액을 차감한 순수증여부분은 이월과세 대상이 될 수 있다.

Ⅲ 부담부증여 관련 취득세 계산

1 부담부증여시 수증자가 납부하는 취득세

주택을 부담부증여로 취득하는 경우 증여받은 자가 납부해야 할 취득세는 아래와 같이 유상취득분과 무상취득분으로 구분하여 계산한다.

1) 유상취득분

증여받은 자가 승계한 채무액에 대하여는 유상으로 취득한 것으로 보아 승계한 채무액을 과세표준으로 하여 유상 취득분에 해당하는 취득세율을 적용하여 계산한다. 이 경우 증여받는 자가 증여일 현재 다주택자인 경우에는 유상 취득분에 대한 취득세 중과세율이 적용될 수 있다.

2) 무상취득분

증여재산가액에서 채무액을 차감한 순수 증여재산가액을 과세표준으로 하여 증여에 해당하는 취득세율을 적용하여 계산한다. 이 경우 증여자가 증여일 현재 다주택자인 경우로서 조정대상지역에 있는 주택공시가격 3억원 이상인 주택을 증여하는 경우에는 수증자에게 취득세 중과세율이 적용될 수 있다.

[주택 부담부증여시 취득세 적용방법]

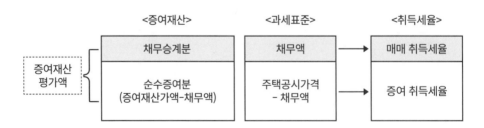

적용사례

부담부증여시 취득세 계산방법

Case 1

1주택을 소유한 별도세대인 아들이 조정대상지역 소재 2주택을 소유한 부친으로부터 부친의 주택에 담보된 채무 4억원을 인수하는 조건으로 부친소유 주택 중 1주택(시가 10억원, 주택공시가격 6억원, 전용면적 85㎡ 초과)을 증여받는 경우

구 분	채무승계(유상취득)부분	순수증여(무상취득)부분
과세표준	400,000,000(채무액)	200,000,000(6억원 - 4억원)
취득세율	9%(지방교육세 및 농특세 포함)	13.4%(지방교육세 및 농특세 포함)
취득세	36,000,000	26,800,000
해설	유상 취득분은 증여받는 자를 기준으로 2주택자 중과세율 적용	무상 취득분은 증여자를 기준으로 중과세율 적용

Case 2

무주택자인 아들이 1세대 2주택자인 부친의 주택에 담보된 은행대출금 4억원 및 임대보증금 2억원을 인수하는 조건으로 부친소유 주택 중 1주택(시가 10억원, 주택공시가격 5억원, 전용면적 85㎡이하)을 증여받는 경우

구 분	채무승계(유상취득)부분	순수증여(무상취득)부분
과세표준	600,000,000(채무액)	0원(5억원 - 6억원)
취득세율	1.1%(지방교육세 포함)	-
취득세	6,600,000	-
해설	유상 취득분은 증여받는 자를 기준으로 1주택 기본세율 적용	주택공시가격이 채무액보다 작으므로 과세미달되어 취득세 과세 안됨

부담부증여시 재산의 평가 방법

상속세나 증여세가 부과되는 재산의 가액은 원칙적으로 상속개시일 또는 증여일(이하 '평가기준일'이라 한다) 현재 시가로 평가하되, 상속의 경우 상속개시일 전·후 6개월, 증여의 경우 증여일 전 6개월·후 3개월 이내의 기간 중에 해당 자산의 매매·수용·공매·경매가액, 해당 자산의 감정가액, 해당 자산과 유사한 다른 자산의 매매사례가액이 있는 경우 그 확인된 가액을 아래의 순서에 따라 시가로 한다. 만일 시가 등이 없는 경우 기준시가 등 보충적 평가방법에 따라 평가한다.

1. 재산평가의 적용순서

1 순위 상속 또는 증여받은 자산의 매매사례가액

상속의 경우 상속개시일 전후 6개월, 증여의 경우 증여일 전 6개월부터 증여일 후 3개월 이내 기간 동안 거래된 해당 자산의 매매사례가액을 시가로 한다. 이 때 당해 자산의 매매사례가액은 잔금지급일이 아닌 매매계약일을 기준으로 판단한다.

[상속재산 평가시 해당자산의 매매사례가액 적용대상 기간]

[증여재산 평가시 해당자산의 매매사례가액 적용대상 기간]

2 순위 상속 또는 증여받은 자산의 감정가액

시가로 인정되는 감정가액은 2 이상의 감정기관이 평가한 감정가액의 평균액으로 적용하되, 상속 또는 증여받은 부동산의 기준시가가 10억원 이하인 경우에는 1개의 감정기관이 평가한 감정가액도 시가로 인정한다. 이 때 가격산정 기준일과 감정가액평가서 작성일 모두 평가기간 이내인 경우에만 감정가액으로 인정된다.

한편, 2019.2.12. 이후 상속·증여분부터는 납세자가 상속 및 증여세를 신고한 이후 법정결정기한 이내 발생한 해당 자산의 매매가액·감정가액·수용가액이 있는 경우에는 평가심의위원회 심의를 거쳐 해당 자산의 매매가액 등을 해당 자산의 시가로 할 수 있다. 여기서 법정결정기한이란 상속세는 법정 신고기한이 경과한 날로부터 9개월이며, 증여세는 법정신고기한이 경과한 날로부터 6개월을 말한다.

[상속세 법정 결정기한]

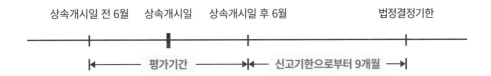

[증여세 법정 결정기한]

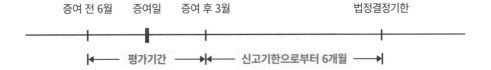

3 순위 평가대상 자산과 동일 또는 유사한 다른 재산의 매매사례가액

상속·증여재산과 면적·위치·용도 및 기준시가 등이 동일하거나 유사한 다른 재산의 거래가액이 있는 경우에는 그 가액을 시가로 본다. 이 경우 유사자산의 매매사례가액을 시가로 적용할 경우 상속 또는 증여세 신고일까지 거래된 매매사례가액에 한하여 시가로 인정된다. 예를 들어 증여일이 2022년 7월 10인 경우 증여세 신고기한은 2022년 10월 31일이지만, 증여세 신고서를 2022년 8월 31일에 제출한 경우 신고일 이후에 거래된 동일·유사재산의 매매가액은 시가로 볼 수 없다. 이 때 유사 매매사례가액은 유사자산의 매매계약일을 기준으로

판단한다.

한편, 아파트 등 공동주택의 경우에는 아래의 요건을 모두 충족하는 유사 매매사례가액에 해당하는 주택을 말하며, 해당 주택이 2 이상인 경우에는 평가대상 주택과 공동주택가격 차이가 가장 작은 주택을 말한다.

① 평가대상 주택과 동일한 공동주택단지 내에 있을 것
② 평가대상 주택과 주거전용면적의 차이가 평가대상 주택의 주거전용면적의 5% 이내일 것
③ 평가대상 주택과 공동주택가격의 차이가 평가대상 주택의 공동주택가격의 5% 이내일 것

📖 배경 및 취지

납세자는 상속 또는 증여세 신고일 이후에 거래된 유사 매매사례가액을 알 수 없으므로 납세자의 예측가능성을 보장하기 위하여 신고일까지 거래된 유사 매매사례가액만 시가로 적용하는 것이다.

4 순위 해당 자산의 보충적 평가방법에 따른 평가액

매매사례가액 등 시가를 확인하기 어려운 경우에는 기준시가 등 보충적 평가방법으로 평가한 가액을 시가로 본다.

2. 재산 평가의 특례

1) 임대차계약이 체결된 재산의 경우

기준시가 등 보충적 평가방법에 따라 평가한 가액과 임대료 등 환산가액(임대보증금 + 월세 × 100) 중 큰 가액

📖 배경 및 취지

임대차계약이 체결된 부동산을 기준시가로 평가할 경우 시가보다 낮게 평가되는 경우가 있으므로 해당 부동산의 수익가치를 반영한 임대료 환산가액 및 임대보증금의 합계액과 기준시가를 비교하여 둘 중 큰 가액으로 평가하는 것이다.

2) 저당권 등이 설정된 경우

저당권 등이 설정된 재산 또는 임대보증금을 받고 임대한 재산 등의 평가액은 아래 둘 중 큰 금액을 적용한다. 이 경우 저당권 등이 설정된 재산의 평가는 상속 또는 증여일 현재 저당권이 설정된 실제 채무잔액이나 임대보증금액을 기준으로 판단하는 것이며, 평가기준일 전후 6개월(증여재산인 경우 전 6개월, 후 3개월)내 금액을 적용하는 것이 아니다.

① 평가기준일 현재 시가 또는 보충적 평가방법에 따른 평가액
② 해당 재산에 담보된 실제 채무잔액 또는 임대보증금액

📖 **배경 및 취지**

해당 부동산에 저당권이 설정된 경우 또는 해당 부동산의 임대보증금이 있는 경우 저당권이 설정된 채무액 및 임대보증금의 합계액이 시가를 보다 적절히 반영하는 경우가 있으므로 실제 채무잔액 및 임대보증금의 합계액과 시가 또는 기준시가 중 큰 금액을 해당 부동산의 평가액으로 하는 것이다.

3. 부담부증여시 증여가액 평가방법에 따른 양도차익 계산방법

1) 실제거래가액에 의하여 양도차익을 계산하는 경우

부담부증여시 증여재산가액을 감정가액, 유사 매매사례가액, 저당권 등 담보채무액으로 평가한 경우 양도로 보는 채무액에 대한 양도차익은 실제 거래가액으로 계산한다.

2) 기준시가로 양도차익을 계산하는 경우

부담부증여시 증여재산가액을 보충적 평가방법 또는 임대료 등 환산가액으로 평가한 경우 양도로 보는 채무액에 대한 양도차익은 기준시가로 계산한다.

[증여재산가액 평가방식에 따른 양도가액 및 취득가액 적용방법]

평가방법	양도가액	취득가액
감정가액	감정가액	실제 취득가액, 매매사례가액, 감정가액 또는 환산취득가액
유사 매매사례가액	유사 매매사례가액	
저당권 등 담보채무액	실제 채무액 등	
보충적 평가방법	기준시가	기준시가
임대료 등 환산가액	임대료 등 환산가액	

임대건물에 시가 등이 없는 경우 일반건물의 평가방법

상가를 증여할 당시 매매사례가액이나 감정가액 등 시가는 없고, 기준시가 4억원, 상가의 임대보증금 2억원, 월임대료 250만원에 임대중인 상가를 부담부증여하는 경우

해설

1. 재산평가액 : Max[4억원, (2억원 + 250만원 × 100)]= 4.5억원
2. 증여재산가액 : 4.5억원 – 2억원(임대보증금) = 2.5억원

임대건물에 시가가 있고, 근저당이 설정된 경우 일반건물의 평가방법

상가의 평가기준일 현재 감정가액은 5억원, 근저당권이 설정된 은행채무 3억원(채권최고액 4억원), 임대보증금 2.5억원, 월임대료 200만원에 임대중인 상가를 부담부증여하는 경우

해설

1. 재산평가액 : Max[5억원, (3억원 + 2.5억원)]=5.5억원
임대보증금 및 채무액에 대하여 근저당이 설정된 재산은 시가와 은행채무와 임대보증금 합계 중 큰 가액으로 평가한다.
2. 증여재산가액 : 5.5억원 – 5.5억원(은행채무와 임대보증금 합계액) = 0원

임대건물에 시가가 없고 근저당이 설정된 경우 일반건물의 평가방법

상가의 평가기준일 현재 기준시가는 6억원, 근저당권이 설정된 은행채무 4억원, 임대보증금 3억원, 월임대료 500만원에 임대중인 상가를 부담부증여하는 경우

해설

1. 재산평가액 : Max (①, ②) = 8억원
① 기준시가와 임대료 등 환산가액 중 큰 가액 : Max[6억원, (3억원 + 500만원 × 100)] = 8억원
② 임대보증금 및 임대료 환산가액의 합계액과 은행채무 및 임대보증금 합계액 중 큰 가액 :
 Max[8억원, (4억원 + 3억원)]= 8억원
2. 증여재산가액 : 8억원 – 7억원(은행채무와 임대보증금 합계액) = 1억원

사례 4

임대차 계약이 체결된 일반건물을 부담부증여한 경우 증여재산 평가

1. 기본사항

- 소재지 : 경기도 성남시 수정구
- 구 조 : 1층 철근콘크리트조, 2층 경량철골조, 패널지붕
- 용 도 : 1층 공장 1,000㎡, 2층 창고 800㎡
- 대 지 : 500㎡
- 신축연도 : 2002년
- 증여일 : 2022. 3.20.
- 2021.5.31. 고시된 공시지가 : 500,000/㎡
- 2022.5.31. 고시된 공시지가 : 600,000/㎡

2. 증여당시 보충적 평가방법에 따른 기준시가

1) 건물 평가액

구 분	1층	2층
㎡당 가액	355,000	163,000
면적	1,000㎡	800㎡
평가액	355,000,000	130,400,000
합계	485,400,000	

2) 토지 평가액 : 500㎡ × 500,000원/㎡ = 250,000,000원

3) 토지와 건물의 평가액 합계 : 485,400,000 + 250,000,000 = 735,400,000원

3. 토지 및 건물의 취득 당시 기준시가 합계액은 290,000,000원이다.

4. 해당 건물의 실제 취득가액은 불분명하고, 평가기준일 현재 해당 부동산에 담보된 은행채무 4억원에 대한 채권최고액은 5.2억원이며, 임대보증금 3억원 월세 5백만원에 임대 중이다. 은행채무 4억원 및 임대보증금 3억원은 수증자가 승계하기로 한다.

해설

1. 증여재산 평가액 : Max (①, ②) : 8억원

① 보충적 평가액과 임대료 등 환산가액 비교 : 8억원

   Max[735,400,000, (3억원 + 5백만원 × 100)]

② 임대료 등 환산가액과 채무액 비교 : 8억원

   Max[8억원, (4억원 + 3억원)]

2. 양도차익 계산내역

구분		가액	내용
	양도가액	700,000,000	8억원 × 7억원/8억원
(-)	취득가액	253,750,000	기준시가 2.9억원 × 7억원/8억원
(-)	기타필요경비	7,612,500	2.9억원 × 3% × 7억원/8억원
(=)	양도차익	438,637,500	

3. 증여세 과세가액 : 8억원 - 7억원 = 1억원

추가해설

① 임대료 등 환산가액 : 임대보증금 + (1년간 임대료 합계액 ÷ 기획재정부령으로 정하는 율) = 임대보증금 + 월세 × 100

* 1년간 임대료 합계액 : 평가기준일이 속하는 월의 임대료 × 12

** 기획재정부령으로 정하는 율 : 12%

② 2020.2.10. 이전에는 부담부증여시 채무액에 해당하는 양도차익을 산정할 때 증여재산가액을 보충적 평가방법으로 적용할 경우에만 취득가액을 기준시가로 산정하였으나, 2020년 2월 11일 이후 증여분부터는 증여재산가액을 임대료 등 환산가액으로 평가하는 경우에도 기준시가로 평가한 것으로 보아 취득가액을 기준시가로 산정하도록 개정되었다.

종합사례 1

1세대1주택 고가주택을 부담부증여한 경우 관련세액

1. 甲은 2016.3.10.에 5억원에 취득한 조정대상지역에 소재한 전용면적 85㎡이하 주택을 2021.12.20.에 별도세대원인 40세 아들 乙에게 증여하였다. 甲은 주택을 증여할 당시 1세대1주택자로서 증여한 주택에 취득일 이후 계속 거주하였고, 증여계약 당시 당해 주택의 은행대출금 8억원은 乙이 인수하기로 하였다.

2. 甲이 증여한 주택의 증여당시 및 취득당시 가액은 아래와 같다.

구분	가액	비고
증여당시 증여재산 평가액	매매사례가액 16억원	공동주택 공시가격 10억원
취득당시 실지거래가액	5억원	취득세 5백만원, 옵션비용 4천5백만원
기타 필요경비	1천만원	중개수수료

주택을 부담부증여하는 경우로서 양도가액에 해당하는 채무승계액이 12억원 미만이라 하더라도 증여하는 주택 전체의 평가액이 12억원을 초과하는 경우 고가주택으로 보아 12억원 초과분 양도차익에 대하여는 양도소득세가 과세된다.

1. 양도소득세

	구 분	금 액	계산 근거
	양도가액	800,000,000	16억원 × 8억원/16억원
(−)	취득가액	275,000,000	5.5억원(취득세 등 포함) × 8억원/16억원
(−)	기타필요경비	5,000,000	1,000만원 × 8억원/16억원
(=)	전체양도차익	520,000,000	
	고가주택양도차익	130,000,000	520,000,000 × (16억원 - 12억원)/16억원
(−)	장기보유특별공제	52,000,000	130,000,000 × 40%(5년×4% + 5년×4%)
(=)	양도소득금액	78,000,000	
(−)	기본공제	2,500,000	
(=)	과세표준	75,500,000	
(×)	세율	24%	
(=)	산출세액	12,900,000	75,500,000 × 24% - 522만원(누진공제)
(+)	지방소득세	1,290,000	12,900,000 × 10%
(=)	총부담세액	14,190,000	

2. 증여세

	구 분	금 액	계산 근거
	증여재산가액	1,600,000,000	상속 및 증여세법상 평가액(매매사례가액)
(−)	채무액	800,000,000	수증자가 인수한 은행대출금
(=)	증여세과세가액	800,000,000	
(−)	증여재산공제	50,000,000	성인자녀 5천만원 공제
(=)	과세표준	750,000,000	
(×)	세율	30%	
	산출세액	165,000,000	750,000,000× 30% - 6천만원(누진공제)
(−)	신고세액공제	4,950,000	165,000,000 × 3%
(=)	납부할 세액	160,050,000	

3. 수증자가 부담할 취득세

순수증여(무상취득) 부분			
	취득가액	1,000,000,000	공동주택가격(기준시가)
(−)	채무액	800,000,000	수증자가 인수한 은행대출금
(=)	과세표준	200,000,000	
(×)	세율	3.8%	3.5%(기본세율) + 0.3%(지방교육세)
	취득세	7,600,000	200,000,000 × 3.8%
	소계	7,600,000	

채무승계(유상취득) 부분			
	취득가액	800,000,000	대출금에 해당하는 채무를 유상취득한 것으로 간주
	과세표준	800,000,000	
(×)	세율	2.33%	(8억원×2/3억원 - 3) × 1% ≒ 2.33%
	취득세	20,504,000	800,000,000×2.563%(2.33% + 2.33%×10%)
	소계	20,504,000	
	총계	28,104,000	7,600,000(무상취득분) + 20,504,000(유상취득분)

종합사례 2

1세대 2주택자가 양도소득세가 중과되는 주택을 부담부증여한 경우

1. 1세대 2주택자인 甲은 2012.4.10.에 취득한 조정대상지역 내에 소재한 전용면적 85㎡ 이하 중과대상 주택을 2021.7.1. 별도세대원인 40세 아들 乙에게 증여하였다. 증여계약 당시 당해 주택의 전세보증금 8억원은 乙이 인수하기로 하였으며, 乙은 2017.10.25.에 모친으로부터 상속세 및 증여세법상 평가액 2억원의 토지를 증여받아 증여세를 신고납부한 적이 있다.

2. 甲이 증여한 주택의 증여 당시 및 취득 당시 재산가액은 아래와 같다.

구 분	금 액	비 고
증여당시 증여재산 평가액	감정가액 16억원	공동주택 공시가격 10억원
취득당시 실지거래가액	불분명	취득세 500만원, 옵션비용 4,500만원 지출
기타 필요경비	1,000만원	자본적지출액과 양도비용
단독주택 기준시가	3억원	취득 당시 주택과 주택부수토지 기준시가
	10억원	증여 당시 주택과 주택부수토지 기준시가

해설 증여당시 증여재산의 감정가액 등 시가가 있으므로 부담부 증여분에 대하여도 실제 거래가액으로 양도차익을 계산한다. 취득 당시 실제 거래가액을 알 수 없고 취득 당시 매매사례가액이나 감정가액도 확인할 수 없는 경우에는 환산취득가액을 적용하여 취득가액을 산정하며, 필요경비는 실제 지출액에 불구하고 필요경비 개산공제를 적용한다.

1. 양도소득세

	구 분	금 액	계산 근거
	양도가액	800,000,000	16억원(증여당시 감정가액) × 8억원/16억원
(−)	취득가액	240,000,000	8억원 × 3억원/10억원
(−)	기타필요경비	4,500,000	3억원 × 3% × 8억원/16억원
(=)	양도차익	555,500,000	
(−)	장기보유특별공제	-	중과대상 주택으로 장기보유특별공제 배제
(=)	양도소득금액	555,500,000	
(−)	기본공제	2,500,000	
(=)	과세표준	553,000,000	
(×)	세율	62%	기본세율 + 20% (2021.6.1. 이후 양도분)
(=)	산출세액	307,460,000	553,000,000× 62% - 3,540만원(누진공제)
(+)	지방소득세	30,746,000	307,460,000 × 10%
(=)	총부담세액	338,206,000	

2. 증여세

	구 분	금 액	계산 근거
	증여재산가액	1,600,000,000	감정가액
(−)	채무액	800,000,000	수증자가 인수한 전세보증금
(+)	증여재산가산액	200,000,000	동일인 및 동일인의 배우자로부터 10년내 증여받은 재산가액 합산
(=)	증여세과세가액	1,000,000,000	
(−)	증여재산공제	50,000,000	
(=)	과세표준	950,000,000	
(×)	세율	30%	
(=)	산출세액	225,000,000	950,000,000 × 30% - 6천만원(누진공제)

(−)	기납부세액	20,000,000	1.5억원 × 20% - 1천만원(누진공제)
(−)	신고세액공제	6,150,000	(225,000,000 - 20,000,000) × 3%
(=)	납부할세액	198,850,000	

3. 수증자가 부담한 취득세

		순수증여(무상취득) 부분	
	취득가액	1,000,000,000	공동주택가격(기준시가)
(−)	채무액	800,000,000	수증자가 인수한 전세보증금
(=)	과세표준	200,000,000	
(×)	세율	12.4%	12%(중과세율) + 0.4%(지방교육세)
	취득세	24,800,000	200,000,000 × 12.4%
	소계	24,800,000	
		채무승계(유상취득) 부분	
	취득가액	800,000,000	전세보증금에 해당하는 채무를 유상취득한 것으로 간주
	과세표준	800,000,000	
(×)	세율	2.33%	(8억원×2/3억원 - 3) × 1% ≒ 2.33%
	취득세	20,504,000	800,000,000×2.563%(2.33% + 2.33%×10%)
	소계	20,504,000	
	총계	45,304,000	24,800,000(무상취득분) + 20,504,000(유상취득분)

04
배우자 또는 직계존비속으로부터 증여받은 재산을 5년 이내 양도시 이월과세

I 개요

1 이월과세 적용요건

증여자가 배우자 또는 직계존비속(이하 "배우자 등"이라 함)에게 토지, 건물, 특정시설물이용권 또는 주택분양권, 조합입주권(이하 "이월과세대상자산"이라 함)을 증여한 후 해당 자산을 증여받은 배우자 등이 증여받은 날로부터 5년 이내에 양도하는 경우 이월과세대상자산을 증여받은 배우자 등의 양도차익 계산시 취득가액은 증여받을 당시의 가액이 아니라 당초 자산을 증여한 자의 취득 당시 가액을 적용한다.

[배우자 또는 직계존비속간 증여재산에 대한 이월과세]

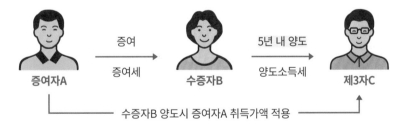

※ 수증자B: 증여자A의 배우자나 직계존비속

2 이월과세의 필요성

1억원에 취득한 토지를 10년간 보유하다 제3자에게 시가 6억원에 양도할 경우 양도차익 5억원에 대하여 양도소득세가 1억7천만원 과세되나, 토지를 배우자에게 증여할 경우 배우자는 증여받은 재산가액 6억원에 대하여 배우자 증여재산 공제 6억원을 적용받아 납부할 증여세가 없으며, 배우자가 증여받은 즉시 시가 6억원에 양도할 경우 양도가액과 취득가액이 동일하여 납부할 양도소득세가 없으므로 배우자에 대한 증여를 이용하여 양도소득세를 탈루하는 경우가 있다.

[제3자에게 양도한 경우와 증여후 단기 양도한 경우 세액 비교]

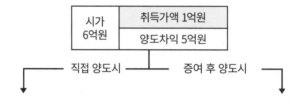

[양도소득세 계산]

구분	금액
양도가액	6억원
취득가액	1억원
장기보유특별공제	1억원
과세표준	4억원
세율	40% - 누진공제
산출세액	1.7억원

[증여세와 양도소득세 계산]

증여세		양도소득세	
증여가액	6억원	양도가액	6억원
증여재산공제	6억원	취득가액	6억원
과세표준	-	과세표준	-
세율	-	세율	-
산출세액	-	산출세액	-

이에 따라 세법에서는 직접 제3자에게 자산을 양도하지 않고 먼저 배우자 등에게 증여한 뒤 배우자 등이 증여받은 자산을 양도하여 양도소득세를 탈루하는 행위를 방지하기 위하여 배우자 등으로부터 자산을 증여받은 후 5년 내에 양도할 경우 자산을 증여받은 배우자 등의 양도소득세를 계산할 때 자산의 취득가액을 당초 자산을 증여한 자의 취득가액으로 적용하는 규정을 두게 된 것이다.

Ⅱ 이월과세가 적용되지 않는 경우

1 양도하는 자산이 협의매수 또는 수용되는 경우

사업인정고시일로부터 소급하여 2년 이전에 배우자·직계존비속으로부터 증여받은 경우로서 「공익사업을 위한 토지 등의 취득 및 보상에 관한 법률」이나 그밖의 법률에 따라 등 협의매수 또는 수용되는 경우

📖 배경 및 취지

자산이 수용되는 것은 비자발적으로 양도한 것으로서 양도소득세를 탈루하기 위하여 자산을 증여하고 다시 증여받은 자산을 양도한 경우로 볼 수 없으므로 이월과세 대상이 되지 않는다. 단, 사업인정고시일로부터 소급하여 2년 이내에 증여한 경우에는 수용이 될 것을 미리 알고 증여한 것으로 보아 이월과세를 적용한다.

2 양도하는 자산이 1세대1주택 비과세 대상인 경우

이월과세 적용으로 별도세대원인 수증자가 증여받은 주택을 5년 이내 양도하는 경우로서 해당 주택이 1세대1주택(고가주택 포함)에 해당하는 경우에는 이월과세를 적용하지 않고, 우회양도에 대한 부당행위계산 부인규정을 적용하여 과세여부를 판단한다. 다만, 증여자와 수증자가 동일세대원인 경우에는 이월과세를 적용한다.

📖 배경 및 취지

이월과세를 적용하게 되면 별도세대원인 무주택자가 주택을 증여받은 후 2년 이내에 해당 주택을 양도하는 경우에도 보유기간이 당초 증여자의 취득시점으로 소급되어 비과세되는 경우가 발생할 수 있으므로 이월과세를 적용하지 않는 것이며, 주택의 양도소득이 당초 주택을 증여한 자에게 귀속된 경우 우회양도에 따른 부당행위부인 규정을 적용하여 당초 증여자가 주택을 양도한 것으로 보아 증여자에게 양도소득세를 부과하고 증여받은 자가 납부한 증여세는 환급되는 것이다.

비교학습

> 배우자 또는 직계존속으로부터 8년 이상 자경한 양도소득세 감면대상 농지를 증여받은 후 5년 이내 양도하는 경우 당초 증여자의 취득가액을 적용하여 양도소득세를 계산하나, 수증자가 증여받은 날로부터 양도한 날까지 보유기간을 계산하여 8년 자경 감면대상 여부를 판단한다.

3 기타 이월과세를 적용하지 않는 경우

1) 이월과세를 적용하여 계산한 양도소득결정세액이 이월과세를 적용하지 않고 계산한 양도소득결정세액보다 적은 경우

2) 양도일 현재 배우자가 사망한 경우

다만, 이혼으로 인하여 혼인관계가 소멸된 경우와 직계존비속이 사망한 경우에는 이월과세를 적용한다.

Ⅲ 이월과세 대상자산을 양도하는 경우 양도소득세 계산

1 양도소득세의 납세의무자

이월과세가 적용되는 경우 양도소득세 납세의무자는 수증자가 된다.

2 필요경비 계산

1) 취득가액 계산

① 실제 취득가액이 확인되는 경우

취득가액은 재산을 증여한 배우자 등이 재산을 취득할 당시 지출한 실제 거래가액으로 한다.

② 실제 취득가액이 확인되지 않는 경우

재산을 증여한 배우자 등이 재산을 취득할 당시 매매사례가액, 감정가액, 환산 취득가액을 순차적으로 적용한다.

2) 기타 필요경비 계산

① 수증자가 납부한 증여세

가. 증여세 산출세액은 양도자산에 대한 양도차익을 한도로 기타 필요경비로 공제한다. 이 경우 증여자의 취득가액이 확인되지 않아 매매사례가액, 감정가액, 환산취득가액 또는 기준시가로 취득가액을 적용한 경우에도 증여세 상당액을 필요경비로 공제한다.

나. 이월과세대상이 되는 자산과 이월과세대상이 되지 않는 자산을 함께 증여받고 이월과세대상 자산만을 양도하는 경우 또는 이월과세대상 자산을 증여받고 그 중 일부만 양도하는 경우에는 아래와 같이 계산된 금액을 양도한 자산에 대한 필요경비로 본다.

$$\text{증여세 산출세액} \times \frac{\text{양도하는 이월과세대상 증여세 과세가액}}{\text{당초 증여세 과세가액의 합계액}}$$

계산사례

- 2017년 1월 : 갑은 배우자로부터 부동산과 주식을 증여받음 (부동산:5억원, 주식:3억원, 증여세 산출세액:3,000만원)
- 2021년 7월 : 배우자로부터 증여받은 부동산 양도 (양도차익:4억원)

해설 필요경비에 산입되는 증여세 산출세액: 30,000,000원 × 5억원 / 8억원 = 18,750,000원

② 증여자의 자본적지출액

증여자가 지출한 자본적지출액은 기타 필요경비에 포함되지 않고, 수증자가 자산을 증여받은 후 지출한 자본적지출액은 기타 필요경비에 포함된다.

③ 취득세

증여자가 지출한 취득세는 기타 필요경비에 포함되나, 증여받은 자가 지출한 취득세는 기타 필요경비에 포함되지 않는다.

[기타 필요경비 공제가능 여부]

3 보유기간 계산

1) 장기보유특별공제 적용시

자산을 증여한 배우자 등이 당초 자산을 취득한 날로부터 증여받은 자산의 양도일까지의 기간에 대하여 장기보유특별공제율을 적용한다.

2) 양도소득세 세율 적용시

자산을 증여한 배우자 등이 당초 자산을 취득한 날로부터 증여받은 자산의 양도일까지의 기간에 따른 양도소득세율을 적용한다.

3) 1세대1주택 비과세 보유기간 판단시

자산을 증여한 배우자 등이 당초 자산을 취득한 날로부터 증여받은 자산의 양도일까지의 기간에 따른 보유기간을 적용한다.

조합원입주권을 배우자로부터 증여받은 후 5년 이내 양도하는 경우

● 조합원입주권의 취득 및 양도에 관한 자료

구 분	내 용
관리처분 계획인가	인가일 : 2012.10.15.
	권리가액 : 3억원
	조합원분양가액 : 5억원
	추가분담금(분양가액 5억원 - 권리가액 3억원) : 2억원
취득일 및 취득가액	2013.3.10.남편이 4억원에 조합원입주권 승계취득
분담금 납부	총 불입액 2억원 중 남편이 불입한 금액 : 1억5천만원
프리미엄	2억원
증여일 및 증여가액	2019.8.20. 배우자에게 조합원입주권을 6억5천만원(시가)에 증여
양도일 및 양도가액	2021.7.31.양도가액 10억원

해설 이월과세를 적용한 산출세액 151,600,000원이 이월과세를 적용하지 않은 경우의 산출세액 208,500,000원 보다 적으므로 이월과세를 적용하지 않는다.

1. 이월과세를 적용한 경우 산출 세액

	구 분	금 액	계산 근거
	양도가액	1,000,000,000	실지 양도가액
(−)	취득가액	550,000,000	4억원(취득가액) + 1.5억원(추가분담금 납부액)
(−)	기타필요경비	5,000,000	증여세 산출세액[1]
(=)	양도차익	445,000,000	
(−)	장기보유특별공제	-	승계조합원입주권은 장기보유특별공제 적용불가
(=)	양도소득금액	445,000,000	
(−)	기본공제	2,500,000	
(=)	과세표준	442,500,000	
(×)	세율	40%	기본세율 적용
(=)	산출세액	151,600,000	442,500,000 × 40% - 2,540만원(누진공제)
(+)	지방소득세	15,160,000	151,600,000 × 10%
(=)	총부담세액	166,760,000	

2. 이월과세를 적용하지 않은 경우 산출세액

	구 분	금 액	계산 근거
	양도가액	1,000,000,000	실지양도가액
(−)	취득가액	650,000,000	증여가액2)
(−)	기타필요경비	−	
(=)	양도차익	350,000,000	
(−)	장기보유특별공제	−	승계조합원입주권은 장기보유특별공제 적용불가
(=)	양도소득금액	350,000,000	
(−)	기본공제	2,500,000	
(=)	과세표준	347,500,000	
(×)	세율	60%	2년 미만 보유시 60% 적용(2021.6.1. 이후 양도분)
(=)	산출세액	208,500,000	347,500,000 × 60%
(+)	지방소득세	20,850,000	208,500,000 × 10%
(=)	총부담세액	229,350,000	

1) 증여세 산출세액 = (증여가액 − 배우자 증여재산공제) × 세율

   = (650,000,000 − 600,000,000) × 10% = 5,000,000

2) 증여가액 : 6억5천만원(권리가액 3억원 + 기납부액 1.5억원 + 프리미엄 2억원)

사례 2

배우자로부터 1세대1주택 50% 지분을 증여받은 후 5년 내 양도

● 주택의 취득 및 양도에 관한 자료

구 분	내 용
취득가액	남편 아파트(85㎡ 초과)를 5억원에 취득
취득일자	2015.2.12.
증여일자	2019.11.10.배우자에게 50% 증여
주택시가(기준시가)	유사 매매사례가액 14억원(공시가격 8억원)
양도일 및 양도가액	2021.12.20.주택 전체 양도가액 20억원
기타사항	부인은 증여받은 주택에 남편의 취득일부터 양도일까지 계속 거주

해설 이월과세를 적용한 산출세액 38,139,600원이 이월과세를 적용하지 않은 경우의 산출세액 66,660,000원 보다 적으므로 이월과세를 적용하지 않는다.

1. 이월과세를 적용한 경우 산출세액

	구 분	금 액	계산 근거
	양도가액	1,000,000,000	2,000,000,000 × 50%
(−)	취득가액	250,000,000	당초 남편의 취득가액(5억원 × 50%)
(−)	기타필요경비	10,000,000	증여세산출세액 : (7억원 - 6억원) × 10%
(=)	양도차익	740,000,000	
	고가주택양도차익	296,000,000	740,000,000 × (20억원-12억원)/20억원
(−)	장기보유특별공제	142,080,000	296,000,000 × 48%(6년×4% + 6년×4%)
(=)	양도소득금액	153,920,000	
(−)	기본공제	2,500,000	
(=)	과세표준	151,420,000	
(×)	세율	38%	기본세율 적용
(=)	산출세액	38,139,600	151,420,000 × 38% - 1,940만원(누진공제)
(+)	지방소득세	3,813,960	38,139,600 × 10%
(=)	총부담세액	41,953,560	

※ 동일세대원에게 1세대1주택 비과세 고가주택을 증여한 경우에도 이월과세를 적용한다(사전-2016-법령해석재산-0374, 2016.11.15참조).

2. 이월과세를 적용하지 않은 경우 산출세액

	구 분	금 액	계산 근거
	양도가액	1,000,000,000	2,000,000,000 × 50%
(−)	취득가액	700,000,000	증여 당시 증여가액(14억원 × 50%)
(−)	기타필요경비	16,000,000	증여 당시 취득세(아래 취득세 산출근거 참조)*
(=)	양도차익	284,000,000	
	고가주택양도차익	113,600,000	284,000,000 × (20억원-12억원)/20억원
(−)	장기보유특별공제	-	3년 미만 보유하여 장기보유특별공제 적용불가
(=)	양도소득금액	113,600,000	
(−)	기본공제	2,500,000	
(=)	과세표준	111,100,000	
(×)	세율	60%	2년 미만 보유시 60% 적용(2021.6.1. 이후 양도분)
(=)	산출세액	66,660,000	111,100,000 × 60%
(+)	지방소득세	6,666,000	66,660,000 × 10%
(=)	총부담세액	73,326,000	

* 주택 공시가격 800,000,000 × 50% × 4% = 16,000,000

배우자로부터 토지를 증여 받은 후 5년 이내 양도하는 경우

● **토지의 취득 및 양도에 관한 자료**

구 분		내 용
남편의 취득내역	취득자산	상속받은 토지로서 상속 및 증여세법 상 기준시가로 평가함
	취득일자	2009.10.25.
증여내역	증여일자	2020.6.10. 배우자에게 증여
		2016.4.25. 1억원 상당의 주식을 배우자에게 증여
	증여가액	증여 당시 토지의 감정가액 7억원
토지의 기준시가	취득 당시	토지를 증여한 남편이 상속받은 가액 2억원
	증여 당시	5억원
	양도 당시	8억원
양도일 및 양도가액		2021.7.31. 양도가액 12억원
기타 사항		2021.4.30.에 합의이혼함

해설

1. 양도소득세

	구 분	이월과세가 적용되는 경우	이월과세가 적용되지 않는 경우
	양도가액	1,200,000,000	1,200,000,000
(−)	취득가액	200,000,000[1]	700,000,000
(−)	기타필요경비	26,250,000[2]	20,000,000[3]
(=)	양도차익	973,750,000	480,000,000
(−)	장기보유특별공제	214,225,000[4]	-
(=)	양도소득금액	759,525,000	480,000,000
(−)	기본공제	2,500,000	2,500,000
(=)	과세표준	757,025,000	477,500,000
(×)	세율	42%	40%[5]
(−)	누진공제	35,400,000	-
(=)	산출세액	282,550,500	191,000,000
(+)	지방소득세	28,255,050	19,100,000
(=)	총부담세액	310,805,550	210,100,000

이월과세를 적용한 산출세액이 이월과세를 적용하지 않은 경우의 산출세액보다 크므로 이월과세를 적용하며, 증여받은 자산을 양도할 당시 자산을 증여한 자와 이혼 등으로 혼인관계가 소멸된 경우에도 이월과세를 적용한다.

1) 당초 증여자가 상속받은 토지는 환산취득가액을 적용할 수 없고, 상속 당시 평가액인 기준시가를 적용한다.

2) 증여세 산출세액은 필요경비에 산입한다.

$$30,000,000 \times \frac{700,000,000(\text{토지})}{800,000,000(\text{증여재산})} = 26,250,000$$

3) 증여 당시 취득세

토지 : 500,000,000(기준시가) × 4%(지방교육세 및 농어촌특별세 포함) = 20,000,000

4) 이월과세가 적용되는 자산은 자산을 증여한 배우자가 취득한 날로부터 수증자가 증여받은 자산을 양도한 날까지 보유기간에 대하여 장기보유특별공제를 적용한다.

  * 장기보유특별공제 : 973,750,000 × 22%(11년 × 2%) = 214,225,000

5) 이월과세를 적용할 경우 보유기간이 2년 이상이므로 기본세율을 적용하나, 이월과세를 적용하지 않을 경우에는 보유기간이 1년 이상 2년 미만이므로 40%의 단기보유세율을 적용한다.

2. 증여세

	구 분	금 액	계산 근거
	증여재산가액	700,000,000	상증법상에 따른 시가
(+)	증여재산가산액	100,000,000	동일인(배우자 포함)으로부터 증여받은 재산가액
(=)	증여세과세가액	800,000,000	
(−)	증여재산공제	600,000,000	배우자 6억원 공제
(=)	과세표준	200,000,000	
(×)	세율	20%	
(=)	산출세액	30,000,000	200,000,000 × 20% - 1,000만원(누진공제)
(−)	기납부세액	-	증여받은 주식 1억원은 배우자공제 6억원에 미달
(−)	신고세액공제	900,000	30,000,000 × 3%
(=)	납부할 세액	29,100,000	

사례 4

직계존속으로부터 주택을 증여받은 후 5년 이내 양도하는 경우

● 주택의 취득 및 양도에 관한 자료

구 분		내 용
부친의 취득내역		2013.11.25. 85㎡ 이하 아파트(취득가액 불분명)
증여내역	증여일자	2020.7.10. 별도세대원인 35세 아들에게 해당 주택을 증여
	증여가액	매매사례가액 5억원
주택 공시가격	취득 당시	1억원
	증여 당시	2억5천만원
	양도 당시	4억원
양도일 및 양도가액		2021.10.15. 증여받은 주택 양도가액 10억원
기타 사항		아들은 양도일 현재 양도주택외 1주택을 보유하고 있음
		양도주택은 중과제외 주택임

해설

1. 양도소득세

	구 분	이월과세가 적용되는 경우	이월과세가 적용되지 않는 경우
	양도가액	1,000,000,000	1,000,000,000
(−)	취득가액	250,000,000[1]	500,000,000
(−)	기타필요경비	80,000,000[2]	9,500,000[3]
(=)	양도차익	670,000,000	490,500,000
(−)	장기보유특별공제	93,800,000[4]	-
(=)	양도소득금액	576,200,000	490,500,000
(−)	기본공제	2,500,000	2,500,000
(=)	과세표준	573,700,000	488,000,000
(×)	세율	42%	60%[5]
(−)	누진공제	35,400,000	-
(=)	산출세액	205,554,000	292,800,000
(+)	지방소득세	20,555,400	29,280,000
(=)	총부담세액	226,109,400	322,080,000

이월과세를 적용한 산출세액이 이월과세를 적용하지 않은 경우의 산출세액보다 적으므로 이월과세를 적용하지 않는다.

1) 당초 증여자의 취득가액이 불분명하므로, 환산취득가액을 적용한다.

  * 1,000,000,000 × 1억원/4억원 = 250,000,000

2) 증여세 산출세액은 필요경비에 산입한다(아래 증여세 산출세액 참고).

3) 증여 받을 당시 납부한 취득세

  250,000,000(공시가격) × 3.8%(지방교육세 포함) = 9,500,000

4) 이월과세가 적용되는 경우 자산을 증여한 직계존속이 자산을 취득한 날로부터 직계비속이 증여 받은 자산을 양도한 날까지의 보유기간에 대하여 장기보유특별공제를 적용한다.

  * 장기보유특별공제율 : 670,000,000 × 14%(7년×2%) = 93,800,000

5) 이월과세를 적용할 경우에는 보유기간이 2년 이상이므로 기본세율이 적용되나, 이월과세를 적용하지 않을 경우에는 주택의 보유기간이 1년 이상 2년 미만이므로 60%의 단기보유세율이 적용된다.

2. 증여세

	구 분	금 액	계산 근거
	증여재산가액	500,000,000	상속 및 증여세법상 평가액
(−)	증여재산공제	50,000,000	성년자녀 5,000만원 공제
(=)	과세표준	450,000,000	
(×)	세율	20%	
(=)	산출세액	80,000,000	450,000,000 × 20% - 1,000만원(누진공제)
(−)	신고세액공제	2,400,000	80,000,000 × 3%
(=)	납부할 세액	77,600,000	

같은 연도에 누진세율이 적용되는 2이상의 토지를 양도하는 경우

● A토지의 취득 및 양도에 관한 자료

구 분		내 용
남편의 토지 취득내역	취득가액	4억원
	취득일자	2013.10.25.
	취득세 지출액	1,840만원
토지 증여내역	증여일자	2018.6.10. 배우자에게 증여
	증여재산가액	증여 당시 개별공시지가 7억원
	증여받은 토지의 취득세	3,220만원
	증여세 산출세액	1,000만원
양도일 및 양도가액		2021.7.31. 양도가액 10억원
기타 사항		해당 토지는 공익사업으로 수용되어 현금보상 받음
		사업인정고시일 : 2020.1.25.

● B토지(사업용토지)의 취득 및 양도에 관한 자료

구 분		내 용
양도일 및 양도가액		2021.10.15.양도가액 5억원
취득일 및 취득가액		1986.3.10.취득가액 불분명
취득면적 및 양도면적		1,000㎡
㎡당 개별공시지가	2021.1.1. 기준	250,000원
	1990.1.1 기준	80,000원

● 토지등급

기준일자	등급	등급가액(시가표준액)
1990.8.30. 현재	100	600
1990.8.30. 직전	90	400
1986.1.1. 현재	80	300

● 기타 내용

B토지 양도시 이미 예정신고한 A토지의 양도소득금액과 합산하여 예정신고하는 것으로 한다.

1. A토지 양도소득세(2021.7.31. 양도분)

구 분		이월과세가 적용되는 경우	이월과세가 적용되지 않는 경우
	양도가액	1,000,000,000	1,000,000,000
(−)	취득가액	400,000,000[1]	700,000,000
(−)	기타필요경비	28,400,000[2]	32,200,000[3]
(=)	양도차익	571,600,000	267,800,000
(−)	장기보유특별공제	80,024,000[4]	16,068,000
(=)	양도소득금액	491,576,000	251,732,000
(−)	기본공제	2,500,000	2,500,000
(=)	과세표준	489,076,000	249,232,000
(×)	세율	40%	38%
(−)	누진공제	25,400,000	19,400,000
(=)	산출세액	170,230,400	75,308,160
(−)	세액감면	17,023,040[5]	-
(=)	결정세액	153,207,360	75,308,160
(+)	지방소득세	15,320,736	7,530,816
(=)	총부담세액	168,528,096	82,838,976

이월과세를 적용하여 계산한 양도소득세 결정세액이 이월과세를 적용하지 않은 경우의 양도소득세 결정세액보다 크므로 이월과세를 적용한다.

[1] 당초 증여자가 자산을 취득할 당시 지출한 실제 취득가액을 적용한다.

[2] 당초 증여자가 부담한 취득세 18,400,000과 수증자가 부담한 증여세 산출세액 10,000,000의 합계액

[3] 수증자가 납부한 취득세를 말한다.

[4] 이월과세가 적용되는 경우 자산을 증여한 배우자가 취득한 날로부터 자산을 증여받은 자가 양도한 날까지 보유기간에 대하여 장기보유특별공제를 적용한다.

* 장기보유특별공제 : 571,600,000 × 14%(7년 × 2%) = 80,024,000

[5] 사업인정고시일부터 소급하여 2년 이전에 취득한 공익사업용 토지에 대하여 현금보상을 받는 경우 양도소득세 산출세액의 10% 세액감면을 적용한다. 이월과세가 적용되는 경우에는 당초 증여지의 취득일을 기준으로 감면여부를 판단한다.

2. B토지 양도소득세(2021.10.15. 양도시 기신고분 합산신고)

	구 분	금 액	계산 근거
	양도가액	500,000,000	
(−)	취득가액	96,000,000	해설 참조[1]
(−)	기타필요경비	1,440,000	해설 참조[2]
(=)	양도차익	402,560,000	
(−)	장기보유특별공제	120,768,000	402,560,000 × 30%(15년 × 2%)
(=)	양도소득금액	281,792,000	
(+)	기신고소득금액	491,576,000	A토지의 양도소득금액
(−)	기본공제	2,500,000	
(=)	과세표준	770,868,000	
(×)	세율	42%	기본세율 적용
(=)	산출세액	288,364,560	770,868,000 × 42% - 3,540만원(누진공제)
(−)	기납부세액	170,230,400	A토지의 산출세액
(=)	납부할 세액	118,134,160	지방소득세 제외

[1] 환산취득가액 : 96,000,000

① ㎡당 금액

$$1990.1.1\ 개별공시지가\ \times\ \frac{취득시\ 등급가액}{(1990.8.30.현재\ 등급가액 + 1990.8.30.직전\ 등급가액)/2}$$

$$=\ 80,000\ \times\ \frac{300}{(600+400)/2}\ =\ 48,000$$

② 취득 당시 개별공시지가 : 48,000 × 1,000㎡ = 48,000,000

③ $500,000,000\ \times\ \dfrac{48,000,000}{250,000,000}\ =\ 96,000,000$

[2] 48,000,000 × 3% = 1,440,000

05

부담부증여로 취득한 재산을
5년 이내 양도시 이월과세 적용 방법

1 이월과세 적용대상의 구분

배우자 등에 대한 이월과세는 증여로 취득한 재산을 양도하는 경우에 적용되므로 부담부증여로 취득한 재산을 5년 이내에 양도하는 경우 채무승계분은 수증자가 증여자로부터 유상으로 취득한 것이므로 이월과세대상이 되지 않으며, 증여재산가액에서 채무액을 제외한 순수증여분에서 발생한 양도차익에 대하여만 이월과세 대상이 된다.

[부담부증여로 취득한 재산을 5년 내 양도시 이월과세 적용여부]

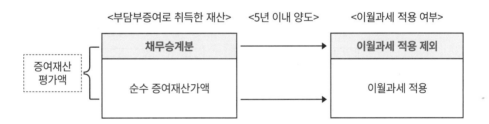

따라서 부담부증여로 취득한 재산을 5년 이내 양도할 경우 이월과세가 적용되지 않는 유상 취득분인 채무액과 이월과세가 적용되는 무상 취득분인 순수 증여가액으로 구분하여 양도차익을 계산해야 한다.

2 양도가액의 구분계산

이월과세가 적용되지 않는 채무부분의 양도가액은 전체 양도가액에 증여재산 가액 중 채무승계분이 차지하는 비율을 곱한 금액으로 하며, 이월과세가 적용되는 순수증여분의 양도가액은 전체 양도가액에 증여재산가액에서 채무승계분을 제외한 순수증여가액이 차지하는 비율을 곱한 금액으로 한다.

$$\text{1) 채무승계분 양도가액} = \text{전체 양도가액} \times \frac{\text{채무액}}{\text{증여재산가액}}$$

$$\text{2) 순수증여분 양도가액} = \text{전체 양도가액} \times \frac{(\text{증여재산가액} - \text{채무액})}{\text{증여재산가액}}$$

예를 들어 배우자로부터 시가 500의 재산을 증여 받으면서 담보대출금 150을 인수한 후, 600에 양도한 경우 채무승계분에 대한 양도가액은 전체 양도가액 600에 증여 당시 전체 증여가액에서 채무액이 차지하는 비율 30%를 곱한 180이 되며, 순수증여분에 대한 양도가액은 전체 양도가액 600에 증여 당시 전체 증여가액에서 순수증여분이 차지하는 비율 70%를 곱한 420이 된다.

[채무승계분과 순수증여분의 양도가액 계산]

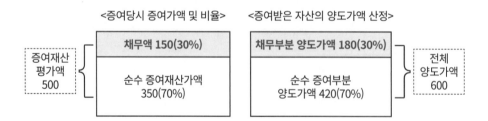

3 취득가액의 구분계산

순수증여분은 이월과세가 적용되므로 취득가액은 당초 증여자가 취득한 재산가액에 전체 증여재산가액에서 순수증여가액이 차지하는 비율을 곱한 금액으로 하고, 채무승계분은 이월과세가 적용되지 않으므로 자산을 증여받을 당시 수증자가 승계한 채무액이 취득가액이 된다.

위의 사례에서 당초 자산을 증여한 자의 취득가액이 200이라면 이월과세가 적용되는 순수증여분에 대한 취득가액은 200에 증여 당시 전체 증여가액에서 순수증여분이 차지하는 비율 70%를 곱한 140이 되며, 이월과세가 적용되지 않는 부분의 취득가액은 수증자가 인수한 채무액 150이 된다.

[채무승계분과 순수증여분의 취득가액 계산]

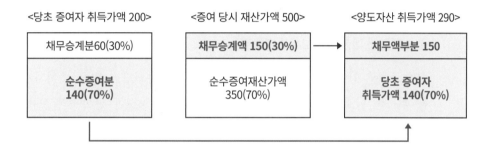

4 기타 필요경비 구분계산

1) 채무승계분과 순수증여분에 공통으로 적용되는 기타 필요경비

증여받은 재산을 양도할 당시 지출한 중개수수료 등 양도에 소요된 비용은 증여받을 당시 채무액과 순수증여가액의 비율에 따라 안분하여 채무승계분과 순수증여분의 기타 필요경비로 각각 공제한다.

2) 채무승계분에 대한 기타 필요경비

자산을 증여받을 당시 납부한 채무승계분에 취득세는 전액 기타 필요경비로 공제된다.

3) 순수증여분에 대한 기타 필요경비

당초 증여자가 취득 당시 납부한 취득세 등은 순수증여재산가액이 전체 증여재산가액에서 차지하는 비율만큼 기타 필요경비로 공제되고, 수증자의 증여세 산출세액은 기타 필요경비로 공제된다.

5 장기보유특별공제의 구분계산

1) 순수증여분에 대한 장기보유특별공제

순수증여분 양도차익에 대하여는 이월과세가 적용되므로 당초 증여자가 자산을 취득한 날로부터 수증자가 증여받은 자산을 양도한 날까지의 보유기간에 대하여 장기보유특별공제를 적용한다.

2) 채무부담분에 대한 장기보유특별공제

채무승계분의 양도차익에 대하여는 이월과세가 적용되지 않으므로 수증자가 증여받은 날 자산을 유상으로 취득한 것으로 보아 증여받은 날로부터 증여받은 자산을 양도한 날까지의 보유기간에 대하여 장기보유특별공제를 적용한다.

사례

부담부증여로 증여받은 상가를 5년 이내 양도하는 경우

 상가의 취득 및 양도에 관한 자료

구 분		내 용
부친의 취득내역	취득가액	2010.5.1.에 상가를 4억원에 취득
	은행채무	2016.10.25.에 상가를 담보로 5억원 대출받음
증여내역	증여일자	2018.5.10.에 40세 아들이 은행차입금 5억원 인수조건으로 증여
	증여가액	감정가액 : 12억5천만원, 기준시가 : 7억원
양도일 및 양도가액		2021.11.20. 15억원에 양도

1. 양도소득세

	구 분	이월과세가 적용되는 경우	이월과세가 적용되지 않는 경우
	양도가액	1,500,000,000	1,500,000,000
(−)	취득가액	740,000,000	1,250,000,000[1]
(−)	기타필요경비	150,000,000[2]	31,000,000[3]
(=)	양도차익	610,000,000	219,000,000
(−)	장기보유특별공제	118,200,000[4]	13,140,000
(=)	양도소득금액	491,800,000	205,860,000
(−)	기본공제	2,500,000	2,500,000
(=)	과세표준	489,300,000	203,360,000
(×)	세율	40%	38%
(−)	누진공제	25,400,000	19,400,000
(=)	산출세액	170,320,000	57,876,800
(+)	지방소득세	17,032,000	5,787,680
(=)	총부담세액	187,352,000	63,664,480

이월과세를 적용하여 계산한 산출세액이 이월과세를 적용하지 않은 경우의 산출세액보다 크므로 이월과세가 적용된다.

[1] 이월과세를 적용하지 않을 경우 취득가액은 증여 당시 상속 및 증여세법상 평가액이 된다.

[2] 이월과세를 적용할 경우 증여세 산출세액은 필요경비에 산입한다(아래 증여세 산출세액 참고).

[3] 증여받을 당시 취득세(아래 취득세 산출내역 참조)

[4] 이월과세가 적용되는 경우 순수 증여분에 대하여는 당초 자산을 증여한 부친의 취득일부터 증여받은 자가 양도한 날까지의 보유기간에 대하여 장기보유특별공제를 적용하고, 채무를 승계한 부분은 수증자가 증여일에 유상으로 취득한 것으로 보아 증여일부터 양도일까지의 보유기간에 대하여 장기보유특별공제를 적용한다. 이월과세를 적용할 경우 채무승계분과 순수증여분의 소득금액은 아래와 같이 구분하여 계산한다.

구 분	채무승계분	순수증여분	합계
양도가액	600,000,000[1]	900,000,000[2]	1,500,000,000
(−) 취득가액	500,000,000[3]	240,000,000[4]	740,000,000
(−) 기타필요경비	-	150,000,000[5]	150,000,000
(=) 양도차익	100,000,000	510,000,000	610,000,000
(−) 장기보유특별공제	6,000,000[6]	112,200,000[7]	118,200,000
(=) 양도소득금액	94,000,000	397,800,000	491,800,000

[1] $1,500,000,000 \times \dfrac{500,000,000}{1,250,000,000} = 600,000,000$

[2] $1,500,000,000 \times \dfrac{750,000,000}{1,250,000,000} = 900,000,000$

※ 수증자가 승계한 채무액은 유상으로 취득한 것이므로 이월과세대상이 되지 않는다. 따라서 부담부증여로 취득한 자산을 5년 이내 양도할 경우 유상으로 취득한 것으로 보는 채무부담분과 무상으로 취득한 부분에 해당하는 순수증여분으로 구분하여 아래와 같이 양도가액을 계산한다.

① 채무승계분(유상취득분) $=$ 양도가액 $\times \dfrac{\text{채무액}}{\text{증여재산가액}}$

② 순수증여분(무상취득분) $=$ 양도가액 $\times \dfrac{(\text{증여재산가액} - \text{채무액})}{\text{증여재산가액}}$

[3] 500,000,000(채무부담액)

[4] $400,000,000 \times \dfrac{(1,250,000,000 - 500,000,000)}{1,250,000,000} = 240,000,000$

[5] 수증자가 부담한 증여세 산출세액은 기타 필요경비로 공제된다.

[6] $100,000,000 \times 6\%(\text{3년} \times 2\%) = 6,000,000$

[7] $510,000,000 \times 22\%(\text{11년} \times 2\%) = 112,200,000$

2. 증여세

	구 분	금 액	계산 근거
	증여재산가액	1,250,000,000	상속 및 증여세법상 재산평가액
(−)	채무액	500,000,000	수증자가 인수한 은행차입금
(=)	증여세과세가액	750,000,000	
(−)	증여재산공제	50,000,000	성년자녀 5,000만원 공제
(=)	과세표준	700,000,000	
(×)	세율	30%	
(=)	산출세액	150,000,000	700,000,000 × 30% - 6,000만원(누진공제)
(−)	신고세액공제	4,500,000	150,000,000 × 3%
(=)	납부할세액	145,500,000	

3. 수증자가 납할 취득세

	구 분	금 액	순수증여(무상취득)부분
	취득가액	700,000,000	증여 당시 기준시가 적용
(−)	채무액	500,000,000	수증자가 인수한 은행차입금
(=)	과세표준	200,000,000	
(×)	세율	4%	지방교육세 및 농어촌특별세 포함
	취득세	8,000,000	200,000,000 × 4%
	소계	8,000,000	

	구 분	금 액	채무승계(유상취득)부분
	과세표준	500,000,000	은행차입금을 유상으로 취득한 것으로 간주
(×)	세율	4.6%	지방교육세 및 농어촌특별세 포함
	취득세	23,000,000	500,000,000 × 4.6%
	소계	23,000,000	
	총계	31,000,000	8,000,000 + 23,000,000

06

특수관계인으로부터 증여받은 재산을
5년 이내 양도시 부당행위계산부인

1 부당행위계산부인 적용 요건

증여자가 배우자 및 직계존비속 이외 특수관계인에게 자산을 증여한 후, 자산을 증여받은 자가 5년 이내에 증여받은 자산을 타인에게 양도한 경우에는 당초 자산을 증여한 자가 그 자산을 타인에게 직접 양도한 것으로 보아 양도소득세를 계산하고 자산을 증여받은 자가 납부한 증여세는 환급한다.

[우회양도에 대한 부당행위계산부인]

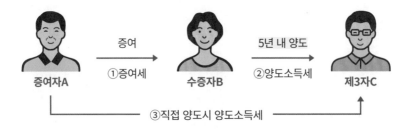

※ 부당행위계산부인 적용요건 : (①증여세 +② 양도소득세) < ③양도소득세
수증자B : 증여자A의 배우자나 직계존비속 외 특수관계인

2 부당행위계산부인의 필요성

1세대 2주택자가 1억원에 취득한 중과대상 주택을 10년간 보유하다 제3자에게 시가 10억원에 양도할 경우 양도차익 9억원에 대하여 장기보유특별공제가 적용되지 않고 중과세율이 적용되므로 양도소득세 5.2억원이 과세되나, 주택을

형제에게 먼저 증여할 경우 증여받은 자는 증여재산 10억원에 대하여 증여재산공제 1천만원을 적용받아 증여세를 2억3천만원 납부하고, 주택을 증여받은 즉시 시가 10억원에 매매차익을 남기지 않고 양도할 경우 납부할 양도소득세는 없으므로 양도소득세를 탈루하는 결과가 발생한다.

[직접 양도한 경우와 우회양도한 경우 세액 비교]

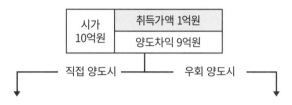

[양도소득세 계산]

구분	금액
양도가액	10억원
취득가액	1억원
장기보유특별공제	-
과세표준	9억원
세율	62% - 누진공제
산출세액	5.2억원

[증여세와 양도소득세 계산]

증여세		양도소득세	
증여가액	10억원	양도가액	10억원
증여재산공제	0.1억원	취득가액	10억원
과세표준	9.9억원	과세표준	-
세율	30%	세율	-
산출세액	2.3억원	산출세액	-

이와 같이 배우자나 직계존비속 이외의 특수관계인에게 먼저 자산을 증여한 후 자산을 증여받은 특수관계인이 단기간에 자산을 양도하여 양도소득세를 탈루하는 행위를 방지하기 위하여 배우자나 직계존비속 이외 특수관계인이 증여받은 자산을 5년 내에 양도할 경우 증여자가 자산을 직접 양도한 것으로 보아 양도소득세를 재계산하는 규정을 둔 것이다.

3 **우회양도에 대한 부당행위계산부인 규정이 적용되지 않는 경우**

① 수증자의 증여세와 양도소득세를 합한 세액이 증여자가 직접 양도한 것으로 보아 계산한 양도소득세보다 큰 경우
② 양도소득이 실제로 자산을 증여받은 자에게 귀속된 경우

4 부당행위계산부인 적용시 고려할 사항

1) 수증자가 납부한 증여세

우회양도에 대한 부당행위계산부인 규정에 따라 증여자에게 양도소득세가 과세되는 경우에는 당초 증여자가 자산을 양도한 것으로 보므로 수증자가 납부한 증여세는 환급된다.

📖 배경 및 취지

> 우회양도에 따른 부당행위계산부인 규정은 실질과세원칙에 준하여 과세하는 규정이므로 양도소득세 납세의무자는 실제 소득을 수령한 증여자가 되며, 증여는 가장행위가 되어 증여세를 환급하는 것이다.

2) 증여자의 연대납세의무

우회양도에 대한 부당행위계산부인 규정에 따라 증여자가 직접 양도한 것으로 보는 경우 증여자가 납부할 양도소득세는 증여자와 자산을 증여받은 자가 연대하여 납세의무를 진다.

3) 특수관계 해당 여부 판단시점

자산을 증여할 당시와 증여받은 자산을 양도할 당시 모두 증여자와 수증자가 소득세법상 특수관계인에 해당하는 경우에만 우회양도에 대한 부당행위계산부인 규정을 적용하므로 증여 당시에는 특수관계인에 해당하였으나, 양도 당시에 특수관계가 소멸된 경우 또는 증여 당시에는 특수관계인에 해당하지 않았으나 양도 당시에는 특수관계인에 해당하는 경우에는 우회양도에 대한 부당행위계산부인 규정은 적용되지 않는다.

📑 **비교학습**

배우자 등에 대한 이월과세 규정에 비하여 우회양도에 대한 부당행위계산부인 규정은 과세요건이 엄격하여 자산을 증여할 당시 및 증여받은 자산을 양도할 당시 모두 특수관계인에 해당하여야 한다.

[이월과세와 우회양도에 따른 부당행위부인 비교]

구 분	배우자등 이월과세 (소득세법§97의2)	부당행위부인 (소득세법§101②)
1. 양도소득세 납세의무자	증여받은 배우자 또는 직계존비속	당초 증여자
2. 수증자의 증여세	증여세 산출세액을 기타 필요경비로 산입	납부한 증여세 환급
3. 수증자 양도차익계산	증여자의 취득가액 적용	증여자의 취득가액 적용
4. 적용대상 자산	토지, 건물, 부동산을 취득할 수 있는 권리 및 특정시설물이용권에 한정	전체 양도소득세 과세대상자산
5. 적용 기한	증여일부터 5년 이내 양도	증여일부터 5년 이내 양도
6. 비교과세 적용여부	이월과세를 적용한 양도소득세 결정세액이 수증자의 증여세와 양도소득세 합계액보다 큰 경우에만 적용	증여자 기준으로 계산한 양도세 결정세액이 수증자가 부담할 증여세+양도세보다 큰 경우에만 적용
7. 세율 및 장기보유특별공제 적용시 보유기간 기산일	당초 증여자의 취득일부터 기산	당초 증여자의 취득일부터 기산
8. 적용시 유의사항	· 혼인의 취소·이혼 등의 경우에도 적용 · 증여받아 양도한 자산이 1세대1주택 비과세 대상인 경우 이월과세 대상은 아니나 소득세법 §101②의 부당행위계산 부인규정 적용	사망 등으로 특수관계 소멸 후 양도하거나 증여자가 1세대1주택 비과세대상 주택, 8년 자경 양도소득세액감면대상 농지를 증여한 경우에는 조세회피의도가 없는 것으로 보아 해당규정 적용 제외
9. 연대납세의무	연대납세의무 없음	증여자와 수증자가 연대하여 납세의무 부담

사례

직계존속으로부터 증여받은 주택을 5년 이내 양도하는 경우

● **주택의 취득 및 양도에 관한 자료**

구 분		내 용
부친의 아파트 취득내역		2013.11.25. 취득가액 5억원
주택 증여내역	증여일자 및 수증자	2018.12.20. 별도세대원인 35세 아들에게 증여
	증여재산가액	증여 당시 아파트 매매사례가액 8억원
주택 공시가격	부친 취득 당시	3억원
	증여 당시	6억원
	양도 당시	10억원
주택 양도일 및 양도가액		2021.12.15. 양도가액 15억원(2주택 중과), 양도비용 (1천5백만원 지출)
기타 사항		부친은 증여한 주택외 주택 1채를 보유하고 있음
		아들은 증여받은 주택 외 다른 주택이 없음
		해당 양도대금은 부친에게 귀속됨

해설 직계존속으로부터 주택을 증여받은 후 5년 이내 양도하는 주택이 1세대1주택 비과세 요건을 갖춘 경우에는 이월과세가 적용되지 않고 우회양도에 따른 부당행위부인 규정이 적용된다. 다만, 양도소득이 수증자에게 귀속된 경우에는 1세대1주택 비과세된다.

1. 증여자가 직접 양도한 것으로 보는 경우 양도소득세

	구 분	금 액	계산 근거
	양도가액	1,500,000,000	실지 양도가액
(−)	취득가액	500,000,000	실지 취득가액
(−)	기타필요경비	15,000,000	실제 지출액
(=)	양도차익	985,000,000	
(−)	장기보유특별공제	-	
(=)	양도소득금액	985,000,000	
(−)	기본공제	2,500,000	
(=)	과세표준	982,500,000	
(×)	세율	62%	42%(기본세율) + 20%(2021.6.1. 이후)
(=)	산출세액	573,750,000	982,500,000 × 62% - 3,540만원(누진공제)

2. 수증자의 증여세

	구 분	금 액	계산 근거
	증여재산가액	800,000,000	매매사례가액
(-)	증여재산공제	50,000,000	성년자녀에 해당하여 5천만원 공제
(=)	과세표준	750,000,000	
(×)	세율	30%	
(=)	산출세액	165,000,000	750,000,000 × 30% - 6천만원(누진공제)
(-)	신고세액공제	4,950,000	165,000,000 × 3%
(=)	납부할세액	160,050,000	

3. 수증자의 양도소득세

	구 분	금 액	계산 근거
	양도가액	1,500,000,000	실지 양도가액
(-)	취득가액	800,000,000	증여 당시 매매사례가액
(-)	기타필요경비	24,000,000	취득세 : 주택공시가격 6억원 × 4%
(=)	과세대상양도차익	135,200,000	676,000,000 × (15억원 - 12억원)/15억원
(-)	장기보유특별공제	-	3년 미만 보유하여 장기보유특별공제 적용불가
(=)	양도소득금액	135,200,000	
(-)	기본공제	2,500,000	
(=)	과세표준	132,700,000	
(×)	세율	35%	
(=)	산출세액	31,545,000	132,700,000 × 35% - 1,490만원(누진공제)

4. 우회양도에 따른 부당행위계산 규정 적용여부 판단

증여자가 직접 양도한 것으로 보는 경우의 양도소득세 산출세액 573,750,000원이 수증자가 양도한 것으로 볼 경우 양도소득세 산출세액 31,545,000원과 증여세 산출세액 165,000,000원의 합계액인 196,545,000원보다 크고 양도소득이 부친에게 귀속되었으므로 우회양도에 따른 부당행위계산 부인규정이 적용되어 아들이 납부한 증여세는 환급되고, 부친에게는 양도소득세가 과세된다.

07
우회양도에 대한 증여추정

1 증여추정 적용 요건

양도자가 배우자나 직계존비속 이외의 특수관계인에게 재산을 양도한 후, 양수인이 재산을 양수한 날로부터 3년 이내에 당초 양도자의 배우자 또는 직계존비속(이하 '배우자 등'이라 한다)에게 다시 양도한 경우에는 그 배우자 등이 당초 양도자로부터 증여받은 것으로 추정하여 증여세를 과세한다.

[우회양도에 대한 증여추정]

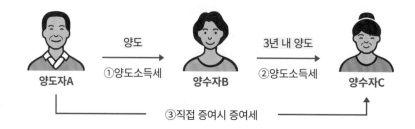

※ 우회양도에 대한 증여추정 적용요건 : (①양도소득세 +② 양도소득세) < ③증여세
　양수자B : 양도자A의 배우자 또는 직계존비속이 아닌 특수관계인
　양수자C : 양도자 A의 배우자 또는 직계존비속

2 증여추정의 필요성

9억원에 취득한 토지를 2년간 보유하다 자녀에게 시가 10억원에 증여할 경우 증여재산가액 10억원에 대한 증여세 산출세액은 2.25억원이 되나, 형제에게 먼

702

저 재산을 양도하여 양도차익 1억원에 대하여 4천만원의 양도소득세를 납부하고 재산을 양수한 자가 다시 해당 재산을 당초 양도자의 자녀에게 단기간에 매매차익을 남기지 않고 양도할 경우 납부할 양도소득세는 없으므로 결국 양도자는 자녀에게 시가 10억원의 재산을 증여하고 4천만원의 양도소득세만 납부하는 결과가 된다.

[직접 증여한 경우와 우회 양도한 경우 세액 비교]

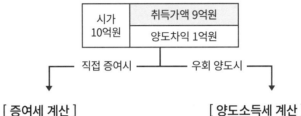

[증여세 계산]

구분	금액
증여가액	10억원
증여재산공제	0.5억원
과세표준	9.5억원
세율	30%
산출세액	2.25억원
수증자는 자녀로서 성년자임	

[양도소득세 계산]

양도자 → 양수자(형)		양수자 → 양도자 자녀	
양도가액	10억원	양도가액	10억원
취득가액	9억원	취득가액	10억원
장기보유특별공제	-	양도차익	-
과세표준	1억원		
세율	40%		
산출세액	4천만원		

이와 같이 양도차익이 작은 재산을 먼저 배우자 또는 직계존비속 이외 특수관계인에게 양도하여 소액의 양도소득세를 납부한 후 양수인이 당초 자산을 양도한 자의 배우자나 직계존비속에게 양도하여 증여세를 회피하는 경우를 방지하기 위하여 우회양도에 대한 증여추정 규정을 둔 것이다.

3 증여추정이 적용되지 않는 경우

① 당초 양도자 및 양수자가 납부한 양도소득세액의 합계액이 증여로 추정할 경우 증여세보다 큰 경우
② 배우자 등에게 대가를 받고 양도한 사실이 명백히 확인되는 경우

08

부동산매매업자에 대한
세액계산의 특례

1 개요

1) 부동산매매업의 범위

① 계속·반복적으로 토지나 건물을 취득하고 판매하는 행위
② 계속·반복적으로 상가 등 비주거용 건물을 신축하여 판매하는 행위
③ 계속·반복적으로 주거용 건물을 취득하고 판매하는 행위

2) 부동산매매업과 주택신축판매업의 비교

① 주택신축판매업은 주택을 신축하여 판매하는 행위만을 말하나, 부동산매매업은 주택을 신축하여 판매하는 행위를 제외하고 기존주택을 취득하여 판매하는 행위를 말한다. 여기서 주택이란 주택법상 주택만을 의미하므로 주거용 오피스텔은 주택에서 제외된다.
② 부동산매매업과 주택신축판매업에 대한 주요 세법상 차이는 아래와 같다.

[부동산매매업과 주택신축판매업에 대한 주요 세법상 차이]

구 분	부동산매매업	주택신축판매업
매매차익 예정신고 의무	있음	없음
중과대상 주택수 포함여부	포함	제외
비교과세 적용 여부	비교과세 적용	비교과세 제외
재고주택 종합부동산세 과세	합산과세	신축 후 5년간 합산 제외

주택신축판매업은 신규로 주택을 건축하여 공급함으로써 주택가격 안정에 기여하므로 각종 세제혜택이 주어지나, 부동산매매업은 기존에 건축된 건물이나 토지를 매매하는 과정에서 부동산 가격의 불안요소로 작용하는 경우가 있으므로 세법상 '강한' 규제를 받는 것이다.

3) 사업소득과 양도소득 비교

① 같은 부동산에서 발생한 매매차익이라도 계속·반복적으로 주택이나 건물을 취득하고 판매하여 매매차익이 발생한 경우 부동산매매업 또는 주택신축판매업으로 분류되어 사업소득으로 과세되며, 일시적·비반복적으로 부동산을 취득하여 양도한 경우에는 양도소득으로 과세된다.

② 부동산매매업과 주택신축판매업에서 발생한 사업소득과 양도소득에 대한 세법상 차이는 아래와 같다.

[부동산매매업 및 주택신축판매업 소득과 양도소득의 주요 세법상 차이]

구 분	사업소득		양도소득
	부동산매매업	주택신축판매업	
예정신고 의무 여부	있음	없음	있음
장기보유특별공제 적용 여부	적용 불가	적용 불가	적용 가능
이자비용 필요경비 공제 여부	공제 가능	공제 가능	공제 불가
1세대1주택 비과세 여부	적용 불가	적용 불가	적용 가능
이월결손금 공제 적용 여부	적용 가능	적용 가능	적용 불가

2 부동산매매업자의 비교과세

1) 비교과세 적용방법

부동산매매업자가 양도소득세 중과대상이 되는 비사업용 토지나 중과대상 주택 등 비교과세 적용대상 자산을 매매한 경우 매매차익에 종합소득세 기본세율을 적용한 산출세액과 양도소득세 중과세율을 적용한 산출세액 중 큰 금액을 종합소득세 산출세액으로 한다.

📖 **배경 및 취지**

> 중과대상자산의 매매차익에 대하여 부동산매매업자로 사업자등록하여 사업소득으로 신고할 경우 기본세율이 적용될 수 있으므로, 이를 방지하기 위하여 부동산매매업자의 사업소득에 대하여도 양도소득세와 마찬가지로 중과세를 적용하는 것이다.

2) 주요 비교과세 적용대상 자산

① 2021.6.1. 이후에 양도하는 주택분양권

② 비사업용 토지

③ 미등기 양도자산

④ 조정대상지역에 있는 주택으로서 중과대상이 되는 주택

3 부동산매매업자의 예정신고 및 세액계산

부동산매매업자는 토지 등 매매차익에 대하여 양도소득세 예정신고를 해야 하며, 양도소득세 중과대상 자산이 포함되어 세액계산 특례가 적용되는 경우에는 아래와 같이 세액을 계산한다.

[부동산매매업자의 세액계산 신고방법]

구 분		내 용
예정신고 기한		매매일이 속하는 달의 말일로부터 2개월 이내
세액계산	일반	〔매매차익 = 매매가액 - (필요경비[1] + 장기보유특별공제)〕 × 양도소득세율[2]
	특례	산출세액(확정신고시에만 적용) = Max(①, ②) ① 종합소득세 산출세액 ② (종합소득과세표준 - 부동산 매매차익[3]) × 기본세율 + (부동산 매매차익 - 장기보유특별공제[4] - 양도소득기본공제) × 양도소득세율

1) 취득가액, 자본적 지출, 양도비용, 건설자금이자, 매도로 인한 공과금을 말한다.

2) 보유기간이 2년 미만인 경우에도 기본세율을 적용한다.

3) 부동산 매매차익 = 매매가액 - 취득가액 - 자본적 지출과 양도비용

4) 미등기자산, 조정대상지역 내 다주택자에 해당하는 주택은 적용 제외한다.

사례

종합소득세 확정신고시 부동산매매업자의 세액계산 특례(비교과세) 적용방법

● 부동산매매업자의 취득 및 양도에 관한 자료

구 분	상가	비사업용 토지
취득일 및 실지취득가액	2019.6.12 5억원	2012.7.20 2억원
양도일 및 실지양도가액	2021.4.25 7억원	2021.9.10 6억원
기타필요경비	2천만원	1천만원
종합소득과세표준	3억원	
세액공제	320,000원	

해설

1. 부동산매매차익의 예정신고

	구 분	상가	비사업용 토지
	양도가액	700,000,000	600,000,000
(−)	취득가액	500,000,000	200,000,000
(−)	기타필요경비	20,000,000	10,000,000
(−)	장기보유특별공제	-	70,200,000
(=)	매매차익	180,000,000	319,800,000
(×)	세율	기본세율[1]	기본세율 + 10%
(=)	산출세액	49,000,000	134,500,000

1) 기본세율 : 보유기간이 2년 미만인 경우에도 단기 보유세율을 적용하지 않고 기본세율을 적용한다.

2. 확정신고

1) 종합소득 과세표준 : 300,000,000

2) 종합소득 산출세액 : Max(①, ②) = 133,250,000

　　① 기본세율 적용 산출세액 : 300,000,000 × 38% − 19,400,000(누진공제) = 94,600,000

　　② 비교산출세액 :(300,000,000−390,000,000*) × 기본세율 + (390,000,000−70,200,000

　　　− 2,500,000) × 양도소득세율(기본세율 + 10%) = 133,250,000

　　　* 비사업용토지에 대한 매매차익 : 600,000,000−200,000,000−10,000,000 = 390,000,000

3) 세액공제 : 320,000

4) 결정세액 : 133,250,000 − 320,000 = 132,930,000

5) 차감납부세액 : 132,930,000−183,500,000(예정신고 기납부세액) = △50,570,000(환급세액)

09

허위 매매계약서 작성에 따른
비과세·감면세액 추징

토지, 건물 또는 부동산에 관한 권리를 양도하고 거래가액을 허위로 기재하여
비과세 또는 세액을 감면받은 경우에는 다음과 같이 세액을 추징한다.

1 비과세 받은 경우

아래 둘 중 적은 금액을 추징한다.
① 비과세를 적용하지 않은 경우의 산출세액
② 매매계약서의 거래가액과 실지거래가액과의 차액

2 감면받은 경우

아래 둘 중 적은 금액을 추징한다.
① 감면을 적용하지 않을 경우의 산출세액
② 매매계약서의 거래가액과 실지거래가액과의 차액

사례 1

1세대1주택 비과세 대상주택을 양도하면서 거짓계약서(Up계약서)를 작성한 경우

- 甲은 5억원에 취득한 주택을 5년간 보유 및 거주한 후 2022.1.25.에 9억원에 양도하면서
거래상대방인 乙의 요구에 따라 12억원에 양도한 것으로 허위계약서를 작성하고 1세대1
주택 비과세 신고하였다.
- 乙은 2주택 중과대상이 되는 당해 주택을 丙에게 15억원에 양도하고, 취득가액을 12억원
으로 하여 양도소득세를 신고·납부하였다.

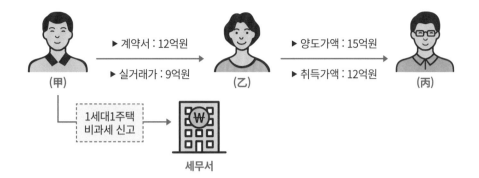

> **해설** 甲은 허위로 계약서를 작성하여 양도가액을 12억원으로 신고하여도 양도차익 전액에 대하여 1세대1주택 비과세를 받을 수 있고, 乙은 취득가액을 12억원으로 높여 주택을 양도할 경우 양도소득세를 탈루할 수 있는 점을 이용하여 허위계약서를 작성하고 양도소득세를 신고한 사실이 확인되는 경우 아래와 같이 양도소득세가 추징된다.

1. 甲의 양도소득세 추징세액 : Min(①, ②) = 70,850,000

① 비과세를 적용하지 않은 경우 산출세액 : 70,850,000

구 분		금 액	계산 근거
	양도가액	900,000,000	실지 양도가액
(−)	취득가액	500,000,000	실지 취득가액
(=)	양도차익	400,000,000	
(−)	장기보유특별공제	160,000,000	400,000,000×40%(5년×4% + 5년×4%)
(=)	양도소득금액	240,000,000	
(−)	양도소득기본공제	2,500,000	
(=)	양도소득과세표준	237,500,000	
(×)	세율	38%	
(=)	산출세액	70,850,000	237,500,000×38% - 1,940만원(누진공제)

* 신고불성실 가산세 및 납부지연가산세는 별도로 적용되나, 계산사례에서는 생략한다.

② 매매계약서의 거래가액과 실제거래가액과의 차액 : 300,000,000

허위계약서상 거래금액 1,200,000,000 − 실제 거래금액 900,000,000 = 300,000,000

2. 乙의 양도소득세 추징세액 : 181,900,000

	구 분	신 고	경 정	비 고
	양도가액	1,500,000,000	1,500,000,000	
(−)	취득가액	1,200,000,000	900,000,000	
(=)	양도차익	300,000,000	600,000,000	
(−)	장기보유특별공제	-	-	중과대상 장기보유특별공제 배제
(=)	양도소득금액	300,000,000	600,000,000	
(−)	양도소득기본공제	2,500,000	2,500,000	
(=)	양도소득과세표준	297,500,000	597,500,000	
(×)	세율	58%	62%	2021.6.1. 이후 기본세율 + 20%
(−)	누진공제	19,400,000	35,400,000	
(=)	산출세액	153,150,000	335,050,000	추가 납부할 세액 : 181,900,000

* 신고불성실 가산세 및 납부지연가산세는 별도로 적용되나, 계산사례에서는 생략한다.

사례 2

이전 양도자가 양도소득세 회피목적으로 허위계약서를 작성한 경우

- 甲은 2억원에 취득한 주택을 2022.1.25.에 5억원에 양도하면서 양도가액을 3억원으로 허위계약서를 작성하여 양도소득세를 신고·납부하였다.
- 乙은 당해 주택을 5년 후 丙에게 8억원에 양도하고 1세대1주택 비과세 신고하였다.

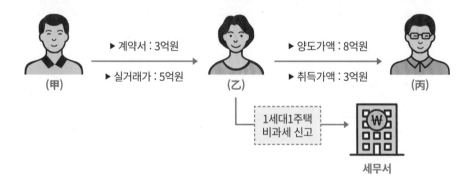

해설 甲이 양도소득세를 탈루할 목적으로 실제 양도가액보다 낮은 가액으로 허위계약서를 작성하여 양도소득세를 신고한 후 주택을 매수한 乙이 1세대1주택 비과세를 적용받은 사실이 확인되는 경우 乙은 1세대1주택 비과세를 받을 수 없게 되어 양도소득세가 추징된다.

1. 乙의 양도소득세 추징세액: Min(①, ②) = 82,250,000

① 비과세가 적용되지 않는 경우 산출세액 : 82,250,000

	구 분	금 액	계산 근거
	양도가액	800,000,000	실지 양도가액
(−)	취득가액	500,000,000	실지 취득가액
(=)	양도차익	300,000,000	
(−)	장기보유특별공제	30,000,000	300,000,000×10%(5년×2%)
(=)	양도소득금액	270,000,000	
(−)	양도소득기본공제	2,500,000	
(=)	양도소득과세표준	267,500,000	
(×)	세율	38%	
(=)	산출세액	82,250,000	267,500,000×38% - 1,940만원(누진공제)

* 신고불성실 가산세 및 납부지연가산세는 별도로 적용되나, 계산사례에서는 생략한다.

② 실제거래가액과 매매계약서의 거래가액과의 차액 : 200,000,000

실제 거래금액 500,000,000 − 허위계약서상 거래금액 300,000,000 = 200,000,000

2. 甲의 양도소득세 추징세액 : 69,685,000

	구 분	신 고	경 정	비 고
	양도가액	300,000,000	500,000,000	
(−)	취득가액	200,000,000	200,000,000	
(=)	양도차익	100,000,000	300,000,000	
(−)	장기보유특별공제	6,000,000	18,000,000	양도차익 × 6%(3년 × 2%)
(=)	양도소득금액	94,000,000	282,000,000	
(−)	양도소득기본공제	2,500,000	2,500,000	
(=)	양도소득과세표준	91,500,000	279,500,000	
(×)	세율	35%	38%	기본세율 적용
(−)	누진공제	14,900,000	19,400,000	
(=)	산출세액	17,125,000	86,810,000	추가 납부할 세액 : 69,685,000

* 신고불성실 가산세 및 납부지연가산세는 별도로 적용되나, 계산사례에서는 생략한다.